深圳地铁 SHENZHEN METRO 四期工程建设技术创新与实践系列丛书

匠心建设新时代地铁

Craftsmanship in Building
a New Era Subway

Technical Innovation and Practice of
Shenzhen Metro Line 6 Branch Project

深圳地铁6号线支线工程技术创新与实践

潘晓明 主　编

刘永祥　陈秀联　胡朋军　文献江 副主编

罗　曼 主　审

人民交通出版社

北　京

内 容 提 要

深圳地铁 6 号线支线是深圳市城市轨道交通四期工程建设项目之一，线路全长 6.13km，设光明、圳美、中大、深理工 4 座车站。作为深莞两地第一条城市轨道交通跨境线路，深圳地铁 6 号线支线是城市轨道交通规划创新的又一次成功实践，完成了贯通运营不同建设时序、不同运营规划和不同运营场景的相关规划设计研究工作，探索了不同系统制式下的互联互通和资源共享方案，同时，本线在绿色低碳、降本增效、城市融合等方面进行大量的技术创新，可为后续工程建设提供宝贵经验。

本书可供从事轨道交通设计和施工建设的专业人员、院校师生学习与参考。

图书在版编目（CIP）数据

匠心建设新时代地铁：深圳地铁 6 号线支线工程技术创新与实践 / 潘晓明主编. — 北京：人民交通出版社股份有限公司, 2025. 6. — ISBN 978-7-114-19859-5

Ⅰ．U239.5

中国国家版本馆 CIP 数据核字第 2024LH2107 号

Jiangxin Jianshe Xin Shidai Ditie——Shenzhen Ditie 6 Hao Xian Zhixian Gongcheng Jishu Chuangxin yu Shijian

书　　　名：匠心建设新时代地铁——深圳地铁 6 号线支线工程技术创新与实践
著　作　者：潘晓明
责任编辑：高鸿剑
责任校对：赵嫒嫒　刘　璇
责任印制：张　凯
出版发行：人民交通出版社
地　　　址：（100011）北京市朝阳区安定门外外馆斜街 3 号
网　　　址：http://www.ccpcl.com.cn
销售电话：（010）85285857
总 经 销：人民交通出版社发行部
经　　　销：各地新华书店
印　　　刷：北京建宏印刷有限公司
开　　　本：787×1092　1/16
印　　　张：8
字　　　数：138 千
版　　　次：2025 年 6 月　第 1 版
印　　　次：2025 年 6 月　第 1 次印刷
书　　　号：ISBN 978-7-114-19859-5
定　　　价：88.00 元

（有印刷、装订质量问题的图书，由本社负责调换）

组织编审委员会

组织委员会

主 任 委 员：雷江松

副主任委员：杨发克　　周　勇

委　　　员：杨　骏　　金先京

编审委员会

主　　　编：潘晓明

副　主　编：刘永祥　　陈秀联　　胡朋军　　文献江

主　　　审：罗　曼

编　　　委：王梓奕诚　王喜军　　邓雪明　　田治旺　　吕　尤
　　　　　　朱小秀　　刘宇航　　闫振宇　　许展鹏　　李　巧
　　　　　　李　刚　　李俊杰　　李　媛　　杨树恒　　吴向峰
　　　　　　吴道沅　　佘刚宏　　张亚龙　　张　迪　　张忠瑜
　　　　　　张　航　　张常委　　张　超　　张道彬　　陈　丹
　　　　　　苟鹏程　　周　超　　赵中基　　赵　琰　　郝保安
　　　　　　胡少敏　　胡文超　　秦小三　　聂志武　　彭华平
　　　　　　彭智知　　樊建军　　魏海斌

前　言

深圳地铁 6 号线支线（以下简称"6 号线支线"）是深圳市城市轨道交通四期工程建设项目之一，线路起自光明站，止于深莞边界，同时预留至东莞、深港合作区延伸条件。线路全长 6.13km，设光明、圳美、中大、深理工 4 座车站，在光明站与 6 号线换乘。6 号线支线的建设将支撑光明科学城片区发展，并成为连接深莞高校的通勤线路，对促进深莞半小时生活圈的形成发挥重要作用，对推动深莞一体化发展具有重大意义。

6 号线支线作为深莞两地第一条城市轨道交通跨境线路，是城市轨道交通规划创新的又一次成功实践。该工程完成了贯通运营不同建设时序、不同运营规划和不同运营场景的相关规划设计研究工作，探索了不同系统制式下的互联互通和资源共享方案，为后续深莞惠跨境城市轨道交通规划建设提供了宝贵经验。

6 号线支线在绿色低碳、降本增效、城市融合等方面进行了大量的技术创新：首次在深圳采用了基坑组合装配式钢支撑技术，解决了传统混凝土内支撑造价高、工期长、噪声污染严重等问题，实现了资源节约、环保节能；首次采用了浅埋隧道上方保护结构及施工技术，解决了既有隧道覆土卸载上浮问题，为浅埋隧道施工提供了更可靠的解决方案；首次在高架段采用刚性接触网，利用门形架悬挂安装方法，有效降低了接触网对声屏障高度的影响，实现了功能、景观和环保的统一；首次在道岔区采用特殊减振设计，实现了岔区的均匀受力、平稳过渡，并使其排水顺接、无积水，方便后期运维。

自 2018 年 1 月 10 日开工建设以来，深圳市政府相关部门、深圳市地铁集团有限公司（以下简称"深铁集团"），以及设计、监理、施工各方紧密合作，坚持以建设一条"高效、绿色、智慧的高质量轨道交通线路"为目标，经过四年的精心组织，6 号线支线于 2022 年 11 月 28 日成功开通运营。四年来，参建方精诚合作，在安全、质量、进度等诸多方面都进行了精心的规划并落实了精细的保障措施，为工程建设的优质高效推进提供了有力支持。

　　6 号线支线在建设过程中广泛应用新技术和新工艺，如浅埋矩形顶管施工、侧墙高大模板导向轮滑施工、深基坑开挖自动化监测、复杂地质条件的盾构施工、大跨度声屏障施工等新技术达到国内领先水平；基于橡胶弹簧预制浮置板道床施工技术，道床施工误差控制在 3mm 以内，实现极致降噪；基于 GoA4 级（自动驾驶最高等级）全自动运行信号系统调试关键技术，高效完成了车辆、信号、通信、综合监控及站台门 FAM（全自动驾驶模式）全自动运行测试，为高质量开通提供了有力保障；基于 BIM（建筑信息模型）＋AR（增强现实）施工技术，为站后专业施工过程提供了更加精确、高效的管理手段，大幅提高了施工效率和质量。

　　各层面创新技术的应用，将 6 号线支线打造成一条高效、绿色、智慧的城市轨道交通线路，并且为城市轨道交通互联互通、资源共享及可持续发展提供了可借鉴的经验，也为粤港澳大湾区和深圳先行示范区"双区"建设作出了积极贡献。

作者
2024 年 8 月

目　录

CONTENTS

第 1 章
绪　论

1.1　工　程　简　介

1.1.1　线路走向和建设意义

如图 1-1 所示，深圳地铁 6 号线支线位于深圳光明区内，线路起于深圳地铁 6 号线光明站，主要沿光明大道—光侨路—公常路敷设，终于公常路深莞边界处，预留延伸至东莞的条件。深圳地铁 6 号线支线与深圳地铁 6 号线在光明站实现换乘，连接光明中心片区、光明北区、中山大学（深圳校区）、深圳理工大学，支持光侨路、公常路走廊两侧发展，并且规划与东莞轨道交通 1 号线衔接，支持深莞一体化发展。

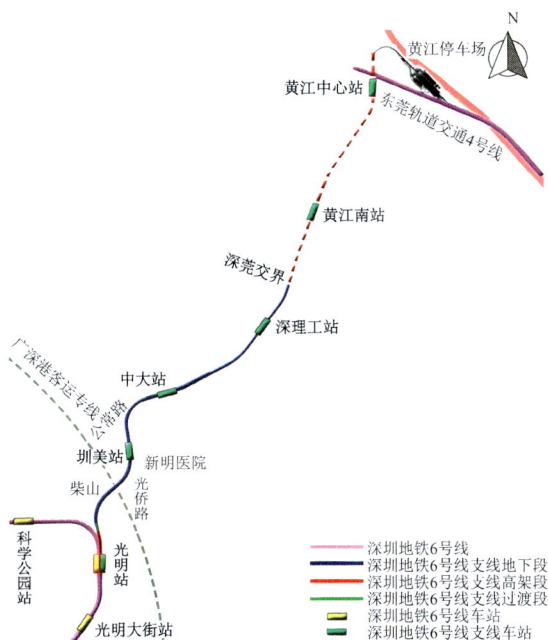

图 1-1　深圳地铁 6 号线支线站位示意图

1.1.2 主要工程项目

6 号线支线总长约 6.13km，共设 4 站 4 区间，分别为光明站、光圳区间、圳美站、圳中区间、中大站、中深区间、深理工站、深莞边界区间及盾构吊出井。主要工程包含如下项目：

（1）土建工程（含人防工程）、接触网工程、轨道工程、常规设备及系统设备安装工程、建筑装饰工程、预留预埋工程，场地准备及建设、监理单位临时设施工程（包括临水临电、三通一平及临时设施工程）等。

（2）前期工程（交通疏解工程、给排水管线改迁及恢复工程、中低压燃气管线改迁及恢复工程、绿化迁移工程）。

（3）个别无法通过货币补偿方式解决的零星拆迁及恢复工程。

1.1.3 项目周边环境

（1）自然地理

深圳市位于广东省中南部沿海、富饶的珠江三角洲平原上。南隔深圳河与香港毗邻，东接大亚湾，西接珠江口的伶仃洋，北与东莞、惠州接界。

（2）气象气候

深圳市属亚热带季风气候，热量丰富，日照时间长，雨量充沛。气候和降雨量随冬、夏季风的转换而变化。冬季无严寒，夏季湿热多雨，一年内有冷暖和干湿季之分。具有雨热同季、干凉同期的特点。多年平均气温为 22.5℃，最高气温为 38.7℃，最低气温为 1℃。常年盛行东南偏东风和东北偏北风，频率分别为 17% 和 14%。受海洋气候影响，台风频繁，台风影响时间为 5—12 月，以 6—10 月较多，尤以 7—9 月为高峰期。暴雨、雷暴、台风是 4—9 月常见的灾害天气，雨量充足，约占全年降雨量的 86%，秋冬季雨水稀少。

（3）地形地貌

如图 1-2 所示，6 号线支线工程沿线地势起伏较大，依次穿越两种地貌单元：光明站—大陂河段为丘陵、高台地地貌，大陂河—深理工站段主要为冲洪积平原地貌，间夹少量低丘、台地；低丘陵、高台地位于河谷冲洪积平原两侧。本区域为冲洪积平原地貌。

（4）地质构造

6 号线支线沿线区域构造简单，没有区域性大断裂通过，但发育楼村断裂（雷公山断裂

F1121）与线路 YCK1＋490 处大角度相交，交角约 49°，该断裂是区域性樟木头断裂南西延伸部分，从光明雷公山至福永塘尾村入珠江口，长约 25km，延续性较好，整体走向北东 50°～70°，倾向南东，倾角一般在 45°～65°，部分地段倾角达 80°，断层行迹较清晰，属逆断层。

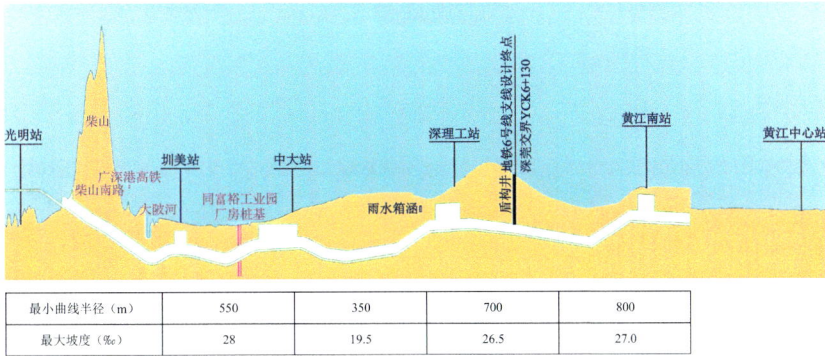

图 1-2　6 号线支线工程纵断面示意图

（5）水文地质条件

场地范围内地表水不发育，仅在道路两侧排水沟渠中，偶尔存在暂时性流水。本工程地下水主要有三种类型：一是松散土层孔隙水，二是基岩裂隙水，三是构造裂隙水。

1.1.4　工程特点与重难点

1）工程特点

（1）涵盖专业齐全

本工程为包括前期工程、主体工程、常规设备安装、系统设备安装、装饰装修、铺轨等专业施工的综合性工程，涵盖专业齐全，还包括绿化迁移、管线改迁、交通疏解、土建工程等十几项专业施工工程。

（2）地质条件复杂

本工程处于冲洪积平原，间夹少量低丘、台地；低丘陵、高台地位于河谷冲洪积平原两侧。地层起伏较大，可能存在不均匀风化造成的风化孤石、硬夹层等。中大站存在地层断裂带，盾构区间穿越地层断裂带、河流、上软下硬、全断面硬岩及孤石等不良地层，工程地质复杂。

（3）施工协调难度大

本工程穿越城区，前期工程中零星用地征迁、绿化迁移、交通疏解、管线改迁实施较难，且与公常路下穿隧道工程同步实施，与外部的协调难度大。

2）工程难点

（1）盾构穿越硬岩地段

光明站—圳美站区间（光圳区间）盾构长距离下穿硬岩段，岩石强度平均为 80～120MPa，岩石强度高、隧道埋深大、基岩裂隙水丰富，如何保障盾构长距离掘进、保证施工进度和掘进安全是本工程难点之一。

（2）盾构穿越广深港高铁

光圳区间在里程 YCK1＋543.034 处，从广深港高铁楼村 1 号特大桥 31 号墩台两侧旁穿，桥梁桩基为 1m 桩径钻孔灌注桩，桩端进入中风化岩层，为端承桩；光圳区间盾构隧道埋深约 13.92m，主要位于块状强风化及中风化混合花岗岩层，隧道与桩基平面净距最小约 8.97m，盾构掘进过程中如何降低对运营高铁的影响为本工程的难点之一。

（3）富水区间采用矿山法进行联络通道施工

光圳区间 2 号联络通道位于圳园路下方，开挖范围地层主要为全风化混合花岗岩、强风化混合花岗岩、硬塑状（砂）质黏土，地层软弱，雨水易软化，且通道地面临近大陂河，地下水受地表水补给充足，地下水丰富，通道开挖工程如何保障支护稳定，防止地层失稳是本工程难点之一。

（4）建（构）筑物对工程施工的影响大

本工程沿线穿越大片厂房及民居，建筑物年代较早，且部分房屋基础资料缺失，110kV 高压线位于中大站小里程端头围护结构正上方 12m 处，雨水箱涵等构筑物位于盾构区间上方。建（构）筑物与工程项目位置关系及采取措施见表 1-1。如何降低建（构）筑物对工程施工的影响是本项目的难点之一。

建（构）筑物与工程项目位置关系及采取措施统计表　　　　表 1-1

序号	建构筑物名称	结构形式	基础形式	与工程项目制约关系	采取措施	所处位置
1	110kV 高压线	混凝土结构		位于车站小里程围护结构正上方 12m	提前协调进行改迁	中大站
2	雨水箱涵	钢混结构		线路正下穿该构筑物，与隧道净高差约 4.7m	严控盾构姿态及推进速度；加强同步注浆及二次注浆；提高监测级别	中深区间

（5）不良地质条件下明挖车站施工

光圳区间存在全断面硬岩及富水地层，在盾构掘进期间施工难度大、施工进度缓慢；中大站位置存在地质断层，车站基坑开挖时可能造成基底涌水涌沙、基坑变形等风险。因此，如何在地质断层条件下进行车站施工本项目的难点之一。

（6）公常路下穿隧道条件下施工

线路在穿过同富裕工业园区厂房后，进入公常路南侧，与规划下穿公路隧道并行2.5km，公常路隧道采用明挖法施工，6号线支线区间隧道与公常路隧道围护结构需要保证分建的安全距离，净距为4～5m，净距最小约3.1m。由于公常路隧道和6号线支线同期施工，施工协调是本工程的难点之一。

1.1.5　主要施工工法

6号线支线光明站为高架站，圳美站、中大站和深理工站三座车站均为地下站。地下站主体结构和附属结构采用明挖顺作法，其中圳美站A出入口采用顶管法。高架段为支架法现浇箱梁结构，区间隧道采用土压平衡盾构法施工，区间联络通道采用矿山法施工，盾构吊出井采用半盖挖法施工。

1.2　建　设　历　程

1.2.1　建设规划

根据深圳市城市轨道交通线网规划及建设规划调整，深圳地铁6号线支线位于深圳市光明区内，连接光明中心区和光明北区，并与规划建设的东莞轨道交通1号线南延线衔接，最终实现与东莞轨道交通1号线的贯通运营。

1.2.2　建设历程及专项验收

6号线支线工程于2018年1月10日开工建设，2022年11月28日开通运营。运营至今，列车及设备运行状况良好，整体运营安全平稳有序。线路建设历程见图1-3。

图 1-3　建设历程及专项验收

第 **2** 章

规划与设计创新

2.1 规 划 创 新

2.1.1 粤港澳大湾区城市轨道交通互联互通的探索

1）深圳市轨道交通线网规划

2012 年，深圳组织编制了《深圳市轨道交通规划（2012—2040）》，根据轨道交通发展目标与策略，结合城市空间布局结构以及土地利用规划，考虑线路功能层次及各层次线路的布局架构，规划全市轨道交通远期线网共由 20 条线路组成，总长约 753km。

2016 年，深圳启动《深圳市轨道交通线网规划（2016—2035）》的编制工作，规划远景全市城市轨道交通共 33 条线路，总长约 1335km（含弹性发展线路 112km），其中市域快线 9 条，总长 494.5km，普速线路 24 条，总长 840.5km，形成城际铁路、市域快线、普速线路三层次的轨道交通线网体系，如图 2-1 所示。该规划于 2018 年 1 月通过深圳市城市规划委员会审查，同年 2 月通过广东省住建厅技术审查并备案。

图 2-1　深圳市轨道交通线网规划（2016—2035）

2）地铁 6 号线支线的建设规划

《深圳市城市轨道交通第四期建设规划（2017—2022）》规划了总长 148.9km 的 5 条线路，其中深圳地铁 6 号线支线为深莞惠一体化与东莞轨道交通 1 号线贯通运营跨市域深圳段线路，线路长 6.4km，设车站 3 座。同时，2020 年，国家发展改革委批复《深圳市城市轨道交通第四期建设规划调整(2017—2022)》，共涉及 9 个项目、10 段线路，总长约 75.93km。其中深圳地铁 6 号线支线进一步延伸至光明站，线路长 4.9km，设车站 4 座。

根据粤港澳大湾区及深圳都市圈规划，深莞惠一体化的规划建设不断加强，随着深圳与东莞、惠州三地日益共同发展，逐步形成了以深圳为核心的都市圈，三地的社会经济、生产生活联系更加紧密，交通需求不断提升。因此，除了道路交通一体化规划建设外，随着三地城市轨道交通的规划建设，区域轨道交通规划建设也受到广东省和三市政府高度重视。在广东省政府主导下，粤港澳大湾区规划建设珠三角城际快速轨道交通和粤港澳大湾区城际铁路。2020 年，国家发展改革委批复了粤港澳大湾区城际铁路建设规划，规划近期到 2025 年，粤港澳大湾区铁路网络运营及在建里程达到 4700km，全面覆盖大湾区中心城市、节点城市和广州、深圳等重点都市圈；远期到 2035 年，粤港澳大湾区铁路网络运营及在建里程达到 5700km，覆盖 100%县级以上城市。

深圳市除了积极规划建设城际铁路加强深莞惠轨道交通一体化建设外，根据《深圳市轨道交通线网规划（2016—2035）》，高度重视深圳与东莞、惠州城市轨道交通的互联互通。其中深圳与东莞共规划 11 条城市轨道交通线路衔接，如图 2-2 所示。

图 2-2　轨道交通深莞惠衔接示意图

深圳地铁 6 号线支线作为东莞轨道交通 1 号线的深圳延伸线，可以实现东莞水乡片区、中心城区、松山湖片区以及黄江临深片区的便捷联系。深圳地铁 6 号线支线由于与东莞轨道交通 1 号线深莞边境段线路建设时序存在差异，建设时需要充分考虑预留与东莞轨道交通线网有效衔接条件，实现都市圈轨道互联互通。

3）东莞市轨道交通线网规划

东莞轨道交通 1 号线向北延伸衔接广州黄埔，向南延伸衔接深圳光明区，通过轨道交通换乘衔接可以实现与罗湖—福田和前海—南山城市核心区的便捷联系。东莞轨道交通 1 号线为最高设计速度 120km/h 的跨境快线，规划线路全长约 93km。其中，东莞轨道交通 1 号线一期工程为望洪站—黄江中心站，线路长约 57.5km，设 24 站；其余段的建设时间待定。各线示意图如图 2-3 所示。

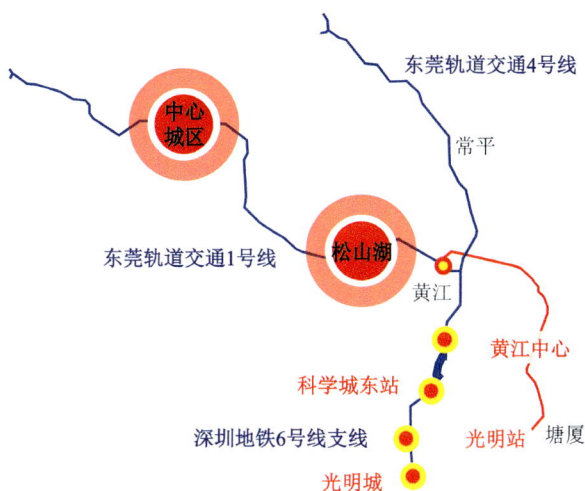

图 2-3 深圳地铁 6 号线支线与东莞轨道交通 1 号线、4 号线在线网中的关系示意图

根据东莞市轨道交通远期线网规划，东莞轨道交通 1 号线黄江以南将拆分为东莞轨道交通 4 号线南段，衔接深圳地铁 6 号线支线。东莞轨道交通 4 号线为石龙站至深莞边界的市域快线，线路长约 43km。

4）项目的立项、报批和建设

在东莞轨道交通第二期建设规划上报审批时，东莞轨道交通 1 号线临深段约 3km 线路未纳入同期建设规划批复，建设时序不确定。因此，在深圳地铁 6 号线支线作为东莞轨道交通 1 号线延伸线的深圳段上报深圳市轨道交通第四期建设规划审批时，经深圳市和东莞市沟通协调确定，深圳地铁 6 号线支线及东莞轨道交通 1 号线南延段分别纳入了深圳市轨道交通建设规划及东莞市轨道交通建设规划，上报国家发展改革委进行审批，双方统一技术标准，预留互联互通及资源共享条件，根据各自建设规划（包括建设规划调整）中尽可能实现建设时序协调，尽早实现互联互通。线路示意图如图 2-4 所示。

为此，国家发展改革委批复东莞市轨道交通第二期建设规划后，东莞积极申报轨道交通1号线南延段以实现与深圳地铁6号线支线的衔接换乘，深圳已在四期建设规划中以地铁6号线支线获得项目立项审批，立项审批后深圳市已按照规划进行建设并开通运营。在规划建设过程中，深圳及东莞两地启动了相关建设工作（如建设单位、相关审批、设计及施工招标均各自负责等），同时建立了规划设计和建设运营的沟通协调机制，确保分段建设线路具备后期采用贯通运营模式。目前，两线在设计层面的技术要求、接口基本一致，互联互通模式待东莞轨道交通1号线延伸时根据建设和运营规划进一步确定实施方案。

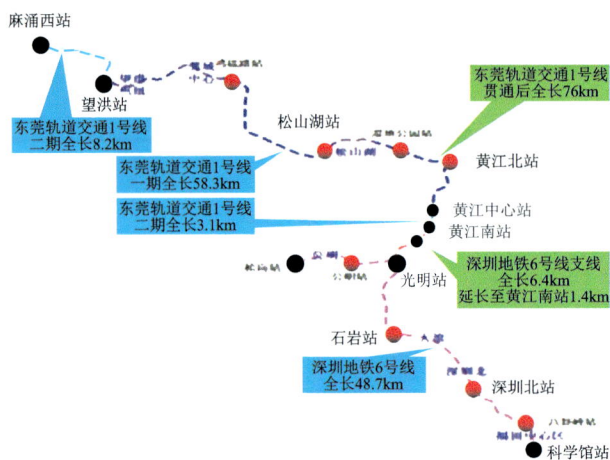

图2-4　深圳6号线支线/东莞1号线线路示意图

5）深圳地铁6号线支线运营方案分析

两市轨道交通线网运营规划方案分为以下四个阶段。

（1）第一阶段：两线初期独立运营，交路范围仅覆盖深圳地铁6号线支线段，列车停放及检修按照本线跨线至深圳地铁6号线车辆基地实现资源共享，并支撑深圳地铁6号线支线初期安全运营需要。

（2）第二阶段：东莞轨道交通1号线南延并与深圳地铁6号线支线贯通运营，深圳地铁6号线支线作为东莞轨道交通1号线深圳段组织运营，纳入东莞市轨道交通线网并实现车辆和车辆基地资源共享。

（3）第三阶段：根据东莞市轨道交通线网规划建设时序安排，东莞轨道交通1号线运营后将适时推进支线的规划建设，东莞轨道交通1号线采用主支线运营模式，塘厦段支线与主线在富民南路站接轨。贯通运营示意图如图2-5所示。

（4）第四阶段：远期东莞轨道交通4号线黄江—常平段建成后，原东莞轨道交通1号线黄江—深圳段拆分至东莞轨道交通 4 号线贯通运营，原东莞轨道交通 1 号线支线作为主线运营。因此，深圳地铁 6 号线支线远期将作为东莞轨道交通 4 号线的延伸线运营，实现两市轨道交通线路的互联互通，如图 2-6 所示。

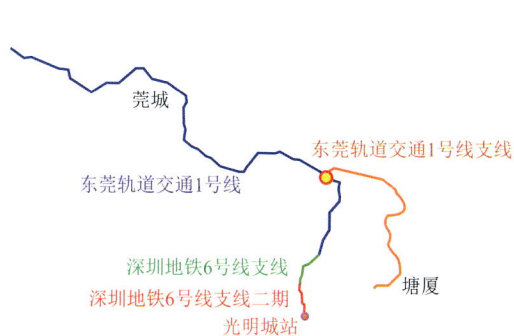

图 2-5　6 号线支线与 1 号线贯通运营示意图

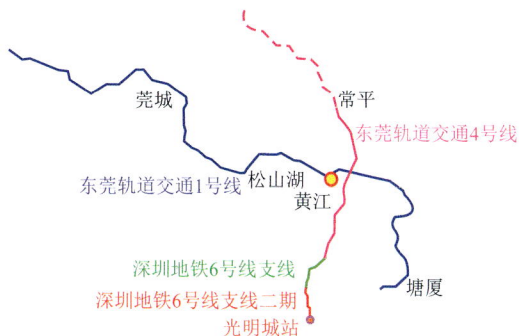

图 2-6　深圳地铁 6 号线支线与东莞轨道交通 4 号线贯通运营示意图

深圳地铁 6 号线支线与东莞轨道交通 1 号线具体实施方案如下：

2015—2019 年，深圳地铁 6 号线支线按照初期独立运营，后续与东莞市轨道交通线网贯通运营的思路，完成了建设规划报批、可行性研究、初步设计审查，并开工建设。

随着项目的推进，2020 年，深圳市政府考虑到深圳地铁 6 号线支线北延与东莞市轨道交通线网贯通时序不确定的问题，将给运营和建设带来一定的不确定性，进而明确深圳地铁 6 号线支线初期独立运营，预留与东莞轨道交通 1 号线互联互通灵活的技术条件，远期规划构想深圳地铁 6 号线支线南北分别延伸至深港科技创新合作区、东莞黄江中心，若实现该规划，深圳地铁 6 号线支线全长将达到 54km。

该方案既保留了两市轨道交通贯通运营的技术条件，也具备长时间不能实现互联互通时长期独立运营的技术保障，以应对贯通运营推进滞后带来的技术保障风险。目前，深圳地铁 6 号线支线二期工程已按照此规划思路推进相关建设工作，但是，远期线网规划尚须按照深圳轨道交通线网规划修编成果推进深圳地铁 6 号线支线后续规划建设工作。

6）总结与思考

深圳地铁 6 号线支线按照独立运营推进近期建设项目实施，预留与东莞轨道交通互联互通技术条件。但是，作为深莞两地第一条城市轨道交通跨境线路，项目前期开展了贯通运营不同建设时序、不同运营规划和不同运营场景的相关规划设计研究工作，为两市城市轨道交通互联互通建设运营预留了灵活的技术条件，可以适应两市城市轨道交通发展的弹性。本线规划设计和建设运营相关研究和探索为后续深莞惠跨境轨道交通规划建设提供了宝贵经验。

深圳地铁 6 号线支线及东莞轨道交通 1 号线两个项目分别由两市进行立项审批，并由两市不同的建设运营主体开展项目建设和管理。因此，带来了建设时序不确定、运营主体不明确引起的技术标准和系统冗余差异，虽然最终方案可以具备更好的适应性和弹性，但也带来两个项目初期投资增加的问题。

深圳地铁 6 号线支线规划设计和建设运营实践，值得我们思考的是：如何将跨市域轨道交通项目统一立项审批、协同建设管理、统筹运营组织，从源头避免跨行政区轨道交通线路在建设时序、技术标准和建设运营的"不同步、不统一、不协调"的困扰，并尽可能实现资源共享，节省工程建设投资和运营成本。

2.1.2 不同系统制式互联互通的关键技术

1）背景介绍

因建设时序差异，深圳地铁 6 号线支线初期无法与东莞轨道交通 1 号线同期开通。因此，在深圳地铁 6 号线支线独立运行期间需考虑利用深圳地铁 6 号线长圳车辆段进行相关检修作业，待深圳地铁 6 号线支线与东莞轨道交通 1 号线贯通运营后，车辆检修作业再由东莞轨道交通 1 号线承担。但是，为预留与东莞轨道交通 1 号线贯通运营技术条件，深圳地铁 6 号线支线采用与东莞轨道交通 1 号线相同的系统制式——B 型车 6 辆编组，接触网供电。而深圳地铁 6 号线系统制式为 A 型车 6 辆编组，接触轨供电。由于深圳地铁 6 号线支线与深圳地铁 6 号线制式不统一，初期运营需要实现地铁 6 号线支线跨线至地铁 6 号线，才能满足长圳车辆段的资源共享，支撑地铁 6 号线初期运营列车运用和检修需求。

2）应对措施

（1）接触网和接触轨双制式授流，满足过轨运营条件

6 号线支线车辆采用架空接触网受流方式运行，同时配置受电弓和集电靴两种受流器。在 6 号线支线光明站同时设置接触轨和架空接触网两种授电方式，6 号线支线与 6 号线间联络渡线设置接触轨受电方式，授流方式在车站停站转换，实现 6 号线与 6 号线支线跨线运营的授流过渡，如图 2-7 所示。

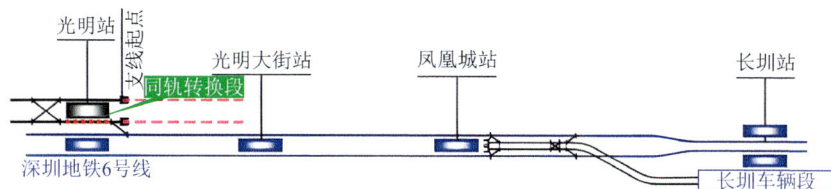

图 2-7 网轨过渡段示意图

（2）联锁模式运行，满足收发车作业需求

6 号线支线与 6 号线无贯通运营的需求，6 号线支线列车在 6 号线上属非载客运行。因此，初期在收发车时段，6 号线支线列车在 6 号线范围内以联锁模式运行，利用 6 号线的地面信号机、计轴及联锁设备实现联锁级安全防护。6 号线支线在光明站站台设置转换轨，在供电系统网轨转换的同时，实现列车驾驶模式的转换。

（3）共用长圳车辆段

6 号线支线采用 B 型车，与 6 号线系统制式为 A 型车有所不同，为了利用 6 号线长圳车辆段停车列检，相关解决方案见表 2-1。

6 号线支线与 6 号线共用长圳车辆段解决方案 表 2-1

项目	解决方案
停车列检	6 号线支线初期配车 5 列，2022 年开通后可利用长圳车辆段初期（2023 年）富裕的 16 条停车列检线；2023—2030 年可利用长圳车辆段富裕的 5 条停车列检线
双周三月检、定修	双周三月检利用长圳车辆段富裕的 1 条双周三月检线解决，该周月检线平台须按 B 型车限界建设（增加 U 形槽钢），待 6 号线支线车辆退出使用后恢复 A 型车限界
临修	共用 1 条大架修线；需设置三组移动式架车机进行转向架更换，转向架须由汽车转运至横岗车辆段进行检修
新车装卸	共用新车装卸线进行
洗车	共用洗车机，可能存在洗车不干净的情况，再由人工在运用库内补洗
试车	共用试车线
镟轮	共用不落轮镟床
调车作业	共用调机，因 A、B 型车的车钩高度不同，须增加过渡车钩

3）总结与思考

随着国内超大城市的城市轨道交通网络逐渐成型，都市圈内不同城市轨道交通衔接越来越紧密，而都市圈内不同城市的轨道交通建设时序可能无法紧密衔接，导致初期运营段可能利用其他线路的场段进行检修作业。因此，6 号线支线与 6 号线的不同制式的互联实现车辆段检修资源共享，可为今后类似项目提供参考与借鉴。

但是，6 号线支线收发车作业将对 6 号线正线运营产生较大影响，当 6 号线行车密度加大或收发车作业量较大时，两线的互联互通可能影响运行效率和运输能力。因此，6号线支线在近远期具备独立运营条件是必要的。

2.1.3 交通接驳系统规划创新

1）背景介绍

把粤港澳大湾区建成具有国际竞争力的一流湾区和世界级城市群，基础设施的互联互通既是先决条件，也是有力支撑。加快基础设施互联互通也是《粤港澳大湾区发展规划纲要》重点工作之一。《粤港澳大湾区发展规划纲要》指出，要加快基础设施互联互通，畅通对外联系通道，提升内部联通水平，为粤港澳大湾区经济社会发展提供有力支撑。

城市轨道交通是大运量公共交通系统，可以有效缓解城市交通压力，大幅提升城市交通出行便利性。但城市轨道交通提供的是"站到站"的服务，而不是"门到门"的服务，各种交通方式与城市轨道交通的换乘接驳愈发重要，加强城市轨道交通、公交、慢行交通的接驳，着力解决出行"最后一公里"问题是城市轨道交通建设的重要任务。

"最后一公里"问题的本质是城市轨道交通、公交和慢行系统之间衔接不畅。而城市轨道交通接驳规划的目标是协调优化各交通系统关系，以城市轨道交通为核心，打造集慢行、公交和即停即走等各交通方式高度融合的交通接驳系统，延伸城市轨道交通服务半径，提升居民全过程出行体验。

6号线支线位于深圳市外围，紧邻深圳、东莞边界，中大站及深理工站主要服务两所校园师生及附近居民，城市外围地区公共交通服务相对薄弱，城市轨道交通与慢行系统的接驳重要性更加凸显。

2）规划设计原则

（1）慢行公交优先：步行 > 自行车 > 常规公交 > 出租车 > 小汽车。

（2）因地制宜分配路权：结合实际条件，尽量给予非机动车独立路权，分离行人和非机动车，保障行人安全。

（3）节约集约用地：按照使用机动车道功能不受影响的最低宽度原则，充分挖掘闲余空间和城市轨道交通开挖闲置空间进行接驳设置布局。

（4）交通衔接强调可实施性，力求交通一体化综合方案最优。具体做法如下：

①公交场站应尽量靠近城市轨道交通站点出入口布置，距离一般不超过100m，方便城市轨道交通接驳公交。

②城市轨道交通站点周边至少设置一对公交停靠站，与城市轨道交通站点出入口距离尽量 50m 内，不宜大于 100m。

③即停即走泊位应靠近城市轨道交通站点出入口布置，与城市轨道交通站点出入口的步行距离宜控制在 100m 以内，方便乘客使用。

④小汽车停车场应靠近城市轨道交通站点布置，与城市轨道交通站点出入口的步行距离宜控制在 200m 以内，有利于接驳换乘。

根据城市轨道交通站点客流特征，考虑城市轨道交通网络与常规公交线网接驳的布局结构以及城市轨道交通站点的交通接驳模式及服务范围，并结合城市轨道交通站点周边用地性质，从交通接驳功能上进行分类，城市轨道交通站点可分为综合枢纽站、交通接驳站、片区中心站、一般站四种类型，如图 2-8 所示。

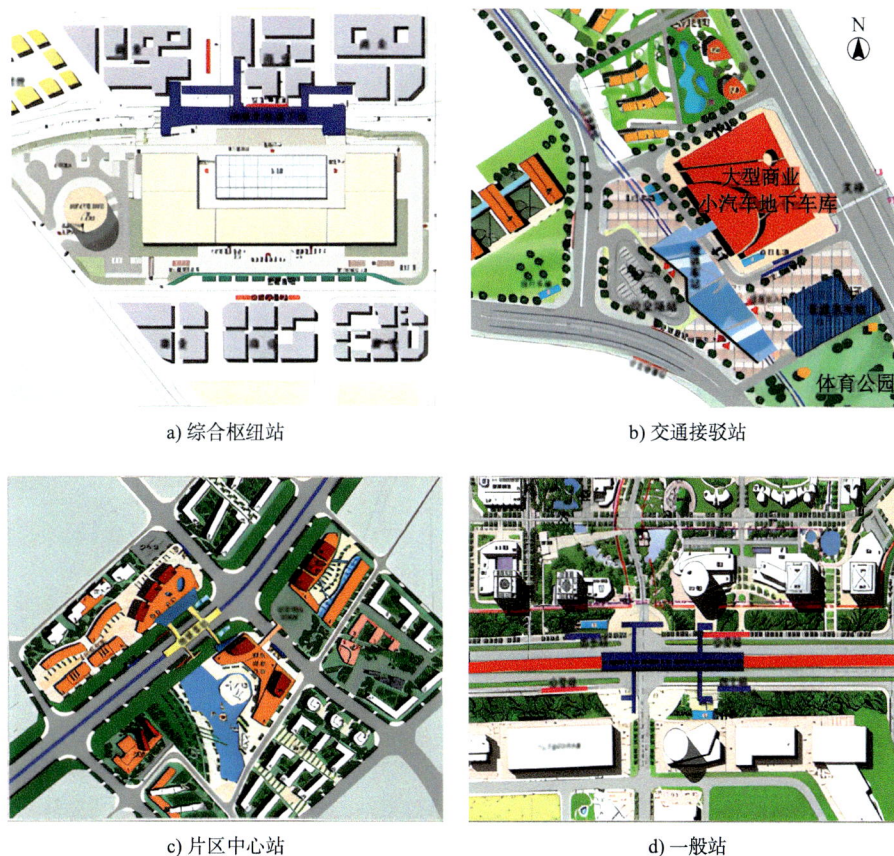

a) 综合枢纽站　　　　　　　　　　　b) 交通接驳站

c) 片区中心站　　　　　　　　　　　d) 一般站

图 2-8　城市轨道交通站点交通接驳分类

深圳地铁 6 号线支线远期规划与东莞轨道交通 1 号线贯通运营，在贯通运营前深圳地铁 6 号线支线将承担东莞方向客流的交通接驳，各站点服务范围以站点周边 1000m 为主。

结合站点接驳特征及功能定位，深圳地铁6号线支线圳美站为一般站，深理工站和中大站为交通接驳站。同时，考虑到中大站客流以学生为主，交通接驳方式主要是自行车，为满足学生出行需求并规范地面自行车停放，规划在中大站设置地下自行车停车库。

3）交通接驳创新模式——地下智能机械式立体自行车停车库

公常路北侧中大站C出入口紧邻中山大学深圳校区，规划在此处设置一座地下智能机械式立体自行车停车库，停车库采用直径8m、深8.5m的圆形钢筋混凝土地下结构，设置6层，每层30个车位，最大可容纳180辆自行车，地面部分设置智能存取亭，见图2-9。

图2-9　自行车停车库与地面停放对比图

自行车停车库包括地下车库及地面存取车亭。地下车库由支撑结构、传动系统、控制系统三部分组成。支撑结构由笼式筒体，以及设置在笼式筒体内壁朝向轴心位置的多层自行车存放架构成；支撑结构的轴心位置安装传动系统，包括旋转导轨、同步带式升降机构、轴支撑式旋转机构及输送台，实现自行车的抓取、升降、旋转及推送；控制系统实现权限管理、数据管理、系统校时、车牌自动识别、凭证抓拍、收费管理、系统报警、信号传输等功能。笼式筒体支撑结构如图2-10所示。

图2-10　笼式筒体支撑结构

地面存取车亭设置智能控制屏，具有系统自检和故障指示、挡车功能、应急开启/关闭、手动开启记录、自动出/收卡功能，可实现自行车最快 3s 入库，最长 25s 内取车。

4）应用效果

6 号线支线在设计时同步开展了交通接驳规划研究，构建以城市轨道交通为骨干、常规公交为主体、多种交通方式相结合的城市立体快捷公共交通运输体系，促进城市轨道交通-公交-慢行的三网融合。特别是将慢行接驳系统的自行车停车库纳入到中大站出入口附近同步建设，满足学生出行需求并规范地面自行车停放，构建了无缝衔接的公共交通服务网络，提高了城市交通整体服务质量和运输效率，成为市民可信赖的出行选择。

地下智能机械式立体自行车停车库在城市轨道交通领域的成功应用，对深圳市自行车停车库的建设起到了引领作用，推动了中等距离机动化出行向自行车交通转移，促进了慢行健身休闲化普及，提升了慢行出行品质，告别了自行车乱停乱摆出现的脏乱差现象，助力城市绿色可持续发展，对未来城市建设规划起到借鉴参考的经验。

2.2　车站、区间设计创新

2.2.1　基坑组合装配式钢支撑技术应用

中大站 B 出入口及 3 号风亭组基坑属不规则多边形基坑，面积约 2000m²，基坑深 12.5m，若采用常规混凝土支撑，需采用大量临时立柱及长大支撑等临时结构，内支撑结构稳定性较差；采用混凝土支撑后期还需凿除，产生大量的建筑垃圾。为贯彻低碳环保的理念，基坑设计时引入预应力型钢组合支撑，为深圳地铁首例，可解决传统混凝土内支撑造价高、工期长、内支撑密集、拆撑产生大量建筑垃圾等问题。

1）设计方案

（1）支护方案

钻孔灌注桩施工工艺比较成熟，施工速度较快，施工质量容易得到保证；并且材料刚度较大，可以有效控制基坑开挖过程中的周边变形，适用于各种地层的基坑工程。本工程围护桩采用ϕ800mm@1000mm 钻孔桩，结合深层搅拌桩止水帷幕全封闭止水的支护形式。

（2）支撑方案

在受力形式及支护体系稳定性方面，预应力型钢组合支撑布局形式遵循"受压为主、减少弯剪、避免拉扭"的原则，支撑为全受压体系，充分发挥了材料抗压强度；预应力型钢组合支撑体系由多根主受压杆件组成的单束支撑梁，具有较大的平面稳定性，可以用于大跨的基坑工程。为适应异形基坑受力方式复杂的特点，预应力型钢组合支撑体系采取"强节点、弱截面"的原则，在型钢组合支撑体系所有节点保证全刚性连接，局部受弯件区域依靠三角件、锯齿件整体构件抵抗，类似于混凝土支撑交点钢筋加强。预应力型钢组合支撑体系通过八字撑的组合方式，腰梁区域因支腿较多，可缩小受弯跨度，进而缩小基坑变形，如图2-11所示。

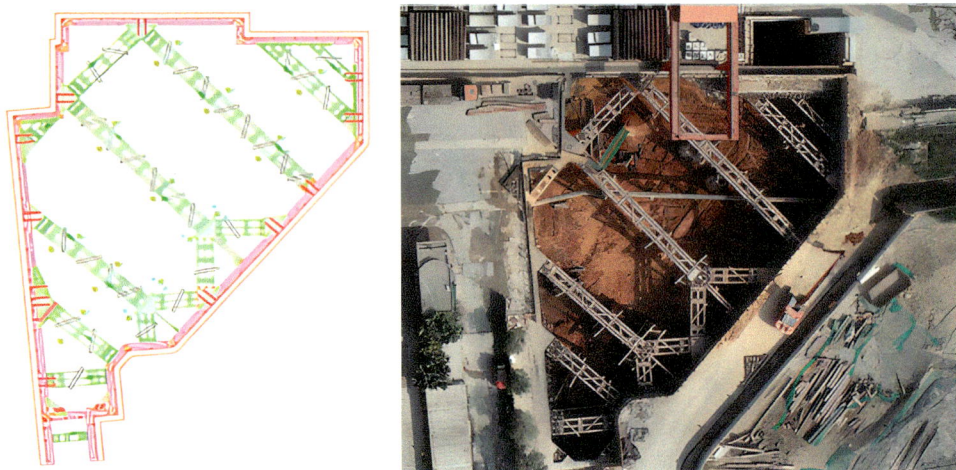

图2-11　预应力型钢组合支撑体系平面布局及应用效果

2）应用成效

（1）引入的预应力型钢组合支撑的方案，解决了传统混凝土内支撑造价高、工期长、内支撑密集、拆撑产生大量建筑垃圾和噪声污染大等问题，本工程采用该方案后节约投资30余万，缩短工期约2个月，达到资源节约、环保节能的目的。

（2）在施工的便捷性方面，型钢组合支撑可充分利用装配式预应力型钢结构支撑体系大跨度、大间距、大空间优点，减少基坑支撑的数量，具有易拆卸、可重复利用的优点，可为深基坑出土提供更大的作业空间，提高了基坑工程施工的效率和安全性，实现标准化、流水化施工。中大站在设计中通过合理布置支撑形式，平面主撑净距已具有13m，可以充分满足出土作业和结构施工的需求，B出入口及3号风亭在施工过程中取得了良好的应用效果，为预应力型钢组合支撑在城市轨道交通基坑中的应用提供借鉴。

2.2.2　隧道新型卸载保护结构应用

光圳区间盾构隧道施工完成后，根据市政道路规划，柴山南路新建道路上跨该区间，与区间隧道呈正交关系。因需要与周边既有道路衔接，新建道路高程无法抬升，需要在区间隧道上方大范围开挖卸载，最大卸载深度达到 14.7m，开挖卸载后地面距离区间隧道仅 4.2m。根据既有经验，大范围卸载必然引起隧道结构回弹上浮，严重影响 6 号线支线运营安全。为保护区间隧道，本工程采用了一种既有浅埋隧道上方卸载保护结构及施工方法，施工完成后隧道结构最大上浮量仅 5.3mm，满足 10mm 的变形控制允许值。

（1）工程概况

6 号线支线光圳区间从光明站引出后，由高架转明挖过渡为盾构法敷设，在柴山南侧山脚转为地下，盾构隧道顶覆土 5.4～96m。盾构隧道管片外径 6.2m，管片厚度35cm。

柴山南路全长约 720m，为城市主干路，红线宽 60m。道路上跨盾构区间，与其呈 87° 相交，受影响处地铁隧道结构采用断面 3（浅埋段）I 型配筋，新建道路与地铁隧道平面关系如图 2-12 所示。

新建道路区域现状地面为柴山山脚，道路施工阶段需在区间隧道上方大范围开挖卸载，在区间隧道上方最大卸载厚度 14.7m，区间隧道上方最小覆土厚度 4.2m；道路使用阶段在区间隧道上方最终卸载厚度 11.6m，区间隧道上方最终覆土厚度 6.2～7.9m。

道路开挖后边坡高度约 10～29m，采用四级放坡 + 锚索形式处理，每级边坡高度不大于 8m，锚索长 18～24m，与区间隧道结构最小竖向净距 7.7m。第一级坡度采用 1∶0.75，其余均为 1∶1。每级边坡间设 2m 宽边坡平台。新建道路与既有区间隧道断面关系如图 2-13 所示。

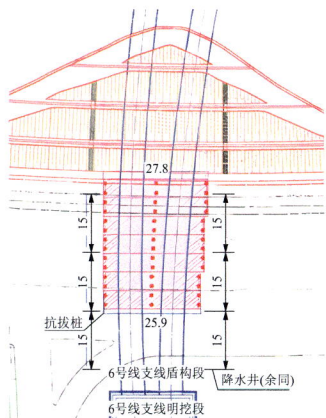

图 2-12　新建道路与地铁隧道平面
关系图（尺寸单位：m）

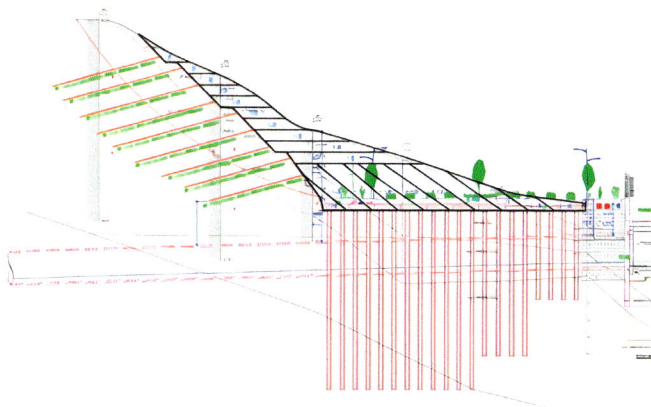

图 2-13　新建道路与既有区间隧道断面关系图

（2）区间隧道保护措施及施工方法

道路施工将导致区间隧道覆土厚度减小过多，为防止区间隧道上方土方开挖卸载引起隧道回弹变形，本工程采用抗浮筏板结构对区间隧道段进行保护。抗浮筏板沿线路走向布置，通过筏板下部抗拔桩的抗拔力弥补边坡土方开挖卸土所减少的重力荷载，减少盾构隧道段因边坡开挖卸荷产生的上浮影响。

如图2-14所示，道路采用分层分块开挖、分步施工抗浮结构的方式。第一步，从地表初步开挖既有隧道上方土体，开挖至不使隧道产生回弹变形的高程；第二步，沿既有隧道纵向划分剩余土体开挖宽度，每段开挖宽度以可施工一抗浮结构单元为限，开挖高程为抗浮筏板底面；第三步，开挖第一段土体，施工第一个抗浮结构单元，待第一个抗浮结构单元达到设计强度后，施加抗拔预应力；第四步，开挖第二段土体，施工第二个抗浮结构单元，待第二个抗浮结构单元达到设计强度后，施加抗拔预应力；重复上述步骤三和步骤四，依次施工剩余抗浮结构单元；最后施工路面层。

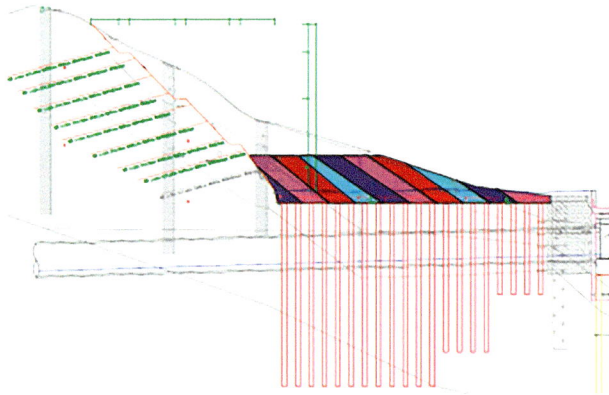

图2-14 既有区间隧道上方开挖工序图

如图2-15所示，抗浮筏板采用抗拔桩＋预应力筏板形式，布置于区间隧道上方，共布置10块，每块宽4.8m（沿线路前进方向），板厚0.8～1m，分块施工。每块筏板跨中及两端共设置4根桩径0.8m抗拔桩，桩长22～37m，两端处抗拔桩与区间隧道平面净距均大于3m，跨中处抗拔桩与区间隧道最小平面净距1.75m。抗拔桩采用旋挖法施工、全护筒工艺，在区间隧道上方土体卸载至剩余一级边坡时开始施钻。通过抗拔桩对抗浮筏板提供主动预应力，初始预应力为60～1440kN，后期可进行补张拉（图2-16），通过以上手段控制隧道变形，达到可调可控的目的。

（3）应用成效

6号线支线光圳区间隧道上方道路按照设计方案施工完成后，最大位移值为隆起5.3mm。经数值模拟分析和结构安全检测，结构受力性能和变形控制指标均满足设计要求。

目前浅埋隧道的抗浮问题主要通过在洞内采取措施解决，如洞内配重、洞内抗浮锚杆、洞内抗拔桩等，但在洞内采取抗浮措施会对隧道衬砌造成一定损伤，并且在既有运营地铁区间隧道施工时需要地铁停运，并需破坏既有轨道结构。6 号线支线采用的这种适用于道路上跨既有隧道上方卸载保护结构及施工方法创新实践，成功解决了既有隧道覆土卸载上浮问题，具有良好的经济效益和推广应用前景。

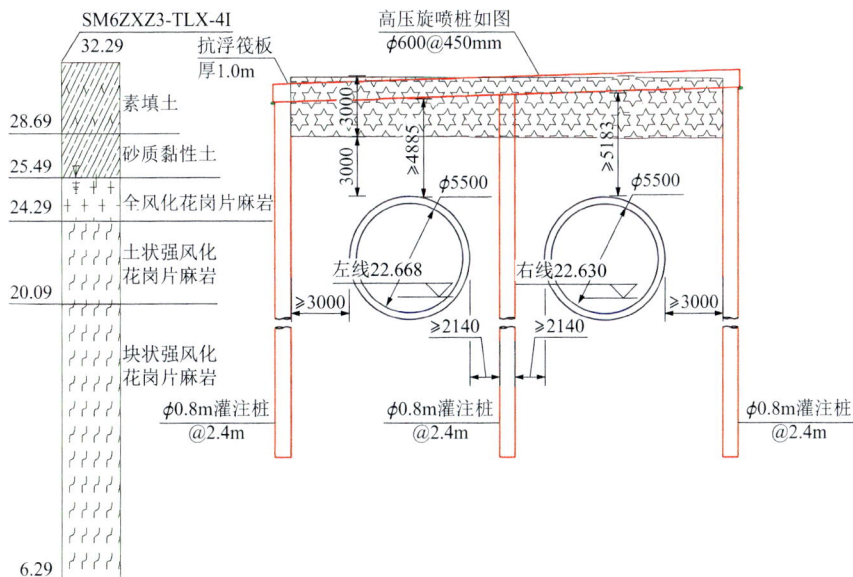

图 2-15 既有区间隧道保护措施图（尺寸单位：mm；高程单位：m）

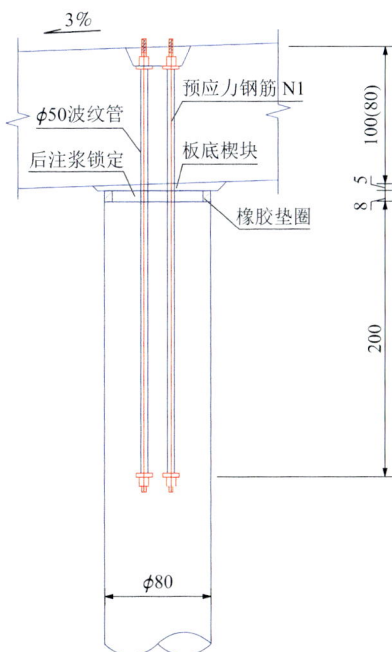

图 2-16 既有区间隧道保护预应力张拉构造图（尺寸单位：mm）

2.2.3　高架段架空刚性接触网与声屏障景观融合设计

城市轨道交通架空接触网一般情况下在地下段采用刚性悬挂，地上段采用柔性悬挂。6 号线支线设计时对工程特点、环境保护、景观融合、运营维护、工程投资及后续工程衔接等方面进行了统筹考虑，首次在高架段设置刚性接触网，利用门形架进行悬挂安装（图 2-17），有效降低了接触网对声屏障高度的影响（可降低接触网声屏障高度 2m 以上），解决了 6 号线支线高架段与既有 6 号线声屏障的高度落差问题，在减少列车行进噪声的基础上，实现了功能、景观和环保的统一。

图 2-17　高架桥门形架刚性悬挂安装实景图

1）景观融合设计方案

光明站为 6 号线与 6 号线支线的换乘站，同时也是 6 号线支线一期与二期的衔接站。该车站及前后区间均采用高架敷设，由于车站处于光明科学城核心区，对环境景观要求较高。根据环评要求，该站前后高架区间均需要采用全封闭式声屏障降噪措施。

考虑到 6 号线支线与 6 号线采用不同授电制式，如果架空接触网采用常规柔性悬挂，声屏障的高度将比采用接触轨授电的 6 号线既有声屏障高出 2～3m。而 6 号线与 6 号线支线在光明站前后高架并行段长约 900m，两者声屏障高差将直接影响到区域的城市景观。因此，为了保持整体风格一致性，6 号线支线的声屏障需要与 6 号线既有声屏障在高度上要求基本相同。

6 号线支线采用刚性悬挂的架空接触网（图 2-18），接触网整体安装高度降低较多。在声屏障全覆盖的情况下，6 号线支线与 6 号线声屏障高度相协调，并且外立面也能与其保持一致，这对光明站及前后区间的景观美化起到了关键作用。

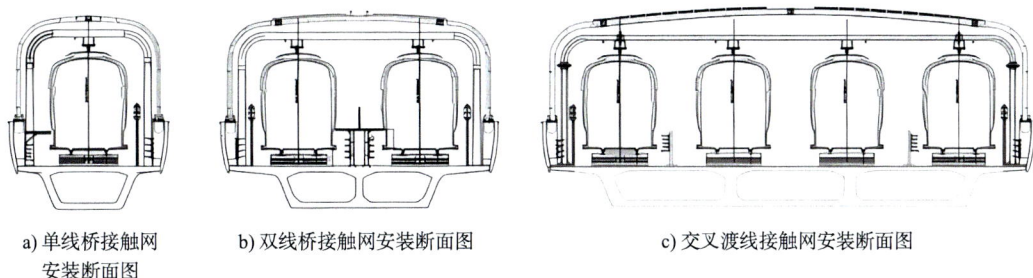

a) 单线桥接触网　　　　b) 双线桥接触网安装断面图　　　　c) 交叉渡线接触网安装断面图
安装断面图

图 2-18　高架桥刚性接触网门形悬挂安装断面图

2）应用成效

（1）运营维护更便捷。6 号线支线仅光明站及前后区间部分采用高架敷设，高架段采用刚性悬挂接触网，本工程统一了全线接触网形式，减少了故障点和柔性接触网的备品备件，提高了运营维护的效率，并有效降低了运营维护成本。

（2）优化后续工程衔接。6 号线支线采用刚性悬挂架空接触网，降低了对声屏障的高度要求，更好地满足全线声屏障设置要求，保持 6 号线、6 号线支线等线路高架桥梁外观、高度和景观的一致性，提升了工程的衔接性，同时也降低了施工难度。

（3）有效降低工程投资。刚性悬挂架空接触网降低了接触网的安装高度，从而减少了声屏障的安装高度。虽然接触网部分投资会增加，但声屏障部分可节省更多的投资。经过优化设计后，较优化前的方案，接触网和声屏障的总投资减少约 860 万元。

2.2.4　车站摄像头与导向标志一体化设计

一般车站站内吊挂式摄像机、PIDS（乘客信息系统）、时钟、导向牌，摄像机和各类导向标志独立吊装，车站上空设备布置凌乱、相互遮挡、吊杆过长，严重影响乘客使用及车站整体观感。6 号线支线车站公共区装修、导向、通信等专业，在设计时就进行了各种整合，有效避免了上述问题。

首先，车站公共区墙面设置了一条 200mm 宽的功能带，靠墙的摄像机在满足角度需要的情况下，统一在功能带上开孔固定，将摄像机吊挂式安装调整为墙面嵌入安装，减少了吊挂式摄像机数量，又统一了墙面设备安装高度。同时，车站楼梯、扶梯上下端出入口处的摄像机集成固定在柱面悬挑的导向标识牌上，把进出闸机处成组的摄像机统一与导向标识牌集成设计，吊杆数量由 5 根优化成 2 根。在站厅与通道接驳处，门套处的导向、疏散标识、时钟由传统的吊挂式调整成嵌入式，以减少吊杆数量。

光明站高架站站台层设置两条通长综合支吊架，把站台层吊装的广播喇叭、摄像机、PIDS、灯具、风扇等设备集成安装在综合支吊架上；楼梯、扶梯洞口前设置龙门架，对导向标识和摄像机进行集成处理，减少高架站站台层设备分散布置。

通过天花上各吊挂设备终端与装修、导向标识的紧密配合及现场安装督导，6 号线支线切实有效地减少了吊挂设备终端凌乱的吊杆，为车站装修整体美观效果提供了保障，如图 2-19 所示。

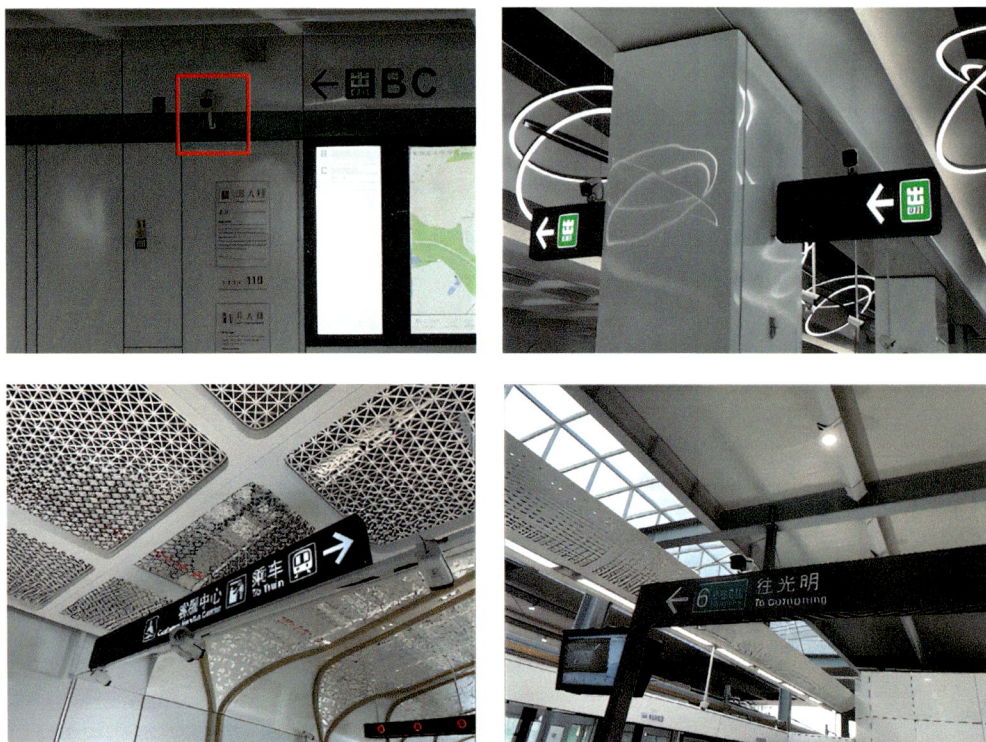

图 2-19　现场各类集成一体化设计

2.3　轨道与道岔区特殊减振设计创新

2.3.1　橡胶弹簧浮置板道床概况

橡胶弹簧浮置板道床为近年来逐渐在国内轨道交通领域得到推广应用的新型特殊减振道床，这种道床基于钢弹簧浮置板道床发展而来，具有防水性能好、使用寿命长、无"断簧"风险等特点，在同等减振效果下的工程技术经济特征更为优良。

深圳地铁 11 号线、6 号线均有橡胶弹簧浮置板道床的应用，工作人员在道床铺设完成后对其实际减振效果进行了检测。第三方测试报告结果显示，与普通整体道床断面对比，橡胶弹簧浮置板道床减振效果可达 15.1dB；此外，相关研究表明，橡胶弹簧浮置板道床能够降低车内噪声，更易保证乘车舒适性。橡胶弹簧浮置板道床的施工现场如图 2-20 所示，橡胶弹簧浮置板道床铺设完成后如图 2-21 所示。

图 2-20　橡胶弹簧浮置板道床的施工现场　　图 2-21　橡胶弹簧浮置板道床铺设后现场

6 号线支线因中大站上盖物业开发需求，为预留足够的减振富余量，中大站正线（含道岔区）采用了橡胶弹簧浮置板道床，铺设长度为 0.902km，均位于地下矩形隧道段，其铺设范围包含了正线及接正线的 2 组单开道岔。非道岔区道床按预制浮置板结构设计，道岔区道床按现浇浮置板结构设计，要求该轨道系统在 B 型车 6 辆编组、车辆设计轴重 14t 及最大行车速度 120km/h 技术条件下的固有频率不宜大于 16Hz，减振效果不应小于 15dB。

2.3.2　设计创新方案

1）主要难点

6 号线支线首次将橡胶弹簧浮置板道床应用于道岔区，作用于 60kg/m 钢轨曲线尖轨 9 号单开道岔。相较于正线，道岔区的轨道设计方案主要存在以下难点：

（1）列车过岔时轨道结构受力复杂，橡胶弹簧浮置板道床系统整体刚度小、结构位移大，需保证行车平稳、安全可靠。

（2）岔后通常接配线普通道床，而配线普通道床与橡胶弹簧浮置板道床系统刚度差异较大，需保证二者之间的平稳过渡。

（3）道岔区轨枕间距及布置方位受限较多，预留空间较小，需保证橡胶弹簧隔振器有合理布置空间。

（4）橡胶弹簧浮置板轨道系统一般为中心水沟，沟底高程较低，需对道岔区排水系统进行合理设计，使其前后顺接，沟底无积水，方便运营巡检和维护。

2）创新设计

针对以上难点，本工程开展了道岔区橡胶弹簧浮置板道床的创新设计，主要方案内容包括：平面布置方案、刚度过渡方案、排水设计方案。

（1）平面布置方案

橡胶弹簧浮置板道床系统为点支撑受力结构，为方便隔振器的排布，采用了混凝土短岔枕；为保证道床受力均匀，圆形隔振器应尽量布设于相间的轨枕间隔中，布置位置为道床两侧；而道岔区受到转辙机预留空间的影响，将该处隔振器调整至拉杆槽附近，布置位置为道床中部；同时对岔后接普通道床的部分进行隔振器数量加密，布置位置为道床两侧及道床中部；另外，为提高过车平稳性，将整个 9 号单开道岔道床划分为 K1、K2 两部分，道床板之间设 30mm 宽伸缩缝，合理的道床分块既能满足混凝土温度变化下的收缩要求又能提高弹簧上方的振子质量，降低系统固有频率，保证较好的减振效果。道岔区橡胶弹簧浮置板道床平面布置情况如图 2-22 所示。

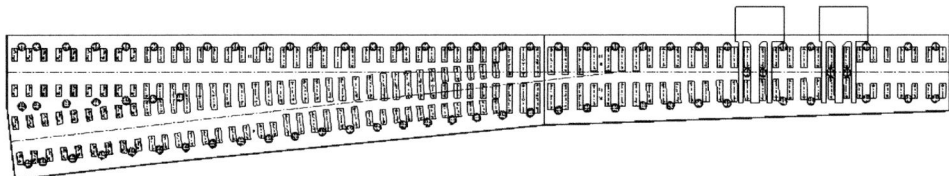

图 2-22 道岔区橡胶弹簧浮置板道床平面布置图

（2）刚度过渡方案

橡胶弹簧隔振器包括 A、B、C、D 四种型号，其刚度分别为 6kN/m、8kN/m、10kN/m、12kN/m，本工程根据衔接道床的不同类型来选择对应型号的橡胶弹簧，以达到刚度均匀过渡的目的。道岔区 K1 道床块在岔前衔接类型同为橡胶弹簧浮置板道床，因此选择间隔布置、刚度较小的 A、B 型号橡胶弹簧；K2 道床块在岔后衔接类型为普通道床，因此选择加密布置、刚度较大的 C、D 型号橡胶弹簧。通过合理布置不同刚度和密度的隔振器，在道岔区实现平稳过渡，列车过岔时可保证行车平稳，车体振动加速度在相关规范、标准的允许范围之内。道岔区不同型号的橡胶弹簧布置方案如图 2-23 所示。

（3）排水设计方案

橡胶弹簧浮置板道床采用以中心排水沟为主，两侧排水沟为辅的排水系统。正线非道岔区过渡到道岔区前，积水将通过设置在两侧的集水坑及基底横沟汇入到中心水沟，这些中心水沟在道岔区前后保持贯通。此外，在转辙机拉杆槽附近，水沟需要绕行避开道床中部的橡胶弹簧隔振器。为防止转辙机基坑积水，边沟采取隔断的方式，通过顺坡排向两侧，基坑内设置坡度为 2% 的水沟将积水引入集水坑。为方便运营检查维护，中心水沟上方设有经防锈处理的检查孔盖板，并在集水坑上方加盖钢盖板。道岔区道床在保证与正线非道岔区水沟顺接的基础上，保证了基坑、沟底无积水且便于巡检。道岔区橡胶弹簧浮置板道床排水顺接方案如图 2-24 所示。

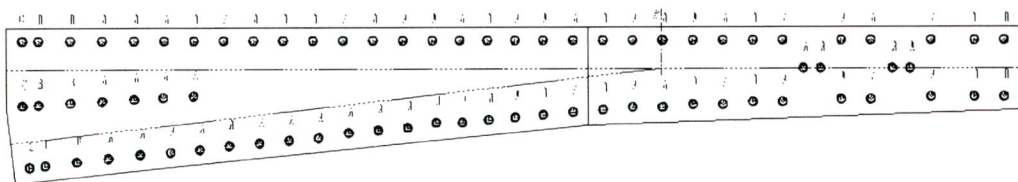

图 2-23　道岔区不同型号橡胶弹簧布置图

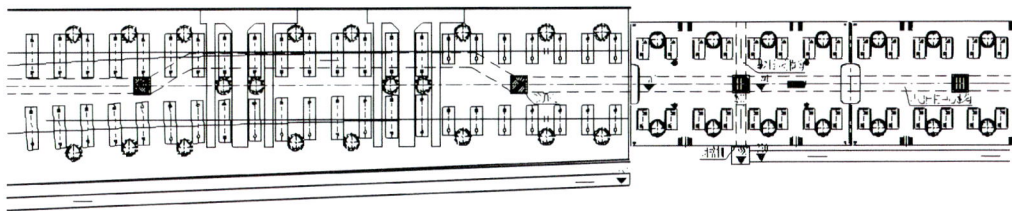

图 2-24　道岔区橡胶弹簧浮置板道床排水顺接图

综上，针对道岔区轨道结构受力复杂、平顺性要求较高、部件布置空间受限等难点，橡胶弹簧浮置板道岔道床通过采用混凝土短岔枕，合理进行道床分块和隔振器布置，选用合理刚度和数量的橡胶弹簧等关键性设计，实现了道岔区的均匀受力、平稳过渡，并使其排水顺接、无积水，方便后期运维。

2.3.3　动力学检算分析

结合本线速度和舒适度要求较高的特点，为验证道岔区橡胶弹簧浮置板道床创新设计方案的合理性，本节针对列车-轨道-隧道系统耦合进行动力学检算分析，对列车过岔的安全平稳性、刚度过渡平顺性及减振效果进行综合评价，以保证道岔区轨道结构设计满足行车安全性、平稳性指标以及减振性能要求。

（1）模型建立

根据 6 号线支线车辆、线路条件，设计人员建立了列车-道岔-浮置板这一刚柔耦合模型，如图 2-25 所示。列车多刚体系统与钢轨柔性体系统通过轮轨接触模型实现耦合，钢轨柔性体系统与浮置板柔性体系统通过力元实现连接。

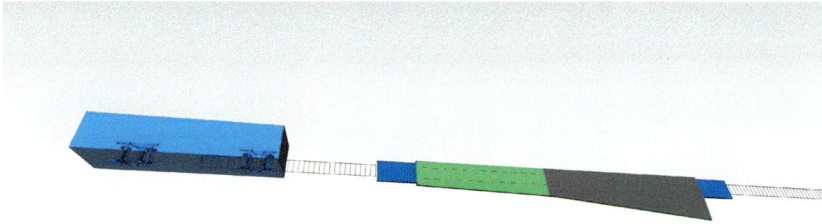

图 2-25 列车-道岔-浮置板刚柔耦合模型

（2）列车过岔的安全平稳性指标计算

根据本工程列车运行时的过岔速度最大允许值，设计人员在计算评价时，直向过岔速度按 100km/h、侧向过岔速度按 35km/h 考虑。列车过岔时的安全平稳性评价主要依据《城市轨道交通初期运营前安全评估规范》（交办运〔2023〕56 号）及《机车车辆动力学性能评定及试验鉴定规范》（GB/T 5599—2019），其中安全性指标包括：轮轨垂/横向力、脱轨系数、轮重减载率；平稳性指标包括：车体垂/横向加速度和 Sperling（斯佩林）平稳性指标。限于篇幅，本节直接给出计算结果及对应容许值，见表 2-2。

检算分析指标汇总表   表 2-2

计算指标	直向过岔	侧向过岔	容许值	符合性
轮轨垂向力	166kN	148kN	170kN	符合
轮轨横向力	28kN	30kN	30kN	符合
脱轨系数	0.4	0.38	0.8（直向过岔）1.0（侧向过岔）	符合
轮重减载率	0.45	0.58	0.6	符合
车体横向加速度	0.25m/s²	0.58m/s²	0.6m/s²	符合
车体垂向加速度	0.14m/s²	0.08m/s²	1m/s²	符合
Sperling 平稳性	0.83	0.8	2.5	符合
钢轨垂向位移	3mm	2.9mm	4mm	符合
道床板垂向位移	2.5mm	2.6mm	3mm	符合

由表 2-2 可知，经动力学仿真分析，在本工程创新设计方案下，列车直向/侧向过道岔区时，橡胶弹簧浮置板道床的各项动力学指标优良，其中安全性指标及平稳性指标均满足规范要求；钢轨及道床板的最大位移均满足《浮置板轨道技术规范》（CJJ/T 191—2012）限值要求。

（3）列车过岔的减振效果计算

为对环境振动进行预测分析，设计人员利用有限元分析软件建立隧道-土体有限元模型，如图 2-26 所示。模型左右侧均采用无限单元边界，底部采用弹簧约束边界；在对模型进行网格划分时，非无限单元区域土体的网格尺寸选择为 0.2~0.75m，无限单元区域土体不考虑网格尺寸以满足环境振动分析频率范围要求（1~200Hz）。

在对减振效果进行预测评价时，首先在前面已建立的列车-道岔-浮置板刚柔耦合模型中输入轨道不平顺激励，并将响应结果输入到隧道-土体有限元模型中，得到环境振动加速度值，最后依据《环境影响评价技术导则 城市轨道交通》（HJ 453—2018）规定，提取隧道壁上轨面以上 1.25m 位置处 1~200Hz 范围内最大 Z 振级的插入损失来评价其减振效果。

由有限元模型计算得到的隧道壁铅锤向振动加速度，在时间 1s 内计权，并进行三分之一倍频分析，可得到随时间变化的计权振级，取其中最大的振级为最大 Z 振级，作为环境振动的评价指标，通过计算不同轨道模型的最大 Z 振级前后做差，即可得到插入损失，作为评价不同轨道的减振效果，如图 2-27 所示。

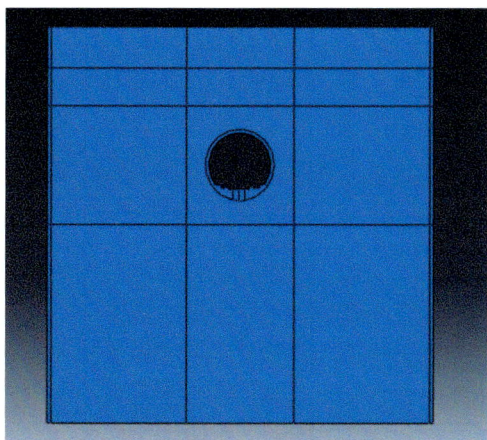

图 2-26　隧道-土体有限元模型

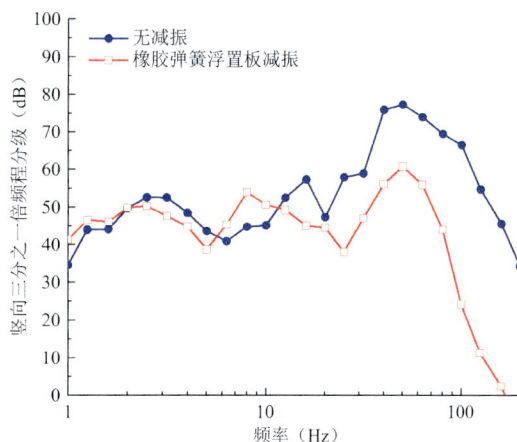

图 2-27　道岔区段隧道壁三分之一倍频分频振级

由图 2-27 可知，道岔区橡胶弹簧浮置板道床的主频约为 8Hz，计算两种工况的差值，可得到橡胶浮置板道床相较于无减振的普通道床，插入损失为 16.5dB，满足特殊减振需求（插入损失不低于 15dB）。

第 **3** 章

明（盖）挖车站施工关键技术与创新

3.1　浅埋矩形顶管穿越砂质地层施工技术

3.1.1　工程概况

圳美站（图 3-1）位于深圳市光明区光侨路与圳美大道交叉口以南，沿光侨路南北布置，共设置 4 个出入口、3 组风亭及 1 个紧急疏散楼梯。其中，A1 出入口位于车站东侧，周边为中山大学附属第七医院，采用"明挖＋顶管"的施工方法，顶管段为下穿光侨路的矩形过街通道，该段区域具有覆土浅、管线杂、地质差等特点。

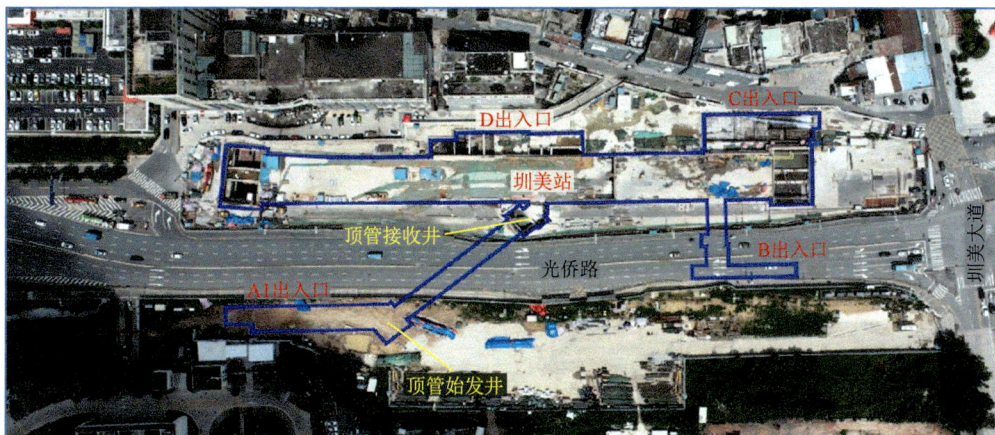

图 3-1　圳美站平面图

顶管掘进主要穿越<3-3>中砂层、<3-8>粉质黏土层、<3-2>粉砂层，其中顶管始发和接收位置基本处于全断面砂层中。

场区地表水不发育，地下水主要有松散土层孔隙水、基岩裂隙水两种类型，地下稳定水位埋深在 3.4m 左右。

3.1.2 施工技术重难点

（1）本工程顶管施工地面覆土仅 5.5m，地层主要为中砂、粉质黏土、粉砂，地面为城市主干道；顶管作业下穿多条管线，其中电力管沟、给水管、雨水管距离顶管顶仅 2.65~3.9m，如何有效控制顶管施工引起的地面沉降，防止路面塌陷造成的事故是本工程重难点之一。

（2）顶管始发、接收位于全断面砂层，如何在始发和接收过程中做好端头加固，是本工程重难点之一。

为应对以上重难点，本工程在端头加固＋降水井辅助降水、掘进控制、同步注浆控制等多个方面进行质量控制，保证了施工安全和质量。

3.1.3 关键技术应用

1）端头土体加固＋降水井辅助降水

始发井围护结构采用 φ800mm@1000mm 钻孔灌注桩，始发井端头第一次加固完后，垂直钻孔取出的芯样效果较差。本工程采取补充高压旋喷加固，并在接收端同时增加了 3 口降水井辅助降水，降水结束后再进行洞门凿除，设备进、出洞过程未出现涌水涌砂现象。

2）沉降控制

对于浅覆土大断面矩形顶管施工，地面沉降控制是最重要的环节。本工程设计图纸对地面变形的要求为：沉降不大于 30mm、隆起不大于 10mm。项目部针对本次顶管下穿光侨路施工制定了完备的控制措施及反馈机制，控制流程见图 3-2。

（1）地面变形原因及应对措施

①设备前方沉降/隆起。原因：土仓压力过小/大、出土过快/慢、超挖/推力过大。措施：调整土仓压力，放慢出土速度。

②设备上方沉降。原因：顶管机相对管节存在超挖、顶管机顶部"背土"，导致地层自然回缩（埋深浅、反应明显）。措施：适当减少出土量，增加土仓压力使刀盘上方保持微隆起，同时顶进过程中加强机头同步注浆，减小机头"背土"效应。

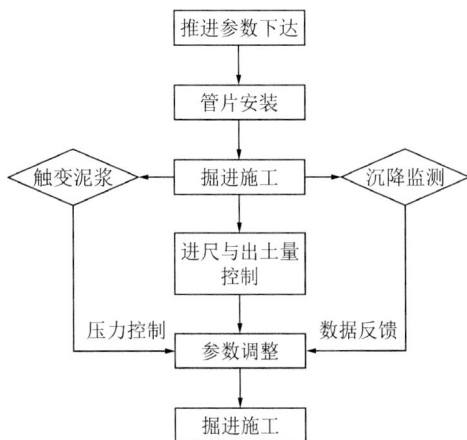

图 3-2 掘进过程中地表沉降控制流程图

③设备后方沉降/隆起。原因：地层自然回缩，触变泥浆注入不足/过多。措施：控制出土速度使进尺与出土平衡，增加/减少触变泥浆注入量。

（2）控制措施

①出土量控制。根据渣土斗容积，顶管机掘进时记录每斗土掘进时间和行程，严格控制出土量，防止超挖或欠挖。正常情况下出土量控制在理论出土量的 98%～100%。考虑加入土体改良剂等因素，实际一节管节出土量在理论出土量的 110%左右。

②施工监测及巡查。每日进行地面监测及巡查 2 次，并将实时数据反馈给顶管机司机，根据地表沉降/隆起情况进行参数调整，避免监测预警。

③注浆控制。本工程注浆主要为触变泥浆减阻，触变泥浆为顶管面外层 20mm 厚度泥浆，注浆考虑地质因素及水土压力，一般注浆量为理论注浆量的 3～5 倍，本工程按注浆 5 倍计算，在掘进过程中效果良好。当管节上方地表沉降超限（累计沉降超过 1cm）时，通过管节中部预留的打泥孔向管节壁后注入浓黄泥（黏土拌制的浓泥浆）。此法具有立竿见影的效果，但是注入浓泥浆很容易引起地面冒浆，需要控制好注浆压力。

④交接班碰头会。每日白班结束后，项目部组织专业分包队伍负责人及现场管理人员参会，交接顶管机目前所处位置、周边管线情况以及设备有无故障等，交接沉降监测情况，以及合适的土仓压力及推进参数。

（3）反馈机制

数据实时共享。项目部建立工作群，每日实时报送巡查情况、监测数据、掘进情况等。

3.1.4　应用成效

（1）工期方面

圳美站 A 出入口矩形顶管于 2022 年 3 月始发，4 月底完成贯通，平均进尺 1.41m/d，比传统明挖方式节约了 3～4 个月的工期。

（2）质量方面

施工过程中最大沉降为 1cm，成型通道拼缝整齐、质量美观（图 3-3），质量验收一次通过。

（3）安全方面

在施工过程中，本工程未造成相关建（构）筑物及道路沉降预警，保证了道路及相关管线安全。

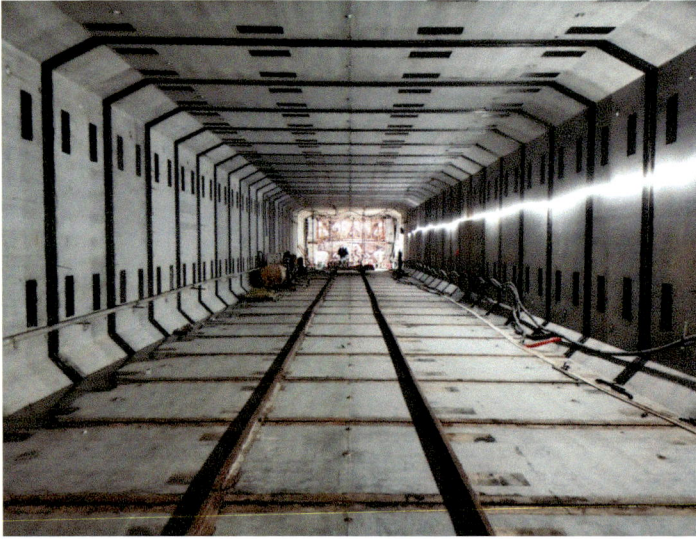

图 3-3　顶管完成后实体

3.2　低净空钢筋笼吊装技术

3.2.1　工程概况

中大站位于公常路和圳新路交叉口北侧公常路下，沿公常路东西向布置。车站主体围护结构采用800mm厚地下连续墙，墙深约21.3m。车站南侧部分围护结构正上方存在110kV架空高压线，高压线最小净空12m，影响19幅地下连续墙的正常施工。由于高压线改移无法正常推进、进度慢且改移周期长，无法保证工期节点。

3.2.2　施工技术重难点

（1）成槽扩孔后槽壁不规则，垂直度不易控制，凹凸不平影响钢筋笼下放。

（2）钢筋笼分节吊装，直螺纹及工字钢接头连接质量难控制。

（3）钢筋笼分节吊装对接时间相对于整体吊装时间约增加至少两倍，槽壁暴露时间长，易引起槽壁的不稳定性。

3.2.3　关键技术应用

在高压线保护范围内，高度空间不能满足常规地下连续墙成槽施工，亦不能满足钢筋笼整体吊装施工。110kV高压架空线的水平安全距离4m，垂直安全距离为5m，地下连续墙作业有效高度空间必须控制在 7m 内，施工难度大。为确保施工生产安全，项目采用冲击锤低净空成槽设备施工，净高约 6.3m。

地下连续墙钢筋笼长度约 20m，为保障施工安全，钢筋笼采用整体制作、分节吊装（示意图见图 3-4），每节钢筋笼 4m，整体加工完成后再进行分节拆解吊装。钢筋笼采用一级直螺纹套筒长短丝连接，每根钢筋车丝时，上节钢筋笼钢筋统一车半丝，下节钢筋笼钢筋统一车满丝，以便给套筒留足旋拧空间。为提高钢筋笼整体刚度，在分段接头位置设置必要的加强筋。

吊装前计算每节钢筋笼的重心位置、选择合理的吊点位置。吊点位置及吊环、吊具的安全性必须经过设计和验算。

吊臂端头安装有"高压近电防触碰智能预警系统"感应器（图 3-5），该感应器安装在操作手旁边。探测单元探测到高压信号后，通过 2.4G 无线将信号发送到智能预警主机，主机在接收到该信号后启动主机报警，发出"高压危险，请勿靠近"警示音，提示吊臂已接近高压线，停止作业，驾驶人员立即停止作业，避免碰线。

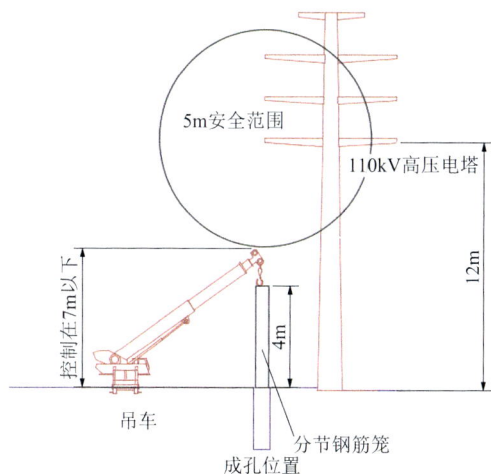

图 3-4　钢筋笼分节吊装示意图

图 3-5　感应器安装位置

3.2.4　应用成效

（1）工期方面

高压线改移施工最少需要半年时间，而在高压线下地下连续墙分节施工初期工期平均为 3d/1 幅，后期基本可到达 2d/幅，在工期紧迫条件下可节约大量时间，并减少机械、人员窝工费用。

（2）质量方面

经检测，高压线下地下连续墙分节施工的垂直度、泥浆指标、沉渣厚度、钢筋笼制作精度、钢筋笼节点处拼装等指标均符合要求。

（3）安全方面

项目施工过程中，未出现安全事故和安全隐患。

3.3   侧墙高大模板导向轮牵引滑移施工技术

3.3.1   工程概况

车站主体结构采用整体钢模三脚架体系作为侧墙模板，存在体积大、拼装困难、移动困难、周转时间长的特点，极大地影响主体侧墙施工进度。

项目部综合考虑现场实际因素，为避免侧墙整体钢模在移动过程中反复拆卸、安装，降低侧墙钢模各组成部分在吊装过程中的施工风险，减轻模板工作人员的工作量，提高侧墙模板周转使用效率，创新性使用固定在侧墙整体模板底部的"导向轮"，将槽钢作为行走"轨道"，安全、平稳、准确地将侧墙整体钢模移动到下一个工作面。

3.3.2   施工技术重难点

（1）导向轮安装与定位：导向轮的精确安装与定位是滑移施工技术的关键。导向轮的位置、角度和高度直接影响到滑移的路径和稳定性。

（2）滑移过程中的稳定性和安全性：高大模板在滑移过程中可能因风力、机械振动等原因出现不稳定，甚至产生位移或倾覆。

（3）滑移路径规划与控制：滑移路径的规划需精确控制，以防止滑移过程中的偏差。

3.3.3   关键技术应用

（1）导向轮自动牵引技术

如图 3-6 和图 3-7 所示，模板三脚架底部安装导向轮，采用槽钢作为行走轨道，将固定在已经浇筑好的主体结构上的电动卷扬机作为牵引装置，在侧墙模板需要移动时，启动牵引装置，将侧墙模板整体牵引向下一个施工作业面。

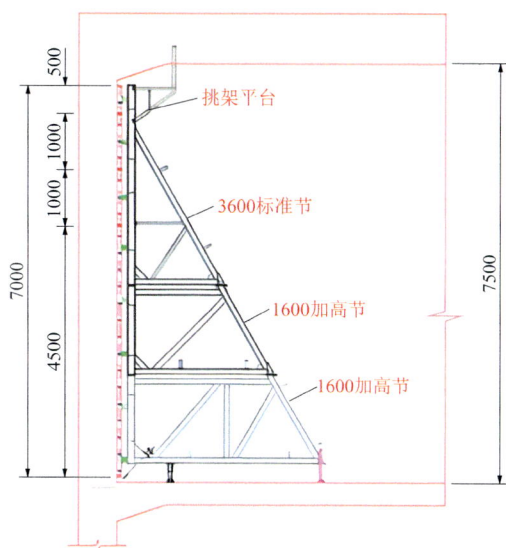

图 3-6 侧墙三脚架大钢模牵引立面图（尺寸单位：mm）

图 3-7 侧墙三脚架大钢模牵引移动图

1-整体模板面板；2-整体模板三脚架；3-模板螺旋托撑；4-导向轮；5-槽钢导轨；6-钢丝绳；7-卷扬机；8-配重块连杆；9-连杆扣件；10-配重块；11-配重块穿杆；12-操作平台支架；13-U 形螺栓；14-导向轮连接托板；15-模板面板与三脚架拉钩栓；16-报警灯

（2）预制装配配置装置

三脚架整体大钢模因自身结构特点，整体偏重，要使整体大钢模在外力牵引下水平移动，则需要对三脚架大钢模进行配重（图 3-8），保证侧墙模板重心位于安全位置，使侧墙模板在移动过程中不发生倾倒。配重重量结合计算结果及经验数据，配重材料利用现场质量明确的部件，效果最好的是围挡基础预制块，其体积规则、单块重量明确，堆积方便，可轻易吊运。同时，在滑移过程中，应实时监测模板的位移和倾角，一旦发现异常情况，应及时采取措施进行调整。

模板安装前对面板进行打磨，涂刷脱模油，以防止混凝土粘连影响外观质量。

图 3-8　侧墙三脚架大钢模配重图

3.3.4　应用成效

（1）工期方面

主体结构自使用侧墙三脚架大钢模牵引系统以来，模板的整体拼装和滑移减少了拆模工序，大幅提高了施工效率，侧墙模板安装工人从 5 人降低至 3 人，安装周期从 3d 降低至 1d，节约工期约 3 个月。

（2）质量方面

成型侧墙拼缝整齐、质量美观、墙体的垂直度和平整度合格，质量验收一次通过。

（3）安全方面

主体结构采用整体拼装和滑移模板的方式，减少了施工工序，简化了施工流程，降低了施工难度。此模板体系基本上在基坑内进行模板的拆卸、牵引、安装，降低了模板吊装出基坑的施工风险，极少占用主体结构施工场地，确保了现场的安全文明施工。

3.4　预应力型钢组合支撑在不规则基坑施工中的应用研究

3.4.1　工程概况

中大站 B 出入口为不规则的多边形基坑。基坑南北长 44m，东西宽 55m，深约 12.5m，采用钻孔灌注桩 + 内支撑的支护形式，在设计中首次选用预应力型钢组合支撑。如图 3-9 所示，该支撑体系主要包括竖向立柱、围檩、对撑、角撑、横梁、联系杆、预应力加载装

置等标准部件，各部件由工厂定制制作，现场模块化、装配化拼装，形成平面预应力支撑
体系和立体支护结构系统。

图 3-9　预应力型钢组合支撑应用

3.4.2　施工技术重难点

（1）支撑安装精度控制

预应力型钢组合支撑的安装精度直接影响到支撑的效果和安全性，由于基坑形状不规
则，支撑的安装和定位难度较大，因此需要严格控制安装精度。

（2）预应力控制

预应力型钢组合支撑的核心是预应力，因此如何准确控制预应力的大小和分布是施工
中的难点。

（3）型钢连接与固定

预应力型钢组合支撑的型钢连接和固定必须牢固可靠，不可出现连接松动或脱落的现象。
各部件采用高强螺栓现场拼接而成，以插入钻孔灌注桩中的钢格构柱和 H 型钢横梁作为竖向
受力支座点，用千斤顶加压设备对钢围檩和混凝土冠梁连接处的钢梁对撑施加预应力。在基
坑开挖过程中，通过支撑轴力测量、地表沉降、围护结构变形等数据分析判断基坑稳定性。

3.4.3　关键技术应用

（1）精度控制

预应力型钢组合支撑结构的精度控制涉及多个方面，包括材料选择、构件制作、拼装
和施加预应力等环节。任何环节的误差都可能影响到结构的整体性能和安全性。因此，实

施有效的精度控制是至关重要的，精度控制包含以下方面。

①构件制作精度控制：采用高精度数控机床进行切割、钻孔和焊接，减少人为操作误差。加强构件制作过程中的质量检查，及时发现并纠正误差。

②拼装精度控制：预应力型钢组合支撑施工基准点设置时，钢围檩安装之前先确定轴线基准点，用全站仪测设基坑相邻两个转角内侧的基点，通过该基点采用挂线的方法进行平面安装定位。实际安装轴线偏差控制不超过 5mm。

在基准中心点以外地点稳固安设绞架，挂上棉线并使用拉紧力将其拉直，定位好之后在三脚托架上面作出标记以供围檩安装位置控制之用。基坑内侧围檩单边定位线需在一条直线上，以保证施加预应力后外侧围护结构受力均匀。

③预应力施加精度控制：采用高精度的预应力张拉设备，按照设计要求进行预应力施加。实施预应力张拉过程中的动态监测，及时调整张拉力，确保预应力值的准确性。

④施工监控与调整：利用先进的施工监控技术，实时监测支撑结构的变形和受力状态。根据监测数据及时调整施工参数，确保结构稳定和安全。

⑤验收与维护：在工程竣工时进行严格的验收，确保支撑结构满足设计和使用要求。定期对支撑结构进行检查和维护，及时发现并处理潜在的精度问题。

（2）预应力型钢组合支撑采用高精度的预应力张拉设备，对支撑进行精确的预应力张拉。加强张拉过程中的监测，及时发现和解决异常情况。同时，根据实际情况进行预应力调节，保障支撑的稳定性和安全性。

（3）预应力型钢组合支撑采用先进的施工监控系统，实时监测支撑的状态和变化情况，以便及时发现和处理异常状况。加强施工现场的安全管理，制定完善的安全制度和操作规程。同时，定期进行安全检查和评估，及时消除安全隐患。

3.4.4 应用成效

（1）适应性方面

预应力型钢组合支撑作为一种新型的支撑体系，弥补了钢筋混凝土内支撑和单杆钢内支撑的缺陷。预应力型钢组合支撑刚度大、冗余性高，可施加预应力并且可以循环使用。预应力型钢组合内支撑可充分适应大面积基坑和不规则基坑，且相邻支撑间跨度相比钢管支撑及混凝土支撑更大，便于基坑土方开挖及外运，具有大跨度、大间距、大空间的优点。

（2）工期方面

预应力型钢组合支撑均采用工厂模块化制作，全部为现场拼装的钢结构，无须支模、混凝土养护、凿除，对比混凝土支撑施工方案，预应力型钢组合支撑安卸快速便捷，可节省大量时间，本项目应用预应力型钢组合支撑，将工期缩减了约 2 个月。

（3）绿色环保方面

预应力型钢组合内支撑全部拆除后可回收再利用，减少了围护结构的造价投入，同时不会产生粉尘、建筑垃圾、噪声污染，节约了大量垃圾处理费用。预应力型钢组合支撑施工过程中现场干净整洁，符合文明施工各项指标要求，可节省安全文明施工费用支出。

（4）安全方面

本工程通过基坑监控测量数据分析，施加预应力，主动控制基坑变形，具有更高的安全性以及更广的适用范围。预应力型钢组合内支撑部件多采用工厂定制、高强度螺栓连接，焊接量极小，避免了因焊接质量缺陷造成节点不安全而引发的安全事故。

3.5　深基坑开挖自动化监测应用

3.5.1　工程概况

车站周边紧邻房屋及城市主干道，基坑周边地下水类型主要为松散土层裂隙水，赋存于第四系松散堆积层中，水量较大，对基坑开挖影响较大。基坑开挖范围内的土层自上而下主要为素填土、粉砂、粉质黏土及粗砂，土层透水性较大。车站均采用明挖法施工，基坑开挖过程中需要对基坑支护墙顶的竖向和水平位移、支撑轴力、地下水位等方面进行监测。

基于物联网和云计算的自动化监测技术是集监测数据的采集、分析、查询于一体的信息管理技术。相比传统的人工监测，自动监测技术可以实现自动监测仪器数据的采集、数据传输汇总以及数据的远程查询，可在远程实时查看监测数据，保证工程数据的及时处理，能在工程出现问题的第一时间发现隐患、解决问题，同时可以有效减少人为干预造成的错误，极大程度提高了监测水平，保障施工的安全性。

3.5.2　技术应用重难点

深基坑开挖自动化监测技术应用的重难点主要包括以下四个方面。

（1）传感器选型与布置

选择合适的传感器类型和数量，以及如何合理布置传感器，是自动化监测的首要问题，传感器的选型与布置既要保障系统的稳定运行，也要提高检测数据的准确性和可靠性。

（2）数据采集与传输

如何实时、准确地采集和传输监测数据是自动化监测的难点之一，要求确保在各种复杂环境下，数据能够准确、及时、完整地采集和传输，避免数据丢失或错误。

（3）监测数据分析

面对大量的监测数据，如何进行有效的分析和处理，提取有价值的信息，发现潜在的问题和趋势，是自动化监测的又一个难点。

（4）监测数据可视化

准确设定预警和报警阈值，确保在异常情况发生时能够及时、准确地发出警报，并采取相应的措施是自动化监测的一个重要环节。

3.5.3　自动化监测在深基坑开挖中的应用

（1）静力水准仪自动化监测技术

静力水准仪是测量高差及其变化的精密仪器，该系统主要由测量、数据发射和数据采集及分析三个部分组成，适用于测量多点的相对沉降。在使用中，多个静力水准仪的容器用通液管连接，每一容器的液位由相关传感器测出，进而可测出各测点的液位变化量。本项目采用静力水准仪对基坑周边建筑物沉降实现自动化监测，具体见图 3-10 和图 3-11。

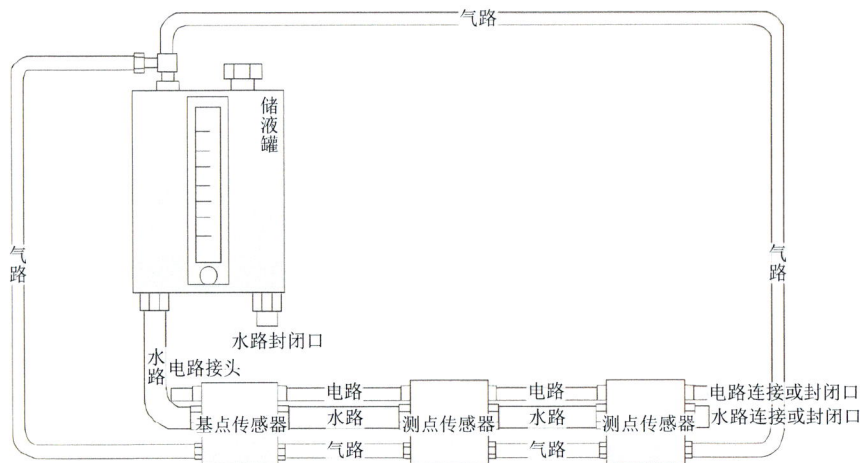

图 3-10　系统连接示意图

图 3-11 项目测点安装

（2）基坑墙体深层水平位移自动化监测

基坑墙体深层水平位移自动化检测主要是借助固定式测斜仪获取监测数据，在设备安装过程中，需要借助绑扎在一起的测斜管和钢筋笼进行监测点布设。为了保障测斜管通畅，需要在基坑支护围墙建设完成之后对其进行适当的检查和清理。当外部监测对象出现位移变形时，会导致测斜管出现变形，从而使得探头倾斜，系统通过对所有探头电流测定读数的计算就可以得到相应部位的相对位移，现场应用如图 3-12 所示。

图 3-12 固定式测斜仪现场应用

（3）支撑轴力自动化监测

支撑轴力自动化监测使用的监测仪器主要是钢支撑轴力计和混凝土支撑钢筋计。在安装过程中，这些仪器需要安装到围护结构重要的支撑位置处，用以监测在这些关键的支撑位置受到的压力。同样，监测仪器安装完成后要进行调试，在保证数据采集无误后方可接入到控制箱（图 3-13）当中。支撑轴力监测使用的传感器主要测量的是监控点的应力，根据这些应力数据就可以计算得出支撑轴力。

（4）地下水位自动化监测

振弦式水压力计是进行地下水位自动化监测的关键仪器，需要安装在水下的监测点上，用来测量该点的水压值，以此来间接计算该点的水位。液位计及数据采集模块如图3-14所示。

图 3-13　轴力监测数据采集箱

图 3-14　液位计及数据采集模块

3.5.4　应用成效

（1）提高监测效率

传统的深基坑监测手段通常采用人工测量和记录数据，不仅效率低下，而且容易出错。自动化监测技术利用先进的传感器和数据采集设备，能够实现24h不间断监测，显著提高了监测效率。同时，自动化监测技术还可以利用数据分析软件，对监测数据进行自动处理和解析，进一步提高了数据处理的速度和准确性。

（2）实时预警系统

自动化监测系统集成了实时预警功能，可以根据监测数据的变化情况，自动判断基坑的安全状态，并发出相应的预警信息。施工人员可以及时了解基坑的状态，采取必要的措施，确保施工过程的安全。

（3）指导优化施工

通过实时监测和数据分析，自动化监测系统可以提供基坑施工过程中的各种信息，如土压力、水位变化等。这些信息可以为施工方提供重要的参考依据，帮助优化施工方案、调整施工参数，从而提高施工质量和效率。

（4）为决策者提供依据

在深基坑施工过程中，各种不确定因素可能导致施工方案的调整。自动化监测系统能够提供实时、全面的监测数据，为决策者提供重要的参考依据。通过对比不同施工阶段的监测数据，决策者可以更加科学地评估施工效果，及时作出合理的决策。

第 **4** 章
高架区间施工关键技术

4.1　现浇混凝土 Y 形墩施工技术

4.1.1　工程概况

6 号线支线光圳区间共 13 个墩柱、1 个桥台，其中 1～11 号为 Y 形墩，墩身高度为 9～14m，异形段高度均为 6.66m，3 号墩、9 号墩宽度为 2.4m，其余墩身宽度为 2m。

4.1.2　施工技术重难点

Y 形墩在施工过程中对技术要求较高、受力情况也比较复杂，且本工程 Y 形墩结构样式多，模板的周转率低。

根据工程特点，本工程在模板设计环节进行重点研究，旨在提高模板的周转使用率，同时在模板安拆、混凝土浇筑等环节重点把控，进一步确保墩身施工的质量安全是本工程需要重点解决的问题。

4.1.3　关键技术应用

1）模板设计

普通墩柱模板为外包模板，混凝土浇筑完成，达到拆模强度后能够轻松拆除。Y 形墩因其施工工艺特殊，要求在盖梁完成第一次张拉后才能进行 Y 形段的模板拆除工作，同时本工程 Y 形墩柱宽度与盖梁宽度存在不同（墩柱宽度 2m，盖梁宽度 2.4m）、模板拆除时间需同时考虑以上因素。因此模板的设计方向与一般墩柱模板会存在较大差异。

（1）盖梁宽度大于墩柱宽度问题：该尺寸差异会导致墩柱模板拆除过程中在盖梁下方

卡住；本工程将此处设置成滴水檐式内倾角，在保证墩柱与盖梁结构尺寸情况下，并将接口处浇筑为斜角，以便模板能够顺利脱出。

（2）Y 形墩整体模板设计与制作：为保证 Y 形墩外侧圆弧的线型，提升墩柱整体美观性，外侧弧线模板要保证制作为一整块模板。在整块模板制作时，节段应结合厂家制作水平选用较窄的材料宽度，以减少折线提升外形美观度，采用 20cm 节段进行制作。

（3）Y 形墩中间孔洞处模板缝设置：中间孔洞模板拼缝考虑拆除模板的安全，将拼缝设置在外侧。

（4）Y 形墩墩身模板稳定设置：帽梁底模跟墩身模板设计为法兰连接形式，在墩柱钢筋安装完成混凝土浇筑之前安装帽梁底模，并对墩身模板进行锁口，加强墩身模板结构稳定性。

（5）模板加固方式优化，中间空洞设计采用了内部支撑方式进行加固，其他部位采用外部槽钢＋精轧螺纹钢"抱箍"式加固，减少了墩身模板的孔洞。

2）模板安拆

Y 形墩的施工最大的重难点就是模板的安装，由于 Y 形墩的受力情况比一般工程结构复杂，同时，斜腿位置和墩身位置相互交叉，分岔段一般采用型号偏大的钢筋，并且墩柱外侧为椭圆形，钢筋安装定位后调整难度很高，钢筋的加工及安装精度是关键，模板分块安装顺序是重点。Y 形墩模板安装顺序如图 4-1 所示。

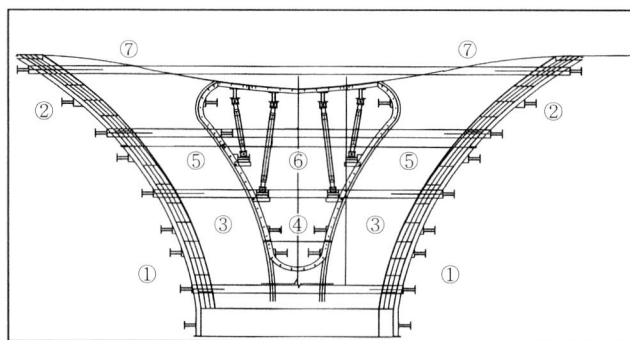

图 4-1　Y 形墩模板安装顺序图

Y 形墩施工过程中，选择先进行外侧弧形模板①号和②号的安装，通过临时定位杆对拉、模板自稳性以及外部支撑体系，确保墩柱模板内侧定位准确。根据已经定位好的模板，进行钢筋绑扎工作，既能够控制好这个分岔部分的结构尺寸准确，又能根据模板定位钢筋，精确控制保护层。在完成 Y 形结构下部分钢筋绑扎后，进行③号和④号模板的安装工作，完成整个墩柱钢筋绑扎后，进行⑤号、⑥号和⑦号模板的安装。

在施工过程中，Y 形墩除了采取外侧支撑及对拉的配置以外，中空部分同样采用拉撑结合的施工工艺。Y 形墩内部中空部分，依靠螺栓连接，通过合理调整混凝土浇筑高度，定位模板。如图 4-2 所示。

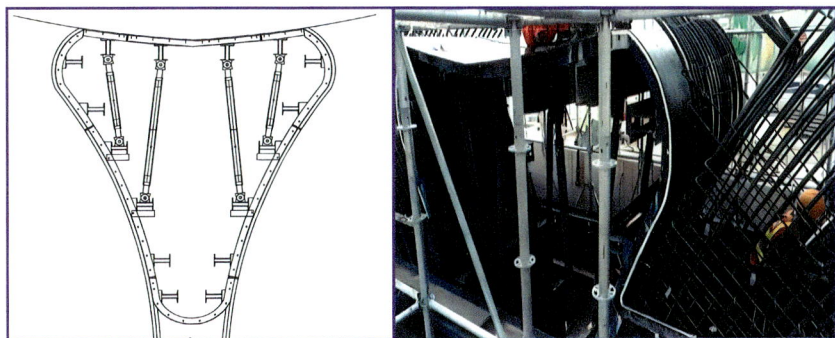

图 4-2　中间孔洞支撑布置图

3）混凝土分段浇筑技术

为了能够有效解决混凝土自重载荷的问题，除了对外侧支撑架的设计以外，还需要根据过去的施工经验，在施工过程中运用混凝土分层浇筑的方式来减小模板支架的受力，提升稳定性。分段浇筑中采取的两侧对称同时浇灌方式，能有效保证浇筑过程 Y 形墩结构受力平衡，具体分两个阶段，如图 4-3 所示。

第一阶段，浇筑 Y 形墩下部的直线段部分，该部分承受的混凝土自重应力比较强，且能作为中空模板安装的基座。此部分浇筑高度为墩柱弧口上 0.74m。

第二阶段，浇筑 Y 形墩的斜腿部分，该阶段浇筑时需严格控制和调整好斜腿到墩梁分界线的距离。在浇筑过程中采取支架支撑方式，在斜腿位置

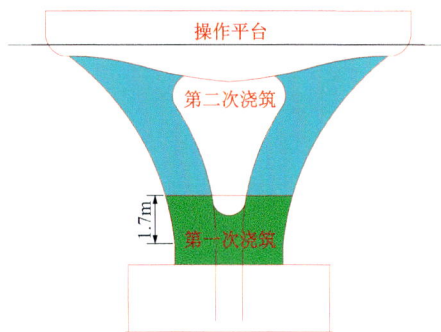

图 4-3　墩柱分层浇筑示意图

的承台上实行支撑，且振捣时工人在模板内部进行操作，保证振捣质量。

为确保 Y 形墩柱的结构强度及结构受力不影响，Y 形墩柱的拆模时间需要待预应力盖梁第一次张拉完成后。

4.1.4　应用成效

（1）安全方面

Y 形墩在施工过程中支架、模板安拆、混凝土浇筑等工艺环节的安全得到有效控制。

（2）工期方面

模板制作了标准节与非标准节，标准节达到了有效周转利用；在各个施工工序也节约了资源，总体单墩施工工期节约了 10～15d。

（3）质量方面

Y 形墩成品结构尺寸、平面位置、结构高程均符合规范要求，同时外观质量也得到各相关方的一致好评。

4.2 大跨度声屏障结构安装技术

4.2.1 工程概况

光圳区间总长度约 430m，均采用全封闭式声屏障。其中，多线箱梁全封闭声屏障情况为：长 175m，宽 21.304m，门架高约 5m，使用 BH250×170/330×9×14 型钢，侧部安装金属屏体、带框通透屏体，外部覆盖高肋抗风板，顶部使用 12mm 无框亚克力板。箱梁伸缩缝两侧设置柱间支撑、屋面支撑，外侧安设装饰铝单板。声屏障标准段主要构件如图 4-4 所示。

图 4-4　声屏障标准段主要构件图

4.2.2 施工技术重难点

（1）声屏障结构跨度大，顶面结构复杂，钢梁柱弯弧处采用金属屏体，安装精度要求高。

（2）高空作业多，从钢结构的吊装、声屏障的安装都需要一定的施工人员在高空作业，对安全防护的要求高。

（3）轨行区内交叉作业多，对吊装安全要求比较高，施工人员及机械设备的调度难度大，作业区域的防护和标示牌的布置需要结合实际情况。

4.2.3 关键技术应用

声屏障总体采用汽车式起重机配合人工的方式进行安装。安装前，施工人员做好施工准备、测量放线，并全面检查声屏障的预埋件。首先进行钢梁柱吊装，在钢梁柱上安装纵向支撑，以及龙骨（顶部无框亚克力板及装饰铝单板处设龙骨），然后依次安装金属吸声板、高肋抗风板（或装饰铝单板），并进行收边，最后安装透光板（即带框亚克力板）、柱间支撑、屋面支撑。安装过程中对逐个工序进行质量检查，安装完成后组织验收。

1）钢梁柱安装

（1）箱梁钢梁柱安装

箱梁钢梁柱安装时分三次吊装，先安装左右侧钢柱，后安装顶部钢梁。

安装精度控制要点：多线箱梁吊装钢梁柱过程中，2名作业人员牵住溜绳，随着汽车式起重机主钩缓缓落下，轻微调整钢柱姿态，试钢梁与两侧已安装好的钢柱进行对接，稳住钢梁姿态，推动移动平台至接头下方，作业人员进入平台施拧高强螺栓，完成钢梁安装。多线箱梁段右侧钢柱吊装、顶部钢梁吊装分别如图4-5、图4-6所示。

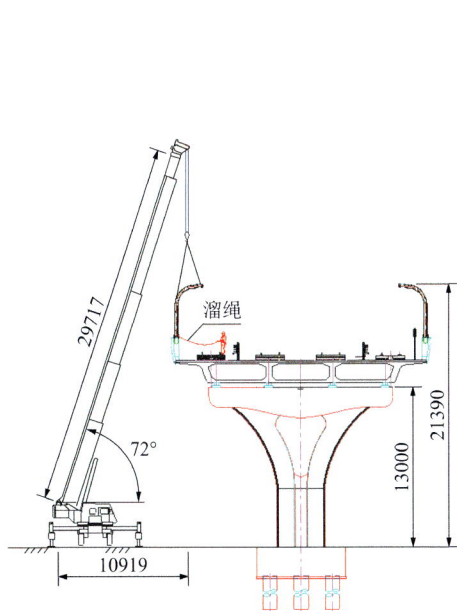

图 4-5　多线箱梁段右侧钢柱吊装示意图
（尺寸单位：mm）

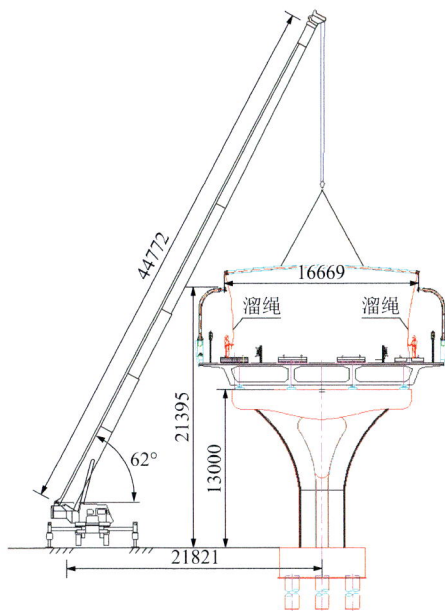

图 4-6　多线箱梁段顶部钢梁吊装示意图
（尺寸单位：mm）

（2）注意事项

①对于单根不稳定结构的立柱，须加风缆临时保护措施，设计时在有柱间支撑处，安装柱间支撑，以增强结构稳定性。

②高强螺栓必须分两次进行紧固（初拧、终拧），高强螺栓初拧值应为终拧值的50%。初拧结束后用扭矩扳手进行终拧，并应在当天终拧完毕。钢梁栓接施工如图4-7所示。

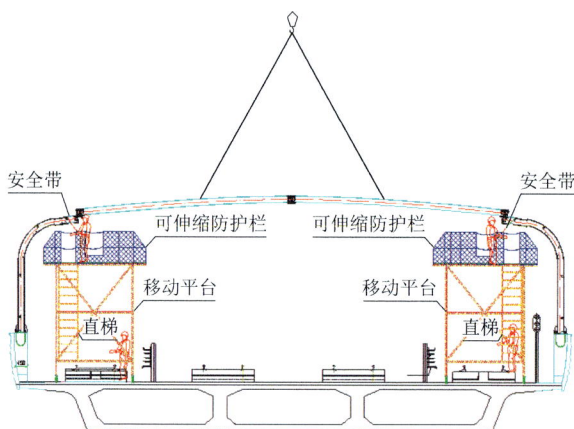

图4-7　钢梁栓接施工示意图

2）纵向支撑及龙骨安装

纵向支撑及龙骨（图4-8）采用移动式作业平台进行辅助施工，一跨安装完毕后，平台上作业人员通过爬梯下到梁面，人工推动作业平台前移至下一跨作业，如此循环完成所有纵向支撑及龙骨安装。多线箱梁两侧分别安装，按照上述方法完成整跨安装。

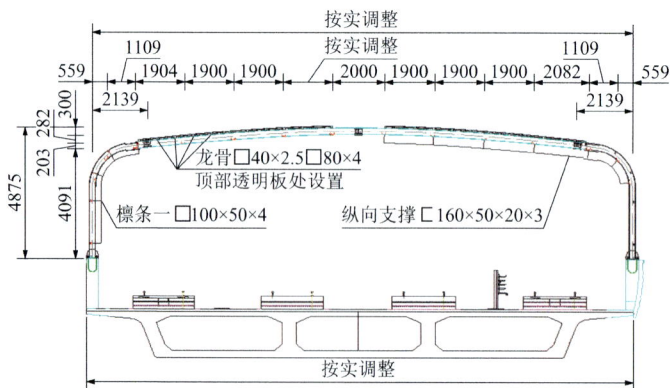

图4-8　纵向支撑及龙骨布置图（尺寸单位：mm）

3）标准化作业平台

在整个声屏障安装过程中，高处作业多，应采用标准化作业平台能有效保障作业安全。

（1）移动平台

移动平台采用ϕ60mm×3.2mm 钢管，横向、纵向间距均为 3.0m，四周设置 1.2m 防护栏杆，并设置密目网，防护栏杆采用ϕ30mm×2mm 方管钢，移动平台采用 Q235 钢材，如图 4-9 所示。根据安装构件高度搭设对应高度，同时安装好临边防护栏杆和安全网，将安全爬梯与作业平台固定，此时作业人员即可通过安全爬梯进入移动平台顶部。为保证移动式操作平台稳定，移动平台在四个角点位置加设抛撑，抛撑与地面约呈 60°。

（2）上部抗风板作业平台

作业平台由支撑托架和平台组成，托架采用∠56mm×3mm 型钢，布置间距为 2.2m，平台采用 30mm×2 方管钢，外出三个面设置 1.2m 防护栏杆，并设置密目网，移动平台上满铺竹胶板，如图 4-10 所示。托架和移动平台均用 Q235 钢材，支撑托架通过对拉螺杆与立柱进行固定，拉杆采用ϕ16mmHRB400 钢筋。

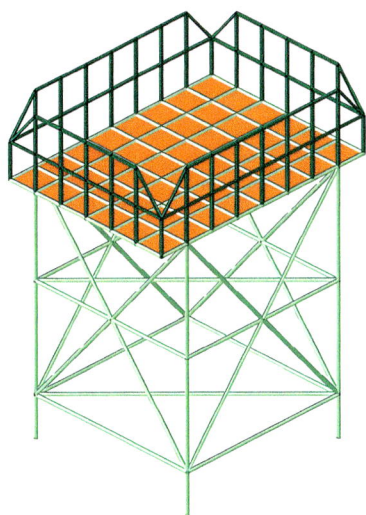

图 4-9　钢梁栓接施工移动平台三维图　图 4-10　上部高肋抗风板施工作业平台三维图

（3）下部抗风板作业平台

作业平台由挂架和防护平台组成，挂架采用∠63mm×4mm 型钢，布置间距为 1.1m，防护平台采用 30mm×2mm 型钢，外出三个面设置 1.5m 防护栏杆，并设置密目网，如图 4-11 所示。挂架和防护平台均采用 Q235 钢材。

安装平台由作业人员抬起挂入已安装好的檩条上，工人通过爬梯进入安装平台，并将安全带挂在生命绳上，该平台只允许 1 名作业人员进行施工作业，另一名作业人员在梁面上进行材料传递和安全警戒及维护，如图 4-12 所示。

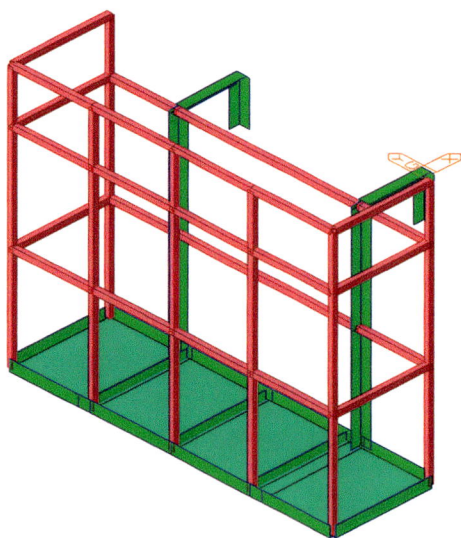

图 4-11 下部高肋抗风板作业平台三维图

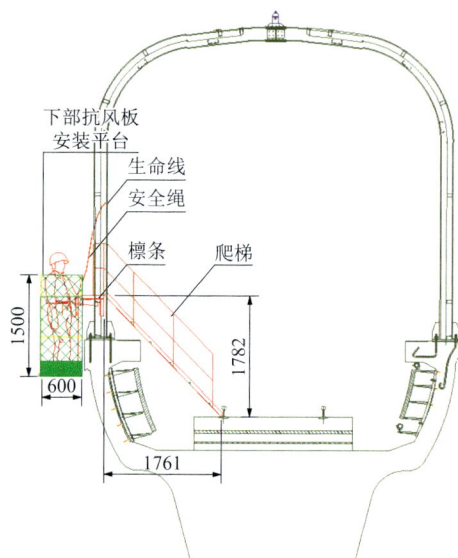

图 4-12 下部高肋抗风板安装平台断面图
（尺寸单位：mm）

4.2.4 应用成效

（1）安全方面

标准化安全作业平台极大地降低了高处作业的安全风险。

（2）工期方面

移动式作业平台相对传统脚手架平台每跨声屏障安装施工减少 3～5d 工期。

（3）经济方面

移动式作业平台每套平台可周转 10～12 次，大大节约了维护成本。

第 **5** 章

盾构区间施工关键技术

5.1　土压平衡盾构长距离富水硬岩段掘进施工技术

5.1.1　工程概况

光圳区间盾构隧道洞身主要穿越强、中风化混合花岗岩,局部洞身上部穿越砂砾质黏土层、全风化混合花岗岩、微风化混合花岗岩。左右线隧道均穿越较长区段的中风化及微风化混合花岗岩层,其中在里程 YDK1 + 139.920~YDK1 + 249.920 段(右线 214~287 环,左线 221~295 环)穿越全断面微风化混合花岗岩硬岩段,长度约 110m,隧道拱顶埋深 73.36~96m。地下水为基岩裂隙水,地下水水量较丰富。地下水位线至结构顶距离约 29m。岩石质量指标为 50%~75%,天然单轴抗压强度最大值为 126MPa。光圳区间盾构隧道采用 2 台中交天和机械设备制造有限公司制造的直径 6460mm 土压平衡盾构机施工,硬岩段地质断面如图 5-1 所示。

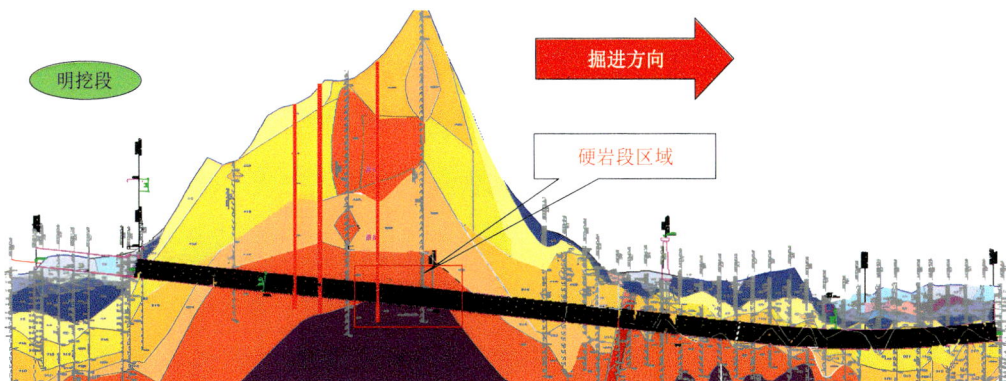

图 5-1　硬岩段地质断面图

刀盘设计参数见表 5-1,示意如图 5-2 所示。

刀盘设计参数表 表 5-1

序号	部位	结构形式	备注
1	刀盘辐条	面板式	
2	开口率	32%	
3	刀具配置	滚刀 48 把,边缘刮刀 36 把,正面刮刀 32 把	采用镶扁齿滚刀
4	刀间距	正面刀间距为 75mm,中心刀间距 89mm	

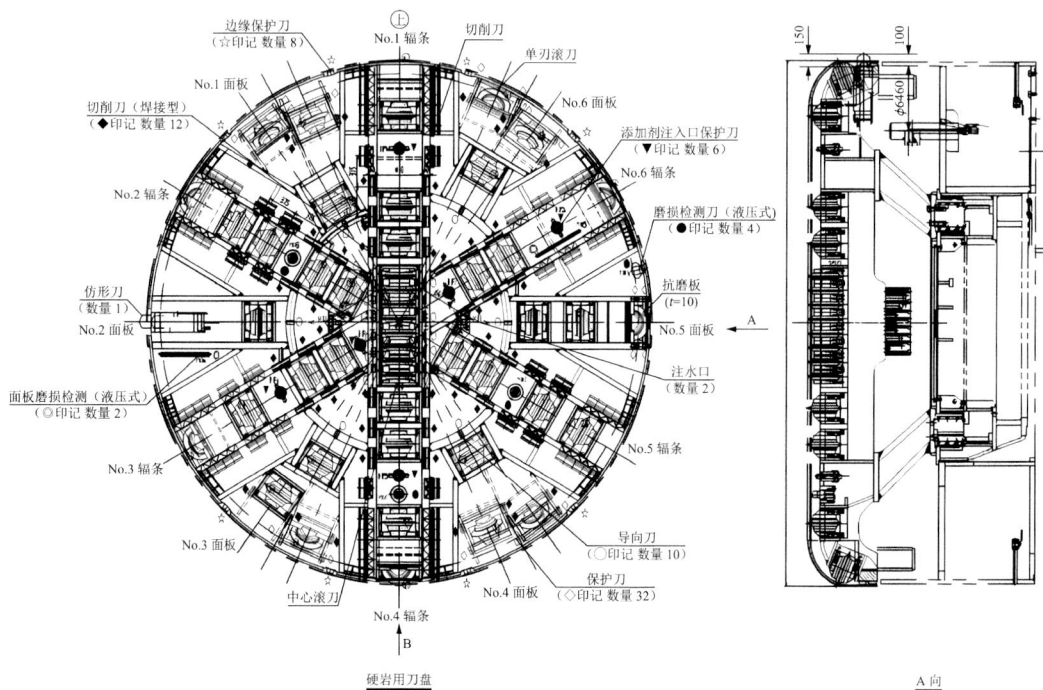

图 5-2 刀盘示意图(尺寸单位:mm)

5.1.2 施工技术重难点

盾构下穿柴山硬岩段具有距离长、岩石强度高、隧道埋深大、地下水丰富等特点;盾构机在掘进过程中可能出现刀具磨损过快造成欠挖致使盾构机卡盾,或是因刀具磨损过大造成掘进效率低下等风险。

硬岩段盾构施工由于地层自稳性好,管片上部岩层无收敛,地下水丰富将同步注浆浆液稀释后沉积在管片底部,存在管片上浮严重影响隧道成形质量的风险。

5.1.3　关键技术应用

1）刀具磨损及施工工效研究

在右线 215～231 环硬岩段掘进时，盾构机存在扭矩跳动、瞬时扭矩突变、刀盘卡顿、掘进速度降低的情况，总计掘进 16 环共计开仓 1 次更换 48 把刀具。

在右线 231～285 环盾构硬岩段掘进时，刀盘扭矩及推力稳定地控制在 2000kN·m 以内，掘进 54 环，开仓 6 次共计更换刀具 27 把（0、5、5、8、0、9）。

刀盘转速设定在 1.8r/min 时掘进右线 215～258 环，其间共计开仓 5 次，更换刀具 54 把，查/换刀时发现较多合金镶齿碎裂引起刀具磨损的情况；同时调整刀盘转速为 1.2～1.5r/min 掘进 259～287 环，其间共计开仓 2 次，换刀 11 把；掘进速度相同，随着刀盘转速的降低、贯入度的增加，镶齿滚刀更换频率降低。由此分析可知，贯入度增加时镶齿滚刀在硬岩地层中有利于掘进施工。

右线先于左线施工，左线在施工时根据右线在硬岩掘进过程中的经验，通过调整刀盘扭矩、转速、推力及改变渣土的和易性减低刀具的磨损，同时根据掘进参数及地层及时合理地的开仓检查更换刀具，从而提高刀具使用效率，提高盾构机掘进工效。右线掘进中硬岩段 108m 开仓查刀换刀共计 7 次，累计换刀 75 把，共计耗时 43d，工效 2.5m/d。左线硬岩段 126m 开仓查换刀共计 5 次，累计更换刀具 44 把，共计耗时 33d，工效 3.8m/d。

2）管片上浮

为确保成形管片质量，本工程采取以下措施防止管片上浮。

（1）调整同步注浆配合比，将同步注浆浆液初凝时间控制在 4～5h。

（2）加强二次注浆，对拖出盾尾的 3～5 环管片顶部开孔进行二次注浆，二次注浆采用水泥-水玻璃双液浆，浆液凝固时间控制在 10～30s，使双液浆在管片顶部凝固填充管片顶部空隙，有效减少管片上浮空间。顶部二次注浆每隔一环进行施作，注浆量控制在 0.5～1.0m³，压力小于 0.5MPa 防止击穿盾尾刷。

（3）根据上浮量情况，盾构机在施工过程中垂直姿态控制按照设计轴线下 40～50mm 掘进，使管片在上浮作用后隧道成形偏差趋于设计轴线，符合设计及规范要求。

（4）盾构机掘进过程中在 1 号台车附近的管片利用二次注浆孔排水，减少管片壁后水量和水压以减少管片上浮量。

5.1.4 应用成效

（1）工效方面

①对比左右线的掘进工效，左线比右线每天多掘进 1.3m，左线达到日均 3.82m/d 进度（根据大数据统计，普通地层掘进日均在 5.5～6m/d，高强度岩层不大于 2.5m/d）。

②从开仓次数及更换刀具数量统计分析，左线比右线减少 2 次开仓换刀，左线比右线少更换刀具共计 31 把，明显提高了施工效率。

（2）经济方面

从右线数据看，后 6 次更换刀具数量的总和少于第一次更换刀具数量，证明合理的开仓调整刀具及适当的调整掘进参数，明显有效地控制了刀具的磨损情况，减少了刀具的更换数量。

（3）质量方面

通过硬岩段管片成形姿态统计分析可知，管片上浮明显得到了有效的控制，成形姿态未超过 5cm，验证了本工程防止管片上浮的措施是有效且合理的。

5.2 下穿富水河流段浅埋隧道衡盾泥辅助带压开仓技术应用

5.2.1 工程概况

光圳区间隧道左线盾构掘进至 624 环时遭遇局部基岩凸起，掘进过程中出现地表河道边坡塌陷冒顶，无法继续掘进。技术人员通过地面河道围堰引流及地面加固临时进入盾构机土仓内检查，发现刀具磨损把数多且严重、刀箱结泥饼，需要进行更换及清理。同时发现掌子面上部为松散砂层，加固后稳定性依然达不到常压开仓的要求，需要带压进仓作业。然而，该地段覆土浅且塌陷后虽进行了地面加固，掌子面气密性仍难以保证。通过各方讨论及论证采用以"衡盾泥"代替传统的膨润土泥浆渗透掌子面建泥膜，从而实现土仓内气压稳定及平衡。

该段位地层从下到上依次为：<9-3>中风化混合花岗岩、<9-2-2>强风化花岗岩（半岩半土）、<9-1>全风化混合花岗岩、<6-2>硬塑状粉质黏土。隧道埋深 6.5m，地面为大陂河，属于浅覆土上软下硬地层，受河水流补给地下水丰富，地质剖面及地表环境如图 5-3 和图 5-4 所示。

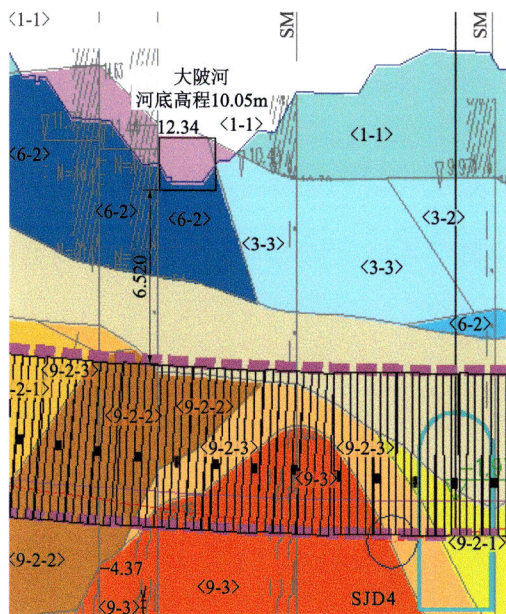

图 5-3　地质剖面图

图 5-4　地表环境图

5.2.2　应用思路

"衡盾泥"为盾构施工的新型材料，具有更好的稳定性、隔水性和黏附性，既有触变性又在压力作用下有一定强度。"衡盾泥"是一种环保高触变性泥浆材料，泥浆黏度是传统的膨润土泥浆黏度的上百倍。"衡盾泥"能在掌子面上形成厚度达 10cm 泥膜，最长保压时间达 38d。"衡盾泥"在掌子面上形成的泥膜代替由传统的膨润土泥浆在掌子面上渗透形成的泥膜，从而确保土仓内形成一个密闭空间，通过 Samson 自动保压系统调节土仓内压力从而保证掌子面稳定。

5.2.3　关键技术应用

1）"衡盾泥"调配

"衡盾泥"以无机黏土为主，通过改性后与增黏剂反应形成一种高黏度的触变泥浆。材料具有高黏度和触变性、不易被稀释、较好隔水性的特点，并具有一定的强度。泥浆黏度能达到 10^4mPa·s（传统施作泥膜的泥浆黏度为 100～200mPa·s），且该材料对环境不会造成污染。

衡盾泥由 A、B 两种材料混合制备而成，A 料为改性黏土（呈粉末状）、B 料为桶装增黏剂、塑化剂。

A 料搅拌需使用独立的剪切泵进行拌制，搅拌质量经由衡盾泥材料厂家技术人员确认，并且塑化黏度达 400mPa·s 以上后方可与 B 料混合。A 料（A 粉：水）配合比 1：2.0。衡盾泥（A：B）配合比 15：1，所有配合比均为质量比。衡盾泥制备要求无结团微粒，建议用高速剪切泵均匀搅拌，反应 30min 以上。

2）"衡盾泥"建膜-分级稳压建泥膜

为了使衡盾泥能良好的渗透并形成稳定的泥膜，对土仓内衡盾泥进行分级稳压，稳压最终压力为带压作业的 1.5 倍。

（1）压力确定

根据《盾构法开仓及气压作业技术规范》（CJJ 217—2014）要求，本工程采用朗肯土压力公式计算盾构机中部水土压力：

$$\sigma = K_a \sum r_i h_i - 2c\sqrt{K_a} \tag{5-1}$$

$$\sigma = K_p \sum r_i h_i + 2c\sqrt{K_p} \tag{5-2}$$

$$K_a = \tan^2(45 - \varphi/2) \tag{5-3}$$

$$K_p = \tan^2(45 + \varphi/2) \tag{5-4}$$

式中：K_a——主动土压力系数；

K_p——被动土压力系数；

γ_i——填土重度（kN/m³）；

h_i——高度（m）；

φ——内摩擦角（°）；

c——黏聚力（kPa）。

采用衡盾泥后，盾构机中部水土压力计算见表 5-2。

衡盾泥性能下盾构机中部水土压力计算表　　　　　　表 5-2

岩土名称	天然重度（kN/m³）	浮重度（kN/m³）	黏聚力（kPa）	内摩擦角（°）	计算方法	高度（m）	隧道中心水头（m）	竖向土压（kPa）	经验值（kPa）
<6-2>硬塑状粉质黏土	18.6	8.8	28.5	18	合算	3.4		63.2	
<9-1>全风化混合花岗岩	18.9	9.1	32	20	分算	3.55	6.4	32.3	20
<9-2-2>强风化花岗岩（半岩半土）	19.1	9.3	45	30	分算	2.85		26.5	
静止土压力：104.2kPa									
被动土压力：585.7kPa									
主动土压力：52kPa									

带压进仓压力以静止土压力为基础，并增加 20kPa 为预备压力，作业压力取 124kPa。

（2）泥膜构建

通过向土仓内补注衡盾泥进行加压，仓内压力从 0.10MPa 分四级逐步增加至 0.18MPa，每级升压 0.02MPa，且保持 2h 压力减少量小于 0.01MPa，再进行下一级加压。最后一级 0.18MPa 稳压 3h 压力减少量小于 0.01MPa 为止。在进入分级加压 0.16～0.18MPa 之前，应缓慢转动刀盘（转速在 0.3r/min 以内），以保证注入和渗透的均匀性。

"衡盾泥"加压至 0.16MPa 时，回缩铰接使刀盘回缩，增加刀盘与掌子面距离便于换刀作业。

开仓作业前通过盾构机径向孔再次补注衡盾泥材料，进一步填充盾体外侧间隙，防止土仓泄压。

本次带压开仓衡盾泥分级加压情况为：0.12MPa 稳压及补注衡盾泥持续 21h；0.14MPa 稳压补注衡盾泥持续 19h；0.16MPa 稳压补注持续 30h；0.18MPa 稳压补注衡盾泥持续 57h 后完成泥膜构建。

（3）气浆置换

完成分级稳压后土仓泥膜建立完成，用螺旋机将仓内衡盾泥排出，并通过向土仓打气使仓内压力不小于 0.124MPa，直至仓内衡盾泥液面降至中心回转以下，开启 Samson 自动保压系统设定压力 0.124MPa，自动保压 6h。

3）"衡盾泥"保压条件下带压作业

本次衡盾泥辅助带压开仓一次施作泥膜，累计作业 16 仓，持续 4d（95h）。

本次换刀 19 把，清理刀箱和刀盘泥饼 11 处，打凿刀槽 10 个，换刀工效为 1.2 把/仓。

4）"衡盾泥"保压情况下地层沉降监测情况

带压开仓期间地面沉降监测稳定，累计最大沉降 1.79mm，未出现预警情况。

5.2.4　应用成效

（1）本工程验证了"衡盾泥"的渗透性及其构建泥膜稳定性好、持续时间长。

（2）通过分级加压构建泥膜，以及换刀过程中多次反复加压降压，仓内未见渗透水，证明防水性良好。

5.3 绳锯切割配合静态爆破联络通道施工技术

5.3.1 工程概况

光圳区间 1 号联络通道位于柴山下部,通道拱顶埋深 90.4m,开挖范围主要地层为<9-4>微风化混合花岗岩,岩体强度为 90～150MPa,地下水主要为基岩裂隙水。通道长 22m,净宽 2.7m,净高 2.8m,初期支护钢筋网及喷射混凝土厚度 15cm,二次衬砌为钢混结构厚度 35cm。因 1 号联络通道邻近广深港高铁线路,处于高铁线保护范围之内,禁止使用爆破工艺开始施工,故 1 号联络通道施工采取了右线水钻开挖,左线采用绳锯切割 + 人工辅助开挖。

5.3.2 关键技术应用

1)施工工艺

(1)水钻开挖工艺

水钻开挖工艺流程如图 5-5 所示。

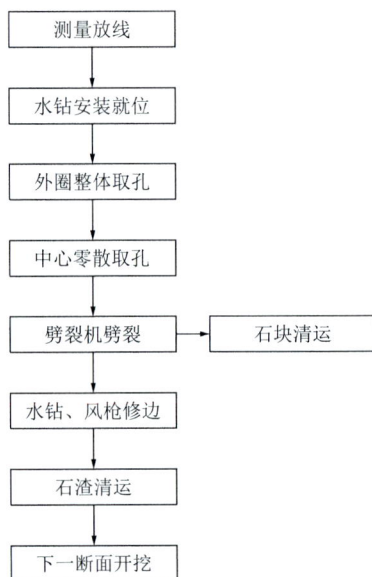

```
┌──────────┐
│  测量放线  │
└──────────┘
     │
┌──────────┐
│ 水钻安装就位 │
└──────────┘
     │
┌──────────┐
│ 外圈整体取孔 │
└──────────┘
     │
┌──────────┐
│ 中心零散取孔 │
└──────────┘
     │
┌──────────┐        ┌──────────┐
│ 劈裂机劈裂  │───────▶│  石块清运  │
└──────────┘        └──────────┘
     │
┌──────────┐
│ 水钻、风枪修边 │
└──────────┘
     │
┌──────────┐
│  石渣清运  │
└──────────┘
     │
┌──────────┐
│ 下一断面开挖 │
└──────────┘
```

图 5-5 水钻开挖工艺流程图

水钻开挖及岩石劈裂如图 5-6 和图 5-7 所示。

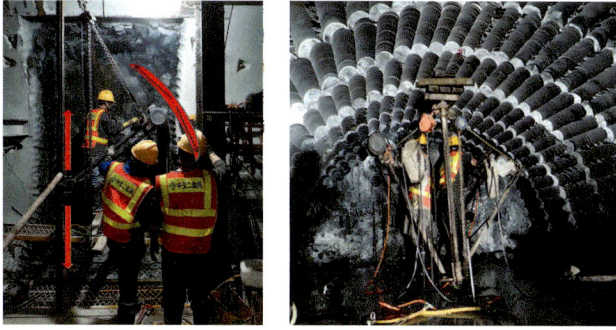

图 5-6　水钻开挖示意图

（2）绳锯切割开挖工艺

绳锯开挖工艺流程如图 5-8 所示。

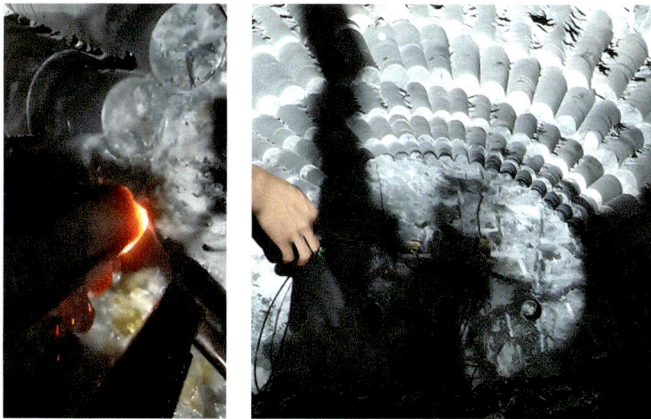

图 5-7　岩石劈裂

测量放线

支架搭设

钻机就位开孔

绳锯安装切割

支架拆除

钻机就位开孔

绳锯安装切割

岩层开挖

图 5-8　绳锯切割开挖工艺
流程图

绳锯切割开挖示意及效果如图 5-9 所示。

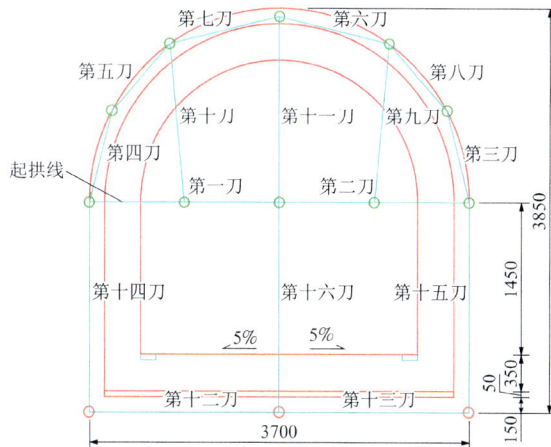

第七刀　第六刀
第五刀　第八刀
第十刀　第十一刀　第九刀
起拱线　第四刀　第一刀　第二刀　第三刀
第十四刀　第十六刀　第十五刀
5%　5%
第十二刀　第十三刀
3850
1450
50
350
150
3700

图　5-9

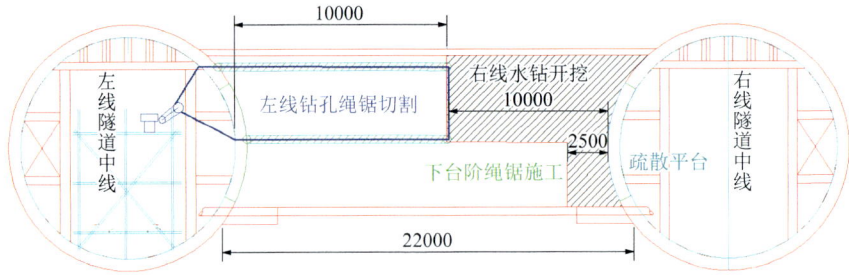

图 5-9　绳锯切割开挖示意及效果图（尺寸单位：mm）

2）工效分析

（1）绳锯切割工效

上台阶共计 11 刀，根据孔位部置及切割长度，上台阶切割面共计 141.5m²，平距切割工效为 1.15m²/h。

（2）水平潜孔钻工效

潜孔钻钻孔 10 个，总深度为 100m，平均工效为 1m/h。

（3）总工效

钻孔及水钻切割开挖共计用时 9.5d，切割后使用钢钎劈裂人工开挖工效约为 1d/m，用时 10.5d。绳锯切割开挖配合人工开挖 20d 开挖 10m，整体工效约为 2d/m。

①根据统计分析，绳锯切割开挖前期需耗费大量时间进行钻孔和岩面切割，岩面切割完成后人工辅助开挖效率较高；

②根据对比分析，绳锯更适合岩石强度较高地层施工，对于软土地层或风化程度高的地层，绳锯切割开挖效率相对较低；

③绳锯切割开挖对空间要求比较高，比如拱顶弧形存在超挖或对隧道管片存在一定损伤等。

绳锯切割开挖与水钻取孔开挖在联络通施工中优缺点见表 5-3。

绳锯切割开挖与水钻取孔开挖在联络通道施工中优缺点　　　　表 5-3

施工工艺	开挖工效	优点	缺点	经济性
水钻取孔开挖	4d/m	小型机具，运输使用便捷；开挖范围可自由调整，开挖尺寸准确；进尺速度均匀	开挖速度慢，时间长；电机、钻头更换频繁；无法向上开挖；需拆除洞门上部管片至拱顶高程	电机、钻头损耗大，工期长
绳锯切割开挖	2d/m	整体开挖速度快，时间短；无需频繁更换构配件；开挖前可通过切割速度推断各区域岩石软硬程度	拱顶存在局部超挖欠挖；需损伤洞门周边管片；前期切割，长时间无进尺	成本低，工期短

5.3.3　应用成效

（1）此次施工验证了绳锯切割开挖对于高强度岩层矿山法开挖具有更好的适用性。

（2）由于绳锯切割开挖前期需进行长时间切割，对于长度小于 8m 的联络通道可直接采用水钻开挖进行施工。

（3）膨胀剂辅助开挖以人工开挖为主，机械化程度低，钻孔放药、等待膨胀需要一定时间，开挖过程中需做好交错施工，保障工序衔接可以有效保证开挖进度。

（4）绳锯切割开挖过程中应随时检查绳链磨损情况，当绳链磨损超过 2mm 时应立即更换。当绳锯切割至管片壁后时应及时停止切割，减少管片损失和防止切断管片。

（5）绳锯在起拱线切割完成后，加高支架平台，进行拱顶钻孔和切割。绳锯切割应先切割下部再进行侧面和顶部切割，防止切割后石块夹绳。

（6）上台阶切割后，拆除支架，在开挖面底部两侧及中心钻孔，然后切割下台阶。同时可从另一条隧道进行上台阶岩石开挖，开挖前应设置安全挡板防止绳锯断裂伤人。

（7）绳锯切割后，通过切口面放入钢楔子用大锤凿裂岩石进行开挖，并伴随使用风钻钻孔 + 膨胀剂劈裂岩石增加岩层裂隙可以加快开挖速度。

光圳区间从 7 月 25 日开始使用泥水分离设备，筛分约 37400m³ 盾构渣土，出砂量 12000m³，出砂率约为 32%。筛分工效单日最大约为 13 环，实方为 637m³。泥水分离中将压滤泥饼的清水进行循环利用，冲洗渣土和砂，有效减少施工用水，压滤后泥饼含水率低土质较好，可用于绿化种植土、回填土；分离砂干净、颗粒均匀，且可进行粗砂、细砂分离，用于砂浆拌制、搅拌站和喷射混凝土，有效节约施工成本。且泥水分离进行渣土处理后外运相比常规直接外运减少了道路洒漏和维护要求，降低了环境污染和施工扬尘。

1）主要解决的问题

（1）本工程实现了盾构渣土减量化、资源化、再利用化，渣土处理后主要产品中粗砂、细砂、泥饼、水实现场地循环再利用。

（2）本工程减少了渣土外运，减少了城市扬尘污染和水土质污染等环境污染。

（3）本工程缓解渣土收纳场收纳能力有限、渣土外运距离远等问题，及时处理盾构渣土，提高盾构掘进工效。

2）创新点

（1）节能减排效果好

盾构渣土经过系统处理后，减少了排放量，较大程度上缓解渣土收纳场收纳能力有限、渣土外运距离远等问题，盾构渣土得到及时有效处理可进一步提高现场盾构掘进工效。渣土处理后主要产品为中粗砂、细砂等，可作为建筑施工材料循环再利用，创造较大的经济效益。

（2）环境保护效果好

现场盾构渣土中含有大量泥浆，直接外排易对环境造成污染，盾构渣土处理后，减少了环境污染，实现渣土减量化、无害化、资源化，创造较好的环境效益。

5.4 机器视觉导向系统在盾构施工中的应用

5.4.1 工程概况

圳中区间（盾构段）从圳美站大里程端始发，沿光桥路西侧向北敷设，在光桥路与公常路路口向东拐入公常路，继续沿公常路南侧敷设前行，最终达到中大站。本区间左线起始里程为：ZDK2 + 232.204～ZDK3 + 132.820，长为 918.437m，右线起止里程为：YDK2 + 234.204～YDK3 + 132.820，长为 900.616m。两线拟采用两条平行的单洞单线结构模式，最小间距最小为 13m，隧道埋深为 9.5～16.3m。

区间隧道采用复合式土压平衡盾构机施工，盾构由圳美站大里程盾构井始发，在中大站小里程端接收井吊出。机器视觉导向系统应用于圳中区间右线掘进施工中，与中铁建重工集团股份有限公司 DDJ 激光靶导向系统同步使用，以验证机器视觉导向系统的稳定性、实用性。

5.4.2　关键技术应用

1）系统组成

机器视觉导向系统采用机器视觉技术，主要由工业相机、标志支架、工业电脑三部分组成（图 5-10）。相比其他导向系统，机器视觉导向系统省去了昂贵的测量机器人，显著降低了成本。

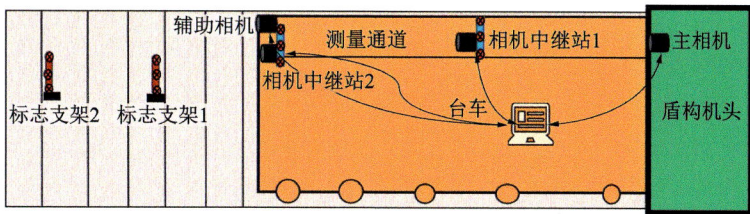

图 5-10　机器视觉导向系统组成

2）系统功能

（1）盾构掘进姿态实时测量。

（2）掘进轨迹图查询。提供掘进轨迹、管环中心轨迹与设计隧道中心线同步显示，可以让用户（盾构机司机）更直观地了解掘进过程中的姿态偏移情况。

（3）盾尾间隙测量与管环选型。程序根据盾构机当前姿态，计算出理论安装的管环类型，以供操作人员（管片拼装手）参考。

（4）共享测量信息和远程控制，地面控制室与隧道控制室可以实时进行数据交换。

3）测量原理

机器视觉导向系统是由数字摄影测量、计算机技术、数字影像处理、影像匹配、模式识别等多种学科的理论与方法的结合，简而言之，就是采用工业相机摄像代替人工采用全站仪观测。机器视觉产品［即图像摄取装置，分 CMOS（互补金属氧化物半导体）和 CCD（感光耦合组件）两种］将被摄取目标转换成图像信号，传送给专用的图像处理系统，得到被摄目标的形态信息，根据像素分布和亮度、颜色等信息，转变成数字化信号；图像系统对这些信号进行各种运算来抽取目标的特征，进而根据判别的结果来控制现场的设备动作。

机器视觉导向系统通过固定在盾构机以及台车上面的工业相机对固定在管环上的立体像控点进行摄影处理，建立立体像控点与工业相机的严格几何关系。可以实现像控点坐标和相机参数之间的相互转化，其基本公式为摄影测量中的共线条件方程式。像控点群与相机群通过图像数据组成的共线条件方程组，构成严密的数学几何关系。两组数据互为映射，分为三种情况：

（1）当像控群空间数据已知并稳定时，可推算相机群的空间数据，从而解算盾构机姿态。

（2）当相机群稳定时（如盾构停机），可推算像控群的空间数据。

（3）当像控群不稳定（如管环沉降）和相机群不稳定（如盾构掘进）时，通过管环远端的锚定点建立像控群与相机群相对锚定点的绝对空间数据，从而解算盾构姿态和管环的沉降。

总体来说，机器视觉导向系统综合了工业相机的自动控制、灰度图像的提取和处理、同名像点的识别和匹配、像点中心坐标的亚像素精度提取、相机畸变参数的标定和修正、高精度定向数据的获取、像控点坐标的处理和修正、高阶法方程的快速解算及光束法平差处理等多学科知识的应用和研究，最终汇成了一个简易操作系统。

4）测量流程

（1）安装工业相机（图5-11）。在盾构机尾端呈品字形安装三台工业相机（相机参数已在出厂前标定），安装相机位置与盾构机中心的相对关系已经测定，通过线缆将相机与工业电脑相连。

（2）安装标志点（图5-12）。在盾构隧道固定管环上安置不少于四个标志点。初次测量时，人工测量确定标志点的三维坐标。

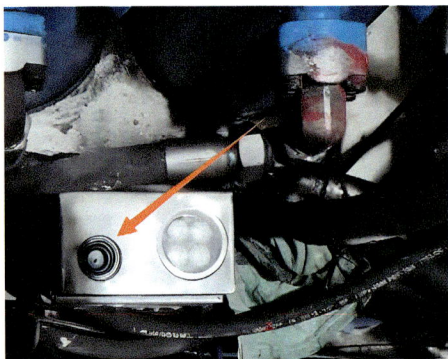

图5-11　安装工业相机　　　　图5-12　安装标志点

（3）系统运行测量。盾构掘进时，系统驱动相机对标志点进行摄影，将影像文件传输至工业电脑端，系统软件对图像进行处理并解算出相机坐标等参数，系统将相机坐标参数转换成盾构机位置信息，实现盾构导向（图5-13）。

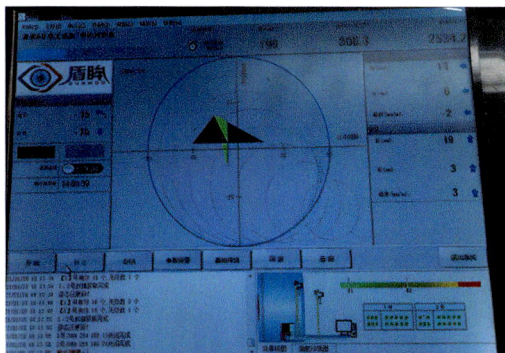

图 5-13 系统界面

（4）移动标志点。当盾构掘进一段距离后，人工将标志点前移并固定。相机对新标志点进行摄影，电脑端对影像进行处理解算出新标志点的三维坐标。

（5）系统运行测量，重复步骤（3）、（4）实现对盾构机实时导向。

5.4.3 应用成效

本节对圳中区间右线掘进过程中所采用的两种测量系统：中铁建重工集团股份有限公司 DDJ 激光靶导向系统与机器视觉导向系统（盾眸）进行对比。

（1）数据对比

以右线 371-421 环为例，两个系统在同一管环姿态较差小于 30mm 占比约为 86%，基本可用于指导现场盾构掘进施工。

（2）测量换站及成本对比

三种导向系统换站与成本对比见表 5-4。

换站与成本对比 表 5-4

项目	机器视觉导向系统	激光靶导向系统	棱镜导向系统
主要部件	工业相机、发光标志点、工业电脑	测量机器人、激光靶、无线电台、工业电脑	测量机器人、棱镜组、双轴倾斜计、无线电台、工业电脑
成本	低	高	高
换站时间	5~10min	45~60min	45~60min
人员要求	非专业人员，1 人	专业测量人员，3~4 人	专业测量人员，3~4 人
管环沉降控制点修正	自动实时修正	人工复测修正	人工复测修正

通过圳中区间右线中应用机器视觉导向系统的情况可以看出，该系统存在以下优缺点。

优点：机器视觉导向系统操作简单，能较快地完成系统换站，减少对现场进度的影响，无需配置较多的测量人员，减少了项目成本。

缺点：机器视觉导向系统在国内才刚刚兴起，安装调试过程繁杂，耗时长；相关配件还未实现标准化；精度还需要提高；系统软件存在运行不稳定情况；移动站位于皮带机正上方，反射片容易被泥土掩盖等。这些问题需在后续研究和实践中不断完善和改进，以便更好地应用于现场施工。

第**6**章

车站机电安装装修工程技术

6.1　机电系统特点及创新

6.1.1　通风空调系统

1）系统概况

6 号线支线通风空调系统包括车站的隧道活塞通风系统、车站站台门外车轨行区间排热系统、车站公共区通风空调和防排烟系统、车站设备及管理用房通风空调和防排烟系统、车站空调水系统、车站多联机空调系统。

2）创新与成效

（1）双面彩钢板复合风管应用

6 号线支线的空调送回风管、排烟风管、加压送风管采用双面彩钢板复合风管。复合风管无毒无害、无放射性，不含石棉，整个风管系统使用材料均为 A 级不燃。

双面彩钢板复合风管相比于镀锌钢板风管加保温棉的安装方式优点在于：①省去了保温棉的采购和安装费用；②提升了空调风管在工程中的观感质量；③省去一道保温工序，节约了工程周期，为后期单机单系统调试预留了充足时间。

（2）双面彩钢板耐火风管应用

6 号线支线的机械排烟系统（含兼用排烟系统）、机械补风系统（含兼用补风系统）、机械加压送风系统采用满足耐火极限及隔热要求的风管；其中，耐火风管按耐火极限分为：0.5h、1.0h、1.5h、2.0h 和 3.0h 五种类型。耐火风管已满足隔热性要求，不再考虑额外保温措施。耐火风管耐火极限等级分类及设置范围按照如下要求：排烟风管水平设置的排烟管道应设置在吊顶内，其耐火极限不应低于 0.50h；当确有困难时，可直接设置在室内，但管道的耐火极限不应小于 1.00h。机械加压送风管为水平设置的送风管道，当设置在吊顶内时，其耐火极限不应低于 0.50h；当水平设置的送风管道未设置在吊顶内、竖向设置的送风管道未设置独立管井时，其耐火极限不应低于 1.00h。补风管耐火极限不应低于 0.50h，当补风管道跨越防火分区时，管道的耐火极限不应小于 1.50h。排烟管道不应穿越前室或楼梯间，必须穿越时，管道的耐火极限不应低于 2.00h。

防排烟类风管穿越防火隔墙、楼板及防火墙处时，风管上的防火阀两侧各 2m 范围内的耐火风管的耐火极限不应低于该防火分隔体的耐火极限，施工前应与建筑专业核实耐火极限，耐火极限限值如下：①防火墙耐火极限不低于 3.00h；②车站控制室（含防灾报警设备室）、变电所、配电室、通信及信号机房、固定灭火装置设备室、消防水泵房、废水泵房、通风机房、环控电控室、站台门控制室、蓄电池室等火灾需运作的房间，采用耐火极限不低于 2.00h 的防火隔墙和耐火极限不低于 1.5h 的楼板。

双面彩钢板耐火风管相比于镀锌钢板风管加保温棉与防火板包覆的安装方式优点在于：①省去了保温棉、防火板的采购和安装费用；②提升了排烟、加压风管在工程中的观感质量；③省去一道保温、防火板包覆工序，节约了工程周期，为后期单机单系统调试预留了充足时间；④直接解决了风管在穿越防火分区时 2m 范围需要包覆防火板难以施工的难点。

（3）全站式综合、抗振支吊架的安装范围

车站公共区、设备区走道及设备房间全面采用综合支吊架，综合支吊架且应有防坍塌加固横担。各专业管线均采用综合（成品）支吊架。

应用成效：目前国内城市轨道交通机电安装板块已相对成熟，车站范围内的管线数量变化小，在这种成熟的环境下，各个施工单位在面对不统一的综合支吊架设置范围时，往往都是参考各地或者国家标准图集制作要求范围之外的管线支吊架，因此形成了五花八门的支架形式。深圳地铁 6 号支线在考虑了以上优缺点后，采用了全站式综合支吊架范围的设计方式，有效地解决了该问题，也给城市轨道交通车站错综复杂的管线提供了有效的解决方案。

（4）装配式机房施工应用

为积极响应各级单位对 BIM 装配式施工要求，中大站实施了装配式机房施工，具体实施过程如下。

①首先，本工程通过 BIM 技术建立冷水机房模型，包括结构、二次结构、机电各专业

管线及部分装修模型。应用过程中根据建立的模型，通过方案比选、工序模拟、方案模拟等将前期问题全部解决，并利用三维扫描，更加直观地排除碰撞问题。

②经过碰撞检查、管线优化、漫游工序后，机电各专业 BIM 模型尺寸、位置、高程已经确定，可直接导出各专业二维图、三维图，进一步辅助施工人员理解施工图纸，保障施工准确无误进行。

③为保证安装过程有序高效开展，项目专业技术人员对作业工人进行可视化交底，利用 BIM 模型直观地进行交底，将各个专业设备、管线安装顺序等进行动画模拟，可以在施工前通过工序模拟发现问题提前解决，避免因工序错误出现拆改、返工等问题。

④冷水机房方案确定后，根据现场预留的运输通道及现场实际情况，将 BIM 模型中的管线合理分段。尽量在法兰连接或设备终端进行分解，避免焊接缝出现，便于后期组装。管线分段主要考虑以下因素：运输通道、预留洞尺寸、支架位置、安装方式等，根据以上因素，尽量减少管道的分段，加快安装效率及保证质量。

⑤系统管线分段方案确定后，导出管道分段预制加工图，交由加工厂进行加工制作，并将所有施工详图导出并进行现场交底配合施工。为了保证后期安装的有效组织，将分解后的管段进行编码，并根据编码、安装位置等信息制作二维码便后期跟踪安装。

⑥根据 BIM 模型分解所导出的施工详图，在场外集中加工，为保证质量可采用自动焊接技术，因场外加工环境比施工现场好，批量加工效率高，还能更好地提高焊接质量。

⑦场外加工完成后，在现场冷水机房具备施工条件的情况下，可以大批量地将各种管段运输至现场，根据工序模拟情况进行组装，现场只需根据管段编号和二维码识别其位置，"搭积木"式拼装即可完成设备的装配。

装配式机房模型及布置如图 6-1～图 6-4 所示。

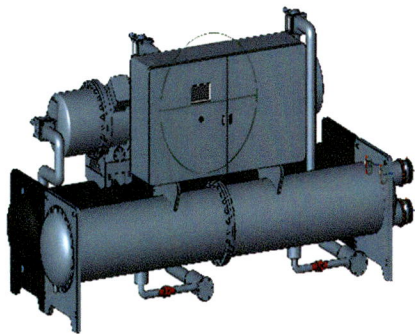

图 6-1　厂家设备模型

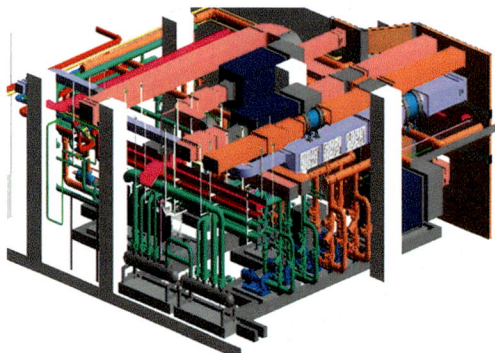

图 6-2　机房优化模型

图 6-3　装配式机房布置图

图 6-4　管道剖面图

　　车站的环控机房、冷水机房施工完成度是一个项目的关键节点和重要节点，是单机单系统调试和综合联调联试的基础条件，传统工艺需要各类设备就位后，现场测量各种管道支架及管道尺寸，现场切割下料、焊接、安装，按标准车站机房大小及设备数量，施工周期超 60d。采用装配式机房后，很多测量工作均可提前完成，待土建主体结构及机房砌筑完成后，便可直接三维扫描机房内部尺寸，转入模型预案施工阶段，所有管段及支架均在工厂加工、焊接、制作，不影响现场其他专业施工进度，无任何交叉作业情况，可缩短周期至 15d，大大提高了安装效率和观后质量，为后期调试工作奠定了良好的基础。

　　（5）多联空调室外机自动降温装置

　　多联空调是一台室外机通过配管连接两台或两台以上室内机，室外侧采用风冷换热形式、室内侧采用直接蒸发换热形式。多联空调是一种一次制冷剂空调系统，它以制冷剂为输送介质，室外主机由室外侧换热器、压缩机和其他制冷附件组成，末端装置是由直接蒸发式换热器和风机组成的室内机。但 6 号线支线多联空调室外机均设置在风亭夹层处，夏季深圳气温过高，使得多联空调的使用频率和使用时间也大大增加，室外机不但要承受室外的高温炙烤，而且自身运转也会产生大量的热量。长时间在高温下运行，不但会造成室外机的功耗增大、容易发生损坏，而且也会使得室外机的寿命大大缩短。多联空调室外机自动降温装置如图 6-5 所示。

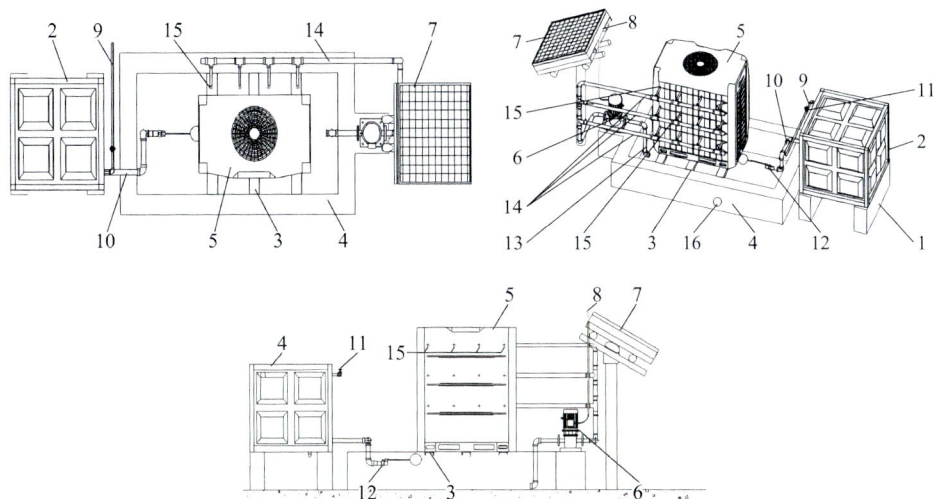

图 6-5　多联空调室外机自动降温装置

1-水箱基础；2-不锈钢水箱；3-槽钢基础；4-储水池；5-室外机；6-微型水泵；7-太阳能电池板；8-电源线；9-溢流管；10-进水管；11-阀门；12-浮球阀；13-不锈钢水管；14-喷淋头；15-室外机滤网

　　多联空调室外机自动降温装置是在原本风冷降温的外机基础上加装一套水冷降温装置，解决现有多联空调室外机在高温天气工作时自身降温效率低、功耗增加的问题，以最实际的方式体现降本增效。水冷降温装置包括水箱、水泵、蓄水池、太阳能电池板等，蓄水池内的水位由浮球阀控制，满足水冷降温装置的水源供给；当室外温度达到温度传感器的设定值时，水泵开始工作，通过输水管线至喷头。将水雾喷至室外机外侧过滤网。最终水又流入蓄水池，实现水循环利用、节能环保。通过对多联空调室外机外侧过滤网的喷淋，增加其散热效果，进而降低其内机能耗，增加使用寿命；喷淋水也将流入蓄水池再次被利用。此方法投资较少，见效快，易于实施，可以确保夏季多联空调室外机的正常运行，且具有一定的节能作用。

　　多联空调室外机自动降温装置具有以下优点：①减少运营人员的维护次数及维护人员数量；②增加设备的使用寿命；③提高设备制冷效率。

　　3）经验与总结

　　（1）通风空调系统是常规安装工程中设备种类、数量最多的专业，因此在大型设备吊装、运输与小型设备的成品保护及保管方面应重点规划。

　　（2）通风空调系统因设备种类多、与其他专业的接口较多，从设计联络到调试阶段一直需要各个专业配合，因此，应充分做好专业间的接口管理及规划。

（3）因通风专业存在很多大尺寸风管穿墙穿楼板等混凝土结构的情况，如土建预留尺寸错误、漏留孔洞，会给后期施工带来很大的不便，因此在核对大尺寸风管穿越混凝土结构部分时，设计与施工人员应仔细核查，避免遗漏。

（4）深圳城市轨道交通四期工程建设中，各车站冷却塔室外管沟的结构施工，往往会遗漏管道支墩，导致后期管道排布空间不足，或后制作的支架锈蚀现象严重，因此，设计人员应在管沟施工前，与土建单位仔细核对管沟类型及管道敷设排布空间。

（5）冷却塔钢格栅在设计时，均设计为塔体出风口方向设置的百叶格栅，在卫生学评价过程中，验收标准为室外冷却塔的四面均需设置百叶格栅。

（6）卫生学评价过程中，冷却塔补水箱的进水口要高于溢流口，市政补水管道不可直接连接车站水系统补水管，必须设置可拆卸的隔离阀门，防止水流倒灌至市政管网。

6.1.2 动力与照明系统

1）系统概况

6 号线支线动力与照明系统包括车站的机电接地系统施工、低压动力设备配电、成套低压配电箱、配电柜安装、车站设备区及区间照明系统、公共区照明系统等。

2）创新与成效

（1）瓦楞式桥架的施工应用

6 号线支线动力与照明系统的桥架全部采用槽式钢制电缆桥架，电缆夹层及专用电缆井桥架采用梯式钢制电缆桥架。其他区域电缆桥架均选用钢制电缆桥架，电缆桥架结构采用节能凹凸瓦楞结构，表面防腐处理采用高耐腐 VCI 气相缓蚀剂双金属无机涂层，各项指标满足《节能耐腐蚀钢制电缆桥架》（GB/T 23639—2017）等相关规范要求，在支承跨距为 2m，按支架计算的条件下，托盘、梯架的额定均布荷载分为 5 级，见表 6-1。

桥架的额定均布荷载等级表　　　　　　　　　　表 6-1

荷载等级	A	A1	B	C	D
额定均布荷载（kN/m）	0.5（50）	1.0（100）	1.5（150）	2.0（200）	2.5（250）

应用成效：车站低压动力照明系统的电缆路径复杂、电缆型号种类繁杂、数量大，而车

站设备区走廊及公共区往往都为单桥架的设计方式，容易造成单个桥架内的电缆电线拥挤，不利于施工和后期维护，且电缆电线重量较大，长期很容易造成电缆桥架塌陷、弯曲等现象；瓦楞式电缆桥架在受力方面要优于普通电缆桥架，其凹凸的表面结构可以很好地承受电缆重量，在电线电缆敷设过程中，其独特的结构形式，更有利于施工作业人员区分及操作。

（2）供电设备模块化封堵施工应用

6 号线支线的低压配电柜、配电箱、高压开关柜等成套配电箱柜设备均为柜内馈线封堵模式，本工程的馈线电缆封采用模块化封堵，封堵模块配套框架固定在配电柜柜体上，配电柜馈线开孔与封堵模块尺寸一致，封堵模块采用变径可撕层技术，根据电缆尺寸、种类和数量提供解决方案，模块孔径根据电缆、管线外径调整；封堵时应适当预留备用模块，预留模块均可调整密封范围，以适配新增电缆的需求。封堵模块外框及封堵模块如图 6-6、图 6-7 所示。

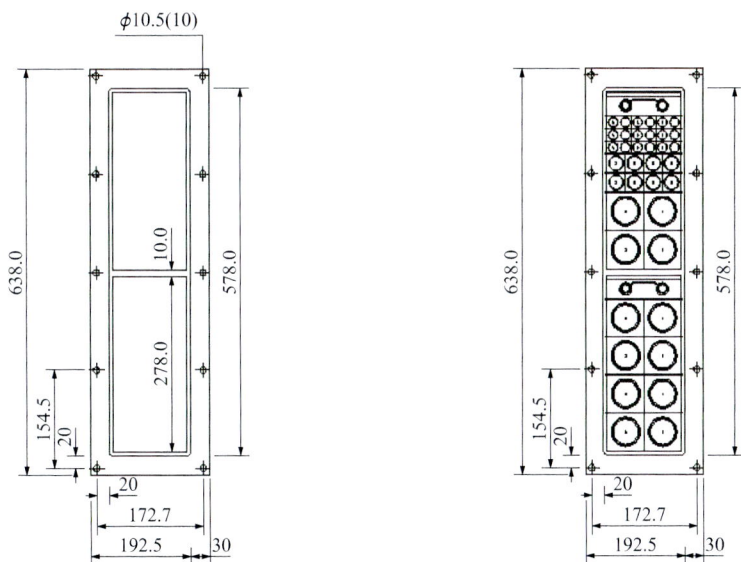

图 6-6　封堵模块外框安装图（尺寸单位：mm）　　图 6-7　封堵模块安装图（尺寸单位：mm）

应用成效：相比于传统防火泥及阻火包的电缆封堵方式，模块化的配电柜馈线封堵模式，在施工操作上效率更高，在工程感观质量上效果更佳，在后期运维中，操作更简单。

3）经验与总结

（1）低压动力与照明系统是常规设备安装工程中专业性较强的分部工程，从理论到实际均需有较强专业知识的人员管理与指导现场作业。

（2）车站应急照明系统电线采用耐火电线，普通照明系统采用一般电线，在线缆敷设过程中，应注意区分耐火类电线与普通类电线，防止敷设错误。

（3）大型用电设备如隧道风机、射流风机等均采用三项五线制电缆供电，在设备接线时，应注意电缆相序，防止接错，造成设备反转，造成损失。

（4）低压开关柜在受电前，应做好充分的检查工作，防止顶部母排螺栓掉落在设备内部，盲目送电导致短路，烧毁用电设备。

（5）区间低压电缆电线敷设前，应充分与系统设备安装单位对接，协商好低压电缆电线的走线方式及敷设位置，避免后期电缆支架数量不足，无法敷设。

（6）车站的风管、水管、防火门等金属构件，均需按照规范要求进行等电位连接。

6.1.3 给排水与消防系统

1）系统概况

6 号线支线给排水与消防系统包括车站及区间的给水系统、排水系统、消火栓系统、喷淋系统、灭火器配置等。

2）创新与成效

（1）区间消火栓头固定支架施工应用

6 号线支线区间消防管道的工作压力较大，其消火栓头在开启的瞬间，易承受较大的压力，容易造成消火栓头连接管断裂、栓头脱落等风险，6 号线支线全线在消火栓头位置处增设了固定支架，增加了消火栓头的稳固性。

应用成效：降低了区间消火栓头的检修率，提高了区间消防用水的安全性。

（2）区间废水泵房电动提升装置应用

车站的主废水泵房、区间废水泵房内的水泵均为大功率水泵，使用频率高，在水泵出现故障时，往往 1～2 名检修人员无法通过手动装置将水泵提升检修，因此，本工程结合现场实际情况，将车站及区间水泵房内设备功率大于 20kW 的水泵手动提升装置更换为电动葫芦装置，大大提高了检修的便捷性。

应用成效：①提高了检修便捷性；②节省了运维人员及检修时间。

6.1.4 设备区砌筑与装修

1）系统概况

6 号线支线设备区砌筑与装修包括施工车站的内隔墙砌筑、构造柱及圈梁浇筑、防火门窗、天地墙装饰等施工内容。

2）创新与成效

在墙体砌筑时，砂浆的涂抹是施工过程中非常重要的工序之一，两块砌砖间的砂浆层形成砌筑灰缝，涂抹砂浆的方式、方法的好坏不仅影响墙体外观效果与施工效率，同时也会影响砖墙的灰缝质量。灰缝的主要作用是均匀传递压力和黏结，增加墙体的整体性，灰缝较小会影响黏结效果，灰缝较大时由于砂浆的干缩影响墙体尺寸准确和抗压能力，因此为了保证砂浆的饱满度，避免灰缝过大或过小，需控制砌筑灰缝的厚度及宽度，提高施工的标准化，规范化，从而保障施工的质量。

现有的水平灰缝的控制一般采用皮数杆或挂线，大多数时候都只是采用目测的方式进行水平灰缝的控制。采用皮数杆或挂线进行水平灰缝的控制时，施工人员在不同的位置施工时，皮数杆或挂线无法及时有效地跟随砌体的砌筑方向进行移动与调节，致使其通用性差，这样就导致在施工时存在较大的灰缝施工误差，尤其是当整个砌体的高度较高、长度较长时就会形成较大的累积误差，且施工速度慢，砌筑质量观感差，容易出现返工的问题。本工程研究一种砌体工程灰缝控制装置，其特征在于：包括活动尺、把手、固定角钢、活动角钢，所用把手、活动尺平行且相对，把手固定在活动尺上，固定角钢设于活动尺的端头，并采用固定螺栓固定，活动角钢与固定角钢相对平行而设，活动角钢与活动尺连接采用活动螺栓连接，活动尺长度为380mm，活动尺、把手平行而设，相距800mm。通对称设置在砌体两侧的角钢、活动尺围成一个闭合的空间，使砖砌体可以全部卡在该闭合的空间内，只需要将砂浆平铺，和角钢上表面对齐即可控制灰缝厚度，减轻了劳动强度。砌体灰缝厚度控制装置采用一侧为固定角钢、一侧为活动角钢，根据施工现场砖砌体的尺寸可以调整角钢之间的距离，便于施工，提高效率。

3）经验与总结

（1）墙体砌筑前，应充分了解和掌握车站站厅层、站台层的高程点位，确保墙体一米线的准确性。

（2）圈梁以上砌筑开始前，应与各机电专业充分核对好穿墙孔洞的预留位置及大小，避免造成返工。

（3）环控机房、冷水机房、卫生间等有防水要求的重要设备管理用房，在砌筑及防水施工完成后，应进行24h的蓄水试验，试验合格后方可进行下一道工序。

6.2   车站装修设计特色

6.2.1   建筑装修原则

1）施工依据

（1）国家及有关部门现行设计规范，施工技术规程、规范，质量检验评定标准及验收办法。

（2）广东省及深圳市的现行设计规范，施工技术规程、规范，质量检验评定标准及验收办法。

（3）6 号线支线工程招标文件、初步设计文件。

（4）"深圳市城市轨道交通 6 号线支线主体工程 6121 标段施工承包合同"（合同编号：DT406Z-SG001/2017）。

（5）本工程的招、投标文件，答疑资料，现场调查等。

2）装修原则

（1）装修工程天、地、墙各类材料均采用防火、防潮、防腐、耐久、易清洁的环保材料，还应便于施工和维修，可能条件下兼顾吸声。地面材料要求防滑、耐磨。所有装修材料的燃烧性能等级为 A 级，有害物质限量应符合国家相关规范标准。

（2）照明灯具要节能、耐久，照度标准符合国家标准《城市轨道交通照明》（GB/T 16275—2008）中的规定。

（3）车站内设置各种导向、事故疏散、服务乘客的标志。车站公共区设置的广告，其位置、色彩不干扰导向、事故疏散、服务乘客的标志。

（4）车站各类装修材料采用工业化、模数化、拼装化、干作业的用材和工艺，符合城市轨道交通施工防火防潮和高效率的特性。

6.2.2   建筑装修施工要求

1）离壁墙安装技术要求

（1）轻钢龙骨、离壁墙板，以及紧固配件品种、规格应符合设计及规范要求。

（2）龙骨角码与结构连接应牢固、可靠，无松动。

（3）离壁墙板高度符合设计要求，安装完表面平整，无翘曲变形、缺棱掉角。

（4）离壁墙板接缝宽窄一致，锚固间距符合设计要求。

2）喷涂乳胶漆/油漆施工技术要求

（1）水性涂料涂饰工程所用的品种、型号和性能应符合设计要求。

（2）水性涂料涂饰工程应涂饰均匀、黏结牢固，不得漏涂、透底、起皮和掉粉。

（3）水性涂料涂饰工程的基层处理要符合要求。

（4）薄型水性无机涂料涂饰工程的质量和检验方法见表6-2。

薄型涂料的涂饰质量和检验方法　　　　　　　　　　　　表 6-2

项次	项目	普通涂饰	高级涂饰	检验方法
1	颜色	均匀一致	均匀一致	观察
2	泛碱、咬色	允许少量轻微	不允许	
3	流坠、疙瘩	允许少量轻微	不允许	
4	砂眼，刷纹	允许少量轻微砂眼，刷纹通顺	无砂眼无刷纹	
5	装饰线、分色线直线度允许偏差（mm）	2	1	拉5m线，不足5m的拉通线，用钢直尺检查

3）钢制防火门、金属卷帘门技术要求

（1）金属门及其附件质量，必须符合设计要求和有关标准的规定。

（2）金属门的安装位置、开启方向必须符合设计要求。

（3）金属门框与非不锈钢紧固件接触面之间，必须做防腐处理。

（4）推拉窗扇关闭严密，间隙均匀，扇与框搭接量应符合设计要求。

（5）金属门附件齐全，安装位置正确、牢固、灵活适用，达到各自的功能，端正美观。

（6）金属门框与墙体间缝隙填嵌饱满密实，表面平整、光滑，无裂缝，填塞材料、方法符合设计要求。

（7）金属门表面洁净，无划痕、碰伤，无锈蚀；涂胶表面平滑、平整，厚度均匀，无气孔。

（8）金属门开、关动作顺畅，轨道与滚轮摩擦时，无异声发出；锁具开关动作顺畅，把手动作轻松方便。

（9）电气按钮启动操纵灵活，集中控制和联动控制的动作灵敏准确。

（10）自动控制的保险装置应安装在卷帘附近 2m 范围内的暴露部分及随时能监控的部分。自动控制的电源、备用电源或蓄电池应能保证正常工作状态，所用的电气线路不允许裸露，电缆电线敷设主要采取以下几种形式：沿桥架、托架、线槽、穿管敷设。

4）防静电地板安装

（1）面层材质必须符合设计要求，且应具有耐磨、防潮、阻燃、耐污染、耐老化和导静电等特点。

（2）活动地板面层应无裂纹、掉角和缺楞等缺陷。行走无声响、无摆动。

5）设备区吊顶施工技术要求

（1）吊顶的高程、尺寸、起拱应符合设计要求。

（2）吊杆、龙骨和纸面石膏板的安装必须牢固。

（3）吊杆、龙骨的材质、规格、安装间距及连接方式应符合设计要求。

（4）石膏板的接缝应严格按施工工艺标准进行板缝防裂处理。

（5）饰面材料表面应洁净，不得有翘曲、裂缝及缺陷。

（6）饰面板上的灯具、风口等设备的位置应合理、美观，与饰面板的交接应吻合、严密。防静电地板安装允许偏差见表6-3。

防静电地板安装允许偏差 表6-3

序号	项目	检验方法	允许偏差（mm）
1	表面平整度	用2m靠尺和楔形塞尺检查	2.0
2	接缝直线度	拉5m线和钢尺检查	1.5
3	接缝高低差	用钢尺和楔形塞尺检查	1.0

6）设备区装修地板铺贴技术要求

（1）地板砖的规格、型号、品种、质量必须符合设计要求。

（2）面层与基层结合必须牢固，无空鼓。

（3）面层表面清洁，图案清晰，色泽一致，接缝均匀，周边顺直，板块无裂纹、掉角、缺楞等现象。

（4）地漏等有坡度的地面，坡度要符合设计要求，不倒泛水，无积水，与地漏（管道）接合处严密牢固，无渗漏。

（5）踢脚板表面洁净，接缝平直均匀，高度一致，结合牢固，出墙厚度一致。

（6）楼梯踏步和台阶的铺贴缝隙宽度一致，相邻两步高差不超过 5mm。

7）不锈钢栏杆技术要求

（1）栏杆及楼梯扶手安装位置应正确、牢固、扶手坡度与楼梯的坡度应一致，栏杆应垂直，间距正确。

（2）栏杆立柱与扶手的接口应吻合，焊接密实，焊口表面光洁度及颜色应与原材料一致。

（3）扶手转角为弧形角时应圆顺、光滑、不变形，直拐角接口角应正确，接缝严密，外形美观。

不锈钢栏杆及扶手安装允许偏差见表 6-4。

不锈钢栏杆及扶手安装允许偏差　　　　　　　　　　　　表 6-4

序号	项目	允许偏差值（mm）	检查方法
1	扶手顺直度	1	拉 5m 线，不足 5m 拉通线尺量检查
2	栏杆垂直度	1	尺量检查
3	栏杆间距	2	尺量检查

8）公共区装修天花吊顶工程

（1）高程线的水平控制要点：基准点和高程尺寸要准确。用水柱法找其他高程点时，要等管内水柱面静止时再画线；吊顶面的水平控制线应尽量拉出通直线，线要拉直，最好采用尼龙线；对跨度较大的吊顶，应在中间位置加设高程控制点。

（2）注意吊点分布与固定：吊点分布要均匀，在一些龙骨的接口部位和重载部位，应当增加吊点。吊点不牢将引起吊顶局部下沉，产生这种情况的原因是吊点与建筑主体固定不牢，例如膨胀螺栓埋入深度不够，而产生松动或脱落；钉子松动、虚焊脱落；吊杆连接不牢，产生松脱；吊杆的强度不够，产生拉伸变形现象。

（3）注意龙骨与龙骨架的强度与刚度：龙骨的接头处、吊挂处都是受力的集中点，施工中应注意加固，应避免在龙骨上悬吊设备。

（4）安装铝合金饰面板的方法不妥，也易使吊顶不平，严重时还会产生波浪形状。安装时不可生硬用力，并一边安装一边检查平整度。

9）石材地面工程

（1）面层所用的板块的品种、质量必须符合设计要求。

（2）面层与下一层的结合（黏结）应牢固，无空鼓。

（3）面层表面应平整、洁净、无磨痕且应图案清晰，接缝平整，周边顺直，色泽一致，镶嵌正确，无裂纹和缺损。石材表面无泛碱等污染。

（4）踢脚线表面应洁净、高度一致、结合牢固，出墙厚度一致。

石材地面铺贴允许偏差和检验方法见表6-5。

石材地面铺贴允许偏差和检验方法 表 6-5

序号	项目名称	允许偏差（mm）	检查方法
1	表面平整度	1	用 2m 靠尺和塞尺检查
2	缝格顺直度	2	拉 5m 线和用钢直尺检查
3	接缝高低差	0.3	用钢直尺和塞尺检查
4	踢脚上口平直	1	拉 5m 线和用钢直尺检查

10）陶瓷砖地面工程

（1）面层所用板块品种、规格、级别、形状、光洁度、颜色和图案必须符合设计要求。

（2）面层与基层必须结合牢固，无空鼓。

（3）陶瓷砖面层板块挤靠严密，无缝隙，接缝通直无错缝，表面平整洁净，图案清晰无磨划痕，周边顺直方正。

（4）地面镶边铺设质量：面层用料尺寸准确，边角整齐，拼接严密，接缝顺直。最小板块不得小于 300mm。

11）烤瓷铝板墙面工程

（1）烤瓷铝板的品种、质量、颜色必须符合设计要求并有产品合格证。

（2）墙体龙骨的规格、型号，必须符合设计要求，且认真进行防锈处理，面板与龙骨的连接必须牢固，不得有松动现象。

（3）烤瓷铝板面层接缝处应平直、宽窄均匀。

12）搪瓷钢板墙面工程

（1）搪瓷钢板与龙骨固定牢固，装饰完成面平整，间距纵横直宽窄均匀一致。

（2）搪瓷钢板与灯箱等相交处，套割尺寸应正确，边缘整齐，不得露缝。

（3）搪瓷钢板安装应平整，条缝应直顺，相邻接头位置应相互错开，接缝严密，不得有错台和错位。

13）干挂石材墙面工程

（1）石材安装平整，不得有歪斜、翘曲现象。

（2）石材表面应整洁、颜色均匀、嵌缝严密、深浅一致。

14）公共区装修门窗工程

（1）防火卷帘门的质量及各项性能应符合设计要求。

（2）防火卷帘门的品种、类型、规格、尺寸、安装位置应符合设计要求。

（3）防火卷帘门必须安装牢固，各连接方式必须符合设计要求。

15）挡烟垂壁安装

（1）放线偏差上、下中心线偏差小于 1～2mm 胶缝的宽度 1～2mm。

（2）打孔位置距混凝土构件边缘距离大于 100mm。

（3）注胶温度施工区域温度大于 5℃。

（4）使用高精度的激光水准仪、经纬仪，配合用标准钢卷尺、重锤、水平尺等对施工放线进行复核。

（5）施工前检查每个工位的人员到位情况，各种机具工具是否齐全正常，安全措施是否可靠。高空作业的工具和零件要有工具包和可靠放置，防止物件坠落伤人或击碎玻璃。

（6）在第一块挡烟垂壁玻璃安装就位后要检查玻璃侧边的垂直度，以保证以后就位的玻璃只需检查与已就位好的玻璃上下缝隙是否相等，且符合设计要求。

（7）所有注胶部位的玻璃和金属表面都要用丙酮或专用清洁剂擦拭干净，不能用湿布和清水擦洗，注胶部位表面必须干燥。

6.2.3　公共区装修设计理念

1）总体设计理念

为适应深圳"大湾区""先行示范区"城市轨道交通文化建设的需求，打造国际化、人性化、品牌化的城市公共空间，创建"双区"时代创新文化艺术展现的平台，6 号线支线装修设计理念为"'阳光 +'创智之桥"。

阳光 +：融入线网"阳光 +"的理念，打造温暖、舒适的公共交通空间。

创智：6 号线支线（含二期）从城市发展规划来看，位于光明科学城内，光明科学城是"开放创新之城、人文宜居之城、绿色智慧之城"。"创智"既是对光明科学城定位的呼应，也是深圳创新型城市、智慧化生活的缩影。

桥：6 号线支线架起深圳、东莞双城城市轨道交通的互联互通，服务双城、造福大湾区，成为新时代城市轨道交通跨城协同发展的代表、典范。

2）各站设计特色

（1）标准站（圳美站、深理工站）

标准站的设计特色为展望深圳未来城市发展，展现城市发展进程在智慧创新的主旋律中快速前进。快速发展需要连接汇合各个层面维度的智创因子，标准站以深莞城市发展连接为设计元素，并采用未来白作为车站主体色调，融入天花与墙柱面的造型上。车站空间整体设计采用标准模块化设计。通过漫反射灯光与建筑结构相结合，使车站空间更加轻盈简洁大气，极具现代感。圳美站设计效果及实景如图 6-8、图 6-9 所示。

图 6-8　圳美站设计效果图　　　　图 6-9　圳美站实景图

（2）特色站（中大站）

特色站空间整体呈现出一种向上的态势，最大化提高空间高度，空间以白色调为主，配以浅木色点缀，给乘客以舒适宁静的感觉，减少地下空间带来的压迫感，纯净向上的空间让人返璞归真同时对人们有潜移默化的影响，给人带来一种积极的情绪。天花模块提取斑驳树影元素，抽象化处理并结合灯光设计，犹如学院里的林荫小路，呈现上升态势的形体也寓意莘莘学子对未来的美好展望。中大站设计效果及实景如图 6-10、图 6-11 所示。

图 6-10　中大站设计效果图　　　　图 6-11　中大站实景图

6.3　BIM 技术在车站及区间施工过程中的应用

6.3.1　BIM 技术施工管理现状

6 号线支线工程全周期应用 BIM 技术，将实景、地质、车站、区间、管线等专业的整合，实现了对建筑、结构、机电等专业的全专业协同设计管理，推进了城市轨道交通工程全生命周期 BIM 技术应用和推广，为更好地建设城市轨道交通、服务城市提供了技术支持。

结合现场实际运用 BIM 技术，6 号线支线工程做到了 BIM 方案与实际施工方案的一致性，有效提升了多方沟通协调效率，紧密围绕人、机、料、法、环五大关键要素，综合运用大数据、物联网、云计算和智能设备等信息化技术手段，以数字技术改进施工组织与人员交互的方式；利用 BIM 技术可视性，实现对各级责任管理主体及工程项目的指导、把关、监管、管控、分析与决策；实现信息资源的充分共享和项目及项目群的对标管理、创品质工程管理。

6.3.2　BIM + AR 三维扫描在城市轨道交通中的智慧运用

1）应用技术概述

（1）AR 技术

VR（虚拟现实）技术介于虚拟与现实之间，而 AR 技术则是 VR 技术的进一步拓展，利用特定的技术、角度以及程序，使虚拟与现实的体验差别进一步缩小，使现实所映射的虚拟更加接近现实，从人类的感官出发减小违和感，使体验者能获得更加良好的虚拟现实体验。由于 AR 技术的虚拟性，体验者可以通过编辑程序或者从 ARkit、Vuforia 亦或者 ARcore 三大开发平台出发，对虚拟世界进行重塑，按照自己的感官和习惯重新创造虚拟世界却又不让其与现实生活脱节，在虚拟中寻求真实而又在真实中寻求虚拟，此来彼往之中获得灵感并将之映射回现实世界，改进不足。如果在城市轨道交通中将 BIM 与 AR 技术结合，必然可以以先行分析的方法对站内布局进行改造，寻求合理与不足之处，可显著减小现实施工的损失，节省能源。

（2）三维扫描技术

收集光、机、电的现实信息并将之利用计算机技术进行处理，转化为电子平台上的样式图、立体结构模型等的技术称为三维扫描技术。相较之以往的二维扫描技术等扫描技术，三维扫描技术所得出的信息更加详细，对于现实映射的完整度更高、精确度更高。在城市轨道交通的运用中常使用扫描仪等仪器扫描轨道并将之映射于软件上，再利用软件自带的程序和功能对现实进行分析、探讨，以此来减小技术性误差。

2）BIM + AR 三维扫描应用情况

（1）科学技术处理施工场地

6号线支线利用天宝 TX7 三维激光扫描仪拍摄、扫描站内场景，起到快速定格处理环境并将之转换为网络平台的作用，再利用 BIM 技术综合熟悉环境细节并和专业人员探讨，同时利用 AR 技术使虚拟与现实对接，专业人员可近距离感受现实情况从而减少车站不合理布局带来的影响，减小工作量，最后再利用 BIM 技术返修展示实际情况，达到最快速熟悉环境的目的。需要注意的是，施工人员要快速收集信息、构造蓝图并选择合理的土地，对现实情况划分分区，临时建立管理场所方便施工人员后续检查。三维扫描设备的数据采集如图 6-12 所示。

图 6-12 三维扫描设备的数据采集

（2）科学模拟施工计划

技术人员对比利用 BIM 技术反映的实际情况以及现实收集到的数据，并结合自身的工作经验初步决定方案并利用 AR 技术进行施工模拟，以虚拟现实的角度探查方案的优点和不足，并进行修改使之贴合实际、弥补不足，避免在现实施工过程中因为方案的不足给施工队带来困扰，最后导致施工队面临许多麻烦。需要注意的是要在比选施工方案后再模拟施工工艺，这样可以节省大量的时间。

此方法可以使施工方案不再局限于图纸，避免因为图纸设计过于复杂或者人为修改图纸而造成麻烦。设计人员只需简单地运用 AR 技术设备便可以共享交流，不再局限于时间和空间的限制，便能让施工人员共同确定图纸的情况，在降低沟通成本的同时还能保证及时性，避免因为突发情况而导致工程延期。此方法还能降低风险成本，使大部分明显的错误提前被排除。

（3）科学监测现实数字化工程

本工程还运用 Trimble Point Creator 等软件对现场创建放样点并解剖目标车站 BIM 模型，使解剖数据映射回现实并与现实数据进行对比，检测误差后再与车站 BIM 模型进行横向对比，尤其是预先置立的放样点附近，最后再根据实际情况确定放样点。技术员以 BIM 放样所用机器人对放样施工现场进行检样（以毫米作为标准单位），利用机器人特性从而更精确地检测施工细节，并将检测到的数据通过软件或者无线频道传回至施工方处，施工人员通过 BIM 放样机器人所传回的信息对施工现场进行检测，确定是否修改 BIM 模型或者修正施工现场。以毫米作为标准单位检验施工现场可以使施工结果更加精准，同时还可以减小施工队所面临的风险，增加施工合理性。

（4）科学管理物料和设备

BIM + AR 三维扫描技术从总体出发设计数字化建筑施工模型，并对物料和设备管理建立有关模型进行统一管理。专业人员以 AR 和 BIM 的技术对物料和设备的摆放进行精确计算，利用虚拟性忽略空间的限制从而反复推测合理的摆放点，其间过程亦需参考车站内通风道等的合理构架，最后决定物料和设备的管理方法。以此往复可以节省大量的搬运时间，避免出现资源的浪费和工程的延期，对于施工团队而言具有显著的优势。

（5）科学应用 BIM 装修

本工程还利用 BIM 技术对施工队的图纸进行模拟测定，从内部装饰、细节构架和支撑底柱方面着手模拟，检测是否存在冲突点以及不合理构建点，并将模拟检测出的信息进行统计、生成报告，确定设计的具体细节，例如装修所需要的材质、材质的长度大小以及疏密性的安排等，最后利用 AR 技术模拟计划安排并接触观测后寻求合理与不合理之点，使之在 BIM 模型中充分展示。设计人员如若对模拟结果不满意则可以进行第二次模拟，避免因为不满意和现实的不确定性导致资源浪费。装修模拟优化对比如图 6-13～图 6-19 所示。

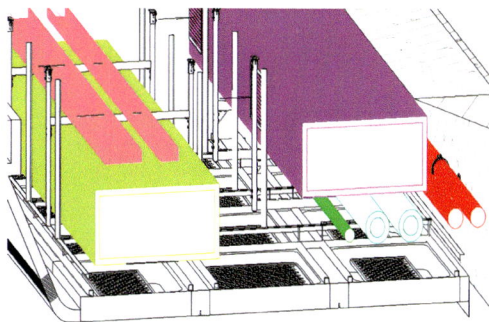

图 6-13　公共区装修龙骨优化

图 6-14　纸深化后龙骨安装

图 6-15　中大站装修设计图

图 6-16　中大站装修 BIM 深化图

图 6-17　深理工站装修设计概念图

图 6-18　深理工站装修 BIM 深化图

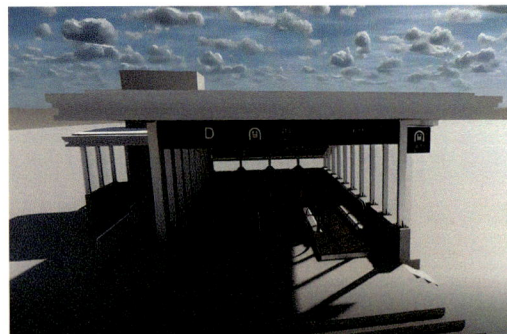

图 6-19　圳美站出入口钢结构效果图

（6）科学组合 BIM 和 VR

VR 技术通过一定的方法使人沉浸其中并与之互动。而 BIM 技术则是对模型进行电子化处理的技术，因此在现实中可以将实际情况进行统计处理。设计人员可利用 Unity 引擎重构现实，转换为 VR 模型，使其化身在虚拟的现实展现于电子平台之中，为使用者所掌控。而 BIM 技术可以对 VR 模型进行一定的操控，这意味着在实际的模拟工程中可以通过 BIM 技术转化 VR 模型，使之符合设计的要求并在短时间内将分析次数最大化、最大化地规避风险以及得到的有用的信息。

（7）科学组合 BIM 和 AR

AR 技术是 VR 技术的延伸，本工程利用 BIM + VR 的基础进行推演，构造 BIM + AR 模型，增强现实与虚拟的落差感，使构造出来的虚拟现实模型更加真实、更加具体，避免产生不适配的风险而延误工期，尤其是车站工程这样庞大的体系，每个小失误都可能导致庞大的工程功亏一篑。正如之前所说 BIM + AR 是对现实更加完善的虚拟，因此可以利用三大开发平台在 AR 世界中模拟工程，提前预防方案的不适配风险并加之修改，同时对车站内通风道、二次砌筑和电力等布局安排进行模拟，使之方便计划方案的实施。由于工程介于虚拟与现实之间，因此在 AR 世界中时间不再受到局限，施工方可以大大加快虚拟施工速度，验收施工结果，预演轨道压力、分支以及逃生通道的可能性，避免人为或非人为的因素干扰工程质量，影响建筑施工企业的名声与形象。

（8）科学管理项目工程

一个好的项目工程所运用到的工具远远不止 BIM、AR 和三维激光扫描仪，亦有工作分解结构（WBS）软件、3ds MAX 软件等综合管理项目工程。因此在项目工程实施的过程中，项目团队需要合理运用工具，从细节出发再到主流脉搏对项目工程进行全方位管理，避免风险、设施错误和质量问题等对项目工程的进行造成阻碍，组成相关软件集合协助项目工程的运营，运用合理的软件科学管理项目工程。

6.3.3　BIM 5D 生产管理研究

1）BIM 5D 管理概述

基于 BIM 5D 软件在机电工程施工中的应用主要是借助软件平台实现对项目的信息化管理，平台集成各专业、各部门的实时数据信息，管理人员可以根据自己的需要在权限范围内查找平台内的相关信息，实现从单一部门的参与到所有部门、所有人员的共同参与，信息共享、各部门协同合作，提高项目管理信息技术层次，从根本上消除信息积累过程中的流失和信息共享的障碍，提高施工管理的集成化程度。

2）BIM 5D 平台下的生产管理功能与应用

进度管理主要划分为三个阶段：施工进度计划阶段、施工进度实施阶段和施工进度控制阶段。施工进度计划编制阶段可利用斑马梦龙网络计划软件，BIM 生产管理系统核心聚焦在施工进度实施和控制阶段，实现进度的动态管控机制。借助 BIM 生产管理系统，本工程实现了项目多专业、多参与方（分包）的施工任务协同，并通过移动端的信息反馈，以数据、图形等形式动态化呈现施工现场的生产状态，提供给管理层多维度信息辅助项目管控和高效决策。同时，BIM 生产管理系统可以实现原有业务的替代，过程资料完整保存，并自动输出相关数据报表，减轻现场施工人员的工作负担。持续积累项目数据作为企业的数字资产，进而实现企业管理的数字化转型，实现企业对项目的全面动态管控。

（1）WBS 施工任务结构拆分

本工程首先根据项目图纸及施工组织部署，按照单体-专业-楼层-流水段（或其他自定义字段）进行 WBS 施工任务结构的拆分，可以随着分部分项工程进展的情况逐步细化，拆分是为了数据的结构化，也是精细化管理的必备方式。根据拆解的最小单元，进行针对性的任务安排，并针对每一项任务附带相应的工程量表、技术方案、规范图集、设计变更等相关资料，后续安排该项施工任务时，现场管理人员可以在需要的时候，随时获取相关信息，帮助其更好地指导和管控。

（2）任务安排与计划联动

如果 WBS 施工任务结构拆解比较细致，后续安排生产任务仅仅是一个选择的过程，会显著提高任务编排效率。项目组选择已拆分好的任务项后，根据现场实际情况，再对任务的执行时间安排，与此同时将任务指定给相应的责任人及责任分包进行任务及常规进度管理，施工计划往往是对未来的时间作安排，对于任务执行的实际时间却很少记录，后续难以分析进度的偏差影响点以及对后续施工内容的影响。通过各级计划的联动，跟踪任务的执行情况，逐级向上级计划反馈，即可动态地掌控总体计划状态。

（3）生产任务跟踪

每一项生产任务都要在"人机料法环"各要素相互协同之下，才可以顺利地进行。而往往某项施工任务的中断，就是因为其中某一个要素脱节。为了达到精细化生产管理状态，就需要对每一项任务进行过程的跟踪和记录，从而可以分析其中的问题所在并规避风险。常规情况下，每个管理人员需要记录下与自己相关的生产内容，因为没有统一的数据通道，要实现数据的汇总分析往往比较困难。生产管理系统设立相关生产数据通道，每个人通过移动端跟踪自己的生产情况，最终相关生产要素会自动进行汇总分析，进而掌握项目整体的生产信息。

（4）生产信息呈现

①汇总分析-生产周会

编制的周计划在结束日期进行总结，是一个十分必要的环节，只有在小的周期里不断地总结，才能规避大的进度风险。同时，因为在移动端跟踪了一周的任务情况，在召开项目周会时不需要过多的准备，打开网页即可快速总结一周的生产信息，避免因信息不对等与相关参建单位产生过多的争议，根据过程生产数据进行快速决策，可以大大提高开会效率，同时在会后可以自动输出项目周报及 PPT 相关文件，为管理人员节约时间。

②信息呈现-作战地图

现场跟踪的详细生产信息，最终是需要为管理决策服务的。常规项目管理中，管理者即使每天都在施工现场，每个人掌握的也只是局部的情况，很难掌握全面的生产信息。基于系统的规则下，每个人跟踪自己的生产情况——任务完成情况、劳动力数量、材料设备信息等，数据便自动汇总和整体呈现，从而有利于进行及时和准确的管理决策。基于生产信息的共享，会让技术、质量、安全、商务等相关部门掌握更多的现场信息，会促进各业务口之间的有效协同，规避了信息盲区导致的相关损失，可以提高项目整体工作效率。

③企业端进度管理体系

企业常规的管控项目方式，主要是通过项目月报和公司月（季）度检查进行考核评价，然而月（季）度检查会消耗企业管理层大量的时间和精力，管理人员到达项目现场后，通过现场实地巡查和查看内业资料的方式考评，缺乏较为详细的信息，想要了解项目这一段时间内的实际状态还是比较困难的。

如果企业的所有项目都在生产管理系统内运行，留存项目日常管控的业务数据，根据这些数据对项目进行月（季）度生产分析，就能反映项目整体的运行情况，这种评判方式相对更加客观。企业人员不必亲临每一个施工现场，便可掌握项目实际动态，管控效率将显著提高。

6.3.4　BIM 技术应用成效

1）智慧工地

BIM 技术应用到工程施工时，可以利用技术与设备的结合，通过激光扫描、移动通信和互联网技术的联合指导对建设工程的施工进度加以保证，并且可以很好地维护施工期间的安全性。现场管理人员发现质量、安全问题后，将问题通过手机应用上传到云端和 PC（电脑）端，BIM 5D 系统进行相关联，确保管理人员可以实时查询施工部位的状态，并可自动生成统计报表。同时，各部门指定专门的"信息专员"，明确其权责，打通各环节信息壁垒。

BIM + 智慧工地展示如图 6-20 所示。

图 6-20　BIM + 智慧工地

2）总平面管理

（1）现场布置平面规划

本工程利用 BIM 的三维可视性，规划现场施工平面，主要包括三临布置方案，施工堆场的定位，施工道路的规划等，并在 Navisworks 中进行管理，根据施工的进度，将施工现场的部件进行更新和管理，使施工现场平面布置按施工进度进行更新，形成动态场地布置精细化方案，避免后期出现拆改，造成返工浪费。

（2）现场垂直水平运输管理

BIM 技术可准确定位塔式起重机的运行区域，并用不同的色块标示出来，能够起到合理规划堆场、合理安排垂直运输的作用。设计人员还可以通过 Navisworks 模拟塔式起重机等设备的运行范围和路径。

在三维视图的可视性条件下，技术人员分不同施工阶段对道路进行合理规划和调整，使施工组织更加地有序，通过 BIM 技术进行提前三维模拟演示，提前规划好设备运输路线，提高作业效率，节约工期。

（3）施工现场组织模拟管理

本工程根据施工特点合理组织施工，在施工总平面实施中，充分应用 BIM 系统三维模拟，对施工总调度进行规划，确保施工顺利开展。施工平面规划随施工进程的推进而调整变化，采取 BIM 系统动态管理，立足现场场地实际情况，根据施工进度安排，分阶段进行 BIM 三维模型建立模拟，借以呈现各主要阶段的大型设备使用、材料堆场、临建设施使用等是否合理，通过对周围环境、施工现场机械设备以及建筑材料的堆放、现场施工防火的布置等的全方位模拟等情况，可以更有效地对施工现场进行综合规划与管理，以保证工程施工合理有序地进行。

（4）深化设计

BIM 建模时先建立土建模型，在土建模型的基础上进行风、水、电各专业建模，在满足净高要求的前提下，进行碰撞冲突检查，通过检查报告，调整和深化各自专业模型，达到最终的深化设计模型，提高空间利用率。

（5）施工方案模拟、技术交底

本工程使用 BIM 技术对关键部位、重要施工方案的合理性模拟，首先进行模型的创建，再将 BIM 模型导入 Fuzor 或 Navisworks，完成的模型进行动画编辑，形成动态视频，最后将原文件以串联成完整的视频。通过视频展示预先演示施工现场的现有条件、施工顺序以及重难点解决方案，进行动画交底，指导现场施工作业。以下为重点视频施工模拟：

①冷水机房、消防泵房、环控机房施工方案模拟。

②施工平面组织、垂直运输施工方案模拟。

③风管、水管、电缆桥架安装施工方案模拟。

（6）工程量计算

BIM 软件可准确计算出工程量，工程量统计数据整理后供相关部门作工程量参考。

①基础算量：Revit 软件等自带表单功能可以自动统计出基础的工程量，也可以通过属性窗口获取任意位置的基础工程量。大多类型的基础都可按特定的基础族模板建模，若某些特殊基础没有特定的建模方式，可利用软件的基本工具（如梁、板、柱等）变通建模，但需改变这些构件的类别属性，以便与其源头建筑类型的元素相区分，利于工程量的数据统计。

②混凝土算量：Revit 软件能够精确计算混凝土梁、板、柱和墙的工程量，且其内置规范与国内工程计量规范基本一致。对于单个混凝土构件，Revit 软件能直接根据表单得出相应工程量。但对混凝土板和墙进行算量时，其预留孔洞所占体积均被扣除。因此，设计人员使用 Revit 软件修改工具中的连接命令，根据构件类型修正构件位置并通过连接优先序扣减实体交接处重复工程量，优先保留主构件的工程量，将次构件的统计参数修正为扣减后的精确数据，避免构件工程量统计的虚增或减少。

③墙体算量：Revit 软件可以精确计算墙体面积和体积。墙体有多种建模方式，一种是在已知结构构件位置和尺寸的情况下，以墙体实际设计尺寸进行建模，将墙体与结构构件边界线对齐，但这种方式有悖常规建筑设计顺序，并且建模效率很低，出现误差的概率较大。另一种方式是直接将墙体设置到楼层建筑或结构高程处，如同结构构件"嵌入"到墙

体内，这样可大幅度提升建模速度。

④门窗算量：Revit 软件可从模型中提取门窗工程量和其他门窗构件的附带信息，包括各种型号的门窗数量、尺寸规格、板框材面积、门窗所在墙体的厚度、楼层位置以及其他造价管理和估价所需信息（如供应商等）。此外还可以自动统计出门窗五金配件的数量等详细信息。

⑤综合管线算量：Revit 软件可从模型中提取风管、水管、桥架的工程量，包括尺寸大小、数量、材质等，进一步避免了传统施工中造成的材料浪费、返工等现象。

（7）复杂节点模拟并指导工厂化预制

复杂节点处需要准确地建立模型，用来进行施工交底。另外，在 BIM 模型中通过三维技术进行钢结构深化设计，以保证尺寸能够完全吻合，设计完成后再将得到的数据交给加工厂进行加工，可以降低传统工作模式下对现场工人能力的依赖、减少材料的浪费、加快机电安装进度。预制加工比传统加工方式节时、节材、绿色、提高质量。本工程基于 BIM 技术进行预制化加工，根据综合管线布置情况，将管线和风管等分段编号，进行预制化加工，现场装配式施工。

（8）资源计划协调管理

本工程通过计算出的工程量，对整个项目的资源做协调管理，并通过对不同施工阶段的工程量实时计算，控制工程中的物料采购，劳动力配置，使施工资源达到最优利用，从而加快施工进度。

（9）质量管理

本工程通过 BIM 技术的三维可视性化优势，对施工进行交底，能够将施工流程表现得很具体，从而避免了很多因平面图纸表达不具体而造成的失误。技术人员通过施工预演，提前预知在施工过程中出现的不利因素，在施工过程中做出相应应对措施，提高施工质量。

日常质量检查的记录可随时录入到 BIM 信息管理终端，自动分类为待提交、待处理、通过等不同状态，每日详细的信息可增强质量管理。

第 **7** 章
系统设备安装工程技术

7.1 通信及弱电综合机房施工技术优化

7.1.1 系统概况

6号线支线通信系统单位工程包含专用通信、公安通信2个子单位工程。综合监控系统单位工程包含电力监控、环控与设备监控、火灾自动报警系统、气体灭火系统、门禁与安防系统等5个子单位工程，各系统机柜及设备均集成在通信及弱电综合机房，多系统共用综合机房，如何有效监控上述系统运行状态，方便运维快速发现并解决故障是的工程重点内容。

7.1.2 创新与成效

城市轨道交通通信电源系统一般采用空开或者普通高压配电盒（Power Distribution Unit，PDU）进行供电，通过数据线连接至中心，当发生跳闸或其他电源故障时，运维人员仅能知道车站系统故障，无法判断具体故障点，也无法进行远程控制处理，必须由运维人员迅速响应前往去往事故站点排查故障位置，既耽误时间又无法及时响应。

1）传统通信供电缺陷

（1）通信系统设备构成庞大，弱电综合机房内机柜及设备众多，机房内设备供电要求高，当设备电源掉电时，运营生产、企业管理、乘客服务等多系统都将瘫痪，因此通信系统电源配线及调试是现场把控的重点。一般的城市轨道交通采用电源空开盒或普通PDU，如发生故障反馈信息不及时，故障处理相应也会滞后。且掉电后需要排查的系统设备多、机柜多，查找故障点困难，影响运营维护。

（2）在传统电源监控模式下，值班人员无法实时监测到现场各个点位，需要每天多次巡检，如发生告警故障，维护人员需要逐个机柜排查，维护所需时间长，如果掉电设备影响到运营或管理等重要系统，无法及时找到故障点，可能对城市轨道交通运营及企业形象造成不好的影响。

2）通信矩阵式电源监控创新

6 号线支线通信系统将乘客信息、公务电话、专用无线、专用电话、OA（办公自动化）网络系统等内部各子系统进行整合，采用一种新型智能 PDU 设备，将各车站机柜供电信息通过传输网络至控制中心通信网络管理室进行统一监管。各系统机柜智能 PDU 端口在网管室以新型矩阵式电源监控模型进行显示。

本项目为了解决上述问题，根据发展趋势以及深圳地铁通信系统智能化发展情况，对智能电源远动控制进行更深入的研究，建立通信系统矩阵式电源模型，从而实现控制中心远程监控电源状态，不仅可以远程监控各车站电源，如发生故障或需要检修的情况下，还能够通过矩阵式电源控制模型远程控制各系统、各设备，实现设备点对点的下电及送电，矩阵式电源监控模型组网拓扑图如图 7-1 所示，加速通信系统集成智能化发展，既保证安全，又方便运维，是本次研究的重点。

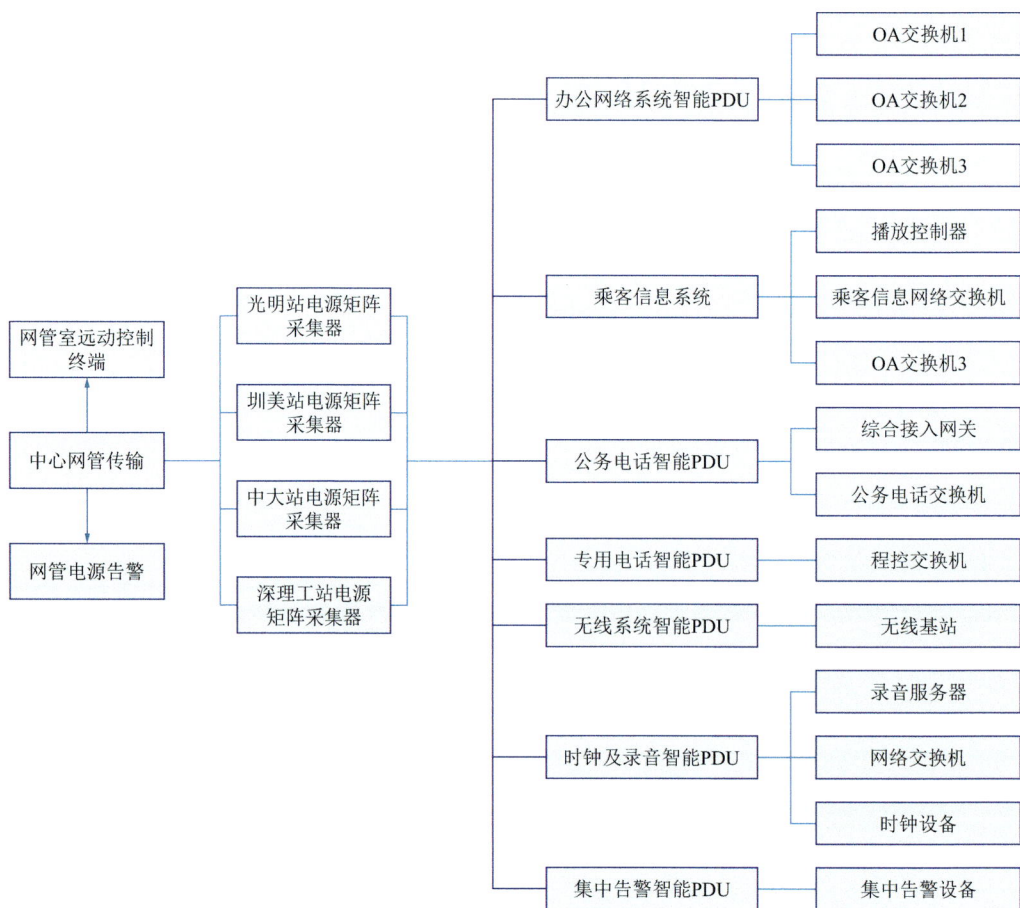

图 7-1　矩阵式电源监控模型组网拓扑图

3）应用成效及经济技术合理性分析

深圳地铁 6 号线支线矩阵式电源监控系统，相比传统电源空开施工更为简单方便，空开盒将电源线裁剪制作接线端子，接续至电源空开下端口，且需要统一布线引入至空开盒，需要较高施工工艺，浪费施工时间。而 PDU 在机柜内纵向排布，设备电源端口出线后直接可以在机柜左侧及右侧 PDU 插排对应端口上。配线施工方便，节省施工时间。

在后期维护阶段，所有机柜及设备均按照功能用途进行划分，在矩阵式电源监控网管平台监控屏幕输出图像，实时直观地反映出该故障具体位置，现场问题响应及处理更加准确快捷，节约运营维护成本。

7.1.3 经验与总结

6 号线支线将通信、综合监控、AFC（自动售检票系统）等机房整合为弱电综合机房，多个系统专业在狭小空间内交叉作业，且共用走线架，如何区分各系统线缆，如何保证多系统线缆引入机房的工艺统一，保证机柜、设备安装工艺统一，通过施工过程对通信及弱电综合机房施工工艺改良创新，达到设备安装、配线样板统一，分批次施工并保证各专业走线架上线缆不交叉，是本次机房研究的重点。

（1）首先确认电源、数据线分走线架布放，通信系统机柜先完成配线，再进行综合监控、安防、AFC 系统配线，电源走线架按照室内接地线→室内电源线→室外电源线布放，数据走线架按照室内传输网络配线→室内柜间配线→室外光缆及数据缆→其他线缆，确保各专业线缆不扭绞或交叉，施工顺利完成。

（2）各系统定制专属线缆颜色，方便综合机房内各系统线缆进行区分，保证综合机房整齐美观。机房内通信、综合监控网线设置为灰色，电源线及控制线设置为黑色，AFC 网线及光缆设置为黄色，并做好线缆标签。

（3）综合机房内采用线缆夹板，电源线及光缆等采用带色钢夹板（各系统统一），进行分系统、分层排列，悬挂标识牌，备注系统专业、线路，及成品保护。引入口至机柜上方横向桥架增加标识牌，按照 2 节桥架（或者 1m/个），悬挂整齐美观，机房样板布线工艺如图 7-2 所示。

（4）引入机房爬架或机柜内夹板，须附标识牌，保证后期检修及运维便利。

通过上述弱电综合机房施工研究，本项目完成了通信、综合监控系统布线及施工技术优化，确保机房布线一次完成，且各专业线缆敷设、引入机柜不扭绞。提高施工工艺，提高机房施工效率，完成样板验收，确保验收一次合格，在满足功能需求的情况下，保证施工实体的美观性，夹板便于拆卸，通过标签明确需要检修线缆位置，方便后期运营维护巡检。

图 7-2　机房样板布线工艺示意图

7.2　基于 GoA4 级全自动运行信号系统调试关键技术

7.2.1　系统概况

1）信号系统

6 号线支线信号系统单位工程包含 2 个子单位工程（正线信号系统、车辆基地信号系统），主要建设内容包括：正线 3 座联锁车站（光明站、中山大学站、深理工站），1 座非集中站（圳美站）的单系统调试和配合全线联合调试、网络控制中心（Network Operation and Control Center，NOCC）1 座（深云车辆段）、试车线 1 条、培训中心 1 座，信号采用 GoA4 级全自动运行系统，通过调试过程优化技术管理，全自动调试验收一次通过，是深圳地铁首批全自动运行高质量开通项目之一。

2）GoA4 级全自动运行调试

6 号线支线采用 GoA4 级全自动运行系统，是深圳地铁首批全自动运行开通项目。全自动运行由信号系统牵头，通信、综合监控、屏蔽门等配合完成全自动运行（Fully Automatic Mode，FAM）测试，可安全、准时、可靠地实现列车自动唤醒、进站自动对标，自动发车运营等一系列操作，提升自动化水平，确保运行组织的灵活性，为高效出行增添"保障"。列车全自动运行上、下线时，根据信号系统指令调整运行工况（自动开启空调通风、照明等），进行节能优化，降低线路运行成本（图 7-3）。

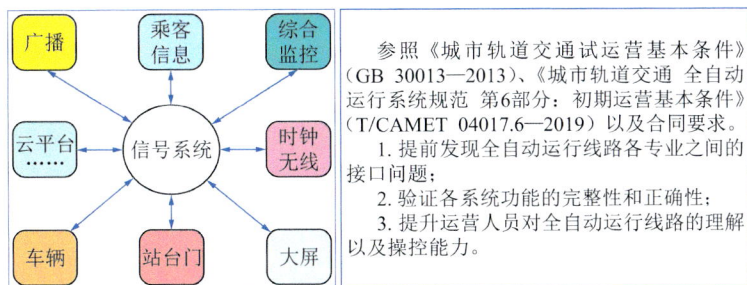

图 7-3 全自动运行调试

调试前主要内容如下：

（1）各核心专业完成本系统调试及联调前序所有工作，设备送电和现场环境满足设备安全运转需求，可实现本系统使用功能，并由监理检查签认调试记录。

（2）各核心专业网络布线完成，通信测试畅通。

（3）各核心专业接口上线缆端接完成及上电。各集成商完成平台程序或软件灌输。

（4）一致性协调方负责梳理各核心专业单机单系统接口点表和对应承包商，当收集各核心专业接口矩阵的测试表格或报告完成后，才能开始编制联调工作方案，并对参加联调的各方进行方案交底。

（5）站台门专业完成综合监控盘（Integrated Backup Panel，IBP）测试、综合监控系统（Integrated Supervision and Control，ISCS）点位测试、联锁接口测试、对位隔离测试及间隙探测调试。

（6）通信专业完成时钟系统、传输系统调试，长期演进技术（Long Term Evolution，LTE）调试，专用无线调试，广播、乘客信息系统（Passenger Information System，PIS）、公务电话、专用电话、录音、车地无线调试；通信集中告警调试，综合监控接口调试。

（7）综合监控系统专业完成电力监控系统（Power Supply Control and Monitoring Automation System，PSCADA）变电所与中心联调，完成全自动驾驶场景联动相关设备接口调试及系统联调（包括：ISCS/MCC/BAS/FAS 系统等相关设备①），完成 ISCS 中心接口调试 [包括信号系统、PIS 系统、公共广播（Public Address，PA）系统、闭路电视监控（closed-circuit television，CCTV）系统、LTE 无线通信系统、时钟系统、大屏]。

（8）车辆专业提供联调的列车可使用 FAM 模式，与信号软硬接口调试完成，CC-TCMS 集中式列车运行控制系统点表测试完成，列车通信系统调试完成，列车 PIS/PA 系统调试完成，列车内部网络调试完成，列车上 CCTV 完成，车门控制系统调试完成。

（9）信号系统需要与外部接口调试，包括与站台门、通信、综合监控、大屏、联络线与其他线路、车辆工艺、列车的单系统之间接口测试。

（10）信号系统完成联锁调试，运行进路测试，联调列车的 ATO（列车自动驾驶）或 FAM 模式调试，车辆调系统调试。

（11）信号系统调试完成自动控制系统（Automatic Train Control System，ATC）子系统功能验收测试（包含信号全自动功能调试），完成系统运行及性能测试。

7.2.2　全自动运行一致性调试优化

1）全自动运行调试重点

全自动运行系统（Fully Automatic Operation，FAO）调试与普通信号调试工作不同，FAO 系统调试是在各专业单体调试完成基础上，以验证多方接口功能、全自动运行新增功能为主，涉及信号系统、车辆系统、通信系统、综合监控系统、安防系统和站台门系统等核心系统。FAO 系统功能调试验证各系统联动关系的实时性、完整性及稳定性、硬件设备和软件参数匹配性、接口系统间通信一致性，同时检验各设备系统的性能指标及功能、架构、操作方式等是否满足前期规划需求，确保 6 号线支线全自动运行调试一次性通过。

FAO 系统主要测试项目包括开/关车站，列车自动唤醒及休眠自检功能，FAM 运行测试，列车运行调整，自动寻道/风雨/检修等模式转换测试，降级场景相关功能测试，应急联动功能测试，车辆远动控制等 69 项 FAO 系统功能测试。

---

①MCC：电动机控制中心，BAS：环境与设备监控系统，FAS：火灾报警系统。

2）全自动运行调试关键技术优化

为了确保信号系统实现 GoA4 级全自动运行，信号系统设备进行了集成优化及改良，系统设备安装为保证信号集中站集成设备调试过程便于查找，制定相应样板工艺，由专业技术员培训后严格盯控每个施工步骤，确保设备安装及接线质量工艺，信号深入研究及优化设备安装工艺技术，保证全自动调试一次通过，顺利实现全自动运行。信号设备机房安装优化如图 7-4 所示。

图 7-4　信号设备机房安装优化

项目组每周召开全自动运行调试例会制度，对 FAO 系统功能调试进度、调试问题整改情况及全自动调试待协调事宜、下周调试计划等管理优化，具体内容如下。

（1）建立全自动运行问题台账，调试问题登记。遵循"以问题为导向，建立台账，持续跟踪，突出重点，限时整改"的原则。各专业需如实将 FAO 系统功能调试问题按模板要求反馈至一致性协调方，一致性协调方据此指定责任单位，并明确初步的整改要求。

（2）划分问题责任管理，单专业问题由责任归属专业进行管理，FAO 系统功能测试问题由一致性协调方进行管理。

（3）调试问题分析管理。问题相关专业须在规定时间内出具初步分析结果、整改建议及整改计划。必要时由技术牵头组织专题会集中督促整改。

（4）调试问题追踪管理。当完成整改时，应及时通知技术牵头方将其纳入验证测试计划，技术牵头方依据验证测试结果更新集成调试问题追踪表。

通过全自动运行各项调试与试验，6 号线支线一期工程全自动运行实现 GoA4 等级高标准、一次性开通。

7.2.3 经验与总结

全自动运行工程是检验全自动运行系统测试完整度和稳定性的主要项目之一，主要包括全系统模拟运行和整合调试，验证各系统运行是否正常、各系统间的匹配程度及稳定性、系统的能力、系统故障及降级模式运行，其综合性强、技术复杂、核心系统间接口多。6 号线支线调试过程综合分析困难点如下：

涉及专业多，测试内容广，现场复杂，各专业的自检系统是否调试必须完成。

全自动运行调试期间，如发生异常情况导致电客车不能正常行驶或试验无法继续进行时，由于轨行区带电，增加了对行车故障点的处理难度。

经验与总结如下：

（1）开展综合联调前，各核心系统应完成单系统施工、安装、单机单系统调试及相关接口调试，并提供达到合同技术规格书要求的单系统调试报告及相关接口调试报告，系统功能已具备，满足使用条件。

（2）由信号专业牵头，与业主、运营、监理和其他专业单位成立全自动运行测试组织机构，根据机构成立各专业的测试小组。各专业测试小组开始编制联调工作方案，并对参加联调的各方进行方案交底。

（3）成立保障与应急抢修小组，编制相应的故障点抢修应急处理预案，发生系统故障时及时反馈，经过调度中心同意后按预案采取相应的应急措施，确保全自动运行测试顺利进行。

6 号线支线作为深圳地铁首批采用 GoA4 级全自动运行高质量开通项目，投入运营至今，一直保持安全、准时、可靠地实现列车自动唤醒、自动发车运营等一系列操作，并根据现场情况自动调整空调通风、照明等运行工况，进而完成实现车站运营节能优化，节约运行成本。

7.3 高架段柔改刚供电系统区间接触网施工技术

7.3.1 系统概况

6 号线支线全长 6.13km，其中高架段长 0.685km，地下段长 5.305km，过渡段长 0.14km。

全线共设 4 座车站，其中高架车站 1 座，地下车站 3 座，平均站间距约 1.779km。本工程采用 B 型车 6 辆编组，采用接触网 + 接触轨双制式，GoA4 级无人驾驶车辆，车辆最高运行速度 120km/h。

高架段全部采用刚性接触网施工安装技术，在城市轨道交通领域属于首创。高架段刚性接触网由土建单位预留钢柱门型架基础，接触网专业实施预弯工字钢硬横梁和垂直悬挂安装技术，完成高架段刚性接触网架设及安装，取消刚柔过渡段施工安装形式。

7.3.2　创新与成效

（1）降低接触网安装结构高度

6 号线支线主要为地下段，高架段仅 600m，为保持与既有 6 号线整体的美观性，原设计高架段柔性接触网安装结构高度与声屏障工艺冲突，调整为刚性接触网降低整体安装结构高度。保证 6 号线支线与 6 号线声屏障的安装工艺统一，增加光明站整体的美观性。

（2）取消传统刚柔过渡段施工

6 号线支线采用柔改刚设计，取消刚性接触网和柔性接触网的过渡转换段的设计施工，减少承力索架设、吊弦安装调整、刚柔过渡装置安装施工工序，同时减少承导线的张力下锚补充安装形式，整体规避刚柔过渡段施工调整技术难度，全线贯通刚性接触网，提高运行稳定和减少故障检修。

（3）采用预弯工字钢门形架施工技术

高架段采用刚性接触网设计、岔区及双线桥区段新增端部横梁工字钢预弯施工技术及法兰连接安装形式，预弯头采用工厂预制技术，到货后整体拼接吊装就位，提高一次安装施工效率，安装实施过程中采用接触网激光测量仪精准定位，实时点测调控设计高程，调整横梁边柱的倾斜标准，避免横梁架设过程中形成负驰度，保证安装工艺。

接触网专业通过调整关键工序、工艺工法及相关施工工具进行研究，对接触网柔改刚施工进行改良，实现高架段接触网刚性悬挂安装的无轨测量定位、锚栓打灌、悬挂安装、汇流排安装、接触线架设、悬挂在铺轨作业前提前完成，保证足够施工工期，减少抢工作业，最终达到减少人员投入、提高施工效率、提高施工安全性的目的，保证接触网工期，顺利实现冷热滑及列车试运行，高架段刚性接触网如图 7-5 所示。

图 7-5　高架段刚性接触网

7.3.3　经验与总结

刚性接触网相比柔性接触网安装工艺要求更容易实施，减少工艺的复杂性；提高后期运营维护和检修的施工效率。刚性接触网安装形式单一，避免种类繁多的备品备件移交及存储造成的运营维护成本增加，柔改刚设计同时取消了刚柔过渡的安装施工，规避刚柔过渡段的高故障率，提高线路的整体稳定性。

6号线支线全线均采用刚性接触网，可达到减少故障点，便于后期运营维护，降低运营维护成本的目的，受到运营公司好评。

第**8**章
轨道工程施工技术

8.1 橡胶弹簧预制浮置板道床

8.1.1 工程概况

6 号线支线橡胶弹簧预制浮置板道床位于中大站站内矩形断面区域，设计起讫里程为 DK3＋179.356～DK3＋599.258，铺板总长为 0.758km。预制板长 4.75m，宽 2.6m，厚 0.34m，每块预制板设置 8 个隔振器单元，采用底座、隔振器和预制板结构，减振系统采用橡胶弹簧隔振器，轨道结构高度为 840mm，橡胶弹簧预制浮置板铺设地段见表 8-1。

橡胶弹簧预制浮置板铺设地段表　　　　　　　　表 8-1

工程部位	里程	断链（m）	道岔（组） （单组长度 40.702m）	非岔区长度（m）	备注
中大站	DK3＋179.356～DK3＋599.258	—	2	758.400	

8.1.2 施工技术

橡胶弹簧预制浮置板道床采用"预制板法"施工技术，依次通过施工准备、测量放样、基底施工、预制板安装、CPⅢ精调预制板、减振系统安装、顶升作业、钢轨安装和钢轨精调等主要技术完成施工。

8.1.3 经验与总结

本标段橡胶弹簧预制浮置板道床全部位于中大站矩形隧道范围，采用 CP3 测量系统进行预制板定位、粗调、精调和顶升施工作业，橡胶弹簧预制浮置板道床施工误差控制在 3mm

之内，提高施工精度和施工质量，为后续交工提供基础质量保障。

橡胶弹簧预制浮置板道床整体采用预制板道床装配式施工，并根据现场车站范围的施工空间和施工条件实际情况，受板宽2.6m和矩形断面最窄处3.5m条件制约，避免单设备（轮胎式铺轨机）作业空间受限因素，采取轮胎式铺轨机和轮轨式铺轨机结合的吊装方案，矩形断面最窄处（3.5m宽）采用轮轨式铺轨机，其余区域采用轮胎式铺轨机，进行现场预制板施工、预制板精调、橡胶隔振器顶升等作业。本工程采用运板车自吊装口处跨越岔区将橡胶弹簧预制浮置板运输至安装部位接口，再通过轮胎式铺轨机和轮轨式铺轨机结合方式将橡胶弹簧预制浮置板吊装至安装部位，并采用铺轨机进行橡胶弹簧预制浮置板的安装、精调等作业，保障宽度限制区域顺利作业和橡胶弹簧预制浮置板道床安装质量和效率，橡胶弹簧预制浮置板道床施工过程如图8-1所示。

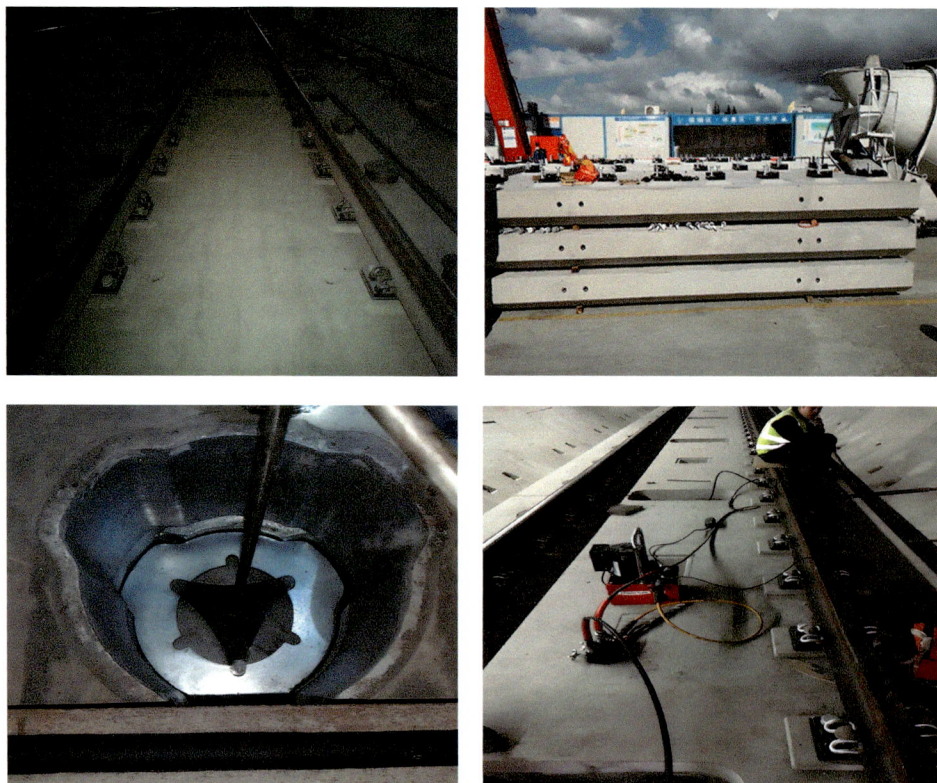

图 8-1　橡胶弹簧预制浮置板道床施工过程

6号线支线为深圳市首条采用橡胶弹簧隔振器预制浮置板结构道床的线路；也是首条采用橡胶弹簧隔振器（图8-2）及橡胶弹簧隔振器和工厂预制板组合道床创新结构的线路，

其道床结构由基底、预制板和橡胶隔振器三大部分组成，其减振降噪效果类同于预制钢弹簧浮置板道床。本工程的应用对于丰富轨道道床结构和完善轨道专业减振降噪措施领域多元化具有推动作用。

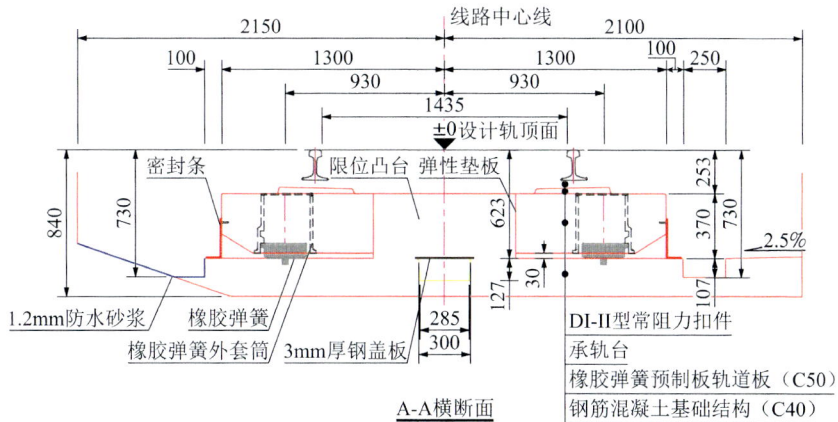

橡胶弹簧

图 8-2　橡胶弹簧隔振器（尺寸单位：mm）

8.2　高架预制板隔离式减振垫道床施工技术

8.2.1　工程概况

6 号线支线高架预制板隔离式减振垫道床位于光明站至 U 形槽高架区段，设计起讫里程为 DK0 + 000.000～YDK0 + 685（ZDK0 + 682.222），铺板总长度为 1.006km。

本标段采用的预制板长 4.1m（3.5m），宽 2.4m，厚 0.26m，轨道结构高 650mm，道床采用自密实层、橡胶隔振垫和预制板三部分组成。减振单元采用橡胶隔振垫实现减振设计要求，高架预制板隔离式减振垫道床铺设地段见表 8-2。

高架预制板隔离式减振垫道床铺设地段表   表 8-2

区间	类型	道床形式	起点里程	终点里程	长度（m）	备注
光圳区间	高架	隔离式 减振垫道床	YDK0＋000	YDK0＋249	249	
			YDK0＋412.458	YDK0＋685	272.542	
			ZDK0＋000	ZDK0＋050.072	50.072	
			ZDK0＋084	ZDK0＋249	165	
			ZDK0＋412.458	ZDK0＋682.222	269.764	
合计					1006.378	

8.2.2 施工技术

高架预制板隔离式减振垫道床采用"预制板法"施工技术，主要依次通过无砟轨道铺设准备工作、CPIII 控制网测设、轨道板运输及存放、轨道板安装、轨道板粗调、轨道板精调、自密实混凝土浇筑、钢轨安装和钢轨精调等主要技术完成施工，高架预制板隔离式减振垫道床铺设如图 8-3 所示。

图 8-3 高架预制板隔离式减振垫道床铺设

8.2.3　经验与总结

6 号线支线预制板隔离式减振垫道床位于高架桥段，整体道床分为自密实混凝土层、减振垫层和预制板层共三层，自密实混凝土下部垫层与自密实混凝土层采用合二为一整体设计，自密实层最高处达到 300mm，是深圳市城市轨道交通自密实层厚度第一次突破 100mm 的线路。

针对本段高架预制板隔离式减振垫道床施工难度，项目部组织专项方案研讨会和专项方案自评会，从理论和实施等方面将施工方案不断优化，为现场施工作业提供成熟技术指导和支持。

本工程通过揭板实验验证自密实施工工艺、自密实工装（模板、精调爪、压杠等）和自密实混凝土性能状态满足现场施工条件和施工质量，在揭板实验过程中不断调整自密实混凝土扩展性、流动性等指标，并优化自密实工装，保障现场自密实混凝土灌注的饱满性和质量。

考虑施工效率和施工质量，项目部优化了橡胶减振垫粘贴工艺、效率和质量，通过板厂集中统一将橡胶减振垫粘贴于预制板底部，达到提升橡胶减振垫粘贴质量和粘贴成品质量，提高整体轨道板施工效率。

8.3　特殊道岔施工技术

8.3.1　工程概况

6 号线支线中大站设置 2 组 60-9 号橡胶弹簧预制浮置板单开道岔，光明站设置 1 组 60-9-15m 线间距交叉渡线、深理工站设置 1 组 60-9-14m 线间距交叉渡线。

8.3.2　施工技术

新型道岔采用"原位法"施工技术，依次通过基底处理、基标测设、垫层施工、道岔拼装、道岔精调、道岔道床施工、橡胶弹簧安装、橡胶弹簧顶升、道岔复调等主要技术完成施工。

8.3.3　经验与总结

（1）橡胶弹簧预制浮置板道岔

中大站左右线各安装 1 组 60-9 号橡胶弹簧预制浮置板道岔，道岔道床全长 40.702m，轨道结构高度为 840mm，采用中心水沟和两侧水沟双重排水系统布置，道床两侧采用挡墙设置，整组道岔布置 75 处隔振单元，均匀分布于道岔各受力部位，轨枕采用预制混凝土短轨枕。

橡胶弹簧预制浮置板道岔整体施工时，短轨枕水平控制是本工程的重难点，尤其是道岔滑床板部位混凝土短轨枕水平控制是最关键部位，为保障混凝土短轨枕水平控制满足设计和规范要求，项目部组织专题会议，通过对施工方案的研讨会和自评会，制定出满足现场施工和质量控制要求的实施方案。

施工现场先后采用两种方式进行混凝土短轨枕水平控制，采用钢筋三脚支架支撑（高度可调），设置于短轨枕两端头，保证轨枕水平，并保障尖轨与滑床板密贴。本方案易于实施，经济性好，成品外观质量高。

（2）大跨度交叉渡线道岔

光明站安装 1 组减振垫 60-9-15m 交叉渡线，深理工站安装 1 组减振垫 60-9-14m 交叉渡线，14m 和 15m 大间距交叉渡线属于特种道岔，可解决现场转线条件、节约现场空间、提高现场空间利用率，优化经济成本投资。

大跨度交叉渡线道岔施工期间，现场采用分组方式实施，即四块单开道岔部位和菱形交叉部位单独实施，待实施完成后，再一次完成四块单开道岔区域与菱形交叉部位间道床连通施工，有效避免一次全部成形导致施工周期长、质量控制难、人员和工装需求量大等困难，大跨度交叉渡线道岔如图 8-4 所示。

图 8-4　大跨度交叉渡线道岔

8.4　轨行区管理

8.4.1　工程概况

6 号线支线设置一处铺轨基地为 U 形槽铺轨基地，轨行区联合调度室设置于铺轨基地内。

8.4.2　管理目的

为保障工程建设期轨行区作业的安全，6 号线支线项目部规范相关的管理流程及要求，提升各方的协作效率。

8.4.3　管理范围

6 号线支线工程建设期正线轨行区管理，管理期从轨行区管理单位接管轨行区起至移交深圳地铁运营临管为止。

8.4.4　经验与总结

1）轨行区管理经验

（1）全轨行区覆盖实时监控

6 号线支线整个轨行区范围内，实现全视频实时监控，无死角监测轨行区作业安全情况、进展情况；轨行区内所有机械设备均配置视频监控设备，实现机械设备及周边环境实时监测；调度室内实时轮番巡查监控影像，保障轨行区安全监测频次和监测效力，实现安全隐患发现及时，消除快速，范围广等。

（2）轨行区信号全覆盖

轨行区内每隔 500m 设置一处手机信号 5G（第 5 代移动通信技术）基站，实现轨行区内主要和地面人员间无障碍通信，并对各单位轨行区管理主要管理人员配备专用通信设备，提高通信时效和便捷，提高现场安全隐患排查和处理的应急反应时间。

2）轨行区管理总结

轨行区管理是轨道工程和后续专业施工中安全管理的重要一环，是保障轨行区安全的重要方式之一，做好轨行区管理是做好安全管理的全过程控制；本工程通过有效的轨行区管理实施与应用，未发生一起安全事故。本工程运用现代科技实现施工现场安全管理功能，不断优化轨行区管理方式方法，为整个 6 号线支线安全管理做出一份贡献。

第 9 章

绿色建造技术在施工中的应用

6 号线支线将绿色低碳发展理念贯穿于项目各个阶段，以实现全生命周期可持续发展为目标。在项目的设计、建设和运营过程中，本工程采用大量的绿色低碳技术措施，最大限度实现资源节约，提高施工效率和资源的可持续利用，同时也为乘客提供了更舒适和环保的乘坐环境。

9.1 节 能 设 计

在车站设计中，本工程采用了多项节能措施，例如全面采用 LED（发光二极管）照明技术、智能照明控制技术、空调通风变频节能技术、扶梯变频节能技术、再生制动能量回馈技术、新风道过滤器，并设置了智能能源管理系统，用于监测、分析各种能源使用情况，实现节能管理。

（1）智能照明技术

车站照明系统通常为每天 24h 不间断运行，传统的照明系统一直保持全功率运行，而且光线照度通常是固定的，无法根据不同时间、天气等环境进行调整，不仅能耗大，也不利于节能环保。而车站智能照明管理系统可以实现对整个系统的照明进行集中控制和管理，通过智能控制器和传感器的应用，车站可实现对照明设备的实时检测和控制，运维人员可通过后台电脑进行远程监控和操作，实现快速故障定位、节能调整和维护等功能，智能照明系统应用如图 9-1 所示。

（2）通风空调系统变频节能技术

随着节能环保意识的不断提高，变频器在车站冷水设备系统中的应用越来越多（图 9-2），变频器通过实现电机的调速和控制，优化冷却塔风机和冷冻水泵等设备的运行效率，从而降低能耗，保证各类设备在不同负载下都能以最佳运行状态工作，提高系统的稳定性，从而降低能耗、减少能源浪费，达到节能环保的目的。

图 9-1　智能照明系统应用

图 9-2　通风空调设备变频冷水系统设备应用

（3）新风道空气过滤技术

近年来，城市轨道交通新风系统的卫生情况越来越受重视，因新风系统污染造成的隐患也越来越多。因此，在新风道内设置空气过滤装置就显得尤为重要（图 9-3），过滤器可过滤空气中大部分的杂质与灰尘，保证进入换气设备的空气质量，进而保证车站内乘客的舒适度，为车站绿色环保运营提供了保障。

图 9-3　新风道过滤器

9.2   绿色建造施工技术应用

6 号线支线采用了大量的预制装配式技术，如隧道采用盾构施工技术、基坑组合装配式钢支撑技术、预制轨道板技术、全面预留预埋件技术、装配式冷水机房、出入口装配式钢结构等，显著减少线路设施的现场作业和劳动力需求，提高施工效率，降低资源消耗，全面提升了高质量的绿色建造水平。在施工过程中，本工程采用了盾构渣土分离技术，将隧道掘进产生大量废弃渣土，分离出土饼、细沙等用以项目建造的材料，也有效解决了盾构泥浆难运输、难处理、污染大等问题，渣土处理设备如图 9-4 所示。

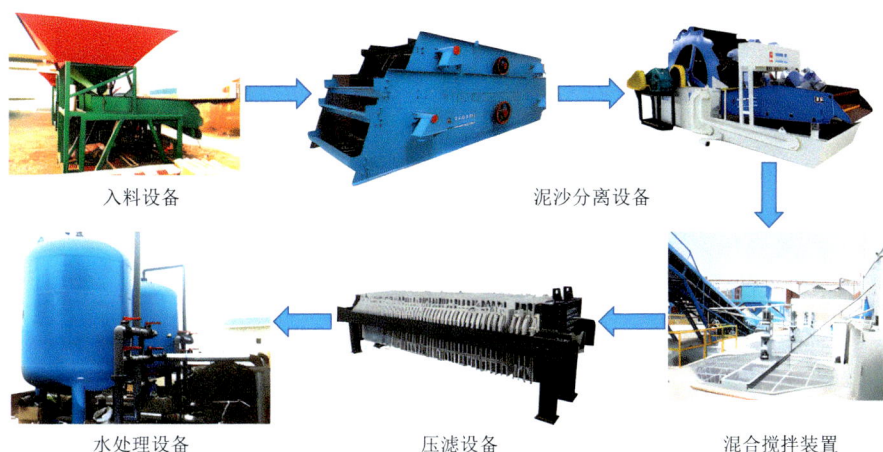

图 9-4   渣土处理设备

9.3   新设备的应用

中大站 C 出入口设置地下智能立体自行车停车库，解决了城市轨道交通出行"最后一公里"问题，提升了慢行出行品质，告别了自行车乱停乱摆出现的脏乱差现象，支撑了城市绿色可持续发展（图 9-5）。同时，施工中引入新型的施工设备可以提高效率并减少环境污染。例如，使用电动或混合动力设备替代传统的燃油设备可以减少尾气排放和噪声污染。轮式铺轨机改用轮式走行系统在盾构壁上接触行走（图 9-6），较传统走行轨式铺轨机，作业人员减少，提高经济效益，安全风险降低，避免盾构壁打眼，破坏盾构壁表面结构，提高成品保护和质量控制。

图 9-5　地下智能自行车存车库与地面停放对比图

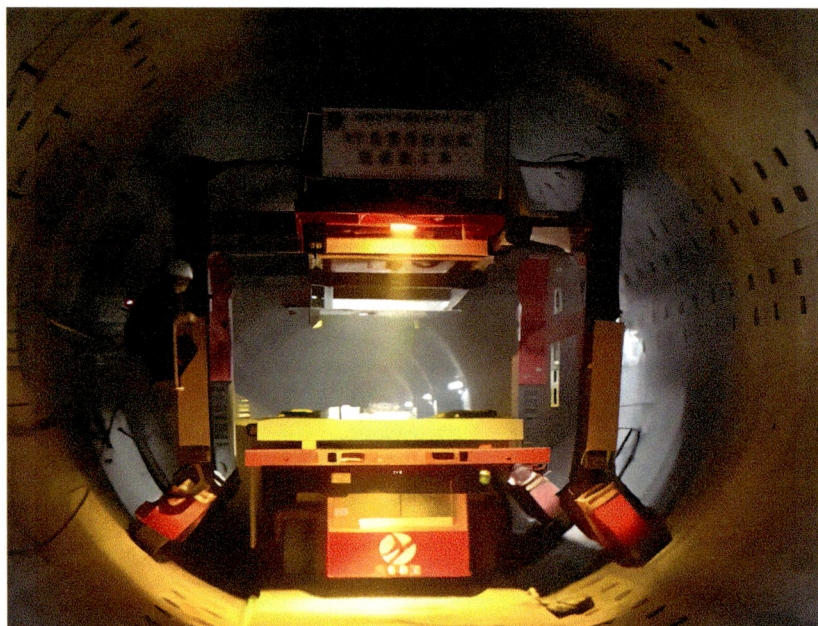

图 9-6　轮式铺轨机

9.4　环境保护措施

高架段设置全封闭声屏障和减振道床（图 9-7），有效解决了线路振动和噪声对周边环境的影响。施工现场采取了防尘、防噪声、防污染等多种环境保护措施，如围挡周围设置喷淋系统、洗车台、总悬浮物颗粒物（Total Suspended Particulate，TSP）检测仪、垃圾分类房、隔音屏、泥沙分类设备、雾炮降尘等环保设施（图 9-8～图 9-12）。

图 9-7　高架段全封闭声屏障

图 9-8　标准化洗车槽

图 9-9　三级沉淀池

图 9-10　围挡标准化喷淋系统

图 9-11　TSP 环境监测系统

图 9-12　场地布置及硬化

湖北交通运输年鉴

(2023)

湖北省交通运输厅宣传中心　编

人民交通出版社

北　京

图书在版编目 (CIP) 数据

湖北交通运输年鉴 . 2023 / 湖北省交通运输厅宣传
中心编 . —北京 : 人民交通出版社股份有限公司，
2023.12

ISBN 978-7-114-19236-4

Ⅰ.①湖…　Ⅱ.①湖…　Ⅲ.①交通运输业—湖北—
2023—年鉴　Ⅳ.① F512.763-54

中国国家版本馆 CIP 数据核字 (2023) 第 248923 号

Hubei Jiaotong Yunshu Nianjian (2023)

书　　名：**湖北交通运输年鉴 (2023)**
著 作 者：湖北省交通运输厅宣传中心
责任编辑：齐黄柏盈
责任校对：孙国靖　卢　弦
责任印制：刘高彤
出版发行：人民交通出版社
地　　址：(100011)北京市朝阳区安定门外外馆斜街3号
网　　址：http://www.ccpcl.com.cn
销售电话：(010)59757973
总 经 销：人民交通出版社发行部
经　　销：各地新华书店
印　　刷：北京印匠彩色印刷有限公司
开　　本：889×1194　1/16
印　　张：22
字　　数：770千
版　　次：2023年12月　第1版
印　　次：2023年12月　第1次印刷
书　　号：ISBN 978-7-114-19236-4
定　　价：180.00元
(有印刷、装订质量问题的图书，由本社负责调换)

2022年4月29日，麻城至安康高速公路麻城东段正式开通试运营

2022年5月1日，湖北首条智慧高速公路——鄂州机场高速公路（一期）通车。图为鄂州机场高速公路武鄂互通

2022 年 5 月 1 日，监利至江陵高速公路东延段正式开通试运营

2022 年 5 月 4 日，279 省道丹江口市龙山大桥正式通车

2022 年 11 月 25 日，咸丰县唐崖至朝阳旅游公路朝阳大桥正式通车

2022 年 11 月，241 国道五峰境白果树至狗头井段改扩建工程完工通车

2022 年 12 月 28 日，348 国道沙洋汉江公路二桥建成通车

2022 年 12 月 30 日，348 国道宜昌市夷陵区乐天溪镇王家坪村段干沟子大桥改造完工

2022 年，在建中的十巫高速公路郧西至鲍峡段控制性工程汉江公路特大桥

2022年，在建中的咸九高速公路桥梁工程

2022年5月28日，黄冈唐家渡港区临港新城综合码头开港

2022 年 12 月 23 日，阳逻港集装箱年吞吐量首次突破 200 万标箱

2022 年 8 月 31 日，武汉汉欧国际物流园暨全省港口重大项目集中开工活动在东西湖区举行

2022 年 9 月 19 日，潜江港泽口港区综合码头一期工程正式开工

2022 年，在建中的汉江孤山航电枢纽主体工程

2022 年 4 月 22 日，黄（冈）黄（梅）高铁开通运营

2022 年 5 月 17 日，湖北首趟中老铁路（武汉—琅勃拉邦）国际货运列车正式发车

2022 年 6 月 20 日，郑万高铁神农架综合客运枢纽站试运营

2022 年 7 月，福银高速公路安陆服务区获评"全国高速公路旅游特色服务区"

2022 年 7 月 1 日，中国南方航空股份有限公司湖北分公司开通武汉—伊宁—喀什航线

2022 年 7 月 17 日，国内首个专业货运枢纽机场鄂州花湖机场正式投运

2022 年 9 月 28 日，中国南方航空股份有限公司湖北分公司开通武汉—五台山—天津航线

2022 年 11 月 27 日，鄂州花湖机场开通首条全货运航线——鄂州至深圳货运航线

2022 年 12 月 30 日，武汉轨道交通 16 号线二期工程开通初期运营

2022 年 12 月 30 日，武汉轨道交通 7 号线北延线（前川线）一期工程开通初期运营

黄冈市红安县七里坪镇红色景区旅游公路

宜昌市宜都市高坝洲至青林谜镇环线公路

荆州市纪南生态文化旅游区环长湖公路。图为夏桥河大桥

恩施土家族苗族自治州宣恩县黄傅公路

孝感市应城市有名店旅游公路

武汉市蔡甸区大集至索河嵩阳公路

襄阳市樊城区牛首至仙人渡旅游公路

鄂州市梁子湖区东磨公路

仙桃市排湖风景区排南公路

荆门市钟祥市石牌镇彭墩村皮革公路

2022 年 5 月 31 日，省交通运输厅党组书记、厅长钟芝清（前排左一）到中交第二航务工程局有限公司上门解难

2022 年 10 月 10 日，省交通运输厅党组书记、厅长钟芝清（左二）调研指导省高速公路联网收费中心工作

2022 年 12 月 11 日，省交通运输厅党组书记、厅长钟芝清（左四）到武黄高速公路查看"零费率"通行保畅

2022 年 6 月 30 日，省交通运输厅举行庆祝中国共产党成立 101 周年大会

2022 年 9 月 22 日，省委平安湖北建设领导小组智能化建设组第二次工作会议在省交通运输厅召开

2022 年 11 月 5 日，2022 年"湖北工匠杯"技能大赛——全省轨道交通行业职业技能竞赛开赛。图为轨道交通服务员技能竞赛

2022 年"湖北工匠杯"技能大赛——轨道信号工技能竞赛

2022 年"湖北工匠杯"技能大赛——港航系统技能竞赛

2022年"湖北工匠杯"技能大赛——公路系统技能竞赛

2022年7月21日，湖北省交通运输厅第13期"书香交通　文化同行"读书分享会在武黄路政支队职工书屋举行

编 辑 说 明

一、《湖北交通运输年鉴 (2023)》是湖北省交通运输厅连续编纂的第 33 卷年鉴，主要反映 2022 年全省地方交通发展的新成就、新经验和新问题，涵盖铁路、公路、水路、民航、邮政等综合交通部门。本卷年鉴既突出 2022 年度交通发展的特点，又保持与历年年鉴内容的连续性，为各级领导、全省交通运输系统干部职工和各界人士研究湖北交通运输提供信息，积累资料。

二、本年鉴设特载、大事记、概况、交通运输发展战略研究及前期工作、交通基础设施建设、交通基础设施养护和管理、综合交通和水陆运输、安全应急管理、交通财务费收、交通法治、交通科技与培训教育、交通综合管理、党群工作和精神文明建设、调查研究、专题资料、全省交通运输系统领导名录、获奖名录、统计资料 18 个栏目。

三、本年鉴记述 2022 年内容，凡未标注具体年份的记述，也均为 2022 年内容。

四、本年鉴照片由各单位提供，编辑室补充并审定编排。

五、本年鉴统计资料由湖北省交通运输厅计划处提供，其他栏目的同口径统计数字，均以统计资料数字为准。

六、本年鉴由各市（州）交通运输局、综合交通各部门和湖北省交通运输厅厅直单位、厅机关各处室供稿。稿件均经有关部门领导审核，编辑复审，主编审定，宣传中心终审。

七、《湖北交通运输年鉴 (2023)》的出版发行，得到全省交通运输系统各级领导和职工的大力支持，在此一并致谢。错漏之处，敬请读者指正。

目　录

交通运输发展战略研究及前期工作

交通基础设施养护和管理

特 载

锚定目标　以干促上
奋力夺取"开门红"为"全年红"开好局起好步
——钟芝清在 2022 年全省交通运输工作总结暨 2023 年一季度
"开门红"工作调度会上的讲话提纲

（2023 年 2 月 15 日）

同志们：

经报请省政府同意，今天我们召开 2022 年全省交通运输工作总结暨 2023 年一季度"开门红"工作调度会，动员全省交通运输系统干部职工，深入贯彻落实党的二十大和中央经济工作会议精神，以流域综合治理统筹四化同步发展，聚焦综合交通运输体系和现代物流体系建设，团结拼搏，以干促上，奋力夺取 2023 年一季度"开门红"，为确保"全年红"开好局、起好步。

下面，我讲四个方面的意见。

一、高效统筹，迎难而上，2022 年交通运输对全省经济社会发展的保障作用更加突显

2022 年，在省委省政府的坚强领导和交通运输部的支持指导下，全省交通运输系统上下同心、团结奋斗，统筹疫情防控和经济社会发展，统筹发展和安全，全力推进投资和项目建设，着力补齐运输服务短板，工作取得了系列突破，为全省经济社会高质量发展和加快建设交通强国贡献了力量。

一是交通投资实现突破，交通运输投资对全省经济大盘的硬支撑作用更加坚实。实行"挂图作战"，月通报、季调度，"点对点"约谈督办，千方百计扩大有效投资。全年累计完成交通固定资产投资 1340.6 亿元，为年度确保目标 1200 亿元的 111.7%，同比增长 15.8%，再创历史新高。

二是重大项目实现突破，交通一体化服务都市圈发展的先导作用更加显现。以最快速度研究制定了武汉新城与鄂鄂黄"三横三纵"快速道路系统规划，形成了武鄂黄黄核心区南北两个快速通道的规划建设方案。谋划 8 年之久的京港澳高速公路湖北段改扩建工程正式开工。建成鄂州机场高速公路一期等高速公路项目 5 个、220 公里，高速公路总里程达到 7598 公里。

三是试点示范实现突破，运输物流服务产业链供应链稳定的保障作用更加有力。花湖机场多式联运等 3 个项目纳入第四批国家多式联运示范工程，总数达到 8 个、全国第一。武汉市被纳入国家综合货运枢纽补链强链首批城市。江夏区等 6 个县市区成功申报"四好农村路"全国示范县创建单位。全省潜在规上道路货运企业总量由 166 家跨越式增长到 553 家。交通运输疫情防控和物流保通保畅统筹推进，有效保障了产业链供应链稳定。

四是改革发展实现突破，以绿色智慧安全理念推动行业高质量发展的促进作用更加有效。全年向县市区下放权限 35 项，实施"县直报省、省直达县"改革事项 12 项。创新"容缺招标"新举措，项目建设周期大幅缩短。省级交通运输综合行政执法局正式挂牌成立。完成船舶受电设施改造 772 艘，新增新能源公交车 3117 辆。省高速公路路政执法平台等项目投入使用，鄂州机场智慧高速公路一期基本建成。全省公路水路安全生产事故起数、死亡人数同比分别下降 44.7%、47.1%，未发生重大及以上等级事故。

五是行业党建实现突破，以党的建设凝聚人心、推动发展的引领作用更好发挥。深入学习贯彻党的二十大精神，推进落实省第十二次党代会决策部署，深化基层党组织建设，试点开展道路货运领域和网络预约出租汽车行业党建工作。扎实开展"下基层、察民情、解民忧、暖民心"实践活动，收集并解决问题建议 27 个。完成"美丽农村路"共同缔造试点项目 456 个、1420.7 公里。11 名个人、9 个集体分别获得全国工人先锋号、全国五一劳动奖章等表彰奖励。

二、找准定位，转变观念，准确把握新时期全省交通运输事业发展新航向

交通运输是国民经济的基础性、先导性、战略性产业和重要的服务性行业，在新的发展阶段，我们要准确把握新形势新使命，找准新时期新定位，落实新思路新举措，把准方向，高效推动交通运输高质量发展。

一是认清新形势新使命，勇当开路先锋。①正确把握党的二十大赋予交通运输的神圣新使命。党的二十大科学擘画了未来五年中国特色社会主义现代化建设事业的宏伟蓝图，习近平总书记所作的报告中有3处直接讲到"交通"，分别是加快建设交通强国、加快推动交通运输结构调整优化、推进交通领域清洁低碳转型。这是对新时期交通运输工作作出的重大部署，是我们的行动方向和根本遵循。②正确把握省第十二次党代会对交通运输的具体部署。省第十二次党代会报告中，直接提到"交通"的有16处，在任务部署部分专门用近1000字的篇幅，对加快建设综合交通运输体系、打造全国重要物流枢纽等提出了具体要求和工作部署，充分体现了省委对交通运输工作的重视，也体现了交通运输在经济社会发展中的重要地位和作用，这是新时期推动全省交通运输高质量发展的基本路径和内容。③正确把握《湖北省流域综合治理和统筹发展规划纲要》对交通运输的统领作用。《湖北省流域综合治理和统筹发展规划纲要》提出：要通过提升综合交通体系、现代物流体系等支撑系统，打通制约经济循环的关键堵点，促进商品要素资源畅通流动，链接全国统一大市场，持续打造国内大循环的重要节点和国内国际双循环的重要枢纽，明确要求到2025年，三级及以上航道里程达到2300公里，高速公路通车里程达到8000公里，港口集装箱吞吐能力达到600万标箱，港口集装箱铁水联运量达到11万标箱。这是省委基于我省交通运输发展现状提出的可以量化考核的目标任务，目的在于加快提升交通支撑体系，充分发挥交通运输

在全省流域综合治理和统筹发展中的基础支撑作用。

二是找准新时期新定位，明晰发展方向。①在中国式现代化中找准交通运输定位。要深刻理解中国式现代化是人口规模巨大的现代化、全体人民共同富裕的现代化、人与自然和谐共生的现代化等鲜明特色，牢牢把握交通运输服务人民群众美好出行的需要，深化拓展"要想富、先修路"的时代内涵，坚持推进交通运输绿色低碳发展，研究交通运输创新发展路径，加快推进交通运输现代化。②在构建新发展格局中找准交通运输定位。要深入思考构建新发展格局对交通运输治理体系和治理能力的客观要求，深刻把握"增强国内大循环内生动力和可靠性、提升国际循环质量和水平"的内外协调发展要求，更加主动围绕人流、物流、资金流、信息流谋篇布局，建设现代综合交通运输体系，打造全国重要物流枢纽，更加充分发挥交通运输的先导性作用。③在高质量发展中找准交通运输定位。要按照省第十二次党代会部署安排，聚焦综合交通运输体系建设、"三大都市圈"交通一体化、打造全国重要物流枢纽和交通运输结构调整，集中有限资源，突出重点抓发展，持续创建平安百年品质工程，提高规划、建设、管理、服务等各方面工作质量，加快建设交通强国示范区，打造新时代九省通衢。

三是落实新思路新举措，确保发展成效。①转变"党建工作务虚、业务工作务实"观念，筑牢"抓好党建就是最大的政绩"理念，始终注重做人的思想政治工作，始终做到团结一心、干事创业，有效破解"两张皮"问题，推动党建与业务工作一起谋划、一起部署，融合开展、协同发展。②转变"投资已过高峰期"的观念，把思想和行动统一到党中央"稳增长"的决策部署上来，落实好党中央关于"投资要注重效益，既要算经济账，又要算综合账，提高基础设施全生命周期综合效益"的精神，确保交通运输建设投资经济效益、社会效益相得益彰。③转变"重建设、轻运输"的观

念，坚持把高质量发展作为首要任务，把工作重心、主要精力放到谋划运输服务上来，及时出台促进运输物流市场发展的好政策，积极为运输企业办实事解难题，极力营造良好市场环境，极大提振市场信心，不断优化交通运输结构。④转变"重新建、轻养护"的观念，坚持建养并重、以建保养、以养促建，创新管养体制机制，完善管养制度体系，利用有限的资金把公路管理好、养护好，确保交通运输质的有效提升和量的合理增长，推动公路建设与管理养护双管齐下。

总之，做好2023年交通运输工作，要更加突出发展第一要务，牢牢把握稳中求进工作总基调，紧紧围绕高质量发展要求，全面做好交通运输领域"强信心、稳增长、防风险、推改革、惠民生"各项工作，为我省加快建设全国构建新发展格局先行区提供交通支撑和保障。

三、突出重点，实干争先，全力推动2023年全省交通运输工作再上新台阶

2023年是全面贯彻落实党的二十大精神的开局之年，是贯彻落实省第十二次党代会部署的关键之年，也是实施"十四五"规划承上启下的关键之年。全省交通运输系统要围绕省委、省政府决策部署和工作安排，突出交通运输领域六个重点(安全生产、交通投资、运输物流、绿色智慧、运输结构、党建引领)，系统谋划、细化措施，扎实做好2023年各项工作。

主要目标是：完成公路水路交通固定资产投资1500亿元以上(力争1750亿元，其中高速公路1000亿元)；建成高速公路186公里，建设一级、二级公路1100公里，新改建农村公路10000公里，新增港口吞吐能力1500万吨；细化考核机制，月评比亮进度、季排名找差距、年总结晒成绩，开展"红旗""蜗牛"项目(单位)评比，动真碰硬抓落实，确保完成目标任务。

重点抓好六个方面的工作：

一是坚持底线思维，持之以恒抓好安全生产。①强化安全责任落实。以创建"平安交通"为载体，完善考

评体系和约谈、挂牌督办等工作机制，强化安全生产监管责任和企业主体责任落实。②强化隐患排查治理。做好重大风险分级管控。聚焦道路运输等重点领域和"两客一危一货"车辆等重点对象，扎实开展安全隐患排查治理。持续推进超限超载、公路安全设施精细化提升行动。③强化应急防范和应对。针对重点时段和恶劣天气，提前部署风险防控和应对措施，加强部门联动，妥善处置突发事件。

二是坚持系统谋划，加快推进三大都市圈交通一体化建设。①做好顶层设计。充分发挥交通在三大都市圈一体化发展中的先导作用，梳理区域路网结构，全面实施省道网规划修编。②加强项目谋划。加快制定三大都市圈公路水路重点项目清单，加快谋划沪渝、福银等高速公路主骨架拥挤路段扩容改造。③加快项目实施。力争建成武汉至阳新高速公路等项目，新开工鄂州机场高速公路二期等一批重点工程，加快推进武鄂黄黄核心区快速通道建设。

三是坚持降本提效，统筹推进运输物流枢纽体系建设。①推动运输结构调整。全面加快67个多式联运集疏运重点项目建设进度。大力推动高附加值货物集装箱化运输，推进大宗货物运输"公转铁、公转水"。②加强市场主体培育。落实好新入规企业奖励等政策，不断壮大企业规模。争取规上企业尽快进规入统，确保货运量、货物周转量应统尽统。③加快客货枢纽建设。重点建设武鄂黄黄国际综合交通枢纽和襄阳、宜荆荆全国性综合交通枢纽，加快花湖机场集疏运体系建设。强力推进黄鄂黄、襄阳、宜昌国家综合货运枢纽补链强链城市项目申报。加大客货运输站(场)建设投入。

四是坚持扩大投资，着力抓好交通运输重大项目建设。①抓高速公路扩容提质。加快29个续建高速公路项目建设进度，新开工10个项目，重点推进京港澳高速公路鄂豫界至军山段等5个高速公路重点段扩容。②抓普通公路提档升级。开展普通公路养护提质三年攻坚行动，2023年计划实施普通国省道大修1200公里、中修2400公里。③抓水运优势发掘。加快汉江8级梯级开发，确保雅口、碾盘山、孤山枢纽建成运营。新开工6个水运重大项目。④抓交通"硬联通"。全力加快125个交通"硬联通"项目建设，确保2023年建成项目20个，完成投资1000亿元以上。

五是坚持改革创新，大力提升行业治理能力。①持续深化法治部门建设。开展交通运输法律法规章政策清理，修订常用行政处罚自由裁量标准。持续深化"放管服"，调整省市县三级政务服务事项基本目录。②坚持科技赋能、创新驱动。出台2023—2025年数字交通行动方案，积极争取财政资金推进省级综合交通运输信息平台建设。开展交通强国智慧交通试点项目中期评估。③加快绿色交通建设。落实我省交通运输领域碳达峰实施方案，到2023年底，大型工矿企业和新建物流园区铁路进厂率、进园率达到90%，实现集装箱铁水联运量年增长15%以上。加快新能源车船推广应用。继续开展船舶港口污染防治。

六是坚持党建引领，凝聚交通运输高质量发展合力。①学习宣贯党的二十大精神。深入开展主题教育，结合省第十二次党代会部署，立足交通运输实际，强化措施抓落实，切实把党的二十大精神转化为"开路先锋"的具体行动。②抓好基层党组织建设。持续开展"两优一先"争创和"红旗党支部"创建。推进道路货运领域及网络预约出租汽车行业党建工作。实施好农村公路等交通运输领域美好环境与幸福生活共同缔造。③扎实推进正风肃纪反腐。锲而不舍落实中央八项规定精神和湖北省实施办法，深化纠治"四风"，坚决遏制违规吃喝歪风。聚焦交通运输重点领域、关键环节，强化权力运行监督，严肃执纪问责。一体推进"三不腐"，建设清廉机关。

四、锚定目标，挂图作战，以一季度"开门红"为实现全年目标任务开好局、起好步

一年之计在于春，全年增长看首季，做好一季度"开门红"工作至关重要。我们要按照阅春副省长调研全省交通运输工作时提出的要求，全力以赴确保一季度项目建设和投资"开门红"，以"季度红"保"半年红"，以"半年红"保"全年红"。

一是目标导向，进一步明确"开门红"的重点任务。紧盯"开门红"的硬指标、硬任务，确保一季度完成投资300亿元以上。一季度计划新开工的交通运输重大项目(包)共131个，总投资1005亿元。当前要把推动新项目尽快开工并形成有效投资作为重中之重。①高速公路要聚焦武汉都市圈环线汉南长江大桥及接线工程、通城至修水高速公路湖北段和部分既有高速公路局部改造等7个项目，总投资481亿元。②普通公路要聚焦武鄂黄黄快速通道等49个普通国省道项目，总投资291亿元，以及48个农村公路项目(包)，总投资70亿元。③水运及站场要聚焦汉江兴隆至蔡甸2000吨级航道整治工程等9个水运项目，总投资38亿元，以及秭归县脐橙产业综合物流中心等18个物流站场项目，总投资126亿元。

二是再加力度，进一步坚定实现"开门红"的信心。①进一步强化前期工作。千方百计缩短前期工作周期，督促各相关单位倒排投资人确定、立项批复、建设用地手续办理等关键节点任务，合理交叉、超前推进前期工作，尽早获得立项批复。②进一步强化项目储备。一季度计划集中开工的项目，数量、规模均为历年来最大，要逐项梳理，确保开工要件全部齐全。今年计划要开工的其他项目，要求上半年完成投资人确定程序，三季度获得立项批复，四季度开工建设。③进一步强化用地保障。去年以来，在各级政府和自然资源等部门的共同努力下，交通运输建设项目用地保障明显加强，要继续加强沟通衔接，确保用地等关键要素切实得到保障。④进一步强化车购税资金保障。通过全力争取，2023年第一批中央车购税资金93亿元已提前下拨各市县，各地要对接财政部门加快支付，提高资金使用效率。第二批车购税重点项目建议计划

已报部，拟申请资金 25 亿元，要加强衔接，争取获批更大额度。

三是狠抓落实，全力确保"开门红"目标如期实现。①高效率抓项目进度。尽快开展全省交通运输重大项目集中开工活动，对所有建设项目实行清单化管理、挂图作战、分级负责、精准调度，确保序时进度。②高标准抓质量安全。坚持"百年大计，质量第一"，高标准施工，确保工程质量。坚决守牢施工和廉政安全底线。③高要求抓考核督办。开展全省交通投资和重点项目建设争先创优竞赛活动，评选一批"红旗"项目和单位进行褒扬激励，确定一批"蜗牛"项目和单位进行鞭策督促。将项目进度和投资完成情况、车购税资金使用情况作为对各地考核评价的重要内容，与车购税资金安排挂钩，及时通报并抄报省委省政府，抄送地方党委政府。

同志们，力量源于团结，奋斗创造奇迹。让我们在省委省政府的坚强领导和交通运输部的支持指导下，坚定信心、勇毅前行，全力以赴夺取"开门红"，聚力攻坚确保"全年红"，奋力为建设全国构建新发展格局先行区当好开路先锋！

坚定不移推进全面从严治党
为打造新时代"九省通衢"提供坚强保障
——赵志国在 2023 年省交通运输厅全面从严治党工作会上的讲话
（2023 年 3 月 10 日）

同志们：

过去一年，特别是钟厅长到任后，厅系统全面从严治党工作明显加强，厅党组狠抓党的二十大精神、省第十二次党代会精神的学习贯彻，抓理论武装走深走实，抓基层党建质量提升，抓机构改革突破创新，抓干部队伍担当作为，抓党风廉政建设稳步推进，引领厅系统政治生态明显好转并持续向好，为全省交通运输工作取得系列突破提供了坚强政治保障，交通运输为全省经济社会发展作出的突出贡献得到了省委、省政府的高度认可，得到了干部职工和广大群众的广泛好评。待会，钟厅长还将对厅系统全面从严治党工作提要求。根据会议安排，我代表省纪委监委驻厅纪检监察组通报去年工作情况和今年的工作意见。

下面，我主要讲三个方面的内容。

一、去年纪检监察主要工作回顾

2022 年，在省纪委监委坚强领导和厅党组的全力支持下，驻厅纪检监察组按照中央纪委、省纪委全会各项工作安排部署，坚定捍卫"两个确立"，做到"两个维护"，推动厅系统全面从严治党工作落细落实，为湖北交通强国示范区建设提供了有力保障。

（一）捍卫"两个确立"，抓好党的二十大精神学习宣传贯彻。一是带头学习贯彻好党的二十大精神。驻厅纪检监察组通过集中收听收看、专题学习研讨、撰写心得体会、参加讲座培训等方式，全面、准确、科学地把握党的二十大精髓要义。邀请省纪委领导为省厅宣讲党的二十大精神，组织召开学习贯彻党的二十大精神座谈会，请厅直单位纪委、厅机关纪委、厅机关相关处室负责人围绕一体推进"三不腐"、厅系统清廉机关建设等谈打算、提建议，做到学思用贯通、知信行统一。二是监督检查学习宣传贯彻党的二十大精神情况。推动制定《省厅学习宣传贯彻党的二十大精神实施方案》，支持厅党组举办副处级以上干部集中培训班，赴 3 家厅直单位现场督导并宣讲党的二十大精神，督促党员领导干部带头学习、带头思考、带头宣讲，加快掀起厅系统学习党的二十大精神热潮。三是监督落实习近平总书记考察湖北重要讲话精神。坚持把贯彻落实党的二十大精神与学习贯彻习近平总书记关于湖北工作的重要讲话和重要指示批示精神结合起来，与落实省第十二次党代会精神结合起来，对贯彻落实习近平总书记考察湖北重要讲话精神督办不及时问题提出纪检监察建议，督促制定《学习贯彻习近平总书记考察湖北重要讲话精神任务清单》，建立健全督查台账，按月实行动态跟踪督办。

（二）提高政治站位，推动政治生态持续向好。一是推动厅系统政治生态建设。提出《关于做好政治生态分析研判工作的建议》，参加工作推进会现场督办，指导把握政治生态分析研判工作的方法、标准，推动厅机关和厅直各单位有序开展政治生态分析研判各项工作。二是压紧压实全面从严治党主体责任。联合厅党组召开全面从严治党工作推进会，与厅党组开展全面从严治党专题会商 2 次，厅党组运用"第一种形态"对 6 名厅处级干部进行组织处理。跟进监督中央环保督察反馈问题和省委巡视反馈问题整改，制定问题整改监督清单，向 10 个厅机关处室、厅直单位发送《督办单》，参会督办 7 次，约谈整改责任人 15 人次，整改时限为 2022 年底的问题已基本完成整改，剩余问题正持续推进整改。协助对江汉运河管理处、省联网收费中心进行政治巡察，目前正在进行整改。三是加强对"一把手"和领导班子的监督。印发《驻厅纪检监察组负责人同驻在单位下级"一把手"谈话的通知》，开展厅直单位察访调研 8 次，累计同 33 名厅班子成员、厅直单位"一把手"、厅机关处长进行谈话，对厅系统 2021 年以来 25 名新任处级干部进行集体廉政谈话，对厅系统 216 名处级干部廉政档案进行规范清理,督促制定廉政风险点防控措施。

(三)服务中心大局,助力交通强国示范区建设。一是推动交通运输稳增长政策措施落地见效。加强学习贯彻习近平总书记对交通运输工作的重要讲话、重要指示批示精神,学习领会省委省政府关于全省交通运输工作的部署要求,开展稳增长专题会商,面对面会商厅领导4人次,主动约谈厅相关业务处室主要负责人7人次,参与约谈市县部分交通运输部门负责人30人次,督促整改有关项目建设、投资进度明显滞后问题。驻厅纪检监察组监督推动交通运输稳增长工作受到省纪委监委主要领导2次批示肯定。二是嵌入交通运输业务开展监督检查。坚持一线工作法,深入高速公路、物流枢纽、港口码头项目建设现场监督检查4次,推动交通运输项目尽早尽快形成实物工程量;赴物流运输企业调研3次,督促相关职能处室和厅直单位助企纾困;赴高速公路收费站、公路治超检测站明察暗访2次,跟进监督常态化疫情防控和物流保通保畅工作情况;赴黄石等地开展交通运输安全生产、行政执法暗访检查,采取"组地"协作方式推动问题整改。三是跟进监督"下察解暖"实践活动。驻厅纪检监察组配套制定"下察解暖"实践活动监督清单,推动驻在部门把"下察解暖"实践活动与开展共同缔造活动相结合,按月督办督查厅党组收集汇总的12个问题。派员参加厅系统优化营商环境工作推进会,推动进一步优化全省交通运输营商环境。

(四)坚持严的基调,一体推进"三不腐"。一是发挥不想腐的思想教育优势。加强党员干部廉洁从政思想教育,协同制定《2022年清廉机关建设重点任务清单》,推动党风廉政建设宣传教育月活动扎实开展,协助组织观看《围猎陷阱》警示教育片,学习中央纪委、省纪委通报的典型案例和《交通系统违纪违规案例选编2022》。二是突出不能腐的刚性制度约束。监督规范执行民主集中制、"三重一大"集体决策制度,全年参加厅党组会31次,为56人出具党风廉政意见。持续

落实中央八项规定精神,细化纠"四风"树新风工作措施,重申廉洁过节纪律要求,组织厅直单位纪委开展吃喝送礼等问题的明察暗访。针对不如实填报个人有关事项问题,向厅党组提出纪律检查建议,督促完善有关干部档案和个人事项报告的监管制度。三是保持不敢腐的强大震慑效能。开展驻厅纪检监察组四年来信访举报、问题线索处置和案件办理数据统计分析,摸清底数、研究规律,加强对典型案例的剖析,为坚持办案引领、一严到底提供有效支撑。全年共收到信访举报46件,已办结45件;共处置问题线索9条;立案1件;给予党内严重警告1人,诫勉1人,通报批评4人次,批评教育2人次,收缴违纪款3.6万元。

(五)严实队伍建设,着力打造纪检监察"铁军"。一是坚持党建引领业务。推动党建工作与业务工作有机融合、相互促进,全年共开展33次政治理论学习和纪检监察业务学习。扎实开展党员干部"下察解暖"实践活动,向厅党组提出工作建议,推动加快落实厅系统机构改革、省交职院新校区配套工程建设、省联网收费中心数据图像查询规范管理等工作,定期与厅机关处室党支部开展支部联建活动,驻厅纪检监察组党支部被评为省纪委监委机关2022年度"先进党支部"。二是加强干部队伍能力素质建设。坚持人人学、人人写、人人办案,组织学习研讨派驻机构工作规则等法规制度,不断提升执纪执法工作规范化水平。联合厅机关纪委举办厅系统纪检监察业务培训班,选派4人次参与省纪委监委专项工作,通过实践锻炼提升业务能力。三是坚持严管厚爱、激励约束并重。始终坚持"打铁必须自身硬",制定争做"四个表率"监察官实施方案,开展纪检监察干部日常谈心谈话和廉洁提醒,关心关爱干部成长,不断激励全组干部能干事、干成事、不出事,始终做党和人民的忠诚卫士。

二、工作中发现的问题和自身存在的不足

一年来,结合在日常监督中掌握

了解的有关情况,驻厅纪检监察组发现厅系统仍然存在一些对监督工作的模糊认识。一是对监督责任认识模糊。片面认为监督只是驻厅纪检监察组或者纪委的事,有的领导干部一谈到监督就只想到纪委或推给纪委。党和国家监督体系是全面从严治党体系的重要一环,是横向到边、纵向到底的大体系,可以从三个方面来认识:从体系架构来看,监督体系是系统集成、协同运作、不可分割的,其中以党内监督为主导,还包括人大监督、民主监督、行政监督、司法监督、审计监督、财会监督、统计监督、群众监督和舆论监督在内的各类外部监督贯通协同,构成"1+9"大监督体系。从主体职责来看,党内监督在党和国家监督体系中是最基本、第一位的监督,包含有党中央集中统一领导、党委(党组)全面监督、纪委专责监督、党的工作部门职能监督、党的基层组织日常监督、党员民主监督等6类主体的监督职责,监督也寓于领导之中,领导责任包含监督责任。从职能作用来看,纪检监察机关在党和国家监督体系中处于主干位置,发挥保障作用,既是党内监督的专责机关,也是国家监察的专责机关,推进纪律监督、监察监督、派驻监督、巡视监督"四项监督"统筹衔接,并不是"包打天下"而是"术业专攻"。因此,无论是各级党委(党组)、党委委员(党组成员)、纪委、纪委委员、党员和党代表,还是党外群众都有相应的监督责任,监督无处不在、人人有责,监督必须是"责任上全链条"。二是对监督对象认识模糊。片面认为驻厅纪检监察组只负责监督处级干部,厅机关纪委和厅直单位纪委只负责监督科级干部,有的厅直单位纪委不善于、不敢于对同级党委及处级干部进行监督。一方面,根据《中国共产党党内监督条例》《中华人民共和国监察法》《纪检监察机关派驻机构工作规则》等党内法规和国家法律规定,派驻机构的监督对象与驻在单位党委(党组)监督对象是一致的,既包括党组织,也包括党员个人;既包括领导班子成员,也包括一

般干部；既包括驻在单位的全体党员，也包括所有行使公权力的人员。另一方面，党组织每个党员、不论职务高低都要接受党内外的监督，这是党章规定的责任，党组织要对所辖范围内所有党员进行监督，这是党章赋予的基本任务。口头中传统意义上管理对象按处级、科级划分，主要是指在涉及监督对象的信访举报件办理、问题线索处置、廉洁意见出具、案件审查调查过程中分类管辖权的划分，并不是全面从严治党也照此划分监督对象，监督必须是"对象上全覆盖"。三是对监督作用认识模糊。有的同志往往把提拔重用自己的人当作"贵人"，把帮助自己解决困难的人当作"恩人"，却把监督自己的人特别是纪检监察干部当作"敌人"，片面认为对党员干部从严管理，是"没事找事"、故意"挑刺找茬"，是在"整人"，存在抵触心理，不习惯、不愿意、不主动接受监督。党组织监督的目的是保证党组织充分履职，保证党员发挥先锋模范作用，保证干部忠诚干净担当，是为了惩前毖后、治病救人，最大限度地预防和遏制腐败，消除影响党的肌体健康的病灶，是为了推进事业发展和人才成长，使党员干部始终保持正确的政治方向，不偏向、不生病、不掉队。严管就是厚爱，监督就是保护，是对党负责、对干部负责、对干部的家庭负责。好干部是选出来的，更是管出来的，如果党组织平时严抓严管、及时处理，防止小问题变成大问题，党员干部就会少犯一些错误，少走一些弯路，这才是最大的爱护，监督必须是"情感上真共鸣"。

同时，驻厅纪检监察组和厅系统纪检机构在自身工作中也存在一些不足。一是把握一体推进"三不腐"协同不够。不敢腐方面发力较多，对党员干部出问题的个人思想原因、制度漏洞、监督不力等因素总结分析不够，运用不敢腐、不能腐、不想腐促进系统施治办法不多，在惩治、整改、治理相结合和监督、办案、警示相贯通方面，还需进一步做深做细做实。二是问题线索处置和案件办理能力有待

进一步提高。对信访举报件、问题线索的深挖细查不够，对党员干部违纪违规问题背后是否涉及其他新型腐败、隐性腐败问题深究细查不够，查办案件力度有待加强。三是厅系统纪检监察干部规范化、法治化、正规化建设还有待进一步加强。基层纪检监察干部队伍实战实训不够，个别厅直单位纪检监察干部还存在办案经验不足、线索处置质效较差、证据意识不强等亟待解决的问题。我们将在以后的工作中认真对待，切实加以改进。

三、今年纪检监察主要工作任务

2023 年，厅系统纪检监察工作的总要求是：坚持以习近平新时代中国特色社会主义思想为指导，全面贯彻党的二十大精神，认真落实二十届中央纪委二次全会和省第十二次党代会、省纪委十二届二次全会部署，深刻领悟"两个确立"的决定性意义，增强"四个意识"、坚定"四个自信"、做到"两个维护"，坚定不移推进全面从严治党，坚定不移健全完善全面从严治党体系，坚定不移正风肃纪反腐，为"加快建设交通强国示范区、打造新时代九省通衢"提供坚强保障。

（一）以持续学习贯彻党的二十大精神为统领，推进政治监督具体化、精准化、常态化。党的二十大对坚定不移全面从严治党，深入推进新时代党的建设新的伟大工程作出战略部署，对新时代新征程纪检监察工作提出更高要求。纪检监察机关担负"两个维护"重大使命、重大责任，必须不折不扣抓好政治监督。一要聚焦党的二十大精神和党中央、省委决策部署，推进政治监督具体化。深入学习宣传贯彻党的二十大精神，是当前和今后一个时期全党的首要政治任务，要时刻保持解决大党独有难题的清醒和坚定，推动厅系统学习宣传贯彻党的二十大精神往深里走、往实里走，推动各级领导干部继续在全面学习、全面把握、全面落实上作表率，推动党中央、省委决策部署同交通运输部门实际紧密结合，重点围绕交通强国战略部署和加快建设综合交通运输体系、打造全国重要物流枢纽的具体要求，

督促各单位各部门细化措施、狠抓落实，切实监督保障党的二十大精神落实到位。加强落实习近平总书记重要指示批示精神情况的政治监督，督促完善习近平总书记重要指示批示精神落实机制，监督保障"四好农村路"、长江大保护等方面要求落地见效。对标对表党中央机构改革部署要求，督促重点做好厅系统机构改革相关后续工作，不折不扣把机构改革任务落到实处。二要聚焦交通物流枢纽建设专项监督，推进政治监督精准化。严格执行省纪委监委《关于推动交通物流枢纽建设专项监督的工作方案》，督促制定全省交通物流枢纽建设任务清单，配套制定监督清单，建立监督台账。围绕交通物流枢纽建设相关规划调整、重点项目优质高效实施、"三大都市圈"交通物流枢纽建设协作配合、培育壮大交通物流市场主体等重点内容开展监督检查，通过"室组地企"联动监督，督促相关单位和部门及时解决交通物流枢纽建设中的难点堵点问题。集中力量优先处置涉及交通物流枢纽建设的问题线索，精准稳慎用好问责利器，严肃处理不担当、不作为、慢作为、乱作为等问题，坚决查处吃拿卡要、以权谋私、贪污侵占、失职渎职等腐败问题。三要聚焦严明政治纪律和政治规矩，推进政治监督常态化。以有力有效的日常监督推动厅系统各级党组织自觉坚持和加强党的全面领导，坚决做到"两个维护"，坚定维护党中央权威和集中统一领导，确保在政治立场、政治方向、政治原则、政治道路上同以习近平同志为核心的党中央保持高度一致。纪检监察机构要协助党委（党组）科学谋划、积极推动主题教育，促进主题教育取得实实在在的成效。加强对党章学习和贯彻执行情况的监督检查，及时发现和纠正政治偏差。在信访办理、线索处置、案件办理等各环节要坚持从政治上看、从政治上查，坚决查处"七个有之"问题，坚定维护党的团结统一。坚决贯彻落实党中央、中央纪委和省委关于净化政治生态的新部署新要求，以政治生态分析研判为重要载体，常态化抓

好政治监督。

（二）以健全全面从严治党体系为目标，压紧压实管党治党政治责任。习近平总书记在二十届中央纪委二次全会上强调，构建全面从严治党体系是一项具有全局性、开创性的工作；要坚持内容上全涵盖、对象上全覆盖、责任上全链条、制度上全贯通，进一步健全全面从严治党体系，使全面从严治党各项工作更好体现时代性、把握规律性、富于创造性。❶ 一要层层压实全面从严治党主体责任。加强对中央《党委（党组）落实全面从严治党主体责任规定》执行情况的监督检查，与厅党组定期进行会商，有效运用纪检监察建议书，推动厅党组抓好全面从严治党各项工作。牢牢抓住主体责任"牛鼻子"，促进党的建设与交通运输发展同谋划、同部署、同推进、同考核，督促党委（党组）在运用"第一种形态"上下更大功夫，综合运用谈话函询、提醒批评等方式咬耳扯袖、红脸出汗，抓早抓小、关口前移。跟进监督中央生态环保督察和省委巡视尚未销号问题的持续整改，加强对厅直单位巡察工作的业务指导。坚持有权必有责、失责必追究，既防止问责乏力，也防止问责泛化。二要健全完善全面从严治党监督体系的体制机制。健全完善全面从严治党监督体系，严格落细落实党委（党组）的全面监督职责、书记第一责任人的职责、领导班子成员的"一岗双责"、纪检监察机关的监督专责、职能部门的监管职责、基层支部的日常监督和党员群众的民主监督，促进明责、履责、督责、问责各环节环环相扣，形成各负其责、统一协调的监督合力。健全完善"组内地企"联动监督格局，在"室组""组组"联动监督的基础上，加强与厅机关纪委、厅直单位纪委、市州纪委监委，以及省交投、港口、铁投、机场集团等企业纪委的联动，推动完善信息沟通、线索移送、联动检查、联合办案、成果共享等工作机制。健

全完善各类监督贯通协调机制，促进派驻监督与交通运输行业监督、财会监督、审计监督、统计监督、群众监督、舆论监督等有机贯通、协同联动。三要增强对"一把手"和领导班子监督实效。加强中央、省委关于加强对"一把手"和领导班子监督意见执行情况的监督检查。以支部联建的形式，落实驻厅纪检监察组与厅机关各处室及厅直单位"一把手"监督谈话全覆盖。督促各级"一把手"和领导成员严负其责、严管所辖，严格落实谈心谈话制度要求，加强对分管部门和单位干部职工的经常性教育、管理、监督。督促认真贯彻执行《湖北省领导干部插手干预重大事项记录、报告和责任追究办法（试行）》。驻厅纪检监察组将对插手干预重大事项、民主集中制、"三重一大"和选人用人等重要制度执行情况，开展经常性监督检查，及时纠治突出问题。

（三）以违规吃喝问题专项整治为重点，深入落实中央八项规定精神。党的二十大报告指出，党风问题关系执政党的生死存亡。一要集中时间精力坚决整治违规吃喝问题。目前，省委正在开展违规吃喝问题专项整治，省纪委监委印发了专项整治实施方案，释放了全面从严、一严到底、越往后越严的信号，明确整治的主攻方向要放在吃喝背后存在的利益勾兑、权钱交易、请托办事、说情打招呼等违纪违规问题，重点整治领导干部之间违规相互吃请，搞"小圈子"，领导干部与私企业主违规吃喝，为其"站台背书"，领导干部在企业和单位食堂、私人会所或住宅小区等隐蔽场所违规吃喝，违反公务接待等规定，超标准、超范围吃喝饮酒等问题。二要持续加固中央八项规定精神堤坝。中央八项规定是长期有效的铁规矩、硬杠杠，必须一抓到底、一刻不松、一寸不让。坚决防止享乐主义、奢靡之风反弹回潮。中央纪委国家监委发布的2023年1号通报，公开通报交通运输部安全

与质量监督管理司借培训之名组织公款旅游典型问题，交通运输部进行了转发，驻厅纪检监察组正按照省纪委监委要求，督促开展自查自纠，希望大家深刻反思、引以为戒。要紧盯单位公款吃喝、公车私用、贪图享受、讲究排场等反复性顽固性问题，开展有针对性的明察暗访，紧盯重要节日节点，对违规收送礼品礼金等顽瘴痼疾、"隔空送礼"等隐形变异问题坚持露头就打、严肃查处。把纠治形式主义、官僚主义摆在更加突出位置。督促落实全省整治形式主义为基层减负工作年度任务，持续发力、久久为功，重点整治喊口号"空"落实、简单化"蛮"执行、敷衍塞责"懒"干事、任性用权"乱"作为，权力异化"假"政绩等问题。三要坚持纠树并举弘扬新风正气。坚持破立同进，以作风监督保护干部健康成长，加强"下察解暖"实践活动和共同缔造工作作风监督，教育引导党员干部牢记"三个务必"，弘扬艰苦奋斗、勤俭节约，实事求是、联系群众，坚持原则、敢于斗争等优良作风。坚持厚植廉洁文化，结合"最美交通运输人"推荐评选活动，推动宣扬先进人物事迹，教育引导党员干部加强政德修养。坚持激励干部担当作为，进一步关心关爱基层干部职工，树立鲜明的选人用人正确导向，加大人才引进力度，用足用活干部政策，教育引导党员干部团结奋斗、再创佳绩。

（四）以全面加强党的纪律建设为基础，巩固反腐败斗争压倒性胜利。二十届中央纪委二次全会首次将全面加强党的纪律建设作为年度纪检监察工作重点任务单独提出，充分强调了纪律建设是全面从严治党的治本之策，是坚决打赢反腐败斗争攻坚战持久战的必要前提条件，党员干部必须重视、警醒、知止，形成遵规守纪的高度自觉。一要深入开展党的纪律教育。督促厅系统各级党组织把纪律建设摆在更加突出位置，将纪律教育作为基础

---

❶《习近平在二十届中央纪委二次全会上发表重要讲话强调　一刻不停推进全面从严治党　保障党的二十大决策部署贯彻落实》，《人民日报》，2023年1月10日。

性工作来抓,党委(党组)理论学习中心组要把党章党规党纪教育作为必修课,要高度重视年轻干部纪律教育,各级党建业务培训和支部活动要注重组织学好党章、纪律处分条例、政务处分法等,采取专题培训、专家辅导、交流讨论、知识测试等多种方式深学细研,促进党员干部不断增强党章意识、纪律意识、规矩意识。坚持用身边人身边事开展警示教育,督促编印党的十八大以来全省交通运输系统领导班子成员违法犯罪警示录,严肃做好处分决定宣布和执行工作,坚持以案明纪、以案为鉴、以案促改、以案促治,促进党员干部养成在受监督和约束的环境中工作生活的习惯。二要推动完善防治腐败滋生蔓延的体制机制。加强对权力的有效制约,驻厅纪检监察组印发了《关于规范权力运行推进制度建设与执行的通知》,各单位各部门要重点围绕资金分配、项目审批、招标采购、工程建设、行政执法、选人用人等"权力"事项,切实抓好制度"立改废",扎紧扎实制度笼子。加强对党的纪律规矩执行情况的监督检查,纠正少数党员干部对党规党纪不上心、不掌握、不执行等问题,严把选人用人政治关、廉洁关,规范审慎回复党风廉政意见。深化清廉机关建设,把清廉文化建设贯穿始终,拓展"书香交通 文化同行"品牌创建活动,加强家庭家教家风建设,弘扬崇尚廉洁、抵制腐败的良好风尚。三要坚持以零容忍的态度惩治腐败。交通运输行业是权力集中、资金密集的领域,与工程建设紧密相连,是容易形成腐败滋生土壤和条件的领域,是

中央纪委、省纪委重点关注重点监督的领域,要紧盯交通基础设施建设、重大政策落实、项目审批、工程招投标、专项资金分配等关键环节,及时发现、有效查处腐败问题。不久前,省纪委监委召开了工程建设领域腐败问题集中整治工作部署会,驻厅纪检监察组将按照要求深入查找涉交通运输工程建设领域腐败问题,严肃查处交通"蜗牛"项目背后的腐败、作风、责任问题,严肃查处交通运输民生领域贪污侵占、截留挪用、虚报冒领、吃拿卡要等腐败行为,严肃查处党的十八大以来不收敛不收手、胆大妄为者,严肃查处领导干部亲属和身边工作人员利用影响力谋私贪腐问题。同时,落实好"三个区分开来",精准把握政策策略,严查诬告陷害,激励干部担当作为。

(五)以纪检监察干部队伍教育整顿为契机,打造自身正自身硬的纪检监察铁军。开展纪检监察干部队伍教育整顿由习近平总书记亲自点题、亲自安排,并以中央文件下发,要深刻认识纪检监察工作肩负的特殊历史使命和重大政治责任,清醒认识开展这次教育整顿的重要性、必要性和紧迫性。一要加强政治建设。结合在全党开展的主题教育,扎实开展厅系统纪检监察干部队伍思想政治教育,深入开展争做"四个表率"监察官实践活动,自觉以习近平新时代中国特色社会主义思想凝心铸魂,坚持用党的创新理论武装头脑、统一思想、坚定信念,自觉接受刻骨铭心的革命性锻造和深入灵魂的精神洗礼。二要加强能力建设。按照省纪委监委"法规制度

执行年"活动要求,加强纪委工作条例、监察法实施条例、监督执纪工作规则、监督执法工作规定等法规制度学习,推动厅系统纪检监察干部增强制度意识、纪法意识,增强斗争本领。用好深学习、实调研、抓落实工作方法,分组加强厅直单位日常联系,交流指导基层纪检监察业务工作。加大综合培训和实战练兵力度,积极派员参加中央纪委、省纪委专项工作,组织开展全省交通运输纪检监察业务培训,不断提升纪检监察工作规范化、法治化、正规化水平。三要加强廉政建设。永葆自我革命精神,教育引导纪检监察干部坚守政治红线、纪律高压线、廉洁底线,带头发扬斗争精神,带头严格自律,带头遵纪守法,主动接受党内和社会各方面的监督,主动检视自身存在的问题,严肃查处纪检监察干部违规吃喝、打听案情、说情干预、跑风漏气等问题,对执纪违纪、执法违法现象零容忍,坚决防治"灯下黑",打造对党绝对忠诚、敢于善于斗争、自身正自身硬的纪检监察铁军。

同志们,今年是全面贯彻党的二十大精神的开局之年,是落实省第十二次党代会任务的关键之年。我们相信,有省委、省纪委监委的坚强领导,有厅党组和厅系统各级党组织的重视支持,有全体党员干部的踔厉奋发,有全体纪检监察干部的勇毅前行,厅系统全面从严治党、党风廉政建设和反腐败工作一定会取得优异成绩,一定会为"加快建设交通强国示范区、打造新时代九省通衢"作出新贡献!

大事记

2022 年大事记

1 月

31 日　交通运输部部长李小鹏视频连线湖北省交通运输厅党组书记、厅长朱汉桥检查调度春运服务保障情况。

2 月

14 日　武汉—赣州—深圳高铁"共青团号"首发。中铁武汉局集团公司把武汉始发经赣深高铁线路开往深圳的 G87 次"复兴号"动车组命名为"共青团号",该列车途经江西革命老区。

3 月

8 日　湖北省首次开通直达老挝的铁路货运线路。武汉—万象铁路货运线路的开通,这意味着中国湖北出口至东盟的货物可根据供应链管理需要,自由选择江海联运、铁海联运和国际铁路联运三种不同运输方式,为外贸企业提供更多灵活选择。该线路与传统海运相比,运输时效可提升一倍以上。

16 日　省交通运输厅联合省公安厅交通管理局召开专题视频会,全面部署全省公路安全设施和交通秩序管理精细化提升行动。省交通运输厅党组成员、副厅长王炜,省公安厅交通管理局局长谢勇,省公路事业发展中心主任张磊出席会议,并就相关工作进行动员部署。会议采取视频方式召开,省交通运输厅,省公安厅交通管理局,各市、州、县交通运输局和高速公路经营管理单位相关负责人参加会议。

20 日　"宜荆荆恩"城市群基础设施互联互通工程暨当枝松高速公路在枝江市开工,总投资 273 亿元的 35 个重大交通项目同时启动。当阳经枝江至松滋高速公路(含百里洲长江大桥)起于当阳市黄林村沪蓉高速公路,终点与位于松滋境内的岳宜高速公路相接,全长约 75.04 公里,总投资约 165.76 亿元。全线按设计速度 120 公里 / 时高速公路标准建设,设置互通式立体交叉 9 处,建设工期 48 个月。

23 日　"荆州港—云南水富港"集装箱航线完成双向对流业务第一轮循环,荆州港打通西南航线。该航线自云南水富港沿江而下,8 天横跨四省(直辖市)抵达荆州车阳河港;同时,"海进江"的智利进口铁矿石、本地企业生产的化肥等散杂货在荆州港盐卡港区和车阳河港区"散改集"后,再溯江而上,12 天可到达水富港。

28 日　武汉至松滋高速公路仙桃至洪湖段开工建设。武汉至松滋高速公路洪湖至仙桃段由湖北交通投资集团有限公司投资建设,项目起于仙桃与武汉分界处的西流河镇柳沟村,于杨林尾镇南侧跨东荆河后进入洪湖市,全线采用双向六车道与四车道相结合的两种组合设计,设计速度 120 公里 / 时,路线全长约 48 公里,总投资 93 亿元。

31 日　湖北省第十三届人民代表大会常务委员会第三十次会议通过,任命钟芝清为湖北省交通运输厅厅长。

4 月

8 日　省委第九巡视组进驻省交通运输厅开展十一届省委巡视"回头看"。

22 日　黄冈至黄梅高铁(简称"黄黄高铁")开通运营活动在黄梅东站举行,湖北省委书记王蒙徽宣布黄黄高铁正式开通。湖北省委副书记、省长王忠林,中国国家铁路集团有限公司党组成员、副总经理王同军致辞。省委常委、省委秘书长,常务副省长董卫民主持。

26—27 日　中国民用航空中南地区管理局组织对鄂州花湖机场工程开展第一批行业验收,对鄂州花湖机场飞行区场道工程、助航灯光、站坪照明及机务用电工程、公安消防安检工程、空管工程等进行全方位检查验收后,行业验收委员会原则同意通过行业验收。鄂州花湖机场是亚洲第一个、世界第四个专业货运枢纽机场,机场建设全过程全专业采用一系列数字建造技术。面向运营采用第五代移动通信技术(5G)、智慧道面、少人机坪、智慧安防、智慧能源等 15 类新技术,入选住房和城乡建设部首批智能建造典型案例。

29 日　"湖北省重点物资运输车辆电子通行证"系统正式运行,实行"一网受理、一次申请、即接即办、全国互认",全天候审核服务,实行"一车一证一线路"。湖北省成为全国首个与交通运输部实现互联互通的省份,物流货运企业办理重点物资通行证更便捷。

△　麻城至安康高速公路(简称"麻安高速公路")麻城东段正式开通试运营,实施全国联网收费,这标志着麻安高速公路全线通车。麻安高速公路麻城东段是 G4213 麻城至安康高速公路的最后一段,东连大广高速公路,西接麻武高速公路和麻安高速公路红安段,全长 15.87 公里,采用设计速度 100 公里 / 时、双向四车道高速公路标准建设,总投资约 16.18 亿元。麻城东段通车运营,有效改善沪蓉、大广以及麻安等高速公路的衔接转换,让麻安、大广、沪蓉 3 条高速公路围成的三角形区域周围的 300 多万名居民进入武汉"一小时通勤圈"。

5 月

1 日　省综合交通安全生产专业委员会主任、省交通运输厅党组书记、厅长钟芝清到武汉火车站、武鄂高速公路龚家岭收费站、中韩(武汉)石化 80 万吨乙烯码头等地检查"五一"节日期间安全生产和疫情防控工作，慰问安全生产和疫情防控一线工作人员。钟芝清要求，狠抓疫情防控和安全生产，加强值班值守，严格落实各项安全措施，广泛开展重点部位隐患排查，坚决防止重特大事故发生，确保人民群众生命财产安全。

△ 鄂州机场高速公路（一期）和监利至江陵高速公路东延段2条高速公路通车。鄂州机场高速公路（一期）是湖北首条智慧高速公路，也是完善湖北国际物流核心枢纽集疏运体系、支撑武汉城市圈航空经济综合试验区建设、改善鄂东地区路网布局、强化武鄂黄黄城市群一体化发展的重要基础设施，项目起于鄂州市花马湖黄山北，止于泽林镇陈桥村韩伏泗北，路线全长约13公里，总投资23.6亿元。监利至江陵高速公路东延段起于洪湖市乌林镇水府村，与赤壁长江公路大桥北岸接线对接，与监利至江陵高速公路分盐枢纽互通对接，全长约62.6公里。

17日 武汉开出首趟中老国际货运列车。49596次列车从武汉滠口物流基地出发，编组30个车皮，满载1650吨硫酸铵等化肥原料，经由吴家山中心站报关后，驶向老挝琅勃拉邦火车站。这是中老铁路开通以来，武汉铁路部门开出的首趟中老国际货运列车，标志着中国湖北与东南亚之间形成新的贸易通道。中老铁路（武汉—琅勃拉邦）国际货运列车全程运行7~10天，比传统海运方式节约一半以上运输时间。

31日 省交通运输厅党组书记、厅长钟芝清到中交第二航务工程局有限公司进行实地走访，上门服务，排忧解难。他要求，抓项目、强沟通、优服务，加快推进全省交通运输投资建设。钟芝清考察中交第二航务工程局有限公司指挥中心和荣誉室，听取企业负责人关于企业历史沿革、业务范畴、人员架构、运营概况等方面专题汇报，重点对中交第二航务工程局有限公司需要省交通运输厅支持的相关事项和请求给予回复。中交第二航务工程局有限公司党委书记、董事长

由瑞凯，厅党组成员、副厅长王炜及相关负责人参加走访活动。

6月

1日 省委直属机关工委副书记张建文一行到省交通运输厅调研交通党建及清廉机关建设情况。张建文一行参观"十三五"交通运输发展成就宣传墙、职工之家、清廉机关建设宣传廊，认真听取交通党建及清廉机关建设情况报告。张建文指出，交通运输领域项目多、资金量大、风险点多，要认真贯彻落实党中央和省委部署要求，把党建引领清廉机关建设各项工作任务落到实处，探索有交通特点、行业特色的成功做法。

20日 副省长赵海山在省交通运输厅调度全省物流保通保畅工作。赵海山强调，要落细物流保通保畅措施，扩大重点保供企业范围，优化物流微循环疏通，加快助企纾困政策措施落地，高效统筹疫情防控和物流保通保畅。省交通运输厅党组书记、厅长钟芝清主持会议并通报全省物流保通保畅近期工作情况。省公安厅、省发展改革委、省经济和信息化厅、省卫生健康委、中国铁路武汉局集团有限公司、省邮政管理局、中国民用航空湖北省管理局相关负责人在主会场参会，各市（州）、县市（区）物流保通保畅工作领导小组在分会场参会。

24日 省总工会、省交通运输厅、省交通投资集团有限公司联合在孝感开展"走访货运企业·慰问货运司机·送清凉"主题慰问活动。省总工会党组书记、常务副主席陈惠霞，党组成员、副主席张方胜，省交通运输厅党组成员、副厅长汪凡非，省交通投资集团党委副书记、总经理卢军等参加活动。陈惠霞、张方胜、汪凡非、卢军等参观安陆高速公路服务区"司机之家"，详细了解建设情况、服务功能、运营模式、发展思路等，与现场货车驾驶员亲切交谈，深入了解工作生活情况，鼓励他们积极加入工会组织。20名货车驾驶员代表在活动

现场集中宣誓入会。

7月

6日 省委副书记、省长王忠林宣布随州至信阳高速公路、十堰至巫溪高速公路郧西至鲍峡段、利川至咸丰高速公路、武汉至重庆高速公路汉川至天门段4条总里程202公里、总投资约418亿元的高速公路集中开工。开工活动由副省长赵海山主持。开工活动以视频连线方式举行，随州为主会场，随州市委书记钱远坤致辞，省交通运输厅党组书记、厅长钟芝清介绍全省高速公路建设情况，省交通投资集团有限公司董事长龙传华发言。

19日 为加快推进高速公路等重点交通建设项目土地报批进度，省交通运输厅与省自然资源厅联合召开重点交通建设项目土地要素保障现场对接会。省交通运输厅党组书记、厅长钟芝清，厅党组成员、副厅长姜友生，厅领导石先平，省自然资源厅厅长张文彤、总工程师田五红参加会议。

21—28日 交通运输部安全总监李国平带队检查湖北交通运输安全工作。检查组采取明察暗访、现场检查、抽查资料、询问交流等方式，先后到武汉、黄石、宜昌、黄冈、鄂州五地基层一线开展检查。湖北省交通运输厅党组书记、厅长钟芝清，厅党组成员、副厅长王炜，厅党组成员、总工程师陶维号，厅领导石先平参加相关检查和汇报。

21日 以"书山有路'情'为径"为主题的省交通运输厅第13期"书香交通 文化同行"读书分享会在省高速公路管理局武黄支队职工书屋举行。省总工会、省直机关工委、省文明办、省全民阅读办等相关领导参加。读书分享会由湖北省交通运输行业精神文明建设指导委员会主办，省高速公路管理局承办，中国交通广播FM94.8协办并全程直播，来自全省综合交通系统的80多位书友参与分享，其他网友通过网络共享。

8月

12日 武汉东站正式开通运营。武汉东站位于湖北省武汉市东湖新技术开发区，主要承担武九高铁、武冈城际铁路、武咸城际铁路及汉宜铁路部分列车开行任务。作为武汉"1+8"城市圈综合交通枢纽站，该站在助力武汉建设东西南北"四向拓展"、人物资信"四流融合"、铁水公空"四网联运"的现代综合交通运输体系中发挥着重要作用。

9月

4日 省交通运输厅党组书记、厅长钟芝清到远安县调研指导乡村振兴定点帮扶工作。钟芝清详细听取远安县巩固拓展脱贫攻坚成果、全面推进乡村振兴的工作汇报和全县交通发展情况汇报，实地考察远安县环百里荒乡村振兴示范区重要通道花百路，表示省交通运输厅将进一步按政策加大帮扶力度，推动远安交通运输事业发展，提升交通服务乡村振兴能力。

9日 湖北省委直属机关工委常务副书记陈正祥、副书记张建文到省交通运输厅调研清廉机关联系点建设。省交通运输厅党组成员、副厅长汪凡非陪同调研和座谈。陈正祥一行认真听取省交通运输厅关于党建引领清廉机关建设情况汇报，到省高速公路路政执法总队武黄支队一线考察"党建引领清廉路政"建设情况。

21日 鄂豫首条省际公交试运营。湖北省襄阳市区至襄州区古驿镇黄渠河村公交线路试运营，并与河南省新野县至新甸铺镇的公交车实现对接，标志着湖北与河南两省首条省际公交试运营。

22日 省委平安湖北建设领导小组智能化建设组第二次工作会议在省交通运输厅召开。省委平安湖北建设领导小组智能化建设组组长、省检察院党组书记、检察长王守安出席会议并讲话，省检察院党组副书记、常务

副检察长王永金主持。与会人员观看"政法业务协同办案平台"宣传片和"湖北省高速公路路网运行监测和路政执法管理平台"展示，省交通运输厅、省法院、省检察院、省公安厅、省司法厅等单位围绕网络安全、政法业务协同等方面进行交流发言。会议审议相关工作文件。

26日 武汉至成都水铁联运班列首发。装载食用油、石英砂和氧化镁等60个集装箱的货运班列从阳逻水铁联运二期示范基地铁路货场驶出，这是武汉至成都水铁联运班列首次实现无缝对接，9月28日凌晨1时抵达成都城厢站。运输时间比全程走水运缩短8天。

29日 枝江长江大桥主墩桩基破土开钻。当枝松高速公路全长约75公里，起于当阳，贯通枝江，接抵松滋，串联起沪蓉、沪渝和岳宜3条高速公路，项目总投资约158亿元。枝江长江大桥是全线控制性工程，为主跨890米的超高性能混凝土(UHPC)钢箱梁混合梁斜拉桥，其跨径、建设规模及技术难度在同类桥梁中居于前列。

10月

15日 由湖北交通投资集团有限公司投资建设的利川至咸丰高速公路控制性工程全线开工。利川至咸丰高速公路为湖北省"九纵五横四环"高速公路网中"纵九"线的重要组成部分。项目起于利川城西天鹤池，与已建的沪渝高速公路交叉，止于咸丰县高乐山镇小模村附近，与恩黔高速公路交叉并对接宣恩至咸丰高速公路。项目全长84.5公里，概算投资194.5亿元。

24日 中国武汉港至俄罗斯符拉迪沃斯托克(海参崴)港直达航线成功首航，该航线在原有中国(武汉)至日本韩国江海直达航线基础上进行延伸、扩大，是武汉开通的第三条国际水运航线，也是长江中上游地区乃至中部地区首次开通直达俄罗斯水运航线，实现中国武汉—俄罗斯远东地区直达运输。

31日 湖北省交通运输厅、湖北省财政厅印发《湖北省农村客运补贴资金和城市交通发展奖励资金管理实施细则》，该实施细则规定，按照国家新一轮农村客运和出租汽车油价补贴调整政策，自2021年度起，原农村客运油价补贴资金调整为农村客运补贴资金，原出租汽车油价补贴资金调整为城市交通发展奖励资金。

11月

1日 荆门国际内陆港铁路货运专用线正式开通。

29日 襄阳至宜昌高速公路(简称"襄宜高速公路")宜昌段开工建设，副省长、宜昌市委书记王立出席活动并宣布开工。襄宜高速公路宜昌段由湖北交通投资集团有限公司投资建设，全长88.5公里，按照100公里/时高速公路标准建设。全线设置互通式立体交叉6处，同步建设管理分中心、养护工区、服务区、停车区各1处。项目投资估算163亿元，建设工期48个月。项目建成通车后，宜昌、襄阳两地高速公路直达通行时间将从原来的3个小时缩短至1.5个小时。

12月

8日 湖北正式启用道路运输电子证照，实现道路运输领域三类共9种证照电子化，人、车、户电子证照全覆盖，道路运输业务办理更便捷高效。

29日 襄阳绕城高速公路南段和枣潜高速公路襄阳北段建成。襄阳绕城高速公路南段起于襄阳市襄州区峪山镇蒋岗村，止于襄阳市襄城区尹集乡熊庙村，与二广高速公路相接，全长31.6公里，总投资26.63亿元。枣潜高速公路襄阳北段项目起于襄阳市枣阳市新市镇鄂豫省界，止于兴隆镇，与枣潜高速公路襄阳南段对接、和福银高速公路互通，全长47.8公里，总投资34.95亿元。枣潜高速公路襄阳北段建成通车后，全长243公里枣潜高速公路全面建成，从潜江开车到襄阳仅需2.5个小时。

概

况

【全省交通运输概况】 截至2022年底，湖北省综合交通网总里程32.4万公里，密度174.29公里/百平方公里，交通"硬联通"不断延伸、加密、成网。全省公路总里程302178公里，其中高速公路7598公里；铁路营业里程5691公里，其中高铁2080公里；内河通航里程8667公里，其中高等级航道2090公里；油气管道7500公里，其中天然气管道5750公里。全省有民用机场8个、通用机场5个。全省港口货物吞吐能力为4.11亿吨，集装箱吞吐能力为507万标箱。

1. 基础设施建设。

(1) 铁路建设。全年完成基建投资121.3亿元、投产新线373公里。黄黄高铁、郑渝高铁襄阳至万州段、武汉东站及余花联络线开通，京广高铁郑武段安全标准示范线建设高质量完成。沿江高铁武汉至宜昌段、西安至十堰高铁湖北段、荆州至荆门高铁、襄阳至荆门高铁建设有序推进。

(2) 公路建设。全省高速公路完成投资478.4亿元。十堰至淅川高速公路（湖北段）、鄂州机场高速公路一期工程等5个项目共计220公里建成。研究制定武汉新城与鄂（州）黄（冈）黄（石）"三横三纵"快速道路系统规划，形成武鄂黄黄核心区南北两个快速通道规划建设方案。普通公路完成投资674.6亿元。建成一级公路505.9公里、二级公路960.9公里，新改建农村公路16381.5公里。全省农村公路总里程26.7万公里，农村公路通达深度明显提高。

(3) 水运建设。港航建设完成投资81.7亿元（含长江航道完成投资5.1亿元）。汉江雅口、孤山、新集、碾盘山等枢纽项目加快建设，唐白河、富水、汉北河等航道项目顺利实施，宜昌港枝城铁水联运一期、黄石港棋盘洲港区三期等港口项目开工建设。黄石港阳新港区富池作业区华新水泥综合码头工程等8个项目建成。新增港口通过能力约1500万吨。

(4) 民航建设。武汉天河国际机场第三跑道配套机坪工程通过验收、第三跑道联络道工程开工建设。亚洲最大专业货运机场鄂州花湖机场开航，湖北第一个中国航空油料集团有限公司（简称"中国航油"）自建航油码头同步投用，顺丰转运中心主体工程竣工。宜昌三峡机场T2航站楼转场投运，十堰武当山机场国际航站楼建设进度加快。

(5) 物流站场建设。全省站场建设完成投资106.5亿元。兴山综合客运枢纽、神农架综合客运枢纽、安陆综合客运枢纽等8个客运站项目建成。捷利泉都现代物流综合产业园、通山县物流仓储分拨中心（一期）、随州城乡万吨农产品食品冷链物流中心等6个货运物流项目建成。

(6) 多式联运建设。省交通运输厅、省发展和改革委员会、省财政厅联合下发《湖北省多式联运示范工程奖补资金管理办法（暂行）》。加快多式联运集疏运体系建设，武汉、荆州、宜昌、黄石等主要港口重要港区11条疏港铁路进港，全省重要港口基本实现二级及以上公路覆盖，一般港口实现等级公路覆盖。武汉市被纳入国家综合货运枢纽补链强链首批城市。

2022年11月25日，中欧班列（武汉）承运新能源汽车配件首发

2022年12月7日，十堰至淅川高速公路（湖北段）通过交工验收

2. 综合交通运输服务保障。

(1) 铁路运输。全省铁路完成客运量 8433.2 万人次、旅客周转量 377.6 亿人公里，比上年分别下降 27.5%、23.0%；完成货运量 6278.9 万吨、货物周转量 1224.1 亿吨公里，比上年分别增长 7.7%、11.2%。铁水联运发送货物 860 万吨，比上年增长 11.1%；浩吉铁路运量突破 9000 万吨，比上年增长 55.4%；开行中欧班列 267 列，比上年增长 67.9%；中老铁路和西部陆海新通道班列实现突破。

(2) 公路运输。全省公路完成客运量 1.7 亿人次、旅客周转量 96.2 亿人公里，比上年分别减少 17.5%、25.2%；完成货运量 14.5 亿吨、货物周转量 2058.8 亿吨公里，比上年分别下降 10.1%、6.3%。新增新能源公交车 3467 辆。全省潜在规上道路货运企业总量由 166 家增长到 553 家。交通运输疫情防控和物流保通保畅统筹推进，有效保障产业链供应链稳定。

(3) 水路运输。全省完成客运量 204.5 万人次、旅客周转量 8048.3 万人公里，比上年分别下降 34.9%、57.1%；完成货运量 5.8 亿吨、货物周转量 4261.3 亿吨公里，比上年分别增长 22.2%、23.6%。完成港口吞吐量 5.6 亿吨，比上年增长 15.6%，其中外贸货物吞吐量 1916.7 万吨，比上年增长 7.2%。完成集装箱 312.7 万标箱，比上年增长 10.0%。完成船舶受电设施改造 772 艘。

(4) 民航运输。全省民航完成旅客吞吐量 1547.3 万人次，比上年下降 41.9%；完成货邮吞吐量 30.45 万吨，比上年下降 6.2%；起降架次 29.3 万架次，比上年下降 19.3%。其中武汉天河国际机场完成旅客吞吐量 1160.64 万人次，比上年下降 41.4%；完成货邮吞吐量 29.87 万吨，比上年下降 5.5%。

(5) 邮政快递。全省邮政行业业务总量完成 427.6 亿元，比上年增长 16.7%。快递业务量和业务收入分别完成 32.1 亿件和 267.4 亿元，比上年增长 19.2% 和 10.8%。全省有各类邮政营业网点 1707 处，建制村直接通邮率达 100%。

(6) 城市交通。城市公共交通安全便捷、绿色有序发展，全省有公交运营企业 137 家，公交车 25332 辆，其中新能源公交车 19449 辆，占比 76.78%。有城市公交线路 2329 条，运营里程 4.25 万公里。城市公共交通全年客运量 16.99 亿人次。武汉市轨道交通运营线路共 14 条 (含有轨电车 3 条)，总运营里程 504.2 公里，全年安全运送乘客 8.94 亿乘次。有出租汽车企业 278 家，巡游出租汽车 4.3 万辆，网络预约出租汽车 (简称 "网约车") 平台公司 60 家，在 14 个市州注册，办证车辆 3.5 万辆。

3. 行业管理。

(1) 交通体制改革。印发《湖北省区域发展布局交通 "硬联通" 三年行动方案 (2022—2024)》，加快打通区域内市际、县际断头路，畅通瓶颈路。

2022 年 1 月 16 日，"长江叁号" 邮轮首航

深化扩权赋能强县改革，下放省市级职权事项。开展现代服务业和先进制造业深度融合，推动铁水、公铁、陆空等多式联运发展。加大 "四好农村路"、冷链物流网等基础设施建设支持力度，"四好农村路" 示范创建省、市、县、乡镇四级全覆盖，助力乡村振兴。

(2) 交通运输立法研究。制定《湖北省交通运输法治建设 "十四五" 规划》，组织修改《湖北省高速公路管理条例》，开展高速公路服务区管理、港口管理等立法前期调研。委托开展立法后评估工作，对《湖北省道路运输条例》等实施情况进行电子问卷调查。

(3) 持续优化政务服务。深化 "放管服" 改革，向县 (市、区) 下放交通运输省、市级管理权限，梳理实施 "县直报省、省直达县" 改革事项。持续提升政务服务，在全省推动实施 "大件运输审批一件事" 等 4 个 "一事联办" 主题事项。对省级涉路施工审批等 19 个许可事项启用电子证照，全省范围启用 9 类道路运输电子证照。省级、市县级各 17 个事项入驻 "鄂汇办" 实现 "掌上办"。

(4) 规范执法权力运行。深入推进 "互联网 + 监管"，向省平台传输行政检查、行政处罚数据 90289 条。开展 "双随机、一公开" 工作，对 7 家水路运输经营者经营资质保持情况、13 种交通运输产品质量、26 家高速公路清障施救服务企业进行随机抽查。制定《湖北省交通运输领域首次轻微违法行为免罚免强制清单 (第一批)》《湖北省交通运输领域推广说理式执法工作指引》，对 47 项交通运输领域首次轻微违法行为免处罚免强制。省交通运输综合行政执法局正式挂牌成立。制定印发落实交通运输执法规范化长效机制实施方案和重点问题挂牌督办办法。

4. 服务交通强国建设。建成 576 公里汉江电子航道图，实现湖北境内汉江干流全覆盖，与长江电子航道图无缝拼接。汉江兴隆至蔡甸段 2000 吨航道整治工程工可前置专项全部完成，唐白河航道工程开工建设。全省新改扩建农村公路 16381 公里，6 个县市列入 2022 年 "四好农村路" 全国示范县创建单位。鄂州机场智慧高速公路一期全线贯通。构建新型信用监管机制，组织对全省公路水运工程领域相关企业开展信用评价。省政府出台加快全省高速公路高质量发展实施意见，明确实行分级负责的高速公路投资建设体制。鄂州花湖机场多式联运等 3 个项目纳入第四批国家多式联运示范工程。

5. 科技创新。聚焦新基建和"交通基础设施数字化"等开展科研项目研究及应用。开发行业首个软件即服务 (SaaS) 云服务平台——"全国公路水运试验检测信息化平台"，实现数据标准化动态管理，成果应用覆盖全省高速公路建设项目，并入选交通运输行业"四新"成果。研发"传感器-物联网中台-数据分析应用平台"，解决桥梁群数据治理难题，提升桥梁健康监测效率，并在 18 座长大桥梁进行建设应用。

6. 安全与应急。

(1) 安全生产管理。2022 年，全省公路水路行业安全生产事故起数、死亡人数比上年分别下降 44.7%、47.1%，未发生重大及以上等级事故。印发安全生产举报、道路运输领域安全监管责任清单等制度，推动实施危险货物道路运输安全协同监管、乡镇渡口渡船安全管理等 18 项制度体系创新成果。制定年度安全生产监督检查计划和安全稳定包保工作方案，强化重点时段驻点指导和包保督导检查。

(2) 深化风险防控。推进安全风险分类分级及动态调整，建立重大风险"一张图""一张表"。加强危险货物运输安全风险集中治理，落实大型油品储罐安全风险管控措施。制定实施《湖北省 800 公里以上省级道路客运班线安全风险评估细则》。完成《湖北省城乡公交一体化运营安全生产风险调研报告》。

(3) 严格监管执法。深入开展安全生产强化年和大检查，建立企业自查、市州排查、第三方专家检查、省级抽查机制。实施船舶现场监督检查 1.5 万艘次，清理"三无"采砂船 296 艘。定期通报"两客一危"车辆动态监控违规信息。查处超限超载车辆 3

万余辆，整治"百吨王"货车违法行为 805 起。

(4) 创建平安交通。开展平安交通创建活动，评选 2021—2022 年度 6 类示范单位 46 家。开展"4·15"国家安全教育日学习宣讲，三峡公路安保综合演练活动成功举办。省交通运输厅 2 个集体获评"全省党的二十大维稳安保工作先进集体"称号。

(5) 夯实基础保障。全省自然灾害综合风险公路水路承灾体普查阶段工作圆满完成。实施公路危桥改造项目 2168 座，完成 26 座公路长大桥结构健康监测、284 座独柱墩桥梁加固改造、2455 公里公路交通安全设施精细化提升工程。推进船舶碰撞桥梁等隐患治理，全年组织船员培训 45 期 1475 人，船员考试 29 期 1667 人。

(6) 公路水路应急管理。修订《湖北省交通运输厅突发事件综合应急预案》。组织开展公路应急装备物资储备调研，强化防范应对处置。潜江 50 吨级船舶溢油应急设备库建成使用。制定实施《全省交通运输系统应急值班规范年活动方案》，实施重点时段、重大活动期间安全生产事故日报告、零报告制度。全年接收、处理气象预警信息 180 余条，启动全省气象灾害应急响应 10 次。

【全省普通公路概况】 2022 年，全省普通公路完成投资 674.6 亿元。建成一级公路 505.9 公里、二级公路 960.9 公里。完成新改建农村公路

16381.5 公里，建设进度位列全国第一方阵。新增"四好农村路"省级示范县 8 个、示范乡镇 38 个。至 2022 年底，全省农村公路总里程达到 26.68 万公里，等级公路占比达到 98.8%，农村公路通达深度和等级结构明显提高。

行业管理。制定印发《湖北省普通公路发展"十四五"规划》，明确普通公路"十四五"发展思路、目标任务及工作措施。下发《关于进一步加强农村公路扩投资稳就业更好服务乡村振兴工作措施的通知》和《关于进一步加快推进农村公路畅通工程更好服务乡村建设的工作通知》，推进加快实施"四好农村路"建设，助力扩投资、稳就业，更好服务乡村振兴。将农村公路建设相关内容纳入省乡村振兴战略实绩考评、省委重点实事、美好环境与幸福生活共同缔造"以奖代补"试点等省级重大行动考评范围，进一步压实责任，完善考评体系，有力推动农村公路建设加快发展。按照《湖北省深化农村公路管理养护体制改革实施方案》《湖北省深化农村公路管理养护体制改革试点实施方案》，积极开展省本级试点，指导、督促钟祥、红安、潜江、南漳、丹江口、宜都 6 个试点县开展管理养护体制改革工作，取得阶段性成效。联合省财政厅、省农业农村厅、省乡村振兴局印发《关于深化"四好农村路"示范创建工作的实施意见》，推动示范创建从区域示范引领向全域达标转变。

公路管养。出台《湖北省普通公

2022 年 12 月 30 日，247 省道潜江汉江大桥建成通车

2022 年 12 月，兴山县峡口香溪河大桥完工

路养护提质三年攻坚行动方案》，细化了工作措施和责任分工，推动普通公路发展努力实现"三个转变"。出台《湖北省普通国省道日常养护管理办法》《湖北省普通国省道日常养护管理评价实施细则》《湖北省普通公路灾毁应急抢通补助资金管理暂行办法》等制度、办法，进一步加强养护工作考评，提升养护资金绩效。进一步完善以路况基础数据为依据的养护科学决策系统，加强路况检测及数据分析应用。全年完成普通公路路况检测评定 7.04 万公里（其中国省道 2.74 万公里、农村公路抽检 4.3 万公里），实现国省干线全覆盖、县市区农村公路检测比例达到 40%。

公路安全保畅。联合省公安厅印发《湖北省公路安全设施和交通秩序管理精细化提升行动实施方案》，负责组织公路安全设施水平提升，重点对穿城镇路段、平面交叉路口、临水临崖及急弯陡坡路段实施精细化提升工程，完善农村公路安防工程。完成公路安全精细化提升工程 2105 公里、农村公路安防工程 3900 公里，加装平交路口减速带 6057 道。印发《进一步加强普通公路独柱墩桥梁运行安全管理的通知》，组织全面排查、验算评估，并完成 8 座需要改造的独柱墩桥梁加固改造任务，消除独柱墩桥梁运行安全隐患。印发《2022 年全省公路治超工作要点》，召开全省公路治超工作专题视频会，组织百日治超专项行动、

"百吨王"专项整治行动，积极开展治超调研、明察暗访、考核评价等工作。全年累计检测货车 344.71 万辆，查处超限货车 2.91 万辆，卸转货物 60.14 万吨，整治"百吨王"货车违法行为 757 起，向外省份抄告查处超限运输车辆信息 2162 条。

优化营商环境。下发《关于优化调整普通公路（国省道）涉路施工许可程序的通知》，进一步规范审批程序、优化审批流程。累计办理普通公路涉路施工、大件运输行政审批 47463 件，其中涉路施工审批 297 件、大件运输审批 47166 件。办理国道养护项目设计审批、涉国省干线交叉审批 119 项。

（黄河）

【全省高速公路概况】 2022 年，全省高速公路完成投资 478.4 亿元，高速公路通车总里程 7598 公里。十堰至淅川高速公路（湖北段）、鄂州机场高速公路一期工程、襄阳绕城高速公路南段、枣阳至潜江高速公路襄阳北段、武汉至大悟高速公路武汉至河口段等 5 个项目共计 220 公里建成。当枝松高速公路（含枝江百里洲长江大桥）、随州至信阳高速公路湖北段等 10 个项目开工建设。

前期工作。聚焦国家高速公路前期工作，按照"年内启动、三年建成"目标，推进福银等交通硬联通项目。抢抓西十高铁建设窗口期，加快推进福银高速公路下穿西十高铁控制性工程提前开工。容缺开展黄黄、汉宜等项目勘察设计招标，邀请代部审查咨询单位提前介入，有效缩短前期周期。福银、房五高速公路完成工程可行性研究和初步设计编制，沪渝高速公路黄黄段完成工可编制，汉宜段基本完成工可方案。

费收管理。截至 2022 年底，全省高速公路联网收费里程 7234.76 公里，共有 99 个路段单位 423 个收费站 2940 条车道（入口 1229 条、出口 1711 条），其中新增联网路段 3 条，计 7 个收费站 91.478 公里。全省高速公路通行收费车流量 2.92 亿辆。1—12 月，12 项惠民政策累计减免公路通行费 63.32 亿元。推进电子不停车收费

2022 年 12 月 1 日，襄阳绕城高速公路南段通过交工验收。图为襄阳绕城南段江汉特大桥

湖北高速公路路政执法优化管理，全面提升执法信息化服务水平

(ETC) 服务专项提升，优化 ETC 发行系统，完成发行新监管平台对接及发行流程改造。全年发行"通衢卡"用户 24.09 万户。优化完善"湖北 e 出行"微信公众号服务功能，关注数突破 128 万人 (ETC 用户绑定 87 万人)。

公路管养。全省高速公路完成养护投资 7.15 亿元。组织开展公路网技术状况监测。组织第三方检测单位完成高速公路路面技术状况评定 7138 公里，高速公路桥梁定期检测 278 座 /157625.41 延米，高速公路隧道定期检测 18 座 /35471.1 延米。同时利用各类检测评定成果，开展数据统计分析工作和养护项目库更新，为公路养护科学决策提供数据支撑。高速公路路面技术状况指数 (PQI) 为 94.37。加强上跨高速公路桥梁管养工作。建立高速公路上跨桥梁台账 1589 座。加强病害处治，保障高速公路和上跨桥梁通行安全。开展桥梁结构健康监测工作，荆岳长江大桥健康监测系统升级改造项目通过交工验收。

路政执法。省级交通运输综合行政执法局正式挂牌成立。省高速公路路政综合执法业务平台投入使用。全年查处违法超限车辆 2459 辆，卸载236 辆，卸载货物 1835.19 吨，补办许可 57 辆，实施行政处罚 137 起，货车违法超限率始终保持在 0.01% 以

内。查处路产赔偿案件 4516 起，送达路产修复通知书 4516 份，验收 4516处；实施行政处罚 143 起。无错案和执法过错，无行政复议，无行政诉讼败诉案件。打造安全畅通高速公路通行环境，查处侵害路产路权违法行为227 起、非法穿 (跨) 越涉路施工 36处、非公路标志标牌 58 处，清理非法建 (构) 筑物 11725 平方米、桥涵堆积物 52993 立方米，高速公路路域环境治理效果明显。

创新服务。实地调研拥堵严重的收费站、路段，一站一策提出精准治堵方案，府河收费站等 3 站 5 点拥堵得到有效解决。严格执行政策性优惠、差异化收费，保障各类惠民政策

落实到位。开展服务区服务质量提升专项行动，高速公路投入 1.39 亿元专项资金对服务设施进行更新改造，投入 8.78 亿元对 13 对服务区进行改扩升级，100 对服务区基本实现数字化管理，有条件的服务区实现充电设施、无障碍设施全覆盖。优化公共产品服务，新增货物代保服务，"'司机之家'助推高速公路服务质量发展案例"被评为年度荆楚问政网上群众工作典型案例。安陆服务区获评"全国高速公路旅游特色服务区"。

(余威　王丽)

【全省道路运输和交通物流发展概况】 2022 年，全省站场建设完成投资 106.52 亿元，比上年增长 26%。其中，客运站场建设完成投资 23.89 亿元、货运物流设施建设完成投资 82.63亿元。兴山综合客运枢纽、神农架综合客运枢纽、安陆综合客运枢纽、仙桃综合客运枢纽、林区松柏客运站、十堰客运西站、汉川城南客运站、英山县温泉客运中心 8 个客运站项目建成，综合客运枢纽建设更加注重各种运输方式一体化衔接。捷利泉都现代物流综合产业园、通山县物流仓储分拨中心 (一期)、随州城乡万吨农产品食品冷链物流中心、荆襄物流配送中心、鄂渝陕 (竹溪) 农产品冷链物流配送中心、五峰渔洋关物流园 (中国供销五峰物流产业园) 6 个货运物流项目建成。加快推动多式联运集疏运基础设施项目建设，培育多式联运示范工程。

2022 年 6 月 20 日，兴山综合客运枢纽投入运营

有序推进农村客运站亭达标行动，全省新建、改扩建乡镇综合运输服务站136个，相比站亭达标三年行动计划目标任务，超额完成16个，提前1年完成建设目标；新建、改扩建农村候车亭5193个，为计划目标任务的64.9%。

1.结构调整保民生。

全域公交县创建向纵深推进。起草《湖北省全域公交县创建管理办法》。赤壁市通过全域公交县创建验收，成为全省首个"全域公交县"，实现行政村100%通公交、公交车100%为新能源电动汽车。全域公交县创建由点向面延伸，潜江、团风等8个县市被确定为全省第二批全域公交创建县。开展"村村通客车"考核，进一步规范农村客运服务供给。全省乡镇和建制村继续保持通客车全覆盖，其中通公交建制村6367个，占比28%；客运班线完成公交化改造建制村4084个，占比18%。全省累计开通便民惠民专线1000余条。

客运发展转型加快。全省多地推动城际公交发展，鄂豫首条城际公交试运行。定制客运发展迅速，"省客驾到"平台微信小程序预约接送机服务实现从机场直达家。全省上线定制客运线路45条，累计订单达278万单。旅客联程运输发展加速，拓展机场快线、联程运输、高铁和景区直通车等服务。全力推进电子客票推广普及工作，实现二级以上汽车客运站和定制客运线路道路客运电子客票服务全覆盖（含联网售票三级客运站）。完成104家客运站电子客票数据上传。

网络货运快速增长。全年新增48户网络货运企业通过线上服务能力材料初审。全省网络货运企业100户，其中80户为正式用户（即激活账号），67户开展相关经营业务，整合社会零散运力155万辆、驾驶员153万人，完成运单468万单、货运量2.7亿吨、货物周转量563亿吨公里，运费总额为201亿元。黄冈、武汉、孝感3个市州网络货运企业数量位居全省前三，占比分别为43%、15%、14%。

农村物流更加完善。坚持资源共享、客货兼顾、运邮结合、融合发展

原则，推进赤壁、竹山、罗田、宜都、秭归、老河口、宜城、石首8个县市列入省交通运输厅客货邮融合发展创建县。交通运输部公布第三批农村物流服务品牌，老河口市、长阳县成功入围。湖北入选交通运输部农村物流服务品牌达到4个。

代物流降本增效。武汉市成功入选国家综合货运枢纽补链强链首批城市。推进城市绿色配送发展，指导黄石、咸宁做好第二批全国城市绿色货运配送示范工程创建工作。组织开展3轮全省规模道路货运企业生产经营情况督导，全省潜在规上道路货运企业总量由166家增长到553家。

2.疫情防控保畅通。督促客货运输企业和运输站场严格执行国家、省疫情防控指挥部关于道路运输行业一系列规定和操作指南，严防疫情通过道路客运途径传播。

做好常态化疫情防控。按部省要求，核查本省进入新疆、北京等地省际班线和包车情况，统计报送班车包车车辆数、载客人数等情况，暂停进入新疆、北京等地的省际包车备案。督促湖北省联网售票系统持续做好公路实名制客票数据向交通运输部汇聚上传工作，有力支撑道路客运同乘密接人员筛查工作。

做好货物流保通保畅工作。全省采用重点物资运输车辆通行证制度，保障疫情防控物资、鲜活农产品、重点生产生活物资等重点物资运输车辆高效通行。4月29日0时启用"湖北省重点物资运输车辆电子通行证"网上办事系统，实行24小时全天候服务，实现"一网受理、一次申请、即接即办"，湖北成为全国第一个与交通运输部实现互联互通的对接省份。截至12月9日，全省累计审核发放重点物资运输车辆电子通行证11567张，运输重点物资25.4万吨，全力保障产业链供应链稳定。

3.强化监管保安全。2022年，全省收到上报道路运输车辆行车事故26起、死亡37人，比上年事故起数和死亡人数下降40%、45%，没有发生重大及以上道路运输安全生产事故，道

路运输行业安全形势持续稳定可控。

开展安全生产强化年行动。持续开展平安建设创建活动，推动全省二级以上汽车客运站平安创建。开展巩固提升三年专项整治行动，落实落细每月"一情况两清单"报送。动态更新重大风险"一张表""五个清单"，梳理摸排重大风险隐患。持续落实闭环处理工作机制，"两客一危"车辆驾驶员接受批评教育33850人次，经济处罚6656人次，停班学习1313人次，辞退开除51人次，联合惩戒1人。对"两客一危"企业通报488起，约谈224起，整改1393起，处罚41起。

开展危险货物道路运输协同监管试点工作。湖北被公安部、交通运输部列入危险货物道路运输交通安全协同监管试点地区，跨部门推进危险货物道路运输交通安全协同监管试点工作，创新和加强协同监管制度化、规范化和智能化水平，基本建立交通、公安部门信息双向共享机制和"黑白名单"激励约束机制。全省危货电子运单企业继续保持全覆盖，共完成电子运单近67万单。"两类人员"安全考核通过率80%。稳步推进常压液体危险货物运输罐车联合治理工作。

加强重点营运车辆安全监管。开展客货运输企业和汽车客运站质量信誉考核。建立800公里以上省际长途道路客运班线风险评估制度，切实强化长距离客运班线安全风险源头管控，宜昌、天门、黄石、鄂州、神农架林区5个市州无800公里以上客运班线车辆。坚持每月省级抽查150辆"两客一危"车辆运行情况，通报报警次数排前十的车辆和企业，督促7个市州完成129辆运输车辆违规信息核查整改。做好重型载货汽车运行监测，在重点营运车辆联网联控系统运行情况考核中，湖北省营运车辆入网率、上线率、数据合格率居全国第一方阵。

重要时段道路运输安全有序。开展隐患排查治理工作，全面落实重要时段安全包保责任，做好春运等重要时段道路运输保障和信息报送工作，严格落实值班值守有关要求。全省道路运输春运期间发送旅客1364万

人次、"五一"期间发送旅客168万人次、"十一"期间发送旅客168万人次，比上年分别下降19%、50%、33%。全面开展安全生产大检查28次，检查企业146家，发现问题隐患157起。做好防汛抗旱道路运输保障工作，督促相关市州落实省直接调用应急运力1000辆。

4.优化环境保发展。印发《2022年持续深化一流营商环境建设工作重点任务清单》，提出持续深化商事领域改革、提升政务水平、规范市场监管、提升对外开放服务水平等16项具体任务。对湖北省四级协同系统中9项道路运输证照分离改革事项进行要素修改，5项道路运输高频事项实现"跨省通办"。

推进运输信息化建设。推进道路运输电子证照系统和危险货运监测系统建设，做好四级协同系统运行保障，优化功能21项，进一步做实行业发展、安全监管、民生实事、领导决策功能。上线"普货车辆年审"及"从业人员诚信考核"事项无人干预审批，研发、上线"鄂汇办"App高频事项办理功能17个，助力"一网通办""一窗通办""一事联办"。截至2022年底，四级协同系统中有经营业户14.53万户，营运车辆42.9万辆，持证从业人员122.44万人；建立维修档案392万份，出具合格证258万份；发放省际市际包车牌117.26万块。道路运输电子证照系统正式上线运行，发放电子证照12237张。

落实资金支持政策。协助9个市州对1053辆新能源公交车按每辆1万元标准办理财政补贴。协助完成2020年度全省农村客运车辆、出租汽车补助资金分配工作。全省继续实行农村客运发展每年1亿元省级专项资金政策，由各地统筹用于农村客运发展。落实"十四五"农村客运、出租汽车油补调整政策，起草上报《湖北省农村道路客运补贴资金管理办法》《城市交通发展奖励资金管理办法》。

落实"放管服"措施。持续推进省驾培监管平台与公安考试系统对接工作，武汉、孝感市完成对接。完成

2021年度机动车驾驶培训机构质量信誉考核工作。做好2021年度AAA级以上出租汽车企业服务质量信誉考核公示、上报工作。全省308家检验检测机构实现"三检合一"，检测运输车辆27.74万辆次，其中出具省内异地检测报告4.41万份，跨省异地检测报告2.53万份。加强道路运输驾驶员网络远程继续教育管理，全省备案系统31户，有12户完成与四级协同系统对接。

建设运输绿色环境。推广应用湖北省汽车维修电子健康档案系统。全省5153户维修企业，其中4075户一、二类维修企业、1078户三类维修企业安装该系统，维修数据上传216万余条；1710户维修企业出具50.53万余张汽车维修竣工出厂合格证，上传尾气治理数据9万余条。汽车维修电子健康档案系统中标注的汽车排放性能维护（维修）站733家，注销4.5吨以上营运货车道路运输证8769本。

（罗丽萍）

【全省水路交通概况】 2022年，全省港航投资完成81.7亿元（含长江航道建设投资）。新开江海联运航线7条。一批交通强国水运示范项目全面完成，初步形成一批可复制可推广经验。新增港口吞吐能力1500万吨。全省港口货物吞吐能力达到4.59亿吨，其中集装箱吞吐能力555万标箱。全省水路交通连续12年未发生较大以上事故。

港航建设。富水航道整治、浠水兰溪港区绿色建材循环产业园码头工程、枝城铁水联运码头一期工程等8

个项目开工建设。武汉阳逻铁水联运二期、荆州江陵铁水联运煤炭储备基地一期、宜昌港宜都港区洋溪临港物流园综合码头项目等港口项目加快建设。黄石棋盘洲三期、唐白河、富水、汉北河等航道项目顺利实施。黄石港阳新港区富池作业区华新水泥综合码头、宜昌港宜都港区洋溪临港物流园综合码头、秭归茅坪作业区二期工程、三斗坪旅游客运码头改扩建工程、枝江姚家港水上洗舱站、鄂州航油码头6个项目通过竣工验收。宜昌港中石化、中石油、中长燃油库码头、秭归归州液化石油气（LNG）码头、荆州港洪湖港区新堤作业区散货码头改建工程、黄石港阳新港区富江公用码头6个项目通过交工验收。孤山、新集、雅山、碾盘山等四级枢纽项目加快建设，碾盘山、雅山1000吨级船闸建成。

示范项目建设。完成《交通运输部关于湖北省开展现代内河航运建设等交通强国建设试点工作的意见》阶段目标，确保高效航道、绿色航道2个试点项目加快推进；以阳逻港为核心的智慧港口、安全绿色的现代危化品洗舱站、水上绿色航运综合服务区、港口岸电示范建设和使用、打造内河邮轮港口示范工程5个试点项目基本建成；特定航线集装箱船、纯电动游轮2个试点项目全面建成。

优化营商环境。组织各地开展全省港口经营资质核查和港口企业收费情况现场调研、核查，全省有港口企业292家，备案企业87家（其中港口理货企业5家，港口服务类企业82家）。依法履行好港口总体规划管理

"汉亚直航"向俄罗斯拓展，形成东达日韩、北至俄罗斯东方港的直达航线

职能，推进港口资源整合向功能整合、市场和要素整合提升。全省港口集装箱初步实现统一运营。加强水路运输市场监管，组织全省16个市州开展国内水路运输及其辅助业和国际船舶运输业核查工作。建立完善重点港航企业运行情况月调度、月分析工作机制。对省内货主企业，如潜江永安药业、湖北天基生物等所提水运物流方面问题进行专题研究，帮助企业纾困解难。联合省文旅委积极开展国内水路旅游客运精品航线试点，3条旅游客运航线纳入部级试点项目。做好粮食、煤炭、天然气等重要物资和应急物资运输保障。组织各地指导检查省际客船疫情防控情况，督促企业按要求整改。

绿色水运保障。落实第二轮中央环保督察反馈问题整改，进一步核实舶装码头现状，配合相关部门共同完成中央生态环境巡视涉及船厂事项整改。深化船舶港口污染防治长效治理，全省220艘产生生活污水的100总吨以下船舶、船舶生活污水收集处置装置改造任务全部完成；273个低压岸电接插件升级改造完成。完成船舶受电设施改造772艘。建立船舶污染物接收转运处置有效衔接运转常态化机制，船舶生活垃圾、生活污水转运率含油污水转运率处置率均超过90%。"船E行"系统覆盖辖区内所有港口和靠港船舶，靠港内河营运船舶"船E行"注册率100%。完成船舶污染物接收能力与到港船舶水污染物产生量评估工作。潜江50吨船舶溢油应急处置能力设备库建成，推进武汉、宜昌化学品洗舱站和武汉、十堰50吨船舶溢油应急处置能力设备库规范营运。

绿色低碳船舶。全球首艘最大电池容量纯电动船"长江三峡1"，国内首艘绿色智能三峡船型散货船"理航渝建1"，武汉新能源商旅游船"利记01""利记02"，梁子湖首艘新能源客船"梁子岛客01"，荆门漳河水库新能源旅游客船"亿纬号""格林美号"投入运营。首艘120标箱新能源集装箱船研发建造正式启动。推动黄石仙岛湖新建纯电动游船。

安全生产监管。印发《水运交通安全重点检查项目清单》《渡口渡船等五项安全监督检查工作制度》，进一步明确省、市、县三级监督检查责任、方式、内容以及检查通报和隐患整改等事宜。联合省水利厅、省公安厅、省农业农村厅、长江航务管理局、长航公安局等部门下发《湖北省河道采砂管理联合执法工作制度》，严厉打击清理"三无"采砂船舶。开展港口危货"专家会诊"、船检质量抽查、水路承灾体普查、航运枢纽大坝除险加固、船舶碰撞桥梁隐患治理和船舶载运危险货物安全风险集中治理等专项行动。加强大风、浓雾、泥石流等恶劣天气和地质灾害预警防范。清理"三无"采砂船296艘，并强制上岸拆解；实施船舶现场监督检查1.5万艘次、整改问题近800个。不满足防撞要求桥梁45座，完成13座、开工19座、完成设计审批6座。制定《"美丽乡村渡口"共同缔造实施方案》，全面提升全省渡口安全和防污染保障水平。推进全省水上交通安全监管和应急基地建设，修订省级水上搜救应急预案。组织全省县(市、区)长、船舶安全检查员等重点人员培训；开展渡工适任培训考试、渡工年度安全培训考核和漂工培训。组织船员培训45期1475人，船员考试29期1667人。

(李碧)

【全省铁路运输概况】 中国铁路武汉局集团有限公司地处全国铁路网中部和地理位置中心，承担湖北省全境、河南省南部以及安徽省、湖南省和江西省部分地区铁路运输任务，是全国铁路的重要枢纽和中部地区、长江城市集群综合交通体系的重要组成部分。集团公司管内管辖线路114条，包含京广高铁、武西高铁、郑渝高铁、沪蓉高铁(合武、汉宜段)、武九客专、武咸城际、武冈城际、武孝城际、仙桃城际9条高铁，沪蓉(宜万段)线、京广线、京九线、焦柳线、武九线、汉丹线、襄渝线、宁西线、孟宝线、漯阜线、浩吉线11条普速干线。线路营业里程6929.51公里，线路总延展长15698.5公里，其中正线延展长12365.3公里。配属机车1056台，其中内燃机车231台，电力机车836台；配属客车2177辆，配属动车组175列233标准组。分界口列车总对数为1467对，其中旅客列车754对、货物列车713对。

安全生产。2022年，中国铁路武汉局集团有限公司聚焦"防风险、保安全、迎党的二十大"，落实安全生产十五条措施，持续加强安全治理体系和治理能力现代化建设，推动安全生产周期不断延长。搭建以1部文件、10个子体系、47个模块为支撑的安全体系架构。严格"清单化管理"，做实

2022年8月1日，湖北麻城至河南淮滨的8332次公益"慢火车"正式升级为空调列车

做细专项整治工程项目和风险项点，在中国国家铁路集团有限公司规定的24项整治工程基础上，明确44项自行整治工程项目，形成10类68项安全专项整治工程项目库，逐一定人、定责、定期限。推进铁路沿线外部环境整治，加强消防安全管理，严格排查危险货物运输问题隐患，深化运输安全整治。排查各类隐患62147处，整治59175处，整治率95.2%。完成668座公跨铁桥梁移交，8处纳入平改立道口改造，1616处公铁并行地段护栏，移交1513处，整治率达94%。开展安全生产大检查和安全专项整治行动，制定"黑天鹅""灰犀牛"问题28项风险项目管控清单，排查处置管理、作业、设备风险隐患。持续深化标准化科室、车间、班组、岗位和党支部创建，压减站段周期性考核事项350余项，精简优化车间班组台账600项。实施铁路安全环境集中整治、安全生产专项整治三年行动，承接线路巡防业务、建立110路地联动机制、推动安全管理立法，把平安铁路建设推向深入。常态开展"零点行动"夜查、干部包保检查，严肃事故故障信息处置、分析、追责，有效将各层级主要精力聚焦在安全关键控制上。全年消灭了一般C类及以上责任行车事故、行车事故、设备故障和路外

相撞事故比上年分别下降53.5%、25%和28.6%。

客货运输。落实疫情防控"二十条"措施，因时因势优化防控举措，加强站车防疫、内部防疫和应急处置。统筹疫情防控和运输服务保障，深化落实运输提质30条措施，制定实施提质创效工程方案，积极应对超预期冲击影响。坚持敞口交接，以计划为龙头，加强车流运输组织、乘务交路优化、调机达标达速、牵引定吨匹配、技术站为中间站服务，分界口日均交接货车列数、日均卸车、周时等主要效率指标达到历史最高水平。坚持做精客运，客运产品供给、服务保障持续优化，高铁运营综合体系、城际铁路运营标准体系建设探索启动，空铁联运、管内旅游、复兴号标杆车等品牌投入市场，提升客运品质和能级。开展"复兴号"品牌制度建设，制定印发《武汉局集团公司深化实施"复兴号"品牌战略工作方案》《武汉局集团公司"复兴号"动车组客运站车作业标准》。落实"做精客运"工作要求，制定《武汉局集团公司关于进一步优化提升公益性"慢火车"质量服务全面推进乡村振兴的通知》《武汉局集团公司公益性"慢火车"管理办法（试行）》，进一步强化公益性"慢火车"开行管理，提升客运基础管理

水平和站车服务品质。全年发送旅客8601.4万人次，客票收入率比上年增加15元/人。坚持做大货运，稳住"一矿、六港、四区域"货源，实施以货补客策略，深化货运改革，呈现协议运量增长、国际联运业务增长以及运单物权化使用、运费贷产品开发新局面。全年发送货物9210.2万吨，比上年增长5.4%，创近十年新高。主动服务长江经济带发展、中部地区加快崛起、"一带一路"建设等，铁水联运发送860万吨，比上年增长11.1%，接卸电煤5449万吨，比上年增长24.1%，浩吉铁路运量突破9000万吨，比上年增长55.4%，开行中欧班列267列，比上年增长67.9%，中老铁路和西部陆海新通道班列实现突破。

经营管理。实施经营管理提质创效工程方案，深化落实六项机制，企业经营质量和效益不断提升。推进模拟利润中心体系建设，研发两级核算系统，开展收支利确认、归集和计算，实现经营结果显性化。实施内部模拟利润核算，实现所有货场、主要客站模拟全成本核算。加强全面预算管理，优化调整年度经营目标，强化考核激励，完成盈亏努力目标。实施节支创效措施，抓实业务外包管理、修程修制优化、资金运用，动态控制支出，积极争取政府补贴，节支创效15.8亿元。加强物资管理，盘活闲置物资2134万元、压减库存物资4646万元、处置报废物资2.4亿元；整合采购项目、压缩采购周期，规模化采购节约1.7亿元。发布中国铁路武汉局集团有限公司权责清单、基层单位和控股合资公司负面清单，实行规章制度合法性合规性审查，不断健全涵盖党内规范性文件、企业经营管理制度、技术规章的制度库，推动制度图谱更加完善。发挥各级监督职能优势，开展经营审计、法律维权、债权清理、"小金库"治理等工作，避免或挽回损失1.4亿元，特别是取得平顶山东站民间借贷担保案胜诉，依法维护企业权益。坚持做优非运输业，商贸物流、工程施工、工业制造板块创效保持增长，客站商铺租赁、自营超市经营、客站保洁自营、

2022年2月14日，武汉经赣州直达深圳的"共青团号"高铁首发

经营房屋招商、工程服务及业务承揽均取得较好收益，全年非运输业务实现利润13.5亿元，比上年增长10.8%。

企业改革。深化"六个变革"探索实践，推动企业治理体系和治理能力现代化，"八大工程"实施方案、"十四五"发展规划及其子规划全部出台。落实国家铁路企业改革三年行动任务，52家集体企业整合为1家统一管理，职工基本医保正式移交湖北省直管理，离退休人员社会化管理形成常态机制，国有企业办社会职能剥离任务按期完成。深化三项制度改革，精简规范机构编制，制定实施工人调转、劳动力调剂办法，规范定员定额管理，稳妥做好通用工种优化、非在岗职工规范管理，持续优化劳动用工，每营业公里运输业从业人数减少1.1人；适应铁路事业发展需要，调整任免领导人员292人，从操作技能人员中选拔管理和专业技术人员465人，为非运输企业市场化选聘干部124人，推动干部队伍结构持续优化；制定落实工效挂钩考核办法，所有单位新增效益工资全挂全考，一线艰苦重点岗位考核激励标准有所提高。建立涵盖党内规范性文件204个、企业经营管理制度616个、技术规章353个的制度图谱。三级"制度树"模型初步成型，梳理中国国家铁路集团有限公司、中国铁路武汉局集团有限公司、基层单位三级企业经营管理制度1.5万余个。有序推进企业经营管理制度"立改废"，实行合法合规审查全覆盖。全年新建、修订企业经营管理制度72个，备案50个。制定《武汉局集团公司权责清单目录》《武汉局基层单位负面清单目录》《武汉局集团公司控股合资公司负面清单目录》，发布中国铁路武汉局集团有限公司权责清单151项，基层单位负面清单56项、合资公司负面清单34项，推动管理制度和权责事项融合运行，促进规范管理、阳光行权。2022年，中国铁路武汉局集团有限公司获全国优秀质量控制(QC)小组1个，1个QC小组获全国铁道行业优胜质量小组，21个QC小组获全国铁道行业优秀质量小组。全年共向

全面检修后的北煤南运货运大通道——浩吉铁路更加安全顺畅

中国铁道企业管理协会推荐现代化创新成果6个，其中一等奖3个、二等奖1个、三等奖2个，获全国铁道行业企业文化建设成果一等奖1个、二等奖1个。

铁路建设。科学有序推进铁路建设，完善基础设施，提升企业发展能级。落实路网现代化工程实施方案，编制中国铁路武汉局集团有限公司"十四五"路网发展规划、枢纽建设规划，统筹管内铁路规划建设，为企业高质量发展奠定良好基础。黄黄高铁、郑渝高铁襄万段、武汉东站及余花联络线开通，京广高铁郑武段安全标准示范线建设高质量完成，武汉枢纽C2拉通、武汉北三场完成改造、襄渝线铁路综合数字移动通信系统(GSM-R)网实现覆盖，黄冈大别山电厂专用线、华润仙桃电厂专用线、金澳科技专用线建成投产，沿江高铁武汉至宜昌段、西安至十堰高铁湖北段、荆州至荆门高铁、襄阳至荆门高铁建设有序推进，武汉枢纽直通线、京九高铁阜阳至黄冈段、沿江高铁合肥至武汉段、宜昌至涪陵段等重点项目可研工作扎实开展。全年累计完成基建投资121.3亿元，投产新线373公里；完成涉铁项目产值19.2亿元，建成项目50个；完成技改投资15亿元、大修投资38.8亿元，路网规模质量实现了跃升。

职工生活。2022年，中国铁路武汉局集团有限公司办好利民惠民实事项目，克服超预期因素影响，保障

收入来源，全年职工收入同比增长3.9%。加强保障性住房建设，完成住房配售1000余户，完成住房办证首登91%。建立职工生产生活设施建设和管理标准，襄渝、焦柳等线达标建设投入9000余万元。做好健康武铁建设和暖人心工作，组织职工健康体检8万余人、休养1900余人，投入帮困资金4800余万元，助困4700余户次、助学2100余人次、助医2万余人次。改善党员教育、职工培训条件，启动党校基础设施改造和一批专业系统实训基地建设。办理来信来访诉求，全局信访总量比上年下降66.9%。巩固拓展脱贫攻坚成果同乡村振兴有效衔接，青岗坪村定点帮扶、三峡库区对口支援成效显著，集团公司获铁路脱贫攻坚火车头奖杯、湖北省脱贫攻坚先进集体等称号。

(任刚)

【全省民航运输概况】 2022年，全年旅客吞吐量1547.3万人次，货邮吞吐量30.45万吨，起降29.3万架次，比上年分别下降41.9%、6.2%和19.3%，其中客运量恢复至2019年的43.8%，货邮量比2019年增长20%。襄阳机场客运量连续三年在全国排名持续进位，较2019提升14位，荆州机场航班起降架次比上年增长25.04%。通用航空全年飞行10.5万小时、26.8万架次，持续保持中南地区一半的运行量，基本恢复至2019年水平。批准注册的通用

航空公司 26 家，其中 141 部航校增至 4 家。在册通用航空器 174 架，通航飞行员 326 名，在训飞行员 884 名。颁证的通用机场 5 个，批复在建 18 个，航空器维修单位 13 家。

坚决守住航空安全底线。全行业圆满完成安全生产专项整治三年行动。坚决落实"两个绝对安全"。"3·21"东航 MU5735 航空器飞行事故发生后，湖北民航保持战略定力，扎实开展行业安全大检查、全国安全生产大检查、防范化解重大风险专项整治等系列行动。深化"双盯"驱动，推出跑道安全和可控飞行撞地等"双盯"督导机制。持续推进安全体系建设。推进安全管理"举一反三"长效机制，发布《机场航班备降航行通告发布制度》。武汉天河国际机场聚焦航空安保、跑道安全、鸟击防范、不停航施工等核心风险，开展安全整治巩固提升行动。宜昌三峡机场推出安全理念思路一条线、安全体系责任一张图、隐患排查任务一张表、安全整改检查一张单。十堰武当山机场上线"安全随手拍"微信小程序，出台《安全信息主动报告办法》。南航湖北公司健全安全风险周提示、月分析、重大风险临时管控的三位一体机制。东航武汉公司启用民航安全警示教育室，完善吹哨人机制，员工自愿报告率比上年提升 96%。国航湖北公司搭建三基危险源数据库，构建三层级风险管控机制。中国航油湖北公司细化各基层库站"双盯"体系图表，实现安全生产"三零目标"。各干支机场均高分通过中南民航 2022 年度"平安民航"考核，襄阳刘集机场、上海东方航空食品有限公司在同类单位排名第一，荆州沙市机场同类排名第三。神农架红坪机场连续两年获中南地区中小机场安全评估第一名。防范化解重大风险隐患。湖北机场集团、海航航校积极应对体制改革变更风险。东航武汉公司全力配合局方进驻式监管，确保特殊时期安全平稳。民航湖北空管分局与各机场紧密合作，培训提升中小机场空管保障能力。顺利完成京广大通道调整。深入开展维修系统"三互"行动，抓好航空器封存解封、发动机防空停、机库定检等重点工作，多篇维修系统核心风险安全警示被中南局转发。全面开展通航企业清理整治，依法撤销 2 家不符合许可资质且拒不整改的企业。切实提升监管执法效能。针对企业运行中违法违规行为，综合采取行政约谈、行政处罚、限制运行等多种执法手段。召开湖北民航法定自查工作推进会，着力提升自查质量和效能，推动法定自查与安全管理体系 (SMS) 有机融合。在湖北机场集团、中国民用航空中南地区空中交通管理局湖北分局（简称"民航湖北空管分局"）等单位支持下，顺利建成湖北民航非现场监管中心，成为中国民用航空局 10 家试点单位之一。湖北民航智慧监管建设方案得到中国民用航空局肯定。中国民用航空湖北安全监督管理局（简称"民航湖北监管局"）获全国民航行政执法先进单位，是中南地区唯一受表彰的监管局。湖北辖区连续实现第 22 个运输航空安全飞行年和第 27 个空防安全年。

全力筑牢疫情防控屏障。深入贯彻国务院联防联控机制和中国民用航空局系列部署，在疫情防控政策优化调整前，保证疫情不通过航空渠道传播，未发生规模性疫情。坚决落实四方责任，武汉天河国际机场成立全民航首家机场疫情防控协调管理委员会，开发"简道云"疫情防控信息管理平台。南航湖北公司抓细抓实入境航班闭环管理，高效统筹疫情防控和运输生产。持续抓好内防内控，吸取外辖区机场一线员工染疫事件教训，严格机场区域人员核酸检测和"五清"管理。持续开展从业人员疫苗接种，疫苗接种率达 98%。扎实抓好应急处置，各单位完善应对疫情预案，细化运行保障、工作协同、内部防控等举措，妥善处置突发事件。科学调整防控措施，因时因势调整防控方案，加强从业人员关爱，稳妥推进航空运输有序恢复。

持续改善运行服务品质。践行真情服务理念，深入开展"民航服务规划实施年"活动，推进"十四五"航空运输旅客服务专项规划落地。湖北机场集团 6 个典型案例获评中国民用机场年度服务优秀案例。武汉天河国际机场在民航旅客服务测评中得分 4.02 分，高于行业平均水平。各驻场单位深化合作，促成武汉天河国际机场运管委社团法人成立。武汉天河国际机场航班平均放行正常率 95.73%，加权平均值 94.56%，比上年分别增长 3.29%、3.90%。探索鄂西机场群一体化运行机制，各支线机场运行效率稳步提升。全面推广无纸化乘机、差异化安检，旅客中转便利化水平进一步提高。武汉天河国际机场率先试点中转旅客服务平台，宜昌三峡机场入选中国民用航空局中小机场 2022 年度四型机场示范项目，十堰武当山机场推出航空旅游出行一体化服务。南航湖

2022 年，武汉天河国际机场成为国内首个"中国民航中转旅客服务平台"系统试点单位

2022年6月23日，东航武汉公司与武汉天河国际机场消防救护支队开展联合实操演练

北公司实行"一票到底"中转业务，东航武汉创新"首乘旅客服务"，国航湖北公司深化"移动客舱"项目应用，服务创新推陈出新。

不断提升运行保障能力。充分利用航班低位运行窗口期，加强基础设施建设，夯实安全保障能力。武汉天河国际机场第三跑道配套机坪工程通过验收、第三跑道联络道工程开工建设。亚洲最大的专业货运机场鄂州花湖机场顺利首航，湖北第一个中国航油自建航油码头同步投用，顺丰转运中心主体工程竣工。宜昌三峡机场T2航站楼转场投运，恩施许家坪机场迁建完成选址，十堰武当山机场国际航站楼建设进度加快，南航湖北公司喷漆机库建设开工。武汉天河国际机场扩容评估完成，高峰小时容量将提升至55架次。湖北机场集团航务规范化建设取得成效，武汉天河国际机场飞行程序管理能力提升，点融合系统飞行程序投用，双跑道相关进近飞行程序获批。民航湖北空管分局武汉空管能力提升工程可研报告获批。中国航油湖北公司武汉天河国际机场油库扩容提级，较2019年航油保障能力提升20天以上。贝迪克凌云公司开展湖北首架B737客改货项目，武汉航达公司获批中南地区首家改装设计委任代表资格，东航武汉公司和贝迪克凌云公司获批B737、A320NEO重要定检项目。

服务地方社会经济发展。民航湖北监管局主动融入长江经济带发展、中部地区崛起等国家发展战略和"一带一路"建设，对接"构建综合交通运输体系"和"全方位扩大对外开放"等重点工作，发挥民航在湖北建设全国构建新发展格局先行区的作用。全面推进局省协议落地见效。与武汉、鄂州、襄阳、宜昌相关地方政府签署协议，推动各地市民航业高质量发展。探索湖北航空物流体系建设，召开鄂州花湖机场建成国际一流航空货运枢纽研讨会，确立"七条路径"并线推进思路。完成襄阳刘集机场超高障碍物遮蔽分析论证，为投资过百亿的比亚迪新能源建设项目顺利推进创造条件。与省应急厅联合下发《湖北省应急救援航空体系建设方案》。支持武汉市成功申报"通用航空发展成效显著城市"，为全国仅有的3个城市之一。

纵深推进行业大党建。坚持"抓行业就要抓党建、抓党建就是促安全"的理念，巩固"大党建"成果，建立"大监督"机制，推动各单位纪检监察部门相互配合、相互支持，形成湖北民航监督"一张网"。强化新闻宣传合作，与湖北日报开展湖北民航大事要事专访，宣传民航事业发展成就。湖北机场集团"非凡蝶变"等专题报道在央视、湖北卫视等媒体播出。南航湖北公司30年宣传特辑、救助突发心脏病旅客等新闻被主流媒体报道。东航武汉公司出版《东航武汉20年》书籍，多篇文章在湖北日报、民航报刊发。国航湖北公司开设《那些闪闪发光的岗位》专栏，在《中国航空》杂志推出系列报道。强化青年群团合力，召开湖北民航青年联谊线上平台建设会，民航湖北空管分局成立党的二十大精神青年讲师团，东航武汉公司启动青年马克思主义培养工程。湖北机场集团常青藤班组获"湖北省建功立业标兵岗"称号。武汉天河国际机场"消防闪电班""我帮您"班组被评为"全国工人先锋号"。南航湖北公司"心楚"、东航武汉公司"小燕子"班组获"全国民航示范班组"。国航湖北公司"楚韵"班组、中国航油湖北公司武汉加油站获"全国民航青年文明号"。南航湖北公司运指部、东航武汉公司团委被评为"全国民航五四红旗团委"。宜昌三峡机场、荆州沙市机场团委获"中南民航青年文明号"。

(朱敏)

【全省邮政业改革与发展概况】 2022年，全省邮政行业业务总量累计完成427.6亿元，比上年增长16.7%；业务收入累计完成416.2亿元，比上年增长18.9%。其中，快递业务量累计完成32.1亿件，比上年增长19.3%；快递业务收入累计完成267.4亿元，比上年增长10.8%。全省各类邮政营业网点共有1707处，建制村直接通邮率100%；共有快递企业及网点24887个，比上年新增24.6%；共有智能快件(信包)箱1.12万组，格口数110万个。全省有3个集体、1名个人获"中国青年五四奖章"、全国五一劳动奖章等。组织"中国青年五四奖章"获奖者事迹分享会、"青年文明号活动周""喜迎二十大、永远跟党走、奋进新征程"主题教育实践活动等。

1.聚焦高质量发展，持续优化发展环境。

营商环境持续优化。加强全省邮政业"十四五"规划实施，推动行业重大工程项目实施。推动落实中央和地方稳经济系列政策措施，全省邮政、快递企业税费减免3亿元。落实省优化营商环境领导小组部署，推动直管市邮政体制改革，指导天门市邮政业发展中心完成组建并下放部分监管职能。加强数字政府建设，在全国率先开展"快递公司开办一件事"一事联办，实现快递经营许可与营业执照变更联办。设立线下综合政务服务窗口，实现"一窗受理、综合服务"。武汉、鄂州、荆州获评"中国快递示范城市"。

行业服务能力持续增强。持续推进快递"进村"。推动农村寄递物流体系建设纳入全省市县党政领导班子和领导干部推进乡村振兴战略实绩等考核，基本实现市级层面出台支持政策文件全覆盖。与省财政厅、乡村振兴局联合开展农村寄递物流"最后一公里"和"最初一公里"试点，取得良好成效，全省共建设村级服务网点17039个，走在中部省份前列。全省有6个快递服务现代农业项目业务量超千万件，带动快递业务量2.35亿件、业务收入11亿元，带动农业产值154.78亿元。大力推进"快递进厂"。推动快递服务先进制造业"5312"工程，带动快递业务量1.1亿件、业务收入4.9亿元，其中16个项目年业务量超百万件。稳步推进"快递出海"。鄂州花湖机场正式投运，成为加快建设国内大循环重要节点和国内国际双循环的重要枢纽。菜鸟公司在武汉天河国际机场运输跨境电商出口货物逾1300吨，实现出口贸易额1亿美元。全省全年通过中欧班列发运邮件集装箱18个，带运国际邮件40087件，总重量130吨，寄达范围覆盖英国、法国和德国等23个欧洲国家及"一带一路"共建国家。

从业人员合法权益保障持续推动。持续开展"暖蜂行动""快递从业青年服务月"，争取省总工会拨付专款40万元，开展慰问105场，为快递员免费体检和义诊1.2万人次，建立爱心驿站1197处，出台相关政策文件22个。全省新增优先参加工伤险8724人，累计参加工伤险人数达1.9万人，参加社保"五险"人数为2.1万人，占比达90%。持续做好从业人员职业技能培训和快递工程技术人员职称评审，累计培训从业人员25327人次，争取政府补贴金额98万元，居全系统前列。

2. 推动高效能治理，行业市场持续规范。

强化法治建设。推动《湖北省邮政条例》修改，补充将邮政业应急管理纳入地方应急管理体系有关内容。制定省邮政管理局重大行政决策程序规定、行政执法监督等实施办法。开展行政处罚案卷评查，依法办理行政复议案件2起，未发生行政应诉案件。制定实施《湖北省邮政业法治宣传教育第八个五年规划(2021—2025年)》等。加强执法队伍建设，襄阳市邮政管理局李娓涵获评"全国行政执法先进个人"。

加强邮政普遍服务监督，依法开展行政审批和备案。巩固农村邮政局所整治成果，持续开展乡镇邮政服务专项检查，推进山区邮路汽车化，持续提升农村邮政服务规范化、标准化水平，全省建制村通邮率保持100%，日均实地投递比例达99%。全力保障巡视巡察等专用信箱寄递服务，确保迅速、准确、安全、方便。加强机要通信检查，确保疫情期间机要通信安全畅通。

加强邮政市场监管。持续开展快递市场秩序整顿，严肃整治未按名址投递快件、农村快递服务违规收费、超许可地域范围经营、暴力分拣等违法违规行为。全省邮政管理部门出动检查人员1.3万余人次，检查快递企业6411家次，对严重违法违规行为坚决予以处罚。强化集邮票品集中交易市场备案管理，规范集邮市场经营秩序。落实邮政业用品用具"双名录"监管，发布用品用具企业名录6批17家。完成全省行业12305申诉电话与12345市民热线整体归并工作，受理用户申诉6529件，为用户挽回经济损失192万元。

推动行业绿色发展。贯彻落实省发展改革委等八部门《加快推进全省快递包装绿色转型实施意见》，实施行业绿色发展"9917"工程，制定《湖北省邮件快件包装操作规范备案工作实施方案》。实现采购使用符合标准的包装材料比例达93%，规范包装操作比例达到94%，电商不再二次包装率

达92%，可循环快递箱达到54万个，回收复用瓦楞纸箱4930万个。

3. 防范化解重大风险，抓紧抓实行业安全和疫情防控。

坚守底线强化寄递安全。强化寄递安全综合治理，增加省检察院为成员单位，召开全省寄递物流安全管理小组会议。省邮政管理局联合省检察院、省公安厅印发《关于健全完善寄递渠道安全监管协作配合机制的意见》，开展寄递安全平安建设考评。严格督导企业执行"三项制度"，大力推行上门揽收零散邮件快件开箱验视拍照记录，开展实名异常信息专项整治，开展"互联网+寄递"禁毒、枪爆违法犯罪及"扫黄打非"、打击寄递涉烟违法等专项行动，办理公安、烟草等部门移送的利用寄递渠道违法犯罪案件线索27件。开展行业安全生产大检查、安全生产专项整治三年行动收官、邮件快件处理场所安全管理规范化提升行动，全面排查整治风险隐患。省邮政管理局联合公安、网信部门开展邮政快递领域个人信息安全专项治理，严厉打击非法泄露、买卖寄递信息等行为。圆满完成党的二十大等重大活动期间寄递安保工作。

抓好行业疫情防控。全省邮政管理部门督导企业严格落实重点人群核酸检测、疫苗接种要求，全省从业人员接种加强针次比例达99.4%。开展疫情防控专项大检查，对发现的问题严格依法依规处理，及时堵塞疫情防控漏洞。妥善处置涉疫邮件快件，第一时间向省防指报告处置情况。及时优化调整疫情防控措施，稳妥做好过渡期工作，切实维护行业稳定运行。

做好保通保畅工作。加强向省防指汇报沟通，在各级防指、交通运输、商务等部门支持下，为寄递企业重点物资运输车辆办理通行证921张。疫情防控新要求发布后，坚持"保供应、保畅通、保稳定、保安全"，及时开展工作调度，努力推动分拨中心和营业网点应开尽开，邮件快件积压快速纾解，行业业务量快速回升，有力保障寄递物流畅通稳定、支撑民生保供。

(乔杨)

武汉市交通运输

【概况】 至 2022 年底，武汉市公路通车总里程 16637.61 公里，公路密度 225.71 公里/百平方公里，其中高速公路 969.28 公里、一级公路 1119.10 公里、二级公路 1404.08 公里、三级公路 741.38 公里、四级公路 12403.77 公里，等级公路比重达到 100%；按行政等级（不含高速公路）分为国道 439.57 公里、省道 963.60 公里、县道 1205.86 公里、乡道 5446.65 公里、村道 7604.68 公里、专用公路 7.97 公里。有铺装路面 15516.84 公里、简易铺装路面 113.06 公里，有铺装、简易铺装路面铺装率为 99.8%。全市有公路桥梁 1541 座，共 76871.65 延米；隧道 1 座，385 米；公路渡口 1 处。全市航道通航里程 668.3 公里（等级航道里程 541.8 公里），高等级航道里程 220.5 公里，其中长江航道里程 145.5 公里（一级航道 71 公里、二级航道 74.5 公里）、汉江航道里程 75 公里（二级航道 33 公里、三级航道 42 公里），有港区 9 个、生产性码头 191 个（含长江）。全市有汽车客运站 9 个，其中一级客运站 5 个、二级客运站 4 个。

基础设施建设。全市全年完成交通固定资产投资 536.70 亿元。武汉至大悟高速公路武汉至河口段、武汉至阳新高速公路武汉至鄂州段、硚孝高速公路二期武汉段、地铁前川线一期、16 号线二期等五大项目建成。普通公路完成固定资产投资 98.99 亿元。全力推进 10 个普通公路"硬联通"项目，115 省道黄陂区天河至祁家湾段改扩建等 4 个项目建成；347 国道黄冈市团风县举水河大桥新建工程等 5 个项目开工建设；122 省道天子山大桥项目前期工作取得重大进展。积极谋划推进以武鄂黄黄为核心的武汉都市圈"硬联通"公路项目。全年争取普通公路建养资金 8.6 亿元，重点国省道项目 347 国道新洲区内园滩至红岭段、107 国道东西湖段快速化改造工程等

项目加快建设。加强资源路、旅游路、产业路建设，推进农村公路进一步向自然村（组）延伸。

交通枢纽建设。武汉第 4 座大型铁路客运站——武汉东站正式开通运营。武汉天河国际机场第三跑道项目工程正式开工建设，全年完成投资 10.35 亿元。武汉天河国际机场新建第三跑道配套机坪工程通过行业验收。鄂州花湖机场正式开航投运，实现了 1.5 小时飞行圈覆盖全国 90% 的经济总量，24 小时飞行圈覆盖世界主要城市的目标，布局构建湖北武汉航空客货运"双枢纽"的发展格局。阳逻国际港集装箱铁水联运二期项目（武汉港武湖港区铁水联运集装箱码头工程）主要建设内容为码头及后方堆场改造，新建后方附属作业区，新建铁路装卸堆场，全年完成投资 17.74 亿元。

规划编制。印发实施《武汉市综合交通运输发展"十四五"规划》，《武汉港总体规划 (2022—2035 年)》完成修编并报交通运输部审查。启动编制《武汉市综合立体交通网规划》。协调推进武汉市现代物流业、邮政业、

公路、水运、城市客运 5 个专项规划的印发实施，初步形成"1+2+4"的综合交通运输发展规划体系。坚持建设先行，推动武汉都市圈综合交通运输网络加速拓展、一体联通。启动《武汉都市圈交通发展专项规划》《武汉都市圈基础设施规划》研究，编制完成《武鄂黄黄都市圈城市间公路三年行动方案》《武鄂同城化道路建设项目"三张清单"》。

交通强国建设试点。强化交通强国建设试点工作组织管理，成立武汉市交通强国建设试点工作领导小组，形成各成员单位建立由主要领导、分管领导、负责部门、联络员组成的"四级协同联动"专班专人推进工作体系。推动武汉市人民政府印发实施《武汉市交通强国建设试点实施方案》《武汉市交通枢纽建设三年行动实施方案 (2022—2024 年)》等系列文件。推动武汉都市圈综合运输服务质效稳步提升、一体融合。加快建设国家物流枢纽，武汉市成功入选国家综合货运枢纽补链强链首批城市和第三批绿色货运配送示范工程创建城市；完善城际公交运营体系，在全国率先开展城

2022 年 12 月 27 日，机场路高架（三环线—马池路）工程获中国市政工程最高质量水平评价

际公交立法，编制《武汉都市圈公共交通一体化条例》，报湖北省人大常委会审批；推进审批事项跨城通办，探索建立交通运输"跨城通办"事项清单管理制度和动态更新机制，方便企业群众自助办。

运输服务保障。全年公路完成客运量331.14万人次、旅客周转量5.53亿人公里，比上年分别下降42.8%、47.5%；完成货运量4.50亿吨、货物周转量632.98亿吨公里，比上年分别下降8.9%、5.2%。水路完成货运量1.55亿吨、货物周转量1917.3亿吨公里，比上年分别增长17.2%、25.0%。内河港口货物吞吐量1.31亿吨，比上年增长11.9%，其中，集装箱吞吐量270万标箱，比上年增长9.1%。集装箱铁水联运量6.22万标箱，比上年增长21.2%，联运量占集装箱总量比例为2.3%。有道路旅客运输经营企业31家，其中班车客运企业5家、旅游客运企业26家，客运线路312条。有道路运输经营企业13766户，比上年增长15.5%，其中道路旅客运输业31户、道路货物运输业13735户。道路运输相关业务经营业户2786户，比上年减少11.4%。

常规公交。全市有公交企业9家（含轮渡），公交车辆9943辆，其中新能源公交车7571辆，（纯电动车辆7171辆、氢能源车辆51辆、混合动力车辆349辆），占76.14%，轮渡船舶20艘，公交线路775条、轮渡线路7条，从业人员25345人。全年常规公交客运量58662.18万人次、日均160.72万人次，轮渡客运量333.86万人次、日均0.91万人次。主城区有公交企业3家（含轮渡），运营车辆8872辆，其中普线631辆、专线7216辆、微循环线路1025辆；新能源公交车7034辆，其中纯电动汽车6634辆、混合动力汽车349辆、氢能源汽车51辆。有公交运营线路570条，其中普线43条、专线442条、微循环线路85条，公交运营线路长度9191公里，公交运营线网长度2999公里。有公交场站170处，其中首末站156处、枢纽站12处、停保场12处。有轮渡线路7

条，运营航线长度26.1公里。

巡游出租汽车。全市有巡游出租汽车经营者490个，其中中心城区经营者471个（包括企业经营者54个、个体经营者417个），新城区企业经营者19个。全市有巡游出租汽车18407辆（包括中心城区17247辆、新城区1160辆），其中新能源车5396辆；巡游车驾驶员31068人。许可网约车平台公司37家。有许可网约车31684辆，其中新能源汽车26304辆；取得网约车驾驶员资格证的有93310人。

物流发展。全市有各类物流园区280个，其中物流集聚区21个，物流用地面积40.51平方公里。全市有A级企业368家，比上年增加107家，A级企业数量位居全国城市第1位。其中AAAAA级企业19家，比上年增加2家；AAAA级企业145家，比上年增加40家；AAA级企业188家，比上年增加65家；AA级企业14家，A级企业2家。全年社会物流总额45769.16亿元，比上年增长6.9%。社会物流总费用2375.92亿元，比上年增长4.5%。全市物流业增加值1727.12亿元，比上年增长6.8%。物流业总收入1797.68亿元，比上年增长6.1%。

智慧交通。积极落实车路协同创新应用试点任务，持续推进智能交通基础设施建设，累计开放智能网联测试道路750公里，比上年增加108公里。推进车路协同规范、标准建设，地方标准《智能网联道路建设规

范（总则）》(DB4201/T 654—2022)于2022年5月13日正式实施。同时谋划信用体系、应急物流等信息系统，逐步建立公路、货运、出租汽车等行业信息服务产品体系，科技辅助决策覆盖面不断扩展。完成武汉市公路监测决策系统（三期）项目建设，全年建设完成外场监测点位38处，监测点位达到137处，系统平台上线运行并投入使用，实现武汉市三环、四环、外环放射线视频监测、数据采集全覆盖。完成武汉市科技治超综合监管（一期）平台项目建设，通过整合全市固定治超站和不停车检测点实时数据，完成市级科技治超一期平台建设，接入12处不停车检测点数据、12处固定治超站数据，实现市区两级超载车辆实时监测、超限预警等功能，该系统在市、区治超办、治超站点投入使用。

平安交通。定期组织开展交通运输行业安全生产重大风险点全面排查梳理工作，督促企业落实整改措施，不定期开展整改"回头看"。坚持开展安全生产大检查、第三方安全检查评估，督促166家单位查改安全隐患1246起。加强公路超限超载治理，依法卸载货物17.2万余吨。主动协调对接铁路、民航和长江海事等部门，落实安全生产联勤联动机制。深入开展船舶碰撞桥梁隐患治理，12座桥梁全部按时序节点完成部、省阶段性任务，对口协调的铁路、民航、邮政等行业

2022年6月9日，汉江武汉段开展水上综合应急演练活动

领域安全生产形势保持总体稳定。

绿色交通。全市 10 个临时砂石集并中心全部关停。深入推进港口船舶污染防治,一批污染物接收设施陆续投入运行,稳步推动船舶污染物全过程电子联单闭环管理;完成 600 总吨以上船舶受电改造 176 艘,武汉港低压岸电设施全部改造达到国家标准。完成环保督察反馈问题整改销号任务 10 项。出台新能源巡游出租汽车推广奖励政策,更新车辆 3394 辆,全市纯电动出租汽车占比达到 28.7%。更新新能源公交车 1800 辆,全市新能源公交车占比达到 76.1%(中心城区 79.3%)。

机构改革。深入推进扩权赋能强县改革,统筹协调开展"县直报省、省直达县"12 项工作运行流程改革,推动 35 项交通运输领域管理权限下放工作。完成武汉市长江新区托管移交工作,成立托管领导小组,制定长江新区交通运输事务托管方案,分类提出处置意见,做细做实各项准备工作,按时间节点稳步推进托管移交工作。做好深化改革相关工作,统筹协调做好 3 项市级改革牵头目标任务和 18 项市级改革配合目标任务分解下达实施工作。

(赵大真)

【江岸区】 2022 年,全区有普通货物运输企业 460 家,注册中型以上货运车辆 10166 辆;机动车维修备案企业 182 家,其中一类维修企业 50 家、二类维修企业 71 家、三类维修企业 61 家;备案机动车驾驶培训机构 5 家,注册教练车 190 辆;备案汽车租赁企业 7 家;"两客一危"企业 14 家,注册营运车辆 628 辆。全年规上交通运输业营业收入 59.15 亿元,比上年增长 17.4%;新增"小进规"企业 4 家,新增国家 AAAAA 级物流企业 1 家。

运输市场监管。加强客运市场监管,整治客运出租汽车营运秩序和打击"黑的"非法营运,全年整改问题车辆 2228 辆,在全市整治客运出租汽车营运秩序和打击"黑的"非法营运

2022 年 12 月 17 日,江岸区联合开展出租汽车运营秩序检查行动

工作考核中,总分全市综合排名第 2。加强机动车维修市场监管,检查汽车维修企业 250 户,重点查处小汽修门店露天喷涂作业,落实污染天气环保应急响应。对涉嫌非法改装维修企业进行现场整改,落实货车维修企业非法改装专项整治行动。按照"双随机、一公开"要求,完成 125 户维修企业抽检任务。加强驾培市场监管,抽查辖区驾校 89 家次,检查教练车 185 辆次,检查训练场地 85 个,督促整改不达标训练场地 14 个,规范辖区驾驶培训市场秩序。

行业管理。优化交通服务窗口营商环境,修订完善办事指南,在企业准入、准营、运营、变更、退出等业务领域全生命周期服务上,做到"一次办、一网办、一窗办、跨省办、及时办",提供"店小二式"服务。办理网约车驾驶员证 3300 张,网约车审验及车证信息录入 413 辆,注销网约车 72 辆;货运车辆年审 8555 辆,新增货运车辆 343 辆,转出货运车辆 593 辆,注销货运车辆 1402 辆;"道路运输经营许可证"换证 1556 张;维修、租赁企业备案 38 家;审发旅游班线客运线路牌 3845 个;办理"民呼我应"及交通在线平台投诉件 662 件;开展"智慧江岸好差评"工作,武汉智慧管

理平台录入"好差评"9510 件,满意率 100%。

运输安全管理。严格落实安全生产法律、法规,统筹推进辖区交通运输行业安全生产管理,严格落实安全生产责任制,建立健全安全生产工作机制,督促企业全面落实安全生产主体责任,做到安全投入、安全培训、基础管理、应急救援"四到位"。组织辖区道路运输企业负责人参加安全培训 100 余人次;组织安全生产检查及各类专项整治工作,全年检查"两客一危"企业 56 家次,下达隐患整改通知书 116 份,督办整改隐患 207 项;强化营运车辆动态监管,对辖区"两客一危"企业 592 台车辆安全违规情况开展隐患整改。

水上交通运输管理。开展 18 家码头整治,保护修复长江江岸生态环境,加强码头企业污染物处置日常检查,将经营性码头生活垃圾、污水储、转运及岸电使用情况纳入日常监管。辖区 4 家经营性码头转运船舶生活垃圾约 9 吨,生活污水约 950 吨,累计使用岸电约 10 万小时,使用岸电量 3.7 万千瓦时。协助市、区相关单位对辖区码头业主单位可能涉及长江入河排污问题进行梳理排查,建立一户一档资料台账,推进长江大保护工作。

2022年12月31日，武汉市公交集团岱家山充电站正式投入使用

党的建设。积极探索加强"两新"（新经济组织和新社会组织）党建工作，对全区50台车辆以上规模的70余家道路货运企业进行全面摸排走访，派遣党建指导员23人，实现党建工作全覆盖，搭建平台载体，推动解决货车驾驶员急难愁盼问题。推广道路运输驾驶员诚信考核工作，开展"跨省通办"网上办理从业资格证补发、换发、变更、注销等服务，同时组织安全法规培训近100人次。

（胡家盛）

【江汉区】　全年受理新增道路运输业户5个，普通货运企业132家，"两客一危"企业11家，长途汽车客运站1家，机动车维修企业171家，其中一类维修企业14家、二类维修企业41家、三类维修企业113家；货运企业63家、驾驶员培训学校1家，汽车租赁7家，客运出租汽车6家，网约车平台公司2家。全区监管货运车辆479辆，注册旅客运输营运车辆752辆。

交通行政执法。全年检查辖区道路运输企业168家，其中维修企业86家、货运企业57家、危险品运输企业2家、旅游客运企业7家、班线客运企业1家、出租汽车企业5家、汽车租赁企业7家、驾驶培训机构1家、网约车平台公司2家；下达责令整改通知书35份。查扣违法车辆72辆，查处各类违章、违法营运行为1500余起。查处网约车违规、非法营运车辆

39辆，违规营运出租汽车39辆，办理行政执法案件203件，累计罚款8.62万元。全年联合治超执法28次，查处违规车辆10919起，查扣车辆302辆次。办理案件28件，其中一般案件27件、重大案件1件。完成青年路客运站信誉等级考核工作，迎接全国文明城市和卫生城市复检，开展青年路客运站基础设施建设。

安全生产。全年监管范围内的道路运输企业发生事故2起，造成9人轻伤，道路运输安全生产形势总体平稳。与辖区道路运输企业签订"2022年度安全生产责任书"。每月转发《武汉市道路运输行业动态监控运行情况通报》，对存在安全隐患的运输企业进行跟踪督办直至隐患消除，重点

检查企业安全生产工作制度落实情况，发现问题要求企业限时整改，督导企业整改安全隐患31处。在第四代移动通信技术(4G)平台上抽查辖区内"两客一危"车辆（总车辆数的10%），进行动态监管，发现安全隐患予以通报，要求企业开展整改并回告，全年查出各类安全隐患136处，企业整改率100%。

维修企业管理。签订安全生产责任书131份；全年新增一类维修企业1家、二类维修企业3家、三类维修企业3家，对维修企业进行安全检查67次，检查企业168家。加强对辖区修理厂安全工作管理，下达整改通知书49份，督促整改并全部验收合格。

营商环境优化。全年成功申报AAA物流企业1家、AAAA物流企业3家。支持"四上企业"发展等惠企政策，组织交通物流企业申报"交通物流专项再贷款"，有13家企业申报，获批资金2000余万元。加大企业走访力度，收集问题32个并全部解决。

（王宝英）

【硚口区】　统筹推进交通运输领域疫情防控和行业管理，持续优化公共交通服务质量，推动交通运输行业发展，全年压实全区9家"两客一危"重点企业（长途汽车站1家，班线、旅游、客车运输企业4家，危险化学品运输企业4家）安全生产责任，协调开通

2022年，汉口火车站推出"四级递单"模式接受市民乘客意见建议

2022 年 12 月 31 日，硚口区丰硕西路 678 路公交正式开通

丰硕西路 678 路公交及接驳专线 2 条，优化延长公交线路 3 条，培育升级 AAAA 级物流企业 1 家。

公共交通服务保障。着眼公众更高质量出行服务需求，打造"多模式、高效化、品质化"公共交通运行体系，加大道路维修养护力度，协调优化公共交通服务，织好"快速网"、畅通"微循环"，全年完成主次干道及人行道路等日常维修 3 万平方米，协调武汉市公共交通集团有限责任公司三公司开通丰硕西路 678 路公交和悦海路、丰硕西路 2 条接驳公交线路，调整延长 3 条公交线路并增加发班频次，以常规公交为基础，定制公交为补充，提升片区通勤能力，优化提升硚口西部城市功能，推动构建便捷、高效、绿色的现代化高品质城市综合交通体系。

"两客一危"安全监管。加强"两客一危"企业日常监管，开展交通运输"三大专项整治行动"，每周检查企业签订从业人员安全责任书、人员车辆档案更新、开展安全教育培训和隐患排查等情况，严格督促检查客运企业车辆全球定位系统(GPS)监控，牢固树立企业安全生产意识，及时消除安全隐患。全年对辖区"两客一危"企业开展日常督导检查 79 次；企业

约谈 3 次；处理上级通报、抄告函、督办单、高速公路交警交通违法抄告函等 13 起(均下达安全督办通知书并整改完毕)。完成辖区 7 家"两客一危"企业服务质量信誉考核初评、初审工作。

运输市场安全监管。每月对货运物流企业进行 1 次安全检查。对辖区货运物流企业"道路运输经营许可证"进行年度审验初审，年审初审货运物流企业"道路运输经营许可证"60 家，督促辖区 18 家样本物流企业及时统计报送各类年、季、月报表。

维修驾驶培训安全监管。日常巡查检查维修企业 63 家，检查超限超载非法改装企业 36 次，完成辖区内一、二、三类维修企业进行机动车维修企业质量信誉考评及备案证换证，并签订安全生产责任书。配合市交通运输综合执法支队硚口三大队对辖区内有合规训练场地的驾校进行质量信誉考核并发放教练车备案标识，督促驾培机构对教练车进行检测，全面清查辖区驾校场地、车辆资质，对不符合教学条件，涉嫌非法教学教练车、无标识教练车、私家车冒充教练车等依法进行暂扣处罚。

政务窗口服务办理。提高政务中心窗口服务质量，对标"四办"(马上

办、网上办、就近办、一次办)工作要求，落实网办件审批提速，即"道路运输四级协同管理与服务信息系统"与湖北省政务服务网(一张网 V3.0)对接，实现包括车辆年度审验、从业资格证考核、道路运输证配发等事项网上办理，打造交通运输优质服务。窗口办件 2359 件，其中机动车维修备案 10 个，货运车辆业务 493 个，诚信考核 334 个，网约车驾驶员办证 1522 个；发放旅游企业包车线路牌 1500 张。

营商环境优化。建立常态化对接机制。主动对接企业，建立辖区交通运输企业微信、QQ 工作群，深入摸查实际情况，了解掌握企业需求，研究并帮助企业解决实际困难。引进武汉绿动汽车运输有限公司入驻硚口区，培育武汉开元时速物流有限公司升级 AAAA 级物流企业，争取市级物流发展专项奖励资金 20 万元。加强与银行沟通对接，及时向全区交通运输企业传达各类扶持政策，搭建银企对接平台，提供政策咨询和业务指导，帮助扩大融资渠道，克服疫情对交通运输业带来的冲击和影响，全区交通运输业全年完成 69.09 亿元，比上年增长 5.8%。

（殷东）

【汉阳区】 2022 年，全区有道路运输企业 305 家，车辆 5435 辆，全年完成货运量 108.7 亿吨、货物周转量 326.10 亿吨公里。全区有机动车驾驶培训机构 9 家；机动车维修企业 169 家；出租汽车企业 1 家，网约车平台公司 1 家，汽车租赁企业 2 家，客运旅游包车、班线企业 3 家，危险货物道路运输企业 1 家。全年优化公交路线 18 条。

客运市场监管。组织春运工作，制定春运方案并组织实施，制定应急运力方案，客运市场安全稳定。每月对辖区 2 家经营客运旅游包车和 1 家客运班线、网约车、租赁企业实行 2 次以上检查，重点检查节假日安全生产措施的落实实施。加强客运地段、站点、线路安全监管。对王家湾、琴台、钟家村等商圈重点地段实施全年

常态化卡点巡查，严厉查处停靠龙阳大道郭茨口、武汉动物园周边、居民小区出入口等人流密集地和客运沿站沿线揽客的非法营运出租汽车，消除安全隐患。组织人员采取单独检查和联合四大队开展出租汽车市场专项整治行动相结合的方式，在古琴台、王家湾等窗口地带开展出租汽车、网约车路面检查工作。全年检查出租汽车、网约车 630 次、10045 辆。突出危险货物运输企业整治，重点核查危险货物运输车辆道路运输证、驾驶员及押运员从业资格证，对存在问题的企业勒令暂停运输，依法下达整改通知书 15 次，督促企业按时整改。落实安全生产主体责任制，全年无安全生产责任事故发生。

货运市场监管。加大对货运企业监管检查力度，采取上路执法与源头监管相结合的方式，以定点检查、联合执法、专项整治等手段，打击非法经营活动和违章经营行为。成立交通运输安全生产工作领导小组，对辖区内道路运输安全生产常抓不懈；加强源头管理和安全例检；与运输企业签安全责任状，强化运输企业安全意识，保障辖区内客货车辆运行安全、有序。优化货车运力结构，加大市场培育力度。加强和完善客运市场宏观调控，健全监管制度，强化货运企业管理，建立和完善承运人责任险制度、货运车辆维护预警信息制度，规范货运许

可程序和内部流程。严把市场准入关，对燃油消耗参数不达标的车型，一律不予办理道路运输证。大力发展物流业，加大对物流业的投入和扶持，推动物流业快速发展，为货运企业提供快捷、有效服务。

安全生产监管。组织开展"三年安全专项整治""重点行业安全生产专项整治"等检查行动，走访重点企业和"两客一危"企业 23 家，普货企业 130 家，查出安全隐患 50 条，全部整改完毕。加大对企业 GPS 动态监管力度，督促企业落实动态监控专职岗位、人员、制度、24 小时动态监管，严格落实 2—5 时落地休息制度；责成企业严格履行安全生产主体责任，建立健全本单位安全生产规章制度和操作规程，完善现场警示标志以及消防设施、器材的更换等工作。聘请第三方机构加强对企业安全隐患检查指导。

行业监管。全年完成 169 家符合相应等级机动车维修企业的资质备案工作。与 113 家一、二类维修企业签订安全生产诚信承诺书、安全生产责任状，监督企业诚信经营。定期进行安全隐患排查，配合中央生态环境保护督察组对露天违规喷、涂漆现象进行集中整治，排查维修企业 120 家，现场拆除违规喷、涂漆字样的广告牌 8 块，更换过期灭火器 20 个，维修企业全年安全生产无事故。完成辖区 9 家驾驶培训监管规范整治和计时培训

工作。启用驾驶培训计时监管平台，实现与省级驾驶培训监管服务平台对接和培训数据上传。

公交线路优化。调整优化公交线路和站点配置，协调武汉市公交集团四公司优化公交线网布局及运力、线路、秩序等与公共交通相关的工作。全年优化调整公交线路 18 条，线路总长 902.18 公里，区内公交站点 500 米覆盖率 100%，配车 939 辆，其中天然气车 335 辆、纯电动汽车 409 辆、柴油车 195 辆。全年运送乘客 495.24 万人次。全区各主要路段及商业网点、居民小区公共交通出行和优质服务企业营商环境得到改善。

码头整治与优化。开展船舶和港口污染防治攻坚提升行动，推进辖区水路交通环保重点工作。坚持属地管理原则，落实日常巡查制度，每月对辖区码头进行 2 次普查，对辖区生产经营性码头安全生产责任制度和安全生产管理制度进行全面检查，同时对江中和岸线是否存在非法码头、私自生产等违法行为进行巡查，发现问题及时上报，予以整治。开展船舶污染物接收码头建设，武汉港汉阳区船舶污染物接收码头、武汉港杨泗港区中长燃绿色航运综合服务区船舶污染物接收码头 2 座码头完成建设并投入使用。加强港口岸电动态建设，龙欣物流码头、大桥局物资码头 2 座码头完成岸电设施安装工作。

交旅融合。配合区文旅局推动"景景通"相关工作，围绕保障旅游公交运营需求，协调相关企业就专线车辆运营、停保场配套建设及使用、车身广告发布等具体内容进行沟通。通过公交专线形式串联汉阳辖区景区景点，将分散的旅游要素和旅游资源进行一体化整合，促进旅游交通与公共交通的有效互补，实现旅游要素与旅游产业链的连接，方便游客乘坐公交车通达"一山二园三湖四馆"，畅行网红商业街区，游历环月湖、环墨水湖、环莲花湖、环武汉动物园等文旅圈，感受汉阳独有的文物古迹、革命遗迹、工业遗址和非遗文化，体验汉阳"四区两带"亮点区块新发展，围绕"大

2022 年 6 月 30 日，武汉港汉阳区船舶污染物接收码头工程顺利通过竣工验收

旅游",构建"大交通",助推汉阳全域旅游提档升级。

（蔡国红）

【武昌区】 全区开展普通货物运输专项整治活动,检查普通货物运输企业76次,组织路警路面联合执法检查59次,联合洪山区、青山区治超办等部门开展跨区联合整治6次,约谈违法超载运输企业6家次。开展危化品运输专项整治活动,检查危化品运输企业29家次,抽查危化品运输车辆60余辆。检查旅游客运企业21家次,抽查客运车辆90余辆,检查车辆及人员技术档案65份。组织"安全宣传咨询日"咨询活动2次,开展"安全生产月"主题宣讲活动2场。元旦、"五一"、国庆等重大节假日,安排驻站值班人员,抽查车辆1300余辆次,纠正未配系安全带出站、安全例检落实不严格等问题36起。检查客运站216家次,核查驾驶人员、车辆技术档案130余份,检查并督促整改安全生产隐患115起。按时完成2家客运站质量信誉考核和年度审验初评,初审率100%。检查维修企业180家次,及时整改灭火器失效、生产场所杂乱等生产隐患140起。累计完成机动车维修经营备案97家。

窗口服务。认领权力事项39项,更新权责清单10项,"马上办""网上办"事项达100%。办理交通行政许可37件,新增运输车辆88辆。完成网约车驾驶员从业资格证初审777人,发放旅游包车线路牌1000张。组织营运车辆驾驶员诚信考核231人,继续教育87人。

安全管理。开展安全生产隐患排查,检查运输企业575家次,排查安全生产隐患164起,当场整改115起,限期整改49起,整改率100%。组织约谈安全管理制度不到位、超限超载等企业15家次,约谈企业负责人15人次。利用车辆动态监控平台核查营运车辆6106辆次,通过4G视频抽查车辆8565辆次,督促企业及时处理违规车辆204辆次,利用信息平台发送安全提醒信息46663条。

打非治违。组织在宏基客运站、傅家坡客运站、小龟山地铁站周边等重点路段开展联合整治行动41次,检查巡游出租汽车、网约车、班线客车等1000余辆次。开展营运市场秩序集中整治行动30余次,检查巡游出租汽车、网约车20000辆次。加大对辖区"豆腐块"驾培训练场监管,联合武汉市交通运输局综合执法支队五大队检查24次,对投诉重点场所开展暗访暗查40余次,约谈驾校负责人3次。

党建工作。走访重点货运、网约车平台公司10余次,摸底行业党员信息8人,组织开展"最美货车司机"评选活动,协助武昌区紫阳街升级打造新就业群体驿站及津水路司机之家"一站一家"式共建性服务阵地。组织辖区2家货运企业参加武汉市物流党建视频培训。

（李昕梦）

【青山区】 加强运输市场监管,结合货运源头超限超载治理工作,加大与武汉市交通运输综合执法支队、青山区公安交管、市场监管、发展改革等部门联席联动,开展出租汽车营运、货运、维修、驾驶员培训等领域专项联合执法行动200余次,下达整改指令书150余份。完成临时砂石集并中心陆域部分拆除工作,推动武钢外贸码头改造提升,11月底建成全市第

1个长期砂石集并中心。

安全运输管理。结合安全大检查、企业安全生产教育培训及"安全生产月"等活动,引入第三方专业机构,深入行业企业,指导督促道路运输行业（特别是危险货物道路运输企业）开展安全隐患排查,努力做到"防患于未然"。全年检查运输企业200家次,发现问题隐患165起,并督促企业整改。全年未发生因监管不到位而产生的安全生产责任事故。

运输服务工作。抓好政务窗口服务作风建设,全面落实各项便民措施,推行一网通办、容缺办理、错峰预约等服务,方便企业和从业人员办理各项业务。全年交通窗口办件5983件,其中货运业户年审117户,营运车辆年审2326台次,车辆新增、注销、转入及转出业务1538辆次,驾驶员诚信考核1286人次,网约车驾驶员申请716人次,市民企业办事效率大大提升。协调武汉市公交集团开通定制专线、园区通勤服务车等,为辖区居民公共交通出行提供便利。

出租汽车客运市场管理。按照出租汽车大城管考核要求,持续推进打击非法营运出租汽车和出租汽车营运市场整治。全年开展巡游出租汽车及网约车整治行动120次,检查车辆10453辆次,转企业整改1316辆次,配合武汉市交通运输综合执法支队办

2022年8月30日,开展辖区内危化品运输企业检查工作

理案件 85 起，有效打击巡游出租汽车、网约车劣质服务和不规范经营行为。

机动车维修管理。全区有一类维修企业 9 家、二类维修企业 25 家、三类维修企业 68 家。会同交通大队、公安分局、市场监管等部门，对辖区及主次干道、街道、社区沿线等重点路段进行集中整治，检查维修企业 60 余家次，取缔 3 家无证汽车维修企业，查处无证修车、超范围修车、违规喷漆等行为，下达整改指令书 40 份。

机动车驾驶培训管理。辖区有合规机动车驾驶员培训学校 6 家。加强计时培训事前、事中、事后全链条监管；对机动车驾驶教练员进行培训，遏制学时造假现象，保障学时稳定性和有效性。配合武汉市交通运输综合执法支队整治不合规训练场 3 处，查扣并移交违规车辆 3 辆。

物流发展。通过项目扶持、政策优惠、环境优化等多种方式，提升物流服务能力，调动辖区物流企业发展积极性和主动性。多次走访调研企业，宣传省、市级部门关于物流行业的政策规定，动员辖区物流企业申报评级，全年完成 2 家"小进规"企业入库、物流建设投资 12.17 亿元。为企业缓解经营困难，帮助西马物流等 3 家企业申请 2000 万元低息贷款。推动武汉工业港、长江（中游）智慧物流枢纽项目开发建设，协助武钢物流申请 2022 年补链强链补助资金，服务龙头企业武钢物流公司做优做强，支持宝湾物流申报 2022 年省级物流发展专项资金。

（郑杰）

【洪山区】 2022 年，全区共有普通货物运输企业 254 家，车辆 2631 辆；机动车维修企业 285 家；驾校 17 家；网约车平台公司 2 家，网约车 2888 辆，从业人员 5144 人；"两客一危"企业 3 家，车辆 30 辆。

出租汽车营运秩序整治。开展出租汽车、网约车营运秩序日常检查工作，查处出租汽车外观不整洁、残破花、驾驶员车内抽烟等违规行为 1200 余起，全部移交企业整改。同时配合

武汉市交通运输综合执法支队七大队在湖北省妇幼保健院、尖东智能花园、黄家湖大学城等地点开展出租汽车营运秩序联合整治 35 次。

政务服务。政务服务事项 45 项，其中区级申请及公共服务事项 31 项（行政许可事项 2 项，行政确认事项 13 项，其他行政权力事项 16 项）、特色事项 14 项，"四办"（马上办、网上办、就近办、一次办）比例均为100%。政务服务事项承诺时限平均缩减率为 77.5%，政务服务质效提升。

公交服务。结合区内企业和群众公交出行需求，开展公交进社区活动，征求居民公交线网、站点设置意见等。协调新开通公交线路 3 条，定制公交线路接驳地铁 5 号线 1 条，方便白沙洲青菱片区居民出行。争取上级支持为洪山区规划散货码头岸线 1 条、旅游客运码头岸线 1 条，打通公交出行"最后一公里"。

治超工作。围绕"防风险、保安全"主线，以科技治超为抓手，高质量做好公路联合治超工作，维护交通运输领域安全和社会稳定。引入高科技设备，陆续为辖区 5 家重点源头企业安装不停车超限检测集成设备、建立区级搅拌站视频监控平台，实现 24 小时实时动态监控。开展治超联合执法行动 205 次，处罚超限车辆 339 辆、卸载货物 992.47 吨。

安全监管。组织辖区内企业召开季度安全会议 3 次，走访辖区行业企业 200 余次，发放宣传资料 200 余份。持续通过微信、QQ 等多渠道向辖区企业进行安全生产宣传科普。开展交通运输行业安全监管，加强对道路运输行业监督，全年完成货运车辆年度审验 2359 辆、驾驶员诚信考核 84 人、维修企业备案 50 家、驾驶培训机构备案 13 家，审验率、诚信考核率、备案率均达到 90%。联合交通执法部门、街道等部门开展治理超载超限、货车非法改装、危险货物道路运输、出租汽车及网约车营运秩序、维修及驾驶培训市场监管整治、成品油整治等行动，排查安全隐患 400 余处，查出出租汽车违规行为 5499 起，均移交企业整改，整改率 100%；清理整治关停54 家不达标驾驶培训训练场，复查整改不达标驾驶培训训练场 74 处。建立信用考核黑名单，利用信用考核体系推进安全建设，全年报送企业信用承诺书 630 份，企业信用等级分级分类615 条。

营商环境优化。开展"解难题、稳增长、促发展"企业帮扶活动，走访企业 80 余次，组织开展交流座谈会18 次，电话微信联系企业 65 次，上门走访联系企业 65 次。梳理辖区交通运输和仓储企业 400 余家，新入库规上交通运输企业 1 家，协调武汉市交

洪山区在武汉火车站联合开展出租汽车营运秩序检查行动

2022年3月,铁机村公交车充电站投入使用

通运输局引进大型科技型交通运输企业1家,同步跟进发展潜力巨大的企业2家,推动交通运输业经济良性健康发展。全年区内6家交通运输规上企业及3家仓储规上企业累计营业收入13.26亿元。

生态环境保护。落实长江大保护工作,推进环保督察工作,压实临时砂石集并中心清退要求,关停洪山区临时砂石集并中心。落实"河湖长制",履行汤逊湖流域督查长责任,组织巡查66次,下发督办函、提示函37份。

信用体系建设。指导失信企业在信用中国官网上进行信用修复,修复率100%;完成行政许可公示、行政处罚公示"双公示"工作,对541起行政处罚案件进行上网公示。"双随机、一公开"开展随机抽查10起,其中联合洪山区市场监管局、洪山区公安分局等部门共同开展抽查6起,实现抽查事项全覆盖,并将检查结果在洪山区人民政府网站上进行公示。

(桑梦林)

【江夏区】 2022年,江夏区交通续建项目3个,完成投资5.1亿元。新开工项目19个,完成投资1.92亿元。办理完成15个项目前期手续。江夏区获评2022年"四好农村路"全国示范县。全年新增AAAA级物流企业1家、

AAA级物流企业1家。完成物流投资计划6.28亿元,为年计划的147%。新改扩建武汉畅联基地、唯势武汉基地、梁子湖水产品公司冷链二期和菜鸟物流技改4个项目。完成11个街级寄递物流中转仓和240个村级寄递物流服务站建设任务。全年完成港口货物吞吐量230万吨,港口营业收入14亿元。

道路养护。完成国省干线路面保洁、机械修剪边坡草、清理边沟、整修路肩、整修边坡、沥青路面灌缝、路面病害修补、除雪(撒防滑料)、清除堆积物、桥梁检查、粉刷百米桩、安全设施清洗、树木修剪、行道树刷白等日常养护工作。结合公路养护实际情况,对所有列养国省干线坑槽进行大面积修补,完成铣刨、铺油、灌缝、修补路面坑槽、锯缝、波形护栏维修、更换破损盖板等维修保养工作。

超限超载治理。加强107国道、102省道武嘉线、113省道纸贺线等重点管辖路段超限超载治理力度,采取固定与流动治超相结合,重点打击"百吨王",针对性增设流动检查站、监控卡口及执法设备,联合执法,常态化进行夜间检查、零点行动。探索常态化治超"非现场执法"新模式,利用建成的4套不停车检测系统,对科技平台、电子抓拍系统采集的货车违反站前禁令标志、故意遮挡车牌、逃避进站接受检测等违法行为,以及违法超限超载运输频次高的车牌,进行精准查纠、溯源执法,抄告320余条信息分至车籍所在地公安交警部门。全年组织开展治超联合行动38次,整治取缔违规砂石料场55家,查扣违规超载货车1251辆,卸载货物41057.13吨,整治非法改装车辆112辆,吊销6辆营运车辆资质,检查重点源头企业44次12家,抄告转办319件,超限率降至1.64%。

运输市场监管。新增25辆新能源公交车投入运营,新开通线路20条,优化调整线路9条,实现江夏公交全

2022年10月18日,江夏区接连开通18条通村公交线路,实现公交全覆盖

域覆盖；新建公交站棚站牌 101 个，修缮维护公交站棚 2 处。在纸坊城区重点路段更新公益广告 235 块。采取专项整治和路面日常稽查相结合的方式，对全区客运、出租、驾驶培训、汽车维修等行业开展专项整顿，查处各类违法行为 243 起。审验货运车辆 9038 辆，受理申请网约车驾驶员从业资格证 2133 人次，网约车领证 1292 人次，群众满意率 100%。

安全生产。重点对道路运输、在建工程、物流园区、水上交通、公路养护等行业领域，按照"四不两直"方式，加强监管。对排查出的安全隐患，建立整改台账，限时整改，实行安全隐患整治闭环销号管理。全年检查企业 176 家，排查隐患 1073 条，全部整改完成。健全港口环保设施建设，创新监管方式。全年检查船舶 32 艘次，查处安全隐患 25 起并全部完成整改，发布安全信息 100 余条。

（汪毅）

【蔡甸区】　2022 年，全区公路通车里程 2417.70 公里。全年完成交通固定资产投资 12.44 亿元，其中高速公路建设 11.77 亿元。全区交通运输及仓储业营业收入 21.69 亿元，比上年增长 24.34%。完成物流建设投资 15.11 亿元。完成货物周转量 74820 万吨公里，其中道路货物周转量 63820 万吨公里；旅客周转量 3.6 万人公里。全区城关公交线路 9 条，运营公共汽车 74 辆；城市公交线路 46 条，新开通 3 条，优化调整 15 条，运营公交车 372 辆。实有出租汽车 100 辆。管辖汉江岸线 39.6 公里。在册物流企业 287 家，规上企业 20 家，A 级物流企业 8 家，省重点物流企业 4 家。成功签订新一轮为期 2 年的汉蔡高速公路琴台站至蔡甸站小车点对点免费通行协议。蔡甸区交通运输局获评"2021 年度湖北省农村公路十佳养护单位""2021 年湖北省卫生先进单位""2021 年度武汉市安全生产优秀单位"。

公路建设。公路重点项目建设完成投资 12.44 亿元。106 省道千子山循环经济产业园段改造、109 省道蔡孝线柏刘公路至新水泥厂段路面维修工程等项目完工通车，105 省道蔡城线柏林至官桥段开工建设。落实"路长制"，新改扩建农村公路 156 公里。

公路养护。完成路面坑槽修补、人工修复基层、路面灌缝、补划标线、整修路肩、整修边坡等日常养护任务。及时更新"湖北省国省干线公路综合养护信息管理系统"工作数据，完善更新国省干线 31 座桥梁卡片数据及 1 座隧道档案数据，完成桥梁检查、桥梁锥坡养护、清理涵洞及通道、桥面排水系统疏通、伸缩缝养护、修复桥梁人行道大理石等桥梁维护工作。引入 1 厘米超薄磨耗层、CSC 超薄封层等新工艺、新材料，提升养护效率，提高原有路面抗滑性能及构造系数。开展"一枝黄花"防除行动，加强路面环境整治。

港航海事。港航海事部门检查辖区企业 292 家次，现场监督检查到港运输船舶 63 艘次，排查各类安全隐患 10 起并完成整改落实。推进船舶和港口污染防治工作，完成第二轮中央生态环境保护督察及省级环保督察"回头看"反馈问题整改销号。运用巡查加强环节管控，执行船舶污染联单监管制度，实现污染物闭环管理。指导港口企业登录"长江干线船舶水污染物联合监管与服务信息系统"完成污染物接收转运工作，落实污染物接收转运处置衔接，接收船舶垃圾 30 艘次，转运处置率达 100%。推进船舶结构调整，淘汰老旧运输船舶，督促辖区启星水运有限公司 600 总吨以上船舶受电设施安装改造 7 艘。关停封存临时砂石集散中心，制定《蔡甸区推进永久砂石集散中心建设工作方案》，推进蔡甸区永久砂石集散中心建设。

运输服务。开通常福北工业园免费定制公交线路 1 条，开通沿常福工业园星光大道运行公交 203 路，调整 6 条公交线路通达蔡甸市民之家。恢复调整 283 路公交车（新阳花苑站至新天大道铁铺站），解决群众出行"最后一公里"难题。清明节期间开通公交祭扫专线 2 条，为群众出行提供便捷。建成成功大道城关公交首末站、成功大道城市公交首末站 2 个，新增公交站点 15 个，升级改造公交候车亭 3 个。统一编制城关公交运行走向图 100 幅，指引乘客便捷乘车出行。

市场运输管理。开展"打非治违"专项整治，重点整治出租汽车市场营运秩序，警告车辆 69 辆次，收缴标识灯 53 套。开展汽车维修、机动车驾驶培训市场整治，检查企业 41 家次，通过省监管平台核查电子围栏、教练车、教练员备案信息，清理检查辖区 10 家驾驶培训机构计时终端。加强源头治超工作，约谈辖区 317 辆违章超限运输车辆所在公司负责人。

物流业发展。出台《蔡甸区促进现代物流业高质量发展实施方案》。加

蔡甸区大集至索河嵩阳公路获评全省"十大最美农村路"

2022年2月28日，常福北工业园区企业定制公交通勤专线正式开通

大招商引资力度，引进捷利、极兔2个亿元以上项目。总投资3.5亿元的益丰医药项目开工。落实惠企政策，帮助相关企业获得500万元贷款。新增AAA级物流企业1家、AAAA级物流企业1家。深入实施农村寄递物流综合服务体系建设，将"快递进村"服务与乡村振兴、助农服务有机融合，建成1个区级和11个街道寄递物流公共配送中心，完成228个村级寄递物流综合服务站建设。

超限超载治理。健全联合治超常态机制，坚持路警联动，区域协作，定期组织开展"利剑"联合行动。处罚违规车辆786辆次，卸（转）货物17299.90吨。推进不停车检测系统建设，新增九康大道、星光大道、中法友谊大桥3处不停车检测点位。配合完成区级公路超限运输治理信息平台建设工作，科技治超水平进一步提升。路政人员清除路障196处12592平方米，清理摊点61处325平方米，制止新增违建4处70平方米，拆除非公路标志牌31块，拆除违建5处190平方米；处理行政赔偿案件7起，收取赔（补）偿费15.67万元。

政务服务优化。推进"一网通办"，及时承接下放事项79项，同步更新政务网办事指南，通过统一收发系统办理事项20126件。推进"跨省通办"，推广网办便民服务系统，帮办或代办高频事项44件。推进"一事

联办"，牵头"大件运输审批""涉路施工审批""汽车维修店开办"3个主题事项一事联办，开展联动审批，试行联合勘验，通过省垂系统审批大件运输1525件，涉路施工18件，汽车维修店开办1件。加强事中事后监管，制订并实施"双随机、一公开"年度检查计划，开展"互联网＋监管"平台监管数据录入，完成行业219个信用信息目录和79条信息归集整理。

工程质量监督。全区公路工程监督覆盖率100%，公路工程一次验收合格率100%。全年受监项目4个，其中3个受监项目完成提交交（竣）工备案，合格率100%。组织对全区38条27.27公里农村新建道路和43条13万平方米养护大修工程项目进行交（竣）工验收检测，合格率达97%。开展交通基础设施项目用料（砂、石、沥青、钢筋、商品混凝土等）试验检测8次，出具8份试验检测报告，抽检合格率98%，整改合格率100%。

节能减排。推进2项环保督察"回头看"问题整改任务完成销号。推进散装码头建设，完成资产清查、登记、估价，按期关停临时砂石集散中心。推广新能源在交通领域应用，淘汰老旧运输船舶4艘。运行船舶污染联单监管制度，接收船舶垃圾30艘次，完成转运处置闭环管理。开展非法码头"回头看"，取缔的14个码头全部复绿，保护汉江蔡甸段39.6公里

的珍稀岸线资源。开展改善空气质量攻坚行动，强化扬尘污染防控管理，有效避免施工扬尘。

安全应急。开展行业"打非治违"行动，推进安全生产专项整治三年行动集中攻坚。全年查改安全隐患575起。完善行业灾害性天气应急协调机制，制定防汛抗旱应急保障预案。组织蔡甸区公路局、蔡城公交公司分别开展消防灭火应急演练，提高员工灭火、疏散、自救能力。开展"平安工地""平安单位"等创建活动，防范化解各类矛盾风险。

（熊媛）

【东西湖区】 2022年，全区通车里程1259公里，公路密度251.8公里/百平方公里，其中国道71.56公里、省道54.25公里，二级以上公路里程149.54公里。全年完成交通固定资产投资33.6亿元，政府投资项目46个。完成农村公路提档升级10公里。协调推进京东华中电商产业园、中通快递华中总部基地等物流项目建设，协调完成民间投资40.02亿元。

基础设施建设。加快实施107国道快速化改造、柏泉配套道路工程、新沟镇园区配套道路、东山胜利大队新建道路工程、金山大道西延线二期（高桥五路至兴工八路）及支路连通工程等项目。完成白鹤咀改扩建工程、余氏墩路改扩建工程、柏泉新苑东一路新建工程、辛安渡国东一路北延工程、兴工三路、兴工六路、兴工七路、兴工九路、荷池路、九通路（新径线至东柏路）改造工程等。协调硚孝高速公路（二期）、京珠高速公路改扩建等省市重点项目，协调推进征地拆迁工作。

道路运输管理。全区共有道路运输业户3404户，开业552户，增加146户，补证22户，换证426户，注销175户，变更133户，转出3户，转入3户，年审2144户，年审率62.98%；车辆50369辆，新增车辆4513辆，补证314辆，换证1202辆，转入1202辆，转出1198辆，注销1316辆，年审46007辆，年审率

2022年，在建中的107国道东西湖段快速化改造项目

91.34%。道路货物运输驾驶员从业资格证诚信考核实行一人一档，建档率100%。

运输服务。全区有公交线路90条，运营车辆1267辆，公交站点1638处，其中智能公交站棚725处、简易站棚83处、站杆830处。根据企业及居民需求、道路维修、危桥改建等实际情况，推进线网优化调整工作，优化H75、H87、H91、H93、H97、356、713、722等公交线路走向，满足企业员工、居民出行需求。推进汉孝城际公交办理进度，完善孝感市延伸至东西湖区公交场站的公交线路方案。推进40余家机动车维修企业完成备案，对违规汽修门店进行走访宣传，告知并送达维修备案告知书20余份。规范驾驶培训行业管理，开展两网对接，审核学时12000余人次。加强出租汽车管理，定期全面检查辖区3家区域出租汽车公司46次。开展整治非法营运出租汽车行动，劝离站点违停疑似非法营运车辆90余辆次。

港航管理。协调推进长期砂石集并中心项目前期工作。重点对岸电设施改造、船舶污染物接收转运等进行监管，按要求完成码头所有泊位岸电设施升级改造，共计443艘作业船舶使用岸电。配合水务部门查处非法采砂、侵占河道等违法水事行为，参加联合执法5次。配合落实好长江禁捕工作，全面开展汉江、府河水域巡查检查25次。

路政执法管理。及时处置影响公路安全通行违法违规行为，全面整治国省干线环境8次，下达交通违法行为通知书4份，清理摊点24处，清理非公路标志牌8块，清理路障11处，制止违法施工行为5起。按要求办理涉路赔补偿案件，协助东西湖区行政审批局处理行政许可案件7起；办理续签案件1起，处理路赔案件40起。加大超限超载治理工作力度，严格落实24小时不间断治超，联合交警、城管部门开展治超专项行动116次，查处货车、渣土运输车违法行为6470起。

工程质量监督管理。重点监督检查新径线铁路穿孔连接线工程和农村公路桥梁新改建工程，开展人员履约检查2次、现场安全巡查22次、内业资料抽查4次、专项安全检查2次。对其他项目开展工序验收17次、安全巡查18次，发现一般安全隐患7起，全部完成整改。对112省道辛安渡集镇至孝感朱湖段改扩建工程、辛安渡汉宜路大红线至熊家台段改建工程、新沟镇街四大队养殖队桥和荷湖村四三小队桥梁工程等9个符合《公路工程竣交工验收办法》要求的项目，进行质量核验和竣工质量鉴定工作，并出具相应核验（鉴定）报告。

物流企业培育服务。全区有A级物流企业185家，其中AAAAA级2家、AAAA级68家、AAA级111家、AA级2家、A级2家。全年新增AAAA物流企业25家、AAA物流企业50家；全年为区内28家物流企业争取并发放第33批次物流专项发展资金598.16万元。推进"快递进村"工程，制定《东西湖区关于推进"快递进村"工程促进农村寄递物流体系建设工作实施方案》，在走马岭、新沟镇、东山、辛安渡、柏泉5个街道建设街道级寄递物流公共配送中心（中转仓）和37个村级寄递物流综合服务站，并顺利完成市、区联合验收。

道路养护管理。东西湖区公路管养体制初步实现事企分开、管养分离。开展道路环境综合治理，加强道路养护，提升公路环境。完成路面坑槽修补、路面病害铣刨摊铺沥青混凝土、路面灌缝，路面及隔离墩保洁；修剪路肩边坡草、路树，整修路肩，清沟排水等。拆除、修复护栏、站石、各类窨井盖、警示桩、步行砖、排正隔离墩、划标线，拆除及维修防眩板，限高架维修维护、伸缩缝维护、桥梁

2022年12月，九通路（新径路至东柏路段）改造工程完工

维护、各类标志标牌维护等养护管理。

行业管理。加强行政复议工作，聘请法律顾问审查系统内部合同77件。理清权力清单，全面清理153项服务事项，提供赋予街道的8项路政管理权力清单。深化"放管服"改革，严格落实"双随机、一公开"抽查机制，完成抽查任务4次。推广使用"智能公交"App、渡船GPS监控及抓拍系统、长江干线船舶水污染物联合监管与服务信息系统、货运市场GPS监控平台、交通综合监控平台，持续打造全区智能交通体系。

安全应急管理。全区道路运输行业未发生安全生产责任事故，车辆万车死亡率为零；监管通航水域未发生安全事故，2处在运乡镇渡口、渡船未发生安全事故，船舶万吨死亡率和直接经济损失均为0；交通在建工程安全事故为0，安全生产形势总体保持平稳态势。推进物流园区安全隐患排查整治，组织第三方专家对82家工业园区(物流园)逐一进行信息核实和安全生产检查，发现安全隐患790起，现场下达整改通知书75份，及时向属地街道发放安全生产工作提示函4份，共同督促企业落实安全生产主体责任。完善应急预案，开展应急演练，提升应急反应和救援处置能力，组织区内客运企业联合开展"2022年反恐演练、消防、乘客紧急疏散演习"，组织区域出租汽车企业开展消防安全演练，联合武汉市水路交通运输执法支队开展水上应急演练。

(黄慕迪)

【武汉经济技术开发区（汉南区）】
2022年，全区普通公路里程672.69公里，其中一级公路24.57公里、二级公路68.77公里、三级公路19.84公里、四级公路559.51公里。全区有交通运输及仓储业规上企业72家，A级物流企业28家。全年规上企业完成营业收入93.9亿元，比上年增长18.9%。全区拥有长江岸线62.3公里。港口岸线总长36公里，占全市港口岸线总长的30.71%，可常年通航5000吨级船舶。辖区内注册水路运输企业2家。

2022年5月16日，从车谷开往光谷、江夏、武昌、汉口的4条快速公交线路开通

全区有沌口港区、军山港区和汉南港区三大港区。建成并运营码头21个、泊位44个。

公路管养。全年交通运输工程监管项目10个，全部完成竣(交)工验收工作。全区管养公路里程94.59公里，列养公路桥梁21座。全年完成整修路肩、修复路缘石、清理边沟、清理路肩杂草、药物除草、清理路障、清扫路面、扫雪防滑、撒防滑料、桥涵疏浚、桥面清洁、边坡坍塌修复、更换百米桩、更换里程碑、安全设施清洗、刷波形护栏、埋设警示桩、行道树修剪、行道树刷白等日常养护工作。深化农村公路管养体制改革，推动农村路网精细化管理，全面推行农村公路"路长制"实施方案，实行严格考核机制。完成市级绩效管理目标任务5.02公里建设任务和5座危桥改造工程。

长江大保护。开展港口船舶防污染工作，推进环保问题"回头看"工作。重点围绕环保问题清单和相关要求，完成纱帽、邓南、沌南州3个临时砂石集并中心拆除工作，稳步推进永久砂石集并中心建设工作。加强港口环境保护管理，推动辖区港口船舶污染物接收转运处置工作，辖区19家港口经营企业(除危货港口企业外)全部配备"四桶一牌"生活垃圾接收设施、生活污水接收处理和油污水接收处理设备、港口岸电设施。督促辖区散货码头完成雨污水收集设施建设，除装卸运输粮食类作业码头外，所有散货码头全部完成雨污水收集设施的建设。加强"十年禁捕"监管，与辖区19家经营性港口企业签订《不从事生产性捕捞承诺书》，全年未发现乡镇船舶和"三无"船舶非法捕捞行为，辖区长江水域港口企业港区未发生一起非法捕捞行为。

道路运输服务。全区有公交集团经开运营公司、线路52条、公交车503辆，武汉路达汉生旅游汽车服务有限公司、旅游客车8辆。有货运企业633家，货运车辆5506辆，危险货物道路运输企业4家。有新能源汽车公司和裕悦莱公司2家出租汽车企业；网约车平台公司8家；驾驶培训机构13家；机动车维修企业116家；机动车检测企业7家；汽车租赁企业28家。

道路运输市场监管。联合公安交管、高速公路交警等部门对地铁16号沿线、纱帽正街、汉南大道薇湖路段、武汉西等区域站点，开展整治非法营运出租汽车行动，暂扣涉嫌非法营运车辆4辆，现场缴获非法营运车辆顶灯49个，对驾驶员进行口头教育并劝离204辆次。联合武汉市经济技术开发区商务局、市场监管局、公安部门开展打击非法加油点和非法运输成品油安全生产集中整治百日行动，查扣

2022 年 5 月 23 日，氢能源车在武汉经开区正式上线运营

涉嫌非法危险货物运输（成品油）车辆 4 辆，均依法依规进行处置。集中执法力量开展出租汽车路检路查工作，加强对重点区域出租汽车路面秩序和疫情防控等进行专项整治。检查巡游出租汽车和网约车 4076 辆，发现各类违规行为 1058 条，均移交企业进行整改。对网约车新业态管理，线上检查各平台公司车辆 645 辆，查处违规车辆 67 辆；通过网络叫车暗访抽查"滴滴"平台网约车 7 辆次。

水路运输市场监管。组织开展节假日和重点时段专项检查工作，全年开展港口执法检查 48 次，检查企业 66 家次，每家危险货物港口经营企业检查不少于 12 次。落实每周 2 次水路运政检查，全年检查运输船舶 176 艘次。加强水域巡查，检查发现汤湖公园内武汉圣禹排水系统有限公司存在"三无"船舶在汤湖公园湖区进行水上清污和水质检测活动。强化应急管理，向辖区水上交通运输企业转发各类水文、气象应急预警信息 128 条；向企业送达《加强汛期趸船安全管理告知书》23 份；联合长江海事金口海事处、长江航道公安局武汉分局纱帽派出所开展水上应急救援演练。

货车超限超载治理。牵头组织超限超载治理专项整治行动 37 次，重点打击钢材、渣土、商用混凝土等运输车辆违法超限超载行为。积极配合武汉市环城大队东升治超中队在 318 国道东升治超站开展常态化联合治超活动，通过固定设卡和流动巡查方式加强路面整治工作，参与常态化联合治超活动 114 次。对全区年周转量达 30 万吨以上货物源头企业进行摸底排查。加大重点货物源头企业监管力度，每月巡查不少于 4 次。全年约谈违规企业 37 家次。

安全生产监管。元旦、春运、"五一"、国庆等重大节假日期间开展客运车辆安全隐患排查工作；定期对危险货物运输企业、机动车维修企业、机动车驾驶培训机构、旅游运输企业进行规定频次的安全检查；常态化开展安全隐患排查工作，全年排查企业 42 家，排查安全隐患 56 起。加强源头管理，与辖区 23 家港口企业签订《安全生产承诺书》，督促企业落实安全生产主体责任，坚决遏制重特大事故发生，全年未发生水上交通安全生产责任事故，港口水域未发生污染事故，监管通航水域安全面达 100%。通过日常路政巡查、重点货物源头企

业督查工作强化安全监管，全年消除一般隐患 93 起，未发生安全生产责任事故。

交通体制改革。武汉经济技术开发区（汉南区）交通运输职能由区住房和城乡建设局划转至区城市管理执法局，武汉经济技术开发区（汉南区）城市管理执法局挂牌武汉经济技术开发区（汉南区）交通运输局。

（舒夏添）

【黄陂区】 2022 年，武大高速公路主线全线贯通；沿江高铁黄陂段、武汉都市圈环线黄陂段启动征迁工作；武汉天河国际机场三跑道改扩建有序推进；沿江高铁天河机场站站城一体化规划方案初步形成。互联互通项目提速推进，航城大道与机场二通道互通、府河大道盘龙三路至岱山大桥、航城西路黄陂段开工建设，轨道交通前川线一期通车。黄陂区内主干道路扩容升级，前川中环线、天河至祁家湾公路等 12 个项目建成，川龙大道天灯岗至横店段、岱山大道与汉口北大道立交等 9 个项目在建中。农村公路大中修 23 万平方米，农村公路安全防护 200 公里，危桥（涵）改造 13 座，新建通湾公路 40 公里。黄陂区成功创建"四好农村路"全国示范县，姚塔线获评 2021 年度全省"十大最美农村路"。

运输市场监管。联合武汉天河国际机场公安、黄陂区公安交警、城管等部门，加大武汉天河国际机场、汉口北轻轨站、客运中心站等重点区域巡查检查力度，查扣涉嫌违规营运车

黄陂区农村公路姚塔线串联起木兰山、木兰湖、木兰花乡等景区

开展道路客运综合应急演练

辆 258 辆次，扣留证照 209 件，暂扣车辆 46 辆。向黄陂区人民法院申请强制行政案件 21 件。

公交服务。提高公交服务水平，将公路客运班线运营的老旧车辆全部更新为公交车型，分期采购新能源公交车 238 辆。优化调整城区公交线路 11 条、城乡公交线路 16 条。针对汉口北、盘龙城、临空经济区等区域职工上下班出行难、学校学生上下学接送难等问题，开通微循环、定制公交等方式解决乘车不便问题。前川地区持老年卡免费，全区持残疾卡免费，现役军人、应急消防人员凭证免费。

水上交通。加大长江岸线整治。开展水路运输"打非治违""防治船舶污染""长江禁渔""港口码头治理""渡口渡船普查""船舶疫情防控"等专项活动。全年检查跨河桥梁 27 座、航道标志 32 座、各类运输船舶 200 艘，全年水路交通运输安全无事故发生。

超限超载治理。配合区治超办查验营运货车 2053 辆，处罚车辆 186 辆，查处违法企业 6 家，并对其进行约谈，分别下达《安全隐患整改通知书》和《交通违法行为通知书》，责令停业整改。

物流业发展。2022 年成立中共武汉市黄陂区物流行业综合委员会。全年在建物流建设投资 25.16 亿元。持续跟进物流企业招商引资项目，按照"签约一批、跟踪一批、培育一批"思路，继续参与全区物流企业招商引进工作。武汉云链智慧物流产业园项目、玉湖冷链(华中)国际食品交易中心项目等项目开工建设。全年新增 AAA 级物流企业 3 家、AAAA 级物流企业 1 家。协助区邮政分公司建成 1 个区级寄递物流公共配送中心、16 个街道(乡)寄递物流公共配送中心、575 个村级寄递物流综合服务站。

(王喻玲)

【新洲区】 2022 年，全区公路里程 3854.57 公里。全区水路完成货运量 1739 万吨、货物周转量 3.70 亿吨公里，公路完成货运量 1787 万吨、货物周转量 12.51 亿吨公里；水路集装箱运输 209 万标箱；客运量 1322.39 万人次；公交线路 49 条，车辆 402 辆。

基础设施建设。全年完成交通固定资产投资 18.38 亿元。建设"四好农村路"50 公里，新建农村公路 49 公里，改造农村公路危桥 6 座。347 国道江北快速路东延线全线贯通，新李公路一期通车，"五路八桥"中的五路全线建成，新港高速公路双柳长江大桥及接线工程全线开工，仓埠街获评 2021 年度全省"四好农村路"示范街镇。

现代物流业。全年完成物流项目建设投资 18.33 亿元，阳逻港一、二、三期实现一体化运营，港口聚集效应凸显；综保区饲料加工厂项目主体工程建成；铁水联运二期码头改造及配套堆场建设完成；冷冻产品加工项目 1、2 号冷库封顶，3、4 号冷库主体结构完成 80%；新增 AAAA 级物流企业 3 家，新增"小进规"企业 3 家，协助引进物流项目 3 个；京东等重点物流企业完成智能化改造；12 个街镇级中转仓和 519 个村级站点选址及建设完成，"快递进村"实现全覆盖。

行业治理。优化延伸 4 条公交线路，新增 8 个公交站点。联合教育、交警部门审核校车使用许可 191 辆，联合审核运行线路 481 条，规范校车运行。开展"打非治违"专项行动，规范运输市场秩序，开展整治行动 42 次，责令 2 家汽车维修企业停业整顿，对 4 家企业下发整改通知。制止和处理公路两侧违章建筑 130 起。开展"双随机、一公开"检查 43 次。加大源头治理力度，摸排砂石料堆场 39 家，定期检查 16 家货运源头企业。靠山站治超检测站段电子抓拍系统启

提档升级后的新洲区东辛线农村公路

用，230 国道和 347 国道不停车检测系统建成投用，全年查处超限超载车辆 983 辆，卸载货物 18675.55 吨。

安全生产。开展综合交通专项整治三年行动攻坚，加大安全风险隐患排查整改力度，排查企业 453 家，整改隐患问题 195 起，整改率 100%。加强应急管理，完善应急预案，开展综合交通车辆事故救援、工地触电事故及消防应急救援等演练活动，提高应急处置能力水平。开展防灾减灾工作，完成全区公路承害体普查任务。

营商环境。推进政务服务事项"一门一窗"，落实省市下放经济社会管理权限事项在政务网上办理；推进"无证明城市"创建工作，简化证明事项材料，10 个证明事项材料由部门核验和数据共享的形式进行免提交，2 个证明事项取消材料。扎实开展"解稳促"帮扶企业活动，向企业发放交通运输领域稳住经济基本盘政策选编，收集问题 19 个并全部予以解决，解决率 100%。

交通改革。完成公路管理局分类改革。整合公路路政、道路运政、水路运政、航道行政、港口行政、地方海事行政、工程质量监督等执法职能，组建交通运输综合执法大队，成立交通运输服务中心、港航服务中心。

（张欣）

黄石市交通运输

【概况】 至 2022 年底，全市在册公路通车总里程 8419.54 公里，公路密度 183.72 公里/百平方公里，其中高速公路 241.02 公里、一级公路 497.43 公里（含高速公路连接线 14.93 公里）、二级公路 688.93 公里、三级公路 177.16 公里、四级公路 6815 公里。内河航道里程 186.8 公里。黄石港口按辖区分为黄石市城区港区、棋盘洲港区和阳新港区 3 个港区，拥有各类码头泊位 61 个，其中生产性泊位 48 个（含危货泊位 5 个）、非生产性泊位 13 个。全市有公路客运站 29 个，其中一级客运站 1 个、二级客运站 2 个、三级客运站 6 个、四级客运站 7 个、五级客运站 9 个、简易客运站 3 个、临时客运站 1 个。

基础设施建设。全年完成交通固定资产投资 137.5 亿元，比上年增长 5.4%。其中高速公路项目完成投资 34.40 亿元，普通公路投资 16.28 亿元，港航投资 11.48 亿元，站场投资 1.73 亿元，物流投资 7.10 亿元，交通社会投资项目及其他 66.50 亿元。完成一级公路路基 4.5 公里、路面 28.73 公里；二级公路路基 1 公里、路面 1 公里；干线公路大中修 27 公里。全市新能源货运配送车辆达到 115 辆，新增货运车辆充电场站 105 个、充电桩 649 座。新增新能源出租汽车 125 辆，比例增至 14.5%。新投入新能源公交车 50 辆，比例达 72.1%，新增公交场站充电桩 16 个。全国绿色货运示范城市创建工作通过省级验收。

"四好农村路"建设。全年新改扩建"四好农村路"315.83 公里，超额完成政府十件民生实事中 300 公里目标任务。其中，完成县乡道改造 55.02 公里，自然村公路建设 95.68 公里，农村公路提档升级 165.13 公里。打造市级高标准"四好农村路"示范项目 73.91 公里。

运输服务。全市有有轨电车 32 列、城市公交车 1458 辆、公交经营线 101 条，公交线路总长度 1594.9 公里，公交线路总运营里程 4220 万公里。全市有出租汽车 2012 辆。全年完成道路客运量 1438.19 万人次，比上年下降 10.41%，完成旅客周转量 3.33 亿人公里，比上年下降 26.98%；完成城市客运量 14988.2 万人次，比上年下降 8.04%，完成出租汽车客运量 6049.29 万人次，比上年下降 26.1%；完成道路货运量 5381.17 万吨、货物周转量 45.40 亿吨公里，比上年分别下降 23.0%、2.5%。完成水路货运量 2039.57 万吨，比上年增长 13.75%，完成货物周转量 59.94 亿吨公里，比上年增长 6.88%。完成港口货物吞吐量 6855.20 万吨，比上年增长 24.59%

公路养护。全市公路养护里程达 8163.60 公里，其中列养里程 1508.22 公里（国道 273.34 公里、省道 579.85 公里、县道 487.97 公里、乡道 70.28 公里、村道 96.78 公里），非列养里程 6655.38 公里。实施国省道养护大中修工程 27 公里；检测普通国省干线公路

2022 年，在建中的武汉至阳新高速公路

2022年，在建中的黄石新港码头三期工程

桥梁79座；完成普通国省道危桥改造9座。组织开展路域环境集中整治活动，清除公路及公路用地范围内堆积物27处248平方米，清除非路用标志牌19块，清理占道经营18处115平方米，制止其他路损行为5起。

科技与信息化。"互联网＋监管"水平持续提升，"双随机、一公开"工作获全省工作成绩突出单位表彰。加大科技监管力度，筹措资金324万元，奖补支持833辆巡游出租汽车安装4G动态监控设备；新港三期按照智慧、绿色码头标准有序施工建设。加强油污转运调度，确保船舶污染物接收、转运、处置率达到90%以上。加大岸电推广使用，督促2艘船舶完成受电设施改造，7个码头泊位完成岸电升级改造，实现港口岸电全覆盖。加快专业设施建设，督导2座污染物接收专用码头建成营运，指导黄石新港申报全省第一家绿色港口创建。

安全应急管理。开展安全生产专项整治三年行动巩固提升、"百日治超"等专项行动，严厉打击各类违法违规行为，全年整治安全隐患2001处，完成省市挂牌督办重大隐患整改7处。全年发生较大以上事故1起，比上年下降66.7%，水路交通、交通重点工程建设领域未发生亡人事故。新港三期工程等4个项目获省级"平安工地"称号；新消除普通公路危桥58座，超额完成市政府民生实事以及

省厅下达的危桥改造计划。

交通改革举措。35项审批事项平稳有序下放到大冶市、阳新县交通运输局。16个高频服务事项接入"鄂汇办"App；"一网通办""一窗通办"率均达到100%；"跨省通办""一事联办"全面推行。升级改造全市公交卡后台管理系统以及车载机具，实现公交卡与有轨电车、武汉公交等一卡通用。

文明创建。先后组建中共黄石市网络预约出租汽车行业委员会等3个基层党组织，健全完善行业非公企业党组织架构以及党员管理工作。正面宣传报道富有成效，全年共在市级媒体发稿650篇，省级媒体发稿62篇。开展综合交通运输发展"十四五"规

划等3个专题宣传，其中"打造武鄂黄黄国际综合交通枢纽重要节点"主题宣传受到高度关注和肯定，黄石市交通运输局被表彰为2022年主题宣传工作优秀单位。

（余珣知）

【大冶市】 至2022年底，全市公路总里程4652公里（不含高速公路），公路密度294.68公里/百平方公里，其中高速公路96.5公里、一级公路189公里、二级公路282公里、三级公路875公里、四级公路3306公里。内河航道通航总里程34.5公里（界河按二分之一算），有渡口3个。有道路运输客运站16个，其中一级客运站1个、二级客运站1个、三级客运站5个、四级客运站和简易客运站9个。

基础设施建设。全年完成交通固定资产投资47446万元，比上年下降60.46%，其中公路固定资产投资28855万元，客运站场建设投资11900万元，物流站场投资6691万元。349省道大冶港湖至鄂州茅圻公路、315省道大冶大箕铺至金湖段改建工程（大箕铺段）、201省道大冶市刘仁八至金牛段公路改建工程续建，全年新增二级公路1公里、三级公路20.38公里、四级公路68.28公里。大冶市中心综合客运站完工，该站为超二级综合汽车客运站。湖北海虹物流园三期工程和大冶市宏通物流园扩建。

大冶市大箕铺镇获评2021年度全省"四好农村路"示范乡镇

"四好农村路"建设。全年建设农村公路路网连通、延伸工程34.09公里；农村公路提档升级37.28公里；农村公路大修工程66.81公里；农村公路新建桥梁30延米。大箕铺镇获评全省"四好农村路"示范乡镇，至此全市有省级示范乡镇5个。

运输服务。全市交通运输企业统筹常态化疫情防控和生产经营，全年完成道路客运量(不含公交车和出租汽车)1009万人次、旅客周转量(不含公交车和出租汽车)1.57亿人公里，比上年分别下降26.24%、45.36%；完成货运量1397.84万吨、货物周转量9.36亿吨公里。全市20家规上交通运输企业共完成营业收入6.75亿元，培育"新进规"企业1家，比上年增长33.93%。优化大冶市高新区工业园公交线路，新开通22路、23路公交线，新增公交站点15对。优化调整公交3路、26路等2条公交线路，新增8对公交站点。全市有AAA级以上综合物流企业10家，其中AAAA级物流企业4家。AAA级以下物流企业(包括快递邮政、城市配送等)100余家。推进农村寄递物流体系建设，设置镇级寄递物流综合服务站13个，快递物流覆盖城区和乡镇。

公路管养。对国省干线公路路域进行环境整治，开展公路春季、冬季养护专项行动，着重处治路面坑槽、裂缝、沉陷等病害。完成沥青类填补坑槽、清理边沟、整修路肩、清运堆积物、新建修复边沟挡墙、路面封闭裂缝、埋设百米桩、示警桩轮廓标完善修复等日常养护工作。加强路基标准化建设。采用小型挖机整治路基23公里，投入资金350万余元。做好路肩、边坡加固、培土整修，保持边沟、盖板沟、涵洞等排水设施通畅。重视桥梁管护，维修升级列养桥梁泄水孔。完成大箕铺站和还地桥站站房维修、金牛站料场硬化、金牛停车区扩建、毛铺公路站新建工程。深化农村公路养护管理体制改革，在陈贵、刘仁八等4个乡镇推广茗山乡农村公路"四抓四化"养护模式，持续推进农村公路群专结合养护，加强月抽查、季考核、年总评，年度考核结果与农村公路日常养护资金拨付挂钩。全面实行农村公路三级"路长制"，乡镇落实乡村两级农村公路专管员800余人，做到路有人管、事有人办，村民爱路护路意识得到增强。

路政管理。及时发现和查处各类损坏、破坏路产路权和公路设施违法行为，确保公路完好。全年处理路政案件69起，追回直接路产损失35.32万元，开展路面巡查，下发隐患整改通知书175份。制止在公路两侧建筑控制区内修建建筑物、构筑物10次；拆除非路用标志牌187块；清理公路及用地范围内堆积物284处940余平方米；清理占道经营185处；制止其他损路行为29起。深化路警联合治超常态化、制度化，严格实行"九不准"要求和"一超四罚"制度，重点路段新增设3处不停车超限检测系统，着力打击重点区域、重点路段货车"三超"行为；加强道路运输源头治理，对管辖区域货物运输源头企业上门督查指导、安全巡查，监督其落实安全生产主体责任，从源头上遏制违法超限超载运输行为。

道路运输市场监管。持续开展"打非治违"专项整治行动，重点整治道路客货运输、城市公交、出租汽车和驾驶培训、维修行业，查处非法营运出租汽车60辆、非法网约车45辆、违规出租汽车244辆、各类违章货运车辆204辆。查处非法改装货车171辆、非法客车50辆。

智能交通。全市所有长途客运车辆、出租汽车、农村客运车辆、公交车、危险货物运输车辆均安装GPS，实行24小时动态管理，确保行车安全。推进政务服务标准化和政务流程再造，全面落实线上"一网通办"，提升"互联网+政务服务"水平，打通数据通道，加快证照数据和政务信息共享，推进"互联网+监管"工作平台。城铁大冶北站、团垴客运站实行电子客票、网上订票。全市公交车推出App信息服务，公布公交车辆实时位置及到站时间。海虹物流园依托铁路95306平台，宏通物流公司依托欧冶宝武集团平台，推动建立各种运输信息资源信息共享机制，实现业务协同联动。

节能减排。严格新增车辆市场准入机制，逐步淘汰高能耗、高排放量车辆。至2022年底，报废淘汰高耗能、高排放车辆261辆。全市新能源和清洁能源公交车、出租汽车应用率100%，城乡纯电动客运车辆20辆。推进多式联运发展优化调整运输结构，绿色交通低碳出行初步形成。

安全应急管理。预防和减少安全生产事故，特别是针对各敏感时期重大时间节点，深入开展隐患排查治理工作，要求隐患排查做到不漏过一个路段、不漏过一个企业、不漏过一个岗位。公路部门排查安全隐患38处，全部整改完成；农路部门例行检查3次、专项检查2次，发现安全隐患8处，全部整改到位；执法大队下达改正文书115份，全部完成销号。为保障汛期安全，公路应急中心对防汛物资进行清查补充。制定公路防汛应急实战演练筹备方案。开展联合应急消防演习，"两客一危"运输企业30余人参加，有效提高从业人员安全意识和防护自救能力，完善道路交通事故应急救援机制。

交通改革举措。2022年8月1日，大冶市交通运输综合执法大队正式挂牌成立，为事业性副科级单位，隶属大冶市交通运输局管理。核定编制141名，大队内设4个股室、5个中队和栖儒桥检测站。同时撤销市道路运输管理局、大箕铺交管站、陈贵交管站、保安交管站、金牛交管站、还地桥交管站、市城市客运站管理处、市出租汽车管理局、市港航管理所(地方海事处)，编制收回，人员(不含原市高管所分流人员)整体划入市交通运输综合执法大队，从市农村公路管理局符合条件的人员(不含原市高管所分流人员)中划转不超过4名到市交通运输综合执法大队。

(柯可)

【阳新县】 至2022年底，全县在册公路总里程3868.67公里(不含两镇一区、市政道路及非在册农村公路里程），公路密度 139.16 公里 / 百平方公里，其中高速公路 136.63 公里、一级公路 178.82 公里、二级公路 412.23 公里、三级公路 94.04 公里、四级公路 3046.95 公里。内河航道总里程 81.3 公里 (界河按二分之一算)，有生产性码头泊位 18 个、渡口 40 个。有客运站 9 个，其中二级客运站 1 个、三级客运站 3 个、四级客运站 4 个、五级客运站 1 个。

基础设施建设。全年完成交通固定资产投资 71.7053 亿元，比上年增长 12%。武穴长江大桥阳新富池连接线上巢至兴富路口段建成通车，106 国道阳新县沿镇至黄土坡段改建工程军垦场区段全线开工建设，武汉至阳新高速公路阳新段建设顺利推进，357 省道木港至龙港段改建工程在建中，203 省道阳新县棋盘洲至富池段主体工程基本完工，阳新县王英镇大田至王英公路路面修复完工，阳新县枫林镇 2021 年度第二批农村公路改造工程 27.12 公里全部建成，枫林镇兴枫线大畈村茅桥至南城码头 12.8 公里农村公路改造基本建成，普通公路 88 座"三年消危"危桥改造工程全部完成。富水航道富池至排市段、阳新港区富池作业区电建建材产业园码头工程建设中，黄石港阳新港区富池作业区综合码头工程全部建成，阳新港区富池作业区富江公用码头完成水域工程建设，黄颡口砂石集并中心完成设计工程量的 69%。阳新县综合客运枢纽站项目建成。阳新县城市公交服务区 (停车场) 建设项目开工建设。

"四好农村路"建设。全年完成新

阳新县"四好农村路"铺就乡村振兴"快车道"。图为半壁山五爪咀线

改建"四好农村路"200 公里，其中，重要县乡道 28.9 公里；完成农村公路路网连通 49.04 公里、提档升级 (窄路加宽)120 公里，完成投资 2 亿元。建立和完善农村公路"路长制"，全县 31 条县道、158 条乡道和村道实行包路段负责制。

运输服务。全县有道路运输业户 1084 家，其中普通货运业户 1057 家 (含个体经营业户)、客运业户 21 家、危险货物运输业户 6 家 (包括新港物流工业区 2 家)。拥有货运车辆 2459 辆，危险货物运输车辆 115 辆，客运车辆 484 辆。有客运班线 228 条，其中省际客运班线 5 条、市际班线 13 条、县内班线 16 条、县内班线 194 条。全年完成道路客运量 518 万人次、旅客周转量 3.01 亿人公里，完成货运量 1927.4 万吨、货物周转量 27.93 亿吨公里。拥有出租汽车公司 3 家、出租汽车 400 辆；公交运营企业 1 家、公交车 180 辆，公交运营线路 12 条，

公交线路总长约 134 公里，停靠站点 288 个，实行公车公营模式。全县登记在册船舶有 271 艘，检验发证 115 艘、5980 总吨、2549 净吨、7794.16 千瓦、2668 客位，其中客渡船 96 艘、其他船舶 19 艘。全县村村通客车实现城乡"最后一公里"无缝对接，鼓励有条件农村客运线路采用"区域循环"和"赶集车""约租车"等方式方便群众出行。开通农村客运班线 194 条，农村客运车辆 493 辆，至此，全县 354 个行政村 (不含两镇一区) 村村通客车，新增村村通客运线路 1 条 (白沙至上潘)；有 42 个自然村开通约租车客运，通达率 100%。

公路管养。以日常养护检查考核为抓手，全面提升国省道路况服务水平。做好日常路面保洁、路容路貌整修工作，完善公路各种设施，确保公路标志标线标牌完整齐备；加强路面病害处理，对局部沉陷、翻浆路段进行一次性挖补处治；加强边沟清理和修复，对排水不畅易积水路段及时清理疏通或新建边沟，保证排水顺畅。全年修补沥青路面坑槽 53154 平方米，修补水泥路面破碎板 5680 平方米，修补坑槽 8451 平方米；清理和修复边沟 126 余公里，清理路肩杂物及整理路肩 43576 平方米；清除坍塌土石方 10 余处；疏通涵洞 50 余道，补植各类树苗 9500 余株；更新标志标牌、轮廓标、百米桩、道口桩及修复钢护栏等。

路政管理。推进源头监管，强化

阳新县建设"四好农村路"助推乡村振兴。图为黄颡口镇花果村产业路

治超手段，采取灵活多变科技手段打击超限超载。全县国省干线及重点路段开展联合执法26次，强化路面执法，加强源头管控，严控百吨王，落实"一超四罚"。在城东岗亭执法点联合交警、运管等部门治理超限运输，打击违法超限运输现象。检测货运车辆31163辆，查处超限案件805件，卸(转)载货物11875.1吨。结合"路政宣传月"活动，加大路域环境整治，开展危桥险路排查治理，消除各类安全隐患；深入货运源头企业宣传26次，发放宣传资料4000余份。清除路面堆积物75处，清除路障362处2352.5平方米；查处占用公路堆放物品、堆物作业18处，清除非路用标识标牌197块，清除非路用广告横幅148条，查处损坏路产赔偿案件52起，及时通知相关责任单位修复受损路产。路政案件查处率达98%、文书使用率100%、案卷合格率98%以上，无行政败诉案件。

运输市场管理。规范阳新县城市公共客运市场秩序，进一步优化公共客运市场环境，促进公共客运行业健康、稳定、有序发展。阳新县交通运输局成立"打击非法营运"专班，积极开展"打击非法营运"工作，对非法营运车辆实施动态管理。采取定点检查与流动检查、定时检查与不定时检查、明察与暗访相结合的方法，严厉打击非法从事公共客运车辆，净化市场秩序。建立市场长效监管机制，发现违法行为523起，处罚案件369起，通过多次专项、集中整治行动，全县道路运输市场秩序明显转变。

疫情防控。严格按照省市县防控指挥部安排部署，落实疫情防控常态化管理，统筹局属二级单位及全县13个交通卡口查验点认真做好疫情防控工作。修改完善交通行业疫情防控制度文件4个，督促"三站一场"落实落细消毒通风、运输组织、人员防护、应急管理等疫情防控措施，建立一支应急队伍和储备一批防控应急物资和各类应急运输车辆99辆(其中客车45辆、货车36辆、样本送检冷链运输车18辆)。

安全应急管理。全县交通运输安全生产形势稳定向好，水路交通、工程项目建设等领域连续四年"零事故"。对全县交通行业重点领域、重点部位、重点企业和近几年事故频发路段进行经常性督办检查。对省级挂牌督办的阳新县富池沙村大桥重大安全隐患、市级挂牌督办的351国道与枫林高速公路出入口十字路口重大安全隐患和阳新县龙港石下村路段重大安全隐患，均按要求整改销号。对日常安全检查发现的各类安全问题隐患531处，通过现场指导整改、跟踪督办销号等方式，切实解决交通运输领域安全生产长期存在的问题，安全生产治理模式在向事前预防转型。修订完善应急响应和应急处置流程，加大应急救援处置装备建设和物资储备，组建1支100人的交通防汛抗旱运输保障应急队伍和1支50人的阳新"公路保畅通"应急突击队，不断提升全县交通行业应急保障能力和处置突发事件能力。

交通改革举措。阳新县交通运输局交通综合配套改革进行中，上级部门正式下发阳新县交通运输局机关三定方案、交通综合执法大队组建文件。2022年8月30日，阳新县交通运输局下属汽车运输公司、平安公汽公司、客运联营公司、道路运输中心车辆检测站4家企业整体划转至阳新县交通建设有限公司。

(杨裕勇　曹睿桓)

十堰市交通运输

【概况】　至2022年底，十堰市公路总里程3.1万公里，公路密度131.2公里/百平方公里，其中高速公路620公里、一级公路473公里、二级公路2839公里、三级公路433公里、四级公路26100万公里、等外公路575公里。全市有国省道38条、通车里程3281公里，其中国道982公里、省道2299公里。全市有公路桥梁2782座，其中国省道桥梁1072座；有公路隧道139座，其中国省道隧道131座。内河航道通航里程762.8公里，全市1个港口8个港区，实有生产性泊位80个、渡口64处。有客运站112个，其中一级客运站5个、二级客运站13个、三级客运站13个、便捷站81个。

基础设施建设。全年完成交通固定资产投资141亿元(不含铁路、民航)，比上年增长13%；争取各类资金16.4亿元，比上年增长6.4%。在建高速公路2条，新建成高速公路41公里；十淅高速公路基本贯通，十巫北高速公路加快推进，十巫南高速公路项目核准获两省发展改革委批复，福银高速公路改扩建(十堰段)下穿西十高铁交叉工程开工建设，房神高速公路前期工作加快推进。实施一、二级公路139公里；玄岳大道城区段、209国道十堰垭子至大川一级公路等基本贯通，242国道郧西漫川至上津段、279省道龙山土梁大桥等建成通车，双高路、209国道房县柳树垭至土城段、229省道竹山得胜至罐子口等加快推进，209国道大川至唐家河、唐家河至柳树垭、242国道竹山邓坪至城关等一级公路项目开工建设。实施"襄十随神"硬联通项目16个，建成4个、在建12个。竹溪县农产品冷链物流配送中心、秦巴山区粮食物流产业园等建成运营，孤山航电枢纽、房县公共配送中心、十堰电商产业园等基本完工，十堰市快递物流产业园、东利洋物流园二期、景晟商用车物流新基地等顺利推进，十堰生产服务型国家物流枢纽工程、佰昌仓储物流产业园二期等项目前期工作加快推进。

"四好农村路"建设。2022年，

2022年8月20日，十淅高速公路丹江口水库特大桥合龙

全市新改建农村公路2153公里，完成投资42.5亿元。其中县乡道改造250公里，完成投资23.2亿元；新改建村级公路1903公里，完成投资18.6亿元；新建农村公路桥梁45座1600延米，完成投资0.7亿元；农村公路危桥改造115座3950延米。实施偏远山区行路难路段改造219公里，新开工危桥改造180座，打造美丽农村路100公里。组织申报"四好农村路"省级示范市1个、示范县1个、示范乡镇5个，竹溪县入选2022年度"四好农村路"全国示范县创建单位。

运输服务保障。全年全市道路完成客运量518万人次、旅客周转量5.09亿人公里，比上年分别下降24.93%、32.22%；完成货物周转量43.39亿吨公里，比上年下降4.63%。水路完成客运量5.21万人次、旅客周转量151.19万人公里，比上年分别下降40.2%、42.45%；完成货运量415.01万吨、货物周转量1.25亿吨公里，比上年分别增长8.99%、12.70%。全市出租汽车保有量2690辆；城区出租汽车保有量1987辆，巡游出租汽车公司8家，从业人员2200余人。完成国家公交都市创建申报。新开及延伸公交线路7条。印发《关于调整十堰市深化出租汽车改革领导小组的通知》，进一步调整和明确十堰市深化出租汽车改革领导小组成员名单及相关工作职责。

城乡客运。全年新建乡镇综合服务客运站6个、候车亭390个，新增97个行政村通公交，行政村通公交比例上升至45%。加快全域公交县示范创建，郧阳区入选省级第二批创建试点，竹山县乡镇公交覆盖率达82%。深化交旅融合发展，亨运集团开通11条景区直通车，郧阳区开通虎啸滩、"香菇小镇"等城郊旅游班线。成功打造"爱老敬老公交""红色公交"品牌线路，开通姚坪乡至城区客运班线，100余辆农村客运车辆实现公司化运营，全市二级及以上客运站电子客票实现全覆盖。

物流发展。全市新增规上物流企业5家、A级物流企业6家，全市AA级以上物流企业46家。市现代物流联席会议机制调整由交通部门牵头，提请市政府出台《十堰市构建现代物流体系推进物流提质增效降本三年行动方案(2022—2024年)》，研究起草

《十堰市突破性发展供应链物流产业发展三年方案》。生产服务型国家物流枢纽入选全省首批多式联运示范工程。竹山、竹溪、房县和郧阳区等地率先创建客货邮融合发展示范区，房县整合2条客货邮融合路线，竹溪县被省交通运输厅确定为省级"快递进村"试点县。

公路管养。全年争取国省干线公路大中修工程223.6公里，实施大中修工程75.5公里，消除次差路段150余公里，PQI值突破85。新改建停车区、观景台、交通厕所等服务设施41个。投入地灾治理资金9500余万元，整治销号公路地灾隐患点50处、公路安全隐患点位222处，实施安全生命防护工程310公里。完成第一次全国自然灾害综合风险普查工作。完成"三区三线"划定和省道路网规划布局调整工作。

行业监管。全年处理影响公路完好、安全和畅通2048起，拆除违章建筑8处872平方米，清理占道经营等259处2150平方米。常态化组织开展治超联合执法，查处超限车辆1436辆次，卸载转运货物452辆次2.51万吨。开展道路运输"打非治违"、涉砂船舶"凌晨执法"、城区出租汽车服务质量"百日攻坚"等专项整治行动，暂扣非法营运车辆450辆次，取缔拆解"三无"船舶6艘，完成110艘船舶载重线和货物装载专项检查，办理行

2022年，市道路执法支队检查危险货物道路运输车辆

政处罚案件 1439 起。开展公路质量监督执法检查，排查质量安全隐患 82 处，下发整改通知书、处罚决定书 10 份。

智慧交通。建立和完善车 (船) 智能监控预警系统，全市 1697 辆"两客一危"入网车辆全部安装智能视频监控设备，64 个渡口、66 艘渡船以及 5 个码头 190 处视频监控系统安装完毕，市级交通运输应急指挥平台基本建成。物流公共信息服务平台投入使用。建成"掌上公交"App、公交微信公众号、公交新网站等公众出行信息服务平台。安装公交车载智能调度终端设备 1200 余台，建成智能公交电子站廊 165 座，信息化建设普及率达 90% 以上。

交通环保。全年接转处置船舶垃圾 0.57 吨，接转处置生活污水 152.45 立方米，接收含油污水 50.21 立方米，转运处置率 100%；使用非标岸电 361 次，接电 22456 小时，用电 65336 千瓦时。推进绿色货运配送创建，新增绿色货运示范企业 3 家。深化新能源车船推广应用，全年新建换电站 4 座，更新新能源出租汽车 189 辆，城区公交车、出租汽车新能源及清洁能源车辆占比分别为 84.78% 和 100%；全市首艘清洁能源船舶下水运行，第 2 艘纯电动公务船舶建成待验收。400 总吨以下船舶全部完成生活污水储存装置改造，完成船舶污染物接收能力与污染物产生量匹配评估工作。

安全管理。开展"大起底、大整改、大执法、大督查"专项行动，全年检查企业 (车、船)2123 家 (艘) 次，排查安全隐患 1798 个，整改销号 1722 个，下达执法文书 48 次，安全行政处罚 29 次、17.18 万元。通过"备案一批、转出一批、回归一批、注销一批"方式，完成 305 辆危化品运输车辆异地经营清理，注销 2 家危货运输企业"经营许可证"。委托第三方启动重点企业安全技术和设计复核工作，全市"两客一危"企业全部建立风险公示牌。建立全市道路运输企业驾驶员健康档案，市亨运集团创新实施驾驶员"班前谈话"制度，实行重要节点"一人一企驻点督导"，注销 8 条 800 公里以上长途客运班线。提

请市政府印发《关于进一步明确全市乡镇渡口渡船安全管理工作职责的通知》，对全市撤销的 54 处渡口开展安全"回头看"，完成 3 座桥梁碰撞隐患治理。

应急管理。出台《进一步加强农村道路交通安全管理工作实施方案》，修订完善《十堰市水上搜救应急预案 (修订)》《十堰市交通运输行业应对低温雨雪冰冻灾害应急预案》。组织开展水上安全应急演练 6 场次，参与跨部门应急演练 3 场次；公路领域组织应急演练 9 次，参与人数达 370 余人次。建立市、县两级气象预报信息畅通机制，落实恶劣极端天气禁限航管制措施。

优化营商环境。深化"一网通办、一窗通办、一事联办"，交通领域 35 个政务服务事项赋权到县，审批事项实现"无差别综窗受理"，电子证照申请材料"免提交"占比升至 60%，13 项道路运输高频事项实现"跨省通办"。配合制定纾困解难一揽子措施，搭建"政、银、企"平台，落实"助企纾困贷"2300 万元，发放交通物流再贷款 4870 万元，指导企业享受一揽子政策惠企资金 6500 万元。开展"解难题、稳增长、促发展"企业帮扶活动，协调解决企业难题 63 个，办结率 100%。联合铁路部门持续开展大宗货物协议运输和量价互保工作，14 个重点品类货物运价下浮 5%~50%，年均节约物流成本 0.45 亿元。

疫情防控。落实一体化通道设置 + 统一标配，交通卡口实行三类分级管控。落实即采即走即追 + 白名单，重点产业链供应链物资运输实现高效有序。创新开展流动红旗评比活动，落实"双联单"+"双闭环"，高速公路疫情防控实现全过程全闭环管理。制定应急运输保障方案，储备 600 余辆应急运力，保障疫情临时管控期间医护、疫情防控等人员出行需求；建立健全应急物资中转接驳运行、通行受阻处理、通行证办理等机制，保障"四类人员""六类车辆"应急运输需求。十堰市交通运输局获十堰市"8·10"疫情防控工作表现突出单位。

交通改革举措。十堰市公路事业

发展中心完成机构改革。多措并举筹集交通建设资金，市本级总投资 12.8 亿元的 209 国道十堰大川至唐家河改扩建工程，采取"市县共建、土地平衡"模式建设；市本级总投资 6.62 亿元的双高路项目包装成物流园区配套路网，获批专项债券资金 3 亿元；武当山运用"建养一体化"模式打捆实施 100 公里"四好农村路"；郧西县运用政府和社会资本合作 (PPP) 模式推进"九路一桥"建设，通过砂石等矿产资源开发做实交投平台；竹溪县将 3.75 亿元交通债务整体打包划转，实现交通债务总额下降 40%。

文明创建。深化"弘扬工匠精神·岗位大练兵"，出租汽车驾驶员梁勇获"全国五一劳动奖章"，机关 1 人获"全省人民满意公务员"称号，连续八届评选"十佳的哥 (的姐)"，首创"十堰市最美货车司机"评选，市水路支队获"全省河道采砂管理成绩突出集体"称号。深化道路货运领域和网约车行业党建，建成"司机之家"3 个、"爱新驿站"及"的士驿站"20 余处。

（唐钒秾　陈浩）

【丹江口市】 至 2022 年底，全市交通网线总里程 5828.2 公里 (含公路、铁路、水路)，公路密度 170 公里 / 百平方公里，其中高速公路 116 公里、一级公路 108.66 公里、二级公路 468.09 公里、三级及三级以下公路 4851 公里；高铁线路 58 公里、普通铁路 48.491 公里；内河航道通航里程 178 公里，450 平方公里通航水域 (界河按二分之一算)。有公路客运站 10 个、公交站台 308 个、货运站 1 个、物流园 4 个、邮政快递企业 10 家、高铁站和高铁换乘中心各 2 座、港口 8 个。

基础设施建设。全年完成交通重点项目建设投资 65 亿元。十淅高速公路湖北段、汉丹港旅游配套设施提升工程、丹郧路防汛闸口基本完工，龙山大桥、槐荫路武当云谷段、丹江口环库公路蔡湾改线段建成通车，水都二桥完成主墩桩基施工，丹老一级路开工建设，均州码头等项目加快建设。

2022年，在建中的丹江口市水都二桥

"四好农村路"建设。启动农村公路36座危桥建设，老孟土路完成大修改造，官盐公路开工建设。丹江口市成功入选"四好农村路"全国示范县，土关垭镇成功入选2021年度全省"四好农村路"示范乡镇。

运输服务。至2022年底，全市194个行政村客车通达率100%、邮政快递通达率100%，公交线网密度3.81公里/平方公里，城市公共交通分担率为26.2%。有城乡公交车129辆，其中纯电动公交车70辆；城乡拥有双燃料和新能源出租汽车130辆，开通城乡公交线路16条。有营运客车237辆、营运货车(包含挂车)1115辆，全年公路完成客运量57.29万人次、旅客周转量5313.92万人公里，完成货运量516.42万吨、货物周转量8772.86万吨公里。水路拥有旅游客船9艘、货船6艘，全年水路完成客运量2.74万人次、旅客周转量52.75万人公里，完成货运量73.17万吨。

运输市场监管。围绕旅客运输、危险货物道路运输、货车超限超载治理等重点，持续推进交通运输行业健康有序发展，闭环处理"两客一危"车辆动态监控违规行为，查处违规行为131起。加强辖区危险货物运输监管，严格落实危险货物道路运输运单管理制度，全市8家危险货物道路运输企业营运车辆全部规范使用电子运单。扎实开展联合治超工作，查处超限超载车辆333辆、卸货16173.1吨。

安全应急管理。加强隐患排查治理，道路运输领域聚焦客运站、"两客一危"运输企业安全源头关，督促落实安全教育培训、车辆动态监控及违规信息闭环处理，以及"三不进站、六不出站"等安全管理规定，开展安全检查，督导企业112家次，排查整改隐患131条，下发督办整改21起。水路领域检查船舶120余艘次，检查水运企业、港口企业6次，水上在建工程项目6次，查扣"三无"排筏非法载客3艘，行政处罚3起。公路领域组织开展3次综合安全检查，组织检查人员30人次，排查出各类安全隐患40余处，下发隐患整改通知书18份，印发安全隐患督查情况通报3期。强化突发事件应急反应能力，组织开展应急救援演练活动9次，有效确保行业安全生产稳定形势。

绿色智慧交通。探索推进海绵城市、韧性城市建设，建成蔡湾绿道和汉丹港绿道生态停车场。赋能交通基础设施智慧化，建成公共交通监控指挥平台3处，建立采集、管理、分析、监督、应用"五位一体"的农村公路管理体系。

文明创建。弘扬志愿服务精神，建成学雷锋志愿服务站2个、新时代文明实践站2个。纵深推进精神文明建设工作，扎实开展学党史、向道德模范学习等志愿服务活动28次，常态化开展关爱社区残疾儿童、空巢老人等慰问走访活动，累计志愿服务时长21866小时，1人获评十堰市"身边好人"，1人获评丹江口市"身边好人"，8人获评丹江口市优秀志愿者。

（杨道三）

【郧阳区】 至2022年底，全区公路总里程5621.03公里，公路密度145.5公里/百平方公里，其中高速公路138.7公里、一级公路121.40公里、二级公路419.55公里、三级公路28.07公里、四级公路4913.31公里。内河航道通航里程223公里，有港区2个、生产性码头泊位18个、渡口20处、码头8个。有客运站24个，其中一级客运站1个、二级客运站1个、三级客运站2个、四级客运站3个、五级客运站17个，农村招呼站232个、候车亭255个及港湾式候车厅97个。

基础设施建设。全年完成交通建设投资30亿元。沧浪山旅游公路、郧白路、五将路建成通车，谭梅路、桂仙路主体工程竣工，十西高铁(郧阳段)、十巫高速公路(郧阳段)、304省道油长路新改建工程等项目加快推进，

2022年7月6日，丹江口库区首艘纯电动船"鄂海巡0722"下水试航

2022 年 6 月 24 日，在郧阳区水域开展水上交通安全暨防污染综合应急演练

郧阳东互通至安阳段一级路、西叶路、209 国道柳陂至土门段改扩建工程 (郧阳区段) 沙洲大桥、白梅路二期工程、白桑三级客运站等项目开工建设。稳步开展公路桥梁消危行动，完成危桥改造 28 座，其中省道桥梁 11 座、农村公路桥梁 17 座。

"四好农村路"建设。至 2022 年底，全区共有农村公路 5205.439 公里，其中县道 475.438 公里、乡道 1507.383 公里、村道 3222.618 公里，20 户以上自然村 100% 通水泥路，100% 的行政村通客车。完成农村公路建设任务 54.6 公里，其中通村公路路网延伸工程 16.8 公里、通村公路提档升级工程 37.8 公里。

运输服务保障。全区有营运汽车 2112 辆，其中客运车辆 86 辆、货运车辆 (含危险货物道路运输车辆)551 辆。开通客运班线 55 条，其中跨省线路 2 条、跨市线路 1 条、县际线路 6 条、县内线路 46 条。开通神河集团至方石公司等定制公交线路 3 条。加强驾驶培训、维修市场管理，督促驾校建立健全学员档案、车辆档案、教练员档案及培训记录等基础档案，完善设施设备。以现场核实、逐项检查、综合考评为抓手，对辖区驾驶培训行业质量信誉进行考核，评定 AA 级 3 家。全年完成道路客运量 82.35 万人次；水路运输完成货运量 233.3 万吨、货物周转量 7080 万吨公里，完成客运量 0.85 万人次、旅客周转量 25.4 万人公里。

行业管理。持续开展道路、水路运输市场集中整治，查扣非法营运车辆 37 辆，查处违规行为 161 辆次，查处路政违章 57 件；检查货运船舶 426 艘，处罚违法行为 21 起，拆解没收"三无"船舶 10 余艘。深化农村物流融合发展，开展农村客运车辆代邮件、快件业务，打通快递进村"最后一公里"。全力开展全域公交县创建，推进实地调查、摸底等工作。持续深化"放管服"改革，公示权力清单事项 326 项，可在线办理事项 127 项。

绿色交通。推动企业治污闭环处置，引导水运企业签订污染物处置合同，全区基本实现"零排放"治理模式。严格把关新建船舶审批与检验环节，全年柴油动力船舶实现"零"新增。深入推进"船 E 行"规范运行，辖区船舶全部安装生活污水柜和污油水柜，118 艘船舶安装"船 E 行"电子联单。强化执法监管，全年处置 2 起船舶偷排漏排违法行为，实现辖区船舶防污染处罚"零突破"。

安全应急管理。积极应对春运 40 天两次极端冰雪天气，确保恶劣天气下道路运输安全。推进应急中心建设，提升辖区公路路网整体应急服务能力。强化科技兴安，全区 606 辆"两客一危"车辆全部安装"4G 动态视频监控"。参与和组织开展应急演练 6 次，全面提升应急处突能力。

(张才明)

【郧西县】 至 2022 年底，全县公路总里程 5014.07 公里，按行政等级分

为国道 104.13 公里、省道 308.15 公里、县道 461.31 公里、乡道 1276.33 公里、村道 2864.15 公里。全县有桥梁 474 座 18606.49 延米，其中国道桥梁 46 座 2903.18 延米、省道桥梁 123 座 6158.82 延米、县道桥梁 70 座 2001 延米、乡道桥梁 105 座 2971.5 延米、村道桥梁 130 座 4571.99 延米；隧道 20 道 7230.3 延米，其中国道 7 道 1864.3 延米、省道 12 道 5338 延米、村道 1 座 28 延米，乡镇 (场、区) 油路率 100%，行政村水泥路通达率 100%。有客运站 16 个，其中二级客运站 3 个、三级客运站 2 个、五级客运站 11 个。

基础设施建设。全年完成交通建设投资 29.6 亿元。实施交通项目建设 62 个，建成二级公路 88.46 公里，为省计划的 199 %；完成县乡道改造 49.1 公里，为省计划的 545.6%。十巫高速公路、两郧一级路、福银高速公路郧西出口扩容、鄂西北交通物流产业园等项目加快推进，郧三路、上漫路等 6 条省县干线公路建成通车，天河口汉江大桥主塔封顶，福银高速公路河夹互通开工建设。全年完成乡村骨干网畅通工程建设、乡村基础网连通工程建设、农村公路提档升级工程建设 311.28 公里。香口乡通过全省"四好农村路"示范乡镇验收。

运输服务保障。全县全年公路完成货物周转量 36520 万吨公里、旅客周转量 6510 万人公里。营运客车 115 辆，开通客运班线 69 条。推进农村客运公交化改造，新增公交线路 2 条，辐射 15 个行政村，农村客运公交化覆盖率比上年增长 5.2%。大力推广"多站合一、一站多能"站场运营模式，加快推进三级农村物流网络体系建设。巩固扩展"村村通客车"成果，全县建制村通车率 100%，县域范围内乡镇汽车客运站和农村候车厅覆盖率 100%。

公路养护。健全农村公路管理养护机制，出台《郧西县农村公路养护管理考核实施方案》《郧西县农村公路养护管理暂行办法》等文件。扎实推进日常养护，持续推进"一路一站"建设，新建观景平台、休憩小站等 34 处，打造"最美国省干线"公路 50 公

2022年，在建中的十巫高速公路北段

里，完成大修工程5.65公里。

优化营商环境。持续优化营商环境，80个事项优化审批流程。推广复制"一件事一次"主题办事项4个，开展全国通办事项9项，开展鄂陕联办事项3项。办理审批大件运输跨省事项52项、道路运输经营许可证29件、统一受理平台办理客运车辆年度审验167件，办理从业人员诚信考核2396件。开展"双随机、一公开"监管执法15次，全年监督检查2680余人次，查处各类违法案件21起，立案5起，罚款1.7万元。制定包容审慎清单，明确不予处罚清单31个、从轻处罚清单3个、减轻行政处罚事项清单13个、免予行政强制事项清单1个。新进规企业2家，培育货运企业3家。

绿色交通。做好船舶污染防治，新建系缆桩6处，全年处置生活污水118立方米，垃圾326千克，油污水52千克。加快新能源汽车推广应用，新增新能源公交车2辆、新能源出租汽车100辆。严格落实扬尘污染防治"八个100%"管控要求，健全完善机动车排放检验与强制维修（I/M）闭环监管体系。

安全应急管理。加大在建项目质量监督，全年下发质量、安全等检查督办通报45次，隐患问题全部整改到位。组织开展农村公路综合检查30余次，下达安全隐患整改通知书21份，督办整改销号安全隐患59处。全年交通在建项目实现零事故、零伤亡目标。

（刘金明）

【房县】 至2022年底，全县公路里程4923.58公里，公路密度96.35公里/百平方公里，其中高速公路117公里、一级公路20.11公里、二级公路487.11公里、三级公路73.65公里、四级公路3843.24公里、等外公路382.47公里。内河航道通航里程45公里，有渡口8个。有客运站16个，其中二级客运站1个、五级客运站15个。

基础设施建设。全年完成交通固定资产投资8.65亿元。209国道房县柳树垭至土城段改扩建工程完成路基12公里、路面5公里，房县唐家河至柳树垭段改扩建工程完成路基3公里；346国道房县军店至窑淮段改扩建工程完成路基11公里、路面9公里；318省道房县中坝至小河段完成路面19.95公里；477省道房县城关镇孙家

湾至白鹤镇黄杨树段改扩建工程、283省道房县狮子岩至上龛段和上龛至九道段改扩建工程、454省道竹山深河至房县巨峪段改扩建工程完工；黄坪大桥建成通车；完成"三年消危"国省道危桥6座、县乡道危桥2座。房县公共配送中心建成使用。

"四好农村路"建设。全年完成农村公路乡村路网连通、延伸公路建设及提档升级工程207.5公里。军店镇成功创建2022年全省"四好农村路"示范乡镇。

运输服务保障。全年完成道路客运量110万人次，比上年下降10.56%。全县拥有道路运输经营企业2家、公交企业2家、出租客运1家，拥有营运客车169辆、货车367辆、出租汽车92辆、公交车55辆、农村客运车辆106辆，开通客运班线75条。持续巩固"村村通客车"成果，全县106辆农村客车、110辆县际客车完成改造升级，新成立房县城乡公交服务有限公司并正式投入运营。全年审验道路运输证656个，道路运输业户171个，办理道路运输经营许可证120个、道路运输证84个，注销道路运输证13个，换证88个。完成全县21家一、二类维修企业2021年度质量信誉考核和全县5所驾校质量信誉量化考核。围绕"打非治违""联合治超"工作，规范道路运输市场秩序，检查道路运输车辆832辆次，开展路

2022年12月1日，姚坪乡黄坪大桥建成通车

面执法 158 次，处罚各类违法、违规行为 85 件，推动 8 家企业不合规运输车辆退出营运市场。加快村级寄递物流节点建设，全县 20 个乡镇建成村级寄递物流节点 335 个。

行业管理。持续提升公路管养水平，全面落实"路长制"，成立乡镇农村公路养护管理站 20 个、农村公路养护道班 281 个，聘用护路员 605 人。深入开展质量监督工作，下达监督意见书 1 份，安全监督 1 份。深入全县 16 家货运和 5 家厂矿企业及"十房一级路"等重点工程项目部，召开企业座谈会 8 次。落实交警驻站制度和经费保障，开展全县砂石料专项治理行动，全年检测车辆 5506 辆次，查处超限车辆 107 辆次、卸载货物 1683.1 吨，教育放行 59 辆次。

安全应急管理。深入推进综合交通安全三年行动，全县"两客一危"重点车辆动态监控设备安装率、农村客运车辆动态监控率及在运渡口码头视频监控率实现 3 个 100%，对重点路段、区域进行隐患排查，排查一般隐患 86 处，全部整改完成。

文明创建。印发《房县交通运输局 2022 年创建全国文明城市行计划》《房县交通运输局创建全国文明城市系列突出问题专项治理行动方案》《县交通系统 2022 年创文任务清单》等，刊播各类创文宣传标语和公益广告 48 处。开展"下察解暖"实践活动，收集涉企问题清单 8 项、涉及群众问题 8 项，均全部解决。完成畅顺交建集团公司组建和交通综合执法队伍改革方案。

（吴涛　王东）

【竹山县】 至 2022 年底，全县公路总里程 5001.6 公里，公路密度 139.5 公里/百平方公里，其中高速公路 89 公里、一级公路 34.7 公里、二级公路 431.7 公里、三级公路 45.8 公里、四级公路 4377.8 公里、等外公路 22.6 公里。内河航道通航里程 210 公里，有生产性码头泊位 1 个、渡口 30 个。有客运站 7 个，其中二级客运站 2 个、三级客运站 3 个、四级客运站 1 个、五级客运站 1 个。

基础设施建设。全年完成交通固定资产投资 28 亿元，比上年增长 110.5%。229 省道得胜至罐子口改扩建工程、454 省道深河至巨峪段改扩建工程、沧浪大桥建成通车。346 国道潘口河至五房沟一级路、242 国道城关至上庸段一级公路基本建成。318 省道官渡小河至云雾垭改扩建工程除松树岭大桥、姜家沟隧道外基本建成通车。

"四好农村路"建设。竹山县通过"四好农村路"全国示范县复核工作。启动深河乡创建省级"四好农村公路"乡镇；文峰乡创建"美丽农村公路"12 公里，并通过省级初评。全年完成农村公路桥梁建设 16 座 546 米、农村公路提档升级 165 公里、路网延伸 145 公里、重要县乡道改造 72 公里、危桥改造 12 座，创建"美丽农村路"228 公里。

运输服务保障。全年运送旅客 22.72 万人次，公路完成旅客周转量 3144.3 万人公里，水路完成旅客周转量 29 万人公里、货物周转量 274.2 万吨公里。新改扩建乡镇客运站 4 个、农村候车亭 20 个，顺利通过省交通运输厅 2021 年度站亭达标行动验收，中心城市公交站点 500 米覆盖率达 100%。开通城市公交线路 45 条，17

个乡镇通公交率达 100%，公交覆盖行政村率为 91%，行政村通农村公路客运覆盖率达 100%。有营业物流企业 10 家、快递企业 9 家。加快新能源车辆推广应用，购置新能源公交车 77 辆，新能源公交车占比为 98%。上线营运的新能源出租汽车 100 辆，新能源出租汽车占比为 67%。建立健全县、乡、村三级物流体系，建成县级物流中心 1 个，日均处理快件 4.12 万件，基本满足本地农村快递、物流配送需求。

安全应急管理。高标准落实农村公路管养，全年排查治理隐患 88 处，投入 400 余万元加装安全防护工程 63 公里。扎实推进桥梁"三年消危"行动，启动 34 座危桥加固改造，完成 24 座。组织应急演练 1 次，投入 300 余万元完善应急机械设备。加快国省干线隐患整治，完成公路地质灾害承载体普查，完成重点隐患治理 7 处、一般隐患治理 52 处。深入企业开展安全生产检查 60 余次，查处安全隐患 21 件，责令整改销号 21 件，督导水路运输企业安全生产标准化达标 2 家。常态化开展路政执法巡查，全年当场处理路政案件 29 起。开展超限超载治理，制定《公路治超工作实施方案（试行）》，检查货运源头企业 10 家，

竹山县文峰乡化太路铺就群众创业增收"致富路"

2022 年 7 月 14 日，竹山县新能源出租汽车交接仪式在女娲文化广场举行

约谈 4 家，整改 2 家，行政处罚 1 家。加强水上安全整治，印发《竹山县交通运输局水上渡口、渡船专项整治的行动方案》，启动渡口达标项目，撤销 9 对老旧渡口。强化科技兴安，全县建成水路指挥中心 1 处、15 对渡口、26 艘渡船动态视频监控实现全覆盖。组建公路保畅、客运、货运、水上 4 支应急队伍，组织应急演练 6 场次，积极推进安全复核，引导 6 家企业与第三方签订复核协议。

（王清山）

【竹溪县】 至 2022 年底，全县公路总里程 3751.51 公里，公路密度 113.33 公里／百平方公里，其中高速公路 38.78 公里、一级公路 49.57 公里、二级公路 529.31 公里、三级公路 9.30 公里、四级公路 3120.20 公里、等外公路 4.35 公里。内河航道通航里程 63 公里，有港口 1 个、码头 1 个、生产性码头泊位 8 个、渡口 7 个。有客运站 16 个，其中二级客运站 2 个、乡镇等级客运站 14 个。

基础设施建设。全年完成交通固定资产投资 4.72 亿元，比上年下降 26.08%。其中新建公路项目 2 个、投资 2.4 亿元，农村公路项目 3 个、投资 0.7 亿元，客运站场项目 1 个、投资 660 万元，道路抢修及水毁修复项目投资 0.45 亿元，冷链配送中心项目 1 个，投资 1.1 亿元。全年完成县乡道改造 14 公里、路网延伸 40 公里、农村公路提档升级 70 公里、新建桥梁 295 米。竹溪县纳入"四好农村路"全国示范县创建单位公示名单。

行业管理。创新推行安全生产"333"工作机制，全年梳理问题清单 17 批次，排查整改安全隐患 104 项，整改完成率 100%。春运期间开展打击非法客运经营，暂扣非法营运车 3 辆。全面完成泉溪至杨家扒路面大修工程，处置地灾隐患 13 处，推进 229 省道、238 省道、541 国道等国省干线路面坑槽修复，全面完成丰溪、桃源、天宝、洛河和踩新桥、丰溪、菜籽坝、泉溪养护管理站改造升级建设，完成"党员示范路"创建 120 公里。

科技与信息化。加快交通运输安全监管信息化建设，建成动态监控平台 3 个、交通应急指挥中心 1 个、"四好农村路"数字化信息管理平台 1 个，实现城乡公交信息化支付、农村客运车辆实时监控和客运班线联网售票全覆盖。

安全应急管理。持续开展"安全生产隐患大起底、大整改、大执法、大督查"百日攻坚等专项行动，执法检查企业 250 余家次，下达安全隐患整改通知书 93 份，约谈企业法人 2 次，隐患闭环销号 122 处。加强水运安全监管，检查客渡船 200 艘次，整改安全隐患 10 条；联合开展应急演练 3 次。扎实开展自然灾害综合风险公路承灾体普查，完成率 100%。积极推进公路精细化提升和 66 处平交路口安全隐患整治，设置标志标牌 132 个。全面落实常态化疫情防控措施，抽调 20 余名党员干部职工专职参与县域交通卡口及市"三站一场"疫情防控工作。

（严磊）

【茅箭区】 至 2022 年底，全区公路总里程 583 公里，公路密度 99.8 公里／百平方公里，其中高速公路 18 公里、一级公路 61 公里、二级公路 57 公里、三级公路 63 公里、四级公路 384 公里。有客运站 3 个，其中二级客运站 2 个、五级客运站 1 个。

基础设施建设。全年完成交通固定资产投资 2 亿元。完成 446 省道大川至白石段路基工程 15.6 公里、路面工程 13 公里；开工建设五条岭至卡子村改扩公路等项目。按照"四好农村路"建设标准，支持大川镇申报全省

竹溪县中峰镇朝阳村"四好农村路"

2022 年 5 月 11 日，在建的中玄岳大道城区段枧槽沟大桥左幅架通（茅箭区）

"四好农村路"示范镇。

运输服务保障。持续巩固"村村通客车"成果，建立健全通村公交长期运营机制，实现区政府拨付专款补助，村委会解决公交车驾驶员食宿，村村通公交保持率 100%。

公路养护。加快推进农村公路养护市场化改革，编制印发《茅箭区农村公路养护体制改革实施方案》，推动辖区 49.6 公里实现市场化养护。加强农村公路养护巡查，启动马赛路弃土场沉陷路段、马家河隧道、台子路破损路面等治理工程，更换完善公路安全防护设施 6 公里，投入灾害治理资金 200 万元。开展安全生产"大起底、大整改、大执法、大督察"百日攻坚行动，全年排查道路重大隐患 8 处，全部治理完成并销号。完成应急抢险专业队伍组建。

（万强）

【张湾区】　至 2022 年底，全区公路总里程 983.88 公里，公路密度 149.75 公里 / 百平方公里，其中高速公路 41.3 公里、国道 57.51 公里、省道 78.63 公里、县道 76.54 公里、乡道 282.53 公里、村道 447.37 公里。内河航道通航里程 73 公里。

基础设施建设。全年完成交通固定资产投资 4.78 亿元。双高路项目加快推进，石桥村至风神大道项目完成路面工程，花果龙泉寺至三峡路完成路基 1.78 公里。446 省道张湾区西沟至郧阳区叶大段道路改扩建工程二期完成路面工程 5.74 公里。全面推动"四好农村路"高质量发展，指导柏林镇创建省级"四好农村路"示范乡镇。全年完成农村公路提档升级 50 公里。

运输服务保障。全面启动农村公交候车亭建设，全年建成候车站亭 28 个。全区新开通及调整延伸公交线路 5 条，新增公交站点 9 个，公交覆盖率进一步提升。

安全管理。扎实推进桥梁"三年消危"行动，完成 5 座危桥加固改造。对辖区交通在建项目及农村道路建设项目开展安全生产检查 5 次，下达隐患整改通知书 10 份。加强国省干线隐患排查整治力度，排查安全隐患问题 85 条，下发整改通知书（函）10 份，安全隐患全部整改到位。加强水毁防治与修复工作，组织开展"春养秋整"工作，排查整治安全隐患 22 处。加快农村公路安全防护设施建设，增设钢护栏 200 余延米、减速带 4 条、弯道镜 12 块、安全警示牌 40 余块。

（姚维姣）

【武当山特区】　至 2022 年底，辖区公路总里程 527.75 公里，公路密度 180 公里 / 百平方公里，其中高速公路 11 公里、一级公路 7.55 公里、二级公路 101 公里、三级公路 118.20 公里、四级公路 290 公里。内河航道通航里程 40 公里，有港口 1 个、生产性码头泊位 8 个、渡口 6 个。有客运站 2 个，其中临时大型客运站 1 个、三级客运站 1 个，货运站 1 个。

基础设施建设。全年完成交通固定资产投资 4.5 亿元。其中十淅高速公路过境段全面建成，年度完成投资 2.3 亿元；316 国道武当山绕城连接线工程完成投资 1.4 亿元；316 国道武当山段新建工程（玄岳大道武当山段工程）完成投资 0.3 亿元；武当山景区边坡隐患处治工程完成投资 0.2 亿元；辖区农村公路建设完成投资 0.3 亿元。

2022 年，在建中的 316 国道连接线善水街跨河大桥

水运及港航建设完成投资60余万元，港航通过能力最大可达1000余吨。

"四好农村路"建设。特区龙王沟线、瓦房河线、金沙坪线3条"四好农村公路"建成完工，完成农村公路油路黑化建设180公里，配套绿化和安全防护建设全部到位。

运输服务保障。城乡旅游交通和客货运输条件持续改善，景区旅游交通大型客车108辆、旅游包车54辆。辖区内有公交循环线路4条、公交车15辆，长短程出租汽车30辆；周边农村有跨乡跨境客车13辆，辖区29个行政村通车覆盖率100%，其中13个村通公交、7个村通农村客运班车、9个村通预约服务客车；全年实现过境客运量260余万人次、过境货物周转量400余万吨公里。邮政及快递业快速发展，全年邮政快递业营业收入4000余万元，有民营快递经营业主11家。

行业管理。抓好国省干线养护管理工作，开展环境综合整治行动2次，绿化投入21万元。开展交通运输执法与安全监管工作，全年检查车辆1000余辆次、各类船舶130艘，查处非法营运车辆30余辆，收缴处罚款20余万元。加大公路地灾隐患治理力度，完成7个行政村通村公路安全隐患治理任务。加强交通各类资金收支监管，完成重点项目建设、农村公路建设等专项审计活动3次。持续推进安全应急机制和应急队伍建设，成立60余人的交通安全应急大队，组织开展应急演练活动2次。

(王丰)

襄阳市交通运输

【概况】 至2022年底，全市公路通车里程32381.58公里，公路密度164.03公里/百平方公里。其中一级公路839.76公里、二级公路2507.14公里、三级公路1176.96里、四级公路27846.29公里、等外公路11.43公里，等级公路比重达99.96%，二级以上公路占等级公路比重的10.34%；按行政等级分为国道796.90公里、省道2037.50公里、县道2469.41公里、乡道9929.46公里、专用公路3.61公里、村道17144.70公里。全市通车里程中有铺装路面(高级)里程28205.97公里，其中水泥混凝土路面里程23835.40公里、沥青混凝土路面里程4370.57公里、简易铺装路面(次高级)里程263.05公里、未铺装路面(中级、低级、无路面)里程3912.56公里。全市有公路桥梁2354座101063.46延米，其中特大桥7座17546.18延米、大桥138座26974.37延米、中桥486座24591.48延米、小桥1723座31951.43延米、危桥19座815.04延米；隧道63道13680延米。全市内河航道通航里程583.2公里，有港口2个、生产性码头泊位6个、渡口103个。有客运站98个，其中一级客运站6个、二级客运站8个、三级客运站3个、便捷车站81个。

交通规划编制。3月，襄阳市印发实施《襄阳市综合交通运输"十四五"发展规划》，规划明确在现代内河航运、"四好农村路"、智慧交通、交通运输领域信用体系建设、投融资体制改革、多式联运等方面开展试点。印发实施《襄阳市现代物流业"十四五"发展规划》《全国性综合交通枢纽城市建设三年行动方案》《国家物流枢纽承载城市建设三年行动方案》等。襄阳至宜昌、襄阳至信阳2条高速公路新增入选《国家公路网规划》，全市高速公路对外通道将进一步完善。与南阳签订交通基础建设一体化发展框架性合作协议，襄阳都市圈交通和物流体系规划以及联结中西部新通道核心枢纽节点建设行动方案初步编制完成。

基础设施建设。全年完成交通建设投资93.41亿元，其中高速公路完成14.55亿元、普通公路完成69.74亿元、客货站场完成4.64亿元、港航水运完成4.48亿元。襄阳绕城高速公路南段、枣潜高速公路襄阳北段建成通车，新增高速公路通车里程80公里。完成一、二级公路建设178公里，12个国省道项目完工。207国道改建工程全线开工，346国道宜城汉江二桥、316国道河谷汉江大桥、南北轴线南延段等重点项目建成通车。公路桥梁

2022年8月3日，207国道襄阳段改建项目重点控制性工程——汉江特大桥施工中

"三年消危"行动的475座危桥全部开工建设,改造完工423座。雅口枢纽全面完工,新集枢纽、唐白河(唐河)航运开发工程顺利推进,小河港开港运营,疏港铁路专用线开工建设。浩吉铁路襄州北疏运基地全面建成,襄阳好邻居配送中心二期投入运营,传化公路港二期在办理土地征用手续,中通快递二期取得前期项目用地批复。枣阳市公铁换乘中心完工;谷城县石花汽车客运站在进行室外场地刷黑;南漳县公铁换乘中心、保康县公铁换乘中心、襄阳汽车客运南站开工建设。2022年站亭达标行动中,完成新建综合服务站4个、改扩建综合服务站4个。宜城市长山旅游客运站和宜城市流水旅游客运站在进行前期工作。

"四好农村路"创建。新建改建提档升级农村公路1543公里。襄阳市被交通运输部、财政部、农业农村部、国家乡村振兴局联合表彰为"四好农村路"建设市域突出单位,宜城市被命名为"四好农村路"全国示范县。襄阳市获评全省首批"四好农村路"示范市,襄州区获评全省"四好农村路"示范县,新增全省"四好农村路"示范乡镇4个。樊城区牛首至仙人渡旅游公路获评2022年度全省"十大最美农村路"。

运输服务保障。全年公路完成客运量1767.99万人次、旅客周转量11.96亿人公里,比上年分别下降23.00%、26.5%;完成货运量26573.94万吨、货物周转量488.74亿吨公里,比上年分别下降14.15%、11.01%。水路完成客运量2.40万人次,比上年下降24.62%,完成旅客周转量22.71万人公里,比上年增长78.29%;完成货运量440.04万吨、货物周转量6.88亿吨公里,比上年分别增长0.9%、60.16%。春运40天,襄阳市公、铁、空、水累计运送旅客301.7万人次,比上年增长12.8%。其中,公路客运量210.2万人次,比上年下降1.3%,铁路客运量66.8万人次,比上年增长106.4%,民航客运量20.3万人次,比上年增长51.8%,水路客运量4.4万人次,比上年下降

49.9%。全市有公交线路179条,建成公交专用道118.8公里,日运送旅客50.4万人次,全年客运量1.84亿人次。全市农村客运班线534条,农村客运车辆1276辆。全市有通客车行政村2375个、通车率100%。全市有道路客运经营企业42家,客运班线872条。有机动车维修经营业户1379家,维修车辆44万辆次;机动车综合性能检测站27家,年检测车辆4.3万辆次;机动车驾驶员培训学校87家,教学车辆2835辆,培训驾驶员9.24万人。全市有道路运输行业从业人员97461人。新开和优化调整中心城区公交线路28条,黄集、古驿、张家集公交专线开通运营。襄阳市城际定制客运、机场快客、旅游包车等业务稳健发展,开通襄阳至谷城、襄阳至丹江定制客运线路2条,引入定制客运车辆50辆;全市道路旅游客运企业发展至17家,旅游客运车辆380辆。全市有船舶580艘,其中运输船237艘、客渡船(含车客渡驳)144艘、工程船93艘、客船8艘、港用趸船17艘、其他船舶81艘。

物流业发展。2022年,襄阳市社会物流总额16800亿元,社会物流总收入494亿元,社会物流总费用766亿元。全市有铁路物流园区15个(城区9个),主要从事汽车零部件、粮食、建材等大宗货物运输,年运输量2000万吨。有公路园区43个(城区35个),年运输量2000万吨。全市有A级物流企业123家,其中AAAAA级2家、AAAA级69家、AAA级45家、AA级5家。培育网络货运平台型企业5家。全市有公路货运经营者37704个,其中个体运输户36194个、货运企业1510家,纳入部、省规上企业87家。登记有效的营运载货汽车71192辆,其中个体运输户拥有车辆43099辆、货运企业拥有车辆28093辆。全市有危险货物道路运输企业28家,危险货物道路运输车辆2314辆,其中主城区7家191辆、县(市)区21家2123辆。全市普货运输业户34330家、货车68232辆,其中主城区7619家15259辆、县市26711家52973辆;全市有规上企业(50辆车以上)159家,货车15097辆,其中主城区44家4053辆、县市115家11044辆。全市25家危险品运输企业、43452辆总质量12吨以上的重型载货车辆全部接入动态监控,入网率达100%。《襄阳市综合货运枢纽补链强链三年实施方案》编制完成。国际陆港多式联运示范工程通过交通运输部专家组评审,小河港、中车物流等省级多式联运示范工程通过省交通运输厅和省发展改革委联合线上评审。

2022年,老河口"双循环、全链条+农村物流+电子商务"模式入选第三批全国农村物流服务品牌

老河口"双循环、全链条+农村物流+电子商务"模式入选第三批全国农村物流服务品牌。农村寄递物流体系建设成效明显,快递服务进村率达100%。截至2022年12月底,襄阳市建设县级农村物流中心(园区)22个、乡镇农村综合服务站281个、村级农村服务站点3283个,打通农村物流"最后一公里"。老河口市"双循环、全链条+农村物流+电子商务"农村物流服务模式成功入选全国农村物流服务品牌;宜城市"交邮合作"模式在全国推广,南漳县"五站合一"模式在全省推广;谷城县、保康县成为国家级电子商务进农村综合示范县。

绿色交通。全市有公交车1932辆,其中新能源汽车1744辆;出租汽车(含网约车)4332辆,其中新能源汽车938辆。襄阳市区有公交车1331辆(新能源汽车1244辆),出租汽车(含网约车)3480辆(新能源汽车928辆),物流配送车9973辆(新能源汽车3410辆)。2022年,襄阳市被交通运输部评为国家公交都市建设示范城市,被交通运输部、国家发展改革委认定为"绿色出行创建考核评价达标城市"。余家湖港务发展有限公司投入1200万元升级改造环保设施设备。湖北港口集团汉江公司安排2辆喷洒车,对小河港易产生粉尘货种和装卸作业全过程喷淋。陈埠港区综合码头、新集水电站、207国道大桥施工现场设置11处船舶含油污水、生活污水污染物接收储备和生活垃圾接收箱。小河港、余家湖港建设5套岸电设施。全年完成400总吨及以上的232艘船舶、100~400总吨以下的208艘船舶、100总吨以下的27艘船舶生活污水处理及收集装置改造任务。

行业管理。超限站改革转录、原城区交管站养老保险、原恒达公司118户还建房等历史遗留问题得到化解。第二轮中央环保督察和汉江水污染防治专项巡察反馈问题全面整改到位,改造产生生活污水船舶467艘,治理机动车尾气排放超标车辆2365辆,限期停业整改违规M站11家、依法取缔1家。开展"两网"建设,累计提供公交、出租、场站视频资源1万余路,协调接入公交车、出租汽车、网约车、共享单车平台数据资源2万余条。推进车联网先导区建设,完成9路公交车智能网联设备安装测试工作。出台交通运输重大行政处罚案件集体讨论制度,完善城区交通运输领域轻微违法行为依法不予处罚事项清单,对26件案件依法作出不予处罚或减轻处罚决定。襄阳市交通执法支队常态化开展执法巡查检查,全年立案查处违法违规行为621件次。

安全应急管理。印发《襄阳市交通运输行业安全生产专项整治三年行动2022年"巩固提升年"工作方案》《襄阳市常压液体危险货物罐车治理工作方案》《襄阳市交通运输行业危险化学品运输安全风险集中治理实施方案》《襄阳市道路危险货物和旅客运输行业建立健全安全风险分级管控和隐患排查治理双重预防机制实施方案》等文件,加强安全生产工作安排部署和督办检查力度,提升交通运输本质安全水平。全年约谈提醒企业61家,立案查处安全案件38起,暂扣许可证件4起,责令停产停业2起,暂扣不具备驾船资质的渡船2艘。开展交通运输领域安全生产"百日双扫"活动中,检查企业2354家,发现并整改安全风险隐患1079处,约谈提醒企业577家,下达责令整改通知书266份,立案查处安全案件30余起。修编《襄阳市水上搜救应急预案》等专项应急预案11个。做好防汛救灾应急保障工作,储备应急车辆362辆、船艇12艘,成立国省道应急突击队9支,常备工程机械和应急车辆180台套,建立危险货物道路运输专业化救援队1支。开展水上搜救、道路抢通等专项应急演练50余场次。

多式联运示范工程创建。积极发展铁水联运、公铁联运、国际铁路联运,开辟固定线路,提升物流服务质量。襄阳国际陆港投资控股有限公司、湖北省港口集团汉江有限公司、襄阳传化公路港物流有限公司、中国铁路武汉局集团有限公司联合申报国家第四批多式联运示范工程创建。积极推荐襄阳小河临港投资建设有限公司、宜城市港埠运输公司、宜城市顺达汽车运输有限公司联合编制的《宜城"一港两铁港城联动"服务汉江生态经济带开放开发多式联运示范工程》,推动襄阳中车物流有限公司、中车洛阳机车有限公司编制的《服务优势产业中国中车助力汉江流域中心城市高质量发展铁公水多式联运示范工程》等3个创建方案申报省级多式联运示范工程创建。积极推进襄阳市网络货运平台企业创建,新增网络货运平台襄阳吉顺小跑网络科技有限公司。

(王自强　刘琳)

【枣阳市】 至2022年底,全市公路通车里程5306.58公里,公路密度161.98公里/百平方公里,其中一级公路99.84公里、二级公路445.58公里、三级公路165.12公里、四级公路4596.04公里,二级以上公路占等级公路比重为10.28%;按行政等级分为国道148.15公里、省道359.45公里、县道365.25公里、乡道1873.83公里、村道2559.90公里。有客运站12个,其中一级客运站1个、五级客运站11个。

基础设施建设。全年完成交通固定资产投资8亿元。完成272省道枣阳市宋集至宜城市流水公路(枣阳段)改建工程、335省道枣阳市熊集至襄州黄龙段改扩建工程、316省道罗岗至徐寨段路面大修工程、346国道枣随界至宋集路面中修工程、316国道枣阳市红花店西至水帘洞桥西段养护工程、枣阳市吴店至熊集路面改造工程、枣阳市吴店至平林路面改造工程等。

"四好农村路"建设。全年农村公路建设投资5.17亿元,完成"四好农村路"建设307公里,其中县乡产业路项目工程40公里、乡村路网连通、延伸项目工程73公里、农村公路提档升级项目工程150公里、"硬联通"项目工程44公里。全市"四好农村路"里程突破1000公里。新建桥梁8座172延米,推动危桥改造项目8个,建设安全防护工程118公里。全市18个镇(办、区)所辖的20户以上3100

2022 年 5 月 2 日，234 国道枣阳市太平街道路面拓宽工程完工

个自然村畅通率 100%。太平镇成功创建全省"四好农村路"示范乡镇，获得建设和养护奖励资金 200 万元。

运输服务。全市有营运车辆 22394 辆，其中普通货车 21341 辆、危险货物道路运输车辆 398 辆、客运车辆 355 辆、出租汽车 300 辆。有出租汽车公司 3 家，城市公交线路 11 条、运营里程 232.9 公里，固定式公交站台 120 座。有物流快递站点 88 家，铁路货场 3 个。春运期间投入客运运力 340 辆，安全运送旅客 1.6 万余人次；公交车投入 100 辆，完成客运量 10.5 万人次，安全生产形势总体平稳。

行业监管。全年检测货运车辆 6899 辆次，查处违法超限超载车辆 83 辆次、卸（转）载货物 5262.5 吨；查处货车非法改装案件 181 起、货物源头治理案件 1 起、超限运输车辆行驶公路案件 52 起、飞扬撒漏案件 1 起。受理非法营运案件 11 起，其中网约车 2 起、巡游出租汽车私自转让 9 起。清理公路建筑控制区内加水点 28 处，自行拆除非公路标志标牌 55 块，清理公路用地范围内堆积物 28 处 123 平方米，清理占道经营 36 处 171 平方米，路域环境较明显改善。全年办理货车年审 18981 辆、危化品车辆年审 327 辆，从业资格证诚信考核 14356 人次，从业资格证换证 2206 人次，全部建立电子台账。

生态环保。加强对城区物流园区、汽修厂的检查督办。专班全年对城区内 4 处物流园区、4 处大型停车场开展走访摸底 6 次，建立责任清单。针对汽车维修产生的污染，要求汽车维修行业建立危险废物转运台账，把废机油、铅酸蓄电池交由有资质的单位处置。强化施工现场整治，位于 316 国道旁的搅拌站关闭运行。组织专班对在建交通项目进行全面检查指导，335 省道熊集至襄州黄龙段改建工程、美丽乡村示范线路王城资山社区经吴店镇清潭至平林新集村工程、瓶颈路、断头路提档升级工程等项目均落实施工现场洒水降尘、裸土覆盖、废弃物集中转运等要求。加强全市 3 条国道、7 条省道的日常养护管理，增配洒扫车辆，增加冲洗频次，确保路面扬尘得到有效控制。同时，加强对运输车辆管理，确保砂、石运输车辆全面覆盖，不出现飞扬撒漏现象。常态化开展秸秆禁烧督办工作。落实"河湖长"工作制，马鞍山水库、姚棚水库等"三库两河"水生态环境质量得到提升。

安全应急管理。成立安全生产检查专班，对"两客一危一货"、城市公交、出租汽车、公路建设工程等行业开展拉网式、全方位安全大排查，消除事故隐患，对存在的隐患立即整改。同时，严格规范驾驶员严重违规信息抄告工作，形成全流程闭环。开展交通运输安全生产隐患排查 7 次，查出隐患 4 处，全部整改到位。加强火灾防控排查整治工作，加强交通工程施工现场作业区、生活区、仓库、活动板房、临时用电和火工产品使用管理，施工材料堆场及临时消防水源、消防设施器材设置、配置情况全面排查整治。全面开展交通运输"百日双扫"工作，确保重大安全隐患及时消除。严格执行安全生产失信行为联合惩戒制度，提高执法工作的严肃性和震慑力。

优化营商环境。印发《枣阳市交通运输局持续深化一流营商环境建设工作实施方案》，细化职责，将优化营商环境纳入单位考核考评。成立优化营商环境工作领导小组，统筹推进优

2022 年 6 月 6 日，改扩建后的 234 国道枣阳市太平超限超载检测站正式启用

化营商环境工作。

政务服务事项。落实省政府对79个县(市、区)下放的政务服务事项清单(126项中所属政务服务事项部分),科学研判分析,承接事项35项,按照业务权限、流程,编制完善交通系统服务清单承办事项对接,明确办事指南,主动在湖北省政务服务网中公布事项清单92项。落实百强县市经济管理权限,根据政策依据、权限对接认领运输服务事项110项。简化服务办事手续和流程,减少线上审核时限,提高办事效率,推动政务服务"一网通办"和企业群众办事"只进一扇门""最多跑一次"结果应用。坚持为企业排忧解难,严格执行"送法到企业"制度。严格执行市场准入负面清单制度,负面清单中的禁止事项监管到位,许可事项规范办理。清理违反相关规定的政策文件,做到公平竞争机制审查常态化,促进市场公平竞争。严格落实各项涉企降费政策,进一步减轻企业负担、降低经营成本、激励投资创业。所有省定涉企行政事业性收费必须做到"零收费",不准超出清单收费、搭车收费、变相收费。完善惠企政策兑现平台"襄阳政策通"功能,逐步实现惠企政策"一网汇集、精准推送、智能兑现、免申即享"。

(黄立)

【宜城市】 至2022年底,全市公路通车里程3855.17公里,公路密度182.15公里/百平方公里,其中高速公路91.40公里、一级公路71.33公里、二级公路298.35公里、三级公路353.86公里、四级公路3040.23公里;按行政等级(不含高速公路)分为国道94.16公里、省道170.70公里、县道370.05公里、乡道1206.28公里、村道1922.58公里。境内有2条铁路、全长53公里,铁路客运站1个、货运站4个。内河航道通航里程139公里(汉江65公里、蛮河74公里),有港口1个、渡口19个(汉江9个、蛮河10个)。有汽车客运站10个,其中二级客运站1个、三级客运站1个、四级客运站2个、五级客运站及农村综

2022年7月9日,宜城汉江二桥(倚天大桥)贯通

合运输服务站6个。

基础设施建设。全年完成交通建设投资6.60亿元,为年度计划的125.61%。其中,国省道建设投资2.73亿元、农村公路建设投资3.37亿元、客货运站场投资0.50亿元。汉江二桥(倚天大桥)建成通车,宜岛路改造工程全线通车。完成346国道宜城市二广高速公路北互通至界碑头段改建工程路基2公里、路面1.3公里;完成272省道枣阳宋集至宜城流水公路改建工程路基15公里、路面7公里;完成438省道宜城刘猴至荆门界段改扩建工程路基4.72公里、路面3.5公里。

"四好农村路"建设。优化农村路网结构,全年完成农村公路新改建项目168公里,其中路网延伸51公里、提档升级100公里、重要县乡道建设17公里。坚持推进美丽农村路建设,加快创建农村公路文化品牌,打造高标准示范公路,宜城市被评为"四好农村路"全国示范县。双官线获评襄阳市"十大最美农村公路"。完成农村公路危桥改造14座。乡道田沙线、乡道马牌线、县道东落线等改建完成,完成蒋湾村道路提档升级工程。

公路养护。全市投入公路养护资金3830万元,定期对县乡道开展养护。完成襄阳市创建全省"四好农村路"示范镇辖区内100余公里公路管养及养护站内业建设验收。巩固完善标准路基152公里,疏通涵洞144道,

清理边沟74220米,修补坑槽等2.80万平方米。补栽公里碑、百米桩92块,维修、新增波形护栏1644米,补齐警示166根、护栏轮廓标230块,平交道口增设道口桩384根,施划路面标线63公里。境内国省干线公路路况综合指数(MQI)达到87.35%,优良路率90.04%;县道MQI为87.58,优良路率84.01%;乡村道路MQI为84.6,优良路率85.13%。

运输服务保障。全年公路完成客运量99.08万人次、旅客周转量0.76亿人公里,完成货运量233.36万吨、货物周转量24.63亿吨公里;水路完成货运量53.85万吨、货物周转量1.11亿吨公里,完成客运量6.8万人次;完成港口吞吐量13.49万吨。全市有营运车辆2552辆,其中营运货车2323辆、营运客车229辆(含城乡新能源公交车28辆、城市新能源公交车50辆、城乡客运车辆69辆、县级客运车辆39辆、旅游客运车辆43辆)、出租汽车141辆;营运线路46条,其中市际线路7条、县际线路16条、县内线路23条。有乡镇候车亭156个,建制村招呼站220个,建制村2公里范围内农村客运站点(招呼站)覆盖率达100%。宜城市建成便民港湾式标准站台76个、候车亭55个。完成宜城至郑集(蒋湾)、客运中心站至宜城火车站、客运中心站至东方化工公司、宜城至新街、宜城至邓林、宜城至朱市6条农村客运班线公交化改造。

控系统，完成 32 辆危险货物道路运输车辆、36 辆客运车辆车载智能视频监控报警装置。

（胡浩亮）

2022 年 3 月 7 日，襄阳（小河）港开通第一条大宗普货直达长江航线

城区公交线路 5 条。宜城到武汉网约车 63 辆。普货运输企业（物流）28 家，其中运输车辆 20 辆以上 11 家；规模以上（50 辆以上）普通货运公司 10 家，危险货物道路运输企业 7 家，货车 150 辆。有机动车维修企业 58 家，其中一类维修企业 3 家、二类维修企业 28 家、三类维修专业户 27 家。有驾校 6 家。有港口经营企业 1 家、水路运输企业 1 家，各类船舶 80 艘。港口最大靠泊能力 1000 吨，年吞吐能力 233 万吨，通航能力 1000 吨级船舶、2000 吨级船队。3 月襄阳（小河）港开通直达长江航线 3 条，4 月实现江海联运，5 月近洋跨国，结束襄阳 20 年未通过水路运输件杂货的历史。

行业监管。加强道路运输行业治理，整治出租汽车违规经营，查处纠正出租汽车不打表、乱涨价等违规经营行为 11 起。开展客运站前监管、班线客运、过境客运车辆、旅游客运等客运市场打非治违，查处非法营运车辆，纠正违章车辆。开展驾驶培训机构违规校外点培训整治，查扣非法培训车辆 5 辆、非法培训点 9 处，下达整改通知书 9 份。开展整治源头治超，检查车辆 354 辆次。开展成品油市场整治，检查运输汽油车辆。开展城镇燃气市场联合整治行动，主要检查危险货物液化气安全。成立客运市场整治专班，深入运输单位督查疫情防控、车容车貌、安全营运等工作落实情况。

安全管理。开展国省道风险点采集，采集国省干线公路自然灾害风险点 14 处、桥梁 63 座、年报路段 83 处，采集里程为 274.94 公里；采集

农村公路承灾体高边坡、水毁风险点 185 处，采集里程为 827.93 公里。对 250 省道改线宜城至雷河段隐患，安装公路防护栏，设置标线、指示牌、警示牌等设施。开展安全隐患大排查活动，不定时排查人流量较大的章咀渡口、三洲渡口等，全年开展安全督查和暗访 4 次，查处隐患 223 起，全部整改到位。实施农村公路安全生命防护工程和危桥改造，农村公路第一批"三年消危"目标计划 44 座，完成 42 座；完成农村公路临水临崖和危险路段安全防护工程 237.3 公里。在国省道与农村公路平交路口、县道与村道平交路口安装减速带 434 米、各类警示标牌 499 块、警示柱 1746 个，增加减速标线 600 米。开展船舶碰撞桥梁隐患排查治理。开展水上巡查监管，排查整改安全隐患 42 处。督促"两客一危"道路运输车辆安装主动智能防

【南漳县】　至 2022 年底，全县公路总里程 5933.58 公里（不含高速公路），公路密度 153.76 公里 / 百平方公里，其中高速公路 66.55 公里、一级公路 86.38 公里、二级公路 459.35 公里、三级公路 386.50 公里、四级公路 4934.80 公里。内河航道通航里程 79 公里（界河按二分之一算），有渡口 14 个，无港口及生产性码头。有客运站 10 个，其中二级客运站 1 个、四级客运站 1 个、五级客运站 8 个，综合交通服务站 4 个，货运站 1 个。

基础设施建设。全年完成交通建设投资 12.15 亿元，比上年增长 16.3%。启动交通建设项目 68 个，竣工 65 个。改建一、二级公路 21.2 公里；改造县乡道 40 公里，新建连组公路 102 公里，村道提档升级 30 公里，新建（改造）公路桥梁 48 座；新建薛坪镇、板桥镇 2 个交通综合服务站，完成农村客运候车亭建设 48 个。

"四好农村路"建设。进一步巩固"四好农村路"全国示范县创建成果，高标准建设"四好农村路"，谋划实施一批旅游示范路、扶贫产业路、乡村网红路建设，着力建设西南山区有机产业、西北山区林特产业、平丘乡镇

2022 年 6 月 20 日，郑渝高铁正式贯通运营，南漳结束不通铁路的历史

绿色产业"三大农村公路经济带"。4月，南漳县黄（莲树）马（家洲）循环路被评为襄阳市"十大最美农村路"。高水平管养"四好农村路"，全力推进"全国深化农村公路管理养护体制改革试点县"建设，探索农村公路管理养护新路径，全域推行农村公路管养三级"路长制"，全县22条县道、291条乡道、1204条村道分别明确三级路长；协调推进全省"四好农村路"示范乡镇创建工作，南漳县武安镇获评全省"四好农村路"示范乡镇。

运输服务。全县拥有客货运输车辆1597辆，其中班线客车194辆、城市公交车22辆、出租汽车107辆、各类货车1274辆；县内客运班线86条、县外客运班线17条，城市公交线路7条。6月延伸2条城市公交线至高铁站，实现城区与高铁站无缝衔接。有机动车维修经营业户91家，机动车综合性能检测站2家，机动车驾驶员培训学校4家，教学车辆165辆。

公路养护。开展公路日常管理养护和抢险保畅、灾毁修复工作。全年国省干线修复路面病害3.2万平方米，灌缝养护69000米，清除水毁山体塌方2.3万立方米，修复边沟1500米、涵洞5道、钢护栏3500米，增设刷新标识牌128块。完成养护工程投资3.32亿元，其中完成346国道长坪段5公里和275省道李庙段3公里灾毁重建项目，完成"三年消危"危桥项目19座，完成346国道长坪至两河口段7公里、251省道关庙集至张林段1.39公里大修工程。完成农村公路边沟清理、路肩整修、疏通涵洞、修复钢护栏、坑槽修补、处治沉陷病害、路面灌缝预防性养护等日常养护工作，南赵线、九岗线过渡路面进行碎石化维修43公里。

现代物流发展。加快推进县级物流中心园区和镇村物流快递网点建设，大力发展农村电子商务，以县即高物流园为中心、镇级快递超市为脉络、连通村级物流网点的三级物流网络体系日趋完善，全县所有行政村、社区实现村村通快递。至2022年底，全县建成县级物流中心园区1个、县级专

业市场8个、乡镇级快递超市40个、村级物流快递服务网点304个，农村电子商务平台1200余个。即高物流园全年物流快递总量3075万件。

安全应急管理。开展安全生产专项整治三年行动、交通运输领域安全生产"百日双扫"专项活动，成立5个督查组和7个检查工作组，深入道路运输、公路运营、水上交通、在建工程等领域开展安全生产大排查大整治。检查各场所、单位、企业、经营者311家次，排查安全隐患70起，当场督办整改59起，限期整改11起并全部整改完毕。开展消防安全、疏散逃生、除险保畅、应急救援、疫情防控应急演练4次，全县交通运输行业安全态势保持平稳，无重大责任事故发生。制定完善应急预案，组建4支77人的道路交通防汛救灾应急抢险保畅队伍，备足防汛救灾应急物资，落实应急救灾车辆，坚持三级带班和24小时值班制度。加强防汛救灾专题培训和应急演练，提高交通运输部门、道路运输企业、公路养护人员的应急处突能力。

交通运输执法。超限超载治理。查处超限超载运输车辆631辆（次），卸（转）载货物2813吨，查处货运企业超标准装载配载违法行为23起，整治非法改型车辆18辆（次），现场督办整改运输车辆飞扬撒漏26起。责

令停业1家、约谈1家。通过管源头、重检测、强巡查，有效遏制超限超载违法运输行为。依法保护路产路权，拆除非交通标志牌57块，查处占道种植83起，查处占道经营105起，制止占用公路打场晒粮98处，拆除违建23处，立案查处7起，保障全县公路路域环境"畅安舒美"。规范运输市场，通过客运市场专项整治行动，查处非法载客车辆77辆，出租汽车违规经营案6起，接处投诉42起；对城区三类专项汽车维修经营业户进行摸底下达整改通知105份，通过备案93家，下达违法行为通知书和行政处罚决定书86份。

绿色交通建设。改造一批绿色公路，助力美丽乡村建设。完成武刘线、刘安线、黄马线、花朝线、金胡线共计65公里花草种植；黄马线路树补植36公里4000余棵，武安镇示范线路路树刷白4080棵。淘汰高耗能、高污染老旧交通运输工具，推广应用新能源客车、公交车，全年新增新能源公交车8辆，延伸城乡公交线路，倡导绿色低碳出行。

交通运输改革。围绕创新管理养护模式改革目标，加大资金投入，创新改革路径，探索实践农村公路管理养护县、镇、村三级责任制和三级"路长制""双轨制"管理模式，深入推进全国深化农村公路管理养护体制

南漳县武安镇获评2021年度全省"四好农村路"示范乡镇

改革试点县建设。争取县政府支持，加大县财政对农村公路建设保障支出，明确县政府对农村公路建设投资事权，改变过去仅靠省补资金建设农村公路局面。争取县委支持，将公路事业服务中心升级为公益一类事业单位。

（吴国平）

【保康县】　至 2022 年底，全县公路总里程 4901.56 公里，公路密度 151.99 公里 / 百平方公里，其中高速公路 123.112 公里、二级公路 301.33 公里、三级公路 116.53 公里、四级公路 3065.70 公里、等外公路 1294.89 公里。有渡口 6 个。有客运站 18 个，其中二级客运站 1 个、三级客运站 1 个、五级客运站 16 个，货运站 1 个。

基础设施建设。全年完成交通固定资产投资 16500 万元，比上年下降 2.3%。完成 468 省道一、二期工程，完成白竹至简槽公路改扩建工程 30 公里，完成梅花至大垭公路改扩建工程 9 公里，完成后坪高速公路口至桂河桥段改建工程项目，完成 52 公里店垭镇"四好农村路"示范乡镇示范线改造升级工程。新（改）建农村公路 205.59 公里，其中新建乡村骨干网畅通工程 44.59 公里、新建乡村基础网连通工程 61 公里、改建农村公路提档升级工程 100 公里。新建五级以上客运站 1 个，新建农村候车亭 30 个，维

保康店垭镇获评 2021 年度全省"四好农村路"示范乡镇

修改造客运站 3 个。

"四好农村路"建设。围绕实现"建好农村路、产业能致富，管好养好农村路、群众走好路，运营好农村路、山区人民快致富"目标，争创"四好农村路"。全年完成 52.8 公里"四好农村路"示范路建设，店垭镇获评全省"四好农村路"示范乡镇，马桥堰垭至尧治河旅游路入选襄阳市"十大最美农村路"。

运输服务保障。持续巩固"村村通"成果，不断优化客运线路、运力调配，逐步进行公交改造，推进城乡公交一体化建设。开通城区至乡镇公交线路 4 条，改造公交线路 1 条，覆盖惠及 28 个行政村。高铁开通后，筹资新购公交车 10 辆、旅游车 2 辆、出租汽车 40 辆，保障城关至后坪高铁站运输供给，确保群众换乘便捷。

公路管养。开展公路环境治理，做好清理边沟、清扫路面、清理涵洞、整修路肩等日常养护工作，完成桥梁养护 1524 座。对呼北线、保兴线、襄马线、后高线等沥青路面、水泥路面裂缝灌缝、路面病害处置。全面做好公路桥隧维修养护，对呼北线、上安线、后高线增设过路管涵 4 道，对后高路后坪至横冲段路面进行综合处置、裁弯取直、安防设施维修等，对庹家沟桥和白峪沟桥栏杆和防撞墙进行维修，对呼北线、上安线、后高线冲毁挡墙进行砌筑 7 处。开展安全隐患排查整治，排查险路险段 20 次，设置安全警示标志牌 136 块，维修钢护栏 22 公里，清除塌方，抢通公路中断 3 处，清除襄马线 K136+000 等 3 处山体滑坡隐患。

超限超载治理。加强路面执法检查和非现场案件立案查处。以监管超限超载严重路段时段为治理内容，开展经常性检查，查处一批严重超限运输车辆，有效遏制跨区域路段车辆严重超限超载行为，办理超限案件 28 起，卸载超限货物 220 余吨。

工程安全监督。加强交通工程质

2022 年，保康县 468 省道改扩建一、二期工程完工

量安全监管，对行政检查过程中发现的质量安全问题下发整改通知书13份。加强工地安全监管，制定并严格落实检查方案，强化查处问题整改，加大追责问责力度，切实提高安全生产工作执行力。书面督促建设单位按照建设相关程序申报质量监督登记。编制《2022年交通在建项目质量安全检查计划》《2022年度平安工地建设监督抽查实施方案》，依托实施方案对重点项目开展平安工地建设项目现场监督抽查工作。

安全应急管理。定期开展安全生产大检查，全面加强"两客一危一货"、道路交通、城市及农村客运、水上运输、交通项目建设施工、公路管养、消防等行业重点领域安全监管，督促企业落实主体责任。建立健全安全应急处置指挥机构，完善突发事件应急预案，进一步增强公路系统应急抢险能力，成立应急抢险保通队伍、储备充足救援物资、机械，确保险情发生后及时进行抢险救援，确保公路安全畅通。提升营运车辆动态监控管理服务，强化"两客一危"运营安全管理，不断提升客货运输安全和服务质量。对全县350余辆"两客一危"车辆和40吨以上货运车辆进行动态监控系统升级改造，车辆动态监控安装、使用率100%。

交通改革举措。2022年，保康县政府相继出台《保康县农村物流融合发展实施意见》《保康县推进农村寄递物流体系建设工作方案》《保康县农村寄递物流体系建设奖补办法（试行）》，为全县农村物流融合发展、寄递物流体系建设提供政策保障、明确发展方向和目标任务。

（刘锋城）

【谷城县】 至2022年底，全县公路总里程4258.50公里，公路密度166.8公里/百平方公里，其中高速公路103.21公里、一级公路88.40公里、二级公路271.54公里、三级公路190.18公里、四级公路3605.17公里。内河航道通航里程184.5公里（其中汉江航道82公里、南河97.5公

2022年1月18日，建设中的谷城县粟谷大桥

里、北河5公里），有港口1个、码头3个、渡口19个、有客运站5个，其中二级客运站1个、三级客运站1个、五级客运站3个，农村综合运输服务站5个。

基础设施建设。全年完成交通固定资产投资13.8亿元。316国道河谷汉江公路大桥及西延线工程全线通车，河谷两地通达仅10分钟。467省道紫金至赵湾公路一期、二期建设完成，西南山区群众结束靠摆渡来往历史。谷城至丹江口公路改建工程一期5公里完成，二期在开展招投标前期工作。316国道水星台至石花公路改建工程完成路基9.21公里、路面6公里。368省道五山至浪河、庙滩至盛康公路改建工程加快推进。石花公交首末站主站房装饰安装和市政工程施工完成。完成乡镇综合服务站改造升级6个，新建公交站亭70个。

"四好农村路"建设。完成县通乡工程、提档升级工程、路网延伸工程、襄十随神硬联通工程256.7公里，新建、改建桥梁73座，10条旅游循环路全部刷黑，何湾线获评全省"十大最美农村路"，城关镇被命名为全省"四好农村路"示范乡镇，助力"旅游热县"建设和"五谷深情·味在谷城"成功举办。

运输服务保障。全年公路完成客运量1028.06万人次，比上年增长18.06%，完成旅客周转量4.36亿人

公里，比上年下降21.17%；完成货运量888.29万吨、货物周转量7.28亿吨公里，比上年分别增长17.22%、47.36%。水路完成客运量7.7万人次、旅客周转量138.5万人公里，比上年分别增长12.08%、18.95%；完成货运量83.51万吨、货物周转量477.46万吨公里，比上年分别下降50.55%、73.88%。全县有客运企业5家，营运客车329辆，客运出租汽车104辆，持证营运货车1361辆；公交线路14条，公交车139辆。客运线路93条，其中跨省线路13条、跨市县线路24条、县内线路56条、公交智能化调度系统建成并启用，新增残疾人、现役军人、应急救援人员免费乘车服务。

公路养护。全面落实加强养护、科学管理、提高质量、保障畅通公路养护方针，集中开展国道、省道、县道、农村公路路域环境综合整治行动，完成修补坑槽、垫补坑槽、处理沉陷、补划标线、整修路基、路面灌缝、清理边沟、整修高路肩、桥涵疏浚、清扫路面、清除塌方路树刷白等日常养护工作。

综合执法。加大"打非治违"工作力度，规范运输市场秩序，对104辆出租汽车统一规范计价器、服务监督卡、禁烟标识和投诉电话，加强汽车检测、喷涂、驾培日常监管，加大非法营运、货车改型改装、超载超限、飞扬撒漏等违法违规行为打击力度，

谷城县城关镇获评 2021 年度全省"四好农村路"示范乡镇

查处非法营运电动车 158 辆、非法网约车 2 辆、非法营运出租汽车 59 辆，查处出租汽车不打表、拒载等不规范行为 33 起，约谈货运源头单位 16 家，查处普货车辆违章案件 126 起，卸（转）载违法超限 2000 余吨。处理投诉 156 件，查处水上交通违规案件 6 起，查处客车不规范经营行为 2 起，抄告或处理外单位违章案件 11 件，约谈 1 家驾校乱收费问题。推进港口船舶污染防治，通过"船 E 行"平台完成回收转运处置生活垃圾、生活污水，基本实现全程电子联单闭环管理。完成 8 次巡河任务，确保河湖长制履职见效。

安全应急管理。围绕安全集中开展巩固提升、安全生产百日攻坚、安全生产大排查大整治等专项行动，春运、全国两会、党的二十大、国庆等重点时段和"两客一危一货"、水运渡口、工程施工、行业消防等重点领域，强化措施，狠抓监管，全年下发通报 33 期，下达责令整改通知书 38 份，约谈企业 18 家（次），实施安全处罚 29 起，排查整改各类隐患 89 条，交通运输安全生产保持平稳态势。全面完成全国第一次自然灾害风险普查任务，普查结果通过省、市审核。加强船舶安全管理，强化辖区采运砂船舶、渡口渡船、水上在建项目安全监管，安排专人进行汉江巡查，及时发布天气预警信息，提醒船舶做好防滑防冻防雾各项物资准备。检验船舶 73 艘，

更换灭火器 75 千克，整改安全隐患 6 起，完成南河分站"鄂海巡 0818"船舶报废。开展水上交通安全知识进校园集中宣传教育活动，提高学生水上交通安全防范能力。

交通改革。稳妥推进交通运输执法体制改革，涉改人员全部调整到位，机制运行顺畅。全面深化国有企业改革，组建成立谷城县公共交通集团有限公司。探索推进交通物流与邮政业融合发展，8 月交通物流发展服务中心加挂"谷城县邮政业发展服务中心"牌子，承担县邮政行业管理的相关公益服务职责。持续深化"放管服"改革，健全审批与监管信息互通共享机制，更新下放权限事项清单，提升交通窗口政务服务效能，线上线下办件 4043 件，办结率为 100%。

（冷俊）

【老河口市】　至 2022 年底，全市公路总里程 2487.57 公里，公路密度 241.04 公里/百平方公里，其中高速公路 30.47 公里、一级公路 89.90 公里、二级公路 141.57 公里、三级公路 80.44 公里、四级公路 2145.19 公里。内河航道通航里程 57.8 公里，有港口 1 个、生产性码头泊位 4 个（在建）、渡口 2 个。有客运站 8 个，其中二级客运站 1 个、三级客运站 1 个、综合服务站 6 个。

基础设施建设。全年完成交通固定资产投资 8.11 亿元，比上年下降 7%。公路建设完成投资 8.11 亿元，建设完成公路 163.58 公里，其中省干线公路 17.25 公里，县、乡、村公路 146.33 公里，完成危桥改造 7 座。完成改造升级洪山咀镇综合运输服务站，新建艾家沟、赵岗、竹林桥综合运输服务站。建设城区公交站台 64 个、临时招呼站 72 个；建设港湾式候车亭 83 个、直停式候车亭 192 个。同时，在"四好农村路"大循环线上增建交通驿站 20 个。

"四好农村路"建设。实施建养一体化、"双基"、提档升级、窄路面加宽、新建等农村公路补短板强弱项工程，投资近 3 亿元，建设完善农村公路县道大循环 40 公里，形成连接干线、辐射乡村的循环闭合线路，使乡镇间互联互通，快速进入干线路网。同时，结合"美丽宜居乡村""特色小镇"及旅游路、产业路建设，建设完成路网延伸 26.55 公里、双通道

2022 年 12 月 29 日，316 国道河谷汉江大桥正式建成贯通

6公里、提档升级87公里、县乡道改造13.8公里、新建桥梁198延米、集输运公路2公里。建设完成省重点硬联通项目15.78公里。11月10日，交通运输部、财政部、农业农村部、国家邮政局、国家乡村振兴局联合发文，将老河口市列为"四好农村路"全国示范县创建单位并公示。

农村公路养护。投资1000万元对建设年代较早的李王线、薛张线27.72公里线路进行养护维修，确保道路通行质量和安全。组织专班对全市农村公路进行安全排查，完成农村公路危险段安全排查9800余米。根据实际情况，对苏池线、赵纪线、李王线临水、临崖、拐弯路段9194米安装防护栏。对仙油路、龙三线、石秦路等所有县道及路口安装标识标牌400余块、完善标线60余公里。同时，持续推进"三年消危"行动，对徐家滩桥、赵岗桥、槐树湾桥、西张湾桥、陈埠桥等存在安全隐患的桥梁进行整改；请第三方检测部门对全市155座农村公路桥梁进行排查检测，排查率为100%。

运输服务保障。全年公路完成客运量526.45万人次、旅客周转量37962.31万人公里，比上年分别增长2.77%、2.75%；完成货运量1613.61万吨、货物周转量302729.37万吨公里，比上年分别增长7.33%、7.33%。水路运输完成货运量48.51万吨、货物周转量97.01万吨公里，均比上年下降44.8%。全市有营运客车130辆、营运货车1873辆，其中普通货车1808辆、危险货物道路运输车辆65辆。更新新能源客车35辆，同步加强充电桩等配套设施建设。加快推进城乡客运服务一体化建设，新增城区公交线路4条、农村公交线路13条，形成城、镇、村三级全域公交网络，基础设施完善、覆盖范围广、服务功能优、运行效率高的城乡交通运输服务体系基本建立，公共交通服务水平明显提高，实现"行有所乘、城乡一体"的城乡客运服务新格局。

现代物流发展。全市登记注册物流企业42家，其中AAAA级2家、AAA级3家。普通货运企业41家、危险货物道路运输企业1家。快递企业10家，经营网点76个。拥有成规模物流园区（中心）2个；在建大型电子商务物流项目2个。公路物流配送基本覆盖全国，"3小时经济圈"辐射武汉、郑州、西安，长线专线可达江浙、广东、上海、山东、广西、新疆等地。老河口"双循环、全链条＋农村物流＋电子商务"获评交通运输部第三批农村物流服务品牌。

公路养护。持续加强公路日常养护管理和路域环境整治，保持辖区列养公路路面清洁、路肩平整、公路附属设施完善以及公路和桥梁安全畅通。推动路况服务水平大提升，组织养护专班对国省干线路面病害及时进行处置，高质量完成316国道马冲水库段养护中修工程，维修光化汉江大桥伸缩缝144道，应用新材料W810专用密封胶对国省干线及其他桥梁伸缩缝进行保养维护。推动安全服务水平大提升，成立公路交通安全设施精细化提升工作专班，与公安交警部门联合开展国省干线公路安全隐患排查，对328国道重点交叉路口安全隐患进行集中整治。推动养护设施服务能力大提升，328国道小桥河公路养护站首个"司机之家"建成投入运营。推动服务社会能力大提升，加强标志标线标牌维护，开展公路标志标线全面排查工作，对标线缺失或标线不清晰的及时补划。

路政管理。加强路域环境整治，重点打击涉及路产路权违法行为，及时清理沿线非法广告设施，开展施工监管2次，办理涉路监管案件4件。加强路产路权保护，全年收取路政赔（补）偿费15.38万元。联合治超成效明显，以雷祖殿公路超限检测站为依托，开展路警常态化联合治超，查处超限超载车辆44辆次、卸载货物2585.3吨，查处改型车辆23辆。

行业监管。开展出租汽车市场整治行动，重点整治出租汽车车容车貌、随意涨价、拒载、强行拼客等，全面整治营运秩序，营造公平公正、诚实守信的城市客运市场环境，全年查处出租汽车违规经营16起。开展客运市场打非治违专项行动，采取"固定加流动、明察加暗访"稽查方式，查处非法营运车辆29起。加强对危险货物、旅游客运市场、物流市场的监管力度以及路产路权保护工作。以"两客一危"为重点，推进道路运输监督检查力度，严查站外带客、不按核定

2022年8月15日，老河口市首个"司机之家"（328国道小桥河公路养护站"司机之家"）正式投入运营

线路行驶等违法行为，查处违章行为3起。同时，将违法车辆信息抄告车籍地交通管理部门，推进源头治理。

智能交通。全面推进信息技术在城市公共交通运营管理、服务监管和行业管理等方面的应用，着力建设公众出行信息服务系统、车辆运营调度管理系统、安全监控系统和应急处置系统。投资200余万元，利用北斗导航系统，连接智慧城市数据库，建成全市统一的公共交通数据资源中心和智能调度系统，集公交调度、站点监控、"一卡通"、IC卡刷卡系统为一体，附带手机App，实现线上、线下无缝衔接。推行智能公交，完善城市公共交通移动支付体系建设，启用无人售票IC卡和自动报站系统，通过导航对车辆运行状况进行实时监控管理，及时调整车辆运行。对所有二类以上维修企业实行电子档案。驾校推行先学习后缴费模式，开展夜班学习、个人订制等个性化服务。

安全应急管理。落实安全生产三年专项整治行动，在道路运输、公路安全、水上交通、工程施工等重点领域进行隐患排查，排查风险隐患240条，全部完成整改。印发《老河口市交通运输局关于巩固安全生产大排查大整治成果全面开展交通运输领域安全生产"百日双扫"活动工作方案》，派出检查组20个，检查企业47家次，排查风险隐患6条，并完成整改。落实市委、市政府和襄阳市交通运输局国庆节和党的二十大期间安全生产工作部署，查出隐患3处，并完成整改。开展干线公路灾害防治工作，全市交通运输自然灾害普查工作全部完成。加强各类抢险救援物资储备工作，做好防汛运力组织，做到车船权属单位落实、车船牌号落实、驾驶员落实、储备地点落实，防汛抢险物资器材登记造册，组织应急保障队伍4支45人。编制《水上搜救应急预案》《处置民用航空器飞行事故应急预案》《船舶防污染应急预案》，5月25日联合武装部门、应急管理部门在汉江河上开展水上解救被困群众演练，提高应急人员应对突发事件快速反应能力和应急处置能力。

交通改革。进一步深化交通综合执法改革，8月根据老河口市人力资源和社会保障局、中共老河口市委机构编制委员会联合下发《关于市交通综合执法改革划转人员的通知》文件精神，将市道路运输服务中心、市港航管理所（地方海事处）、市公路建设中心、市农村公路建设中心符合划转标准的13名人员划到市交通运输综合执法大队。

（王文斗）

【襄州区】 至2022年底，全区公路总里程4062.64公里，公路密度200.52公里/百平方公里，其中高速公路104.09公里、一级公路234.74公里、二级公路283.90公里、三级公路197.95公里、四级公路3118.10公里、等外公路123.86公里。内河航道通航里程176公里，有渡口24处、砂石集运中心临时性码头1个。有客运站2个，其中一级客运站1个、五级客运站1个，农村综合运输服务站3个。

基础设施建设。全年完成固定资产投资12亿元，比上年增长19.9%。襄阳绕城高速公路襄州段6.43公里建成竣工。207国道改建工程襄州段30.84公里开工建设。310省道改造工程17公里完成路基路面4.1公里，273省道埠口至张家集段路面改造工程9.1公里完成8.3公里。316国道两河口至邓湖铁路桥21公里大修完成半幅路面建设。273省道、274省道、316省道大修项目，完成初设批复、施工图批复和财评工作，在进行招投标。襄州区公路应急养护中心主体工程建设完工，207国道伙牌公路服务中心、316国道双沟公路养护服务中心、217省道古驿公路养护服务中心开工建设。316省道枣阳新市至襄州黄集段改建工程襄州唐河特大桥、白河特大桥工程获2021年度襄阳市建筑工程"隆中杯"奖（市优质工程）。

"四好农村路"创建。全力推进"四好农村路"示范县建设。区委、区政府成立领导小组和工作专班，科学编制《襄州区"四好农村路"发展规划》。全年高标准建设"四好农村路"示范线建设165.1公里，襄州区获评全省"四好农村路"示范县。推进乡村振兴PPP工程，项目投资11.44亿元，共16条农村公路、全长263.63公里，开工10条线路，完工150公里。完成区政府"十件实事"农村公路、桥梁建设任务，完成农村公路建设225公里，为年计划的112.5%；完成农村桥梁建设17座，为年计划的113%。

2022年6月，襄州区"四好农村路"PPP项目建设快速推进

2022年6月23日，襄州区黄集镇公交专线正式开通

运输服务保障。全年公路完成客运量242万人次、旅客周转量1.85亿人公里，完成货运量8515万吨、货物周转量186.71亿吨公里。水路完成货运量109.77万吨、货物周转量1765.34万吨公里，比上年分别增长190%、1010%；完成客运量5万人次，比上年下降50%。全区有客运企业4家，客运车辆215辆。省际线路12条、客车19辆、市际线路4条、客车4辆、城乡客运班线22条、客车58辆、村村通客运线路49条、客车70辆；旅游客车59辆。新增（更新）客车5辆。有货运企业406家，其中普通货物道路运输企业404家、货车17716辆，新增普通货物道路运输企业24家、货车75辆；危险货物道路运输企业2家、货车783辆。有维修企业207家，其中一类维修企业58家、二类维修企业84家、三类维修业户65家；新增维修企业32家，其中一类维修企业3家、二类维修企业9家、三类维修企业20家。驾校16家，检测站5家。持续推进全域公交行动计划，6月23日黄集公交线路正式开通，9月26日古驿公交线路正式开通。有水运企业1家，运输船舶198艘，其中客渡船11艘、货船187艘59300载重吨。

现代物流业发展。全年物流项目实际投资2.65亿元。浩吉铁路襄州北疏运基地项目新增投资1.5亿元，主体工程全部完工；襄阳捷顺达物流园项目完成投资0.8亿元；襄阳中车物流园一期项目完成实际投资2500万元；襄阳吉顺小跑网络货运平台项目完成投资1000万元，并于7月正式上线运营，成为襄州区首个网络货运平台项目。引进计划投资10亿元的襄阳美的安得智慧电商物流产业园项目，10月通过区招商引资项目第六次评审会，区交通运输局为项目服务单位。初步对接圆通快递物流园区项目。新增规上物流企业2家，新增AAA级物流企业2家，全区A级物流企业达到44家，其中AAAAA级2家、AAAA级18家、AAA级23家、AA级1家，省重点物流企业38家，在库规上企业达到19家。

行业监管。联合公安交警部门持续加强货车路面违法行为治理。联合区公安、城管、市场监管等部门相继开展春运、冬残奥会、全国两会、党的二十大等期间打击非法营运专项行动。全面加强路域环境治理、水上交通安全专项执法检查。深入推进法治交通建设，扎实抓好"双随机、一公开"抽查和"互联网＋监管"工作。开展交通运输行业污染防治专项治理工作。

交通环保。对400总吨及以上的46艘船舶安装生活污水装置和生活污水储存柜，400总吨以下的141艘船舶安装生活污水储存柜，建有船舶生活污水、油污水回收船1艘，利用"船E行"监管账号，长江经济带船舶水污染物联合监管与服务信息系统，开展船舶港口污染物接收转运处置工作。

安全应急管理。落实安全主体责任，强化安全源头监管监控，大力整治各项交通运输安全隐患，全年没有发生一起安全责任事故和重特大事故。强力整治"两客一危"、超限运输、水上运输安全等突出问题。加大冰冻雨雪天气和汛期应急抢险保通保畅工作。

（王志功　刘聪）

宜昌市交通运输

【概况】　至2022年底，全市（县、区）公路总里程38179.8公里，公路密度179公里/百平方公里，其中高速公路728.8公里、一级公路777公里、二级公路2778公里、三级公路620公里、四级公路32464公里、等外公路812公里。内河航道通航里程678公里（界河按二分之一算），有生产性码头泊位191个、渡口177个（含长江）。有客运站98个，其中一级客运站2个、二级客运站11个、三级客运站10个、四级客运站8个、五级客运站67个，货运站13个。

基础设施建设。2022年全市综合交通投资突破300亿元，比上年增长50%。建设项目数量突破400个，其中10亿级项目22个、百亿级项目8个。筹措2.5亿元美元世行贷款、111亿元政策性金融活水、40亿元铁路专项债、20亿元部省交通建设无偿补助等，3.77亿元交通物流专项再贷款

"惰洒" 730 家业户。469 万车次享受通行费减免 1.57 亿元。获批交通建设用地突破 2 万亩，是上年的 5 倍。全市在建高速公路 4 条、总里程 274 公里，总投资 523 亿元，国家高速公路规划新增里程 505 公里。《宜昌市交通事业发展"十四五"规划》发布实施，82% 以上项目完成初设批复。2 条高速公路、1 座长江大桥、7 个城市群"硬联通"工程和 23 个"十四五"项目开工。建成一级公路 54 公里、二级公路 210 公里，新改建农村公路 1972 公里。"三年消危"基本完成，367 座危桥改造合格率、验收率居全省首位。国家公交都市建设通过部级验收，"两坝一峡""清江画廊"入围国内水路旅游客运精品航线试点，348 国道三峡公路和夷陵区宋百路入选全国 20 大交旅融合创新项目，宜昌入选国家骨干冷链物流基地，长阳上榜全国第三批农村物流服务品牌。多式联运"铁三角"格局成型，白洋港水铁公多式联运示范工程下年度接受部级验收，加快推进枝城港、姚家港省级多式联运示范工程创建。

"四好农村路"建设。点军区获评交通运输部 2022 年"四好农村路"全国示范县创建单位，宜昌市获评全省"四好农村路"示范市，当阳市获评全省"四好农村路"示范县，兴山昭君、长阳龙舟坪、枝江仙女、宜都高坝洲获评全省"四好农村路"示范乡镇，共获奖励资金 2200 万元。兴山县古昭路、远安县安石路成功入围 2021 年度全省"十大最美农村路"；当阳市玉

改造完工的峡口疏港公路

双路、宜都市青林谜镇环线入围 2022 年全国"十大最美农村路"年度评选。探索推进农村公路管养"红黑榜"，全年"亮红榜"200 个、"晒黑榜"180 个，有效激发管养质效。

运输服务保障。全年完成公路货运量 1.03 亿吨，比上年下降 5.05%，铁路货运量 1085 万吨，比上年增长 9.62%，水路货运量 8325 万吨，比上年增长 6.9%。完成港口货物吞吐量 1.24 亿吨，比上年增长 8.0%。宜昌港成功晋级长江内河亿吨港口阵营，完成集装箱吞吐量 16.13 万标箱，比上年增长 6.6%。三峡翻坝运输加快复苏，重载滚装运输车辆 23 万辆，比上年增长 59%，客滚船发航 49 船次，比上年下降 72%，转运商品车 1.1 万辆，比上年下降 95%。水路客运量 97.5 万人次，占全省的 47%。新增道路运输规上企业 22 家。三峡枢纽通过量再创

1.6 亿吨新高，公路货物周转量增速全省第 3。新增新能源公交车 90 辆，更新新能源巡游出租汽车 85 辆，新增新能源网约车 653 辆，全市首条纯电动城际公交正式开通。疫情期间，交通系统人员在 37 个高速公路出口、18 个客运站场服务保障过往车辆 2483 万辆次、驾乘人员 5345 万人次。

优化营商环境。交通窗口办理行政许可 10657 件，满意率 100%。研发上线港口经营许可证等 35 项交通许可电子证照，办理 115 件。贯彻落实省政府"扩权强县"决策精神，下放交通事项 35 项，9 个县市区有序承接、运转顺利，"放管服"改革成果惠及广大企业和群众。以降低物流成本为核心，全市境内高速公路及普通公路收费站严格执行通行费减免政策，做到"应征不免、应免不征"，全年减免车辆通行费 6252 万元。大力推广"船舶交易小助手"和"船 E 检"，船舶交易和报检 100% 实现"掌上办理"。全省首个完成小型船舶检验优化试点，免检船舶 122 艘，小型船舶检验更加便捷高效。推行电子化招投标、不见面开标、远程异地评标和标后履约监督检查，打造公平、公正、公开、透明、高效交通建设市场。推行"内河船舶交易网上办"，开展维修企业备案上门服务 354 家、办理维修备案"零跑腿"23 件，助力企业纾困解难。

科技与信息化。三峡航运大数据

2022 年 11 月 29 日，襄阳至宜昌高速公路宜昌段开工建设

平台继续引领长江。重点车辆协同监管系统基本建成，打通行业数据壁垒，"两客一危"等8类重点车辆风险辨识能力大幅提升。城区出租汽车智能管理系统"诚小宜"迭代升级，全时段为市民提供实时预约、路径回溯、精准计价、失物招领等安全保障。公路航道防灾减灾系统全面更新，架构交通、交警、国土、气象、水文"五位一体"协同机制，人防向技防转变，事后救援向事前预警延伸。及时研发交通卡口核酸落地检分析系统，一周时间投入运行，实现"三站一场"无纸化登记、高效率"通关"。高速公路收费站、国省干线观测点等省级交通数据成功回流，交警、教育、卫健等市级数据开放共享。参与研究的"基于环境安全的大掺量工业固废磷石膏复合稳定材料关键技术研究"课题，获湖北省公路学会2022年度科学技术奖一等奖。同时，主编磷石膏基层应用省级技术规范，填补湖北省磷石膏在公路基层中应用的技术空白。研究制定2022年磷石膏制品在交通工程建设领域的应用工作方案，全市共消耗磷石膏37万吨，应用项目38个。

安全应急管理。修订发布应急预案8个，全面落实包保制度。安全生产三年专项行动整治持续推进，安装公路安全防护工程13709公里，有效挡车700余辆，减少伤亡966人。完善一级公路中间隔离护栏设置257公里，规范沿线标志标牌标线188公里，整治交叉道口560公里。实施"一弯一景一安"弯道治理153处，农村公路平交道口交通信号灯、减速带"千灯万带"工程583处。依法责令4家不具备安全生产条件的危险货物道路运输企业退出市场。全年开展出租汽车、"两客一危"、超限超载等市级专项行动14次，查处各类安全隐患4500余起。开展从业人员各类培训2.65万人次。常态化开展扫黑除恶专项斗争，深入开展国家安全形势分析研判和宣传工作。交通运输系统未发生较大及以上交通运输生产安全责任事故，道路运输事故经济损失、事故起数、死亡人数、受伤人数比上年分别下降53%、1.3%、2.3%、28%。

交通改革举措。全球载电量最大纯电动游轮"长江三峡1"号正式投入商业运营。中华鲟自然保护区码头整治深入推进，三大油库码头集约布局，先后投产。宜昌化学品船舶洗舱站、秭归水上LNG加注站等一批长江大保护标志性项目稳步运行。抢先布局"气化长江""电化长江""氢化长江"新蓝海，建造新能源船舶28艘，占全省的56%。完成206艘宜昌籍货船受电设施改造，全年可减少二氧化碳排放2.8万吨。推进待闸船舶生活垃圾和生活污水接收全免费、"净小宜""船E行"双调度、服务质效大幅提升。港口岸电费用降至1元/度，全年使用岸电407万度，占全省的72%。

执法队伍建设。推进宜昌市交通运输系统综合行政执法队伍素质能力提升三年行动，开展"执法大比武、体能大测试、队列大检阅、换装大宣誓"等活动。利用微信小程序组织全市交通运输执法人员开展法律知识学习和考试。创新建立出租汽车动态监控系统，强化出租汽车监管。全面强化交通运输行政执法监督力度，优化法制审核机制，抽查全市执法案卷。统筹推进全市执法制式服装和标志换发工作，全市交通运输执法单位全部完成配发。全市交通执法队伍查处违法案件931件，实施行政强制58次，依法对84起案件免予或减轻处罚，减免罚款102万元。宜昌市交通运输局获湖北省"人民满意的公务员集体"

和湖北省"安全生产红旗单位"。

(黄纯青　文校葳)

【宜都市】 至2022年底，全市公路总里程3766.92公里，公路密度277.59公里/百平方公里，其中高速公路124公里、一级公路146.14公里、二级公路134.17公里、三级公路73.29公里、四级公路3278.70公里、等外公路10.624公里。内河航道通航里程87公里(其中长江46公里、清江41公里)，有港口企业24家，生产性泊位共68个，其中普货码头泊位61个、集装箱和商品车泊位2个、危货码头泊位5个。有客运站10个，其中二级客运站1个、三级客运站1个、五级客运站8个。

基础设施建设。全年完成交通固定资产投资18.53亿元，比上年增长42.9%。254省道宜昌长江大桥至点军界新建工程(西互通生态廊道工程江城大道段)、宜都市十杨路改建工程(宜张高速公路至清江大道段)、254省道枝城白水港大桥至兴发段中修工程、宜都市枝城长江大桥维修加固、"三年消危"的4座国省道危桥改造全部完工。318国道宜都市红花套至长阳县偏岩段(宜都段)改建工程、225省道宜都市枝城大桥至大堰堤段、陆渔路渔洋河大桥至鹰子岩段中修工程、254省道宜都市绕城段(含清江三桥)建设顺利推进。254省道宜都市枝城镇绕镇公路工程初步设计获批复。宜昌港宜都港区洋溪临港物流园综合码头项目完成整体竣工验收；宜都港区

2022年11月18日，在建中的宜都市绕城段清江三桥

枝城铁水联运码头工程一期，水工建筑物码头主体结构完工；宜都港区枝城作业区危化品码头工程完成项目备案。宜都市现代综合物流园完成建设项目用地预审和选址意见书；宜都市乡镇汽车客运站、农村候车亭达标行动，累计完成170个农村候车亭建设；洋溪客运站基本完工，潘家湾客运站主体工程完工，红花套客运站施工中。

"四好农村路"建设。农村公路提档升级续建项目（望穿线、胡叫线、张快线、刘江线、少伯路、惺悟路、龙山二线、车长线、农村线）完成路基16公里、路面16公里；市级重点项目红皓线、陈游线、土吉线、接夏线、株洲线西段等13条路，完成路基19公里、路面18公里。第二批提档升级改造工程完成总体形象进度的92.7%。五眼泉镇碑湾至高坝洲大桥（毛沱）道路提档升级改造全部完工。"三年消危"行动的15座农村公路桥梁全部完工。通村水泥路建设完成路基20.9公里、路面16公里；提档升级项目完成路基83.6公里、路面74.9公里。12月，青林谜镇环线入围全国"十大最美农村路"之11月主题"共同富裕路"月度评选。高坝洲镇获评全省"四好农村路"示范乡镇。

运输服务保障。全年完成客运量210.07万人次、旅客周转量7224.28万人公里，完成货运量2934.84万吨、货物周转量132.07亿吨公里。有道路

客运企业8家，其中三类以上客运公司1家、运营车辆27辆，运营市际班线5条、城际公交2条，农村客运公司7家，运营车辆99辆、运营班线43条。有旅游包车公司3家，备案旅游包车30辆。有出租汽车公司3家，运营出租汽车140辆。有公交运营企业1家，运营车辆54辆，运营线路10条。有危险货物道路运输企业6家，经营危险货物道路运输车辆178辆。有驾驶培训机构6家，驾驶培训车辆137辆。有二类及以上维修企业44家。投资120余万元建成巡游出租汽车4G动态监管平台，全市125辆出租汽车纳入实时监管范围。

公路管养。做好国省道日常养护，修复国省道水毁8处，加强路域环境整治。养护工程建设，后高路路面升级改造完工；宜洋路枝城白水港大桥至兴发段路面升级改造完成3.5公里一级路及0.8公里二级路改造工作；陆渔路渔洋河大桥至鹰子岩段路面升级改造完成5公里；红花套公路养护站升级改造工程完工。美丽宜道建设，积极推进254省道宜昌长江大桥至点军界段新建工程、424省道电厂至五清线路口1公里景观提升；结合公路养护提升行动，不断完善沿线服务设施。建成318国道沪聂线窑坡垴景观带、241国道呼北线潘家湾生态公园2处景观小品、216省道夷五线黄莲头停车区、225省道雅澧线、278省道宜

松线6处港湾式停车带。

路政管理。与公路养护站、各乡镇形成联动机制，实现信息互通，相互配合，加大对公路旁乱搭乱建、增设道口等行为进行专项整治行动。落实路巡制度，加大重点路段巡查，对违法行为早预防、早发现、早处置。利用路政宣传月活动加大宣传力度，营造爱路护路良好氛围。全年制止红线建筑控制区内违法建房4处，清理公路沿线路面堆积物31处，清理带泥上路8处，拆除非公路标牌1块，清除违规占道施工2处；现场勘验国家电网、天然气等在市内国、省干线穿越公路5处。坚持"政府主导、部门联动、综合整治、整体推进"思路，联合公安交警部门和乡镇执法局开展多方位、全覆盖、高效率的超限超载联合执法行动。严格按照"二个不定期"常态化工作要求强化源头监管。同时，通过治超监控网络对普通干线公路采取固定检测与流动巡查相结合的办法，查处绕道避检和夜间超限超载车辆。全年查处超限运输车辆527辆次，交警联合查处195辆次，累计卸载12553吨，查处非法改装车辆15辆，无道路运输证车辆3辆次。

行业监管。联合开展"打非治违"专项整治行动，进一步规范客运市场秩序。采取定点检查与流动巡查相结合的方式，集中整治客流量较大的客运中心、医院、超市、校园等重点区域。全年查处并暂扣非法网约车14辆、非法营运车辆1辆、违规出租汽车7辆，拆除非法改装加油车2辆。加强辖区内4家机动车驾驶培训机构所属37个校外便民教练场监督检查。贯彻落实绿色通道政策，对符合"绿色通道"政策的鲜活农产品运输车辆均给予免费或优惠放行，全年减免鲜活农产品运输车辆4705辆、车辆通行费13.6万元，军警车657辆、通行费6570元。

物流发展。充分发挥交通线网、邮政站点资源优势，积极推动物流企业与邮政、电商、快递的分项合作经营模式，以市邮政公司为主导，鼓励邮政快递企业通过技术赋能、特许经营、供应链整合、跨行业联盟等多种

宜都市高坝洲至青林谜镇环线公路获评全省"十大最美农村路"

方式改造农村传统商业网点、发展新型乡村便利店，鼓励快递企业参与村级网点建设，鼓励邮政快递企业进驻乡镇交通综合服务站，拓展物流、邮政快递、电商服务在农村寄递物流体系建设和运营过程中的支点作用，鼓励邮政快递企业在原有市、乡、村三级物流寄递配送模式基础上，增加镇级邮件直达、快递直送镇级综合服务网点分发的快速配送模式，进一步提高邮件快件到村效率。最大程度发挥交通"村村通客车"优势资源，在全域公共交通综合场站建设中融入物流快递功能，通过客运捎带，降低偏远山区物流配送成本。抓住"四好农村路"验收机遇，完善高坝洲镇农村物流配送中心、曾家岗村、青林寺村级物流寄递服务网点标识标牌。全市10个乡镇123个行政村设有物流快递网点156个，行政村寄递物流覆盖率100%、通村率100%，"一点多能、多站合一、一网多用、深度融合"的市、乡、村三级物流配送网络初见雏形。

港口码头。规范码头环保管理，全市27个港口码头均办理洪评、安评、环评、通航条件影响评价等手续，通过验收核发港口经营许可证。加大港口码头排污口整治力度，辖区内20个港口码头入河排污口整治任务均按要求整改并通过验收。落实全市港口和船舶污染物免费接收转运处置码头运行经费保障工作，2022年起待闸船舶生活污水和生活垃圾免费接收、转运、处置纳入财政预算，实行政府购买服务。巩固提升全市港口和船舶污染处置能力。协同推进港口岸电设施运营，港口码头安装岸电设备41套，全部投入使用。推进运输船舶岸电系统受电设施改造，全市4家水路运输企业的7艘运输船舶改造全部完成并通过验收。

安全应急管理。落实安全生产行业监管责任，通过突击检查、暗访暗查、专项帮扶等方式，组织开展道路运输、公路运营、城市公共交通、水路运输、港口营运、工程建设等重点领域隐患排查治理工作。全年检查交通运输企业、港口、渡口渡船、在建

项目320余次，同时对辖区国省道、县乡道开展汛前公路、桥梁隐患大排查，排查整改各类安全隐患119处，整改率100%。严格落实重点时段以及道路运输、水路运输等重点领域安全管控措施，高度重视雨雪冰冻、汛期暴雨等极端天气应急处置工作，及时调整日常应急队伍和后备应急队伍，完善物资储备及应急保障，全年开展冰雪灾害应急抢险3次，参与洪涝灾害应急抢险2次，清理塌方2700立方米。

交通改革举措。创新"农村公路养护体制改革试点"，增强管养能力，制定出台《宜都市农村公路管养体制改革工作实施方案》。按照"四化同步、巡养结合"思路，落实管养责任，推行层次化管养，全市设有乡镇管养机构10个、村级养护站123个，落实乡镇专业化养护公司11个，落实专业化养护人员60余人。制定出台《宜都市农村公路"路长制"工作实施方案》，建立市、乡(镇)、村三级路长责任体系，推行"四长三员"管养模式，实行"市级路长半年巡、乡级路长季度巡、监督员月度巡、村级路长每周巡"巡查模式，市乡两级路长办对问题处置和督查情况实行跟踪问效。投资140万元，建成农村公路建管养运一体化平台，研发"巡检通"App，开设各级路长管理账号288个。强化考核运用，开展农村公路养护"四个一"考核，并将考核结果每季度以养

护"红黑榜"形式向社会主动公开，全年"亮红榜"41个、"晒黑榜"42个并完成整改。

(陈晓红)

【枝江市】 至2022年底，全市(县、区)公路总里程4174.14公里(不含高速公路)，公路密度303.79公里/百平方公里，其中高速公路66公里、一级公路159.93公里、二级公路125.48公里、三级公路47.65公里、四级公路3839.84公里、等外公路1.24公里。内河航道通航里程185公里(界河按二分之一算)，有港口25个、生产性码头泊位35个、渡口23个。有客运站5个，其中二级客运站1个、三级客运站2个、五级客运站2个。

基础设施建设。全年完成交通固定资产投资25.66亿元，比上年增长15%。公路建设投资8.95亿元，沪渝高速公路枝江互通正式通车，姚家港作业区疏港公路建成投用；当枝松高速公路(含枝江长江大桥)项目实质性开工，主桥桩基顺利开钻。完成农村公路硬化项目建设77.12公里(其中断头路45.7公里)、提档升级24.79公里、养护工程231.50公里，完成农村公路危桥改造40座。水运建设投资4.31亿元，完成港口建设3个，新增泊位4个。客(货)运站场建设等投资12.40亿元，完成客运站建设2个。

"四好农村路"建设。规范农村公路建设管理，通过争取省级补助和

2022年10月1日，沪渝高速公路枝江新互通正式通车

2022 年 1 月 27 日，枝江市姚家港作业区疏港公路项目通过交工验收

本级财政自筹，投入资金 7000 余万元开展"四好农村路"建设。完成农村公路硬化项目建设、提档升级、养护工程等，完成农村公路危桥改造 40 座。全面开展"四好农村路"示范创建，仙女镇成功入选全省"四好农村路"示范乡镇，枝江市、问安镇申报全省"四好农村路"示范县和示范乡镇。

农村公路养护。积极探索建立市、镇、村三级农村公路"路长制"，谋划建立农村公路养护管理信息化平台。深化农村公路养护体制改革，健全"三员合一"工作机制，整合部门及财政资金 1000 余万元保障"三员"经费投入，严格农村公路管养考核，将农村公路建养质效纳入政府年度综合目标考核体系。多方筹集资金 1500 余万元用于实施农村公路路面维修等养护工程，下达养护工程计划资金 880 万元，实施养护工程线路里程 231.50 公里。全市行政村通客车率 100%。

运输服务保障。全年完成道路客运量 169.26 万人次、旅客周转量 5989.65 万人公里，比上年分别下降 23.5%、26.9%；完成货运量 1338.42 万吨，货物周转量 10.93 亿吨公里，比上年分别下降 24.7%、6.8%。港口吞吐量 2630.1 万吨，比上年下降 0.01%。完成"五一""十一"、春运等重大节假日和中高考"爱心护考"运输组织保障工作。春运期间，全市投入班线客车 177 辆、公交车 52 辆、出租汽车 247 辆、客渡船 26 艘、汽渡船 7 组，完成道路客运量 32.35 万人次、

渡口客运量 39.16 万人次，渡车 11.23 万辆次。推广出租汽车电召平台，更新出租汽车外观，优化公交路线，推行电动汽车"续驶工程"，安装充电桩 7 个，优化调整公交线路 1 条，新改扩建农村候车亭 59 个。

物流发展。全市有物流企业 173 家，其中规上企业 36 家。运输型物流企业 137 家（陆上货运物流企业 101 家、陆上客运企业 15 家、危险货物道路运输企业 4 家、水上货运物流企业 12 家、水上客运企业 5 家），其中规上企业 25 家。仓储型物流企业 27 家，其中规上企业 10 家。快递企业 9 家，其中规上企业 1 家。其中 AAAA 级物流企业 5 家、AAA 级物流企业 4 家、AA 级物流企业 1 家。

公路管养。加强道路病害处治和边坡沟渠整治，重点突出路面预防性养护工作，完成路面开槽灌缝；加强桥体检测和日常养护，建立桥梁"一桥一档"技术档案，更换全部列养桥梁信息牌和公示牌；完善日常养护市场化运营模式，采取督办件和缺陷倒扣制方式保证日常养护反应快、质量好。加强站房及服务设施建设安福寺公路养护站选址新建等工作推进中；以市物流发展中心建设候车亭为契机，候车亭实现候车功能的同时达到港湾式停车要求。推进"美丽宜道"品牌品质提升，百里洲亲水竞技环线 74 公里美丽宜道建设全面启动，225 省道雅澧线顾家店段 8.44 公里一江两岸滨江环线基本建成。

路政管理。开展超限超载专项治

理行动，成功施行安董路"黄牌车辆"限行措施，检查货运车辆 1432 辆，查处超限车辆 32 辆，卸货 963.7 吨，立案处罚 3.74 万元；开展路域环境专项治理行动，持续对辖区内国省道等重点路域路段进行全面"体检"和巡查。拆除 318 国道、夷五线、新安猇路、枝当路等路段非交通标示牌 74 块；劝离 318 国道、231 县道、安董路两旁占道经营摊位 487 次，保障国省干线公路安全畅通。

行业监管。开展城区客运市场专项整治行动，对枝江北站、客（汽）渡口、市人民医院、公交站台等重点区域开展巡查，严厉打击客运市场违法违规行为和农村客运、班线客运乱停乱靠行为。查处违规出租汽车 11 辆、违规经营网约车 3 辆、非法营运车辆 1 辆。开展道路运输行业监管，重点加强对超限治理、"两客一危一货"监管检查，联合公安交警、高速公路路政、交警、收费站开展联勤联动，确保道路运输行业健康发展。持续开展水路运输行业监管，加强辖区渡口、码头监督巡查力度，联合水利水政、长江海事、长航公安等部门开展专项行动，确保水路运输行业健康发展。查处案件 7 起，罚款 4.40 万元。

智能交通。信息化指挥中心建成后，运用大数据手段，集成智能监管功能，实现对执法对象动态监控、经营活动全轨迹跟踪，拓展现场监管范围，提升执法质效。全年通过平台抽查"两客一危"、公交车等 24820 辆次，港口码头 2190 家次。拓展新能源业务，完善配套设施建设，新建安福寺、安捷·天汇 2 处充电场站投入运营。开通微信乘车码，并上线运营。

交通环保。加强辖区港口岸线管控，聘请专业公司对全市码头岸线进行测量核查，对 2 家超岸线经营码头企业，强制实行构筑钢筋混凝土隔离墙，实现硬封闭和复绿，扎实推进港口船舶污染防治工作。加强维修行业监管，持续做好维修企业高温季节臭氧污染临时管控工作，坚决打击高温露天和敞开式喷漆、喷涂作业行为，举报投诉均停业整改到位。

安全应急管理。持续开展风险管控和隐患排查治理，坚决整治消除各类安全风险隐患，全市未发生交通运输安全生产责任事故。开展安全生产大检查工作，采取突击检查、暗访暗查、专项帮扶等多种方式，组织开展道路运输、公路运营、城市公共交通、水路运输、港口营运、工程建设等重点领域隐患排查治理工作。全年检查交通运输企业 420 家次、渡口渡船 105 艘次、在建项目 42 家次，排查整改各类安全隐患 405 处。坚持风险预控、关口前移，开展元旦、国庆、春运、两会、党的二十大等重点时段风险预判，梳理交通运输行业风险点 23 处并逐条制定针对性管控措施；及时向交通运输生产经营单位发布各类预警信息 1200 余条，督促企业恶劣天气适时停运停航；加大交通枢纽现场巡查力度，切实保障交通运输安全有序。持续开展危桥改造、普通公路"455"工程、"千灯万带"等专项行动，排查整治国省道安全隐患 50 处，处治路面病害 1.3 万余平方米，更换各类交安设施 200 余处，及时整改宜昌市挂牌督办隐患路口 1 处，顺利完成 45 座危桥改造提升工作。修订完善应急预案 3 份，组织开展交通运输行业应急演练 13 次，及时调整日常应急队伍和后备应急队伍，进一步提升预案科学性和时效性。

（李海凤）

【当阳市】 至 2022 年底，全市公路总里程 5841.27 公里，公路密度 270.56 公里 / 百平方公里，其中高速公路 72.90 公里、一级公路 80.97 公里、二级公路 187.10 公里、三级公路 79.30 公里、四级公路 4586.54 公里、等外公路 834.46 公里。内河航道通航里程 92.5 公里（界河按二分之一算），有渡口 21 处、渡船 42 艘。有客运站 10 个，其中二级客运站 1 个、三级客运站 1 个、四级客运站 1 个、五级客运站 7 个，货运站 1 个。

基础设施建设。全年完成交通固定资产投资 50.45 亿元，完成率 240%。348 国道当阳市谢花桥至夷陵区鸦鹊岭段改扩建工程绕城段完工，当阳五桥建成通车，张翼德横矛处至谢花桥段半幅通车。253 省道远安鸣凤至当阳庙前改建工程当阳境 22 公里建成通车。224 省道专项维修及增设中央分隔带等交通安全设施工程、256 省道当枝一级公路当阳境段中央分隔带工程、沮河西端排水系统改造工程以及荆宜高速公路当阳东收费站出口应急通道工程全面完工。253 省道远松线当阳市河溶大桥危桥改造、当阳二桥综合整治工程顺利推进。

"四好农村路"建设。累计建成"美丽宜道"7 条 109 公里，建成美丽农村路 370 余公里。玉丰路、窑马路获评 2022 年度美丽宜道，玉泉寺至双莲公路入选 2022 年度全国"十大最美农村路"总决选，当阳市获评 2021 年度全省"四好农村路"示范县。

运输服务保障。全市拥有货运业户 1519 户，货运车辆 2365 辆，规上货运企业 2 家；拥有客运经营业户 14 家，其中客运企业 3 家、个体经营 11 家，客运车辆 122 辆。新建农村候车亭 75 个。全年完成客运量 1674.93 万人次、旅客周转量 1.85 亿人公里，比上年分别增长 15%、14.91%；完成货运量 2075.52 万吨、货物周转量 12.45 亿吨公里，比上年分别增长 15%、14.96%。拥有公交运营企业 1 家，新能源公交车 60 辆，公交线路 5 条，开通双莲工业园、金桥工业园区定制公交，延长 4 路公交线路。拥有航运企业 1 家。

路政管理。全年办理路政案件 14 件，案件查处率和文书使用率均 100%，案件合格率 100%。清除路面堆积物 87 处 358 平方米，治理占道经营 48 处 1959 平方米，治理路面污染 15 处，治理加水点 35 处，治理抛撒滴漏 37 次，路容路貌得到较大改善。超限治理检测车辆，查处超限车辆 409 辆，转运及卸载货物 7990.62 吨，超限运输得到有效遏制。

科技与信息化。整合出租汽车、农村客运、公交、客运场站、超限检测信息监控平台，实现营运车辆监控设备全覆盖，对车辆实时位置、行驶情况、驾驶员状态、车内乘客、路况等情况进行及时了解或查询，并能根据数据收集分析，合理调配车辆，安排班次。

安全应急管理。圆满完成春运、全国两会、国庆、党的二十大等重要时间节点安全生产保障任务。采取"四不两直"、暗访暗查、"双随机"等方式开展安全生产大检查，做到检查整改全销号，累计检查企业 186 家次，排查和督促整改安全隐患 146 处，下发整改建议书、警示提示等 74 份。筑牢水上安全防线，开展宜昌荆门 2022 年水上综合应急演练。全市交通运输行业安全生产形势持续保持稳定，被

当阳玉双乡村示范区东西大动脉——玉泉寺至双莲公路

评为宜昌市安全生产先进单位。抓好常态化疫情防控，严把高速公路入口、汽车站、火车站防控关。

（余鹏飞）

【远安县】 至 2022 年底，全县公路总里程 2338.08 公里，公路密度 130.27 公里/百平方公里，其中高速公路 48.72 公里、一级公路 71.1424 公里、二级公路 196.54 公里、三级公路 78.67 公里、四级公路 1931.74 公里、等外公路 11.27 公里。渡口 4 个。有客运站 3 个，其中二级客运站 1 个、三级客运站 2 个。

基础设施建设。全年完成普通公路建设投资 8.70 亿元，比上年增长 1.5%。建设完成公路 7 条、桥梁 6 座 232 延米，全年新增等级公路生产能力 95 公里。远安县公路桥梁“三年消危”工程全部完工。347 国道南德线旧县至栅镇段路面大中修工程全部完工，347 国道远安县境部分公路地质灾害防治工程、347 国道远安县茅坪场境郭家沟段水毁应急抢险治理工程完工。224 省道保当县远安境洋坪至栅镇段大修工程全部完工；253 省道改建工程二期工程、远安县县乡道改扩建工程开工建设。远安县成功入选“四好农村路”全国示范县，获奖励资金 1000 万元。洋坪镇成功入选全省“四好农村路”示范乡镇，获奖励资金 200 万元。县道安石丹霞公路被评为 2021 年度全省“十大最美农村路”。2022 年农村公路养护优胜单位获奖励资金 88 万元。

运输服务保障。全县拥有道路客运企业 3 家、货运企业 708 家，经营性危险货物道路运输企业 1 家；拥有营运客运车辆 159 辆，其中出租汽车 80 辆、班线客车 79 辆。拥有客运线路 58 条，其中跨地市线路 8 条、跨县线路 5 条、县内线路 45 条。更新新能源公交车 1 辆、出租汽车 16 辆。城市公交场站 1 座，城区公交候车亭 43 个、临时停靠站牌 60 个，农村客运候车亭 194 个，简易站及招呼站 160 个。客运站日均发班 175 班次，日均旅客发送量 4956 人次。拥有一类机动车

维修企业 3 户、二类机动车维修企业 9 户、三类机动车维修企业 40 户。拥有道路运输从业人员 3863 人，其中旅客运输经营从业人员 609 人，货物运输经营人员 2935 人，站（场）经营从业人员 33 人，机动车维修经营从业人员 176 人，汽车综合性能检测站从业人员 15 人，机动车驾驶培训从业人员 95 人。

公路养护。全面美化、亮化路域环境，集中处置远当一级路、盘栅一级路等路面坑槽 12049.5 平方米，清洗防护栏 850.2 公里，清理路肩 10.86 公里、边沟 233 公里，确保年度路况 PQI 值大于 90；高标准完成国省干线公路“美丽宜道”专项提升工程，投资 100 余万元美化干线公路约 100 公里，撒播花草籽，打造微景观；对国省干线 1580 套单柱、380 套单悬臂标志牌立柱进行改漆涂刷翻新。有序开展农村公路养护，组织开展养护员培训，开展日常养护巡查、养护检查，发布农村公路养护“红黑榜”6 期。

运输市场监管。持续开展城区客运秩序整治，严厉打击非法营运“滴滴快车”“黑面的”，出动执法人员开展护校行动 21 次，路检路查客运车辆 228 辆，办理行政处罚案件 3 件。加强货运车辆监管，扎实开展治超百日专项行动，走访货运源头企业 23 家次，检测货运车辆 27156 辆，查处超载车辆 826 辆，卸载货物 21690.97 吨，移交公安交警处罚 697 辆。维护机动车驾驶培训市场秩序，完成全县一、二类维修及驾驶培训企业质量信誉考核评定和备案登记工作，完善维修企业备案登记 25 家。

物流发展。完善物流发展组织机构，经县委编办批准筹备组建远安县交通物流发展服务中心（远安县邮政业发展中心）。持续巩固城乡交通运输一体化建设成果，编制《“全域公交县”创建实施方案》，公车公营清资工作进行中。研究制定《关于支持全县物流运输业发展的意见》，支持全县物流运输业做大做强、形成规模。完成 51 个物流网点标准化建设。持续完善乡镇物流站点建设，优化乡镇综合运输服务站功能分区。

科技信息化。充分发挥 4G 动态监控平台预警作用，发送安全和疫情防控提示信息 4500 余条，有效监管驾驶员五类违规行为。在全县 12 处重点旅游公路建设视频监控抓拍系统，有效管控中重型货车行驶旅游公路行为。采购并安装 80 套出租汽车智能服务终端设备，实现出租汽车实时监控。栅镇、汪家、茅坪、分水养护站养护信息化平台显示屏安装完成。农村公路养护信息化平台建成并投入使用，有效实现全县农村公路日常养护智慧化管控。

优化营商环境。完成 202 项依申请和依职权类行政权力事项在省“互联网＋政务服务平台”的匹配、填报、发布工作，“应进必进”工作全面完成。优化办件流程，办件率提升至 72.24%；对无须申请人提交或可通过协调获取的材料清单进行“硬减”标记，将涉及交通“100 本高频电子证照材料清单”进行“免提交”标记，免提交占比 100%。标记“免提交”材料 217 项，标记“硬减”材料 32 项，总计减材料 249 项，减材料比例达 33%。全面梳理企业帮扶政策清单，组建“百名干部进百企”服务活动小组，深入物流运输企业 16 家次宣传政策措施并听取诉求，形成工作台账，及时协调解决。

安全应急管理。制定年度交通安全大检查大排查行动实施方案，重点加强道路运输“两客一危”、在建项目安全监管，检查道路运输企业 160 家次，开展项目安全专项检查 16 次，查出的隐患全部整改销号。扎实开展“铸盾行动”，检查生产经营单位 267 家次，排查安全隐患和道路交通违法违规行为 96 起，向 60 家生产经营单位送达《安全生产“铸盾行动”告知单》。坚决筑牢疫情防控防线，坚守 2 个高速公路卡口开展疫情防控值守，督促客货运企业严格落实站场消杀等。

（李心语）

【兴山县】 至 2022 年底，全县公路通车总里程 2835.82 公里，公路密度 121.81 公里/百平方公里，其中二级公路 447.94 公里、三级公路 33.34

2022年12月，209国道古夫绕城公路建成通车

公里、四级公路2309.25公里、等外公路45.29公里；按行政等级分国道192.78公里、省道207.93公里、县道248.34公里、乡道879.77公里、村道1307公里。内河航道通航里程37.7公里（含一级航道9公里、四级航道16.7公里），有生产性码头泊位16个、码头6个（货运码头5个、旅游码头1个）、渡口2个。有客运站10个，其中一级客运站1个、二级客运站1个、三级客运站1个、四级客运站2个、五级客运站5个。

基础设施建设。全年完成交通固定资产投资16.6亿元，比上年增长19.25%。209国道古夫绕城公路、312省道昭君绕城公路、287省道兴山百果园至水月寺段改建工程、峡口绕城公路建成通车。252省道温家垭至界牌垭公路建设顺利推进。完成347国道关子口至两河口段16.8公里路面大中修。完成普通公路"三年消危"46座危桥改造，完成347国道南德线两河口至黄粮段3.5公里灾毁恢复续建工程，完成312省道高岚（燕子洞）公路驿站建设、209国道伍家坪交通厕所建设。船舶污染物接收转运及处置工程一期建成投入使用。

"四好农村路"建设。实施农村公路连通工程（含安全防护）28.67公里、提档升级25.52公里、县乡道改造14公里，新建水月寺镇梅坪村陈家岭桥、孔子河二桥2座桥梁62延米。古昭路入围全省"十大最美农村

路"。昭君镇成功获评全省"四好农村路"示范乡镇。

运输服务保障。全年完成客运量213.43万人次、旅客周转量7463.6万人公里，比上年分别下降8.19%、6.3%；完成货运量438.3万吨，比上年下降4.36%，完成货物周转量3.32亿吨公里，比上年增长9.6%；港口货物吞吐量950万吨，比上年增长5.56%；船舶电子报告5565艘次，船舶电子报告率100%。全县道路运输客运经营58户、客车134辆，拥有客运线路56条，其中市际班线2条（含城际公交1条）、县际班线3条、县内班线51条（含城乡公交3条）。有货物运输经营288户、营运货车1007辆，其中危险货物运输经营4户、危险货物道路运输车辆70辆。机动车维修经营备案80家，机

动车检测企业1个，机动车驾驶培训机构1个，汽车租赁企业1个。有运输船舶15艘，渡船3艘。建成县级寄递配送中心2个、乡镇寄递共配中心8个、村级服务站96个，实现全县96个村（社区）快递物流全覆盖。

公路管养。完成修补路面坑槽35287平方米、整修路肩139公里，清理边沟816公里，清除坍方13855立方米。疏通涵洞161道，清理桥梁伸缩缝143座，修复波形钢护栏2.35公里。路面清灌缝139.2公里，处治危险路段21处，修复标志标牌17块，新增标志标牌15块，修复道口桩113个、百米桩259个。

路政管理。拆除违章建筑4处220平方米，清除公路及公路用地范围堆积物249处992平方米，拆除违法非公路标志牌531块。全年办理路赔案件38起，依法应收取路产赔偿费139470元。超限超载治理纠正违规行为58起，处罚违章行为52起，查处超限车辆25辆、卸载转运货物352.4吨，收缴罚款12.42万元。

运政管理。利用动态监控平台抽查车辆，纠正不规范驾驶行为805次，将违规驾驶行为抄报交警部门处理1辆次，约谈驾驶员1次。开展联合执法21次，发放《打击非法营运 拒绝乘坐黑车》宣传手册705张，教育放行86辆次，查处客车、货车违法违规案件66件，收缴罚款23.74万元。

水运监管。持续开展"三无"船

2022年6月，312省道兴山县昭君绕城公路建成通车

舶专项治理、"非法码头"整治等行动，做好辖区通航水域安全和船舶污染水域防控工作。全年巡查航道 115 次，维护保养浮标船 45 个次，确保航标位置准确、灯光明亮和航道安全畅通。加强旅游码头、渡口、渡船水路客运市场安全监管，检查渡口渡船 24 次、港口企业 80 次，抽查船舶 1000 余艘次，未发生旅客滞留、投诉、超载、"三品"上船等现象。

节能减排。投入 4 辆纯电动公交车用于城市公交运营，新购置 2 辆油电混合动力大型客车用于班线客运运输，兴山客运站新建 11 个新能源快速充电桩，高铁站地下停车场新建 85 个充电桩（其中快充 27 个、慢充 57 个）。公路养护节能降耗，在 209 国道平水至昭君桥段、省道宜兴线建阳坪至峡口段；余家河隧道、灵老爷隧道和燕子洞隧道；峡口一号及二号大桥、昭君大桥、满天星特大桥等采用发光二极管（LED）灯照明，节能投资 5000 万元。

交通环保。码头环境整治，辖区绿化面积 3000 平方米，堆场及道路硬化 30170 平方米，建设防尘降噪屏障 2.95 万平方米，配有洒水车、清扫车、洗车泵、喷淋头、雨污水收集池 28 个 2808 立方米，新建货仓隔断墙 17 个。加强作业船舶防污染证书、垃圾回收记录检查力度，船舶垃圾严格纳入全市"净小宜"程序管理，回收船舶垃圾全部送垃圾厂集中处理，垃圾回收率 100%，形成良好的船舶污染闭环管理体系。全县 6 个正常经营性码头建造船用岸电桩 18 座，保证船舶靠港作业时对船舶输出 220V 及 380V 直流电的正常用电需求，减少船舶作业中使用柴油机发电造成的污染。辖区 2 家水运企业 11 艘普通散货船全部完成船舶受电改造，按照国家标准装配标准受电桩。所有进入兴山港区船舶装卸作业均可正常使用岸电桩为船舶供电，各码头设施设备也能够使用岸电进行供电作业。

安全应急管理。全年开展安全隐患排查 50 余次，排查安全隐患 350 处，下发整改通知书 10 份，督促整改 350 处。重点对国省干线和农村公路

危桥、长陡下坡、危险路段安全隐患进行全面排查，发现安全隐患 27 处，投入整改资金 880 万元，全部整改到位。送达"铸盾行动"告知书、警示案例 57 份；对发现的风险隐患建档立卡，下达隐患整改通知，督促企业限期整改。重点领域和重点时段进行暗查暗访 6 次，排查隐患 48 处，下发整改文书 15 份，经济处罚 8.2 万元。加强重要时间节点值班值守，下发安全工作提醒，落实客货运输应急运力。春运期间，投入应急设备 153 台次，除雪融冰 7 条 153 处 672.5 公里，救援被困车辆 6 辆次，保障春运期间旅客出行。

疫情防控。坚持做好高岚和平邑口 2 个高速公路收费站出口疫情防控服务点值守工作。

（向倩倩）

【秭归县】 至 2022 年底，秭归县公路总里程 4556.02 公里，公路密度 199.88 公里 / 百平方公里，其中高速公路 10.70 公里、一级公路 12.55 公里、二级公路 365.52 公里、三级公路 37.70 公里、四级公路 4095.45 公里、等外公路 34.10 公里。内河航道通航里程 136 公里（界河按二分之一算），有港口 16 个、生产性码头泊位 38 个、渡口 6 个。有二级客运站 2 个，货运站 3 个。

基础设施建设。全年完成交通固定资产投资 9.68 亿元，比上年下降

27.21%。全年完成公路建设投资 6.54 亿元，建成郭家坝至文化二级公路 24.59 公里，完成公路桥梁危桥改造 31 座。完成水运建设投资 1.83 亿元，宜昌抢险打捞基地及秭归旧州河锚地工程开工建设。完成物流站场项目投资 1.31 亿元，辰颐物语产业园、郭家坝电动电商物流中心、九畹溪镇小水果基地及冷链配套综合服务项目建成，江南脐橙采后加工营销中心、秭归县西南片区综合产业园形象进度达 80%，中国橙谷脐橙交易批发市场进入主体施工阶段。秭归县脐橙产业综合物流中心、秭归县冷链物流体系项目开工。6 个乡镇新建标准农村客运候车亭 99 个（其中直停式 72 个、港湾式 27 个）。

"四好农村路"建设。全年完成乡镇二通道路基建设 10 公里，建成县乡道改造项目 15.54 公里、连通工程 35.084 公里、提档升级 10 公里，完成破损路面修复项目 30 公里；新建桥梁 2 座 146.16 延米，"三年消危"危桥改造加固项目 13 座全部完工。

运输服务保障。2022 年，秭归县道路货物周转量 3.66 亿吨公里，比上年增长 9.42%；完成旅客周转量 7510.59 万人公里，比上年下降 16.97%。水路完成旅客周转量 508.57 万人公里，比上年下降 58.60%；港口吞吐量 2764.80 万吨，比上年增长 20.47%。

行业监管。全年办理行政执法案件 96 起，罚款 35.7 万元。严厉打

2022 年 10 月，348 国道秭归县郭家坝至文化公路全线建成通车

击违法超限运输行为,检测货运车辆6681辆次,卸载转运货物1608.76吨。持续强化非法营运车辆治理,检查运输车辆361辆次,立案79起。大力整顿水上违法行为,检查船舶185艘次,责令整改65起。开展清违行动,协助各乡镇拆除钢构棚115处,清除路障51处。联合开展交通招投标领域"双随机、一公开"检查,持续净化市场环境。受理质量监督项目42个,填写质量监督日志89份,全年无质量安全事故发生。抓好第二轮中央生态环境保护督察反馈问题整改和长江高水平保护攻坚提升行动。

公路管养。修订完善《秭归县农村公路养护管理办法》《秭归县农村公路日常养护管理考核细则》,出台《秭归县管理养护体制改革和"路长制"实施方案》《秭归县农村公路"路长制"考核办法》,采购"农村公路综合管理系统"软件平台。统一规划制作农村公路"路长制"信息牌,有效兼顾工作质量和工作效率。

优化营商环境。着力构建"便民、务实、廉洁、高效"交通运输营商环境,交通业务158大项365小项入驻县政务服务中心,全年办理事项6629件,办结率、满意率均100%。为运输企业开具包车线路牌329张,新增、变更客运线路36条。汽车维修备案登记办理时间由原来的19个工作日缩减至2个工作日,办理环节由原来的3个部门简化为交通一窗口办结,办事效率大幅提高。严格执行车辆检测"三检合一"政策,主动对接有资质的综检站,实现"一次上线、一次收费、一次检测",促进行业降本增效。联合印发《秭归县简化优化农村小型建设项目审批暂行办法》。推广电子证照、"招信码""一网通投"运用。

安全应急管理。印发《"十四五"道路交通安全规划任务分解方案》,进一步压实部门责任。成立秭归县域高速公路应急救援领导工作小组,组织召开救援研判联席会议3次,及时研究解决相关安全问题。对公交车、班线客车和校车驾驶员排查不安全驾驶隐患。修订应急预案5份,开展突发

事件应急演练3次,强化安全意识。开展航道巡查65次,养护航标382座次,排查整改航标隐患82处,全县实现连续23年水上交通安全零事故。

(李峥)

【长阳土家族自治县】 至2022年底,全县公路总里程7285.35公里,公路密度212.4公里/百平方公里,其中高速公路84.65公里、一级公路24.90公里、二级公路509.12公里、三级公路64.23公里、四级公路5714.56公里、等外公路887.89公里。内河航道通航里程138.5公里(界河按二分之一算),有经营性码头4个、渡口43个。有客运站13个,其中二级客运站1个、五级客运站12个。

基础设施建设。全年完成交通固定资产投资9.64亿元,其中普通公路建设完成投资8.05亿元。长阳龙五一级路纱帽山至军营冲段、318国道改建工程、324省道改建工程加快推进。长阳公路应急中心、长阳货运物流中心开工建设。龙五清江特大桥、324省道渔峡口至盐池河段、459省道火烧坪至鸭子口段、324省道资丘至鸭子口段建成通车。

"四好农村路"建设。以点促面建设"美丽宜道",实现交通、旅游、农业等多产融合发展。全年建成并集中通车"四好农村路"示范线17条155

公里,完成美丽农村路创建240公里。龙舟坪镇获评全省"四好农村路"示范乡镇。

运输服务。全年道路完成客运量42.7万人次、旅客周转量3642.4万人公里,比上年分别下降15%、14%;完成货运量367.01万吨、货物周转量2.84亿吨公里,比上年分别下降21%、8%。水路完成客运量39.49万人次、旅客周转量1897万人公里,比上年分别下降30.15%、28.06%。全县有营运客车424辆、货车1080辆。有公路客运企业10家,营运线路94条,其中市际线路3条、县际线路13条、县内线路78条。有驾校2家,二类以上维修企业10家、三类维修企业149家。有各类船舶289艘,其中客船38艘、客渡船192艘、汽渡船8艘、货船18艘、高速船6艘、公务船6艘、趸船16艘、垃圾船2艘、挖砂船1艘、油船1艘、溢油(污油)回收船1艘。

物流发展。全县有邮政、快递、供销、电商服务企业86家,第三方物流托运企业16家(其中AAAA级物流企业1家、AAA级物流企业2家、AA级物流企业2家),物流配送车辆500余辆,物流快递从业人员近2000人,全年物流快递托运件数逾1000万件。物流寄递体系有1个县级物流快递分拨中心、11个乡镇综合运输服务站、146个村级服务站点,开通农村快递

2022年5月24日,长阳龙五一级路纱帽山至军营冲段开工

2022 年 12 月 8 日，长阳 324 省道"渔盐"二级公路暨"四好农村路"示范线通车

物流干线运输线路 16 条，合作农村物流运输线路 29 条。采取快递物流＋产品供应链、快递物流＋电商、快递物流＋客运、快递物流＋邮政、快递物流＋党员群众服务中心 5 种模式，实现"快递进村"通达率 100%。

公路管养。做好国省干线公路日常养护工作，加强沿线病害处置，及时完成沿线垮塌挡土墙、水毁路基边坡维修，清理沿线边沟淤泥和零星塌方。以 318 国道山水景观廊道创建和清江画廊土家风情环线打造为依托，持续做好"美丽宜道"创建。推进国省道养护工程，完成 318 国道沪聂线聂家坪至龙潭沟路面大修 30.87 公里；高质量开展标准化整治行动，完成路肩、边沟规范化整治 30 公里，边坡整治 30 公里，标线、标志标牌标准化整治 39.2 公里，路况通行水平有效提升；着力打造沿线景观节点，建设停车带 9 处，景观小品 2 处、弯道整治 8 处，沿线景观石刻字 103 个，整治公路行道树 161.7 公里。加强"四新"技术研究应用，回收利用鄂西高速公路大中修工程废旧沥青铣刨料，研究旧料掺配比例、技术指标、关键技术和工艺方法、质量控制等，试铺 318 国道沪聂线王子石 1 公里路面中修。创新农村公路管养工作机制，大力实施农村公路"路长制"，设立县、乡、村三级路长体系，进一步加强农村公路管养责任，推行日常养护计划管理，建立养护经费与养护质量挂钩考评机制，鼓励乡镇实行公司化养护改革，提高养护工作质量，龙舟坪镇和火烧坪乡 2 个乡镇试点。

路政管理。全年办理路产赔补偿案件 65 件，收取公路赔偿费 24.26 万元。清除路障 296 处 1915 平方米，拆除违法建筑 28 处 746 平方米，拆除非公路标牌 97 处。规范装载、严格覆盖，动员企业安装车轮冲洗装置，做到"带泥"、滴漏不出场。除固定地点检查过往货车外，加强路面管控，组织专班、安排路面巡逻车实时检查货车是否存在超载、抛撒等违法行为，及时纠正并处罚货车违章行为。查处超限车辆 163 辆，卸货 2135.9 吨。案件查处率和文书使用率均 100%，案卷合格率 100%，无一起行政复议、行政诉讼案件。

安全应急管理。实施桥隧安全提升，采用代建全面管理模式，委托代建单位对工程质量、进度、安全、协调等全方位管理，确保工程质量和进度。"三年消危"项目 30 座危桥主体工程全部完成。同时，完成金子山 1 号、2 号隧道安全隐患处治、渗水处治及隧道照明设施。加强应急基础设施建设，养护（应急）中心项目开工建设；整合路段监控视频资源，新增重要桥梁、地灾路段、易积雪冰冻等高风险路段监控视频 9 处，实现视频监控全覆盖，为全县提供应急抢险基础设施保障。做好公路应急抢险，积极应对暴雨灾情、冰雪险情，降雪季节实现列养全线道路畅通，无滞留堵塞现象，降雨水毁季节，第一时间抢通道路，确保道路安全通畅。

优化营商环境。承接下放经济社会管理权限事项 35 项（行政许可 17 项、行政确认 11 项、其他行政权力 7 项）。对政务服务事项进行再次清理，进一步压减时限 38 项和跑腿次数 29 项，清理电子证照，规范服务指南。积极推进"一事联办"事项，提高网上办件率，以简化行政审批促营商环境优化。办理道路运输许可、年审、换证、变更、转籍过户 1045 件；资格证诚信考核 2057 人次，资格证继续教育 1639 人次，资格证换证 290 人次，维修备案 118 家。对接湖北交通运输审批服务平台，承接办理涉路施工和大件运输审批 140 余件。水路运输办理 281 件。强化事中事后监管，录入监管数据 645 条，完成"双随机、一公开"随机抽查 15 次，实施联合监管 3 次。

文明创建。精心打造隔河岩客运码头生态环境综合治理进港文化墙、绿化码头景观 3230 平方米；2022 年长阳清江水路旅游客运航线被交通运输部认定为国内水路旅游客运精品航线特色文化游试点；农村物流服务品牌被交通运输部认定为国家级物流品牌；长阳清江隔河岩客运码头法治文化长廊获宜昌市第五批法治文化建设示范名单。

（覃银芳）

【五峰土家族自治县】 至 2022 年底，全县公路在册通车里程 3347.45 公里，其中一级公路 26.36 公里、二级公路 298.32 公里、三级公路 98.33 公里、四级公路 2922.38 公里、等外公路 2.06 公里；按行政等级分为国道

228.11公里、省道151.43公里、县道323.78公里、乡道819.75公里、村道1824.38公里。有渡口3个。有三级客运站2个。

基础设施建设。全年完成交通固定资产投资57.01亿元，其中高速公路52.69亿元、普通公路4.32亿元。呼北高速公路宜都至鄂湘界段、宜都至来凤高速公路建设顺利推进。完成241国道清水湾至狗头井段5.95公里、湾潭绕镇一级公路新建工程；完成351国道高家坳至长湾段交通安全设施、缺陷修复；完成255省道长阳资丘至五峰小河段5座桥梁预制场地建设及10根桩基施工；完成351国道观坪至牛颈坎段5.3公里路面大修和241国道滑板子至洞湾段2公里路面中修；完成351国道硝洞湾至界牌树段27个灾害点治理和龚家坪至界牌树段11.4公里灾毁恢复重建；364省道沙子垭至二叉口、土地岭至周家坳段开工建设。五峰客运中心站主体工程完工。中国供销·五峰物流产业园正式投入运营。仁和坪镇、采花乡2个交通综合运输服务站建成。建成农村客运候车亭92座。

"四好农村路"建设。全年完成县乡道改造16公里、连通工程29公里、提档升级97公里，新建桥梁184延米。申报共同缔造"美丽农村路"建设计划60公里；傅家堰乡获评全省

2022年，五峰客运中心站主体工程完工

"四好农村路"示范乡镇，获奖励资金200万元。农村公路日常养护有序推进，完成应急养护319.7万元。完善农村公路日常养护考核奖励机制，下发《五峰土家族自治县农村公路日常养护管理考核评价方案》，开展日常养护管理"争先评优"活动，给予成绩突出的单位资金奖励。

"快递进村"。制定《五峰土家族治县推进"快递进村"工作实施方案》，加快县、乡、村三级快递物流体系建设，提升全县农村快递服务覆盖面，破解工业品下乡"最后一公里"和农产品进城"最初一公里"难题，满足群众生产生活和消费升级需求。企业先行先试先进村，一是协调邮政、中通、韵达投资66万元完成97个行政村布点及前期运营；二是协调五峰邮政分公司投资120万元用于购置12辆专用快递车辆、75台出库仪等设施设备，完成全县71个行政村邮政快递网点基础设施建设和科技赋能。落实资金保障，向县政府争取"快递进村"补助资金173.5万元，用于村级站点基础设施建设及运营补贴。部门联合助推物流体系建设，建立联席会议制度，发挥部门职能优势，制定《五峰土家族自治县农村寄递物流体系建设行动任务清单》；优化97个"快递进村"站点，引导邮政、韵达、圆通、极兔快递形成"统仓共配""邮快共配"机制。加强基础设施建设，建成县级寄递物流供配中心和乡镇交通综合运输服务站。

运输服务保障。全年完成客运量42.69万人次、旅客周转量2880.37万人公里，比上年分别下降42.67%、53.3%；完成货运量186.56万吨，比上年下降15.03%，完成货物周转量1.47亿吨公里，比上年增长0.01%。

公路养护。全年完成国省道日常养护投资6439万元。其中完成351国道观坪至牛颈坎段5.3公里路面大修，完成投资1215万元；基本完成351国道硝洞湾至界牌树段27个灾害点治理工作，完成投资1200万元；完成241国道滑板子至洞湾段2公里路面中修工程，完成投资215万元；完成龚家坪至界牌树段11.38公里灾毁恢复重建工程，完成投资3809万元。

专项整治。联合公安交警部门在

2022年11月，241国道五峰境白果树至狗头井段改扩建工程完工

全县开展百日攻坚、超限超载、清违治乱等专项整治行动，全年立案查处违法违规行为9起，纠正违法行为90起，暂扣相关证件20本，下达责令停止违法行为通知书15份，查处超载超限行为46起、卸货1200吨，查处非法改装车5辆，查处危险货物道路运输违法行为1起，强制拆除违规设立标志标牌502块，清理堆物占道800平方米，清除351国道公路用地种植农作物2100平方米。推进桥梁消危、"千灯万带"工程建设及完善公路中央隔离设施，确保路域环境畅安舒美。完成国省道及农村公路危桥改造41座，结合实际在农村公路接入国省干线路口增设减速带、警示牌、爆闪灯、道口桩，累计整改平交路口32处、完善辖区国省干线一级公路中央隔离设施18公里。

优化营商环境。严格落实"放管服"要求，在政务服务中心开设交通综合窗口，承接下放权限32项。开展"双随机、一公开"监管工作，按照"全程留痕、责任可溯"要求，进一步规范企业经营行为，提高监管效能，促进道路运输市场健康有序发展。

安全应急管理。成立平安建设领导小组，指导直属单位制定"平安公路""平安车站""平安工地"创建活动实施方案。健全和落实领导责任制，把"平安交通"建设纳入年度工作计划，与业务工作同部署、同实施、同检查、同落实，确保"平安交通"建设工作有人抓、有人管、能落实。开展安全生产监督检查283批次，检查生产经营单位329家次，排查安全隐患112条，全部完成整改。完成省交通运输厅包保指导安全隐患整改1条、市安委会挂牌督办安全隐患整改1条、市综交安委会挂牌督办安全隐患整改1条。做好汛期、雨雪冰冻、高温期及暑假旅游高峰期安全应急准备工作，早安排、早行动，周密部署。做好人力和物资储备，统筹局机关、公路中心、执法大队、山通公司等单位组建134人防汛抗旱应急队伍，依托5个养护站成立5支应急分队；储备砂石料16000吨、编织袋8000条等，投入资金48.2万元。6月，组织351国道栗子坪路基塌方点应急抢修工作。负责高速公路出口、陆渔一级公路2个交通卡点疫情防控查验和后勤保障工作。

（向安芹）

【夷陵区】　至2022年底，全区公路通车里程5315.31公里（不含高速公路），公路密度154.6公里/百平方公里，其中高速公路182.05公里、一级公路73.17公里、二级公路413.02公里、三级公路56.5公里、四级公路4647.21公里、等外公路125.41公里。内河航道通航里程78.92公里（其中干线56.8公里、支流航道22.12公里），有港口5个、渡口15个、正常运营的渡口有12个。有客运服务站1个，公交停保站7个。

基础设施建设。全年完成交通固定资产投资26.92亿元，比上年增长124.8%。完成348国道旅游研学廊道、东风公路、布百路、南德线大修、42国道高速公路鸦鹊岭出口匝道加宽改造，三峡翻坝江北高速公路起点平交改造等项目。总投资22.02亿元的全省首条绿电货运磷矿外运大通道昌磷路全面启动建设，全长29.54公里。全力推进赵沙路二期、下莲路、金瀑路、仙胡路、小鸦路大修等项目建设。加快推动348国道夷陵区鸦鹊岭至土门段、276省道夷陵区宋家嘴至龙镇段改建工程、348国道当阳市谢花桥至夷陵区鸦鹊岭一级公路、旅游道路提档升级工程启动建设。启动橘颂大道北延、277省道夷陵区雾渡河至殷家坪快速通道等12个重点项目前期工作。

"四好农村路"建设。全年完成县乡道改造16公里、连通工程48公里、提档升级100.88公里、申报农村公路桥梁6座178延米，公路桥梁"三年消危"行动危桥改造12座。至2022年底，农村公路总里程达到4734公里。"美丽农村路"创建获省级奖励资金521万元。

运输服务保障。全年公路完成客运量196万人次、旅客周转量9838.97万人公里，比上年分别下降18.67%、30.55%；完成货运量2092.36万吨，比上年下降1.74%，完成货物周转量17.08亿吨公里，比上年增长21.60%。水路完成客运量48.13万人次、旅客周转量1337.93万人公里，比上年分别下降49.56%、50.47%；完成货运量76.08万吨、货物周转量13.15亿吨公里，比上年分别下降1.8%、2.15%；港口旅客吞吐量15.32万人次，比上年下降82%。全区拥有道路运输企业31家，其中客运企业17家（旅游客运企业6家、班线客运企业11家）、出租汽车企业2家、危险货物道路运输企业12家；运输车辆702辆，其中客车266辆、出租汽车180辆、危险货物道路运输车辆256辆；客运线路80条，其中跨省线路1条、县际5

2022年12月，夷陵区宋家嘴至百里荒网红旅游路

条、县内 74 条；公交线路 19 条，其中 BRT 公交 7 条、城乡公交 12 条。汽车维修企业 133 家，其中一类维修企业 19 家、二类维修企业 45 家、三类维修企业 69 家，驾校 5 所。全区有船乡镇 8 个，渡船 22 艘；水运企业 9 家，其中客运企业 5 家、货运企业 4 家，持证船舶 41 艘，其中客运船舶 23 艘、货运船舶 18 艘。宜昌主城区至夷陵区三斗坪、太平溪的两坝一峡旅游和"长江三峡 1"游轮分别入选交通运输部公布的打造国内水路旅游客运精品试点航线和试点船舶。

公路管养。探索道路养护新模式，将"共同缔造"理念融入农村公路管养，道路养护水平和路域环境整治效果明显。出台《夷陵区农村公路养护考核实施细则》，每季度发布农村公路养护"红黑榜"，按考核办法落实奖惩。服务"四大组团"战略，在公路养护站布局基础上，新增龙泉养护站、樟村坪养护站。融入"共同缔造"理念，建立区、乡（镇）、村三级全程参与的管理机构，协助制定"一镇一策"，由"路长制"实现"路长治"。综合应用光、机、电、算及 3S 技术 [全球定位系统 (GPS)、遥感 (RS)、地理信息系统 (GIS)]，使用智能道路检测车进行养护巡查，为养护成效评估提供真实有效的道路数据，由"人工化"实现"智能化"。围绕项目建设流程、质量管理、常见病害等方面拍摄农村公路建设指南视频，进行全过程解说和演示，随看随学、随学随用，由"线下摸索"实现"线上教学"，共同缔造"畅、安、舒、美"路域环境。

路政管理。全面巡查辖区国省道，查处抛撒污染道路、无证运营、超限超载等违法行为 6 起，制止和查处侵犯路产路权违法案件 32 起，查处路产路权违法行为 60 起，查处超限超载车辆 45 辆次，侵占公路用地违法行为 12 例，治理抛撒污染路面 35 例。纵深推进全区治超工作百日专项行动，区治超办各成员单位开展路面治超 414 次，检查过往车辆 148854 辆次。发放政策宣传资料 6700 余份，走访企业 300 余家。

交通环保。严格落实船舶污染物接收、转运及处置联合监管制度，定期联合三峡海事局、宜昌市水路执法支队开展船舶港口污染物检查，指导企业、船舶规范"船 E 行""净小宜"信息系统登录，层层落实船舶污染物接收、转运和处置电子联单管理。全年联合开展水上交通联合执法检查 5 次。通过电子联单系统完成生活垃圾、油污水处理，各港口、船舶交付污染物运转正常。

优化营商环境。深入实施"最多跑一次"便民服务，将行政许可和公共服务事项压减审批时限 86%，11 项"一事联办"事项共精简材料 42 项，办理时限均从法定 20 个工作日压减到 1~5 个工作日，累计办理审批及公共服务类事项 3 万件。积极开展"双百"企业帮扶活动，为企业解决实际困难 23 项，帮助宜昌禹墨新材料公司收回 207.6 万元工程货款。

安全与应急管理。全面落实安全生产监管责任，坚持每月安全检查制度、季度安全例会制度，坚持开展安全生产专项检查，全年开展安全生产专项行动 9 次，开展安全隐患排查 117 次，重点检查临水临崖、急弯陡坡、桥梁隧道、在建工程等重点领域，排查整治道路各类安全隐患 327 处，下达安全生产风险管控记录表 19 份，下达安全隐患整改通知书 1 份。完成市级挂牌督办隐患整治 1 处，联合处置重大风险点 3 处。以 4G 监控平台为依托，监控纠正违法违规行为 130 起，开展批评教育 600 余次，经济处罚 1 万余元，停班学习 5 人次。

（罗钰瀛）

【点军区】 至 2022 年底，全区公路总里程 1076.80 公里，公路密度 202.337 公里/百平方公里，其中高速公路 38.6 公里、一级公路 64.43 公里、二级公路 66.47 公里、三级公路 33.67 公里、四级公路 872.05 公里、等外公路 1.58 公里。有五级客运站 1 个。

基础设施建设。全年完成交通固定资产投资 13.7 亿元，比上年增长 154%。公路建设投资 3.6 亿元，建设

完成赵土路、赤天路、王谭路、安梓路、牛扎坪至匠人谷道路。新建公交首末站 1 个，农村客运候车亭 35 个，其中港湾式 4 个、直停式 31 个。

"四好农村路"建设。完成农村公路建设计划 24.1 公里，其中县乡道改造 1 条 6 公里、连通工程 7 条 7.5 公里、提档升级 9 条 10.6 公里，新建桥梁 1 座 48 延米。新增农村公交线路 2 条，开通联棚至楠木溪村委会 515 路、紫阳至宜昌动物大世界 525 路，改善沿线村民公交出行条件。依托实施乡村振兴战略，通过建设区级快递物流中心，改造乡镇综合运输服务站，做强村级服务网点，打造流通顺畅、群众便利的区、乡、村三级物流体系。

运输服务保障。全年道路完成货运量 123.62 万吨、货物周转量 1.01 亿吨公里，客运量 137.45 万人、旅客周转量 2054.76 万人公里。辖区拥有客运企业 4 家，客运线路 29 条，客运车辆 126 辆，公交线路 12 条；货运经营业户 197 户，货运车辆 193 辆，其中危险货物道路运输企业 2 家，危险货物道路运输车辆 22 辆；拥有道路运输从业人员 1824 人，其中客货运输经营从业人员 1698 人，危险货物道路运输从业人员 126 人。推进城乡客运一体化。以便捷区域公共交通为宗旨，以五龙公交枢纽站和李家河公交枢纽站为核心，构建干、支两层公交线网，确保各组团之间联通顺畅，开通 B552-1 路、B552-2 路，开通联棚至楠木溪村委会 515 路，开通紫阳至宜昌动物大世界 525 路。

公路管养。县道、重点干线及旅游路推行专业化、市场化养护方式。对局内招标的 12 条农村公路 131.12 公里道路进行专业化养护，监督各乡镇完成 777.97 公里道路养护工作。完成月抽查、季度检查、年终考核，将考核成绩并入城市综合管理统一考核，并按考核结果核算农村公路日常养护资金，落实农村公路养护红黑榜，并在"点军发布"微信公众平台发布。

运输监管。对辖区客运企业和危险货物道路运输企业进行质量信誉考核，考核率 100%。开展危险货物道

路运输专项整治 2 次，对危险货物道路运输企业存在的问题逐一督促整改到位。持续开展成品油市场专项整治，检查成品油运输车辆 60 辆。完成客货运输车辆年审 370 辆，道路运输从业人员诚信考核 602 人次，继续教育 514 人次。

智能交通。利用"互联网+"理念，大力创新农村公路建管护运模式和运行机制，通过建设《点军区农村公路管理信息综合服务平台》，实现建设项目、养护管理、路政巡查、运营管理及应急处置等实时动态监管，做到实时留痕与闭环管理。同时，规范考核管理体系，有效落实分级管理职责及主体责任，推进农村公路管理规范化、标准化，大幅提高农村公路管理效率和水平。

安全应急管理。全面开展安全生产专项整治三年行动，开展隐患排查治理，11 个专项检查组深入工地、企业全面查找风险隐患，发现一般性隐患 14 个，全部整改到位。推进"坚守公路工程质量安全红线"行动，制定下发"平安公路"创建实施方案，对全区 5 个交通基础设施建设工程实施质量监督管理，普通公路建设项目和桥梁工程监督覆盖率 100%。组织开展质量安全专项检查 12 次，日常巡视检查 30 余次，全区农村公路建设质量管理进一步加强。全区公路工程建设质量总体可控，安全生产态势平稳，未出现重大质量事故和安全责任事故。

(张津悦)

【猇亭区】 至 2022 年底，全区公路总里程 323.97 公里，公路密度 272.23 公里/百平方公里，其中一级公路 64.13 公里、二级公路 12.86 公里、三级公路 2.13 公里、四级公路 244.85 公里。内河航道通航里程 22 公里，有经营性码头 9 个、泊位 26 个、渡口 1 个。有货运站 2 个。

基础设施建设。全年完成交通固定资产投资 15.9 亿元，比上年增长 9.6%。公路建设完成投资 2.93 亿元，猇亭区老安猇路道路改造工程、276 省道猇亭区马鬃岭至高湖公路改扩建

2022 年，猇亭区楚高路延伸段提档升级改造中

工程完工；宜昌长江公路大桥主缆防腐除湿系统和钢箱梁维修加固工程完工；猇亭区云池作业区至正大路连接线、宜昌长江公路大桥新建猇亭服务区及接线路扩建工程建设顺利推进。水运建设完成投资 0.12 亿元，云池港一期增加散货功能技术改造项目建设中。航空建设完成投资 4.68 亿元，宜昌三峡机场改扩建工程项目、机场游客服务中心及站前交通配套工程、机场国际航站楼、机场泛光照明工程建成；机场 T1 航站楼、塔台及航管中心改造项目、机场站前广场景观提档升级工程、机场 T2B 航站楼改造及能源中心、智慧机场建设信息化项目、机场新建员工宿舍项目建设顺利。物流站场建设完成投资 8.17 亿元，三峡智慧物流园、宜昌传化公路港项目、宜昌佳海先锋路钢材加工仓储物流项目、三峡建材商贸物流园、三合智能物流园项目建设顺利推进；猇亭区智慧停车场及充电桩项目(七里冲菜市场片区停车场)、猇亭区长寿湖智慧停车场改造工程、猇亭城区便民公共停车场、宜昌三峡机场站前公共交通配套工程完工。

"四好农村路"建设。完成农村公路县乡道改造 1 公里、农村公路连通工程 1 公里。至 2022 年底，全区农村公路里程 288.15 公里，其中县道 46.18 公里、乡道 57.08 公里、村道 184.89 公里，户户通水泥路完成 95% 以上。

运输服务保障。全年完成货运量 1201.98 万吨、货物周转量 9.92 亿吨公里；完成空港旅客吞吐量 125.25 万人次、空港货邮量 6824.5 吨；完成港口货运吞吐量 1185.98 万吨，其中进口 287.61 万吨、出口 898.37 万吨。全区累计开通城市公交线路 16 条，其中通村公交 2 条，行政村通客车率 100%。完成船舶污染物接收转运处置。

行业监管。全年道路水路执法检查行政警告 17 家，办理行政处罚案件 13 起，作出行政处罚决定 13 件，不予处罚 4 件，结案并移交归档 12 件，结案率 92%。查处一般安全隐患 87 处，全部整改完成。全区交通运输安全形势持续稳定。

安全应急管理。坚持"党政同责、一岗双责、齐抓共管、失职追责"原则，制定安全生产和应急管理工作要点，层层分解落实责任，及时协调、解决安全生产工作中的重大问题，深化"平安交通"创建工作，实现"一无四降"目标。针对重点时段及节假日，联合公安、交警、道路执法等部门开展"打非治违"等专项整治活动，对检查出的安全隐患跟踪督办，限期整改。开展大排查大整治百日行动、战高温促安全及综合交通安全生产"铸盾行动"等专项检查，检查企业 300 余家，发现一般安全隐患 85 处，全部完成整改。

(吴洪伦)

荆州市交通运输

【概况】 至2022年底，全市公路总里程25033.36公里，普通公路密度168.66公里/百平方公里，其中高速公路714公里、一级公路834.59公里、二级公路2043.39公里、三级公路674.50公里、四级公路20644.93公里、等外公路121.95公里，等级公路比重达99.5%。内河航道通航里程1745.11公里，有生产性码头76个、渡口266个。有客运站91个，其中一级客运站5个、二级客运站4个、三级客运站2个、便捷客运站80个，农村港湾式候车亭204个，招呼站3508个，从市到县到乡村，客运站场网络实现"全覆盖"。

基础设施建设。全年完成公路水路建设投资111.9亿元，比上年增长23.5%。其中高速公路建设44.2亿元、普通公路建设45.4亿元、港航物流建设22.3亿元。列入省"硬联通"项目库的16个普通公路项目全部开工。纳入省"十四五"交通规划的国道项目全部启动，第一批"三年消危"662座危桥全部改造完成，第二批62座危桥全部开工。水运建设完成交通固定

资产投资9.41亿元，新增泊位2个，通过能力170万吨。大力推动物流园区建设，全市共有物流园区建设项目5个，分别是华中(荆州)物流园、松滋市城西现代物流产业园、松滋市农产品物流园、公安县多式联运综合物流园、洪湖临港物流园，下达计划投资规模9.13亿元。诰赐山综合运输服务站竣工，新建和改建农村候车亭53个。

"四好农村路"建设。完成农村公路提档升级工程477.48公里、乡村骨干网畅通工程164.10公里。开展"四好农村路"示范创建，推动示范创建工作提质扩面，加快完善农村交通运输体系。荆州市获评全国"四好农村路"建设市域突出单位，石首市为2022年"四好农村路"全国示范县创建单位，纪南镇、程集镇、章庄铺镇、熊河镇获评全省"四好农村路"示范乡镇。纪南文旅区环长湖公路获评2022年度全省"十大最美农村路"。农村公路管养岗位吸纳脱贫户1460人。推进交邮融合发展，成功入选第三批中国快递示范城市，邮政业务总量位列全省第三，实现"乡乡设

所、村村通邮"，建制村实现快递服务100%全覆盖。

运输服务保障。全年公路完成货运量1.14亿吨、货物周转量273.48亿吨公里，比上年分别增长6.72%、47%；完成客运量2158.429万人次、旅客周转量10.98亿人公里，比上年分别下降21.01%、20.91%。完成港口吞吐量6656.02万吨，比上年增长52.13%；水路完成货运量1.47亿吨、货物周转量7563790.13万吨公里，比上年分别增长55.05%、55.93%；集装箱吞吐量17.73万标箱，比上年增长17.88%。推进农村客货邮融合发展，江陵县实现快递进村统配统送。实施"关爱客车、货车、巡游出租汽车、网约车驾驶员"等七大专项行动，21项"任务清单"全部完成。中心城区残疾人及65岁以上老人凭证可免费乘坐公交车。荆州区农村客运班线由先行集团整合，为实现全域公交化改造探索路径。全市客运班线覆盖24个省(自治区、直辖市)，通达全市100个乡镇、1538个行政村，全市符合安全通行条件行政村全部通达客运班车。

公路管养。强化路面预防性养护和重点养护，及时处治路面病害，按季开展普通国省干线公路养护评价工作并进行通报。农村公路养护提质增效，逐步实现畅安舒美工作目标。提升农村公路治理能力，全面落实"路长制"，结合美丽乡村建设整治路域环境，实施农村路网提档升级，公路路网进一步优化，公安县、洪湖市获评全省普通公路十佳养护单位，江陵县、石首市农村公路路况质量位居全省前列。

交通执法。全面推进行政许可、行政处罚"双公示"，推行常用行政处罚自由裁量标准，发起"双随机、一公开"13项，获评全省市场监管领域"双随机、一公开"监管成绩突出单位。实施交通运输诚信缺失突出问题

2022年2月28日，荆州李埠长江公铁大桥、武汉至松滋高速公路江陵至松滋段(含观音寺长江大桥)项目开工建设

2022 年 11 月 1 日，荆州·大宗商品铁水联运枢纽项目集中开工活动在江陵举行

治理专项行动，以信用为基础的新型市场监管机制加快构建，获评全市信用评价优秀单位。

智慧交通。智慧交通项目建设加快推进，完成项目深化设计方案评审工作。公路养护创新应用广泛，组织开展公路养护工程"四新"技术推广应用项目后评估活动，对"十三五"以来大中修工程、灾毁重建项目中使用的"填充式大粒径水泥稳定碎石基层""旧水泥混凝土路面碎石化""热熔复合改性沥青纤维碎石封层"等 14 个项目技术进行全面总结评价，评估成果广泛应用。针对"三年消危"项目库中全长 22.8 米的监利市郭河桥，谋划全国领先桥梁全装配化施工工艺试点，向省部级桥梁专家咨询施工图设计方案。

绿色交通。构建绿色低碳交通运输体系，涉及 26 个"再清查、再整治"码头的中央环保督察整改事项全部上报销号，全年接收船舶垃圾、生活污水和油污水 2.18 万吨。249 艘荆州籍营运船舶完成受电设施改造，48 个码头泊位具备岸电供应能力，清理淘汰柴油货车 560 辆。广泛应用新能源汽车，入选国家公交都市建设示范工程创建城市，中心城区新能源公交车、出租汽车占比分别为 72%、21%。

安全应急管理。深入推进平安交通建设。开展自然灾害风险公路水路承灾体普查及重点运输企业、800 公里以上超长客运班线三大安全风险评估活动，绘制 610 处承灾体风险点、70 家重点运输企业及 44 条超长班线安全风险隐患"一张图"，7 处省市挂牌督办重大安全隐患、678 处一般隐患全部整改到位。强化应急救援演练，先后在沙市区、松滋市组织开展公路水毁塌方、山体滑坡为背景的应急处置演练活动，有效提高公路系统应急队伍应急抢险保通能力。联动部门协同监管道路运输安全，联合转办外地通报违法行为 41 起；将第三方动态监管平台与交管部门共享，实施危险货物协同监管及"黑名单"管理制度；联合交管、市场监督、环保部门对 7 家机动车检测机构进行安全约谈；联合交管部门开展拉网式"人车见面"，检查客车 536 辆，查处安全隐患 39 处，现场整改 11 处；组织 700 余名客运驾驶员参加春运安全警示大教育、大考核。持续开展"三无"船舶清理、内河船舶非法从事海上运输专项整治等各类专项行动。开展洈水库区"三无"船舶整治，对库区 25 艘无主船舶完成起吊、转运、集中封存。严肃查处 7 艘从事海上非法运输船舶，约谈惩戒 3 家航运企业，排查整治一般安全隐患 115 个。开展危险货物运输安全风险集中治理行动，危化品运输企业风险防控采取"一企一策"。全面摸排船舶触碰桥梁风险隐患 163 项，编制"一桥一策"，并采取针对性临时监管措施。

优化营商环境。持续优化营商环境，政务服务事项 100% 进驻市民之家综合受理窗口，14 项高频服务事项上线运营，受理办结各类政务服务事项 4.45 万件，满意率 100%，获评政务服务红旗窗口，12328 交通运输服务监督热线全省考评第四。

（袁媛　唐凯）

【荆州区】 至 2022 年底，全区公路总里程 2166.45 公里，公路密度 207 公里／百平方公里，其中高速公路 32.13 公里、一级公路 136.95 公里、二级公路 235.09 公里、三级公路 27.91 公里、四级公路 1627.19 公里、等外公路 107.18 公里。全区内河航道通航里程（界河按二分之一算）52 公里（其中

荆州区马山镇蔡桥村美丽农村路

长江航运干线 25 公里），有港口 1 个、生产性码头泊位 7 个、渡口 7 处、内河港区 1 个、码头 8 个（含公务码头 4 个），码头最大靠泊能力为 1000 吨级兼顾 3000 吨级。有客运站 6 个，其中一级客运站 1 个、乡镇客运站 5 个。

基础设施建设。全年完成交通固定资产投资 1.67 亿元，比上年度下降 26%。国省干线交通建设项目进展顺利。318 国道荆州区段改扩建工程进展顺利，万城大桥建成通车；荆州至李埠一级公路 10.78 公里，累计完成投资 9000 万元；271 省道川店至藤店段修复养护工程，完成全线 10.46 公里铺设沥青面层修复养护；271 省道王场至新生段升级改造工程在进行勘察设计、用地预审及规划选址等前期工作。

"四好农村路"建设。全年完成农村公路新改建工程 65.92 公里，为年度计划的 124%。农村公路通车里程 1980.87 公里，占全区公路通车总里程的 91.43%。乡镇和行政村通班车率均为 100%。为确保农村公路安全畅通，荆州区财政配套农村公路养护资金 774 万元按省交通运输厅"1525"标准分配至各镇、管理区，全区县道由专业养护公司进行养护，乡村道由各镇按属地管理进行养护，农村公路纳入日常养护里程 1923.7 公里，养护率 100%，好路率达 90%。全面推行农村公路"路长制"，修订完善"路长制"实施方案，实行三级"路长制"，将建设、养护、管理融入"路长制"工作中。

水上物流交通建设。投资 1212.72 万元的长江船舶污染转运码头项目全面完工，并通过交工验收投入使用；落实财政资金，明确年度预算资金 108 万元用于长江船舶污染物接收政府购买服务工作，启动长江船舶污染物接收政府购买服务招标工作；李埠公铁长江大桥前期工作进展顺利，中石化、中长燃水上加油站迁建项目前期工作全部完成，在进行"三通一平"工作；辖区 53 艘运输船舶岸电受电改造项目全部完成，船舶岸电改造完成率 100%。

水路运输。辖区拥有荆州港李埠港务有限公司、湖北巍宏物流有限公司 2 家普通货运企业，中石化水上加油站、中长燃李埠水上加油站 2 家危险货物企业，浩川公司垃圾回收、过驳基地等 5 家港口企业，渝海、源琪、吉兴 3 家航运企业，安详船舶管理公司 1 家内河船舶管理企业。有运输船舶 73 艘，载货量 19.89 万吨。全区水运主要以长江干线及支流省际普货运输为主。有乡镇渡口 7 处、渡船 7 艘。全年水路完成货运量 126 万吨，完成港口吞吐量 463.8 万吨，完成危险货物成品油装卸审批 66 次，装卸成品油 6.71 万吨。

农村客运。农村客运"全域公交"全面铺开，进一步助推乡村振兴。编制完成荆州区农村公交一体化规划，全区农村客运路线经营权基本实现统一，农村客运线路基础设施逐步完善，在各乡镇公交主要道路提前修建配套的农村客运公交候车亭，全年在弥市镇、川店镇、马山镇及城南高新园拍马村建成农村客运公交候车亭 15 个，荆州至弥市线路作为首批试点公交线路正式开通运营。

交通安全生产。持续开展安全生产专项整治三年行动。全系统开展安全督查检查 300 余次。检查船舶 856 艘，铅封运输船舶 2 艘，发布恶劣天气预警信息 30 余次，协助救助搁浅船舶 1 艘。全区"三年消危"行动实施方案中，公路桥梁加固、拆除重建 18 座、计划投资 2300 万元，国省道桥梁完工通车 3 座、农村公路桥梁完工 7 座，在建 8 座，完成投资 1600 万元。全区 22 处农村公路路口增设信号灯及配套交安设施项目全部完工并投入使用，投资 998 万元。市综合交通专委会挂牌的 318 国道 K1213+900 平交路口新改扩路口路段无配套交通安全设施隐患，完成建设并投入使用；区安委办挂牌的引江济汉天鹅桥桥墩、护坡破损隐患，完成整改并销号。做好荆州火车站及客运枢纽站、高速公路卡口、邮政快递企业、"两客一危"企业、渡口码头及港口企业、交通在建工程、交通系统各单位机关等重点领域疫情防控工作。

（刘萍）

【沙市区】 至 2022 年底，全区公路总里程 1367.24 公里，公路密度 189.63 公里/百平方公里，其中一级公路 124.54 公里、二级公路 70.35 公里、三级公路 73.95 公里、四级公路 1098.40 公里；按行政等级分为国道 23.524 公里、省道 60.27 公里、县道 152 公里、乡道 381.95 公里、村道 749.50 公里；公路桥梁 167 座 3991.8 延米。沙市区行政区划港口岸线长 13.2 公里，有港口码头 26 个，其中生产性码头 18 个、泊位 27 个，非生产性码头 8 个、泊位 8 个；有长江渡口 2 处、内荆河渡口 2 处。有客运站 2 个，其中一级客运站 1 个、二级客运站 1 个。

基础设施建设。全年完成交通固定资产投资 7.02 亿元，为年度目标任务的 108.84%。其中普通公路投资

2022 年，改建后的荆州区连湖旅游公路丁家咀段美丽农村路

2.11亿元、站场物流投资4.91亿元。完成新(改)建农村公路49.8公里，新建农村公路桥梁1座，危桥改造30座。沙市至荆州机场一级公路栖凤湖桥、318国道改扩建工程丫角桥段建设稳步推进。玻湖村七组桥重建工程、关谢线改建工程(关沮镇关凤路路段)开工建设。沙市区枪杆至白渎公路新建工程、环长湖旅游生态公路改建工程前期工作有序开展。太湖港渠沙市区关沮镇段整治工作力度加大。丫角公路超限超载检测站恢复重建基本完工，并进行提档升级，由港湾式检测站升级为主线式检测站。工程主要包括电子抓拍及监控系统、检测办公用房、检测棚、卸载场地、夜间照明系统、绿化等。

"四好农村路"建设。沙市区政府办公室印发《沙市区农村公路"三级路长制"实施方案》，明确各级路长职责及工作流程。改造完成危桥30座，全面实现库内危桥清零目标。完成104座农村公路桥梁检测评定和1100公里农村公路路况检测评定工作。打造共同缔造"美丽农村路"12.3公里。

公路养护。以精细化管理为重点抓日常养护提升，以规范化管理为抓规范基础建设，以机械化、科技化提升抓质效提升，2022年底全省公路部门路况调查中，国省干线公路PQI值为92.42，名列全省第一位。全年投入养护资金259万元，加强公路养护，采用日常巡查、月度随机抽查和季度养护检查相结合，养护道工上路率得到有效保证。做好时性养护工作，路面坑槽及时处治，对路面坑槽挖补坚持补早补小原则，做到开挖到位、开挖后不过夜，损毁防护设施及时修复更换，路基缺口及时处理，确保列养线路路容路貌整洁、路基坚实、边坡稳定、路肩无病害、护肩带、挡土墙等附属设施完好；边沟、涵洞、排水沟、盲沟等无杂物，排水通畅。里程碑、百米桩等设置规范、齐全、无缺损，公路养护状况良好。每月对各类原始档案、巡查记录、结构物检查养护记录等资料进行收集整理，汇编成册。在养护管理平台上进行线路更新。

完成322省道新建桥梁设置"五牌一步道"报告。完成公路服务区统计网上平台填报。完成国省干线及农村公路115.80公里公路及桥梁自然灾害综合风险普查工作。完成湖北省普通省道和农村公路"以奖代补"考核数据支撑系统和固定资产清查数据系统填报工作。

水路运输。全区有水路运输代理公司18家、船舶管理公司1家、水路运输船舶公司15家(其中普通货运企业10家，液化气运输企业1家，散装化学品、成品油运输企业2家，植物油运输企业1家，省内旅游船运企业1家)。全年注销船舶19艘，新入籍船舶12艘。拥有营业运输船舶175艘、38.1万载重吨，其中普通货运船舶146艘、31.2万载重吨，旅游运输船舶2艘、552客位，特种运输船舶(包括危险货物运输船、植物油运输船)27艘、6.9万载重吨。有港口经营企业19家，其中港口危货企业6家。全年完成港口货物吞吐量1382万吨、港口集装箱10万标箱。

生命安全防护工程。沙市区道路安全隐患整治工程完成货币工程量66.07万元。全区乡镇设置警示标志标牌15块，波形钢护栏标准段3398米，端头19组，轮廓标422个，减速带17米，道口桩100根，示警桩684根，凸面镜7块，减速标线253.8平方米，治理隐患路段4.59公里。

长江大保护。非法码头整治、长江岸线管理、船舶污染防治的长江大保护三大标志性战役成果持续稳固。绿色岸电建设和船舶垃圾接受转运服务及"船E行"工作进入实施阶段。辖区船舶岸电改造工作全部完成，争取中央改造补贴资金350万元，对72艘沙市港籍船舶实施岸电受电改造。区港航物流发展中心联合长江海事每季度定期开展公务趸船防污联合检查。督促落实趸船垃圾接收台账和"船E行"运行情况，检查船舶油污水接收运行情况。确保公务趸船严格落实各项防污措施。组建水路交通巡查组，进一步加强港口岸线、污染防治等巡查工作。完成码头再清理再整治工作的原沙市行政区内3个加油站整治达标工作和开发区移交的4个码头整改销号工作。充分利用锚地及3个水上加油站资源，扩大整治成效，建设荆州市水上绿色综合服务区。

优化营商环境。开展"聚力双优化、遍访企业家"调研走访活动，收集企业反映问题线索及意见建议，并予以协调解决；开展"十问十帮"活动，收集急需解决的问题及主要诉求，并对接相关部门予以帮助和落实，助力企业发展壮大，共办理企业反馈问题41件，提交企业建议意见16条；走访公路沿线物流企业，就其拆除公路中央隔离墩诉求，联系相关部门寻求解决方案；协助国家石油天然气管网集团有限公司华中分公司办理涉路行政许可相关事项；主动上门服务企

2022年6月24日，沙市区交通运输局组织开展荆州市普通公路突发事件应急处置演练活动

业，做好省交通行政审批服务平台关于超限运输现场核验及数据上传工作。7月至12月底，主动上门现场核验上传37起。其中，超限运输行政审批核验上传33起，平台审核办结32起；协助企业办理占利用公路行政审批4起，平台审核办结4起；落实省市中小企业纾困帮扶政策，减免门面租金11.36万元，为货运车辆设置防疫快速检测通道，进一步完善交通物流保通保畅政策。办理区级建议提案5件、省级建议提案协办件1件、市级建议提案协办件3件，均回复办结。

邮政快递业管理。1月17日，荆州市沙市区委机构编制委员会批复成立沙市区邮政业发展中心，沙市区邮政业发展中心隶属于沙市区交通运输局，在"沙市区港航物流事业发展中心"加挂"邮政业发展中心"，增设邮政快递股。邮政业发展中心根据工作职责稳步推进体系建设和行业督导工作，至2022年底，沙市区有邮政企业2家，快递品牌14个、许可企业19家、末端网点540处、区域分拣中心3家。全年快递业务量达7363万件，占全市的43.79%。按照省、市邮政快递业行政管理部门要求，通过快递进村建设，完成村级点位布置，沙市区4个乡镇共建立村级站点42个，完善区镇村三级寄递物流体系，村级网点100%覆盖，实现村村通快递。

安全应急管理。抓好安全生产源头管理和各项防范措施的落实，安全态势平稳有序，无一起安全责任事故发生。结合春运、全国两会等重点时段，召开专题会议研究部署安全生产工作。深入开展安全生产专项整治三年行动，针对元旦、春节、春运、清明节、"五一"等重点时段，结合工作实际制定专项检查方案，印发《关于进一步做好应对低温雨雪恶劣天气安全生产的紧急通知》等3个安全工作方案。围绕沙市区道路客货运输、公路施工养护、水上交通安全等重点领域，建立健全交通、交管、运管、港航、海事等部门安全联动机制，开展区综合交通领域安全生产隐患排查和治理活动，狠抓企业自查自纠，落

实企业安全生产主体责任，突出重点行业安全监管，落实行业监管责任。成立检查组，开展安全检查督办38次，查出安全隐患42处，全部整改完成。指导相关部门完善各类应急预案，组建公路抢修、水上救援应急队伍，开展应急演练8次，提高应对突发事件能力，确保疫情期间"一断三不断"。

（殷华）

【江陵县】 至2022年底，全县公路通车总里程2080.24公里，公路密度198.5公里/百平方公里，其中一级公路107.81公里、二级公路177.20公里、三级公路67.79公里、四级公路1727.44公里；全县桥梁255座7022.49米，其中国道18座444.03米、省道23座889.64米。内河航道通航里程147.05公里（其中长江通航里程49.5公里），有生产性码头10个、泊位33个。有客运站8个，其中二级客运站1个、四级客运站1个、五级客运站5个、简易站1个。

基础设施建设。全年完成交通固定资产投资9.90亿元，其中武松高速公路完成9.09亿元，"三年消危"桥梁建设2264万元，水运项目建设5807万元。建成223省道沈荆线跃进公路停车区、354省道周马线彭家闸公路停车区、350省道新滩线三湖公路停车区，建成应急指挥中心1个、公路管理站1个。

"四好农村路"建设。配合荆州市做好全省"四好农村路"示范市创建，打造县、乡、村道150公里迎检循环线路；熊河镇被评为全省"四好农村路"示范乡镇，获农村公路建设和养护资金奖励200万元。全县省级"四好农村路"示范乡镇创建率近50%。截至2022年底，全县农村公路里程1928.71公里，农村公路列养率100%。各乡镇、行政村全部实现村村通公路，村村通客车率100%。

公路养护。全年完成国省干线养护资金795.97万元。日常养护完成修复坑槽341.66平方米。预防性养护完成220省道秦大线、354省道周马线、

350省道新滩线灌缝26.3公里。安全防护设施维护完成更新标志牌36块、百米桩和示警桩62根；维修钢护栏120米、爆闪灯12套。专项养护完成223省道沈荆线排水沟和路基路缘石铺设1.5公里。绿化养护完成路树整枝5000株，刷白13000株。

运输服务保障。全年完成公路货运量250.1万吨、货物周转量2.44亿吨公里，完成客运量214.2万人次、旅客周转量3039.3万人公里。完成水路货运量21万吨、货物周转量1.68亿吨公里，完成客运量6.59万人次、旅客周转量9.91万人公里；完成港口货物吞吐量1449万吨。全县拥有客运车辆112辆、货运车辆1135辆、新能源公交车48辆、燃油公交车22辆。

城乡客运公交。全县以创建省级全域公交示范县为契机，探索城乡客运公交多元化服务模式，进一步优化公交线路，提升服务水平。全县公交客运量166.7万人次，正点率达99%，城区实现环城公交全覆盖。成功收购郝穴至马家寨班线，开通定制公交、定制客运等服务，进一步丰富群众出行方式，城乡居民出行条件明显改善。

物流业发展。江陵县港航物流服务中心更名为江陵县港航物流事业发展中心，加挂江陵县邮政业发展中心牌子，事业编制由21名调整为37名。撤销4个乡镇交通服务中心站，新设江陵县道路运输服务中心和江陵县交通信息服务中心。寄递物流取得新进展，江陵县成功申报入库全国农村电商快递协同发展示范区，成功创建全省农村寄递物流体系建设试点县。拥有电子商务公共服务中心1个、县级仓储物流配送中心1个、乡镇电商物流服务站9个、村级电商物流服务点96个，在全省率先实现县、乡、村三级寄递物流网络全覆盖和当日16时前"快递送达"村级服务站双目标。6月29日，荆州市农村寄递物流体系建设现场推进会在江陵县召开。

行业监管。严格落实"三不进站、六不出站"及相关要求，持续开展交通运输市场整治行动，规范道路运输

市场秩序。开展路域环境整治活动、"路政宣传月"和路警联合常态化治超等活动，有效维护路产路权。与相关单位联合开展重点水域拉网式集中巡查，开展港口企业及在建项目专项检查及常规安全检查、长江禁捕及防溺水宣传教育活动，有效防止非法码头"死灰复燃"及非法占用岸线事件发生；持续开展"生态优先、绿色发展"活动，采取"精准治污、科学治污、依法治污"三治并举、齐头并进的方式，促使全县船舶污染防治效果明显好转。

安全管理。全年排查安全隐患86处，均整改到位。受理信访件125件，政务中心办理业务3850余件，确保无安全生产责任事故和无越级上访事件发生，连续三年被县委评为安全生产先进单位和综治工作先进单位。疫情期间，全县交通运输系统严格执行"落地查、落地检、落地管"政策，守好"第一道防线"，高效推行"八三"工作法，实现查验操作程式化、规范化、高效化。设立转运消杀点，确保各类重点物资运输高效通行。

（张武娟）

【松滋市】　至2022年底，全市公路总里程3930公里，公路密度175.84公里/百平方公里，其中一级公路120公里、二级公路343公里、三级公路104公里、四级公路3357公里、等外公路6公里。松滋市有长江干线航道27.36公里、内河航道通航里程162.5公里，有通航水库2座、生产性泊位17个、渡口41处。有汽车客运站25个，其中二级客运站1个、四级客运站2个、五级乡镇客运站9个、农村综合运输服务站12个、便捷客运站1个；有招呼站400个、港湾式候车亭84个、简易候车亭61个。全市有道路客运企业4家；有货运物流企业69家，其中规上货运物流企业2家，物流业从业人数共5600人；拥有营运客车230辆、货车2758辆、客运出租汽车240辆、公交车90辆。有长江干线港口经营企业4家。

基础设施建设。全年完成交通固定资产投资12亿元。高速公路项目全面启动，当枝松高速公路项目完成投资近3亿元，武松高速公路征地拆迁快速推进，施工便道全面贯通，施工机械设备进场。完成国、省、县道建设投资18555万元，其中沱水旅游快速通道主线段完工；卸甲坪至沱水水库旅游公路改建工程顺利推进；沱水至沱水水库工程总承包(EPC)一级公路项目完成沱水二桥架梁工作；麻水至松滋火车站一级公路改建工程EPC项目完成驻地建设和测量放线等工作；县道刘车线大修工程完成产值1020万元，县道朝玉线破碎板处治完成产值300万元，完成县道埠新线改造1100万元；葛东线杨林市至大河北段、陈店集镇至临港工业园段改造完成产值2800万元；351国道台小线刘家场至桃树段大修工程完成产值1200余万元。松滋火车站升级改造完工投入使用。进港铁路桃子岭站改造工程全部完工，进港铁路正线及港口站全线进入路基和桥涵施工。车阳河综合码头二期工程6号、7号泊位顺利投产，车阳河作业区规划调整及内河港口规划编制工作加快推进，丽源码头升级改造工程前期工作基本完成，兴楚散货码头、临港新区散货码头项目有序推进，松滋市船舶污水垃圾接收转运处置专用码头建成并正式营运、投资1478万元，松滋港区危

化码头前期工作进展顺利。松滋公交总站、沱水游客换乘中心完工交付使用。新建乡镇综合服务站2个、维修改造乡镇客运站3个、新建和改造候车棚24个。积极推动农村寄递物流三级体系建设，促进现代物流业融合发展，加速建设松滋市城西现代物流园、星络物流园。当枝松高速公路南延、武松高速公路西延、松西河航道整治工程、荆岳高铁途经松滋设站等重大项目前期工作积极跟进，松滋通用机场前期工作确定选址，完成民航申报。

"四好农村路"建设。全年完成农村公路建设投资1.60亿元，其中完成县乡道改造27公里、投资6908.7万元，完成农村公路连通工程建设72.3公里、投资2104.5万元，完成农村公路提档升级65.4公里、投资2184万元，完成养护工程25公里、投资1270万元，完成"渡改桥"项目2座、投资154.1万元。全面完成农村公路"三年消危"桥梁建设30座、投资3420万元。"四好农村路"示范线路提升工程建设持续推进，编制完成乐乡街道、王家桥镇、街河市镇、斯家场镇、杨林市镇、万家乡等示范线路100公里，南海镇、王家桥、沱水镇、杨林市镇、万家乡等复核线路196公里。

运输服务保障。全市有水路运输企业2家、货运船舶23艘、旅游船

2022年3月，"荆州港—云南水富港"集装箱航线开通

舶 16 艘、渡口 41 处、渡船 49 艘。全年完成港口货物吞吐量 1250 万吨、集装箱 8 万标箱,客渡运量 21.6 万人次(其中洈水旅游客运量 5.3 万人次)。全市有道路客运企业 4 家、货运物流企业 69 家,其中规上货运物流企业 2 家;拥有营运客车 230 辆、货车 2758 辆、客运出租汽车 240 辆、公交车 90 辆。农村公路开通客运线路 47 条、客运班车 187 辆(含新能源车 10 辆);中心城区开通公交线路 11 条、新能源公交车 90 辆;有城市巡游出租汽车 240 辆(含新能源车 7 辆);开通道路客运班线 76 条,其中省际班线 8 条、市际班线 6 条、县际和县内班线 62 条,全年道路客运量 33.7 万人次。加速全域公交及城乡公交一体化发展,全市 235 个行政村、41 个社区 100% 通达客车。

寄递物流监管。2022 年 6 月成立松滋市邮政事业发展中心,理顺行业管理权责机制,有效促进邮政行业健康有序发展。正式出台《松滋市"十四五"现代物流发展规划》。重点培育松滋市忠信物流、建豪运输公司 2 家货运企业。建成具备基本农村寄递物流功能的综合运输服务站 8 家,建设完善大型现代化物流园,松滋市城西现代物流园完成投资 1.5 亿元;完成松滋市星络物流园初期建设,完成投资 8000 万元。制定松滋市农村寄递物流体系建设方案,摸底全市民营快递公司在乡镇设点情况,乡镇网点覆盖率 100%,开展村级网点调查工作。

公路养护。做好公路桥梁日常养护工作,全年完成桥梁伸缩缝、水泥路面灌缝、沥青路面灌缝等预防性养护,标准路基整治达标 625 公里,填补路面坑槽,清除路肩堆积物,打造畅通美丽路域环境。完成间隙式交通量观测 208 工日,完成减速振动标线 63 道、路面标线 138 公里;修复波形钢护栏 2018 米、标志标牌 52 块、爆闪灯 26 盏、警示桩 365 根,补栽公里碑 15 块、百米桩 84 根、道口桩 1306 根,整治路树遮挡 218 处,有效保障道路行车安全。加强桥梁精细养护,完成桥涵伸缩缝清理,泄水孔疏通,桥梁养护,建立全市 55 座桥梁动态档

2022 年,新建的松滋市诰赐山综合运输服务站

案,做到定期检测。

运输市场管理。严厉打击非法营运行为,市交通、公安、城管等部门开展常态化联合执法工作,整治道路客运领域违法违规行为,曝光非法经营出租汽车 20 辆,查处不按规定经营巡游出租汽车 67 辆。组织实施 2022 年度道路运输企业、客运站及危险货物道路运输企业质量信誉考核工作,市内 4 家客运企业、3 家出租汽车运输企业、1 家二级客运站、4 家危险货物道路运输企业和 2 家一、二类维修企业质量信誉考核均达 AAA 以上标准。

超限超载治理。多部门协同配合,扎实开展春季治超行动、河道采砂治超行动、"百日防尘"整治和打击各类非法违法道路运输行为联合整治等系列行动。启用 10 个线路卡点和 30 个企业源头非现场执法点科技治超方式,有效遏制超限超载乱象。加大治超信用体系建设,严格落实治超工作中企业和驾驶员信用联合惩戒制度,对 16 家企业和 52 名个人采取信用记录等方式,提高超限超载运行为违法成本。全年查处超限超载车辆 1465 辆、卸货 2045 吨。

路域环境整治。全面提升路域环境治理能力,加大政策宣传和执法力度,及时清理违章搭建、堆放物以及占道经营等损害路产路权行为,全年清理公路沿线堆放物 125 处 1030 立方米,清理违章建筑及摆摊设点 19 处,清理非路用标牌 35 块。全年完成行

政处罚案件 413 起、路政赔补偿案件 120 起。

港口管理与服务。会同长航公安宜昌消防支队、长航公安宜都派出所及长江宜都海事处共同保障中石化松滋口水上加油站白云边基酒正常卸载工作。加快推进环保设施改造,完成全市 18 艘运输船舶岸电受电设施改造工作。持续开展"三无"船舶专项整治行动,暂扣无主船舶 25 艘。加强乡镇渡口渡船管理,完成 4 处渡口安全防护设施建设维护工作。

信息化建设。持续推进交通行业信息化建设,升级全市出租汽车 4G 动态监控系统,建立监控中心数据平台,实时了解全市运营出租汽车动态,为市民安全便捷出行提供信息服务保障。智慧客运助力管理提升,在全市公交车运营班线上全面使用车载移动支付系统;松滋金松客运中心站完成无纸化电子客票系统验收并投入使用。提升科技执法水平,不断完善和补充执法信息装备,通过配备执法记录仪、对讲设备、执法取证相关系统等,完善执法证据链,全年储存执法信息 558 条。推进科技执法项目建设,12 月,松滋市治超治限不停车检测系统开工建设。

优化营商环境。深化"放管服"改革,持续优化营商环境,聚焦惠企惠民,推行交通运输政务服务便利化。在松滋打造全省首个"无证明"城市工作中,共梳理"无证明"城市建设免提交事项 287 项,其中机动车安全

技术检验报告单、GPS定位终端证明单、3年内无重大交通事故证明等事项均可通过松滋市无证明系统直接获取信息。加大"一事联办"线上线下办理力度，形成"我要开修理厂""道路运输相关业务经营备案""营运车辆退出"等"一事联办"工作方案，实现跨部门、跨层级政务服务事项"一件事、一次办"。推进"跨省通办"服务提质增效，实现客货运输电子证照跨区域互认与核验。全年发放道路运输从业人员从业资格证（道路客货运）电子证照48个，道路运输经营许可证（道路客货运）电子证照818个，道路运输证（道路客货运）电子证照1674个。做好行政权力事项承接下放等工作，强化承接保障，制定《松滋市交通运输系统行政审批下放事项承接工作实施方案》，承接行政许可、行政确认、其他行政权力等政务服务事项12大项60小项，全年完成大件运输审批29件，涉路施工许可3件、水上水下活动许可1件、水运企业年审3家。

安全应急管理。全年道路客运无重特大事故发生，水上运输连续22年无安全责任事故发生。推进"平安交通"建设，开展辖区内"两客一危"企业、出租汽车公司、驾驶培训机构、各类维修企业、重点货运企业日常安全大检查，发现安全隐患和问题立即督办整改，保障行业安全生产形势稳定。全年检查企业208家，排查隐患35处，全部整改完成。加强水上安全监管，开展"打非治违"、"三无"船舶整治等专项整治活动，全年检查各类船舶356艘次、港口运输企业58家次，发现安全隐患22起，全部完成整改，查处违法行为17起。在危险货物道路运输企业、客运站场开展应急处置演练活动，联合开展水上应急救援演练，进一步提升应急处置能力。疫情期间，优化调整全市防控卡口设置，筑牢疫情防控交通防线。

（朱卫华　刘苏雅）

【公安县】至2022年底，全县公路总里程3749.80公里（不含高速公路），公路密度171.54公里/百平方公里，其中高速公路139.90公里、一级公路53.928公里、二级公路294.42公里、三级公路98.688公里、四级公路3302.761公里。内河航道通航里程494公里，有生产性码头泊位8个、渡口88个。有客运站13个，其中一级客运站1个、三级客运站1个、四级客运站3个、五级客运站8个。

基础设施建设。全年完成交通固定资产投资10亿元，比上年下降28%。351国道一级公路、207国道一级公路标头段、公安县多式联运综合物流园至浩吉铁路公安站货场道路、孟家溪至章田寺段改建工程等项目完工通车，公路桥梁"三年消危"第一批71座全部完工；武松高速公路征迁工作全部完成；公安县环崇湖国家湿地公园旅游公路、多式联运荆州港公安港区多用途码头工程及柳梓河铁水联运综合码头和综合物流园等项目开工建设；221省道公安县城区至石首城区段、226省道公安县孟家溪镇区段新建工程、355省道公安县狮子口镇区段新建工程、226省道公安县大门至新堤段新建工程等项目前期工作稳步推进。

"四好农村路"建设。全年完成农村公路提档升级135公里，新建通村公路37公里，大中修农村公路54公里，改造公路危桥71座。全省"四好农村路"示范县164.85公里精品示范环线、黄山及甘厂片区微循环公路基本完工，章庄铺镇省级示范乡镇创建通过第三方（外业组）检查验收。科学设置农村客运站、候车亭、招呼站等配套基础设施，259个行政村公路通达率和客运班线通达率均为100%。依托全县16个农村公路养护站，通过政府购买社会服务方式实施日常养护，创新"专门机构+专业公司+农户+公益性岗位"模式实现专业养护，确保道路安全畅通。

运输服务保障。新增交通运输服务业规上企业3家。完成港口货物吞吐量450万吨，比上年增长30%。完善县级物流顶层设计，县邮政业发展中心在新成立的县交通运输综合服务中心挂牌。全县3家危险货物道路运输企业、4家普通货物道路运输规模企业、15家驾驶培训机构进行2021年度质量信誉考核，评出AAA级驾驶培训机构2家、AA级5家、A级6家。加强"两客一危"汽车维修市场、驾驶培训市场整治，查处违规车辆47辆、停车整改26辆，约谈驾驶培训机构负责人15人，查处违规经营汽车修理厂7家。完成公交运营企业2021年度老年人免费乘车财政补贴资金申报工作。开展道路运输客货运车辆动态监控抽查和违规信息整改督办工作，注销两年未年审普通货车226辆。农村客运班线公交化改造，完成城区至麻豪口镇农村客运班线新能源公交化改造，制定中心城区向青吉园区、城南片区辐射麻豪口镇的双向循环公交线路改造方案，配合城市运营中心，对207国道黄金口至江南修理厂段通行环境进行集中整治；配合县交警大队对城区电动车、摩托车、三轮车开展"百日攻坚"行动。

科技与信息化。推进绿色智慧交通建设，推动公路美化、亮化，完成国省干线公路通道绿化工程后期苗木补栽。加强污染防治，完成第一轮中央生态环境保护督察长江保护与湖泊开发专项督察反馈问题（省序号4）朱家湾码头0号泊位、顺昌船厂问题整改验收销号；基本完成朱家湾码头岸电改造，船舶垃圾转运、处置率均达99%以上。"智慧交通"信息化项目顺利启动，交通执法、公路、港航、公交等行业数据加速整合。

安全应急管理。加强"两客一危"、工地、场站、危桥、"四类重点船舶"等重点部位监管，完成春运、国庆等重点时段安全运输保障任务。开展隐患大排查整改，排查隐患349起，整改346起、限期整改3起。推进安全生产专项整治三年行动，完成交通安全示范路创建82.01公里、公路安全防护工程209公里，修复渡口设施7道，清理清除公路占道、非公路标牌2869起（处），查处超限车辆349辆、卸载215吨。

交通改革举措。交通机构改革基本完成，全县交通运输系统7个机关股室、6个事业单位、1个交通建设集团的机构改革稳步实施，职能职责全部厘清，机构组建、人员划转有效完成。

（高艳娟）

【石首市】 至2022年底，全市公路总里程2586.26公里，公路密度181.2公里/百平方公里，其中一级公路58.95公里、二级公路187.03公里、三级公路94.80公里、四级公路2245.48公里；按行政等级分为国道31.90公里、省道134.77公里、县道227.92公里、乡道824.77公里、村道1366.90公里。航道通航里程127公里，港区有生产作业区3个，共有登记在册港口企业生产性泊位7个、公务码头泊位6个、渡口24个（长江客渡8个、长江汽渡2个、内河渡口14个）。有客运站6个，其中一级客运站1个、四级客运站1个、五级农村综合服务站4个。

基础设施建设。全年完成交通固定资产投资1.91亿元。建设完成国省道及农村公路82.3公里。新增等级公路82.3公里。完成通村公路67.88公里、美丽农村路创建110公里。投资800余万元，将原大垸镇交管站、东升镇道班站升级改造为集农村客运、农村物流、农村公路养护、交通执法等多位一体功能的交通综合运输服务站，新建横沟市交通综合运输服务站。投资400余元，完成5个乡镇公路站场升级改造；投资6500万元，建成绣林公路养护（应急）中心；投资2200万元，建成江北公路养护站。

"四好农村路"建设。以创建"四好农村路"全国示范县为契机，全力推进"四好农村路"建设。投入4768万元，建设完成高三线19公里、肖石线12公里县乡道改造；投入2900万元，完成农村公路24.8公里路面刷黑升级改造；投入4120万元，完成新建通村公路68.68公里；投入600万元，完成农村公路提档升级改造46.3公里，全市农村公路覆盖范围和通达深度进一步提高，公路路网结构更加优化。投入3157万元，完成农村公路安全生命防护工程375公里，全面完成公路桥梁"三年消危"行动的16座农村公路危桥改造，有效提升农村公路桥梁安全水平。实施"美丽农村路"建设，投入1300万元打造完成110公里美丽农村路，在示范线路段修建调鲁线、上津湖产业路公路驿站，过脉岭绿色产业观景台，大港口、伯牙口交通游园及交通厕所等便民设施，助推美丽乡村建设。石首市成功入选2022年度"四好农村路"全国示范县创建单位。

运输服务保障。全年道路完成客运量210.26万人次、旅客周转量1.20亿人公里，比上年分别下降41%、30%；完成货运量350万吨，比上年下降9.6%，货物周转量9.10亿吨公里，比上年增长9.4%。全市拥有道路客运企业4家、货运物流企业75家（含危货运输企业2家）、各类营运车辆1710辆，其中班线客车298辆、出租汽车228辆、公交车100辆、普通货车1084辆（含其中危险货物道路运输车辆60辆）。跨省班线32条、跨地市班线13条、跨县市班线21条，市内及村村通班线73条。全市拥有水运企业4家，船舶52艘、133493总吨、190674载重吨（含8艘集装箱船、2801标箱）。全市600总吨以下个体水路运输经营者69家，船舶71艘、25728总吨、28785载重吨，经营长江干线及支流省际普通货物运输。

物流服务。全市2个综合物流园、近50家物流企业和1000余辆货运车辆。物流企业以快递企业和零担运输企业为主，形成以石首物流中心和石首市沿江物流园为中心的集聚发展格局。石首物流中心入驻工贸、物流、电商企业共25家，其中9家快递品牌共同组建石首市城乡物流共同配送中心。石首市沿江物流园入驻物流企业20余家，包括石首市宏盛物流有限公司、德邦物流公司荆州市石首分公司等数家大型物流企业以及若干中小型物流信息业户及个体工商从业者。

公路管养。常年保持辖区内国省干线路容路貌良好，对四类危桥（管家铺桥）实行定人定点巡查养护，按规定设置车辆限载限速标志牌；对江坡渡大桥桥墩、桩基、钢筋裸露等问题严格按照安全整治方案进行抢修；加强应急保畅工作，保障国省干线公路桥梁在恶劣天气下的安全通畅；联合开展安全检查，有效处置交通隐患，投入资金20余万元，整改隐患32处，安装公路平交路口安全提示牌64块，标设振动标线1000余平方米，安装道口桩180余根，安装钢护栏1550米。石首市农村公路养护中心秉承"有路必养、养必优良"原则，不断提升公路养护水平。投入资金1061万元用于农村公路日常养护，其中县道230万元、乡道418.5万元、村道412.5万元，确保农村公路养护品质。投入资金1026万元，完成农村公路养护工程197公里，其中农村公路破碎板修复工程50公里，农村公路小、中修养护工程140.2公里，涵洞改造养护工程23道，水毁应急处置6.8公里，进一步提升农村公路通行水平。升级完善农村公路信息化系统，农村公路规划建设、路况自动化检测、日常巡检、病害上报等实行线上流程化、线下闭环化管理。同时将"路长制"与智慧交通信息化平台管理深度结合，打造全新的"新石首"手机App公众个性化服务。

路政管理。坚持依法治路，严厉打击单位和个人破坏、损坏或者非法占用公路、公路用地及公路附属设施等违法行为，维护公路路产路权，保障公路畅通。做好路域环境巡查，制止新增违法建筑6处220平方米；清理摆摊设点114处230平方米，清除堆物占道38处120平方米；制止履带式车辆不采取保护措施违规上路行驶8起，查处货车货物扬撒20起。全年查处超载车辆70辆、卸载货物540余吨。走访源头企业，落实源头管控工作任务。联合市交警大队，采取不定时定点机动巡查方式，在辖区内国省干线、通村公路路口等重点路段，严厉打击超限超载运输、非法改装、货物扬撒等违法行为。

船舶检验。完成全市4家民营航运企业39艘船舶岸电系统受电设施改造工作；完成船检站在籍船舶档案清理工作，共有船舶37艘，其中客渡船 21 艘、公务船 2 艘、工程船趸船 5 艘、甲板货船 9 艘；完成船检站管理的营运船舶检验 37 艘，完成荆州市船检局委派营运船舶检验 132 艘。

运输市场监管。联合交警、市场管理、城管等部门开展春运期间保供稳价、"百日攻坚"、非法营运专项整治、道路旅客运输市场秩序整治和道路旅客运输安全严管严控等专项行动，严厉打击非法运营、站外带客、不按核定线路行驶等违法行为，营造良好道路运输市场环境。查处非法营运网约车 9 起、"摩的"非法经营 10 起、非法营运商务车 11 起，查处出租汽车违法经营行为 2 起、纠正出租汽车不规范经营行为 65 起。受理湖北省交通运输服务监督电话系统"12328"热线转办投诉 208 起；受理"湖北阳光信访""E 线民生"和"12345"荆州市市长热线等方面转办投诉 60 起，处理回复率 100%。

智能交通。以石首市创建"城乡交通运输一体化全国示范县"为契机，抢抓政策机遇，围绕信息化基础建设、感知终端、二级系统数据对接、交通运输"一张图"平台建设等方面，积极开展智慧交通信息化建设。至 2022 年底，完成指挥中心装修装饰、146 个点位摄像头安装、110 个点位电表开户、70 个监控点位通电，设备及软件调试中。

交通环保。投入 1327.26 万元，在荆州各县市率先建成船舶污染物收运处置中心，全面禁止单壳化学品船舶和 600 载重吨以上单壳油船进入市内河水域，投资近 20 万元完成港口垃圾桶、洒水车、生活污水接收池等设施建设，4 家长江干线水路运输企业船舶生活污水和油污水处理装置安装率 100%，全年接收转运处置船舶生活垃圾、生活污水、含油污水，有效阻止长江流动污染源。

安全应急管理。深入开展道路运输安全、公路安全、水上交通安全、交通在建工程安全生产专项治理。全年完成 37 家水路、道路运输企业安全执法检查，其中水路安全检查 725 人次，发现安全隐患 15 起，现场整改 6 起，限期整改复查销号 9 起；完成道

路执法检查 843 人次，发现安全隐患 20 起，现场整改 2 起，限期整改复查销号 18 起。全市交通运输行业未发生一般以上交通安全生产责任事故，交通运输安全生产形势持续稳定向好。疫情期间，石首市交通运输局与公安、卫健、乡镇等部门密切配合，采取 24 小时轮班值守模式，坚决阻断疫情传播，有效保证应急物资、疫情防控物资、生产生活物资和重点人员运输畅通有序。

交通改革举措。石首市交通运输局推进国有企业改革，反复征求职工意见，开展多轮沟通协调，企业改革工作取得初步成果。港口装卸公司改制方案基本确定，人员安置方案在职代会通过，资产评估和划转工作稳步推进。汽运公司改革完成人员清理及身份核定；完成企业改革专项审计；完成企业土地、房屋不动产权登记核实和在营车辆股权核资，完成汽运公司加油站资产评估和租金评估；召开职工代表大会，盘活处置企业国有资产。

(段利飞)

【监利市】 至 2022 年底，全市公路总里程 5065.04 公里，公路密度 151.88 公里/百平方公里，其中高速公路 147.16 公里、一级公路 103.15 公里、二级公路 417.72 公里、三级公路 108.50 公里、四级公路 4288.51 公里。内河航道通航里程 426 公里（界河按二分之一算），有港口 2 个，生产性码头 9 处，泊位 17 个，渡口 47 个。有客运站 15 个，其中一级客运站 1 个、三级客运站 1 个、四级及以下客运站 13 个。

基础设施建设。全年完成交通固定资产投资 15.38 亿元，比上年增长 76.9%。完成国道一级公路建设 22 公里、省道二级公路建设 14.21 公里、县乡公路改造 46.1 公里、农村公路提档升级 191.6 公里，完成新建通村公路 54.8 公里、新建农村公路桥梁 16 座 560 延米，完成"三年消危"项目危桥改造 142 座、民生实事项目改造危桥 30 座。程集镇获评 2021 年度全省"四好农村路"示范乡镇。完成港口建设 2100 万元，年货物运转能力约 470 万吨。监华高速公路纳入湖北省

"十四五"综合交通规划，武监高速公路柘木互通、351 国道红城至姚集段完成工可批复，66 个交通重点项目完成"三区三线"的划定调整，容城新港新洲码头二期工程、白螺物流港二期码头新建工程前期工作稳步推进。

运输服务保障。全年公路完成客运量 432.6 万人次、旅客周转量 2.60 亿人公里，完成货运量 447 万吨、货物周转量 7.60 万吨公里。水路完成客运量 58.4 万人次、旅客周转量 87.6 万人公里，完成货运量 3.9 万吨、货物周转量 140.4 万吨公里。全市有客车 489 辆，货车 1542 辆、21500 吨位；水运企业船舶 80 艘、载重吨 194861 吨，个体船舶 1 艘、载重吨 780 吨。春运 40 天，全市道路客运投入运力 583 辆，安全运送旅客 94.2 万人次；水上客运安全运送旅客 14.67 万人次、车辆 8383 辆。公路部门处置路面坑槽 1769 平方米，新增警示标牌 98 块，增加公路隔离带 2346 米。

运输市场整治。狠抓道路运输市场专项治理，全面规范道路运输市场秩序，加大非法营运、拒载、一口价等各类违规行为整治力度，开展联合执法 26 次，查处"商务车"等非法营运车辆 93 辆，违规经营行为 141 起（其中客运班车 78 起、巡游出租汽车 63 起），非法改装货运车辆 33 辆。通过专项整治行动，违法、违规车辆扰乱正常客运秩序行为得到遏制。

超限超载治理。以施家、白螺公路超限检测站为依托，联合开展以治理货车非法改装、超限超载为重点的专项行动，在各重点路段设立联合执法点，以日间超限站定点检测、夜间执法队伍流动检测的方式，开展流动联合执法行动 34 次，查处违法超限车辆 173 辆、卸载货物 2923.56 吨，查处非法改装车辆 9 辆。

安全生产。开展安全生产大督查、"安全生产月"活动。水路执法大队组建 8 个专班，对辖区重点水域、重点渡口、港口危险化学品企业和水运企业开展全方位安全检查；公路发展中心对列养公路进行全面路检路查，特别是对危险路段、桥梁进行全面检查；

道路执法大队对全市所有客运企业、客运站场开展安全管理大检查；物流发展中心对物流寄递企业开展安全生产、常态化疫情防控综合检查。加强安全隐患整改，联合公安、应急、城管、发展改革、消防大队、沿线各乡镇及潜江华润燃气有限公司等单位，351国道重大道路交通安全隐患、269省道涉天然气管道重大安全隐患整改完成并予以销号。全年开展各类安全检查70余次，排查整改一般安全隐患160个。

（陈琪）

【洪湖市】 至2022年底，全市公路总里程3722.8公里，公路密度148公里/百平方公里，其中高速公路162.8公里、一级公路134.4公里、二级公路301.2公里、三级公路68.9公里、四级公路3046.6公里、等外路8.9公里；按行政等级分为国道44.2公里、省道275.8公里、县道317.1公里、乡道1314.3公里、村道1608.6公里。内河航道通航里程673公里，有港区2个（其中长江1个、洪湖湖区1个）、生产性码头泊位2个、渡口54个（其中长江12个）。有客运站4个，其中一级客运站1个、四级客运站3个。

基础设施建设。全年完成交通固定资产投资17.6亿元。5月1日，监利至江陵高速公路东延段（江北东高速公路）竣工通车；武松高速公路洪湖段征地拆迁、便道施工等工作全面展开，"四路两桥"高速公路主骨架基本形成。全面提升干线公路通行能力，硬联通项目103省道新滩至汉阳沟8公里改建工程开工建设，在进行路基处治；351国道新堤至螺山段21.35公里改建工程前期工作全面完成；实施6处省道大修工程共15.13公里。持续优化农村公路路网结构，新建通村公路30公里，通村公路提档升级37公里，改造县乡公路10公里，公路桥梁"三年消危"改造工程累计完成148座。稳步推进交通枢纽设施建设，城乡公交一体化基础设施建设项目前期工作全面完成，在进行招投标中。临港物流园确定选址并作为2023年政府专项债项目实施，在开展前期工作；

内荆河航道一期工程洪湖段6.2公里疏浚项目工程可行性研究报告获批复；新堤港区散货码头后方陆域建成，在开展前方码头前期工作。

"四好农村路"建设。坚持高标准建设、严要求管理、专业化养护、为民化运营，全市农村公路基础设施明显改善，形成纵横交错、路路互通的路网格局，初步实现建好、管好、护好、运营好"四好农村路"创建目标。2022年，戴家场镇申报创建"四好农村路"示范乡镇。加快"美丽农村路"创建，全市完成49条线路146.88公里"美丽农村路"建设，投入资金734.4万元。其中，戴家场镇、螺山镇、万全镇等13个乡镇打造31条线路79.31公里，投入资金396.55万元；市农村公路养建中心打造燕宦线、环洪湖线、新曹线等6条县乡道55.54公里，投入资金277.7万元。

公路养护。全市普通公路养护里程560公里，其中省道336公里、县道224公里。在传统管养基础上，把政府投资创建的320公里"畅安舒美路"的管养，以项目招投标形式纳入市场化养护管理内容。规范综合服务区管养，在7个服务区各确定1~2人负责专职管养，实施专项考核。组建预防性养护专班，针对不同季节病害特点，按照"准确预判、及时处置"原则，常态化开展预防性养护，有效降低境内公路全生命周期成本。全力推进桥梁管养信息化建设，启动公路

桥梁信息化建养平台技术到国省道管养桥梁的运用，提升桥梁管理水平；坚持桥梁日常巡视检查制度，做到管养公路桥梁排查不留死角，特别是重点桥梁和存在安全隐患桥梁检查，做到桥梁状况及问题现场登记造册，病害发现和处置及时拍摄存档，桥梁档案卡规范完善。

运输服务保障。全年公路完成客运量143万人次、旅客周转量7011万人公里，比上年分别下降11.7%、23.4%；水路完成客运量33374万人次、旅客周转量45.97万人公里，比上年分别下降58.01%、64.45%；港口货物吞吐量169万吨，比上年增长16.55%。全市有道路客运企业10家、货运物流企业30家、二类维修企业28家、水路旅游客运公司4家、长江汽车渡口2个（停渡1个）、长江客运渡口12个、船厂1家。拥有营运客车341辆、货车394辆4604吨，旅游客运船舶89艘。

行业监管。重点整治驾驶培训行业私设培训点及民牌车非法参与培训、客运班线抢客拉客、出租汽车违规经营、"黑车"参与营运等违规违法现象，查处违法违规非法营运车辆65辆、客车9辆、货车9辆，查处不打表、拒载、服务质量差等违规出租汽车50辆次，处理诉求案件325起。结合长江大保护、非法码头整治、打击非法采砂等工作，与长江海事部门联合开展"清江行动"，检查港口企业

2022年6月17日，洪湖市瞿高连接线道路养护中

4家、水路旅游客运公司4家，检查运输船舶71艘、渡口42处、渡船43艘，查处违法运输行为3起。与公安交警、治安等部门联合开展"打非治违"行动；与公安交警部门路警联动常态化开展"治超零点行动"，查处超限超载车辆194辆次、卸货2080吨；查处涉路案件28起，拆除违章建筑122处；办理护路林砍伐许可3起；清理堆积物230处、占道经营22处、制止打场晒粮15起。

行政审批。通过开展"一事联办——我要开物流公司"等改革工作，以点带面，全面规范行政审批事项，不断优化发展环境。市行政服务中心交通运输窗口受理各项业务4190件，主要包括行政许可类57件、行政确认类3261件(包含诚信考核)、其他类872件。做好从业资格证继续教育工作，培训考核人员545人次。

信息化平台建设。投资125万元，引进并搭建洪湖市公路桥梁改造工程信息化建养平台，通过地理信息系统(GIS)+地图综合展示界面的呈现方式展示"三年消危"洪湖市公路桥梁信息，可查看施工记录及情况(BIM模型上可呈现构件信息、定期检查信息、监测预警信息，桥梁BIM模型上可体现病害、传感器信息等)。洪湖市公路管理局在智慧梁场建设系统基础上，创新应用现代信息技术，建立1套基于BIM+GIS技术的公路桥梁智慧管养平台，并在大同湖桥、下新河大桥、新堤排水河桥、新堤四桥、红三大桥安装监测系统。管养平台根据桥梁不同特点和技术指标要求，布设相应基础数据监测感应设备，通过数据采集系统自动采集桥梁各个状态参数，预处理后以通信网络传送到云平台控制中心，在控制中心存储、分析、处理和展示监测数据，为桥梁提供健康状况评估、损伤分析、剩余寿命评估、运行安全预警、交通控制和维修决策等结论。

安全应急管理。水陆交通安全态势平稳，全年未发生一例安全责任事故。采取加大日常巡查频率、定期开展安全大检查、常态化开展培训和应急演练活动等方式，督促企业履行安全生产主体责任，确保企业各项生产活动均按行业规范和要求进行。214省道白庙至峰口段省级挂牌隐患、省道与乡村公路平交路口本级挂牌隐患全部整改销号。持续加大应急储备力度，应急物资储备充足，应急设备完善，应急处置队伍充分。

(张俊)

荆门市交通运输

【概况】　至2022年底，全市公路通车里程16297.34公里，公路密度128.89公里/百平方公里，其中一级公路602.43公里、二级公路1472.40公里、三级公路717.95公里、四级公路13266.85公里、等外公路237.71公里，等级公路比重达98.54%；按行政等级分为国道657.89公里、省道970.98公里、县道1929.10公里、乡道5005.59公里、专用公路26.22公里、村道7707.56公里。全市通车里程中有铺装路面(高级)里程14620.35公里，其中水泥混凝土路面12104.83公里、沥青混凝土路面2515.52公里。简易铺装路面(次高级)里程702.55公里，未铺装路面(中级、低级、无路面)里程974.44公里。全市有公路桥梁1425座55622.74延米，其中特大桥4座9114.2延米、大桥63座11433.21延米、中桥280座14699.74延米、小桥1078座20375.59延米；危桥33座1027.4延米；隧道2道5279延米。全市有通航水域12处、航道27条，通航里程458公里，其中1000吨级以上航道147公里(含江汉运河33.5公里)，汉江与江汉运河形成"一纵一横"水运主通道，拥有港口6个、生产性码头泊位20个、渡口44个。有客运站37个，其中一级客运站1个、二级客运站6个、三级客运站1个、四级客运站10个、五级客运站19个。

基础设施建设。全年完成交通固定资产投资43.28亿元，比上年增长6.2%。其中公路建设投资37.16亿元、站场投资5.72亿元、港航建设投资4069万元。全市实施交通重点项目建设46个，348国道沙洋汉江公路二桥建成通车，"硬联通"项目荆高线、麻苏线交工验收，347国道京山段、327国道京山段完工，钟祥丰乐汉江公路大桥主骨架合龙，荆门城区三环线平交道口改造工程、荆门国际内陆港、311省道等重点项目有序推进。钟祥

2022年12月，348国道沙洋汉江公路二桥建成通车

碾盘山枢纽通航安全配套设施工程建成运行，钟祥市汉江航道应急维护中心一期完工，持续开展汉江钟祥段航道应急抢通疏浚工程，钟祥市涮河航道整治工程、钟祥港涮河港区综合码头工程有序推进。

"四好农村路"建设。全市完成乡村路网连通、延伸公路建设655公里、窄路加宽工程615公里。全域开展"四好农村路"示范创建，"路长制"全面推广，掇刀区获评全省"四好农村路"示范县；钟祥双河镇，屈家岭管理区易家岭办事处2个乡镇(办事处)获评全省"四好农村路"示范乡镇。

道路运输。全年公路完成客运量650万人次，比上年增长12.07%，完成旅客周转量4.27亿人公里，比上年下降1.12%；完成货运量8796万吨、货物周转量112.95亿吨公里，比上年分别增长34.15%、66.02%。全市拥有道路客运企业54家，客运业户116家，客运车辆1576辆；道路旅游客运企业10家，客运车辆141辆。有客运班线735条，其中省际班线25条、市际班线168条、县际班线121条、县内班线421条，800公里以上线路13条。新购置纯电新能源出租汽车57辆，市中心城区纯电新能源出租汽车达到81辆。全市购置新能源公交车140辆。督查运输企业及时淘汰国三及以下排放标准汽车，至2022年底，注销6712个柴油货车、老旧柴油货车和燃气车辆营运资格，柴油货

车、老旧柴油货车和燃气车辆报废69辆。农村客运线路304条、客车652辆，1308个行政村通车，农村客车通村率100%。全市有驾驶培训机构37家，其中一级驾驶培训机构1家、二级驾驶培训机构11家、三级驾驶培训机构25家；驾驶培训机构注册教学车辆1282辆、教练员1355人，驾驶培训行业年培训能力11万人。全市持证道路运输从业人员53690人，持证巡游出租汽车驾驶员14560人、网约车驾驶员1210人。全市有一、二类机动车维修企业235家，其中一类维修企业30家、二类维修企业205家；机动车综合性能检测机构27家。

水路运输。全年完成港口吞吐量115.22万吨，比上年增长30.35%，完成货物周转量4.41亿吨公里，集装箱运量4517标箱，完成客运量2.76万人次。完成船舶建造检验20艘次，营运检验212艘次，审查船舶图纸6套。汉江航道设岸水标16.3万座天，设标密度2.4座/公里，标位准确率100%，标位正常率99%以上，航标艇性能完好率95%以上，航道发光率100%。

公路管养。全市有县级公路养护单位5个，养护公路管理站及道班61个。全年完成公路大修工程64.16公里。涮河大桥危桥改造顺利进行，完成桩基施工76根、墩柱28个、承台10个；原马湾大桥爆破拆除，新马湾大桥建成通车。公路养护站工程中，长寿公路站完成主体工程建设，汉林

寺公路站建成并交付使用。推广新材料运用，开展磷石膏综合利用工作。市公路建设养护中心启动磷石膏用于公路路面基层推进工作，并在钟祥市340省道新曙线大修工程中成功实施15%掺量磷石膏复合碎石基层铺筑，实现全市公路磷石膏应用工作零的突破。

桥梁智能化管养。完成桥梁智能化管养系统试点建设。结合荆门市桥梁实际情况，分别在钟祥市张集大桥、掇刀区麻城中桥、京山市京山河大桥试点建立符合前沿技术发展水平的桥梁信息及健康监控系统。实现桥梁结构有限元分析计算、新建桥梁结构监测感知网和桥梁车辆荷载监测感知网，后期将推行全市桥梁智能巡检养护系统开发。提高公路桥梁日常维护管理工作质量和效率，节约管理成本，整体提升维护管理水平。

路政管理。开展"路政宣传月""法律走进驾乘人员、沿线居民"等活动。通过出动宣传车、走村入户宣传、张贴联合治超通告、悬挂宣传标语、制作源头治超公示牌、发放宣传单等形式，宣传公路法律法规。启动超限超载治理工作，开展治超"零点行动"360次，查处超限运输车辆3688辆、卸货78490.95吨。

船舶港口污染防治。5月底前完成所有涉及船舶防止生活污水污染水域的处理装置或储存设施设备改造。全市89艘产生生活污水的船舶均安装处理装置或储存设施设备，并按照相关规定正常使用。加强辖区新建船舶管理，从源头抓好，严格按照要求配备防污染设施设备和安装受电设施才予以检验发证。推进船舶受电设施建设改造，全市新建船舶20艘，全部规范安装船舶受电设施，3艘船舶按计划提前完成受电设施改造。推广使用清洁能源船舶，湖北省鄂旅投漳河旅游发展有限公司投资建造2艘新能源船舶，11月正式投入营运。

安全应急管理。加强公路安全源头管控和风险隐患排查治理，全年公路建养部门投入资金3200余万元，维修干线公路安全防护工程357.5公里，整治隐患219处。加快推进公路桥梁

2022年，荆门市全域推进"四好农村路"建设和示范创建

"三年消危"行动，第一批 171 座危桥全部改造完工。督促项目建设施工单位严格落实施工安全风险评估，加大安全投入，加强施工现场管理和安全防护，加强人员配备和安全培训措施的落实，排查整改安全隐患 170 余处，确保全市公路水路在建项目安全平稳可控。严把道路运输经营市场、营运车辆技术状况和从业人员管理"三关"，深入开展道路客货运输市场、道路危货运输专项整治、"打非治违"等专项行动，指导督促运输企业严格落实主体责任。加大汉江航道、漳河等重点水域交通安全监管和巡查检查力度，持续推进河道非法采砂整治、"三无"船舶清理、完善乡镇渡口渡船安全管理责任制管理，维护水上交通安全秩序。清理拆除"三无"船舶 5 艘、船舶非法加装设备 2 套，查处非法采(运)砂案 12 起。加强船舶碰撞桥梁风险隐患排查治理，排查隐患 34 处，整改 30 处，其余 4 处均落实资金来源并积极推进整改。

文明创建。精神文明创建。围绕"创建文明典范城市"，加强从业人员文明培训，组织开展文明讲堂、行业规范、文明礼仪等培训教育 40 多场次，充分发挥公交站台和出租汽车阵地作用加大文明宣传，营造浓厚创建氛围。深化"日行一善、载德前行"文明品牌创建，刊发"日行一善"专刊 213 期，"雷锋车队""爱心助考""结对助残"等文明交通品牌获社会赞誉，荆门市交通运输系统全部成功创建市级文明单位，荆门市交通运输局蝉联"全国交通运输行业文明单位"称号，荆门市交通运输执法支队继续保留"全国交通运输行业文明示范窗口"称号。

（赵津津　钟佩雯）

【京山市】　至 2022 年底，全市公路通车总里程 5369.08 公里，公路密度 152.5 公里/百平方公里，其中高速公路 118.61 公里、一级公路 88.32 公里、二级公路 439.01 公里、三级公路 143.73 公里、四级公路 4376.72 公里、等外公路 202.69 公里；按行政等级分为(不含高速公路)国道 149.73 公里、省道 342 公里、县道 382.13 公里、乡道 1282.09 公里、村道 3094.52 公里。有客运站 13 个，其中二级客运站 1 个、四级客运站 5 个、五级客运站 7 个。

基础设施建设。347 国道京山段、北环线等在建项目积极推进，347 国道主体工程基本完工、北环线基本贯通，327 省道主体工程完工，六随线项目完工，农村公路旅游大环线石板至天王段全线下封完成，天王至高枧段路基贯通，七宝山至空山洞段主体工程完工，环惠亭湖旅游环线冯家岭至水峡口段主体完工。推广农村公路"路长制"，落实农村公路养护地方配套资金 1349 万元，设置公益性护路员岗位 398 个。

公路管养。开展常态化养护巡查，整修路肩 209 公里，清水沟 272 公里，灌缝 233 公里，清障 4772 立方米，维修钢护栏 12 公里，栽警示桩 2803 个，桥涵养护 219 座，栽爆闪灯 26 个；同时加强应急物资储备和队伍建设，强化积雪、冰冻严重路段交通疏导，国省干线应急抢险作业投入巡查车辆 28 辆次、人员 175 人次，巡查 494.596 公里，确保恶劣天气路面通行安全。与交警联合开展超限超载治理专项行动，

检测超载车辆 50 辆次、卸货 1569.09 吨；处理损坏公路路产、设施等行为 10 次，清除堆物占道 17 次 69 平方米，累计开展"零点行动"21 次。

运输结构。积极探索综合立体交通运输改革，依托长荆铁路，与武汉铁路局联合在全省率先实施矿石产品集装箱"公铁联运"。全面完成交通行政审批改革，移交行政审批项目 32 项，认领行政服务事项 101 项，实现"一网通办"和网上审批，"互联网+监管""双随机、一公开"广泛应用。引导和鼓励农村客运采购"绿色"车辆，逐步完善城乡公交一体化与绿色出行。积极引入运输新业态，探索新的运输方式，推广网络客运和道路网络平台货运，支持网约车、甩挂运输等新模式，发展定制班车、旅游包车等新业态。

农村物流。打造金瑞物流中心为全国农村物流县级示范基地，"村掌柜""溪鸟"等农村电商物流网络覆盖全市镇村，基本打通农村物流"最后一公里"。29 家规模物流企业全部退城入园，以金瑞物流园为中心，开通物流专线 7 条，辐射 14 个镇区、街道的城乡物流配送体系日益完善，累计为 29 家物流企业减免租金 58 万元。

2022 年 8 月，327 省道京山段改建工程全线竣工。图为京山市绿林镇段

实施乡镇交管站"一站多用"提升改造，曹武镇、石龙镇、孙桥镇、永漋镇交通综合服务中心投入使用，三阳镇、罗店镇建设顺利推进。

道路安全。全市开展综合交通道路运输安全检查13次，其中联合检查3次，排查道路运输安全隐患116处，整改完成112处；国省干线平交路口隐患71处，整改完成70处；荆门市挂牌督办重大隐患2处，全部完成整改。完成道路运输企业安全生产标准化考评达标企业6家，约谈客运企业负责人3次，交通运输行业安全生产形势总体平稳。

（张红平）

【沙洋县】 至2002年底，全县公路总里程2806.58公里，公路密度137公里/百平方公里，其中一级公路153.48公里、二级公路243.30公里、三级公路66.89公里、四级公路2342.91公里；按行政等级分为国道111.78公里、省道216.33公里、县道387.21公里、乡道881.25公里、村道1210.01公里。内河航道通航里程94公里，有港口1个、生产性码头泊位6个、渡口10个。有客运站6个，其中二级客运站1个、三级客运站1个、四级客运站3个、五级客运站1个。

基础设施建设。全年完成交通固定资产投资9.1亿元。启动武荆宜高速公路沙洋段、266省道关庙至沙洋城区、荆荆高铁沙洋西站至207国道连接线、223省道蛟尾至荆州等5个"补短板强功能"项目前期工作，完成工程可行性报告批复5个、初步设计批复4个。9个重点项目高效推进，348国道汉江公路二桥建成通车，311省道沙洋至后港段基本建成、后港至十里段路基加快贯通，浩吉铁路沙洋站至342省道集疏运道路、223省道蛟尾至荆州段改建工程、鲁店经蝴蝶至荆州硬联通项目快速推进。

农村公路建设。加快农村公路提档升级和通村入户路建设，重点实施"畅通、延伸、提升、创建"四项工程，全年建成县乡产业路14.76公里、农村公路提档升级80公里、乡村路网连通32.9公里。推动县镇村三级联动养护，全年修复农村公路破损路面4万余平方米，完成路面刷黑维修32公里。新建农村客运候车亭10个，投入城乡公交59辆、农村客车37辆，方便百姓"出家门、上车门、进城门"。发挥公交班线客运资源，促进客货邮融合发展，打通农村快递进村"最后一公里"。

综合运输。全年公路完成货运量435.8万吨、货物周转量8362.42万吨公里，比上年分别增长2.9%、2%；完成客运量169.38万人次，比上年下降2%；城市公交周转量344万人次，比上年增长8.5%；出租汽车旅客周转量521万人次，比上年下降20.9%。合理调配运力，圆满完成春节、"五一"、国庆以及油菜花节、中高考等重要节日和重要活动运输保障服务。加强驾驶培训维修监管，完成驾驶员从业资格继续再教育签章、换证和线下档案归档工作，诚信考核1256人次，换证733人次；实施质量信誉考核，清退华康驾校培训资格。清理整顿维修企业，下达整改通知书3份，督促安装电子健康档案系统2家，处理维修纠纷投诉访2起。加大水路运输船舶营运资质审查，核查率100%。

公路管养。全年完成234国道大修工程10公里。修补路面坑槽1.2万余平方米、修整路肩6.2万米、清理边沟1100米、沥青路面灌缝3.5万米，整改隐患60处。维修沿线交通设施标志，维修安装钢护栏2912米，安装防撞桶36个，更换爆闪灯25个，安装警示灯16个、警示牌8个。完成汉宜公路鲍河大桥改造重建，实施348国道小官桥桥梁预防性养护作业。打好"路政+养护"组合拳，公路路域环境不断优化，以五洋公路为重点，实施精细管护，完成五洋公路文旅路创建，成为沙洋又一条网红打卡路。深入推进农村公路"路长制"落实，指导各镇做好日常管护。针对路况病害情况，开展破损路面维修和大中修工程，修复李市镇、纪山镇、曾集镇等乡村道破损路面4万余平方米，完成马良镇、官垱镇、毛李镇等乡镇32公里农村公路路面刷黑维修。完成农村公路危桥改造25座。沙洋县交通运输局获评全省公路养护十佳单位。

行业监管。常态化开展打非治违，查处纠正道路水路运输违法违规经营138起。建立联合执法机制，加大普通公路超限超载治理力度，全年查处超限车辆492辆，卸（转）货物2.73万吨，处罚非法改装车辆37辆。加强航道设施管护，汉江航道沙洋段日均设标226座，灯光保证率100%，航标养护正常率99.71%。加大巡航检查，对汉江新河口航段进行应急航浚拓宽，保障航行船舶安全通行，航道养护在全省内河航道养护管理评比考核排名

2022年10月，348国道沙洋汉江公路二桥建设完工

第三。

交通环保。加强扬尘污染治理，采取"人工＋机械"养护模式，每天对234国道、348国道、311省道、266省道城区接合部路面进行洒水清扫。加强汽车维修行业废弃油污治理，65家维修企业签订废矿物油回收合同，联合环保部门整改维修行业挥发性污染问题5起。全年报废更新出租汽车56辆。加强水污染治理，船舶港口防治项目趸船启动建设，建成2套船舶岸电设施系统，6艘船舶完成岸电接受。深化港口和船舶污染物联合监管，落实"船E行"系统全覆盖，全面实施污染物接收、转运、处置闭环管理。

安全应急管理。开展安全生产专项整治、道路安全"百日会战"、行业"扫黑除恶""反恐反暴"行动，整治普通公路问题隐患60处，整改行业安全隐患87起，实现综合交通"一无两降"安全目标。指导58家快递企业开展寄递物流安全专项自查，开展行业安全检查15次，场所、车辆每天消杀、员工常态化开展核酸检测，寄递物流生产安全平稳。开展水上安全巡查，发送预警信息220余条，马良襄河、保堤和李市蔡咀等乡镇渡口安全率100%。完成沙洋汉江大桥通航标志标识、净空尺度、抗撞性能自查评估，落实资金，完成桥梁设置防撞设施前期设计和施工建设招标挂网工作。组织开展水路道路运输安全应急演练2次，有效提升交通运输安全应急救援能力。

（王寒月）

【**钟祥市**】　至2022年底，全市公路里程6406.51公里，公路密度143公里/百平方公里，其中高速公路157.7公里、一级公路131.84公里、二级公路458.39公里、三级公路281公里、四级公路5344.73公里、等外公路32.85公里。内河航道通航里程144公里，有港口1个、生产性码头泊位14个、渡口29个。有客运站5个，其中二级客运站2个、四级客运站3个。

基础设施建设。全年完成交通固定资产投资12.05亿元。234国道完成全部路基和桥梁工程；482省道丰北线完成除基本农田外全部路基、丰乐至杨集8公里路面施工；327省道坪客线启动桥梁施工；331省道双河至文集段改扩建项目、祥龙大道城区段启动建设。马湾大桥建成通车，丰乐汉江公路大桥具备通车条件，涮河大桥完成水工部分、主桥墩施工，连线部分完成路面清表和部分路基施工；完成公路桥梁"三年消危"任务93座桥梁重建、维修。省政府同意《钟祥港总体规划局部调整》；涮河航道整治工程项目前期工作启动。推进凯龙八达物流项目二期建设，打造公铁水联运体系。农村客运站亭达标项目顺利完成，完成综合运输服务站4个、候车亭108个，并通过省级验收。完成新建农村公路150公里、产业路45公里，农村公路提档升级320公里。双河镇获评2021年度全省"四好农村路"示范乡镇。

运输服务保障。全市规上道路货运企业完成货运量56.53万吨、货物周转量3.76亿吨公里；完成港口吞吐量124.97万吨、港口集装箱货运量3816标箱。

公路养护。完成钟祥市266省道文沙线路面大修7.18公里，新曙线、客潜线、钟铁线、南德线4条线路大中修27.66公里。完成水毁项目赵泉河村段挖补坑槽14.78公里，铺筑沥青面层1567米，漫水桥修复2座等。完成汪高线、敖中线、曾巷线等22条道路大中小修82379平方米。做好公路日常养护、施工污染管控，定段定责定时定量做好公路清扫抑尘、清沟除杂、洒水保洁等工作；严格控制工地现场扬尘、噪声污染，材料运输做到全覆盖，杜绝车辆带泥上路。

行业监管。开展客运市场专项整治，加大城区出租汽车、客运车辆检查力度，有效打击客运市场乱停乱靠、等客抢客、出租汽车不打表计费、拼客等违法违规行为。客运车辆警告教育放行250辆次，整治扣证29辆次；出租汽车警告教育放行125辆次，暂扣停业整顿5辆次，停业整顿处罚17辆次。持续打好长江大保护三大专项战役，积极配合南湖3家船厂证件办理，以最严标准保护汉江水资源；完善南湖砂石集并中心手续，推动码头合法化；持续推进港口船舶污染物接收转运，新建垃圾回收趸船，保障"绿舟一号"垃圾回收船正常运转。强化港口企业防污染工作，对全市18个港口排污口开展巡回检查。

科技与信息化。利用船舶生活污水排放监控系统，对生活污水收集进行常态化监管。交通、环保、住建、城管等部门通过"船E行"监管平台，对港口码头、运行船舶污染物的接收、转运、处置进行实时监管。提高科技监管力度，加快推进二桥不停车

钟祥市石牌镇彭墩村皮革公路获评全省"十大最美农村路"

预检系统建设，建立公安、交通路政超限超载治理工作数据共享和互认机制，发挥钟祥大桥、二桥不停车预检系统监管作用，实现非现场执法。健全"双随机、一公开"监管机制，完善"一单两库"数据，推进"互联网＋监管"，与国家系统对接联通，归集共享各类监管数据。

交通综合执法。在钟祥大桥、长寿公路服务区、234国道洋梓段、高速连接线、347国道边台村段以及胡集、双河、磷矿3个乡镇等主要区域，加大超限超载运输车辆治理力度，严防交通道路安全隐患；对宏源公司、紫岗矿业等重点货运车辆出入口实行24小时监管，严防超限超载货物运输车辆上路；在市龙北线路口、347国道与九五线交接处等城乡接合部开展流动巡查监管。查处超限超载运输车辆241辆、卸货2559.08吨，责令非法改型车辆恢复原状8辆。加大辖区路域巡查力度，对公路各类侵占、路障等行为进行查处，及时消除安全隐患，确保全市国省干线公路安全畅通。清除堆场、打场晒粮等公路堆物占道45处1210平方米，查处公路路损案件23起。

安全应急管理。开展安全生产专项整治，通过"三年行动""百日双扫""隐患大排查、大整治""安全生产专题会落实"等整治活动，开展隐患排查，对建立的隐患清单实行隐患整改倒排整改时限、督办检查、约谈提醒等措施，确保隐患及时整改完成。清理拆除渡船2艘、运输船舶1艘、浮式起重机1艘、采砂船舶1艘，消除水上交通安全不稳定因素。加强交通运输企业安全规范管理，对"四客一危一货一农"重点车辆，强化属地管理和部门监管责任的落实。坚持渡口安全专项检查，维护渡运秩序，严查车、客渡船超载航行等行为，确保渡运安全。开展交通运输系统安全教育培训，组织渡口船员、航运企业、港口企业及在港船员开展水上交通安全生产培训，加强从业人员水上安全知识教育，提高安全生产意识。在石牌港组织开展水上安全应急综合演练，

不断提高水上搜救能力。

（李凤琴　宋昌进）

【东宝区】　至2022年底，东宝区公路总里程2125.16公里，公路密度164公里/百平方公里，其中一级公路98.12公里、二级公路258.21公里、三级公路107.56公里、四级公路1659.13公里、等外公路2.14公里；按行政等级分为国道117.21公里、省道81.27公里、县道335.18公里、乡道685.89公里、村道905.61公里。有渡口3个（客渡）。

基础设施建设。全年完成交通固定资产投资3.02亿元。完成襄荆古道改扩建工程36.3公里、438省道仙居至刘猴二级公路改扩建工程6.1公里。完成347国道荆门市长岗互通至院子河段改线工程、482省道西延双河镇曾集至仙居公路改建工程可行性研究报告编制；完成438省道南延线（东宝区207国道火焰冲至圣境山滑翔基地）新建工程项目前期工作。加快实施公路桥梁"三年消危"行动，25座拆除重建、11座维修加固桥梁全部开工建设，拆除重建桥梁建成通车21座、维修加固桥梁建成通车6座。

"四好农村路"建设。2022年农村公路第一批建设计划133.08公里。截至12月底，全区农村公路建设投资1.31亿元，完成农村公路新改建工程180.53公里，其中县乡道建设15.2公里、乡村路网连通建设114.93公里、提档升级建设50.4公里，超额完成建设计划任务。争取上级部门养护资金801万元，协调本级财政落实配套资金675万元，完成农村公路破损路面维修2.1万平方米。

现代物流发展。弘业现代物流产业园二期项目完成建设并进入试运营，三期项目1号仓库完成主体工程和内部装修工作；荆门传化公路港吸引入驻物流及相关商户133家，带动就业人数近1000人。汇通家居物流园项目二期为园区家具企业、板材企业进行专业的运输、仓储、配送一体化服务，有效缩短企业交货周期、降低物流成本。

公路管养。干线公路提质达标，

投资2097.24万元，完成东宝区347国道仙女山至安团集镇段路面养护、347国道南德线东宝牌楼城山路段大气污染防治病害中修工程、019县道南栗线南桥小学至罗集路段病害处治工程、东宝区国省干线公路灾毁应急抢险工程、331省道安全示范带钟铁线石桥驿镇至仙居乡道路安全隐患整治工程、东宝区"城北交通安全示范带"国省干线及支路安全隐患整治工程、东宝区347国道岩子河桥预防性养护工程、207国道东宝段安全设施提升工程。完成74名交通公益性岗位人员安置工作，完成650.62公里农村公路日常养护工作，完成12条106.273公里"美丽农村路"创建申报工作任务，完成农村公路桥梁改造21座。完成辖区自然灾害综合风险普查、2022年度公路统计年报、电子地图、桥梁库数据会审汇编工作。

运输服务保障。进一步完善东宝工业园区公交服务网络，提升公交服务水平，开展走访调查、征求企业职工及外来办事人员对公交服务意见。制定《东宝区公交线路优化方案》，10月27日向区政府请示新增工业园区至长宁新城、御湖半岛、碧桂园公交线路，实现与88路公交车接驳。服务好交通运输企业，做好"一套表"联网直报。

行业监管。联合市道路运输管理局稽查大队，集中整治辖区从事出租客运车辆、客运车辆乱停乱靠、非法营运车辆扰乱客运市场秩序等违法现象，暂扣非法营运车辆26辆，现场劝导30人次。治理。开展道路综合交通环境整治"零点行动"，查处超限超载车辆1542辆次，卸货12336吨，警告约谈企业6家，纳入失信惩戒系统3人。全面提高道路运输从业人员安全意识和安全素质，狠抓车辆动态视频监控管理，完善各项安全生产管理制度，举办维修、驾驶培训行业消防知识培训讲座与消防安全实践演练，提升从业人员消防安全意识、环保意识。完成从业人员诚信考核签章1878人，参加从业人员继续教育学习797人，换发从业人员资格证392本。

安全应急管理。开展交通运输行业安全生产隐患大排查大整治、落实企业安全生产主体责任专项整治三年行动、安全生产"百日双扫"等专项行动，全面开展行业安全隐患大起底，从根本上消除事故隐患。春运、两会、主要节日等重点时段和"安全生产月"进行专项检查，重点加强3个内河码头、6家驾校、60家机动车维修经营企业、6家客运企业、3737辆普通货物运输车辆、280辆危险化学品运输车辆隐患排查整改，全面消除不安全因素。坚持对道路安全隐患进行排查，整治突出道路安全隐患50处。春运期间安全生产综合检查20次，查出一般安全隐患1处，且整改到位。

（周婷　肖豆豆）

【掇刀区】 至2022年底，全区公路总里程1179.86公里，公路密度206.66公里/百平方公里，其中一级公路126.93公里、二级公路25.28公里、三级公路75.47公里、四级公路952.18公里；按行政等级分为国道65.17公里、省道4.10公里、县道158.75公里、乡道322.51公里、村道629.33公里。

基础设施建设。全年完成交通固定资产投资1.18亿元。投资163万元，完成348国道与中山路交叉路口改造工程。投资4041万元，完成"四好农村路"建设43.6公里，其中通组公路建设10.1公里、提档升级建设11公里、"硬联通"项目建设8.8公里、县乡道改建13.7公里；投资500万元，完成4座危桥改造。

运输服务保障。全区从事道路运输企业222家，其中危险化学品运输企业27家、普通货物道路运输企业193家、客运企业2家。货运车辆8582辆，其中普通货物道路运输车辆7351辆、危险化学品运输车辆1231辆；客运车辆49辆。全年新增车辆1298辆，转入772辆、转出417辆、注销122辆，农村客运车辆19辆，建设候车亭33个，招呼站77个，约租牌14个，通村客车覆盖率100%。机

动车维修企业120家，其中一类维修企业16家、二类维修企业72家、三类维修企业32家。有驾驶员培训机构7家，教练车248辆，教练员207人。

物流发展。全区规模物流企业11家，其中AAAA级物流企业7家。物流业初步形成以骨干大企业为龙头，中小型企业为主体，梯次发展，集群共进的格局，荆门国际内陆港一期完工，荆门保税物流中心（B型）正式封关运行。一批物流企业（园区）项目规模迅速壮大，带动货运枢纽及区域转运物流中心建设，在各物流产业带之间有效衔接物流通道，发挥各种运输方式组合效率和整体优势，按照"货运无缝衔接"原则，积极发展综合性物流园区。

公路管养。以"畅、安、舒、美"为目标，做好列养公路养护。加强国省干线养护巡查，及时处置路面、路基病害，清挖边沟、修整路肩杂草杂枝、边坡路肩砍杂扫林、中央绿化带施水、桥涵保养、清除障碍物和路面堆积杂物，更换防眩板，添置更换水沟盖板、公里碑、百米桩，确保公路安全畅通。将农村公路养护保洁纳入常态化管养模式，开展青何线、何代线、蒋赵线、鸦宁线、雷李线、麻郭线、荆蔡线、李集至三环线段等路域环境整治行动，整平清除路肩长杂枝杂草，新增百米桩、公里碑，清理冲洗客运候车点，桥梁整体刷漆翻新，路面小修坑槽、灌缝保养，处置沉陷坑槽路段平铺沥青等，确保道路运输安全畅通。

路政管理。与乡镇、村组联合开展超限超载治理，与重点村组签订《爱护公路公约》，巩固农村公路治超成果。开展"零点行动"，查处超限超载车辆15399辆、卸货25300余吨，督促车辆覆盖油布16辆。开展路域环境整治，处理公路路损案件7起，督促设置非公路标志牌、顶管穿越公路、开设平交道口等项目单位办理许可6件，整治清理打场晒粮7处，清理堆物占道8处，清理和拆除固定非路用标志牌5块、移动式非路用广告标志牌18块、清理摆摊设点瓜果摊贩16

处、快餐盒饭点5处，整治207国道在建公路因接口不平整存在的安全隐患2处，严控公路沿线重大工程施工中抛撒、滴漏、带水带泥上路污染公路行为，保障公路安全通畅。

安全应急管理。重点针对"两客一危"企业、交通工程建设领域开展拉网式隐患大排查、大清理、大整治专项行动，排查整改安全隐患161个，市级挂牌督办的2个安全隐患整改完成。完成全区危险化学品运输行业挂靠清理整治，清理危险化学品运输挂靠车辆69辆，约谈9家运输单位，下达整改文书12份。组织"新安法知多少"网络知识竞赛，开展消防安全知识培训和三环线管养安全生产培训等。制定完善各项应急预案，组建应急救援队伍，应急物资和机械设备储备充足。组织危险化学品运输侧翻泄漏事故应急演练、防汛应急拉练，提高应急救援处置能力。

全面推进"互联网+"工作。切实做好"互联网+政务服务"工作，在审批平台编制公开办事指南、审批流程、示范性文本、制式表格等相关信息，全部审批事项网上可受理，实现审批事项网上可办理率100%。积极推行"一网通办"，完成"一网通办"件2100件，"好差评"评价、按时办结、部门衔接等指标均名列前茅。配合区审改办领办监管事项111项126条，录入监管信息1653条。做好全区交通行政执法人员换证工作，66名执法人员完成执法证件办理。

（汪玲珑）

【漳河新区】 至2022年底，漳河新区公路总里程530.37公里，公路密度109.13公里/百平方公里，其中一级公路38.40公里、三级公路53.3公里、四级公路438.67公里；按行政等级分为国道18.5公里、县道105.776公里、乡道140.39公里、村道265.70公里。内河航道通航里程175.5公里，港区有漳河旅游码头1座、渡口3个。

基础设施建设。全年完成交通固定资产投资2.01亿元，比上年下降26.2%。普通公路建设投资2.01亿元，

2022 年 6 月 22 日，漳河水库首艘新能源纯电动船舶"亿纬 1 号"顺利下水

实施县乡公路改造，完成漳河环库公路清静庵至安团段 16 公里二级公路改造，新建通村通组公路 10 公里，实施乡村道路提档升级 20 公里，完成农村公路安全防护工程 100 公里，打造"美丽农村路"示范线 1 条。农村公路养护投资 270 万元，完成 400 公里乡、村公路小修保养和日常管护。

安全应急管理。重点排查临水、临崖、急弯、陡坡、危桥等危险路段，查出安全隐患路段 102 处，全部完成整改。漳河新区水路全年运送旅客 10 万人次。开展旅游船舶安全、港口疫情、防污染检查 24 次，其中疫情防控专项检查 10 次、安全及防污染检查 14 次。检查旅游客船 252 艘次、客渡船 28 艘次，查出安全隐患 14 处，全部完成整改。组织船员、安全员进行安全知识教育培训 2 次。开展船舶船员安全检查、疫情防控、安全生产专项整治三年行动、长江大保护、救生衣行动等专项行动 5 次。组织事故应急救援演练活动 2 次，实施辖区重要活动水域护航管控 25 次。开展在建工程施工现场质量安全专项检查 76 次，查出隐患问题 132 处，全部完成整改。投资 120 万元，对辖区内的 100 公里道路安全隐患路段完善安全防护设施建设，安装波形护栏 4612 米、警示标志牌 70 块、减速板 365 米、道口桩 80 个、爆闪灯 21 套。

（王路）

【屈家岭管理区】 至 2022 年底，屈家岭管理区公路总里程 574.38 公里，公路密度 258.6 公里 / 百平方公里，其中一级公路 8.87 公里、二级公路 54.27 公里、三级公路 13.18 公里、四级公路 498.06 公里。有二级客运站 1 个。

基础设施建设。全年完成交通固定资产投资 7364 万元，比上年增长 131%。完成产业路工业园西路南段一级公路（市政道路）0.8 公里，投资 1323 万元；县通乡三级公路刷黑工程 12.3 公里，投资 544 万元；乡村路网延伸、联通工程 39 公里，投资 3317 万元；投入 400 万元打造易家岭办事处"四好农村路"省级示范乡镇；完成 483 省道军屈线何集段中修工程 2.5 公里，总投资 180 万元。启动危桥改造 6 座、投资 1000 万元，白龙太子山防火通道工程 600 万元，交通路网持续迭代升级。建设港湾式候车棚 1 座。

"四好农村路"建设。围绕建好、管好、护好、运营好总目标，调整优化路网结构，加大资金投入，推进"四好农村路"建设。全年投入 400 万元，对易家岭办事处农村公路进行路面刷黑、路网改善、危桥改造、完善安全防护设施等。易家岭办事处获评 2021 年度全省"四好农村路"示范乡镇。

运输服务保障。春运期间，全区投入运力 26 辆，发班车 1122 辆次，加班车 11 辆次，运输旅客 4866 人次，公交投入运力 6 辆，运输旅客 6850 人次。农村客运班线 2 条、城市公交线路 5 条，其中班线客车运行开通行政村（队）及社区 28 个，公交运行开通行政村（队）及社区 6 个。全区 31 个建制村中，11 个村通农村客运、10 个村通公交、10 个村设置招呼站进行预约，在行政服务大厅建设港湾式候车棚 1 个。客运班线重新审核办理 12 条。全区办理道路运输许可 39 户，注销道路运输业户 2 户，道路运输业户许可到期换证 23 户；办理外地货运车辆转入 22 辆，货车转出 11 辆，本地货车过户及变更业主 5 户；办理货运车辆年审 194 辆，客车年审 22 辆，货运车辆注销 27 辆；办理从业人员补证换证 24 人，从业人员外地转入 1 人，从业人员继续教育 182 人，从业人员诚信考核 220 人；辖区 8 家道路运输企业 2021 年度质量信誉考核全部通过。

物流发展。全区有物流企业 13 家（含快递分支机构 7 家），大部分以托运日常生活用品为主，没有形成一定规模的共同配送。有 AAA 级物流企业 1 家。从事综合运输企业 1 家、车辆 120 余辆，车型主要为大货、中型及小型厢式货运车辆，配送业务主要以建材、粮食、棉花、畜禽、服装、食品、药品等。

公路养护。国省干线公路养护以预防和治理为重点，加大路面、护栏、路肩检查频率和力度，了解、掌握公路路基、路面、桥梁和边沟等技术状况，及时检修，消除隐患，保证公路安全畅通；以日常养护为主，加强公路沿线路面清扫、路障清理以及杂草清除工作，实现公路绿化、亮化、美化。积极推行农村公路"路长制"，各办事处与社区、村、队签订养护合同，明确路长，有序开展农村公路日常养护工作。做好农村公路破损路面调查，安全防护设施隐患排查等工作，结合路况检测数据，制定农村公路大中修计划，完善安全防护设施，全面提升农村公路安全运行水平。

路政管理。开展路域环境整治，集中整治屈王线沿线路域环境，重点检查涉路违建和涉路广告牌等，依法拆除未经许可擅自设置的非路用标牌(广告牌)34个，积极创建美丽乡村公路建设。因武荆高铁全面开工建设，出现较多超限超载等违法车辆，与公安交警部门开展联合治超行动，采取流动不定时不定点方式，查处超限超载车辆5辆、车辆改型1起、车辆扬撒7起；多次到武荆高铁荆门段项目部屈家岭、石龙标段和湖北金诚绿色建材有限公司开展源头治超，就公路安全、车辆超限超载等问题进行沟通，严禁货车改型、超载等违法车辆进场。

运输市场监管。开展客运市场周边安全整治。联系交警等单位严厉打击客运站周边秩序和客运车辆乱停乱靠等违法行为，劝离代步车30余辆、私家车15辆，纠正教育老年代步车揽客1起，查处客运班车不按站点停

靠2起。开展成品油市场整治，接市成品油领导小组案件线索转交，按照责权对"鄂H0×××9""鄂P0×××9"危险品运输车进行调查处理，并依法对"鄂H0×××9"柴油运输车擅自改装罐体的违法行为进行处罚。8月开展为期1个月的驾驶培训市场专项整治，重点打击教练员吃拿卡要和教练车跨区域培训等违法行为。整治期间，查处教练员吃拿卡要行为1起、开展异地教学1起，要求按规章查处和教育批评。

安全应急管理。加强农村公路安全整治力度，联合交警、办事处全面排查辖区内临水临崖路段及交通事故多发路段，对排查出的新曙线与月宝山路口等15处安全隐患进行综合整治，投资11万元；农村公路安装波形护栏3处556米，投资5万元。开展房屋建筑安全隐患排查行动，对交通运输行业房屋安全进行排查，查处隐患1处。开展行业源头监管，对辖区内客货运企业营运车辆及教练车实有数与运政平台进行数据比对，依法督促企业注销货运"僵尸车"33辆、报

废客运车辆1辆。护航高考，保障高考参考学生接送工作安全有序。组织开展交通运输行业安全检查，查出安全隐患和问题40项，全部完成整改。做好应急运力和物资储备，对公路抢险应急物资进行清理，重点检查储备的工程机械设备、编织袋、工业盐等应急物资，确保设备性能良好、物资储备充足。严格应急工作情况报送，重大突发事件按突发事件处置规定及时上报。

交通改革举措。县、乡(镇)、村三级职责划分，农村公路管理实行区管委会统一领导，区交通主管部门、办事处、村委会(社区)各负其责的管理体制；设立三级路长和农村公路专管员。农村公路养护全面实行养护工程费预算管理制度，公路大中修工程、改善工程、高级路面养护、桥梁、防护、水毁修复等技术性较强的工程项目通过招标投标择优选择具有相应养护资质的公路养护作业单位实施；其他等级相对较低的公路日常养护由办事处、村(社区)确定人选。实行公路管理与养护分离。

(钟华州)

鄂州市交通运输

【概况】 至2022年底，全市公路通车总里程3759.85公里，公路密度235.43公里/百平方公里，其中一级公路181.35公里、二级公路205.85公里、三级公路271.22公里、四级公路2938.97公里、等外公路162.46公里。有客运站4个，其中一级客运站1个、五级客运站3个。

基础设施建设。全年完成交通投资32.96亿元。机场高速公路一期、203省道鄂州段建成通车；武阳高速公路鄂州段主体工程基本完工；新港高速公路鄂州段开工建设。机场航油码头竣工验收并投入运营。完成危桥改造41座，在全省率先实现公路桥梁"三年消危"行动清零任务。深入推进武鄂黄黄交通一体化。《黄冈—鄂州—黄石建设全国性综合交通枢纽总体规

划》初稿编制完成；武鄂黄黄硬联通三年行动项目22个，开工20个、完工9个。武鄂同城公交卡实现一卡通用。完成《武汉城市圈公共交通一体化促进条例》协同立法。国家级多式

联运示范工程扎实推进，国家第三批多式联运示范工程项目加快建设；鄂州花湖机场多式联运示范工程成功入选国家第四批多式联运示范工程。

"四好农村路"建设。全市农村

2022年5月1日，鄂州机场高速公路（一期）通车

2022 年 7 月 17 日，鄂州花湖机场专线公交 801、802 开通运营

公路里程 3477.54 公里，其中县道 467.87 公里、乡道 768.92 公里、村道 2240.75 公里。全市 320 个行政村实现硬化路通达率 100%，率先在全省实现"外通内联、通村畅乡"的农村公路网络格局。按照"由线成网、由窄变宽、由通到畅"要求，全力实施农村公路提档升级、县乡道改造、自然村通畅、"美丽农村路"和农村公路危桥改造等五大工程。全年完成农村公路提档升级 56.20 公里、县乡道改造工程 19 公里、自然湾通畅工程 56.46 公里，创建"美丽农村路"106.95 公里，完成农村公路危桥改造 28 座。鄂城区汀祖镇、梁子湖区东沟镇获评 2021 年度全省"四好农村路"示范乡镇。

运输服务保障。全年公路完成货运量、货物周转量比上年分别增长 85.33% 和 396.85%，完成水路货运量 1142.26 万吨、货物周转量 69.64 亿吨公里，比上年分别增长 44.86%、72.42%。建成农村客运服务站 1 个、港湾式候车亭 20 个、智慧公交站台 26 个；新增新能源公交车 50 辆，优化公交线路 10 条，开通夜间学生专线、机场专线。城乡道路客运车辆公交化率 66.66%。建立企业外来货运车辆运输协调机制，有力保障产业链供应链稳定畅通。全市有水运业 12 家 (含危

化品运输企业 2 家、市内客运企业 2 家)。完成港口吞吐量 2571.68 万吨。

行业管理。严格落实安全生产责任制，紧盯危险货物道路运输行业、客运行业、水上运输等重点领域安全整治，最大限度防范遏制各类事故发生。加强"打非治违"，排查隐患 84 起，下达整改通知 150 余份，约谈企业 30 余家，查处危险货物道路运输车辆 260 辆次。强化超限超载治理，查处超限超载车辆 886 辆、卸载货物 5.1 万吨，办理货车非法改装案件 1006 件。做好疫情防控常态化，成立专班

负责 5 个高速公路服务站值守；组织对 17 个高速公路出口、22 个长江沿线港口码头、11 个在建工程项目等进行巡查，守牢疫情防控第一道关口。

安全应急管理。《鄂州市道路水路运输事件应急预案 (2021)》修订后被纳入 2022 年鄂州市应急办的市级应急预案汇编。同时修改印发《2022 年交通运输安全应急管理工作要点》《鄂州市交通运输局高速公路突发事件应急救援处置方案 (2022)》《鄂州市交通运输局防汛抗旱应急保障预案 (2022)》《鄂州市出租汽车行业维稳工作方案 (2022)》等文件，调整相应的领导小组和工作机构。局属各单位完成年初应急演练计划全部工作内容，用演练成果对照预案查找不足，为以后预案修改查漏补缺。

(张昭)

【鄂城区】 至 2022 年底，全区公路总里程 1097.24 公里，公路密度 213.45 公里/百平方公里，其中高速公路 102.58 公里、一级公路 41.07 公里、二级公路 15.77 公里、三级公路 82.64 公里、四级公路 778.57 公里、等外公路 76.61 公里。有渡口 3 个。有客运站 2 个。

基础设施建设。委托中交公路规划设计院有限公司对农村公路桥梁进行鉴定，经检测全市农村公路危桥改造计划桥梁 10 座，改造完成 9 座、在

汀祖镇获评 2021 年度全省"四好农村路"示范镇

建 1 座。全区新建农村公路 10 公里，提档升级农村公路 20 公里。建成"美丽农村路"42.78 公里，汀祖镇获评 2021 年度全省"四好农村路"示范镇。连网成片打造美丽农村路，每个乡镇要求重点打造一条美丽农村路，加快推进"四好农村路"示范乡镇创建以点带面，全面推进"四好农村路"建设。

运输服务保障。投资 138 万元，对市公交 11 路线（碧石渡段）延伸项目进行勘察、设计和施工。7 月 23 日，市公交 11 路碧石渡镇延伸线路正式开通运营，沿途设有 7 个公交站点，每天发班 30 余趟，终点站设在卢湾村，并将村委会办公楼旁边空地进行平整硬化，用作 11 路公交车停车坪，解决附近村民群众出门难问题。

行业管理。加强机动车维修市场管理，加快机动车维修市场诚信体系建设，建立和完善优胜劣汰的市场竞争机制及退出机制，引导和促进机动车维修企业依法经营、诚实守信、公平竞争、优质服务，对一、二类机动车维修企业从业人员素质、安全生产、维修质量、服务质量、环境保护、遵章守纪和企业管理等方面进行综合评价。完成 7 家一类和 33 家二类机动车维修企业信誉等级考核。

安全应急管理。加强渡口巡查和非法采砂、非法码头巡查。坚持每月 2 次日常巡查渡口，确保渡口各项安全事宜。同时，为处理属于历史遗留问题的鄂黄冈工程 0123 号"三无"采砂船滞留长江鄂城段的安全风险问题，与船舶实际控制人多次协商，达成初步意见。

（王文胜）

【华容区】　至 2022 年底，全区公路总里程 1118.95 公里，公路密度 282.03 公里/百平方公里，其中高速公路 62.03 公里、国道 24.50 公里、省道 39.87 公里、县道 140.53 公里、乡道 181.74 公里、村道 732.31 公里。有三级客运站 1 个。

基础设施建设。316 国道鸿泰至孙彭段改造工程建成通车，道路全长 1.92 公里，建设内容包括道路、排水、强弱电工程、绿化、照明、交通等，改造后，道路红线宽 45 米。武鄂同城化发展。红莲湖新区左庙路—东湖高新区科技五路、红莲湖新区未来三路—东湖高新区未来三路建成通车。红莲湖新区望湖一路—东湖高新区科技五路、红莲湖新区未来二路—东湖高新区未来二路、红莲湖新区高新六路—东湖高新区高新六路、红莲湖新区文创大道—东湖高新区高新七路建设中。新港高速公路双柳长江大桥连接线工程开工建设。

"四好农村路"建设。全年新建农村公路 23 公里，完成农村公路提档升级 4 公里、县乡道改造 2.5 公里。完成县道日常养护投资 180 万元，段浦路维修改造投资 62.68 万元，乡道、村道日常养护投资 256.66 万元。完成危桥改造 11 座。

运输服务保障。华容区开通运营 202 路、203 路、205 路、206 路 4 条城市公交线路，投入 15 辆新能源公交车。开通城际公交线路 1 条，完成鄂城至胡林客运班线公交化改造，市公交 1 路线延伸至蒲团乡集镇。客运班线 36 条，运营班线客车 153 辆，建设招呼站 115 个、候车亭 36 个，实现全区 71 个行政村"村村通客车"。

行业管理。落实执法责任，规范执法行为。开展交通运输企业 2021 年度质量信誉考核评级，并将结果在四级协同网站上进行公示。联合区市场监督管理局，对华容区辖区内港口经营情况、水路运输经营者经营资质保持情况和营业执照规范使用情况进行检查。协调推进长江非法码头治理，取缔非法码头 2 处。全年查处违规超限超载运输车辆 424 辆，卸货 21801.20 吨。推进"放管服"改革，进一步简化审批环节、优化审批流程，实行联合审批、并联审批、网上审批，加快推进"一网通用"。扎实推进赋权强县改革，与鄂州市交通运输局签订赋权事项承接确认书，35 项交通运输行政审批事项下放到区。

安全应急管理。对全区 5 个乡镇的国道（含国家高速公路）、省道、县道和乡道等点位进行观测，记录行驶在公路上的各类汽车和拖拉机、摩托车比重，据实分栏填写。配合鄂州市交通运输局，通过查资料、看现场相结合的方式，对辖区高速公路上跨桥梁进行全面复核，检查辖区高速公路上跨桥梁有无明显结构病害、突出风险隐患、管养工作缺失等情况。

（葛宇航）

【梁子湖区】　至 2022 年底，梁子湖区通车总里程 1267.1 公里，其中高速公路 39.9 公里，国道 24.1 公里、省道 54.9 公里、县道 139.5 公里、乡道 305.9 公里、村道 702.8 公里；有国省道桥梁 13 座、农村公路桥梁 50 座。全区 87 个行政村形成村村通、湾湾连的交通网，实现农村循环等级公

梁子湖区东磨公路获评全省"十大最美农村路"

2022 年 6 月 29 日，梁子湖水上安全应急综合演练在梁子镇长岭码头成功举行

路、大街小巷硬化、三级公路养护全覆盖。

基础设施建设。9 月 28 日，鄂咸高速公路正式通车，结束了梁子湖区不通高速公路的历史。为解决高速公路进出口 T 形路口安全隐患，分别在太和、沼山、梁子 3 个高速公路进出口建成控制系统设施（交通信号灯），投资 220 万元；武阳高速公路梁子湖区段 4.5 公里工程建设基本完成，配套设施完善中；梁子湖环湖通村（防汛）道路工程对接武汉市江夏区梁子湖环湖旅游公路建成通车。全年新建农村公路 9.7 公里，投资约 583.4 万元；完成农村公路提档升级 18.2 公里，投资约 729.4 万元；完成县乡道建设 2.9 公里，投资约 295.1 万元。完成"美丽农村路"建设 118 公里，投资约 2360 万元。完成辖区国省干线道路太白桥、六十中桥、朝英桥、蜈蚣桥、谢埠桥、花黄桥 6 座危桥改造，投资 460 万元；完成农村公路危桥改造 7 座，投资 2118 万元。

"四好农村路"建设。创建"四好农村路"示范乡镇，优先建设干支相连路、旅游路、产业路、扶贫路，

以路兴产、以产拓路、路产融合，着力打造与梁子湖自然景观和谐相融、浑然一体的农村路网体系，协调促进全区农村公路建设管理均衡发展。2019—2022 年，全区累计投资 6.5 亿元，完成"四好农村路"建设 476 公里（其中路面刷黑 300 公里）。沼山镇、太和镇、涂家垴镇、东沟镇先后获评全省"四好农村路"示范乡镇，梁子湖区获评全省"四好农村路"示范区，"四好农村路"建设成效获得省政府督察激励。

运输服务保障。全区到武昌客运班车 19 辆，到鄂州城区班车 42 辆，村村通农村客运线路 12 条，区域水路经九十里长港通江达海。梧桐湖园区 301 路、302 路环城公交班线共投入 4 辆车运行。水上客货运输以内河航道为主，有梁子、长岭、磨刀矶、毛塘、涂镇湖、王营、天山、龟塘、河头 9 个渡口。全区共有湖北文旅梁子湖航运有限公司旅游船 30 艘，汽渡船 1 艘；海江航运公司客渡船 3 艘，汽渡船 1 艘；个体散货船 2 艘。

行业管理。通过悬挂横幅、发放宣传资料等方式加强《中华人民共和国长江保护法》等法律法规宣传普及，

强化辖区水运企业、乡镇渡口渡船从业人员充分认识长江大保护的重要意义，提高参与长江大保护环保意识。联合港航海事大队内河中队、梁子镇应急办对梁子湖万顺旅游航运公司开展水上交通和船舶证书安全检查，持续推进船舶结构优化调整，实现梁子湖水域船舶零排放。通过与区公安分局、区应急管理局、市交管局七大队、梁子湖交通综合执法大队等多部门定期开展联合执法"打非治违"行动，按照"政府领导，属地负责，部门联动，依法治理，确保稳定"原则，建立治理挂牌"黑车"长效机制，形成齐抓共管局面，确保整治工作常态化。

科技与信息化。投入 150 余万元建设公路智慧交通管理系统，农村公路建、管、养平台主机房建成。根据梁子湖区实际情况在国道、省道、乡道、村道、城市道路、交通驿站建成 8 个高标准路网监控系统。智慧梁子湖交通完成基础硬件建设工作，服务器机房、配套终端建成并投入使用，满足梁子湖大交通运输、管理和服务需要，为通畅公众出行和可持续经济发展提供服务。

安全应急管理。加强水上交通安全，提高应急抢险处置能力。与区应急管理局、港航海事大队内河中队对全区农村渡口渡船进行检查，防范发生水上交通安全事故发生。联合梁子镇人民政府、区应急管理局、湖北文旅梁子湖航运有限公司开展水上救援与船舶污染防治应急演练，提高水上交通安全方面应急处置能力。水上交通运输企业对所属船舶加大安全检查力度，及时排查并消除隐患，加强公司船员安全教育和培训，确保船舶适航、船员适任、操作规范、运行安全。

（明淑平）

孝感市交通运输

【概况】 至 2022 年底，全市公路总里程 18486.8 公里，公路密度 207.5 公里/百平方公里，其中高速公路 475 公里、一级公路 445.6 公里、二级公路 1416 公里、三级公路 880.8 公里、四级公路 15269.4 公里。全市内河航道

通航里程 546.8 公里（含汉江 94.9 公里），有县级以上港口 5 个、生产性码头泊位 18 个、渡口 97 个。有客运站

2022 年 12 月 31 日，孝感城市外环线全线贯通

82 个，其中综合客运枢纽 3 个、一级客运站 1 个、二级客运站 10 个、三级客运站 3 个、乡镇汽车客运站（农村综合运输服务站）65 个。

基础设施建设。全年完成交通固定资产投资 123.4 亿元，为年度目标的 109.1%，比上年增长 19.34%。高速公路建设年度综合评价全省第一，京港澳高速公路湖北段段改扩建工程正式开工，硚孝高速公路二期、武大高速公路、孝汉应高速公路建设加快推进。孝云大道长兴三路延伸工程全线贯通，孝感城市"外环线"的"最后一公里"打通。汉北河南垸至新沟段航道疏浚主体工程基本完工。全市 9 个站场物流项目年度完成投资 4.1 亿元。

"四好农村路"建设。全年完成农村公路建设 1126 公里，全市农村公路里程达到 16457.8 公里。全市"三年消危"第一批 465 座危桥改造任务全部完工。河口大桥危桥改造工程可行性研究报告获批。孝南区获评全省"四好农村路"示范县，孝昌县王店镇、云梦县道桥镇、安陆市烟店镇获评全省"四好农村路"示范乡镇。创建安陆赵钱线、107 国道孝南段、汉川 244 省道至 105 省段等"路长制"示范线 7 条共 166 公里，"创示范、树亮点、强服务、促融合"的示范效应、规模效应显现，市域大循环、县域小循环的路网格局初步形成。

公路养护。加快推进大中修工程实施进度，全年实施大中修工程 77 公里，为年度计划的 132.5%；实施预防性养护 96 公里，超额完成原定目标，2022 年全市公路 PQI 值为 85.3，比上年上升 3.18。桥梁"三年消危"行动国省道第一批危桥改造 47 座，完成 46 座、在建 1 座；第二批危桥改造 10 座，完工 1 座。提高全市桥隧技术状况等级，全市自筹资金完成 8 座桥梁预防性养护、1 座隧道预防性养护项目。全面提升养护管理水平，建立健全国省道日常养护管理实施细则、养护工作"红黑榜"等 6 项制度；每季度开展国省道日常养护管理评价，评价结果在全市公路系统通报，定期对养护工作进行"红黑榜"通报，对黑榜跟踪督办确保及时整改销号；积极

开展国省道公路安全设施精细化提升行动，自筹资金 576 万元，完成 174.1 公里安全隐患整治，提升普通公路安全通行水平。

运输服务保障。全年公路完成客运量 1093.96 万人次、旅客周转量 4.02 亿人公里，比上年分别下降 34.10%、36.77%；完成货运量 3425.84 万吨、货物周转量 45.73 亿吨公里，比上年分别下降 35.14%、33.71%。水路完成货运量 395.35 万吨、货物周转量 7.66 亿吨公里，比上年分别增长 1.03%、144.22%。深入实施公交发展"补短板"三年行动，制定《孝感市公共交通企业质量信誉考核方案（试行）》，指导全市公交企业进一步提升城乡公交线路服务质量。开通潮汐公交、公交专线，公交线网布局更加合理。大力推动孝汉公交运营一体化发展，孝昌丰山至黄陂泡桐、孝南东山头至东西湖城际公交开通运行。积极引导道路客运企业创新推出定制班线客运等多元化、个性化运输模式，市民出行更加便捷。

物流产业发展。全市有运营物流节点 26 个，其中物流园区（物流中心）14 个、港口 2 个、铁路货运站 10 个。首衡城华中国际冷链交易中心工程初具规模，市临空区物流"枢纽港"集聚区成功引入 4 家大型物流企业。推进交邮合作，建成客货邮融合的农村综合运输服务站 21 个，农村三级物流服务体系不断完善，节点覆盖率

应城市有名店旅游公路获评全省"十大最美农村路"

稳步提升。不断优化物流运输组织方式，加快发展多式联运线路培育，成功培育孝感云梦—孝感汉川—江西九江、孝感云梦—孝感汉川—江苏常熟、孝感汉川—阳逻港—泰州港等"公转水"航线，江苏连云港—武汉白沙洲阳逻—孝感汉川等"水水中转"航线，应城—武汉集装箱铁水联运航线。

运输市场监管。持续加强运输市场管理，重点整治火车站、高铁站、汽车站等地段，开展常态化交通运输行业检查和多样化联合专项整治行动，重点打击非法从事出租汽车客运、班线客运、旅游客运等经营行为。推进孝感城区出租汽车"红黑榜"，出租汽车公司和驾驶员服务质量明显提升，行业形象得到极大改观。孝感市出租汽车"红黑榜"被评为湖北省2022年度社会信用体系建设典型案例。

信息化建设。加快推进智慧交通平台建设，平台建设项目完成城区公交行业"补短板"三年行动项目(一期)入库储备，获取可行性研究报告批复。加快推进"智慧交通"App开发，将"孝感智慧公交"App迁移到"智慧交通"App。

交通污染防治。扎实开展长江大保护十大标志性战役、船舶和港口污染防治攻坚提升行动，全力推进汉江生态环境修复与保护，全面提升船舶和港口污染防治能力，港口船舶污染物接收转运设施覆盖率实现100%。全面开展港口岸线资源清理整顿行动、汉江干线非法码头治理行动，严控砂石集并中心建设和运营。持续抓好全市重点交通项目施工扬尘管控及责任路段管养维护，制定《孝感市城区汽车喷涂整治攻坚行动工作实施方案》，狠抓室内汽车喷涂企业检查排查整治。

安全应急管理。突出行业重点领域、重要节假日、重大敏感时期、极端恶劣天气的风险防范化解，持续推进"四大行动""两客一危一货一校""四类船舶""平安工地""打非治违"、船舶碰撞桥梁等专项治理行动，持续加强对交通运输行业安全生产的监管，全市交通运输系统形势总体稳定，全年未发生一起死亡3人及以上

安全责任事故。精准落实交通疫情防控各阶段任务，全市交通卡口未发生输入输出疫情。全力推进物流保通保畅，重点物资运输高效。

助企纾困。开展"联企业、送政策、解难题、稳主体"帮扶活动，深入重点运输企业、重大项目现场，听取企业意见，做好政策解读，努力营造良好的产业发展环境。积极宣传公路货车通行费优惠政策，在继续执行各类通行费减免优惠政策基础上，对2022年10月1日至12月31日期间通行收费公路的所有货车，统一执行再减免10%的优惠政策。推进运输企业"入规纳统"，通过对全市487个公路货运企业开展调查摸底，2022年能够纳入交通运输部规上货运企业5家，其中4家企业具备入规纳统条件，1家企业待确认。推进交通物流专项再贷款工作。组织开展"银企、银个对接"活动16次，对接交通物流"两企""两个"群体("两企"指的是道路货物运输企业、中小微物流仓储配送企业，"两个"指的是道路货物运输个体工商户、个体货车驾驶员)300余户。42家交通物流"两企""两个"群体贷款授信9185万元，发放贷款6534万元，协调2家金融机构发放交通物流专项再贷款500万元。

交通改革。持续深化"放管服"改革，推进交通运输政务服务"综合窗口"改革，完成涉及交通运输行业的153个行政审批事项受办分离操作

指南编制及政务服务事项颗粒化梳理。持续深化扩权赋能强县改革，主动下放涉及县(市、区)的港口理货业务备案等35个。持续开展"互联网＋监管"，孝感市交通运输领域"双随机、一公开"监管工作被省市场监管联席会议办公室通报表扬。稳步推进企事业单位改革，指导孝客集团加快推进改革工作，妥善解决职工诉求；指导县(市、区)交通运输局一体推进交通运输综合执法改革，提升联合执法效能。

(宋洪升 付亚强)

【孝南区】 至2022年底，全区公路通车总里程3105.61公里，公路密度258.11公里/百平方公里，其中高速公路55.69公里、一级公路150.77公里、二级公路218.29公里、三级公路77.48公里、四级公路2104.17公里、等外公路499.21公里。区内航道通航里程210.4公里，其中五级航道21.8公里、六级航道188.6公里。有二级客运站1个。

基础设施建设。全年完成交通固定资产投资4.51亿元。107国道孝感段改扩建工程完成总工程量的99%，陈八埠至张公堤段6.6公里加宽段仅余200米沥青面层未完成；107国道陆联至肖港段改扩建工程(天紫湖路口至陆联段)完成95%路基工程、10%路面工程、70%桥梁工程。孝感市槐荫大道西延伸线综合改造工程封闭施

孝南区获评全省"四好农村路"示范县。图为乡道百草湖路

工中。孝感市澴川路 (黄香路—仙女湖路) 道路改造工程完成合同工程量的 81%。孝感市南城新区城南大道、孝武大道市政工程完成新建段路基工程，加宽段施工全线展开，完成南大立交桥主体工程及滚子河桥新建桥梁，启动孝武大道段东侧部分路基路面施工。福广路至陈天大道段左幅路基施工中。槐荫大道东延伸线 (孝南段) 建设顺利进行，维达大道延伸线路基及管网施工启动。107 国道朋兴至陈八埠农旅融合示范线工程道路两侧 (包含试验段) 绿化种植双向共计 22 公里，道路整平 28 公里。完成三道线、草道线等县乡道改造 11 公里。完成通村公路连通工程 27 公里，完成货币工程量 1176 万元，完成危桥加固改造 16 座。完成农村公路改造 166 公里。全区 12 个乡镇的行政村通沥青 (水泥) 路、通客车率均为 100%。

公路管养。加强国省干线和农村公路的日常养护，强化路域环境整治，新增防撞护栏 80 公里、安全警示牌 95 块。完成 105.18 公里农村公路安全隐患治理，安装波形护栏 40768 米、埋设示警桩 337 根、道口桩 46 根、减速带 1060 米。集中整治路肩 32 公里，整修路基 1050 平方米，完善示警桩、道口桩、百米桩等 392 根、灌缝 87.6 公里，清理边沟 16.6 公里，清障 1800 平方米，清理堆积 674 处，修复路面

坑槽 2682 立方米，所有桥梁标志标牌齐全。2 处不停车检测站运行正常，24 小时轮流值班，查处违法超限车辆 180 余辆。杨店治超站开展路警联合治超，集中整治超限超载车辆，对货源源头及超限车辆定期走访宣传相关法律法规，严厉打击货车违法超限超载行为。8 月底，孝南区交通运输综合执法大队正式挂牌成立。

运输服务保障。2022 年，全区共有营运车辆 1025 辆，其中客车 77 辆、在营货车保有量为 948 辆 10318 吨。客车承运人责任险投保率达 100%。有维修企业 41 家，其中一类维修 15 家、二类汽车维修 24 家、三类汽车维修 2 家；有 4S 店 18 家、品牌 19 个。具备 M 站资质的有 2 家，另有综合检测站 1 家。重点物流企业 7 家，区级农村物流节点 1 个，乡镇级农村物流节点 13 个。全年公路完成客运量 38 万人次，旅客周转量 540 万人公里，比上年分别下降 42%、45%；完成货运量 234 万吨、货物周转量 9820 万吨公里，均比上年下降 8%。

运输市场监管。加强客货运市场管理，树立企业以人为本的服务理念，规范市场秩序，倡导文明服务，努力提高服务水平。开展危险货物道路运输市场专项整顿治理，排查治理危险货物道路运输企业存在的安全隐患和漏洞，对危险货物道路运输企业、车辆实现 GPS 监控。截至 12 月，客运

班线车辆年审年检率 100%，货运车辆年审年检率达 95%。全年有 10 所驾校、40 家维修企业参加 2021 年度质量信誉考核，驾校初评为 AAA 级的 2 家、AA 级的 8 家；维修企业初评为 AAA 级的 20 家、AA 级的 18 家、B 级的 2 家。

安全应急管理。全区交通运输行业道路运输、水上交通、公路水运工程建设施工保持零事故，道路桥梁安全畅通，全系统无火灾事故、无突发事件发生，全区交通运输安全生产形势总体保持稳定。落实安全生产责任制，签订年度平安建设目标管理责任书，全面压实企业主体责任、部门监管责任。开展安全生产大检查专项整治，排查企业 140 家，排查一般隐患 123 条且全部完成整改，下达隐患整改通知书 4 份。严格落实客运站"三不进站、六不出站"管理制度，农村客车全部纳入动态监控平台，车辆上线率、在轨率均保持 100%。严打非法营运行为，查处 2 年以上未按规定维修检测车辆 28 辆，全部吊销道路运输经营许可证。加强府澴河、沧河等重点水域安全监管，在辖区河道摸排"三无"船舶 23 艘；摸排封闭水域经营场所证照不全旅游船舶 13 艘，联合渔政、安监、公安、乡镇政府执法 3 次，清网行动 2 次。加强城区凤凰天仙城、老澴河等密闭水域水上游船驾驶员、游船资质审核监管。开展工程建设安全专项治理，对 177 处施工现场安全生产工作开展督查检查 11 次，排查完成隐患整改 26 处。

(崔满温)

【汉川市】 至 2022 年底，全市公路通车里程 4519.2 公里，公路密度 272.48 公里 / 百平方公里，其中高速公路 76.3 公里、一级公路 83.2 公里、二级公路 213.0 公里、三级公路 120.3 公里、四级公路 4026.4 公里；按行政等级分为国道 59.5 公里、省道 246.7 公里、县道 192.7 公里、乡道 256.7 公里、村道 3687.3 公里。内河航道通航里程 149.5 公里 (汉江通航 92 公里、汉北河通航 57.5 公里)，岸线全长

2022 年 6 月 23 日，孝南开发区高新园区 4 条公交专线正式开通

244 省道马北线农旅融合及"路长制"示范线

218.7 公里（汉江岸线 153.3 公里、汉北河岸线 65.4 公里），共有港口码头 12 个、生产性码头泊位 15 个、渡口 55 个。有客运站 9 个，其中一级客运站 1 个、二级客运站 1 个、三级客运站 1 个、五级客运站 6 个。

基础设施建设。全年完成交通固定资产投资 12.56 亿元。孝汉应高速公路汉川段整体临建工程全部完成，路基工程累计完成 60%，桥涵工程累计完成 68%。武天高速公路汉川段开工建设。武汉都市圈环线高速公路汉川至蔡甸段前期工作启动。马口镇 105 省道至 244 省道市政化改造工程、211 省道泵站河桥至城隍转盘段改扩建工程、348 国道六标段路面主体工程、244 省道马北线"路长制"示范线创建完工。109 省道汪家河至华一段、211 省道小兴至霍城段"路长制"示范路基本完工。211 省道三元至小兴和白鱼至脉南、422 省道横茶线福里三期工程稳步推进。114 省道高椰段一期工程、345 省道城区至韩集段、老荷沙线集中开工建设。《汉川港总体规划（2035 年）》获省政府批复；汉北河南院至新沟航道工程汉川段 35 公里、投资 1.92 亿元，至 2022 年底，汉川段完成投资 1 亿元。城南客运站主体工程、内部装饰、管网工程完工，站前广场和停车场硬化施工中。完成农村公路建设 156 公里。完成全市各乡镇环线公路规划建设 336 公里前期设计。完成农村公路"三年消危"危桥改造 80 座。

运输服务保障。加强重点时段运输安全督导检查，做好疫情防控，圆满完成运输服务保障。组织完成马北线 26 个农村候车亭和北河客运站、南河客运站改建等相关资料收集整理及上报工作，并通过省交通运输厅检查验收；完成全市 404 个行政村撤并改、客运信息牌重新更换及验收工作；7 月 8 日，开通汉川马口至蔡甸柏林地铁站临时城际公交专线。开展全域公交创建，拟定《汉川市全域公交创建实施方案》。

公路养护。实施 311 省道分当线韩集至新堰段中修 4 公里、421 省道白北线西江至北河段中修 2.58 公里、345 省道汉天线汈汊湖养殖场部段中修 3 公里，348 国道武大线大修 14.4 公里。完成道路灌缝、挖补硬软坑槽、路肩整治、路缘石修复、路肩除草、边坡除草、附属设施更换、标线施划、波形护栏维修等日常养护工作。重点实施 105 省道蔡城线路肩硬化工程，完成路肩硬化 15373 平方米。

行业监管。强化路政执法，着力整治路域环境及各类公路违法行为，处理违法涉路施工 19 起，发现并立案查处路政案件 28 起，查处率、结案率、追损率均为 100%。加大治超力度，采取固定站点治超与流动治超执法结合，全年查处违法超限运输车辆 198 辆次。加强运输市场、运输行业监管，查处各类违法经营车辆（企业）26 辆（家），收缴各类涉嫌非法营运标识 68 件。

安全应急管理。组织开展道路水上交通安全生产检查 108 次，排查各类安全隐患 218 处，下达隐患整改通知书 48 份。完成孝感市安委会挂牌督办的 244 省道马北线重大安全隐患、孝感市道路交通安全生产专业委员会挂牌督办的刘家隔四号桥、汉川市安委会挂牌督办的城隍镇幸福五桥重大安全隐患等 3 项安全隐患整改工作。

（王心妍）

【应城市】 至 2022 年底，全市公路总里程 2327.49 公里，公路密度 211 公里／百平方公里，其中高速公路 67.36 公里、一级公路 32.59 公里、二级公路 139.97 公里、三级公路 147.79 公里、四级公路 1939.78 公里。内河通航里程 35 公里，有港口 1 个、生产

2022 年，马口镇 105 省道至 244 省道市政化升级改造完工

2022 年 11 月 2 日，应城二桥新桥正式通车

性码头泊位 4 个、渡口 17 个。有客运站 8 个，其中二级客运站 3 个、五级客运站 5 个，乡镇候车亭 119 个、招呼站 260 个。

基础设施建设。全年完成交通建设投资 4 亿元，争取中央和省竞争性资金 1.64 亿元。347 国道应城段 (护子潭大桥至三合段、西十至天门皂市段) 改扩建工程前期工作完成；212 省道应城市盛滩至城区段改扩建工程加快建设，万安小桥、倒口二桥等节点工程完工。应城市"路长制"环市旅游公路示范线创建工程、2022 年国省道危桥改造工程、应城市城区至环线高速公路应城西互通连接线及白杨铁路立交桥工程、武荆高速公路郎君互通至 347 国道长化路口公路改造工程、347 国道安全提升工程、210 省道盛滩至杨河段彩色路肩养护提升工程、港湾式候车亭建设工程等如期完工。应城市智慧交通城镇一体化运营建设项目顺利推进，基础施工及回填土施工完成。武荆高速公路连接线大修工程，工可、初步设计获批复。武荆高速公路应城收费站改扩建工程前期工作基本完成。

"四好农村路"建设。加快推进全市农村公路建、管、养、运协调可持续发展，每年农村公路养护资金和客运发展资金到位率 100%。全市农村公路里程 2103.14 公里，全年完成农村公路养护投资 1400 万元，创建"美丽农村路"120 公里。整合美丽乡村、林长制、文旅公共服务、水系连通等各类项目资金 8300 余万元，打造应城市有名店旅游公路示范线 16.14 公里，途经 2 个乡镇、13 个景观节点。将"路长制"和农村公路管护紧密衔接，制定《应城市农村公路养护管理办法》。"三年消危"工程的 43 座危桥改造任务全部完成，其中国省道危桥 10 座、农村公路危桥 33 座。2022 年行政村通客车公交化村达到 80 个，通村客运公交化率比上年提高 5%。基本形成外联内畅、站亭配套、人便于行的"四好农村路"格局。

运输服务保障。全年公路完成客运量 257.69 万人次、旅客周转量 7428.92 万人公里，货运量 653.68 万吨、货物周转量 3.71 亿吨公里。全市各类客运车辆 302 辆，其中农村班线客车 204 辆、运营线路 60 条。共有跨省线路 5 条、跨市州线路 22 条、跨县市线路 5 条、市内农村客车运营线路 28 条。共有运营公交线路 7 条、公共汽车 69 辆，其中新能源公交车 30 辆。有出租汽车 200 辆、载货汽车 672 辆。

行业监管。加强运输市场监管，巩固城市交通环境综合治理成效，严厉整治车辆非法营运行为，查处非法营运车辆 127 辆。严格质量信誉考核评定，加强出租汽车营运市场监管。查处服务质量问题 50 余起，受理投诉 56 件，办结率 100%。加大超限超载治理力度，查处超限超载车辆 352 辆、卸载货物 1.51 万吨；同时加强源头治理，对全市公路沿线 18 处砂石堆场进行摸排清理，全市 60 吨、70 吨以上严重超限超载车辆明显减少，路域环境得到净化。加强污染防治行动，重点推进船舶和港口污染防治攻坚提升行动，建立全市船舶污染物联合监管与信息服务系统，完成 32 艘营运船舶生活垃圾和生活污水改造任务，以及 2 艘 1200 总吨以上船舶受电设施改造任务。

智慧交通。应城市智慧交通城镇一体化运营建设项目顺利推进，应城市智慧公路港建设工程项目策划完成。通过 4G 动态综合监控系统平台，对全市 195 辆农村客运车辆安装随车动态监控设备，实现农村班线客运安全

2022 年 12 月，应城市城区至环线高速公路西互通连接线及白杨铁路立交桥工程竣工通车

管理全程实时动态监控。

优化营商环境。进一步深化"放管服"改革，131项事项实现"最多跑一次"，71%以上的审批事项当天办结，打造高效便捷的政务环境，全年网上办理政务事项1101项。推进"高效办成一件事"，办理"一事联办"23件，参与"互联网＋监管"信息公示，覆盖率达83%。紧盯"稳经济、促增长"总要求，不断壮大运输物流市场主体，全市规上交通运输企业13家，年营业额7.66亿元，比上年增长35%。大力推动"互联网＋物流"，许可成立湖北省荆楚数科物流有限公司、应城市博纳汇优物流有限公司，网络货运实现"破冰"。

安全应急管理。狠抓安全监管，深入全市交通运输企业、施工工地开展综合检查工作，做到"七查、七落实"，持续推进"两客一危一货""四类船舶""平安工地"、船舶碰撞桥梁、校车安全、燃气安全等专项治理行动，全年开展安全生产督导检查188次，完成孝感市级挂牌督办隐患整改2处、应城市级挂牌督办隐患整改3处；完成重点隐患路段整改18公里，完成农村公路平交路口隐患整治68处。全年没有发生较大以上安全责任事故，安全生产形势持续稳定。

（杨心悦）

【云梦县】 至2022年底，全县等级公路里程1769.60公里，公路密度293公里/百平方公里，其中高速公路18.11公里、一级公路52.45公里、二级公路116.87公里、三级公路78.33公里、四级公路1503.84公里。内河航道通航里程78.5公里，有港口1个、生产性码头泊位2个、渡口15个。有客运站8个，其中一级客运站1个、四级及以下客运站7个，货运站1个。

基础设施建设。全年完成交通固定资产投资12.70亿元。云梦东站换乘中心配套工程、凤栖东路工程、高罗线改造工程、316国道"路长制"示范线工程完工。公路桥梁"三年消危"的45座危桥改造完成。"四好农

2022年12月31日，孝云大道长兴三路延伸工程正式通车

村路"计划任务84公里全部完成。采用应急施工方式，完成沙隔线沙河镇区2.5公里、334省道清义线路面刷黑、路面标线工程施工，成为"网红打卡地"。347国道、419省道、211省道永兴至道桥、示范线绿化管维等5个项目完成前期工作。客运站场及候车亭建设顺利推进。344省道铁冢线、盐化工园临港配套工程、城乡公交一体化项目进行前期工作中。

"路长制"工作。开展316国道"路长制"示范线创建。自2019年开始，每年创建1条不少于10公里的"路长制"示范线，营造安全、通达、净美公路交通环境。2022年云梦县"路长制"示范线为316国道北段，起点为子路与316国道交叉路口，全长14.6公里，工程总投资5000万元，主要建设内容为安防设施提升、公路绿化提升、功能配套提升三大工程，打造集旅游、餐饮、特色农产品展售卖等多种功能六李村交通驿站，实现路域环境全面提升。

"四好农村路"建设。对照全省"四好农村路"示范乡镇创建标准，完成50公里农村公路路面、安防、绿化、环境整体提升；改建道桥客运站，新建港湾式候车亭4个和交通驿站2个；整理完善创建工作资料9本，录制12分钟创建宣传视频资料，道桥镇获评全省"四好农村路"示范乡镇。同时，启动沙河乡"四好农村路"示范乡镇创建工作，制定工作方案，规划50余公里农村路创建线路，

启动沙隔线改造，开展重点线路路域环境整治。

公路养护。加强路面日常养护，挖补坑槽4626.31平方米，处治裂缝130524延米。做好桥涵养护，清理桥梁伸缩缝20352延米，灌养缝处理桥面裂缝1362延米，加固、维修桥梁35处、桥涵刷漆涂白1663平方米，涵洞清淤41座。完善绿化和沿线设施，补栽分隔带苗木，完善各类标识标牌、补划标线等，整治标志标牌遮挡63处。

运政管理。组织执法专班，严查过境车辆违规带客、车辆超限超载、"黑车"违规经营行为，维护客运市场秩序。组织召开出租汽车调价听证会，通过出租汽车调价方案。定期开展从业职业培训、法纪教育，提高从业人员法律意识和服务意识。加大出租汽车巡查力度，加快投诉处理和投诉案件办结进度，警告、处罚出租汽车违规经营30余辆次。

路政管理。依托不停车检测系统开展超限车辆不停车检测，向交警部门推送630辆违法超限运输车辆逃逸信息。联合交通综合执法大队、交警、运管部门开展流动治超，查处超限运输车辆（含"百吨王"）66辆、卸载1140吨。

安全监管。开展安全生产检查整改工作，列出安全隐患清单，建立整改台账实时监督，确保整改成效。开展安全检查46次，检查企业113家次，查出隐患36起，整改35起，整

改中 1 起。完成 56 处平交路口安全提升工程。

（王金忠）

【安陆市】 至 2022 年底，全市公路总里程 2534.7 公里，公路密度 187 公里/百平方公里，其中高速公路 64.1 公里、一级公路 41.4 公里、二级公路 256.8 公里、三级公路 84.8 公里、四级公路 2087.6 公里；按行政等级（不含高速公路）分为国道 23.8 公里、省道 191.1 公里、县道 225.3 公里、乡道 433.8 公里、村道 1596.6 公里，大中小桥梁 276 座。内河航道通航里程 40.3 公里，有渡口 3 个。有客运站 7 个，其中二级客运站 1 个、三级客运站 1 个、五级客运站 5 个。有大型物流园 2 个。

基础设施建设。全年完成交通建设投资 6.3 亿元。国省干线改扩建工程加快推进，211 省道赵冲至赵棚段改扩建工程完成工程总量的 90%，262 省道桃园河至宇畈段改扩建工程建设顺利进行，243 省道陈店至胡棚段改扩建工程前期工作基本完成。国省干线大修工程逐步实施，长同线大山店河至吴棚村段 11.57 公里，大修项目实施方案、施工图设计完成；262 省道烟店镇至柏树村段 3.34 公里大修项目建议书获批复；210 省道巡店至辛榨段 6 公里大修工程启动施工；262 省道胡棚至养护中心段 2.87 公里和 243 省道熊岗至十塘段 12.16 公里申报立项。重大基础配套建设成效明显，汉十高

赵棚至钱冲红色旅游公路江家竹林大桥

铁安陆西站客运枢纽站建成试运行。综合治超站建设全面启动，计划总投资 1800 万元。

"四好农村路"建设。完成农村公路建设 286.89 公里，总投资 1.64 亿元。启动东循环线建设，全长 32.5 公里，总投资 8000 万元。完成危桥改造 22 座，全面完成三年"消危"行动任务。全力支持烟店镇创建全省"四好农村路"示范乡镇，对烟店镇域 17 条线路 38.6 公里农村公路进行提档升级和专业养护，烟店镇获评 2021 年度全省"四好农村路"示范乡镇，获农村公路建养资金奖励 200 万元。

"路长制"示范线创建。安陆市创建赵棚至钱冲旅游公路"路长制"示范线，目标定位为"旅游主轴线、党建示范带、产业大走廊、网红打卡地"，打造 1 条百里金叶银杏"时光隧

道"，预算总投资 2.9 亿元，分两期创建，第一期创建里程 51.75 公里、第二期创建里程 46.68 公里。12 月，按照规划设计创建内容，第一期 51.75 公里全部完成。赵棚至钱冲红色旅游公路获评 2022 年度全省"最具人气农村路"。

公路养护。加强国省干线公路日常养护，重点实施预防性养护。整修路肩 5545 公里，清理边沟 2244.4 公里。完成国省干线硬坑槽补油 626 立方米。对 243 省道雷公王祠段路面开裂滑坡按应急抢险项目实施治理，采取抗滑桩稳定路面路基处置长度 110 米，提高公路安全通行能力。

运输服务保障。落实交通"放管服"改革，放宽小型货物市场准入标准，4.5 吨以下货车不办经营许可证、人员从业资格证，全市货车营运量明显增加，全年新增网约车平台公司 1 家，新增货运车辆 47 辆。

行业监管。强化运输监管，依法查处无证经营、超范围经营、倒客、甩客、宰客、恶意破坏营运秩序等违章违法行为，稽查客车 475 辆次，查扣非法营运车辆 33 辆次。1 月出租汽车运价调整后，启动不打表专项整治行动，查处违规出租汽车 35 辆，乘客投诉率下降 80%。联合公安交警，依托不停车检测系统，常态化开展货车超载超限治理，全年实施行政处罚 336 件，查处超限车辆 336 辆次、卸货 11152.7 吨，整治非法改装车 13

安陆烟店镇获评全省"四好农村路"示范乡镇

辆，罚款 196.5 万元。

安全管理。持续推进"两客一危一货""四类船舶""平安工地"、船舶碰撞桥梁、校车安全、燃气安全等专项治理行动，全年开展安全生产督导检查 188 次，完成上级挂牌督办隐患整改 5 处；完成重点隐患路段整改 18 公里，完成农村公路平交路口隐患整治 68 处。全年没有发生较大以上安全责任事故，安全生产形势持续稳定。疫情期间认真做好交通卡口及站场值守、应急运力调度、物流保通保畅等工作。

依法行政和助企纾困。强化服务助企纾困，主动对接服务企业，协助中科铜安陆风电、科先光伏发电等项目申报涉路施工行政许可。落实运输企业退税、亏损补贴政策，累计退税 139 万元，争取公交运营亏损政策性补贴 245 万元，给予农村客运班线、出租汽车燃油补贴 259.8 万元。助推物流行业发展，走访调查全市 35 家物流快递企业，为迅安物流、秋夏电子商务、申通快递等公司申报政策性贷款 1000 余万元。

(陈克柱)

【大悟县】 至 2022 年底，全县公路总里程 5600.24 公里，公路密度 281.99 公里/百平方公里，其中高速公路 96.2 公里、一级公路 74.64 公里、二级公路 283.12 公里、三级公路 250.83 公里、四级公路 3830.45 公里、等外公路 1065 公里。有客运站 13 个，其中一级客运站 1 个、二级客运站 1 个、三级客运站 2 个(在建 1 个)、五级客运站 9 个，农村候车亭 58 个，货运站 1 个。

基础设施建设。全年完成交通固定资产投资 4.02 亿元，比上年下降 1.07%。其中完成县乡道改造 17 公里、投资 2553.90 万元，乡村基础网通畅工程 318.53 公里、投资 1.27 亿元，危桥改造 119 座、投资 1.72 亿元，创建"路长制"示范线 24 公里、投资 7650 万元。武大高速公路完成投资 24.5 亿元，京港澳高速公路改扩建工程完成投资 4.2 亿元；346 国道大悟县

2022 年 12 月，改扩建后的大悟县彭店乡农村公路

河口至城关段一级公路孝感北站至白庙段路基、桥涵工程施工，完成投资 1.54 亿元。

"四好农村路"建设。全年完成县乡道改扩建工程 17 公里、乡村路网连通延伸工程 42 公里、农村公路提档升级 118.16 公里、农村公路桥梁工程 169 延米，申报"美丽农村路"81.17 公里。

运输服务保障。全年公路完成客运量 216.72 万人次、旅客周转量 11408.54 万人公里，比上年分别下降 22.80%、19.35%；公共汽电车完成客运量 300.7 万人次，比上年下降 14.13%；巡游出租汽车完成客运量 476.59 万人次，比上年下降 6.55%。完成 35 辆农村客运老旧燃油公交车收购(其中东新线 17 辆、芳畈线 14 辆、政通公司 4 辆)，新投入新能源公交车 75 辆，开通 16 条城区及城乡公交一体化公交线路。新建成港湾式候车亭 65 个，改建乡镇汽车客运站 1 个，改建直停式候车亭 50 个，进一步推进黄站镇汽车客运站(三级站)建设。

公路管养。全年完成 346 国道上安线路面、水沟清理工作，完成 108 省道荷土线、243 省道三宋线、260 省道高刘线、320 省道白武线、326 省道新大线清理水沟及路肩标准化整治工

程 198.86 公里，修补硬坑槽 56827.76 平方米、软坑槽 4487.68 平方米等，完成 320 省道白武线新建公路安全标线 4 公里、新植和补植树苗。

路政管理。积极开展路域环境整治，全面整治国省干线公路标线标牌、安全防护、交叉道口、违章建筑、地灾治理、桥梁隧道等，提升国省干线公路安全度和道路通行环境。全年拆除非交通标志标牌 248 块，制止违法建筑 7 处，处理乱砍滥伐 3 件，损坏公路设施赔偿 5 件。深入石材厂矿企业、砂石开采现场、砂石中转场所开展超限超载治理宣传，依法依规维护路产路权。依托县三治办 5 个临时治超点，开展路面联合治超专项行动，严格实施"一超四罚"，确保超限率控制在 3% 以内，启动运行 3 处不停车检测系统，维护交通运输正常秩序和公路桥梁安全。

行业监管。强化道路运输市场监管，开展城区客运市场整治和参与县"三治"工作，在县城区范围内维护客运市场秩序，打击非法营运车辆，维护正常客运秩序。全年查处各类违规经营行为 113 起，受理信访投诉举报件 98 件，未发生一起行政复议或行政诉讼案件。推进运输服务，对全县客运企业、车站、驾校、维修企业进行

安全检查 18 次，并对重点客运企业进行安全督查整改。全县有许可驾校 4 所，注册教练车 145 辆，注册教练员 121 人，一年来未出现重大责任事故。办理从业资格证换证 188 件，道路运输证年审 133 件，完成从业资格证诚信考核 1047 件，从业资格证继续教育 654 件。

信息化建设。推进交通运输信息资源共享合作，加强电子路单、超限超载治理、高速公路协同管理等信息共享。深化"互联网 + 政务服务"，推进政务服务"一张网、一扇门、跑一次"改革，推进"互联网 + 监管"，深化事中事后监管模式改革。建设关键信息基础设施安全防护和监管平台，建设指挥联络系统和应急处置系统，提高全县交通运输网络安全防护和应急处理能力。

安全应急管理。牢固树立"隐患就是事故"理念，对道路交通行业领域开展拉网式、地毯式安全隐患大检查，确保无漏洞、无盲区、无死角。对排查出的安全隐患，分类分级开展全面整治，坚持边查边改、立行立改。对重大隐患及时上报县安委会进行挂牌督办，确保隐患全部整改销号。全年开展安全生产检查 39 次，检查企业 20 家，排查安全隐患 84 条，全部完成整改，整改投入 203.8 万元。开展客运站安全整治行动，与各运输企业签订安全责任状，加强源头安全隐患排查治理工作。346 国道安防配套设施不完善，108 省道河口至宣化段、张界线新府段 1.6 公里路面破损，河口大桥、芳畈镇新周桥桥基下沉等省市县挂牌督办安全隐患整改工作完成。

交通改革举措。深化扩权赋能强县实施意见，将交通运输部门 9 项法定职权（其中行政处罚 5 项、行政检查 4 项）下放城关镇综合执法改革试点中心。配合乡镇综合执法改革试点工作，选派 2 名同志下沉城关镇参加综合改革试点工作。制定《大悟县交通运输综合执法大队岗位设置方案》。

（沈谦）

【孝昌县】　至 2022 年底，全县公路总里程 3930.4 公里，公路密度 329 公里 / 百平方公里，其中高速公路 62.5 公里、一级公路 116.9 公里、二级公路 189.4 公里、三级公路 131.6 公里、四级公路 3430 公里。有客运站 6 个，其中二级客运站 1 个、五级客运站 5 个，候车亭 85 个。

基础设施建设。全年完成交通固定资产投资 3.8 亿元，比上年增长 9%。115 省道京珠李集互通至黄陂段改扩建工程、观音湖至黄陂清凉寨旅游公路建设顺利推进。完成五级客运站改扩建 1 个，新建五级客运站 1 个、候车亭 39 个。

"四好农村路"建设。全年完成农村公路建设 188 公里，其中县乡道改造 35 公里、农村公路提档升级 153 公里。完成破损路面养护挖补及农村公路养护投资 1350 万元，路域环境综合治理近 800 公里。王店镇获评 2021 年度全省"四好农村路"示范乡镇。

"路长制"示范线建设。积极推动"路长制"工作，全力打造安全、通达、净美公路环境，完成年度 16 公里"路长制"示范线建设任务，完成乡镇示范线 79 公里建设任务，以 107 国道"路长制"示范线创建为契机，着力提升路域环境水平，提高公路通行服务质量。

运输服务保障。所有乡镇建设客运站（停车场），建成 3 个农村物流综合运输服务站，县级物流园区京穗物流中心完成前期建设。全县有农村客运班线 15 条，客运班车 245 辆，所有行政村客运班车通达率 100%。有公路运输企业 40 家，其中规上企业 3 家，物流运输寄递在运行企业 52 家，驿站快递网点 100 余家。

行业监管。把治理超限超载工作纳入年度重点目标考核，坚持日常治超与专项整治相结合，全年查处超限车辆 368 辆，卸载货物 12025 吨。开展客运市场整治，查扣非法营运车辆 180 辆次，收缴出租汽车顶灯标志 293 个，劝退非法营运车辆退出客运市场 83 辆次，教育放行 117 辆次；现场纠正违章客车 134 辆次；处理各类投诉、运输纠纷 108 起。营造"安全、通达、净美"公路通行环境，及时处理堆积物及违规建筑。拆除非交通标志标牌 75 块，责令当事人自行拆除 82 块，清理占道经营 79 处 162 平方米，清理公路及公路用地范围内堆积物 223 处 735 立方米，处理公路路产损失赔偿案件 5 件，拆除违法建筑 17 处 96 平方米。阻止违法涉路施工 32 起。

科技与信息化。在 261 省道和 334 省道大修工程中，合理利用沥青

2022 年，孝昌县 334 省道大修工程施工路面划标线

2022 年，孝昌县 261 省道大修工程路面铺筑沥青

冷热再生、泡沫沥青、大粒径、碳纤维同步碎石封层等新技术、新工艺，有效提升工程效率和质量；在危桥改造工程中，利用碳纤维粘贴等新技术，有效提升公路桥梁安全通行能力。利用云 MSA 发送极端天气预警和疫情防控预警短信 36 次、"农村客运群"微信平台发送安全短信提示 42 次。平台监管车辆 244 辆次，上线率 100%。

安全应急管理。全面开展交通运输安全隐患"大排查、大清理、大整治"专项行动，推进安全生产专项整治三年行动集中攻坚。全年组织综合性安全检查 76 次，排查安全问题隐患 110 项，完成整改 104 项。投资 1400 余万元，建设孝昌县公路养护（应急）管理中心，组建 1 支 25 人的应急管理队伍，实现专项资金有保障，专业设备高配置，机动能力严要求。与县交通综合执法大队和交警部门联动，完成 5 次应急抢险保畅任务。

（曾若男）

黄冈市交通运输

【概况】 至 2022 年底，全市公路通车里程 34174.2 公里，公路密度 196.4 公里 / 百平方公里，其中高速公路 771 公里、一级公路 944.7 公里、二级公路 2787.3 公里、三级公路 1348.7 公里、四级公路 28024.1 公里、等外公路 298.4 公里；按行政等级（不含高速公路）分为国道 888.7 公里、省道 2016.1 公里、县道 2912.4 公里、乡道 10778.8 公里、村道 16807.2 公里。全市铁路营业里程 626.4 公里，其中复线里程 518.6 公里、电气化里程 584.6 公里。内河航道通航里程 698 公里，其中一级航道 200 公里、三级航道 42 公里、四级航道 14 公里、五级航道 15 公里、六级航道 14 公里、七级航道 109 公里、等外航道 304 公里；有港口码头泊位 112 个，其中生产用泊位 77 个、非生产用泊位 35 个。有客运站 132 个，其中一级客运站 2 个、二级客运站 14 个、三级客运站 7 个、四级客运站 10 个、五级客运站 99 个。

基础设施建设。全年完成交通固定资产投资 168.3 亿元，其中铁路 34.3 亿元、高速公路 39.7 亿元、普通公路 70.3 亿元、港航建设 13.5 亿元、客货运站场投资 10.5 亿元。鄂黄第二过江通道（燕矶长江大桥及接线）项目用地获自然资源部批复，引桥及接线工程全面施工，年度完成投资 15.5 亿元。蕲太高速公路蕲春东段用地组卷上报省自然资源厅，施工图审查会召开，同步开展临建设施建设，年度完成投资 10.21 亿元。沪蓉高速公路红安联络线桥梁桩基工程全部完工，年度完成投资 5.97 亿元。全市完成一级公路路基 72.98 公里、路面 73.08 公里，完成二级公路路基 46.39 公里、路面 60.30 公里；完成新改建农村公路 2345 公里，完成危桥改造 309 座。全年完成路面大修 123.93 公里、中修 70.22 公里，创建"四美公路"1131 公里，打造品质桥梁 337 座，绿化新（补）植 13.7 万株，完成安全设施精细化路段整治 586 公里。浠水绿色建材循环产业园码头、蕲春扎营港码头等新建项目顺利开工，浠河航道整治工程、武穴黄家山码头等续建项目加快推进。黄州临港新城综合码头通过竣

2022 年 4 月 22 日，黄（冈）黄（梅）高铁开通运营

工验收并开港运营，黄州一类水运口岸项目完成交工验收。夯实船舶污染物接收转运处置基础，电子联单闭环率达到90%以上，完成66艘船舶受电设施改造，推动港口企业改造供电设施，港口岸电使用显著提升。建成湖北兴业物流有限公司现代物流园和蕲春张塝物流智慧仓储中心2个物流园并运营，罗田大别山地标优品智慧物流园、黄冈临空智慧物流园、黄冈智慧农博城等项目加快建设。

"四好农村路"建设。 2022年，黄冈市被交通运输部、财政部、农业农村部、国家乡村振兴局通报表扬为"四好农村路"建设市域创建突出单位，获评全省"四好农村路"示范市。浠水县获评"四好农村路"全国示范县，武穴市获评全省"四好农村路"示范县。罗田县白庙河镇、麻城市乘马岗镇、浠水县绿杨乡成功创建全省"四好农村路"示范乡镇。全市成功创建全国示范县2个、省级示范县5个、省级示范乡镇21个，累计获评示范创建奖励资金逾1.26亿元。

运输服务保障。 全年公路完成客运量1828.42万人次、旅客周转量9.49亿人公里，比上年分别下降21.64%、32.25%；完成货运量9845.68万吨、货物周转量109.92亿吨公里，比上年分别下降34.43%、23.69%。全市有公交企业21家、公交车1644辆，其中新能源纯电动公交车1298辆，占比为78.95%，年度新增120辆。全市农村客运车辆2761辆，其中公交化运营车辆864辆，农村公交覆盖率达49.62%，比上年增长10.1%。截至2022年底，新建6处综合运输服务站基本完工，新建成标准候车亭110个、简易招呼站100个。全市完成新（改）建农村客运站12个、农村候车亭436个；完成黄冈西、浠水、武穴客运枢纽和东华客运站改扩建等项目，投资4.77亿元。

物流发展。 全市在库物流企业1273家，其中综合型643家、仓储型企业361家、运输型物流企业269家；交通运输业规上企业71家，交通运输一套表规上企业44家；全市A级物流企业24家，其中AAAA级物流企业10家、AAA级物流企业7家、AA级物流企业7家。全市建成并运营物流园区20个。出台《黄冈市交通运输业纾困解难若干措施》，累计兑现交通物流奖补纾困资金1.21亿元，惠及企业160余家。全市物流基础设施建设项目12个。建成县级物流配送中心1个，改扩建县级物流配送中心2个，规划建设县级物流配送中心7个。全市115个乡镇，建成乡镇物流综合服务站107个，乡镇服务覆盖率达93.04%。全市3610个建制村，建成村级物流服务网点1955个，村级物流服务网点覆盖率75.46%，县乡村三级农村物流体系网络基本建成。

公路管养。 完成全市国省干线清灌缝、修补坑槽等养护工作，有效延缓病害发展，路面基本无坑槽。全力实施养护大中修工程，全市完成道路大中修183.5公里。持续巩固"洁化365"成果，推动全市国省干线洒水保洁机械化、常态化，及时修整路肩，疏通边沟桥涵，修剪行道树，完善公路安全设施，开展路域环境整治，保持国省干线路容路貌良好。研究制定《黄冈市国省干线"打造品质桥梁创建四美公路"行动实施方案(2022—2025年)》，指导各地以设施美、环境美、服务美、人文美"四美公路"和制度化、标准化"品质桥梁"为目标，系统推进国省干线养护管理高质量发展。按照总体规划、分步实施的原则，

明确本年度1131公里创建线路，推动麻城、罗田、英山、蕲春等地打造一批绿化美化成效明显、景观节点各具特色、路容路貌干净美观的精品线路和品质桥梁，全域提升公路颜值。

优化营商环境。 持续深化交通运输"放管服"改革，倾力为企业纾困解难。推进惠企政策落实，累计帮助50余家交通物流企业申请各类融资贷款。推进扩权赋能强县改革，推进交通运输领域35个权力事项下放，印发《关于明确交通运输下放管理权限事项的通知》，同步下放和明确过渡期培训权限事项。提升政务服务水平，持续开展"减事项、减时限、减材料、减跑动、减环节"，实现船检领域"多证合一"，取消周期性继续教育，推进"高效办成一件事"，实现内部审批流转线上办理，落实部门"小综窗"改革，黄冈市交通运输局获评2022年度市政务服务中心"十佳窗口"。

安全应急管理。 全市交通运输领域安全有序发展，全年未发生重特大安全生产事故。完成省综交委挂牌督办隐患整治1处、市安委会挂牌督办隐患整治6处。联合市公安、住建、城管部门完成全市13条交通事故多发路段整治1496处。开展安全生产大检查和专项行动，遏制重特大安全生产事故发生，排查整治隐患1268个。开展公路治超专项整治，查处超限超载车辆4535辆(其中"百吨王"156辆、非法改装货车405辆)，卸转载货物

2022年5月28日，黄冈唐家渡港区临港新城综合码头开港

108834 吨，处罚货运源头企业 15 家。开展为期 14 天的水上涉客运输安全大检查，检查港口码头泊位 95 个，查出安全隐患 28 处并完成整改。紧盯"两客一危"、货车超限超载、800 公里以上长途客运班线、水上运输等高风险行业，约谈 18 家高风险运输企业，依法注销 1 家存在重大安全隐患的危货运输企业。低温雨雪天气期间，调度全市公路应急力量第一时间抢险，撒布融雪剂 1300 余吨，除雪保通公路 4800 多公里，保障全市国省干线公路安全畅通。汛期内，督导各县市区交通运输部门排查整治隐患 113 处。

（潘攀）

【黄州区】 至 2022 年底，全区公路总里程 1447 公里，公路密度 399.7 公里/百平方公里，其中高速公路 20.8 公里、一级公路 143.5 公里、二级公路 106.3 公里、三级公路 294.7 公里、四级公路 881.7 公里；按行政等级（不含高速公路）分为国道 35 公里、省道 73.6 公里、县道 143.6 公里、乡道 327.6 公里、村道 846.4 公里。境内河流适航通航里程 57.90 公里，其中长江 36.67 公里、内河（巴河）21.23 公里。黄州港共有泊位 30 个（其中生产性泊位 22 个、功能性泊位 8 个），在建生产性泊位 6 个，最大靠泊能力 5000 吨级。有客运站 4 个，其中二级客运站 1 个、三级客运站 1 个、五级客运站 2 个。

基础设施建设。全年完成交通建设投资 5.2 亿元。347 国道陶巴（巴河至陶店）一级公路 16.09 公里，累计完成投资 1.25 亿元，完成路基施工 4 公里、涵洞 40 道，竹林湾桥桥面系主桥和左幅桥施工完成。投资 558 万元的 106 国道谢家小塆至黄州建材城段水毁恢复工程建设完成，彻底消除相关路段安全隐患。投资 240 万余元的黄州火车站站前广场景观提升工程完工，投资 289.2 万元的黄州火车站站前广场及京港路刷黑工程完工，公铁联运通道进一步疏通，黄州火车站站前广场整体环境同步提升，助力市区"双创"工作开展。完成江北一级公路罗家沟段、堵城超限站段绿化景观节点建设，实施齐安湖段、砼顺段节点建设和南湖村段沿线绿植栽种，将绿化建设路段连片成线，实现美丽公路全覆盖。阮家湾渡口改造升级完成；黄州港船舶污染物接受转运码头建成运营；唐家渡港区沙洲锚地项目按设计要求完成 1 艘管理趸船、4 艘航标船、1 艘交通艇等设施设备建设任务；全面完成国盛、禹杰、唐家渡 3 家码头技术改造提档升级。完成东华客运站服务设施提档升级改造、堵城农村综合客运站改扩建工程建设，完成农村公交候车亭改扩建 10 个。

农村公路建设。完成农村公路服务乡村振兴道路刷黑工程 100 公里。将"美丽农村路"与"森林城市"创建工作相结合，持续实施农村公路绿化，创森绿化农村公路 50 公里，共同缔造试点"美丽农村路"创建 26 公里。修农村公路破损路面 1.2 万平方米，完成沥青灌缝 75.6 公里，整修路肩、边坡 2.2 万平方米，修复疏通边沟、排水沟 638 米，修筑驳岸挡土墙 6696 立方米，施划道路标线 4000 余平方米。解放湾桥危桥改造完工。乡道黄袁线获评黄冈市"十大最美乡村振兴路"，黄州区"四好农村路"全国示范县通过省交通运输厅实地复核和交通运输部线上复核。

运输服务保障。全区有道路运输企业 559 家。有客运企业 10 家，其中旅游客运企业 4 家、城乡公交企业 1 家；客运车辆 265 辆，其中旅游客车 67 辆、城乡公交车 128 辆（新能源公交车 69 辆）。道路客运班线（含城乡公交线路）41 条，其中省际线路 3 条、市际线路 11 条、县际线路 13 条、城乡公交线路 7 条，全年完成客运量 35 万余人次。普通货物道路运输企业 258 家，普通货物道路车辆 3918 辆；危险货物道路运输企业 15 家，危险货物道路运输车辆 648 辆（含拖头与挂车）。维修企业 267 家，其中一类维修企业 23 家、二类维修企业 118 家、三类维修企业 126 家。驾校 9 家，其中一级驾校 2 家、二级驾校 1 家、三级驾校 6 家。港口经营企业 12 家，水运企业 9 家，水运服务企业 1 家，农村渡口 6 处，各类运输船舶 183 艘 30.35 万载重吨。

行业监管。全面落实行政执法三项制度，稳步推进线上"一网通办"、线下"一窗通办""互联网+"政府服务水平，进一步提升行政审批窗口工作质效。切实转变执法理念，全年采取首次违法不罚和轻微违法减免处罚 158 件，减轻处罚和从轻处罚 18 件。行业管理机制得以加强，执法大队与各单位业务协作、信息共享不断完善，职责分工和职能边界得到厘清，全年共同处理涉路问题 110 余处，引导车辆驶离农村公路 235 辆，联合开展辖区港口码头、西河渡口安全监管及疫情防控各项工作检查 2 次。积极做好中高考以及黄冈汽车品牌展销会和全国成人高等学校招生考试等重要节点和活动的运输保障、交通秩序维护工作。优化营商环境，帮助企业梳理政策、坚定信心、纾解难题，有效落实各项政策性资金近 500 余万元，积极

黄州港船舶污染物接收转运码头形成收集、处置、转运工作闭环管理

帮助获得融资贷款 7100 万元，支持交通运输物流企业渡过难关。

安全应急管理。强化安全生产主体责任落实，紧盯辖区内"两客一危"企业、渡口、港区等重点领域及公路临水临崖、陡坡急弯、地质灾害、公路桥梁等重点路段，做好防范与应对，深入开展安全隐患大排查大整改工作，全年开展安全检查 80 余次，排查一般安全隐患 167 处，均第一时间完成整改。完成 106 国道砂子岗段、203 省道堵城段等 5 处事故多发路段安全整改，完成农村公路安全精细化提升工程 86 公里。统筹抓好项目推进和行业安全生产，全区交通工程建设、公路航道运行环境、危险化学品运输等领域无一例重大责任安全事故发生，连续多年保持平稳态势，平安交通建设稳步推进。

招商引资。围绕全区牵头产业链方向，坚持招商"一把手"工程，采取"市、区交通部门联合招商"模式，招引落地数字物流产业园项目 2 个，对接推进数字物流产业园项目 2 个，自主对接招引项目 2 个，实现全国范围内 48 家网络货运企业在本地注册入驻园区，帮助 37 家网络货运企业完成线上服务能力认定和道路运输经营许可办理，成功实现 5 家网络货运企业进规入限，全年市区交通运输、仓储和邮政业总营收比上年增长 14.22 亿元，增长率 131.02%。

（徐闻聪）

【团风县】 至 2022 年底，全县公路总里程 2755.4 公里，公路密度 331.2 公里/百平方公里，其中高速公路 75.9 公里、一级公路 54.5 公里、二级公路 137.2 公里、三级公路 30.2 公里、四级公路 2457.6 公里。内河航道里程 37 公里，长江岸线码头 1 个，内河库区渡口 8 个。

基础设施建设。全年完成交通固定资产投资 4.66 亿元。347 国道黄州陶店至团风举水河段改建工程（团风段）开工建设。106 国道团风竹林岗至方高坪段改建工程第一期 5.63 公里、黄冈革命烈士陵园红色旅游公路项目建成通车。207 省道团风溢流河至上巴河段改建工程完工。黄冈市公路应急中心站房办公楼、生活楼、应急仓库建设完工。完成高坪公路管理站、大树公路管理站、马安山公路管理站

站房维修改造。新建成总路咀、方高坪、回龙山、贾庙金鸡、贾庙牛车河、杜皮罗家山 6 处综合运输服务站，完成黄湖新区、淋山河 2 处综合运输服务站改扩建。新建标准候车亭 110 个；团风汽车客运站内新增 36 个公交车位专用充电桩，投资 227 万元。

"四好农村路"建设。全年完成农村公路提档升级 167.03 公里、产业公路 5.24 公里、通村公路 66.02 公里，完成"三年消危"桥梁 3 座，跨年度项目安全生命防护工程 21 公里。农村公路建设力度持续加大，全县农村公路网络格局不断优化，老百姓出行条件不断提升，乡村振兴稳步发展。

公路养护。全县列养国省干线公路 154.73 公里，其中国道 3 条 72.319 公里、省道 3 条 82.409 公里。全面推进公路养护常态化、精细化、机械化，做好清理塌方、清除路面抛撒、清理边沟路肩杂树杂草、行道树刷白、公里碑及百米桩刷漆等日常养护工作。开展路面预防性养护和养护专项工程，及时做好路面坑槽、路肩整修和边沟清理，确保公路沿线安全畅通。及时安装和更换管养路段公里桩、百米桩、道口桩、钢护栏等，确保安保设施齐全规范。加强桥梁、涵洞养护，及时修复桥涵病害，确保桥涵安全运行。

运输服务保障。全年公路完成客运量 73.74 万人次，旅客周转量 2248.4 万人公里。全县拥有道路运输业户 311 家；营运车辆 836 辆，其中客车 116 辆、货车 551 辆、电动公交车 124

团风县牛车河库区环库旅游公路牛车河大桥

辆、出租汽车 45 辆；客运线路 44 条，其中市际客运线路 10 条、县际客运线路 12 条、县内客运线路 22 条；维修企业 22 家，其中二类维修企业 16 家；驾校 4 家。创建"全域公交示范县"，城乡公交一体化、交通公共服务均等化等取得成效，全县运行公交线路 19 条，其中城乡公交线路 12 条、城区线路 7 条，形成以城区为中心，城区、城乡公交线路为一体的公共交通服务网络，覆盖全县 10 个乡镇、180 余个行政村。挂靠经营的航运企业 1 家，船舶 1 艘，船舶载重吨 980 吨。港口货物吞吐量 310 余万吨。

超限超载治理。货车非法改装和超限超载运输整治连续 3 年被黄冈市政府纳入长江经济带生态保护"雷霆行动"十大专项之一。全年查处超限超载车辆 277 辆，其中"百吨王"53 辆、非法改装车辆 93 辆、卸载及转运货物 9728.6 吨。常态化开展公路路域环境整治行动，办理公路赔（补）偿案 28 件，拆除非公路标牌 97 个，拆除违建 16 处，清理各类堆积物 65 处，清理占道经营 126 处，规范设置、清理拆除限高架 3 处，有效消除公路"脏乱差"现象和交通安全隐患。

优化营商环境。研究制定《县级交通运输行政审批事项综窗办实施方案》，做好 35 项依申请类下放事项的承接工作，探索推进政务服务中心部门"小综窗"改革，推行"一站式"审批服务。推行"首席服务官制"改革，在县政务服务交通窗口设立首席服务官专窗，实现"审发合一、一人通办、全程服务"，进一步精简审批环节、优化 2 个审批流程、压减办理时限，打造"综合程度高、服务能力强、服务质量优"的交通运输综合服务窗口。制定印发《团风县交通运输局贯彻落实中央扎实稳住经济一揽子政策措施工作实施方案》，深入开展交通运输企业纾困解难活动。引导 6 家运输公司申报企业融资纾困"白名单"，并审查通过，其中 4 家企业列入黄冈市融资第二批拟认定"白名单"企业进行公示。深入摸排交通运输企业及服务对象面临的困难和问题，分级分

类妥善解决，实行销号管理。加大规上企业扶持力度，积极扶持规上企业（安通公路养护公司）资质晋升及业务拓展。

安全应急管理。持续深化农村公路平交路口"千灯万带"示范工程，按照"五必上"整改要求对 318 国道沿线以及 106 国道沿线 140 个平交路口安装"五小件"，全面清理城区道路交通标识标牌和安全设施。建设公路交通监控系统，全县国省道干线公路沿线实现信号灯、电子警察、电子抓拍系统覆盖国省道主要路口路段，视频监控系统逐步建设完毕。强化源头管理排查安全隐患，进行安全隐患大排查，对排查情况逐一进行详细登记，及时落实整改，下达整改通知 50 余份。开展周末夜查、酒驾隔日查、小微车辆日日查、超限超载整治、"百吨王"整治等各项交通秩序集中整治行动。全县水域开展"三无"船舶整治行动，拆解清理整治非法"三无"采砂船舶 12 艘。牛车河水库建造团风安全监管中心趸船，完成渡口渡船 5G 视频网络监控平台，对牛车河 5 处渡口 15 条渡船进行全天候、全方位监控。加强罗霍洲码头安全生产的监管。

港口污染防治。加强源头管控，新建船舶严格按照船舶技术法规要求配备防污染设施和安装受电设施，新、改、扩建码头工程严格按照法律法规

和标准规范要求同步配置环保设施并按规定履行环保手续，同步建设岸电设施，在码头设计、建设和运营各环节管理中严格把关。推进现有船舶改造升级，辖区内 100 总吨以上和 100 总吨以下船舶防止生活污水污染水域和处置装置或储存设施设备改造全部完成。加强船舶污染物接收转运处置有效衔接，全县船舶污染物实行免费接收，并上传"船 E 行"系统，加强港口船舶污染防治监管。

（胡林喜）

【红安县】 至 2022 年底，全县公路总里程 3205.64 公里，公路密度 178.95 公里 / 百平方公里，其中高速公路 61.7 公里、一级公路 81.12 公里、二级公路 332.05 公里、三级公路 44.93 公里、四级公路 2636.08 公里、等外公路 49.76 公里。在营渡口 23 个。有客运站 14 个，其中二级客运站 2 个、五级客运站 12 个。

基础设施建设。全年完成交通固定资产投资 19.2 亿元。武红高速公路快速推进；"硬联通"项目 234 省道八里至韩集段开工建设，346 国道二程至上新集段溮水河大桥等关键控制性工程建设启动；230 国道北段建成通车。完成 234 省道檀两段路面大修、230 国道中央隔离护栏 39 公里和钓鱼台度假村配套道路土石方工程。"三山

团风县乡镇物流服务站

2022年11月底，230国道红安县七里坪至红安县城段改扩建工程建成通车

"一线"旅游公路阳台山至华格里段完成路面加宽和华格里段路面刷黑。台南至四站公路108省道至大悟界开工建设。推进"四好农村路"高质量发展，完成农村公路提档升级150公里、路网连通延伸工程50公里，农村公路危桥改造132座，"三年消危"行动胜利收官。建成乡镇综合交通运输服务站10个、村级综合服务点250个，建成公交站亭80个。

"四好农村路"建设。推进"四好农村路"高质量发展，完成农村公路提档升级150公里、路网连通延伸工程50公里，农村公路危桥改造132座。七里坪镇柏林寺、八一等村和郭叶线杏花乡段共同缔造完成道路建设。农村公路管养体制改革在杏花乡试点，经验全县推广，逐步实现路长App操作镇村全覆盖。全市首创"345"模式(县、乡、村三级路长体系，专人、专责、专项经费、专项考核"四专"保障措施，监管员、协管员、专管员、路政员、养护员"五员"工作模式)，实现农村公路管养全覆盖和"有路必养、养必优良"目标。

运输服务。城乡交通运输与物流体系建设有机融合，对城区、城乡及镇村公交线路进行规划调整(城区公交线路10条、城乡公交线路9条、镇村公交21条)，完成县级综合物流分拨中心功能布局，引导快递物流企业整合进驻，建成乡镇综合交通运输服务站10个、村级综合服务点250个，

县级农村物流分拨中心＋城镇物流服务站＋村物流服务点的三级物流节点体系基本形成，有效促进客货邮融合发展，"五位一体"格局初具规模，较好支撑乡村振兴战略。红安农产品物流交易中心建设加快推进，完成选址、规划编制和专项债申报。相继开通二程至桐柏集、上新集至王家店乡镇公交。全年公交发送7.7万余班次、400万余人次。"路站运"一体化新格局逐步构建。

行业监管。全面开展安全隐患大排查、大清理、大整治，检查道路运输企业330家，查出并整改安全生产隐患77处。全面强化监管重点货运源头单位15个(砂站堆场3个、石材厂5个、商混站5个、采砂点2个)。全年查处非法改装和超载超限车辆214

辆，卸(转)载货物18762吨。查处路产案件30起，清理非公路标志标牌143块。查扣非法经营客车(出租汽车)10辆，劝离非法载客车辆113辆；查处非法驾驶培训点3处，查扣非法教练车5辆。12328交通运输服务监督热线、12345市民热线工单办结率100%。

交通改革。全面整合路政、运政、工程质量监管等行政处罚、行政检查、行政强制、行政许可等职能职权，建立健全权责统一、精简高效的交通运输综合执法体系。执法人员90人经费纳入2023年县级财政预算，完成人员交接、编制转隶和人员定岗，实现有序运转，做到工作不断、人员不散。规范执法文书制作，推进执法文书电子化；依托处罚系统，严格执行行政自由裁量权基准，提升案卷整体质量。

优化营商环境。全面落实政策，为企业提供入园运营、政策性亏损、疫情防控、成品油油价等补贴970余万元。开展"千人进千企"活动，成功解决旺科模板二期用地需求等问题。承接扩权赋能强县改革下放事权7项，办理行政许可22件，企业大件运输许可事项3件。新增入规企业1家，规上运输企业年度实现营收5740.7万元；完成货物周转量5378.9万吨，比上年增加443万吨；推进快递上行、下行件聚流通，全年仓储和邮政业完成营收1.1亿元、6660万件。

安全应急管理。全域开展安全

红安县七里坪镇红色景区旅游公路获评全省"十大最美农村路"

生产大检查专项行动,检查单位(企业)、重点部位 235 家次,排查整治安全隐患 83 处。整治道路平交路口 41 处,改善国省干线与农村公路平交路口安全通行条件。完成路肩修整 1610 公里,清除公路沿线堆积物 2946 米,修复水毁 86 处,路面修补 112.87 公里。全面完成 230 国道红安段中央硬隔离安防设施的设置安装。全面推进公路桥梁"三年消危"行动,全县 197 座公路桥梁全部开工。强化水上交通安全航渡,检查渡口渡船 118 艘次,排查整治隐患 5 处。开展消防和应急演练,建立应急救援分队,配备防爆、防火、防冻等应急救援设备和物资;全年组织安全培训 15 次,消防和应急演练 8 次,组织全县渡工集中培训,提升轮渡操作技能。

(李兴名　秦祖兵)

【麻城市】 至 2022 年底,全市公路通车里程 5415.47 公里,公路密度 144.5 公里 / 百平方公里,其中一级公路 63.30 公里、二级公路 383.16 公里、三级公路 215.70 公里、四级公路 4753.31 公里。内河航道通航里程 110 公里(界河按二分之一算),有渡口 6 个。

基础设施建设。全年完成交通固定资产投资 20.7 亿元。106 国道白塔河至城区段大修工程、宋铁白改造大修工程、206 省道闵集至白果段大修工程、老 106 国道大广高速公路出口至彭店段大修工程、320 省道红色旅游路白塔河至王福店段路面改造工程完工,投资 3.46 亿元。106 国道麻城彭店至余家寨公路工程、106 国道麻城市廖家湾至渣家湾段改建工程等项目有序推进。全市"三年消危"项目库危桥改造 327 座(其中国省道桥梁 62 座、农村公路桥梁 265 座),完工 326 座。积极推进"四好农村路"建设,全力打造产业致富路、将军故居路、生态宜居路、秀美乡村路,完成农村公路提档升级及新改建工程 500 公里,公路桥梁"三年消危"行动第二批新增 52 座挂网招标。乘马岗镇获评 2021 年度全省"四好农村路"示范乡镇。

运输服务保障。全市公交路线不断优化,开通旅游专线、助学专线、夜班公交,优化更新公交线路 19 条。配套设施不断完善,改扩建农村综合服务站 1 座,拆除黄土岗镇 106 国道及五脑山沿线破旧农村候车亭 5 个,新建港湾式候车亭 3 座;更新投放公共汽车 110 辆,车辆配置空调、语音报站、定位监控等设施,开通集投币、IC 卡、手机闪付、二维码支付为一体的全形态公交出行支付模式。

交通物流。精准施策,将交通优势转为物流优势,抓实交通物流业进规入统工作,全市交通规上企业由 3 家增至 7 家,进川物流企业通过 AAAA 级物流企业评审。落实国家、省、黄冈市惠企政策,出台《麻城市促进现代物流业若干措施》,兑现政策性奖补资金 390 万元。加快三级物流体系建设,打通农产品物流大通道,建立业态齐全、线上线下齐发力的产业链条。全年交通规上企业总收入 34689.5 万元,比上年增长 64.15%。

交通执法。加大执法人员培训力度,提高执法人员素质。坚持治超力度不减、执法举措不软、行业管理不息的工作思路,加快执法人员深度融合,扎实开展道路、港航执法行动,集中时间组织执法专班对全市"两客一危一货"道路运输企业、客运站及渡口渡船、公路工程等进行全面监督执法,确保交通运输领域良好发展态势。

(刘颖)

2022 年 4 月 29 日,麻城至安康高速公路麻城东段正式开通试运营

【罗田县】 至 2022 年底,全县公路通车总里程 3507.69 公里,公路密度 163.53 公里 / 百平方公里,其中高速公路 63.13 公里、二级公路 404.87 公里、三级公路 88.54 公里、四级公路 2910.17 公里、等外公路 40.98 公里。有客运站 8 个,其中二级客运站 1 个、五级客运站 7 个。

基础设施建设。全年完成交通固定资产投资 7.75 亿元。318 国道罗田县城至三里畈一级公路改建工程,完成投资 3900 万元;318 国道一级公路连接线太平桥至叶家冲改扩建工程,路面工程全部完工,完成货币工程量 2100 万元;241 省道东界岭至李婆墩段改扩建工程,控制性工程李婆墩大桥主体工程完工,完成货币工程量 3500 万元;平坦原抽水蓄能电站 323 省道复建工程,王家湾隧道贯通,完成产值 8338.7 万元。204 省道万密斋大桥至大别山互通段改建工程完成货币工程量 420 万元,228 省道松巴线松子关至河铺段、323 省道过三线七娘山至潵鱼嘴段完成交竣工验收工作。古城路、黄道山大道主体及增补工程完成,塔山桥工程底板全部完工。

农村公路建设。完成平湖中学至项家畈公路改扩建工程 8.4 公里、古楼冲至肖家坳公路改扩建工程 10.5 公里、匡河莲花林至杨家冲公路新改建工程路面 6 公里。完成二郎庙至大雾山公路改建工程路基 3 公里、平湖至上冲公路改建工程路基 3 公里。八两线获

2022 年 8 月 17 日，241 省道东界岭至李婆墩段控制性工程李婆墩大桥主体工程完工

评黄冈市"十大最美乡村振兴路"。

交通物流。创新"多业合一、共同配送"模式，罗田县作为黄冈市农村物流产业链链主，在全市率先建成"1+10+200"农村物流网，即以大别山特色农产品智慧物流园为轴、10 个乡镇综合服务站为网、200 个村级服务点为点，全域化、集约化、智能化、规范化，成立农村物流供应链公司，打通农产品上行、工业品下行物流大通道。

公路养护。以"四美"干线公路建设为引领，打造精品线路，推动全县国省干线管养提质升级，路域环境全面优化美化。投资 500 余万元在国省干线新植、补植绿植 4500 余株，并在国省干线沿途打造 5 处沿线绿化景点。以"四好农村公路"示范创建为载体，申报"美丽农村路"180 余公里，促进农村公路与产业发展、乡村旅游、美丽乡村相结合，为全面推进乡村振兴提供有力保障。

运输服务。全县有客运企业 20 家，货运企业 30 家，客运线路 162 条，城乡公交班线 11 条，城区公交班线 6 条，水运渡口 4 处。全年客运中心安全运送旅客 127.4 万人次，未发生重特大交通、火灾及劳动安全事故。投入纯电动公交车 25 辆，新开罗田城区至白庙河、大地坳、三里畈、九资河、天堂寨 5 条城乡公交班线；新建农村客运候车亭 24 个，完成匡河车站、胜利车站、白庙河车站交邮融合改造工作，打造多站合一、资源共享的基础设施体系。优化调整公交线路和班次，实现城区 3 所学校、3 所医院线路全覆盖，推行园区企业定制公交点对点接送服务，保障群众便捷出行。

安全生产。持续推进安全生产专项整治三年行动，排查治理各类隐患和安全问题 93 个。以公路保通保畅、道路运输安全有序为目标，依法查处违法违规运输车辆 616 辆次，约谈运输企业 11 家，查处非法营运车辆 40 辆。

优化服务。在全市率先承接落实 35 项省市交通运输部门委托或下放的行政权力事项，进一步优化调整普通公路（国省道）涉路施工许可程序，对所有政务服务和申请事项实行"一门全办"。全年办理各类运输业务 1535 件，行政许可 70 件，办理注销货车业务 668 件，注销客车业务 62 件，货车转籍（转出）业务 3 件，帮助运输企业兑现公交运营亏损补贴、疫情防控补贴、物流奖励资金等共计 644 万元。加强与相关部门协调、沟通和对接，帮助运输企业兑现公交运营亏损补贴、成品油价格补贴、疫情防控补贴、物流奖励资金等共计 1538.5 万元。

（张宁）

【英山县】 至 2022 年底，全县公路总里程 2858 公里，公路密度 200.4 公里/百平方公里，其中一级公路 20.6 公里、二级公路 271.6 公里、三级公路 56.7 公里、四级公路 2509.1 公里。

基础设施建设。全年完成交通固定资产投资 8 亿元，比上年增长 11%。219 省道杨柳至红山段改扩建工程、236 省道英山县小米畈至英山坳段公路（简称"236 省道英黄线"）至 318 国道连接线建成通车。323 省道石镇至卡里段改建工程完成工程量的 65%，毕昇大桥、金铺街大桥、飞跃大桥等控制性工程提前完工。236 省道英黄线及连接线改建工程开工建设。雷孔线康养度假区支线建成通车。英山尖旅游公路项目开工建设。全年完成通村公路建设 120 公里。英山金家铺大

2022 年 8 月 3 日，罗田县至三里畈城乡公交首发

2022年4月27日，英山县首个采用"彩虹标线"的雷孔线康养度假区支线建成通车

桥、雷家店镇飞跃大桥建成通车。49座农村公路桥梁改造完成，至此，全县纳入全省消危行动项目库的107座农村公路危桥全部建设完成并通过检测。

运输服务保障。全县拥有道路客运企业19家，其中公交运营公司2家、出租汽车公司1家、长途客运公司1家、农村客运公司6家、旅游客运公司2家、网约车平台公司4家、汽车租赁公司3家；道路货运企业22家，驾培机构5家，汽车维修企业133家，其中二类以上维修企业13家，汽车检测企业2家、渡口1个。从事客货运输车辆1053辆，其中客运车辆224辆、货运车辆547辆、出租汽车119辆、公交车163辆。全县开通农村客运班线63条，乡镇通车率100%，行政村通车率100%，其中23个行政村以电召、预约形式开通。建成新能源充电站7座、公交智能调度监控室2个、港湾式候车点12个。协调客运企业开通南河付坊至城关、温泉公交南站至神峰山庄、石镇至金铺东部环线3条便民通村公交线路，新建农村客运候车亭78个。全县新老城区以及城区周边20余个行政村实现公交全覆盖。英山县首条城乡旅游定制公交"南神线"运行。开通农村客运班线63条，乡镇通车率、行政村通车率均为100%。

公路养护。全年整修路肩870.3公里，清理边沟2087.5公里，边坡整修8000平方米，完成沥青路面灌缝、路面坑槽修补等日常养护工作，完成钢护栏更换、修复1784米，维修和更换破损公路设施336块(根)，清理标志标牌遮挡234块，全面提升和保障列养公路安全畅通。英山县大别山茶叶谷旅游公路获评全省"十大最美农村路"，金家铺镇龙潭河村至扁石畈村环线公路获黄冈市年度"最美乡村振兴路"称号。

综合执法。通过交通综合执法改革充分激发交通行业管理活力，行业执法全面展开。交通执法机构全年立案201起，依法移送法院强制执行执行案件3起、待移送4起；处置水利移交非法采砂案件6起；吊销营运证案件2起；超限超载处理超限运输案件86起；处理改装案件63起。全年组织安全检查220人次，月均发现并整改安全隐患12起。

交通物流。全县有物流企业16家，大型货车48辆，三轮配送车辆80辆，快递企业9家，干线运输车辆54辆，电动三轮车350辆，全县日收件9000余单，派送快件3.5万余单，日处理物流配送180吨，全年累计派送快件1278.62万件；物流从业人员800余人。

(付天姿)

【浠水县】 至2022年底，全县公路通车总里程3991.44公里，公路密度204.76公里/百平方公里，其中高速公路114.40公里、一级公路129.92公里、二级公路225.80公里、三级公路252.13公里、四级公路3146.15公里、等外公路123.04公里；按行政等级分为国省道305.81公里、县道340.67公里、乡道1505.10公里、村道1725.46公里；国省干线桥梁85座、农村公路桥梁732座。全县境内长江岸线长40.6公里；巴河有三级航道9.4公里、四级航道23.1公里，浠水河有四级航道21.4公里，有港口3处、生产性码头3座、泊位4个。有客运站10个，其中二级客运站1个、三级客运1座、四级客运站2个、五级客运站5个、简易客运站1个；二级货运站1个。

基础设施建设。全年完成交通固定资产投资8.35亿元。完成201省道城区至余堰段中修工程、409省道葛洲坝大道与343省道丁标线麻桥平交

英山县茶叶谷旅游公路集"交通＋旅游＋产业＋康养"为一体

2022 年 12 月 28 日，中电建长峡码头一期工程 4 个码头泊位建成

路口改造工程，完成 401 省道桃白路、228 省道汪岗至竹瓦段、409 省道葛洲坝大道绿化工程，完成 201 省道中大线红莲至散花段改扩建工程、全县公路绿化植树工程。加快推进 220 国道浠水县土桥至芦河段美丽公路项目、220 国道浠水裴河至界岭段改扩建工程、347 国道陶巴公路、347 国道巴蕲公路建设。

农村公路建设。完成农村公路芦象线、快学线、官查线、羊莲线、汪大线、关洪线、李汰线提档升级；加快推进郭沙线、竹周线、松团线一期提档升级；完成通组公路 140 公里、窄路加宽 149 公里、安全防护工程 110 公里。农村公路危桥改造完成 38 座、在建 2 座。浠水县获评"四好农村路"全国示范县，绿杨乡获评全省"四好农村路"示范乡镇。洗桃线入选全国"十大最美农村路"10 月主题线路。

运输服务保障。全年公路完成客运量 674 万人次、旅客周转量 2.92 亿人公里，完成货运量 453 万吨、货物周转量 1.53 亿吨公里。水路完成货物吞吐量 600 万吨、货物周转量 9.80 亿吨。全县有客运公司 17 家，营运客车 607 辆、客运线路 126 条，其中跨县以上客车 86 辆、线路 18 条，县内营运客车 498 辆、线路 108 条，旅游包车 23 辆。货运车辆 876 辆。维修企业备案 42 家，其中一类维修企业 1 家、二类维修企业 25 家、三类维修企业 16 家；驾驶培训机构 5 家，机动车综合性能检测站 1 家。全县有出租汽车公司 2 家、出租汽车 299 辆；国有公汽公司 1 家，城区公交线路 9 条，公交车 100 辆。完成浠水港船舶污染物接收转运处置工作，实现港口船舶污染物接收率 100%。

公路养护。完成国省干线公路路肩平整、边坡整修、清理边沟、水泥路面清灌缝、沥青路面清灌缝、水泥路面修补坑槽、沥青路面修补坑槽、清理疏通涵洞等日常养护工作，完成钢护栏修复 1690 米，补划路面标线 6467.82 平方米、振动标线 2690 平方米；完成绿化新植补植 10571 棵。养护应急中心建设完成并报请省公路发展中心验收，完成松山养护管理站新建项目前期工作。完成农村公路清理路面、路肩、边沟、垃圾等日常性养护工作。

交通综合执法。超限超载治理中，检查货运车辆 1.8 万辆次，处罚超限超载货运车辆 5408 辆，其中"百吨王"35 辆、卸载货物 4.15 万吨，查处非法改装货运车辆 192 辆，行政拘留阻碍执法 2 人，刑事拘留暴力抗法 1 人。审理案卷 79 件，其中一般案件 64 件、简易程序 10 件、免处罚 5 件。审理重大案件 45 件。路政管理中，拆除违章建筑围墙 6 处 186 平方米，清除各种堆积物 53 处 387 平方米，拆除非标 156 块，清理占道经营 79 处 598 平方米，拆除摊棚 85 处 669 平方米，拆除条幅 19 条，清理垃圾箱 40 个，清理种植 55 处 497 平方米，拆除电线杆 5 根、违规限高架 1 处。

依法行政。交通行政审批事项全部进入市民之家行政服务窗口，实现"一网通办""一个窗口办理"。全年办理 4826 件。办理行政许可 898 件，其中县内客运班线重新许可 337 件，货车许可 73 件，水路运输许可证 7 件，涉路施工许可 9 件，超限运输许可 470 件，工程建设项目施工许可 2 件；客货车年审 1597 件，客车道路运输证配发、换发、补发、注销 165 件，客车经营许可证换发 154 件，货车经营许可证换发、补发 50 件，货车道路运输证配发、换发、补发、注销 230 件，从业资格证补证、换证 170 件，从业资格证诚信考核、继续教育 1249 件，维修企业备案 6 件。船舶营运证换证、注销 9 件，水路运输许可证信息变更 1 件，港口经营许可年审 2 件。出租汽车更新、年审 238 件，渡工证审核 13 件。

安全生产。排查治理各类安全隐

浠水县洗马镇洗桃公路获评全省"最具人气农村路"

患 465 处，下发整改通知 49 份，纠正交通行业各类违规违法行为 200 余起，发送安全提醒信息 1000 余条。安全生产无责任事故。

交通改革。稳步推进交通综合执法改革，5 月 26 日，浠水县交通运输综合执法大队挂牌成立。浠水县公路事业发展中心、县农村公路事业发展中心、县港航事业发展中心、县交通物流中心、交通工程建设服务中心完成更名并挂牌。

（翟君）

【蕲春县】 至 2022 年底，全县公路通车里程 4117.6 公里，其中高速公路 89 公里，一级公路 207.79 公里、二级公路 386.07 公里、三级公路 69.60 公里、四级公路 3328.97 公里、等外公路 36.17 公里；按行政等级分为国道 51.9 公里、省道 332.5 公里、县道 378.4 公里、乡村公路 3265.8 公里。有水运港口 1 个、普通货物装卸码头 6 座、泊位 7 个。有客运站 17 个、候车亭 580 个。

基础设施建设。全年完成交通建设投资 23.5 亿元。黄黄高铁正式开通运营，黄黄高铁蕲春南站公共交通换乘站建成运营。蕲太高速公路蕲春东段开工建设。236 省道英黄线张塝至向桥段正式通车，347 国道巴河至蕲州一级公路、258 省道青石至挪步园

彭余线获评黄冈市"十大最美乡村振兴路"

改扩建工程节点施工，205 省道下蕲线复线胡海至刘榜段一级公路高效推进。推进茅山港区、扎营港港区、管窑港区建设。湖北兴业现代物流园加快建设、蕲春物流仓储中心、大别山原产地供应链物流智慧仓、蕲春网络货运智慧产业园、蕲北客运站建设顺利。

农村公路建设。全力推进"四好农村路"建设，完成张花线、马崇线、黄标线、狮子环库公路改造工程等 27 条 98.2 公里"美丽农村路"建设，彭余线获评黄冈市"十大最美乡村振兴路"。全力推进碉狮线、环库路、刘槐线等 200 余公里"四好农村

路"示范线路提档升级工作，完成通道绿化补植苗木 2 万余株，绿化带增绿 41700 平方米。

公路养护。采取"机械＋人工"相结合的模式，加大国省干线公路路面和公路基础设施清扫保洁力度，确保路面干净、标志清晰，公路"颜值"提升。持续打造美丽公路，在国道东深线新植榉树 300 棵，下蕲线、香管线、狮梅线等路段新植行道树 15816 棵，株大线、下蕲线等路段播撒花籽 2.8 万平方米，高标准打造蕲春与武穴交界处"东大门"景观，打造刘河镇滨河公园、株大线小景观 29 处，对矿山、汤畈、骆家祠堂等 5 个景观点进行提档升级，因地制宜增设公路与周边环境相融合的文明小景观及"打卡点"。

运输服务保障。全年公路完成货运量 1730.7 万吨、货物周转量 75.89 亿吨公里，完成客运量 483 万人次、旅客周转量 5.17 亿人公里。水路完成货运量 1955.23 万吨、货物周转量 44.26 亿吨公里。全县拥有客运车辆 525 辆、货运车辆 3060 辆、公交车 192 辆、出租汽车 262 辆。水运船舶 25 艘。推进公交全域化，改造大同檀林、向桥、株林等多条农村客运班线，更新上线新能源车 31 辆，新建港湾式候车亭 21 个，改造乡镇五级客运站 3 个，京九铁路、黄黄高铁与城区公交、农村班线无缝接驳，全年运送

2022 年 9 月 17 日，省道英黄公路张塝至界岭段建成通车

旅客 240 万人次。7月28日，蕲春至英山县际公交开通运营，投入新能源公交车 4 辆。9月2日，蕲春县交通运输行业综合党委揭牌，是黄冈市首家县级交通运输行业综合党委。

现代物流发展。实施高质量供应链物流体系三年行动计划，出台促进物流发展支持政策，湖北兴业物流园主体完工，大别山原产地供应链智慧仓投入运营，蕲艾数智物流园计划开工，乡镇快递物流综合服务站和行政村物流服务网点覆盖率 100%。

优化营商环境。承接扩权赋能强县改革下放事权 35 项，办理行政许可 287 件，办理牌证 2520 个、审验车辆 3760 辆。围绕高效办成一件事，简化办事流程，推进模式再造，"我要开物流公司"业务办理标准在全市推广。

平安体系建设。建成智慧交通调度指挥平台，查处非法改装和超限超载车辆 715 辆次，卸（转）载货物 1.55 万吨。推进生态文明建设，重要交通干线常态化开展路域环境整治，红灯临时码头、磐发码头如期拆除，处置港口船舶垃圾、污水 2000 余吨。化解信访积案 5 件，整改安全隐患 90 处，完成农村公路平交路口安全提升 168 处，全年交通运输行业平安稳定。

(洪莹)

【武穴市】 至 2022 年底，全市公路总里程 2740.37 公里，公路密度 127.3 公里/百平方公里，其中高速公路 72 公里、一级公路 96.30 公里、二级公路 326.46 公里、三级公路 104.98 公里、四级公路 2092.26 公里、等外公路 48.37 公里；按行政等级（不含高速公路）分为国道 96.58 公里、省道 111.99 公里、县道 227.36 公里、乡道 924.29 公里、村道 1308.15 公里。境内铁路里程 71.83 公里，其中高速铁路 35.3 公里；武穴港港口岸线全长 45.6 公里，有货运码头 13 座。

基础设施建设。全年完成交通固定资产投资 7.6 亿元。主动对接武鄂黄黄都市圈，加快构建"内畅外联、多式互通、融合发展"的综合立体交通运输体系，有序推进 27 个项目，其

中高铁北站落客匝道（临时）及中部新城高铁小镇连接线、220 国道百米港一桥和官桥 2 座危桥改造完工通车，城东充电站建成投入使用，武山湖环湖路完成主体工程建设，建成农村公交站亭 67 座，黄家山散货码头完成竣工验收，全面完成农村危桥改造。郑席线龙里至大法寺镇区段公路完成主体工程建设，官朝线公路完成 1 公里磷石膏试验路段建设，刘桂超限检测站主体工程完工。公交综合换乘中心、中部新城高铁小镇连接线配套设施工程、盘塘砂石集并中心、富强砂石码头、华新水泥综合码头改扩建工程建设中，源发砂石码头具备开工条件。武穴至瑞昌过江通道项目，黄冈和九江市政府签订共同推进协议，完成工可报告及图表初稿，专题报告编制中。水铁联运项目，铁路专用线及港口工程社会稳定报告均获批复，其他相关专题报告编制中。347 国道郑席线交叉口至韩垸段路面大修工程、308 省道松山咀至马口段改建工程、武新线改造工程、官桥公路养护中心和环武山湖绿色公交及配套设施项目办理前期手续中。

农村公路建设。将"四好农村路"示范创建与脱贫攻坚、产业布局、美丽乡村建设紧密结合，全年新建农村公路 76 公里，扩宽 135 公里，刷黑 67 公里，打造美丽乡村示范线 150 公里，建成交通驿站 12 座、农村公交站亭 67 座，改造农村危桥 65 座，高质

量打造完成仙人湖环湖路、余川大道等一批示范线，形成干支相连、内畅外联、城乡互通、畅安舒美的农村公路网络。武穴市获评全省"四好农村路"示范县。横百线公路获评黄冈市"十大最美乡村振兴路"。

物流发展。建立领导包保、"一企一策"制度，培育壮大运输企业，新增入规企业 9 家。为全市 25 家运输物流企业争取奖补资金 1287.57 万元。在库规上交通企业实现年营收 6.1 亿元，增速 72%。"互联网 + 物流"实现"破冰"，制定出台《武穴市网络货运产业经营管理若干措施》。新成立网络货运公司 2 家，其中以市交投公司为平台成立的湖北融交兴供应链管理有限公司，当年完成营收 2.92 亿元，运力规模达 2.48 万辆。以民本马口智慧物流园为平台成立的湖北民本易联科技有限公司，当年完成运单 12 万份，实现营收 5 亿元。推进农产品物流大通道和三级物流体系建设，以集采集配公共物流配送中心和大金电子信息公路港项目为支撑，打造市级物流配送中心，设立"好达驿站"镇级快递中心 31 个、布局村级物流服务网点 199 个，全市基本实现村村通快递。

交通改革。武穴市交通运输综合执法大队、市公路事业发展中心、市道路运输和物流事业中心、市农村公路事业发展中心、市港航事业发展中心 5 家事业单位完成组建挂牌。新成

2022 年 12 月，220 国道百米港一桥和官桥改造完工

2022 年 10 月，黄家山散货码头通过竣工验收

立市长江大桥综合事务服务中心，市铁路经济建设服务中心行政隶属关系实现移交，交通事业单位完成职能整合、机构调整、人员划转和工作交接。新成立出租汽车和物流业 2 家党支部。

安全管理。持续开展货车超限超载和公路扬尘治理，开展联合执法 83 次，检查车辆 5866 辆次，查处非法营运 40 起，扣押装运成品油车 18 辆，对沿江超载超限源头企业下达责令整改通知书 28 份，全市交通运输秩序明显好转。以"零容忍"态度，开展安全生产常态化大检查，排查并整改农村公路平交道口隐患 58 处，在全市临水临边急弯陡坡及重点路段完善安全防护设施，增设警示桩、减速带 42 处。全年无安全生产责任事故。

民生保障。疫情期间，紧盯车站码头、公路卡口、冷链食品运输和物流快递等领域，与相关单位密切协作，昼夜值守，夯实"外防输入"第一道关口。同时，严格执行货车"即采即走即追""五定两闭环"措施，保障物资运输畅通。优化营商环境，推动道路运输高频事项"跨省通办"，帮助解决民本易联网络货运资质和港发码头岸线许可等难题，打通服务企业"最后一公里"。推动创建省级全域公交示范县，在巩固"村村通客车"成果基础上，持续推进农村客运公交化改造，开通武穴北站高铁公交、梅川至信息产业园公交，推进跨江公交至阳新枫林高铁站建设。

（韩露）

【黄梅县】 2022 年，全县交通重点项目建设完成投资 8 亿元，黄梅高铁站集疏运 105 国道改建工程、236 省道柳林烈士陵园至停前梅垅公路工程建设快速推进。农村公路建设重点做好"四美公路"建设，落实公路精细化养护管理，实施公路通行环境绿化。

运输服务保障。全年公路完成货运量 4551.57 万吨、货物周转量 66 亿吨公里，比上年分别增长 12.1%、9.3%；完成客运量 113.42 万人次、旅客周转量 7910.14 万人公里，比上年分别下降 6.5%、8.9%。各种市场主体蓬勃发展，驾培市场规范有序；公共交通发展态势良好，县城区有公交站亭 123 座，站牌 60 个；公交车线路 8 条，公交车 116 辆，其中新能源公交车 40 辆；出租汽车 226 辆。水路运输发展加快，黄梅港完成货物吞吐量 577.46 万吨，比上年增长 3.2%。铁路运输中，合肥车务段黄梅站完成客运量 2.22 万人次，实现客运收入 146.71 万元。

物流快递发展。全县有邮政、中通、申通、圆通、韵达、顺丰、德邦、京东等快递公司 10 家，零担物流公司 27 家。全年完成寄递行业揽件（出）1500 余万件，派件（进）3500 余万件，县、乡、村三级物流体系建设高效推进。

（聂斌）

咸宁市交通运输

【概况】 至 2022 年底，全市公路通车里程 17392.19 公里，公路密度 178.15 公里 / 百平方公里，其中高速公路 482.45 公里、一级公路 435.84 公里、二级公路 1687.55 公里、三级公路 680.68 公里、四级公路 13662.26 公里、等外公路 443.41 公里，等级公路比重达 97.45%；按行政等级分为（不含高速公路）国道 521.35 公里、省道 990.73 公里、县道 2646.69 公里、乡道 4349.71 公里、村道 8401.26 公里。

内河航道通航里程 575.3 公里，有港口码头 3 个、生产性码头泊位 8 个、渡口 86 个。有客运站 48 个，其中一级客运站 4 个、二级客运站 3 个、三级客运站 10 个、四级及以下客运站 31 个，农村港湾式候车亭 879 个。

基础设施建设。2022 年全市交通固定资产投资完成 60 亿元，其中高速公路投资 19.3 亿元，普通公路投资 38.4 亿元，港航站场物流共完成投资 2.3 亿元。咸宁至九江高速公路全面开

工，路基土石方、涵洞、通道、桥梁桩基均完成工程量的 60% 以上；隧道洞身开挖及初期支护累计完成 11303 米。赤壁长江公路大桥东延段工程可行性研究报告获省发展改革委核准，初步设计获省交通运输厅批复并于 11 月开始控制性工程的实施。107 国道咸安绕城段改建工程年度完成投资 6.2 亿元，路基、桥梁、涵洞工程稳步推进；107 国道咸宁市赤壁段改扩建年度完成投资 2.5 亿元，在进行路基、桥

2022 年 7 月 1 日，咸宁大道西延伸段项目（一期）建成通车

梁施工。完成农村公路县乡道改造 161.99 公里，乡镇二通道建设 22.8 公里，乡村路网连通、延伸公路建设 215.11 公里，提档升级建设 564.47 公里。全市物流基础设施完成投资 1.26 亿元，捷利泉都现代物流综合产业园、京港物流仓储配送中心、通山县物流仓储分拨中心等项目完成一期建设并投入运营，赤壁曙光智慧冷链仓储配送中心项目检测中心与培训中心建成，咸宁现代公路港物流园项目建成并投入运营。长江综合门户港取得户口，省政府同意将咸宁港由一般港口升级为省级重要港口。咸宁风景道建设，建成步行骑行综合道、骑行道 63.6 公里、自驾游道 775.37 公里，建设公路驿站 28 个，景观节点 30 个，提升景观节点 10 个，完成咸宁风景道 LOGO 标识涂装 568 公里。建成省内首条"荧光大道"泉都大道、首条"长寿命型公路"桂乡大道。咸安区汀泗桥镇黄荆塘产业路被交通运输部《美丽农村路建设指南》选定为典型示范案例，入围全国"最美农村路"50 强，获新华网推荐展播。崇阳县铜钟乡塘口至大岭乡村旅游公路被《湖北日报》以"叩开乡村振兴门"为主题刊登报道。6 月，《咸宁风景道建设指南（试行）》发布实施。

"四好农村路"建设。咸宁市获评全省第一批"四好农村路"示范市，崇阳县、咸安区等获评"四好农村路"全国示范县，崇阳县、咸安区、嘉鱼县、通山县等获评全省"四好农

村路"示范县，白霓镇、汀泗桥镇等 12 个乡镇获评全省"四好农村路"示范乡镇。按照"以规划为引领，突出地方特色"思路，根据地方产业结构、区域特色、文化主题、发展导向等要素，加快农村公路建设，完善路网结构，截至 2022 年底，全市农村公路建设里程 1.59 万公里。全市实行农村公路"路长制"，建立"县有交通综合执法员、乡镇有监管员、村组有护路员"农村公路管理队伍，负责所辖农村公路建设、管理、养护、运营及路域环境整治等。各县市区交通执法综合大队执法工作向农村公路延伸，在农村公路重要节点设置治超设施，坚决杜绝超限超载。农村公路按照群众性养护、专业养护和市场化养护相结合的模式，日常保养及日常巡查工作以群众性养护为主，设立农村公路养护员公益性岗位，定路段、定人员、定责

任、定标准、定经费；小修工作由农村公路事业发展中心进行专业化养护；大中修工程实行市场化养护。严格落实农村公路建设安全防护设施"三同时"；积极开展公路桥梁"三年消危"行动，消除公路危桥安全隐患；实施普通公路平交路口交通安全提升工程，全市普通公路平交路口交通安全整治 491 处。

运输服务保障。全年公路完成货运量 8651 万吨、货物周转量 51.46 亿吨公里，水路完成货运量 912.18 万吨、货物周转量 1.01 亿吨公里。全市有经营性道路危险货物运输企业 14 家（其中咸安区 6 家、嘉鱼县 3 家、赤壁市 3 家，通城县 2 家），营运车辆 184 辆（不含挂车）全部升级为 4G 动态视频监控。全市有城市公交企业 7 家，其中国有企业 6 家、民营企业 1 家，全部更新为新能源公交车，新能源公交车占比达 100%。

"全域公交"创建。推进"村村通客车"至"全域公交"农村客运转型。省交通运输厅正式命名赤壁市为"湖北省全域公交县"，崇阳县、通山县、嘉鱼县入围"全域公交县创建县"。全市有农村班线 198 条、农村客运车辆 748 辆（其中公交车 405 辆）、乡镇汽车客运站 40 个、农村候车亭 878 个，乡镇汽车站覆盖率增长至 65%，农村候车亭覆盖率增长至 95%。通农村公交行政村 452 个，农村公交覆盖率增长至 51%。全市乡镇综合运输服务站有物流功能并在用的共 29 个，共计

2022 年，107 国道咸安绕城段改建工程建设中

540辆农村客运车辆捎带小件快递。积极推进全市乡镇客运站、农村候车亭建设，完成建设五级客运站2个，新改建农村候车亭126个，农村客运基础设施稳步提升。推进公交都市创建，围绕"宜居公园·低碳出行"创建主题，积极探索建立公共交通"干线+微循环+定制"的公交特色发展模式，制定《咸宁市公交都市创建实施方案》，交通运输部同意咸宁市创建国家公交都市。

交通物流发展。争取物流发展资金1600万元，建成3个仓储物流配送中心。扎实推进全国城市绿色货运配送示范城市创建，形成功能完善的"2园+5心+60末端"城市配送物流基础设施网络体系。依托"全域公交"，大力推广"客货邮"融合发展，"湖北赤壁部门协同培育运输效益增长点"模式被交通运输部选评为"农村客货邮融合发展典型案例"，向全国推广。新增AA级以上物流企业3家，规上网络货运企业4家，交通运输及仓储业比上年增长30.5%。以点带面，推进农村物流融合发展，建成县级农村物流中心6个、镇级农村综合运输服务站66个、村级农村物流服务点730个，形成"一点多能、一网共用、深度融合"的农村物流三级配送网。

公路管养。完成公路养护大中修工程72.45公里，其中大修56.21公里、中修16.24公里。完成修补路面坑槽、路面裂缝灌缝、平整路肩、修整边坡、清理边沟等日常养护任务；增补示警桩、百米桩、道口桩，安装、修复钢护栏，补划路面标线等安全设施。积极推广应用"四新"技术，全市在107国道京港线、351国道台小线等6处平交路口采用I-Pave灌入式高性能复合抗车辙路面。在路面大中修中应用橡胶沥青纤维同步碎石封层和改性沥青混凝土上面层，提高沥青路面防水性能和抗反射裂缝能力。赤壁市、通山县完成18座559.6米新型桥梁伸缩缝专用密封胶施工。

超限超载治理。咸宁市政府出台《关于全市治超工作百日专项行动实施方案的通知》，各县市区按照"政府主导、部门联动、分工协作、各负其责、齐抓共管"原则，由治超办牵头，交通、公安等职能部门联合开展治超专项行动。横沟治超站与市城管、交警开展治超专项行动，参与为期2个月的专项执法行动，打击超限超载车辆。加强科技治超，各地发挥电子抓拍系统作用，联系交警大队对夜间遮挡号牌的冲岗车辆进行车牌视频甄别，打击冲岗行为，有效遏制超限超载行为，取得阶段性成果。全年查处超限超载车辆692辆，卸货车辆663辆、卸货15075吨。

建设市场管理。贯彻落实《保障农民工工资支付条例》，开展农民工工资支付保障各项工作，督促107国道咸安绕城段改建工程、咸宁大道西延伸段道路工程办理农民工工资保证金。开展交通扶贫项目"两拖欠"问题专项整治，对"五项制度"落实情况、工程款拨付情况和风险隐患预警情况进行详细排查，保障农民工合法权益。进一步加强建设市场管理，调整湖北省评标(评审)专家库咸宁区域交通专业库专家组成。印发《2022年咸宁市交通运输信用体系建设工作要点》，组织召开信用交通省建设推进会暨信用体系建设业务培训会，有效提升从业人员业务水平。完成2021年湖北省公路设计企业、施工企业信用评价，落实交通工程监督责任。

智慧交通。完成咸宁市"智慧交通"安全应急综合管理信息化平台指挥中心建设以及相关设备采购安装，建成一平台(咸宁智慧交通平台)、两中心(交通大数据中心、交通综合监控指挥中心)、五大功能(信息服务、实时监测、指挥调度、行业监管、决策支持)、四项服务(服务行业管理、服务人民群众、服务领导决策、服务企业发展)，同步接入重点营运车辆、重点营运船舶动态数据，基本实现咸宁交通"一张图"，实现动态监控"一张网"，清晰掌握全市交通运行情况，科学预判各类安全隐患。依托"智慧交通"平台，在本系统全行业推行并启用"咸宁市交通运输信用体系和安全监管服务平台"，行业从业人员使用手机App或电脑网页，创新开展全行业安全生产网上培训。积极探索和推进数字咸宁建设与"智慧交通"深度融合，谋划"咸宁市智慧交通综合管理一体化信息平台"，形成项目可行性研究报告，纳入市政府重点项目储备库；谋划"咸宁市公路承灾体风险点监测项目"，形成初步方案，抓紧开展前期工作；谋划"咸宁市地方海事局智慧水路交通项目"，获得市政数局评审同意。

节能减排。交通用能结构优化，咸宁市城市公交在全省率先完成低碳改造，截至2022年底，运营新能源公交车1216辆，实现新能源公交全覆盖；出租汽车和网约车中新能源车辆逐步增加。大力开展城市绿色货运配送示范工程创建工作，示范创建区内新能源配送车辆保有量为137辆，新增新能源城市配送营运车辆数量125辆。落实黄标车和老旧车辆淘汰工作任务，全年淘汰老旧营运货车345辆，全部淘汰完毕。在船舶岸电建设运营方面，湖北嘉通物流有限公司码头、葛洲坝嘉鱼水泥有限公司码头、嘉鱼县城镇建设投资有限公司码头岸电设施于6月前全部安装完毕，共安装8个充电桩。推动物流园区绿色发展，完善城市配送车辆配套设施建设，制定科学合理的充电桩建设规划，加快充电桩建设。

码头治理。巩固非法码头整治成果，全市37个非法码头全面完成整改(涵盖保护区内非法码头)，取缔的35个非法码头堆场设施设备全部搬离现场，场地进行平整和覆绿，植树面积近100万平方米，恢复长江岸线近6.6公里。余下的石矶码头及潘家湾临时砂石集并中心进行现场拆除覆绿。加快长江岸线清理整顿，全市长江干线生产性码头5个11个泊位，占用岸线1508米；长江干线公务码头9个，占用岸线1000米；汽渡1个，占用岸线100米。取缔的非法码头岸线全部退还岸线。持续推动船舶污染防治，全市持证经营码头3家，均按规定配置"四桶一牌"，具备接收船舶生活垃圾、生活污水及油污水能力，并与第三方具有相关资质的服务公司签订船舶污染物接收转运协议。全市投资 28.5 万元，完成 19 艘船舶 (100 吨以下) 生活污水收集和处理装置整改。

交通环保。与相关职能部门沟通与协调，强化现场安全文明施工、噪声扬尘控制、建筑废弃物管控、掘路恢复质量等管理措施，减少对路域环境和沿线居民生活影响，有效保障公路公路畅通和行驶安全。结合职能，制定措施，加快老旧营运货车淘汰和深度治理；建立 20 辆以上营运柴油货车规模企业名录，跟踪管理，实施清洁柴油车 (机)、清洁运输和清洁油品行动。

安全应急管理。完善"分线负责、分片包保"工作机制，压紧安全生产责任。会同市公安交警部门详细分析近三年发生的道路交通亡人事故，绘制道路交通安全地图，共同推进事故易发路段公路平交路口安全隐患整治 491 处，完成整治销号 474 处。培训交通运输企业 210 家，从业人员 4710 人，组织"两客一危"企业"两类人员"考核 175 人，合格率 100%；压降 800 公里以上客运班线至 12 条。完成陆口大桥和嘉鱼长江大桥船舶防碰撞设施建设并销号。下达邮政寄递责令改正通知书 58 份，行政约谈 3 次，办理行政处罚案件 9 件。完成公路水路自然风险承灾体普查，开展"两客一危"专项整治、城市客运领域专项整治、道路货运车辆安全专项整治等 6 个专项行动，排查整治安全隐患 379 处。挂牌督办重点隐患 15 处。积极储备应急物资，做好应急处突，确保重点时段安全。

（毕璠）

【咸安区】 至 2022 年底，全区公路通车总里程 3126.74 公里，公路密度 208.03 公里 / 百平方公里，其中高速公路 92.20 公里、一级公路 127.86 公里、二级公路 309.12 公里、三级公路 178.80 公里、四级公路 2288.17 公里、等外公路 130.59 公里。全区所有乡镇政府所在地均通达二级以上公路，20 户以上自然村 100% 通硬化公路，所

有行政村 100% 通客车。

基础设施建设。全年完成交通固定资产投资 14.44 亿元，为年度目标的 240.1%；交通运输和仓储业 10 家入库规上企业，比上年增长 15.4%。省交通运输厅下达的年度农村公路建设目标任务全面完成，完成县乡道改造 14 公里、农村公路提档升级工程 70 公里、乡村路网连通和延伸工程 28 公里，农村公路新建桥梁 5 座 96 延米，完成国省干线危桥加固改造 1 座、农村公路危桥加固改造 41 座。360 省道咸安区大幕至向阳湖公路改扩建工程建成通车。356 省道一期改扩建工程竣工通车。咸宁大道西延线一期建成通车。香城大道巨宁公司至西河大桥段道路综合改造完工通车。107 国道绕城项目土建工程基本完工。208 省道咸安区甘鲁至毛坪段改建工程和市政工程 12.8 公里改建段建成通车，2.4 公里新建段在建中。361 省道咸安区星星竹海至大竹山段公路改建工程，征地拆迁工作基本完成。普铁咸宁火车站站前广场部分改造工程完成，投资 800 万元。完成 32 个交通中长期规划建设项目"三区三线"划定工作，划定成果通过自然资源部审核发布。咸安区成功创建"四好农村路"全国示范县。

养护管理。完成国省干线 5 个养护专项工程建设：360 省道大向线大洲湖大桥维修加固工程桥侧护栏升级改造工程，208 省道横路线高屋嘴桥

和毛坪桥、356 省道朱横线罗家堰桥、360 省道大向线双堰桥和双堰新桥等 5 座公路危旧桥改造工程，咸安区国省干线公路安全生命防护工程，351 国道咸安区聂家湾至杨菊花段路面养护工程，咸安区 122 省道武咸线孙田至横沟桥段 3.07 公里路面大修工程。完成修补坑槽、沥青路面铣刨罩面、路面裂缝灌缝、平整路肩、修整边坡、清理堆积物、清理水沟等日常养护工作，修复安全防护设施 (钢护栏)480 余米，埋设百米桩、示警桩 210 个，更换路口桩 60 根、里程碑 20 个，路面热熔标线 6100 余平方米、振动标线 2000 余平方米。

路政管理。开展公路安全隐患治理，对 319 省道咸赵线咸安区陈家沟段、356 省道朱横线高桥镇新今农公司段、208 省道和 209 省道道路安全隐患、351 国道与十六潭路平交路口安全隐患进行治理，其中 356 省道朱横线高桥镇新今农公司路段、351 国道与十六潭路平交路口、208 省道和 209 省道道路安全隐患完成整改销号；319 省道咸赵线咸安区陈家沟段投入整改资金 14.15 万元，增设交通标识牌 3 套 (块)，补划振动标线 180 余平方米，修复钢护栏 40 米，设置安全提示龙门架 1 套。对辖区内所有国省干线和农村公路开展交通安全设施精细化提升路段排查摸底，排查出需增加安全设施平交路口 70 处、路段 182 处。全年完成 107 国道 70 处平交路口

2022 年 8 月，208 省道改建工程马桥收费站至毛坪段（改建段）交工验收

2022年5月18日，咸安区交通运输综合执法大队所属5个中队挂牌成立

整治。巩固超限治理成效，全区查处非法超限运输车辆469辆次，卸载货物7636.4吨，境内货运车辆进站检测率近96%，全区干线公路货车超限率控制在2%以下。

运输管理。进一步规范货运物流行业管理，开展道路货运车辆安全专项整治行动，督促85家货运物流企业开展安全教育培训、建立车辆技术档案、设立安全生产管理机构和制度，约谈问题企业负责人，下发整改通知书104份，立案办理货运企业车辆无有效道路运输证行政处罚案件4起、企业未配备监控人员行政处罚案件1起。进一步规范维修、驾驶培训行业管理，完成辖区内11家驾校和444家维修企业执法检查和信誉考核，督促完成电子健康档案对接并上传数据271家，取消2家M站经营资格，对存在危废品储存不规范机动车维修企业下达责令整改通知书88份，立案办理机动车维修经营违法行政处罚案件2起、驾培违法经营行政处罚案件1起。强化小微型客车租赁市场执法整治，全区小微型客车租赁企业555家，依法依规查处拒不备案企业1家。

物流业发展。按照《关于打通农村寄递物流"最后一公里"和"最初一公里"试点工作的方案》，积极推进咸安区试点工作，各乡镇站点建设分布基本完成，共有镇级站11个、村级

网点106个，达到"快递进村"行政村全覆盖。助推物流企业健康有序发展，走访调查物流企业66家、物流服务业381家，根据实际情况，为物流企业提供金融服务。持续开展政银企对接，积极牵线，联系湖北农村商业银行向资金困难的企业提供金融贷款。协助咸宁鹏达物流有限公司、湖北佳捷物流有限公司、湖北汇宁物流股份有限公司申请交通物流专项再贷款资金939万元。为配合咸宁公路港物流园顺利开园，联合咸安区物流协会，多次组织物流企业参观物流园区，推动物流园招商引资工作。10月28日，咸宁现代公路港物流园正式开园营业。京港物流仓储配送中心一期工程完工并开园。

安全生产。元月底突降暴雪，造成农村客运线路停班85条、县际客运班线停班30条。积极开展清除路面积雪保畅通工作，投入平地机、挖掘机、装载机、撒盐机等机械设备27台次，出动养护、巡查人员300余人次，铲除危险路段路面积雪130余公里，撒盐43吨。全区没有发生因冰雪灾害天气引发的大面积交通中断和交通安全事故。开展运输行业安全监管执法检查，督促交通运输企业严格落实安全生产主体责任，检查"两客一危"运输企业126家次，排查安全隐患273起，督促整改258起，针对有问题的

企业发出整改通知书85份，约谈违规企业负责人8人次。检查机动车维修企业712家，发放告知书641份，下达整改通知书52份；检查驾驶员培训学校25家次，排查安全隐患48条，下达整改通知书25份；检查普通货运物流企业34家，排查隐患56条，下达整改通知书34份；检查乡镇渡口2处，排查安全隐患4条，发出责令整改通知书2份。通过动态监管平台不定期对"两客一危"运输车辆在营状态实行抽查，处理违规驾驶员219人次。重新编制《咸安区交通运输局2022年防汛抢险应急预案》，储备充足防汛物资，组建一支以党团志愿者为骨干的82人防汛应急突击队。

(张凤梅)

【嘉鱼县】 至2022年底，全县公路总里程2355.00公里，公路密度231.11公里/百平方公里，其中高速公路73.68公里、一级公路113.37公里、二级公路84.15公里、三级公路54.71公里、四级公路1984.65公里、等外公路44.44公里。内河航道通航里程109.6公里，有港口5个、生产性码头泊位8个、渡口11个。有客运站7个，其中二级客运站1个、三级客运站2个、五级客运站4个。

基础设施建设。全年完成交通固定资产投资7.13亿元，比上年增长109%。公路建设完成投资67139万元，其中359省道嘉鱼县绿岭至朱砂段改建工程完成投资2777万元；351国道嘉鱼县朱砂至罗家洲新建公路工程完成投资1000万元；嘉鱼县田野乡村旅游公路项目完成投资40116万元；农村公路建设完成投资23230万元，农村公路危桥加固改造投资16万元。完成351国道潘家湾路口至花园海桥路段风景道建设，351国道官桥至石埠塘段绿化工程实施中。水运建设完成投资4180万元，完成葛洲坝码头技改项目，增加通过能力160万吨/年。

"四好农村路"建设。嘉鱼县农村公路里程2136.89公里，其中县道188.92公里、乡道859.93公里、村道1088.04公里，自然村通畅率、通客车

2022 年 6 月 20 日，改造升级的嘉鱼县 102 省道武嘉线华夏幸福路段

率、通达率均为 100%。坚持"政府主导，乡镇主体，部门联动，群众参与"实施模式，组建"四好农村路"创建指挥部，县长亲自挂帅，各部门及各乡镇主要负责人任成员，明确各职能部门工作职责，每个月召集工作汇报会、每季度召开项目现场督办会，督进度、查质量、解难题。嘉鱼县获评全省"四好农村路"示范县，陆溪镇、官桥镇、潘家湾镇、鱼岳镇相继获评全省"四好农村路"示范乡镇。实施农村公路提档升级工程，启动实施 20 户自然村通畅工程，全年完成自然村通畅 55.6 公里、县乡产业路 28 公里。打造"美丽农村路"107 公里，完成新街镇马鞍山村、晒甲山村、港东村和潘家湾共 30 公里蔬菜产业路建设；65 公里国家乡村公园旅游公路、27 公里陆八舒旅游扶贫公路建成通车，其中国家乡村公园旅游公路获评全省"十大最美农村路"。完成 1142 公里农村公路安全防护建设任务，实现"四年任务两年完成"预期目标；"三年消危"的 41 座公路危桥全部竣工通车运营。

运输服务保障。全年公路完成旅客周转量 5612.82 万人次，比上年下降 16.44%。水路完成货运量 1680 万吨，比上年增长 24%；完成客运量 15.6 万人次，比上年增长 14.7%。全县通农村客运班线 21 条，投入村村通运营车辆 58 辆，农村"村村通客车"通车率 100%。积极推行新能源客车和探索部分冷僻线路大车改小车、冷热线路搭配和加大油补力度等措施，降低运营成本，提高运营积极性，确保农村客车开得通、留得住、走得好、管长远。

物流发展。全县有物流经营户 28 家，其中股份制企业 1 家、私营企业 27 家；AAAA 级物流企业 1 家（湖北嘉安控股集团嘉鱼冷链物流有限公司）。从经营范围分类上看，从事快递服务 6 家、货代装卸搬运提取服务 13 家、企业物流服务 4 家、危险货物道路运输 2 家、网络货运平台 2 家、仓储冷链配送型 1 家、农产品物流配送 1 家。物流经营户拥有载货汽车 80 辆、总吨位 1589 吨，其中普通货车 46 辆、总吨位 794 吨。经营场地面积 77348 平方米，其中仓储面积 34030 平方米、停车场面积 5950 平方米，年货运量 934.99 万吨。拥有金润农产品物流配送中心、嘉安综合物流园区 2 个大型物流园区。

公路管养。强化公路日常养护巡查，加强辖区内道路日常清扫保洁、降尘工作，有效清除路面砂石、抛撒物等，定期清洗公路安保设施，保证道路设施整洁美观，及时处治路面坑槽、沉陷、翻浆等病害，对全县国省干线标线进行标线施划（补划）。联合交警部门，投资 30 万元对 351 国道台小线、102 省道武嘉线等 5 处存有安全隐患的平交路口进行整治。全县干线公路养护工作获评年度"全省国省干线公路十佳养护单位"。全年农村公路配套养护资金 1012 万元。为强化乡镇农村公路管养主体责任，全县 8 个乡镇均成立镇级管养中心，82 个行政村均聘请专职养护员。县乡两级农村公路管理机构设置率 100%，农村公路养护实现县有管理员、乡有监督员、村有护路员。扎实推进"路长制"，落实养护"四无四有"，即农村公路路面无坑槽、路肩无杂草、路上无抛撒、边沟无积水，路路有人管、天天有人

嘉鱼县打造农村公路"小驿站"助力乡村振兴。图为阴山村交通驿站

扫、时时有人养、破损有人修，真正实现"有路必养，养必到位"。同时，开展"创新养护生产模式""养护信息化管理"2项深化农村公路养护体制改革课题研究，实现农村公路养护市场化、专业化、信息化，全面提升养护水平。

路政管理。依法保护公路、公路用地和公路附属设施，组织查处违反公路路政重大违法行为，保护路产路权。对鱼岳镇、新街镇、官桥镇、簰洲湾镇、咸宁畅恒公路工程有限公司、嘉鱼嘉悦诚渣土运输有限公司存在超载运输、车速过快、尘土飞扬等安全和环保问题，下达渣土运输整改通知和规范石料（渣土）运输通知，并对渣土回填施工现场进行监督检查。全年查处路面抛撒案件24起，及时恢复损坏的公路路产和附属设施，对巡查过程中发现的安全隐患及时上报并进行处理。采取现场巡查、源头监管、路警联合执法、科技治超等形式，严把路面管控关，杜绝超限超载车辆出厂上路行驶。全年查处超限超载案件192起，处罚84.55万元，将超限率控制在2%以下。

行业监管。提高交通运输综合行政执法案件办理质效，多次组织召开交通运输综合执法业务技能培训。持续开展打非治违专项整治活动，净化旅客运输市场秩序。采取多种方式，严厉打击非法营运、站外上下客、超员、超载、拒载、宰客等违规经营行为，查处非法营运车辆90余辆。加强对园区2家危险货物道路运输企业的安全监管，督促落实企业安全生产主体责任。对进出园区运输车辆依法进行检查，对园区企业擅自接纳、委托无资质运输企业（车辆）运输危险货物道路运输违法行为进行查处。查处危险化学品运输案件16起。

智慧交通。智慧水路交通监控系统，通过12台球形监控摄像头对12个渡口、200条生活交通船舶进行视频监控，全面提升渡口码头、船舶管理能力，实现渡口码头、船舶管理现代化。嘉鱼县农村公路"建管养运"一体化信息综合应用管理平台，监控

农村公路11条、桥梁40座。科技治超不停车检测系统，治超联网管理平台自动完成称重、识别牌照、拍照取证等操作程序，提高治超管理工作效率。"两客一危"、出租汽车、公交、客运智能监控平台，实时监控监督驾驶员安全驾驶，及时对高危驾驶行为进行提醒，降低重点车辆道路交通事故风险，平台监控客运车辆59辆、出租汽车139辆、公交88辆、危险货物运输车辆39辆。非煤矿山源头物流企业电子抓拍监控系统，通过互联网视频在线监控非煤矿山发货运输车辆精准称重检测。

节能减排。持续开展机动车维修市场专项整治，联合县检察院、咸宁市生态环境局嘉鱼县分局、县市场监管局对全县维修企业开展机动车维修市场专项整治活动，检查机动车维修企业133家，发放告知书158份，对未备案企业提出整改要求，污染防治不合格企业指出缺陷，在规定时间内机动车维修企业必须达到国家标准。有78家维修企业与湖北肥鳌再生资源有限公司签订机动车维修废矿物油、废包装物、含油容器、废旧轮胎、废旧电池回收合同；有92家维修企业递交备案申请；材料审核不合格退回12家，通过备案14家。联合环保、公安交警部门开展柴油货车尾气排放达标路检路查联合执法行动，对柴油货车营运证、运输证等进行检查，对超标排放的营运货车进行联合惩处和制约。

交通环保。开展船舶和港口污染防治工作。全县有经营性码头3个，3000~5000吨级泊位8个，本籍港货运船舶25艘，公务执法趸船5艘。至2022年底，全县长江3个经营性码头8个泊位规范性岸电改造全面完成，并具备岸电供电能力；"船E行"App扫码交付及先交付后作业制度全面落实，实现船舶污染物在线监管监测。完成5艘公务执法趸船防止生活污水污染水域的处理装置或储存设施设备改造。完成临时砂石集并中心清退销号任务。

安全应急管理。完善安全生产部门联动、责任落实、隐患排查治理管

理、应急保障等工作机制，切实加强安全监管力度，全年运输行业没有发生一起重特大责任事故。开展节假日及重点时段交通运输行业安全生产及疫情防控大检查，对客运站、运输企业、物流公司、渡口码头、工程建设施工现场进行隐患大排查。加强公路桥梁安全检查，对巡查中发现的问题及时做好记录并积极开展整改。加大渡船、旅游船安全监督管理力度，对安全检查中发现的问题严格督促企业进行整改，及时了解掌握气象信息，做好船舶抗雷雨大风、防洪预警及通报工作，杜绝较大以上生产安全事故发生。

（陈甸甸）

【赤壁市】 至2022年底，全市公路总里程3121.79公里，公路密度181.8公里/百平方公里，其中高速公路86.52公里、一级公路101.04公里、二级公路262.23公里、三级公路46.16公里、四级公路2509.59公里、等外公路116.25公里；按行政等级分为（不含高速公路）国道115.86公里、省道200.69公里、县道360.35公里、乡道753.85公里，村道1604.52公里。内河航道通航里程84.5公里（界河按二分之一算），有港口1个、生产性码头泊位4个、渡口8个。有客运站8个，其中一级客运站1个、三级客运站1个、五级客运站6个。

基础设施建设。全年完成交通固定资产投资20.5亿元，比上年增长25%。赤壁市107国道城区外迁段工程、赤壁市咸赵线百花岭至羊楼洞段路面改造工程、351国道武赤线改线段工程、咸宁风景道361省道红旗桥至羊楼洞人居环境整治工程、咸宁风景道361省道大竹山至随阳段附属工程、咸宁风景道351国道石布塘至洪水铺段道路附属工程、107国道咸宁市赤壁段改扩建工程附属工程等公路建设。

"四好农村路"建设。全年新建农村公路126.39公里，其中提档升级项目66.38公里、路网联通新建39.85公里、县乡道改造项目20.16公里，完

2022 年 9 月 7 日，107 国道咸宁市赤壁城区外迁工程跨京广铁路桥梁转体顺利完成

成投资 1.2 亿元。完成"三年消危"全部 33 座危桥维修改造，完成投资 3630 万元。完成县道日常养护 571.24 公里，投入资金 1000 余万元。

运输服务保障。全年完成公路货物周转量 24.48 亿吨公里、水路货物周转量 17.10 亿吨公里。全力推进城乡交通运输一体化，提档升级物流配送体系，投入资金 220 余万元，对全市原有的 144 个村级物流站点设备设施进行升级改造，进一步完善农村三级物流配送体系。优化改造农村候车站亭，对全市 180 余个老旧、设置不合理的农村候车站亭进行新建、改造。优化调整全市 9 条城市公交、21 条城乡公交、5 条定制公交线路，确保公交线路设置科学、高效。

公路管养。改造完善公路养护设施，投入资金近 50 万元，对原羊楼洞、玄素洞、随阳 3 个道班进行维修改造，提升公路管养能力。全市一、二级公路机械化清扫率 100%，一、二级公路小修作业机械化率 100%，干线公路 PQI 值达 95，交通出行环境大为改善。特别是在春节前后的 2 次极端恶劣天气应对中，赤壁市交通运输局主动出击，铲冰除雪，及时排险，确保全市道路安全、畅通。与赤壁市交投集团签订《赤壁市国省县道干线公路养护移交协议》，完成公路养护经费、资产、人员和职责职能整体移交。

行业监管。组织 6 次超限超载治理专项整治行动，查处超限超载运输车辆 181 辆、卸载 2876.5 吨。开展公路打场晒粮、高炮广告牌、非公路标志、标牌、摊点等专项清理活动，保障公路安全畅通。全年拆除非公路标牌、广告横幅 160 余块，清理公路两侧摆摊设点 28 处，控制违章建筑 5 处。打好出租汽车、货物运输、驾培维修、大气污染等道路运输市场秩序整治"组合拳"，查处非法营运车辆 17 辆，货车擅自改装 167 起，出租汽车违规经营行为 138 起，教育纠正 280 余起。对 33 座消危桥梁、100 公里农村公路建设等项目开展检查，查处事故隐患 110 项，要求停工 15 处，组织行政约谈 2 次。组织开展非法采砂运砂船舶整治、非法码头整治、港口岸线清理整顿、陆水湖水上安全专项整治和十年禁捕等专项整治，查扣违规船舶 8 艘，收缴渔具 50 余套。

信息化建设。全年投入资金 33 万元，建设渡口渡船安全管理系统，对渡口重点区域和船舶实施视频监控，北斗卫星数据进行定位，管理船舶运行轨迹与方向，确保渡口渡船安全作业。同时，将渡口渡船安全管理系统接入赤壁市交通大数据综合服务平台，增强业务数据互联互通与大数据应用。

安全应急管理。在春运、"五一"、中秋、国庆、党的二十大等重要时间节点，对渡口、渡船、码头、"两客一危一货"等重点部位和灾害频发路段实行拉网式安全检查。全年开展督导检查 180 余次，排查各类安全隐患 470 余条，全部整改到位。投资 400 余万元，实施平交路口安全提升工程，在临水临崖、急弯陡坡、地灾等危险路段设置各类警示标志、标牌 390 余

2022 年，赤壁市余家桥乡创建全省"四好农村路"示范乡镇

块、波形钢护栏 9000 余米、凸镜 10 余块、道口桩 400 余根。全市未发生一起重特大安全生产责任事故，交通运输行业安全态势平稳。

（陈晓峰）

【通城县】 至 2022 年底，全县公路总里程 2431.57 公里，公路密度 213.17 公里/百平方公里，其中高速公路 49.30 公里、一级公路 35.49 公里、二级公路 200.22 公里、三级公路 74 公里、四级公路 2071.04 公里、等外公路 1.52 公里。内河航道通航里程 43.7 公里，有渡口 7 个。有客运站 10 个，其中一级客运站 1 个、三级客运站 2 个、五级客运站 7 个。

基础设施建设。全年完成交通建设投资 7 亿元，比上年下降 41.6%。实施交通建设项目 32 个，其中续建项目 14 个、开工建设项目 10 个、推进前期工作 8 个。完成全县 21 座国省道公路桥梁和 87 座农村公路桥梁"三年消危"工程、259 省道麦市镇陈塅村至天岳关 19 公里路段大修改造工程、"四好农村路"里塘线和戴黄线建设，隽大线和麦市镇标段建设有序推进，关刀公路应急中心"清表"工作收尾。积极推进塘湖交通综合服务站建设，完成四庄交通综合服务站主体工程和大坪客运站充电站建设。

"四好农村路"建设。开展大坪乡、麦市镇 2 个全省"四好农村路"示范乡镇创建工作，同步推进其他 9 个乡镇"四好农村路"建设，完成施工图设计编制服务、监理服务和施工建养一体化招标。启动 11 个乡镇"四好农村路"施工建设。

运输服务保障。全年完成公路货运量 5266.23 万吨，比上年下降 23.7%。开展客运、驾驶培训、汽修市场整顿，全面规范市场秩序，加快运输结构调整，提升运输服务品质，加速运输业转型升级。进一步推动网约车等新业态规范发展。建成县级物流中心 1 处，包括生鲜仓储面积 400 平方米、干货仓库面积 600 余平方米、分拣中心（含集中办公区）面积 2000 余平方米，整合县内 5 家物流企业入驻经营。同时配套建设 17 家乡镇物流快递服务站、130 个村级物流配送站、71 个村邮站。全县农村物流配送覆盖 11 个乡镇和 18 个社区及 167 个行政村。

2022 年 12 月 20 日，通城县农村公路隽大线施工现场

公路管养。坚持"加快构建现代公路养护体系，推行养护决策科学化、养护管理制度化、养护工程精准化、养护生产绿色化"发展方向，围绕"预防为主、防治结合"养护工作方针，全县路况水平明显提高，国省道 PQI 值均达到 91.66，出工出勤率 100%。

运政管理。全年完成道路运输证新增 52 件，换发 86 件，本地过户 25 件，转籍 28 件；完成道路运输经营许可 45 件，换发 70 件；完成道路运输证年度审验 853 辆，其中货车 493 辆、客车 154 辆、出租汽车 206 辆；完成客运临时包车牌发放 579 块，其中省际包车牌 455 块、市际包车牌 87 块、县际包车牌 37 块。

超限超载治理。持续狠抓公路超限超载整治，启动智慧治超系统建设，坚持源头治超和公路治超并举，开展联合治超百日专项行动，干线公路路域环境整治，乱堆乱占、乱搭等现象基本消除，利用新闻媒体、公交站亭开展治超宣传活动，营造浓厚治超氛围。通城县隽水铁柱、麦市李塅、麦市南岭、麦市盘石、北港大界、马港界上、五里治全、大坪九房 8 个路段建立治超监控点，安装高清摄像头 16 个。9 月上旬，针对货车"抛、撒、滴、漏"污染公路的路段安装 2 处电子抓拍系统投入使用；6 月启动智慧治超项目，建设 7 套不停车称重检测系统、1 个治超管理系统，新增卸货场 4 处。查处非法改装车辆 98 辆，超限

2022 年 1 月 20 日，通城县隽水大桥正式通车

运输车辆97辆、卸载货物972.41吨，罚款119.5万元，将超限超载率控制在3%内。

安全应急管理。强化安全生产监管，持续开展"平安交通"创建，紧盯道路交通安全、水上交通安全、项目建设安全重点领域，着力抓好安全生产专项整治三年行动，持续开展行业从业人员安全生产网络培训工作。扎实做好重大节假日特别是中、高考等重要节点交通运输保通保畅和安全工作，以通城县2022年第二场电视问政反映"断头"的斑马线问题整改为契机，全面排查全县交通安全隐患，启动隐患整治工作，做到隐患排查全覆盖、问题整改全到位、挂牌督办全过程，坚决遏制重特大事故发生。加大工程质量和安全监管，进一步筑牢"红线意识"，坚持把确保工程质量和安全放在工程建设发展的首位，落实从业单位主体责任，实施工程质量和安全风险管理，健全隐患排查机制，强化治理措施，及时消除质量和安全隐患。

交通改革举措。2022年初，县交通运输局综合执法大队正式成立，人员编制、职能重新整合。积极探索适应交通执法环境新动能，制定大队各项规章制度，细化分工，责任到人，从上路稽查、窗口服务、行政处罚、文书档案管理、财务、党务、安全等各个环节实行定人、定岗、定责任。

（张利华）

【崇阳县】　至2022年底，全县公路总里程3101.50公里，公路密度158.2公里/百平方公里，其中高速公路93公里、一级公路48.28公里、二级公路425.69公里、三级公路97.75公里、四级公路2436.78公里；按行政等级（不含高速公路）分为国道63.01公里、省道242.19公里、县道505.54公里、乡道645.10公里、村道1552.66公里。内河航道通航里程53公里，有渡口23个。有客运站9个，其中二级客运站1个、三级客运站2个、四级客运站2个、五级客运站4个。

基础设施建设。全年完成交通固定资产投资8.7亿元，比上年增长328%。完成106国道崇阳县桃树窝至浮溪桥改建工程一级公路路基2公里、路面8.5公里。完成崇阳县港口至佛岭公路改建工程二级公路路基10.25公里、路面6公里，完成246省道崇阳县月亮山至横岭段改建工程二级公路路基6.32公里。完成农村公路新建桥梁170延米，完成"三年消危"桥梁923延米；完成农村公路县乡道改造、路网连通、乡镇二通道、提档升级248公里。水运建设投资313.2万元，其中青山水库设置航标36个，投资45万余元，青山水库水路智慧交通监控平台投资41余万元，全县渡口生命安全防护工程投资约73万元，青山水库船舶更新9艘，投资144万元，洪下、灌棚渡口维修投资约10.2万元。开工建设站点有城西客运站，新增桂花客运站、大源客运站（调整为三级客运站），肖岭客运站改建项目竣工，新建农村候车亭5个。

"四好农村路"建设。完成县乡道建设21.2公里，乡村路网连通、延伸公路47公里，公路提档升级140公里；调查全域公交线路计划提升改造75公里。完成危桥改造99座，在建2座；完成交工预验收评定52座；新建桥梁2座。安装波形梁护栏15000余米，警示标志标80余个，安装减速带420余米，消除安全隐患50余公里，投入资金310万元。完成全县农村公路隐患路段、平交道口排查工作，查出隐患路段35公里，完成农村公路平交道口处置96处，完成减速带安装860余米、爆闪灯安装156个、文字标牌156套，施划振动标线4000余平方米，完成投资89.1万元。

农村公路养护。对纳入专业日常养护的24条线路共191.8公里进行询价采购，确定专业养护公司并签订养护合同。小修保养完成大清线修复沥青路面3处110平方米，沥青灌缝2000米；胡老线修复沥青路面8处330平方米；大周线修复沥青路面5处150平方米。清理大岭村、中山村等公路塌方20000余立方米，修砌挡土墙3700余立方米，修复黄三线、蔡梓线等破损路面11000平方米，投入资金253万元。

运输服务保障。全年完成旅客周转量6470万人公里，比上年下降30.9%，完成货物周转量45427.2万吨公里，比上年增长5.9%。建立县级物流城乡配送中心，有中通、申通、圆通、韵达、百世汇通、极兔6家品牌物流企业进驻。设立城区快递超市及分区快递门店，城区各小区设立快递超市37个、沿街快递门店8个，满足城区市民在家门口完成"快件寄递"服务需求。乡镇物流快递综合服务网

崇阳共同缔造"四好农村路"。图为白霓镇大市村两车道"四好农村路"

点实现无盲区全覆盖，全县12个乡镇均设立农村物流综合服务中心，解决县级物流仓配中心与村级服务网点之间中转，乡镇快递站点覆盖率100%。村级物流综合服务站点建设增速，推行"直投到户""物流配送＋农村物流网点自提点"配送模式。结合乡村振兴、快递进村等目标，推进"四好农村路"沿线村镇物流综合配送站点建设。根据农村乡村旅游业发展、农业产业规模发展及村民居住集中情况，整合资源，加强交邮合作，合理规划物流综合服务站点布局建设，在124个村设立物流快递综合服务站点，村级物流综合服务站点覆盖率为70%。

城乡客运。积极推动湖北省全域公交示范县创建，9月28日，首条全域公交线路11路天城至白霓线一路口线正式开通，10月21日，全域公交第二条线路12路崇阳至蔡墩开通，11月11日，全域公交第三条线路13路崇阳至青山开通，完成对崇阳至大源、北山、石岭的收购工作，有序推进其他乡镇全域公交线路全面开通。积极推行"适老化"新举措，对全县年满60岁的老人开放免费乘坐公交服务。

公路养护。全面推进公路预防性养护，完成沥青路面灌缝、水泥路面灌缝、沥青料修补坑槽、清理边沟、路肩整治、清除塌方、疏通桥涵泄水孔、清理桥梁伸缩缝、修复桥涵、清理路肩杂物、埋设百里桩和公里碑、修割路肩长草、路树刷白等日常养护工作，美化路肩86公里。完成106国道京广线工业园至花山段路面大修、246省道凤界线铜钟至高堤段路面大修、106国道京广线石城至沙坪段路面中修等大中修项目18公里。开展"三年消危"行动，改造国省道危桥12座，其中106国道危桥3座、246省道凤界线危桥5座、362省道金保线危桥3座、259省道铜天线危桥1座。

路政管理。全年路政治超查处超限超载车辆210辆次，卸货7300余吨，查处路产赔偿案件12起；制止在红线控制区内违章建筑10处、面积510平方米；清理公路路障2800立方米。全年路政案件查处率100%，结案率

2022年9月28日，崇阳县首条全域公交线路开通

100%，实现零安全事故和零"三乱"。

行业监管。严格履行"三关一监督"的安全监管工作职责，督促道路运输企业对经检测达不到安全技术条件的营运车辆，立即送修或及时更新。组织对领取从业资格证的营运驾驶员进行培训考核，重点加强客运车辆和驾驶员安全管理，开展客运驾驶员继续再教育培训。加强对运输企业安全生产监管工作，组织专班在节假日期间常驻客运站现场办公，并深入运输企业、客运站对安全工作进行检查、督促、指导。制定汛期应急预案，实行24小时电话值班制度，储备应急运力40辆，确保完成防汛抗旱物资运输和人员疏散。开展"两客一危"车辆动态监控违规信息闭环处理工作。加强安全教育培训，组织各道路运输企业法人、安全管理人员、安全例检人员、"三品"查堵人员、维修企业质检员参加各项安全知识培训。

智慧交通。崇阳县智慧交通应用管理平台投资约150万元，利用计算机、互联网、物联网等技术实现全县农村公路路网、资产、路况等数据在时间和空间上可视化管理，并结合农村公路管养实际情况定制一套适用于全县农村公路的巡检养护业务流程，促进全县农村公路管理规范化、养护科学化。智慧交通应用管理平台系统主要分路网管理、资产管理、路况评定、巡检管理、养护管理、建设管理

六大模块。

安全应急管理。强化水上交通安全监管。坚持每月渡口巡查，重大节假日派员值守重点渡口，加强现场监管，严防船舶超载、冒险航行和危险货物上船，确保渡运安全。全年查处违法经营船舶6艘，扣押"三无"船舶3艘，拆除钓鱼筏房1个、钓鱼筏排2个；投入45万元，在青山水库水域安装航标36个，投入41.7万元，对青山水库及所有船舶安装动态监控设备，确保船舶航行安全。强化道路运输安全监管。严格执行客运站"三不进站、六不出站"安全管理规定，严把"三品"查堵、车辆安检、出站门检关，加强客运车辆实时动态监控管理，对超载、超速、疲劳驾驶、开车打接电话、长途客车凌晨2时至5时不经接驳运输非法营运等违法违规行为，严格按照"两客一危"车辆动态监控违规信息闭环处理"五种形态"进行严肃处理。积极推进企业安全生产标准化建设，全县6家道路客运企业全部完成达标工作任务，其中一级达标1家、二级达标2家、三级达标3家。强化公路保畅安全监管，坚持公路巡查，加强日常养护，及时消除公路安全隐患。持续推进公路安全生命防护工程，完成临水临崖路段整治62.9公里，安装波形钢护栏26.2公里，增设广角镜2个。积极推进"三年消危"行动，累计完成危桥改造113座。

交通改革举措。按照县委县政府文件精神，对交通运输系统进行改革，设立崇阳县农村公路事务发展中心、崇阳县公路事业发展中心、崇阳县道路运输事业发展中心、崇阳县港航事业发展中心。对行业下属企业进行资源整合，优化资源配置，打造优质品牌。11月1日，崇阳瑞阳交通投资集团有限公司正式挂牌运营，属县政府直属国有独资企业。

（袁野）

【通山县】 至2022年底，全县公路通车总里程3268.83公里，公路密度122公里/百平方公里，其中高速公路97公里、一级公路9.81公里、二级公路406.13公里、三级公路229.26公里、四级公路2379.83公里、等外公路146.80公里；按行政等级分为（不含高速公路）国道87.37公里、省道198.98公里、县道532.72公里、乡道717.10公里、村道1635.66公里，实现所有乡镇通乡二级公路黑色化，187个行政村村村通公路、村村通客车，公路通达率、硬化率、通客车率均100%。内河航道通航里程89公里，有渡口30个。有客运站10个，其中一级客运站1个、三级客运站2个、五级客运站7个。

基础设施建设。全年完成交通固定资产投资33.31亿元，比上年增长171%。咸宁至九江高速公路项目路基、桥隧全线动工，全年完成投资25.01亿元，累计完成投资52亿元。普通公路完成投资8.3亿元，启动通山大道、大幕山抽水蓄能电站专用公路项目建设，推进106国道洪港至九宫山镇、马桥至洋湖、通山至黄沙公路、板桥至富有、绕城北路等公路改扩建，完成106国道杨林至寨头段8公里中修工程、市政工程县经济开发区横一路、横二路路基路面工程。完成公路桥梁"三年消危"行动120座危桥改造任务，其中2022年投资8000万元，完成夏李屋大桥、朱里桥等5个渡改桥项目建设。完成板桥公路站建设，燕厦三级客运站平基及一楼主体框架。完成城乡新能源公交客运综合服务一体化项目2023年国债资金呈报工作并挂网招投标。

"四好农村路"建设。巩固拓展脱贫攻坚成果，完善农村交通基础设施，推动全面乡村振兴，完成农村公路建设211.3公里，为年度计划的105.3%。投资2.01亿元，完成燕厦至龙港乡镇双通道7.6公里，黄沙铺镇黄鹤楼乡村道路、洪港至三源、山口至寺下、北山林场公路4条重要县乡道24公里，白岩、留阻等乡村路网连通工程32.3公里，农村公路提档升级147.4公里。积极争创"四好农村路"示范县，坚持"政府主导、乡镇主体、部门联动、群众参与"创建模式，成立镇级公路管养中心，配备村级护路员，构建覆盖全县的县、乡、村三级公路管理网络，对山石线、闯老线等20条150.8公里外业核查路线进行全面整修，并对乡镇日常养护工作每半年进行一次全覆盖检查。通山县获评2021年度全省"四好农村路"示范县。

运输服务保障。全年公路完成客运量88.82万人次、旅客周转量5098.7万人公里，比上年分别增长43.9%、17.9%；完成货运量382.5万吨，比上年增长4.7%，完成货物周转量7836.46万吨公里，比上年下降74.8%。水路完成客运量5.6万人次，比上年下降85.6%。全县共有跨省跨市客运车辆33辆，农村客运车辆119辆，出租汽车128辆；客运线路98条，其中县内78条、县外20条；城乡新能源纯电动公交车95辆，营运线路10条，其中城区、城郊线路7条，乡镇公交专线2条，隆鼎丽都专线1条，公交站亭（点）160余个，日运营次700余班。推广新能源汽车，倡导绿色出行，投入4000万元购置新能源纯电动公交车70辆，建成使用新能源充电站场3个，建设中心客运站、塘家地站充电桩14个（含28个充电终端）。有客渡船160艘，适航率100%。

城乡客运一体化。推进全域公交示范县创建暨城乡公交一体化改革，开通城乡公交专线2条（通山—大畈—慈口、通山—厦铺—杨芳林），新改建农村客运候车亭32个，农村客运公交化运营通达6个乡镇87个建制村，通村客运公交化率46.5%。通过"三降一提"（降票价、降支出、降成本，提高发车频次），对65岁以上老年人免票等措施，实现便民、惠民、利民。7月20日，通山县入选2023年全省全域公交示范县创建名单。

物流发展。推进县、乡、村三级物流配送体系建设，建成县级物流园（通山县物流仓储分拨中心）1个，乡镇寄递物流综合服务站11个，村级物流网点挂牌经营187家，城区物流企业26家，配备快递驿站87个，实现城区快递配送点、农村物流乡镇站点、

2022年7月25日，改建后的通山至黄沙公路

2022年1月1日，通山县城乡公交一体化项目农村公交开通

行政村服务点全覆盖，基本建成"布局合理、双向高效、种类丰富、服务便利"的农村物流服务体系。

公路管养。修补国省干线路面坑槽1.1万平方米，路面灌缝124公里，整理路肩313公里，绿化树刷白120公里，疏通边沟276公里；清除路障9200平方米，处置塌方5580立方米，清理安全防护设施186公里；增补示警桩、百米桩、道口桩260根，修复钢护栏2300米，安装标志牌320块、广角镜135块，补划路面标线8875平方米。开展省界门户(通道)环境提升工作。

行业监管。健全常态化联动治理机制，联合交警、城管部门持续开展路面治超和"打非治违"专项行动，查处超限运输车辆112辆，卸货1125吨，整治改型车辆6辆、非法营运车辆26辆，查处违法从事危险货物道路运输车辆设施设备3套、城区非法巡游载客四轮电动车3辆。查处违法船舶6艘、违法航行行为20起，有效管控车辆、船舶营运行为。办理大件运输行政许可51件、涉路施工许可2件。

智能交通。推进"雪亮工程"建设，充分发挥交通运输应急监控指挥中心实时监管作用，对所有营运车船特别是"两客一危"车辆实现4G动态视频监控全天候、全过程监管，通过第三方监测平台发送安全预警信息18条，"两客一危"车辆动态监控平台发现并及时纠正驾驶员违规行为2320次。建立健全国省干线养护信息化管理系统，完善公路基础数据库，实现干线公路智慧管养。建设完善水上搜救应急系统，利用渡口渡船电子远程监控系统，及时纠正各类违法航行行为。

交通环保。开展渡口渡船污染防治专项行动，检查船舶1580艘次，督促整改船舶机舱漏油漏水34处，船舶油污水上岸回收210千克，确保垃圾、污油水全部上岸处理。巩固营运黄标车淘汰工作专项行动，对列入淘汰范围的营运车辆，一律不予办理道路运输证年度审验，至2022年底，淘汰营运黄标车78辆。

安全应急管理。打好安全生产专项整治三年行动收官战，全年开展隐患排查165次，排查整改隐患248个。实行安全应急重大风险挂牌督办机制，消除省市挂牌督办点4处，完成106国道富有段地质灾害应急处置工程、209省道咸通线胜似桃园至狮子坪段灾毁恢复重建工程、358省道阳通线高坑段灾毁恢复工程、杭瑞高速公路隐水洞出入口段和大畈镇玉山石化加油站周边交通隐患处置工程。开展"5·12"全国防灾减灾宣传、全县公路防汛抢险应急演练、消防知识培训演练、水上安全知识进校园等活动，提高安全风险防范和应急处置能力。完善相关应急预案，成立应急救援队伍，及时发布气象预警信息和路况信息，在南林、九宫山公路站设立应急中心，做好应急车辆、机械及水上搜救船舶、快艇储备调度工作，各类应急物资设备充足。

"放管服"改革。承接省下放的涉及道路运输、公路建设等35项管理权限，首次自行审批增设平交道口等许可3件。严格落实政务公开，做好政务服务事项网上审批工作，一窗受理、一网通办办件量733件，对审批、执法事项在"双随机、一公开"等信息平台予以公开。

(阮晓东)

随州市交通运输

【概况】 至2022年底，全市公路通车总里程12548.22公里，公路密度125.34公里/百平方公里，其中高速公路335.02公里、一级公路210.21公里、二级公路1152.55公里、三级公路240.77公里、四级公路10609.67公里。辖区有通航水域10处，等级航道里程150.5公里，有渡口28个。全市有一级客运站1个、二级客运站4个、三级客运站1个。

基础设施建设。全市完成交通固定资产投资34.92亿元，比上年增长56.59%。其中高速公路完成5.4亿元，普通公路完成28.76亿元，物流园区完成投资4855万元，客运站完成投资2136万元，水运建设完成647万元。全年争取国、省到位资金14.54亿元，比上年净增11.16亿元。7月6日，全

2022 年 11 月 15 日，改建后的洛阳镇方家冲百美村宿通村旅游公路

省高速公路项目第三季度集中开工活动在随州广水举行，总投资 60 亿元的随州至信阳高速公路开工建设。随州至信阳高速公路控制性工程平靖关隧道、回龙寺大桥、龙泉河大桥等 5 处先行开工在建。346 国道随州市十岗至任家台段改扩建工程（南外环）房屋征迁协议签订完成，控制性工程府河大桥建成，路基工程推进顺利；316 国道广水市平林至曾都区淅河段改扩建工程项目可行性研究报告、初步设计、施工图设计均获批复，高新区段完成路基 5 公里、路面 2 公里，广水段在办理土地预审，完成招标；240 国道随州市石桥至钟氏祠段改建工程（北外环）项目用地预审获自然资源部批复。全市完成一级公路路基 7 公里、路面 3 公里，二级公路路基 18.74 公里、路面 39.53 公里；完成国省道大中修 100.13 公里；新改建农村公路 1006 公里；完成危桥改造 149 座，"三年消危" 228 座桥梁任务圆满完成。

"四好农村路"建设。全力服务乡村振兴和强县工程建设，持续加大农村交通基础设施投入力度，在积极争取国、省交通专项补助资金支持的同时，将农村公路建设、管理、养护资金列入财政预算，按不低于 "1525" 标准配套农村公路养护资金，全年农村公路养护资金到位 3353 万元，到位率 100%。持续推进农村公路提档升级、乡村骨干网、双车道村级建设，全年新改建农村公路 644 公里。制定《随州市交通环境大提质行动专项实施方案》，结合 "路长制"，大力开展农村公路路域环境整治，全年完成 160 公里 "四好农村路" 路域环境整治工作，累计补划标线 2 万余平方米、修补病害路面 23000 余平方米，助推 "四好农村路" 示范创建扩面提质，广水市全省 "四好农村路" 示范县创建成功；曾都区何店镇、随县尚市镇成功创建全省 "四好农村路" 示范镇。

运输服务保障。全市公路完成旅客周转量 74972 万人公里，比上年下降 14.39%；全市规上道路货运企业完成货物周转量 30381.59 万吨公里，比上年增长 19.92%。全市水路完成客运量 31.3 万人，比上年增长 22.3%，完成旅客周转量 274 万人公里，比上年下降 16.5%；完成货运量 168.1 万吨，比上年下降 8.9%，完成货物周转量 7.51 亿吨公里，比上年增长 60.3%。拥有客运企业 33 家、客运车辆 1288 辆，其中旅游客运企业 6 家、旅游客车 104 辆；客运班线 611 条，其中省际班线 18 条、客车 31 辆（其中 800 公里以上线路 11 条、客车 18 辆），市际班线 60 条、客车 129 辆；拥有货运企业 506 家、货运车辆 17799 辆。有

公交营运线路 30 条（曾都区 20 条、随县 3 条、广水 7 条），公交车 516 辆（曾都区 384 辆、随县 18 辆、广水 114 辆）；出租汽车 788 辆，其中城区 547 辆、随县 25 辆、广水 216 辆。在籍船舶 142 艘，其中省际普通货物运输船舶 40 艘，客渡船 51 艘，旅游客船 33 艘，砂石船、公务船、水务趸船等 18 艘；在册船员 256 人。全年办理客运行政许可业务 29 件，危险货物道路运输行政许可业务 2 件，全市新增货运经营业户 805 家，更新客运车辆 13 辆，新增货车 1239 辆，新增危险货物道路运输车辆 4 辆。加快推进城乡客运一体化，完成乡村客运站改造 2 个，新建标准化农村港湾式候车亭 71 个，为群众安全便捷出行提供更加优质高效的服务。开通定制公交线路 77 条，为 2500 余名中小学生提供上学、放学乘车服务。开展 "入规纳统" 工作，100 辆车以上货运企业入规 15 家，50 辆车以上货运企业入规 27 家，共计新增入规企业 38 家。落实全国、全省物流保通保畅工作部署，快速组建保通保畅领导小组和工作专班，持续开展常态化督导工作，全市公路主干道保持全线畅通；联合公安、卫健、政务服务和大数据局共同探索，研发货车登记小程序，利用信息化手段有效提升交通道口查验和货车通行效率，保通保畅随州经验获得国家、省级工作简报 14 次 "点赞"。

物流发展。加快推进随州城乡万吨农产品食品冷链物流中心项目建设。至 2022 年底，随州市城乡万吨农产品食品冷链物流中心项目完成投资 4855 万元，建成周转仓储 6048 平方米，3 号、4 号农产品冷藏库共 24000 平方米建成使用。科学指导推动随通物流园农村物流项目融合发展，随县湖北大随通物流园农村物流项目和随县蜂巢电子商务有限公司开展合作，打造国家级电子商务示范县，建立随县农村物流（仓储）三级配送中心，建设仓库 12579.2 平方米，引进德邦快递、圆通快递、邮政速递等多家快递企业入驻园区，在随县 18 个乡镇设立镇级农村物流配送网点，配送业务覆盖 54

个村。帮助企业获得国家补助资金 150 万元。积极开展随州市综合物流园 (随州高新区能源物流园) 项目招商引资，该项目依托国能随州火电厂，建设能源产业物流园，推动打造现代综合物流园区。随州市交通物流发展中心发扬"店小二"精神，积极服务好项目招商引资工作，多次对接湖北交投物流集团公司，7 月 6 日湖北交投集团与随州市签订产业发展合作协议。

公路管养。落实"路长制"助力路域环境大提升，完成国省干线公路路域环境大排查，排查问题清单 292 个。在公路沿线政府支持配合下，对全市所有的国省干线公路路域环境的脏乱差等问题进行全面整顿和清理。同时，加大公路用地、建筑控制区监管力度，确保无违章建筑，无未经批准的非公路标志、涉路工程等行为，全市路域环境得到明显改善，有力助推交通环境大提质行动。开展平安公路创建、公路安全设施精细化提升行动，在省公安厅、省交通运输厅联合开展的"全省隐患路段路口治理十大精品案例"评选活动中，107 国道广水松林村平交路口被评为全省"十大精品案例"，治理工作经验在全省推广。"拉网式"排查强化养护管理增效能，以提升路况水平为重点，全市投入资金 1.7 亿元，先后完成公路大中修 62.42 公里、灾后重建工程 31.3 公里、消灭次差等路 93 公里；以标准化建设为目标，全方位开展标准路基、标线、标志标牌、防护设施等达标行动。全年整修公路路肩 1224 公里，更换维修公路标志标牌 268 块，维修防护栏 6.5 公里，修建排水设施 46.8 公里，划设公路标线 803 公里。打造美丽示范路近 150 公里。随州市国省干线公路的路况水平和路容路貌发生根本性变化。

路政管理。不定期开展路政执法督查活动，分别对县市区疫情值守点、治超站点和部分路政中队日常工作进行监督检查，规范公路路政、治超执法行为，严肃查处在执法过程中存在的违规违纪问题。提升大件运输管理服务工作，圆满完成国能长源随州发电有限

2022 年 9 月，327 省道长张线同心街道段大修工程完工

公司 518 吨和 591.9 吨超大型运输车辆保障任务。全年全市审核大件运输车辆 493 件，其中三类件 173 件，全国范围内起运地大件运输 234 件，全省范围内大件运输 50 件。突出开展"百吨王"和超限运输治理，强化站点治超、流动治超、路警联合治超和科技治超，坚持不定期在重要路段开展"精准治超"，有效打击超限超载运输车辆违法行为，超限超载率控制在 2% 以内。全年检测车辆 72588 辆，其中超限车辆 1647 辆，卸载货物 47718.2 吨。

运输市场监管。开展违规经营专项治理，采取巡查与定点守候方式，从严查处出租汽车不打表、拒载等违法违规经营行为，全年查处不打表、拒载等各类违法行为 65 起，出租汽车经营秩序明显好转。发挥投诉处理中心平台作用，受理出租汽车投诉 300 余起，处理和回复率 100%。开展从业资格注册工作，对城区出租汽车驾驶员从业资格进行全面清理和注册登记，共注册 1100 余人。组织从业资格考试 6 场次，发放网约车从业资格证 260 个，传统巡游出租汽车从业资格证 124 个。加强客运市场稽查，净化市场环境，查处非法营运车辆 6 辆。加强南站和新火车站客运管理，严查出租汽车往返新火车站和随州南站违规经营行为，查处违规行为 35 辆次，并与铁路派出所、何店镇派出所等部门积极配合，对随州南站客运市场秩序进行全天候分时段共同管理，维护出租汽车合法权益，建立长效管理机

制，维护城市窗口形象。

安全应急管理。深入开展安全大检查行动，检查督导交通运输管理部门 17 家次、交通运输企业 149 家次、公路水运工程建设施工项目 31 个，发现问题隐患 174 项，完成整改 172 项，整改率 98.9%，有效降低行业生产安全风险。持续开展国省道平安公路创建工作，完成新 316 国道双黄线整治，316 国道十岗、328 省道蔡河、240 国道高城等平交道口专项治理，346 国道长岭高架桥独立墩加固治理工程，312 国道安全防护设施精细化提升工程。加强客货运重点领域管理，突出 800 公里以上省际长途客运管理；坚持每月对全市危险货物道路运输企业电子运单管理系统使用情况进行统计通报，使全市危险货物道路运输企业电子运单应用率达到 100%；加强与公安部门联动，对市公安局交通警察支队通报的随州市危险货物道路运输高风险企业及时进行约谈检查，组织开展常压液体危险货物罐车治理工作。持续整治水路客运、逃避海事监管船舶、河道非法采砂、渡口渡船安全、通航水域涉水活动安全等行动，全年检查乡镇船舶 962 艘次，发现隐患 9 处并全部整改到位。

科技与信息化。充分发挥新技术在公路防灾减灾救灾中的运用，以随县为试点，按照"可视、可测、可控"要求，分别对 312 国道、240 国道、328 省道、475 省道实施信息化改造，在所有省界路口、大中桥梁、公

路服务区(停车区)、急弯陡坡等危险路段安装高清摄像头,建成随北片区公路视频监测分析系统和应急指挥系统,对公路运行情况实行 24 小时不间断监控,提升公路安全应急预警和保通保畅能力。

绿色交通。禁止新增传统燃油动力船舶,鼓励更新建造新能源船舶,广水市徐家河库区新增 40 客位新能源客船 1 艘。督促 400 总吨以上船舶加装污水处理装置,随州籍 400 总吨以上船舶全部加装污水贮存装置,安装率 100%。推广并督促使用"船 E 行"App,全年全市参与受电设施改造船舶 17 艘,总投资 127 万元。

(喻红平)

【曾都区】 至 2022 年底,全区公路总里程 3003.96 公里,公路密度 210.74 公里/百平方公里,其中高速公路 59.80 公里、一级公路 97.55 公里、二级公路 222.01 公里、三级公路 141.29 公里、四级公路 2483.31 公里。

基础设施建设。全年完成交通固定资产投资 5 亿元。240 国道槐东至石桥段改建工程初步设计工作启动,加快推进 346 国道随州市区段改造工程建设,曾都区涉及 3 个镇(办)5 个村(社区)所有国有土地征收兑付工作全部完成。327 省道长张线同心街道大修工程 1.8 公里、346 国道上安线十岗至广水界段大修工程 7 公里、001

2022 年,018 乡道过三线陈家湾至王店段灾毁重建工程完工通车

县道刘何线改建工程 4.6 公里、018 乡道过三线陈家湾至王店段灾毁重建工程 3.26 公里、024 县道阁珠线珠宝山至君子山段改建工程 7.8 公里建成通车。016 县道兴老线梨树塆至塔儿湾段改建工程 9.7 公里和 002 县道汪清线紫石铺至严家畈段改建工程 5.5 公里完成路基、桥梁及防护排水工程等建设。完成"三年消危"危桥改造 33 座,完成农村公路渡改桥 11 座,新建及提档升级通村公路 116 公里。

公路养护。制定《曾都区交通环境大提质行动实施方案》,提升全区国省干线、农村公路路况水平,提高路域环境质量。开展辖区公路病害处置,重点对辖区相关路段进行维修处置,其中对 240 国道、厥水二桥、316 国道均挖补坑槽治理;262 省道淅万段

待改建路段做到勤垫勤补保畅通;对 316 国道十岗段路面受损严重雨天呈现大面积坑槽多次垫补水稳料。开展路域环境整治,出动清扫车、洒水车、铣刨机、摊铺机、压路机、运输车等 180 余台次,对炎帝大道、迎宾大道路面进行常态化清扫,修复破损路面、维修水沟、更换水沟盖板和破旧水马,全线路肩割草 9 个周期,整修路肩 25 公里,清理边沟 28.5 公里,清洗护栏 20 余公里,冲洗道路及标线 28.5 公里。此外,清理桥梁边坡及桥底杂物、桥梁伸缩缝泄水孔、刷新桥梁护栏,清除"牛皮癣"、小广告,处理各类路面抛撒、乱堆乱倒现象 20 余起。开展"四好农村路"示范镇创建,按照省、市"四好农村路"示范镇创建工作要求,对何店镇农村公路路容路貌进行提档升级,重点完成王张线王店街道路面刷黑、何花公路水沟清理、路肩整修及绿化美化等工作,何店镇被评为全省"四好农村路"示范镇。

路政管理。强化路政巡查,保护路产路权。加强与相关职能部门协调合作,进一步加大路政巡查密度,集中开展对杂乱标牌、摆摊设点、堆物占道、砂石遗撒等违法行为专项治理,特别是在"寻根节"期间,加大"路养联合"治理力度,重点对运输石料车辆沿路抛撒石料等污染公路违法行为进行专项整治,并对辖区 316 国道、迎宾大道、炎帝大道违法占用公路的杂物、废土、石料等进行清理,营造良好的公路环境,累计清理各种堆积

2022 年 11 月 20 日,024 县道阁珠线(珠宝山—君子山段)升级改建完工通车

物 4200 余平方米、制止违法建房 700 余平方米、清理大小非交通标志标牌 70 余块。强化联合治超，确保公路安全。进一步深化联合治超力度，巩固超限超载治理成果，推进交警驻站联合执法工作。针对治超工作中存在的问题，积极与市交警支队对接协调，派驻交警实行轮班治超。全年检测车辆 9992 辆，查处超限车辆 489 辆，卸（转）货物 8096 吨。

安全应急管理。建立主要领导亲自抓、分管领导具体抓、其他领导协助抓、职能部门和股室全员参与的安全生产责任体系。强化公路安全隐患整治，在临水临崖、急弯陡坡等事故易发、多发路段设置安全设施，大力整治重点危险路段。对辖区国省干线桥涵、边坡等进行集中整治，对农村公路交通标志标识、安全防护设施进行查漏补缺。强化在建工程安全监管，不定期对施工工地、养护作业现场、公路管理站、机械设备、用电设施、消防设备等重点区域开展安全生产大检查，重点检查在建项目的人、财、物安全防护、临时用电安全监管、机械操作手是否持证上岗、施工区域生产安全管控、站房内消防安全等，开展安全隐患大排查 16 次，治理纠正违章行为 29 起，排查隐患 16 起，整改率 100%。强化安全生产培训，在加大平时安全应急知识学习基础上，重点对 15 名安全员、23 名"七大员"（指施工员、质量员、材料员、标准员、资料员、机械员、劳务员）、26 名特种操作手进行培训并参加相关部门组织的考核，所有参训人员取得安全证和特种作业证。

（关文）

【广水市】至 2022 年底，全市公路总里程 6188.12 公里，公路密度 196 公里 / 百平方公里，其中高速公路 71 公里、一级公路 78.84 公里、二级公路 323.58 公里、三级公路 55.3 公里、四级公路 4662.14 公里、等外公路 997.26 公里。内河航道通航里程 104 公里（徐家河 89 公里、花山 15 公里），有港口 24 个。有客运站 8 个，其中二级客运站 1

7 月 6 日，2022 年三季度全省高速公路项目集中开工活动举行。图为随州主会场

个、五级客运站 7 个。

基础设施建设。全年完成交通固定资产投资 13.95 亿元。211 省道李店太平段改扩建项目完成在建区段路基垫层；320 省道桃南线项目完成 2 座中桥、16 道构造物和 4.2 公里路基工程；环库公路渔火露营段路面工程完成主油层铺设。率先在随州完成普通公路桥梁第一批"三年消危"行动目标任务，完成桥改任务 43 座。随州至信阳高速公路正式开工建设，主线 45.07 公里全部位于广水市境内。

"四好农村路"建设。全年完成新改建农村公路 225 公里，其中县乡道 36 公里、乡村路网连通工程 77 公里、农村公路提档升级 112 公里。采用购买第三方质量检测服务方式，全面监管农村公路建设质量，农村公路建设质量抽检合格率 100%。广水市获评 2021 年度全省"四好农村路"示范县。

运输服务保障。加强运输基础设施建设，建成二级客运站 1 个，新建农村港湾式候车亭 35 个。拥有客运企业 3 家、客运班车 625 辆，开通农村客运班线 330 条，日发班 1977 次，村村通客车率 100%。基本实现"以镇办客运站为支点、农村招呼站为网络"的农村客运路网基础设施体系，全面打通服务群众出行"最后一公里"。

公路管养。采取大面积推油罩面的方法，对路面老化较严重的 316 国道部分路段、出现龟网裂病害的 210 省道城区至骆店段路面进行防水作业。

做好公路修补沥青路面坑槽面层、基层，铣刨修补沥青路面车辙，路肩除草，清理边沟等日常养护工作。更换维修标志牌 85 块，新安装标志牌 143 块、岔口路灯 40 根，新安装波形钢护栏 1350 米，维修钢护栏 650 米，新划路面标线 98 公里，振动标线 1600 平方米，完成路面大修刷黑 6.22 公里，维修更换公里碑 43 块、百米桩 125 根、道口标柱 136 根。设置完善的桥名牌、桥梁保护区牌、桥梁信息牌、限载牌等，桥梁检查频率不低于每月 1 次，对检测出的三四类桥梁及时上报，设置限载、限速牌，并密切检测。新建标准化交通厕所 1 座，结合沿线乡镇美丽乡村建设和交通环境提质行动，开展路域环境整治。对 346 国道、328 省道、425 省道进行路肩集中整修，处理一批路肩过高路段，提升沿线路域环境。

运输市场监管。持续规范出租汽车、乡村线路班车经营行为，依法重拳打击非法营运车辆、网约车、广汉网约拼车等扰乱运输市场违法行为。加强货运源头管理，切实有效遏制货运车辆非法改装、危险运输行为。全年查处各类违法行为案件 211 余件（查处非法营运车辆 28 辆次、擅自改装并取得道路运输证货运车辆 27 辆、危险货物道路运输车辆违规行为 4 起、出租汽车不规范经营案件 8 起），全市道路运输环境综合治理成效明显。

超限超载治理。巩固路警联合治

超常态化工作机制，实施联合精准治超，推进科技治超和信用治超，开展路警联合流动精准治超行动186次，查处超限超载运输与非法改装车辆901辆，其中，公路部门查处超限车辆、卸载及转运货物29671吨，运管部门查处非法改装车辆23辆、罚款11.50万元。

安全应急管理。加大行业安全生产和隐患整治工作力度，重点加强事故隐患综合治理和监督检查，完善重大隐患排查治理档案，及时组织开展危险化学品运输、道路运输、公路、水路、交通工程施工现场、人员密集场所以及公路、水运交通基础设施等安全隐患排查治理工作。开展危险货物、普通货物道路运输安全整治、校车整治专项行动20余次，查验运输车辆196辆次，检查运输企业120家次，与企业签订安全生产信用承诺书23份，发现问题隐患94起，并逐一跟踪企业完成问题隐患整改。对88起涉及从业人员违规驾驶案件进行处罚，严格做到"横向到边、纵向到底、不留死角"。落实水上交通安全生产专项整治三年行动，发送安全应急信息550余次，船舶安全监管覆盖率100%，乡镇船舶安全管理三级责任书签订率100%，一渡一档规范达标率100%；建立分片网格化管理机制，明确属地安全监管责任，定期开展水上运输安全专项治理工作，检查渡口120余处，检查船舶500余艘，排查水上交通安全隐患3处。做好公路水毁恢复和交通应急抢险工作，协调各部门全面完成水毁恢复工程建设；积极应对各种突发极端天气对公路设施的破坏，补充应急物资，保养机械设备。

交通改革举措。推进交通综合执法大队启动运行。广水市编办正式发文将广水市物流发展局更名为广水市物流事业发展中心、广水市公路管理局更名为广水市公路事业发展中心。有序推进公交体制改革试点。联合广水市城市更新投资公司共同搭建工作专班，拟定《广水市广办城区公交体制改革试点工作实施方案》，新组建国营公交公司。

优化营商环境。做好广水市扩权赋能强县改革下放事项承接认领工作，配合市场监管局做好"双随机、一公开"监管、"高效办成一件事"和"互联网＋监管"政务服务。全年办理行政审批事项4079项，按时办结率100%，群众满意率100%。实现"群众一站式、一窗式办理"工作目标。印发《广水市交通运输局行政执法"三项制度"实施细则（试行）》；建立行政执法公示、执法全过程记录、重大行政执法决定法制审核三项基本制度；编制执法流程图、执法服务指南、执法文书样本、法制审核流程图四类文本，大大提升政务服务水平和质量。不断拓宽行业咨询监督渠道，组织人员走访企业、实地调研，掌握企业经营现状及对运管服务工作诉求，提前介入复杂服务事项，做好政策指导和答疑解惑。开展涉企走访活动20余次，争取政策资金支持。

（王晓青）

【随县】　至2022年底，全县公路通车里程5718.28公里，公路密度100.7公里/百平方公里，其中高速公路220公里、一级公路35.35公里、二级公路672.82公里、三级公路82.53公里、四级公路4707.58公里。随县辖区内有通航水库（有船航行）5座，内河等级航道里程35.7公里、等外航道里程33.7公里，有乡镇渡口7处。有客运站17个，其中二级客运站1个、三级客运站1个、五级客运站（包括农村综合服务站）15个。

基础设施建设。全年完成交通固定资产投资4.53亿元，比上年增长156.3%。全年争取项目资金29789万元，其中省级重点项目资金8141万元；国省干线养护资金6760万元；农村公路建养资金13886万元；客运（渡运）发展专项资金1002万元。全年完成国省道大中修及涉外公路工程100.79公里，货币工程量1.68亿元。其中240国道、316国道、264省道、328省道、333省道、440省道大中修计划任务62.93公里，货币工程量1.19亿元；涉外工程尚市桃花园景区、环潭镇岳雄峰油茶基地等农村公路37.86公里，货币工程量4888.7万元。完成沙河桥、叶家湾等桥梁消危改造12座，完成货币工程量2295万元。全年新建港湾式候车亭20处，全县各类候车亭达到319个。

"四好农村路"建设。完成通村公路建设70公里，投资约7550万元。完成桃花园景区7.8公里、二朱线12.1公里、神农牡丹谷4.2公里、环潭岳雄丰油茶基地14.5公里、柏树湾9.6公里、赵砂线4.2公里、淮谢线淮河高速公路连接线至抱扑谷段4.1公里共56.5公里县乡道改造，投资约2.26亿元。完成农村公路提档升级146公里，投资约7300万元。完成危桥改造130座，总投资约2亿元。加强行业指导，助力尚市镇加大"四好农村路"建设，刷黑熬棚、太山农村公路20余公里，尚市镇获评2021年度全省"四好农村路"示范乡镇。全年创建"美丽农村路"9公里。

公路养护。开展精准化日常性养

随县尚市镇获评全省"四好农村路"示范乡镇

145

护，处置路面病害 14075 平方米，清挖边沟 86.47 公里，新建边沟 2660 米，整修路肩 87 公里，施划公路标线 4210 平方米，巩固完善标准路基 162 公里，创建文明样板路 46 公里，国省干线宜林路段绿化 117 公里，随县国省道路域环境整体保持在较高水平。开展预防性养护，投入 110 万元实施 234 国道、316 国道、346 国道稀浆封层路面微表处 8.4 万平方米；投入 8 万元，实施 240 国道、346 国道、328 省道路面裂缝密封填充 12.7 公里。

运输服务保障。全年公路完成客运量 79.12 万人次、旅客周转量 2208.12 万人公里，完成货运量 2084.32 万吨、货物周转量 37.07 亿吨公里。水路完成客运量 8.4 万人次、旅客周转量 120.30 万人公里。7 月 14 日，随县城乡公共交通运输有限公司成立，投资 1162.64 万元，购买新能源公交车 18 辆，在随县客运站内新建 1 座专用充电站。9 月 2 日，炎帝学校 6 条定制公交正式运营；9 月 6 日，随县 1 路、2 路公交开通运行。水路完成客运量 8.4 万人次、旅客周转量 120.30 万人公里。共有运输船舶 23 艘。建成省级达标农村渡口 3 处，配备用于水上交通安全监管海事应急搜救趸船和海事巡逻艇各 1 艘。疫情期间，投入客运车辆和公交车辆 44 辆，执行转运任务 339 车次，转运人员 5188 人，圆满完成政府指令性任务。在春运、中高考、"寻根节"、"七一"建党节和国庆节等重要时间节点，严格落实 24 小时应急值班制度，圆满完成各项运输保障任务，均未造成旅客滞留现象。

行业监管。持续治理车辆违法超限运输行为，查处超限超载车辆 191 辆，卸载转运货物 3600 余吨，车辆超限率继续控制在 2% 以下。加大运政稽查与动态监控相结合，及时发现、制止从业资格证不符合要求仍从事农村客运的经营行为。全年组织稽查行动 150 余次，检查车辆 1500 余辆、经营业户 200 余家，收缴自制"揽客出租牌"80 余块，查处各类违规经营行为 63 起，无执法错案，无行政复议情况。

优化营商环境。做好管理权限下放承接，32 项事项全部承接，交通运输行政职权共计 4 类 52 项。推进"照后减证"、审批改备案，全面推行告知承诺制。对业务量最大的道路运输经营许可、道路旅客运输站经营许可实行告知承诺制；对机动车驾驶员培训许可实行审批改备案制；对出租汽车经营许可进行优化审批服务，将审批时限由 20 个工作日压减到 1 个工作日。严把道路货运市场准入关，纠正和打击非法改装车辆行为，全年审验货运车辆 5656 辆，办理经营许可证 460 个、道路运输证 400 个；新增客运车辆 1 辆，更新客运车辆 3 辆。积极推行普通运输行业降本增效，通过流程梳理和技术改造，道路运输经营者只需在检测机构进行车辆检测后，由县政务服务中心交通窗口工作人员通过后台共享数据进行网上审核，检测机构直接对道路运输证进行年审签注打印和签章，真正实现由"数据跑"代替"车主跑"。

安全应急管理。投资 60 余万元建成随北片区"智慧交通"监测平台，并投入使用。在 312 国道、240 国道、328 省道、475 省道大中型桥梁、急弯陡坡等险要路段安装监测摄像头 30 个，对公路运营情况不分时间、不分地域、不分平台进行同步信息调用、同步调度指挥，对提高应对极端天气科技信息化水平、保障道路畅通起到重要助力作用。

便民服务。新建一批"综合服务主打、特色服务映衬"公路服务区，拥有唐县镇、高尖山 2 个大型综合公路服务区，竹水关、千兵顶 2 个观景台服务区，小林管理站、殷店管理站、随南超限站、洪山管理站 4 个停车休息服务区，1 个洪山文明驿站，公路服务网络基本形成。

（黄璐）

【大洪山风景名胜区】 至 2022 年底，辖区内有 333 省道 22 公里，国防战备公路（黄双路）9.2 公里，麻竹高速公路随州西段连接线 3.5 公里，内循环二级旅游公路 41.23 公里，通村公路 124 公里，其他农村路 49 公里。景区内有五级客运站 1 个。

基础设施建设。大洪山风景名胜区全年完成交通建设固定资产 4500 万元。完成"三年消危"桥梁改造 10 座，其中拆除重建 8 座、维修加固 2 座，投资 1378 万元。实施交通基础设施建设三年大会战，对 8 条 22 公里县乡公路改建三级公路，年内完成 16 公里路面刷黑提档升级，完成投资 3000 万元。完成 2 公里通村公路路面硬化施工，投资 120 万元。

公路管养。大洪山辖区列养公路和高速公路连接线日常养护由随县交通运输局、公路局承担，大洪山分局全力做好协调服务，做好 333 省道与高速公路连接线日常养护工作，确保景区主要通道安全畅通。对麻安高速公路长岗连接线郭家湾隧道照明灯具、灯光进行全面检查，投资 2 万余元更换隧道灯具、电路管控设备。

（喻红平）

恩施土家族苗族自治州交通运输

【概况】 至 2022 年底，全州在册公路通车里程 30647.31 公里，公路密度 127 公里/百平方公里，其中高速公路 588 公里、一级公路 106.46 公里、二级公路 2499.16 公里、三级公路 572.32 公里、四级公路 26881.37 公里。内河航道通航里程 628.5 公里（界河按二分之一算），有港口 11 个、生产性码头泊位 22 个、渡口 179 个。有客运站 92 个（含 15 个在建站），其中一级客运站 2 个、二级客运站 8 个、三级客运站 8 个、便捷站 74 个，货运

2022 年 12 月 2 日，348 国道巴东县城至平阳坝巴东高铁站一级公路建设中

站 3 个。

基础设施建设。全年完成交通固定资产投资 120.9 亿元，比上年增长 16.8%，其中高速公路建设 56.6 亿元，普通公路建设 54.2 亿元，水运站场建设 10.1 亿元。宜来高速公路鹤峰东段完成投资 14.2 亿元；张南高速公路宣恩至咸丰段完成投资 18.3 亿元；建恩北高速公路完成投资 1.8 亿元；利咸高速公路完成投资 22.3 亿元；巴张高速公路沪蓉沪渝连接段启动投资人招标工作。普通国省道年度计划建设 952 公里，打造彩色旅游公路 150 公里。持续推动公路桥梁"三年消危"行动，累计完成普通公路危桥改造项目 364 座。水运建设 3.3 亿元，完成弘宇物流港口建设，新增泊位 3 个，通过能力为 614 万吨 / 年。客运站和候车亭完成投资 2.8 亿元，咸丰客运枢纽站、巴东高铁枢纽客运站等站场项目加快推进，乡镇客运站建成 3 个，建成农村候车亭 667 个 (改造 53 个)。

规划编制。科学编制《恩施州综合交通运输发展"十四五"规划》，细化《恩施州大交通实施方案 (2021—2025 年)》项目库，谋划推进 124 个重大交通项目。积极争取项目入规，武汉至重庆高速公路恩施段和 646 国道、652 国道 2 条新增国道纳入国家公路网规划。启动《恩施州干线公路网规划 (2022—2035 年)》编制，将综合交通体系和现代物流体系建设纳入《恩施州流域综合治理和统筹发展规划》重要内容，推动更多重大交通项目纳入部省规划。

"四好农村路"建设。全年完成新改建农村公路 1323 公里，打造"美丽农村路"515 公里，其中成功创建并获省交通运输厅验收通过 145 公里。编制完成《恩施州乡村振兴特色示范路实施方案 (2023—2025 年)》。全力推进"四好农村路"示范创建，巴东县获评 2022 年度"四好农村路"全国示范县，宣恩县获评 2021 年度全省"四好农村路"示范县，建始县业州镇、巴东县野三关镇、咸丰县坪坝营镇获评 2021 年全省"四好农村路"示范乡镇，宣恩县黄傅线循环路入围全国"十大最美农村路"年度总决选。

运输服务保障。全州完成道路运输客运量 1955.2 万人次、旅客周转量 11.39 亿人公里，比上年分别下降 6.82%、11.8%；完成货运量 4563.54 万吨、货物周转量 68.88 亿吨公里，比上年分别下降 8.7%、6.2%。完成水路运输客运量 33 万人次，比上年下降 38.1%；完成货运量 135 万吨，比上年下降 9.1%；完成港口货物吞吐量 244 万吨。创新客运发展新模式，巴东至宜昌、来凤至长沙等 3 条客运班线转为定制客运，定制客运企业达到 5 家 29 辆客车。推进农村客运公交化改造，新开通鹤峰县城至太平、沙道沟至来凤等公交线路，"村村通客车"成果持续巩固拓展。积极推进惠企政策落实，联合出台《恩施州物流快递行业提质增效十二条措施》，落实交通物流专项再贷款 5770 万元，惠及交通物流企业 52 家，助力交通物流保通保畅。

行业管理。全年完成国省道和农村公路养护投资 6.16 亿元，公路路况总体良好，运行保持安全畅通。积极践行"绿水青山就是金山银山"理念，完成 209 国道恩施竹园坡至建始马栏溪段、245 省道巴东茶店子至野三关段、351 国道鹤峰县城至界牌树段、宣恩蒙家湾至板寮公路等 6 条"彩色走廊林"建设，公路服务功能和品质不断提升。健全完善农村公路管养体制机制，积极推行农村公路"路长制"，按照"1525"标准配套落实农村公路日常养护资金，农村公路养护工程实施率明显提高。深入开展普通公路隐患路段排查治理，累计完成国省道标志标线等安全附属设施精细化提升 451 公里、农村公路安防工程 546 公里。

宣恩县黄傅公路获评全省"十大最美农村路"

交通环保。加快推广应用新能源车辆，全年更新及新增新能源公交车113辆，全州有新能源公交车676辆、新能源巡游出租汽车427辆、新能源网约车190辆，分别占公交车、巡游出租汽车、网约车总数的90.9%、21.17%、61.3%。加快绿色新能源船舶试点建设，4月，全州第一艘纯电动力水上垃圾清漂船通过船舶检验，在恩施市喻家河水库下水运行。持续推进船舶和港口污染防治攻坚提升行动，严格落实船舶防污染和受电设施改造、船舶污染物接转处能力运行评估等各项措施，全面完成27艘货运船舶岸电系统受电设施改造任务，全年新增22艘船舶均按要求配备防污染和受电设施，全州船舶污染物接转处设施能力运行评估报告通过专家评审并获得州政府批复。深入开展交通运输行业污染防治攻坚战，全面推进汽车排放检验与维护制度，全州汽车维修M站达27家，实现8县市全覆盖。

安全应急管理。成立州交通运输局安全委员会，建立"重点时段一日一调度、日常一周一碰头、一月一研究、每季度一次安委会全体会议、每年一次安全生产工作考核"的安全生产工作机制。强化隐患排查整治，综合开展交通运输领域安全生产大检查、"二十个严格、护航二十大"等各类专项行动，全年共检查交通运输企业及项目1088个，排查安全风险隐患2072处，完成整改1875处，整改率90.5%，对5处重大隐患进行挂牌督办。持续强化应急预警能力，修编印发《恩施州防汛抗旱交通运输保障工作预案》《恩施州交通运输行业冬季低温雨雪冰冻天气防范应对工作方案》，组建防汛抗旱应急队伍，落实防汛车船及抢险救灾设备及交通运输行业冬季低温雨雪冰冻天气防范应对各项措施，组织开展水上救援、道路交通安全、隧道坍塌、滑坡等各类应急演练6次。全年投入抢险机械设备279台班、资金566.08万余元，抢通公路40条119处；冬季投入融雪剂768.08吨、机械设备608台次、资金299.49万元，设置警示牌2006块、锥桶247

个，除雪除冰里程3341公里。

行政审批。推进"放管服"改革，组织推进行政审批"清减降放"，全州交通运输行政审批所需材料数由378份降为239份，审批环节由354个降为221个。严格依法行政，全州共立案737件，结案率92.54%，处罚款349.12万元，执行到位率80.64%，行政诉讼、行政复议案件为零。

（田德久）

【恩施市】 至2022年底，全市在册公路通车里程5206.35公里，公路密度131.24公里/百平方公里，其中高速公路165公里、一级公路31.597公里、二级公路423.048公里、三级公路114.102公里、四级公路4472.598公里。内河航道通航里程82.4公里，有港口3个、渡口24个。有客运站20个，其中一级客运站1个、三级客运站1个、四级客运站1个、五级客运站17个。

基础设施建设。全年完成交通固定资产投资9亿元（不含高速公路）。重点推进6个项目前期工作，其中232省道恩施市沙地至三岔段改扩建工程、462省道恩施市新塘至长湾段改扩建工程完成工可、初设、施工图设计等工作；233省道马鞍龙至屯堡段、366省道恩施城区至龙鳞宫段新

建工程启动工可报告编制工作；242国道分水岭至马鞍龙段改建工程完成工可审查；318国道虎岔口至罗针田段改建工程启动工可报告编制。在建项目中，318国道恩施市吉心至虎岔口段03标高速公路连接线完成驻地建设，恩施市普通公路"建养一体化"01项目包完成撤场实体测算工作，351国道恩施芭蕉至谢家土段芭蕉境完成改建工程桥涵、隧道工程，路基工程完成99%。农村公路建设下达计划143.85公里，其中重要县乡道建设24.22公里、产业发展路4.13公里、乡村路网连通延伸公路67.93公里、农村公路提档升级项目47.57公里。完成5座桥梁工程建设，并通过交工验收及结算审核工作。国省道危桥改造完成8座。完成恩施港云坛口港区旅游码头建设，年度完成投资2000万元，建成2个500客位旅游客位泊位及10个20客位游艇泊位，年设计客运量为75万人次。创建"四好农村路"涉及8个乡镇24条线路，总里程184.63公里，其中县道80.7公里、乡道63.18公里、村道40.75公里。

运输服务保障。加快构建城乡运输服务网络。有农村客运班线经营企业15家，客运车辆576辆，简易客运站4个，农村客运港湾式候车亭156个，普通招呼站111个，全市所

2022年12月28日，农村候车亭建设验收

有建制村客车通达率为100%；旅游客运企业31家，客车783辆，公交企业1家，公交车270辆。全年筹集资金8亿元，在七里坪物流园区征地约11.067万平方米（166亩），高标准建设市级公共配送服务中心，与11家品牌物流快递企业达成签约意向，计划建成仓储5.2万平方米。改造乡镇寄递、物流公司网点，利用农村客运站点、乡镇邮政所统一集中配送快件，打造寄递物流综合服务站，全市14个乡镇（街道）均建成，实现主要快递品牌入驻全覆盖。依托邮政站点、供销网点、村党群服务中心等平台，建设村级寄递物流服务点165个。

公路养护。完成国省道日常养护641公里，农村公路规范化养护6090.73公里。完成国省道预防性养护路面坑槽修补、清理边沟、清扫路面、铲路肩带、绿化修剪、清洗安全设施、绿地修剪、涵洞疏浚、边沟墙修复、清理桥梁等日常养护任务。完成农村公路疏通边沟、疏通涵洞、清理塌方、修复路肩、修复挡土墙等保通保畅工作，投入抢险机械设备18台班、人工420余人次。

路政管理。恢复交通路政部门独立开展常态化超限治理后，市交通运输综合执法大队查处违法超限运输车辆128辆，卸载货物1772.54吨，制作案卷128份。开展"路政宣传月"活动，走访货运源头企业22家，发放超限治理法规政策宣传单300余份，开展路警联合治超专项行动9次。办理行政处罚案件252件，罚款108.30万元，处理12328交通运输服务监督热线平台工单转办729件，受理12345政务服务便民热线平台工单转办260件、阳光信访23件。高标准完成交通运输网办件8048件，"跨省通办"成功率达61.57%。

科技与信息化。恩施城市公交服务中心建设、恩施城市公交新能源智慧化建设两大专项债券项目前期工作八大要件基本办理完成，申报资料通过省财政厅审核，纳入发行计划。全年购入新能源公交车39辆，投入资金3018万元。实施公交站台民俗化改造工程，站台完工20个，新建7个民俗化站台基础部分完工；桂花树公交停保场充电桩建设项目，新建充电桩44个。

安全应急管理。全年开展安全生产会议10次，制定多项行动方案。党的二十大期间，出动检查组50余个，排查安全隐患108处，全部整改到位。春运期间，在8条国省干线125处扫雪防滑点，累计撒融雪剂及清理冰雪1991.45公里，消耗融雪剂146.67吨，增设标志标牌360块，增设锥形桶582个，未发生因道路原因导致的安全事故。组织辖区"两客一危"企业召开安全工作部署会议19次，组织全市客运企业开展应急演练，每天通过动态监管平台抽查辖区5%~10%重点营运车辆，对发现的问题及时反馈处理。开展国省干线自然灾害风险普查行动，进一步完善国省普通公路自然灾害普查数据，增补灾害风险点67处，完成182处自然灾害风险点数据采集，采集国省干线公路640.8公里，完成率100%。

交通改革举措。对全市列养农村公路6090.73公里公开招标实施恩施市农村公路财产保险项目，解决农村公路水毁维修资金不足的难题，农村公路（包括路基、路面、桥梁、涵洞、防护设施、附属配套设施等）全年保险费483.69万元。农村公路财产损失综合保险试点工作的探索实施很大程度上改变了灾毁公路修复模式，体现出三个不一样：一是修早修迟不一样，改变以往"等钱"（到位）修复现状，纳入财产保险后，受灾乡镇能迅速得到理赔，及时开展灾毁修复工作；二是修多修少不一样，改变以往"看钱"（多少）修复现状，纳入保险后，可确保所有受损路段及时修复完成；三是修好修坏不一样，改变以往"有钱"（充实）修复的现状，纳入保险后，理赔资金可充分保障公路修复所需资金，确保受损路段修复完好。

（谢婷）

【利川市】　至2022年底，全市在册公路通车里程5793.67公里，公路密度125.76公里/百平方公里，其中高速公路109公里、一级公路21.24公里、二级公路363.26公里、三级公路74.21公里、四级公路5225.96公里。内河航道通航里程16公里，有渡口17个。有客运站5个，其中二级客运站1个、便捷客运站4个。

基础设施建设。全年完成交通固定资产投资7.2亿元（不含高速公路）。利咸高速公路项目主线和连接线土地征拆协议签订基本完成，施工临时场站建成试验室3座、拌和站9座，桥隧等控制性工程启动建设，建设用地

2022年2月6日，公路养护人员在国省道除雪保畅通

2022 年 11 月 15 日，318 国道利川市谋道长坪至苏拉口改扩建工程正式建成通车

组卷报批上报自然资源部。350 国道利川市石山庙至羊子岭段新建公路桥梁工程基本完成，隧道完成 95% 工程量；318 国道谋道至苏拉口段项目谋道至长坪段全面复工建设，长坪至苏拉口段 14 公里全部建成并交付使用；242 国道团堡至元堡段项目除下穿铁路桥在建外，其余建成并投入使用；286 省道长顺至野猪池段在进行路基工程施工；478 省道石坝至插旗石厂段完成路基工程；省道利鱼线利川绕城段 01 合同段路基基本完成，桥梁下部结构全部完成。马大线柏杨坝至大垭口段公路改造工程完成路基施工；五里峡一桥一隧交通复建工程完成临时设施、进场便道、五里峡大桥基础等工程；腾龙洞景区道路连接线路基工程完成 70% 工程量；累计下达农村公路硬化指标 210 公里、窄路面加宽 59 公里、产业路 25 公里，完成总工程量的 75%。

运输服务。全力保障重点时段客运服务，春运期间，全市 648 辆客运车辆、133 辆公交车、300 辆出租汽车，累计发车 6.36 万趟次，运送旅客 21.8 万人次，圆满完成春运工作任务。高考期间，调集全市 6 家运输企业 108 辆车，为全市 4 个考点 4231 名高考学生提供运输服务。6 月 30 日，利川市邮政监管执法大队挂牌成立，推行市交通运输综合执法大队、市邮政监管执法大队"一套班子、两块牌子"运行模式，推进邮政快递市场规范化运营。强化农村寄递物流体系建设，开展"邮快合作""客快合作"模式探索，截至 2022 年底，全市有邮政企业 1 家、乡镇支局(所)12 家、快递企业 8 家、共建成县级公共配送物流中心 1 个；建成乡镇综合服务站点 12 个，实现乡镇邮政快递站点全覆盖；建成村级综合服务网点 250 个，快递服务可辐射覆盖 242 个村；城区及乡镇网点 118 家，从业人员 800 人。建成农村候车亭 135 个，实现行政村全覆盖；对全市农村客运企业政策性补助进行核算并发放 457 万余元。不断优化营商环境，对 104 项政务服务事项进行梳理，将 525 项申请材料减至 382 项，办事环节减少 176 个，127 项证照材料在湖北省政务服务网实行免提交，全年办理业务 12881 件。畅通

群众投诉渠道，响应群众投诉、咨询和建议，全年处理 12345 政务服务便民热线平台工单 216 件，12328 交通运输服务监督热线平台工单 39 件，市民直通车工单 12 件，局机关、执法大队监督电话工单 138 件，网络舆情 12 件，网民留言 11 件。

行业管理。全市列养农村公路规范化管养 639 条(段)线路，总里程 3414.07 公里，新建挡墙 217 处 11452 立方米、盖板涵洞 46 座、涵管 38 处 248 米、钢护栏 96 米，恢复钢护栏 8 处 324 米；路面修复 29 处 3961 平方米，新建水沟 9 处 1315 米；危桥改造 13 座。深入开展超限超载联合执法行动，查处超限超载车辆 32 辆，卸载超限超载货物 970 余吨，与货运源头企业签订货运源头企业目标责任书、严禁非法改装承诺书，办理超限超载案件 70 余起。深入开展客运市场、城区非法营运出租汽车专项整治行动，办理非法营运行政处罚案件 57 件。坚持路政巡查常态化，处理路政违法行为 48 起；加强公路相关法律法规宣传普及，路政宣传月活动期间出动宣传车 30 辆次、执法人员 120 余人次，发放宣传手册 8000 余份。

安全应急管理。紧盯重点时段、重点领域、重点部位，加强行业安全监管执法检查，做好极端恶劣天气交通安全防范和应急保障，持续开展安

2022 年 6 月 30 日，利川市邮政监管执法大队挂牌成立

全隐患排查治理，深入交通运输企业、建筑工地、站场码头督导检查，全年未发生重大消防、道路运输和在建工程安全事故。开展安全生产专项检查10次，发现安全隐患问题83个，整改完毕72个；开展5次水路交通安全执法巡查工作，出动执法艇162艘次，保障水上交通运行正常秩序。

（李积瑾）

【建始县】　至2022年底，全县在册公路通车里程3864.42公里，公路密度145.01公里/百平方公里，其中高速公路50公里、一级公路7.90公里、二级公路333.07公里、三级公路9.12公里、四级公路3464.33公里。内河航道通航里程43.1公里（界河按二分之一算），有港口3个、生产性码头泊位4个、渡口25个。有客运站11个，其中三级客运站1个、四级客运站2个、五级客运站6个、简易站2个。

基础设施建设。全年完成交通固定资产投资11.1万元（不含高速公路）。国省干线养护工程投资8600万元，实施路面大中修、危桥改造、生命安全防护工程、水毁修复、站房建设，包括恩施州2021年国省干线公路灾毁恢复重建工程（黄莲溪至百步梯段）、339省道建始境大面坡至景阳河大桥桥头段路面中修工程、全省桥梁"三年消危"行动、339省道建始境景阳河大桥加固改造工程、公路安全生命防护"455"工程、水毁修复工程。

2022年12月25日，建始县金建大道控制性工程金建大桥主梁顺利合龙

完成候车亭建设124个，总投资金额790万元；客运站场总投资320万元，完成长梁镇综合运输服务站建设。

"四好农村路"建设。突出"乡村振兴、交通先行"地位，坚持大规划引领、高标准建设、快速度推进、新机制管养、一体化运营，积极推进"四好农村路"建设。按"四好农村路"标准建设农村公路项目13个，涉及农村公路里程35公里。业州镇获评2021年度全省"四好农村路"示范乡镇。

运输服务保障。全年道路完成客运量165.5万人次，比上年下降4.7%，完成旅客周转量1.24亿人公里，比上年下降18%。全县有道路客运企业10家，其中省际旅游包车客运企业2家，具有省内包车资质企业1家，农村客运企业7家，客运车辆304辆。全县乡镇通客车率100%，362个建制村通车率100%；城乡公交覆盖126个建制村，占比为34.8%；客运班线覆盖147个建制村，占比为40.6%；预租定制客运覆盖89个建制村，占比为24.6%。有普通货物道路运输经营业户678家，其中个体工商户638家，货运车辆870辆；危险货物道路运输经营业户2家，危货运输车辆17辆。巡游出租汽车企业3家，出租汽车116辆，其中电动车90辆、双燃料车26辆，新增出租汽车均为新能源纯电动出租汽车。有城市公交企业2家，城市公交车102辆，其中纯电动车91辆、柴油车11辆。全年城市公交客运

量517.4万人次，比上年下降10.3%。有水运企业3家，水路完成客运量30万人次，比上年增长50%。

行业管理。联合公安、县城管部门对货运车辆超限超载开展专项整治行动，召开源头货物企业治超工作专题会议，与企业、驾驶员签订《禁止货运车辆超限装载承诺书》，对重点货物源头企业未履行企业主体责任处行政罚款4家，罚款15万元。提高依法打击私家车非法从事道路旅客运输经营活动的效能，办理各类行政执法案件120起、行政处罚案件88起，罚款40.2万元。组织开展对出租汽车领域专项治理行动3次；组织开展消防、现场救治、应急处置综合演练活动1次；处理各类服务平台投诉案件22起，投诉处理回复率100%。加强公路管养，完成水沟清理、修复路肩墙、修复边沟、修复挡土墙、清洗钢护栏、清洗公路沿线标识标牌，以及修剪209国道、318国道、339省道鹤建线沿线绿植等日常养护任务。

科技与信息化。全县新增新能源营运车辆181辆，新建充电桩56个。首艘环保船舶"清江环保"号在景阳镇老集镇综合码头安全下水，集生活污水、油污水、生活垃圾综合接收环保运输为一体。码头岸电使用率100%。

安全应急管理。全年检查企业及项目354家次，检查车辆1498辆次，对全县9家客运企业、11个客运站、2家危险货物道路运输公司进行全覆盖安全监管。开展各类安全专项行动15次，发放"安全乘车知识"200份、"安全告知书"100份。6月30日，县交通运输综合执法大队开展包含船舶消防、人员落水救援、船舶防污染、反恐防暴4个科目的水上消防救生、防污染救援演习，增强交通运输执法队伍和水运从业人员安全责任意识，提高救援队伍应急救援实战能力。

交通改革举措。7月，以高坪镇为试点，开展快递进村工作，支持建始县中申圆速递服务有限公司牵头，组织各邮政快递企业合作共建共享，分类推进快递服务空白村快递综合站点建设，完成全镇快递点空白行政

环保船舶"清江环保"号在景阳镇老集镇综合码头安全下水

村快递综合服务站点建设全覆盖，对收件地址为村的邮件、快件实现按址进村投递，全面实现村村通快递，并持久运营，形成可复制、可借鉴模式。在建中的建始县电商冷链物流扶贫产业园，以构建"大市场、大流通"农产品集散交易平台为目标，着力建设"互联网+电子商务+智能物流+旗舰体验店+大数据"相融合的专业化电商冷链物流园。

文明创建。以建始县2022年创建省级文明城市为契机，对城区客运站实测点开展了环境整治。客运站场地黑色化7000平方米，新建志愿者服务站2个，新建客运车电动充电桩3个，完成实测点不达标问题整改69项，投入资金200余万元，安排以奖代补资金145万元。组织全县客运站、公交车、出租汽车从业人员及驾驶员开展文明服务教育培训，行业从业人员文明礼仪水平有效提升。

(董仙霜)

【巴东县】至2022年底，全县在册公路通车里程4788.96公里，公路密度142.87公里/百平方公里，其中高速公路70公里、二级公路484.60公里、三级公路71.13公里、四级公路4163.23公里。内河航道通航里程157.91公里(界河按二分之一算)，有港口2个、生产性码头泊位17个、渡口25个。有客运站12个，其中三级客运站2个、五级客运站10个。

基础设施建设。全年完成交通固定资产投资12.8亿元(不含高速公路)。重点抓好"建养一体化"项目建设，01项目包6个项目开工5个，全年完成产值2.69亿元；02项目包348国道快速通道全年完成投资5.43亿元，隧道全线贯通，桥梁工程完成80%工程量，路基挖填完成97%工程量。农村公路建设有序推进，绿葱坡滑雪场至中村旅游产业路完成路基工程；铁堰线、青白线、清桃线全部建成；阡土线提档升级完成50%工程

量。国省道养护项目全面完工，2020年国省干线公路灾毁恢复重建工程、209国道、318国道巴东境公路安全生命防护工程、209国道信陵大道出口改扩建工程均完工。

"四好农村路"建设。全面开展"四好农村路"、公路桥梁"三年消危"攻坚行动，加快补齐交通基础设施短板，掀起农村公路提档升级、"美丽农村路"建设热潮，圆满完成年度各项目标任务。完成农村公路建设97公里、危桥改造17座。铁堰线、杨大线成功创建2022年度全省"共同缔造"活动"美丽农村路"创建项目。续建农村公路提档升级项目25.81公里。巴东县获评"四好农村路"全国示范县。

运输服务保障。全年公路完成客运量136.72万人次、旅客周转量1.20亿人公里，比上年分别增长18%、5%；完成货运量105万吨，比上年增长2%。水路完成货运量135.70万吨，比上年下降8.26%；港口吞吐量241.21万吨，比上年增长34.59%；港口货物出口量217.24万吨，比上年增长55.45%；客运量14.33万人次，比上年下降58.92%。城乡客运一体化有序推进，全力打造"四好农村路"示范乡镇和城乡客运一体化线路，建制村通客车率100%。农村物流体系趋于完善，物流企业不断转型升级，社会物流成本整体下降，有序开展道路货运车辆"三检合一"，有效保障群众出行和经济社会发展。

行业管理。强化运输保障能力，提升运输服务品质。切实做好运输服

2022年4月30日，348国道巴东快速通道月明隧道贯通

务保障，重大节假日期间，组织道路客运运力 720 余辆，安全运送旅客近 15 万人次；及时组织运力，运送新兵 20 余人、高考学生 1800 余人，保障郑万高铁巴东站开通运力。开展服务质量信誉考核，对 3 家出租汽车企业、6 家道路客运企业、3 家旅游运输企业、3 家驾校和 12 家客运站服务质量进行全面考核并将结果予以公开。扎实开展常态化疫情防控，全面做好保通保畅工作。

科技与信息化。全县客运车辆实现 4G 动态监控全覆盖，并通过政策性资金支持实现稳定运行；城市智慧公交平台不断完善，实现城区公交车辆实时监控和调度；平阳坝客运枢纽智慧车站系统建设有序推进。开展节能减排，积极推动公交车、出租汽车和营运车辆更换为纯电动新能源车，全县公交车全部更新为新能源汽车；城区出租汽车到期报废全部更新为纯电动车辆，全县出租汽车电动化率 81.5%；全县 5 家公交、出租汽车企业建设充电站 5 个、充电桩 80 把。狠抓交通环保治理，加强机动车排放检验机构及维修机构管理，加强对施工工地扬尘整治。全力推进长江大保护战役，狠抓船舶污染防治，完成船舶污染物接收转运处置电子化联单闭环管理，全面推行过往并停靠巴东港的客船、旅游船生活垃圾免费接收；有序推进港口岸电建设和长江经济带船舶岸电系统受电设施改造项目。规范提升码头使用效率，积极推进国有港口资源划转。

安全应急管理。强化安全监管，打造平安稳定交通。开展安全综合督查 4 次、专项检查 15 次，发现并整改隐患问题 231 个。组建应急抢险专职队伍 1 支 63 人，储备应急设备 55 台套，开展应急救援演练 2 次，组织安全生产培训 12 次。检查非法营运车辆 1257 辆次，依法暂扣非法营运客运车辆 52 辆，罚款 16 万元；检查货运车辆 675 辆次，查处超限车辆 136 辆次、非法改装 91 辆次，卸载货物 223 吨；检查过境危险化学品运输车辆 89 辆。

交通改革举措。不断健全工作机制，出台优化营商环境工作方案；坚持"局长进窗口体验"活动，确保各项行政审批服务改革落实执行到位。持续开展"清减降放"工作，进一步优化办理流程和时限、精简材料，切实为企业群众办事带来实惠。办理路客运业务 1125 件，客运班线业务 139 件，维修备案 53 件，出租汽车业务 752 件，普货业务 835 件，从业人员备案 265 件，从业资格证业务 3125 件，申请人通过交通运输部便民系统掌上跨省通办业务 905 件，群众满意率 100%。全年更新新能源出租汽车 84 辆，新增 10 辆新能源出租汽车用于巴东高铁站运力补充。持续强化"互联网＋监管"平台应用，努力实现交通运输市场监管领域"双随机、一公开"监管全覆盖、常态化、制度化。

（谭俊杰）

【宣恩县】 至 2022 年底，全县在册公路通车里程 2950.091 公里，公路密度 107.79 公里/百平方公里，其中高速公路 122 公里、一级公路 20.12 公里、二级公路 243.47 公里、三级公路 46.95 公里、四级公路 2517.55 公里。内河航道通航里程 75.56 公里（界河按二分之一算），有渡口 17 个。有客运站 5 个，其中二级客运站 1 个、五级客运站 4 个。

基础设施建设。全年完成交通固定资产投资 3.8 亿元（不含高速公路）。宣咸高速公路完成投资 1.17 亿元。351 国道宣恩县椿木营至长潭河段改建工程完成投资 4230 万元，完成 01~03 标段 12.85 公里路基及桥梁工程，小卧龙至松树堡段建成通车，"建养一体化"项目其他路段有序推进；242 国道恩施下云坝（大集场）至宣恩晓关段完成投资 2380 万元，完成路基、桥梁工程；209 国道宣恩绕城公路工程完成投资 1415 万元，完成一碗水至雷家垴段 2.8 公里路基工程、宣恩大桥便道及桩基工作平台施工。新建隧道 1 座。058 县道椿分线小溪口至水田坝公路改造工程完成投资 2173 万元，一期路基工程建设完成；建设 100 公里农村公路安全生命防护工程；基本完成龙洞隧道危隧改造工程，危桥改造 25 座。清江支流忠建河洞坪库区航道工程完成投资 1030 万元，完成 01 标段全线疏浚及 02、03 标段前期和施工准备工作。新建农村客运候车亭 106 个。

"四好农村路"建设。建成"四好农村路"示范线 306.8 公里，成功创建蒙板线、黄傅线 2 条州级示范线及椒园、珠山 2 个省级示范乡镇，成功创建全省"四好农村路"示范县，黄傅路循环线入选 11 月全国"最美十大农村路"，农村路网日益完善，服务功能不断增强，示范引领提质增效。

运输服务保障。全县客运企业 9 个，开通客运班线 169 条，其中省

全省"最美十大农村路"——黄傅公路

际客运班线 5 条、县际客运班线 9 条、农村客运班线 155 条，全年客运量 152 万人次。全县 162 个行政村（含 22 个社区）全部通客车，开通公交线路 16 条，覆盖行政村（社区）147 个；以电话预约方式开通行政村线路 15 个，农村客运"村村通"保持率 100%。积极争取县级财政补助资金 56 万元，促进农村客运健康发展。

物流产业发展。全县有大型物流园 1 家，物流公司 13 家，配送车辆 59 辆（含 36 辆冷链运输车），仓储总面积约 3660 平方米，年收发量约 1000 万件。有道路货运业户 556 家，货运车辆 470 辆。2022 年，宣恩县作为全省打通农村寄递物流"最后一公里"和"最初一公里"12 个试点县市之一，投入 306 万元加快推动县、乡、村三级寄递物流服务体系标准化建设。空白村站点补建完成，建成县级寄递共配中心 2 个、乡镇服务网点 40 家、村级站点 140 个，实现村级寄递综合服务站点全覆盖，年收发件 2700 万件。

行业管理。加强国省道及农村公路日常养护管理，完成清理边沟和涵洞、桥梁养护、涵洞保养等日常养护任务。积极实施养护工程，投资 777.8 万元完成 209 国道和 351 国道 9 座 316.03 延米"三年消危"项目，投入 2992.6 万元用于安防工程建设，对 351 国道新四河中桥进行应急修复。深入推进"打非治违"工作，开展道路旅客运输经营秩序专项整治、危险化学品道路运输安全集中整治、成品油运输市场专项整治等专项行动；推进邮政快递行业监管，组建宣恩县邮政监管执法大队，在宣恩县交通运输综合执法大队加挂牌子，主动与州邮政监管局工作交流，承接邮政监管相关工作职责；严格按规范程序办理质量监督手续，狠抓工程质量安全，发现质量安全隐患问题 117 个并全部完成整改；积极开展"平安工地"建设、"质量月"宣传等活动，利用客运站场和出租汽车电子显示屏滚动播放"质量月"宣传标语，对企业开展质量培训，在施工现场张贴宣传标语。

科技与信息化。投资 222.5 万元

2022 年 1 月 26 日，县交通运输综合执法大队在蒙家湾出口开展联合执法

建设智慧交通平台，不断完善车辆动态监控、轨迹查询和驾驶员信息管理、客流信息统计等功能。运用新媒体开通"智行宣恩"微信小程序，实现出租汽车在线约车，实时查询班线客运、公交线路、停车场、检测站点、景区、汽车租赁等信息。加快推进"绿色交通"，大力推行绿色公交，实现城区公交纯电动化改造全覆盖，新购新能源公交车 36 辆，纯电动公交车达到 68 辆。深入打好污染防治攻坚战，持续开展船舶和渡口污染防治和防污染检查，全年开展船舶污染防治专项巡查 123 次，有力推动形成绿色和谐的交通运输生态环境。

安全应急管理。建立健全防汛抗旱应急预案，强化物资储备和应急处置，全力保障公路安全通畅，投入 51.4 万元购置 320 吨融雪剂作为应急物资储备。常态化开展疫情防控、扫黑除恶、安全生产等工作，积极开展"路政宣传月""5·12"防灾减灾日、"宪法宣传周""安全生产月"等活动，落实法治政府建设各项要求，确保交通各领域平安向好、稳定有序。深入开展安全生产专项整治，全面加强重点领域、重要时段安全隐患排查整治，严防安全责任事故发生，全年排查隐患 281 起，均全部整改完成；完成在役公路自然灾害综合风险普查。

交通改革举措。持续推进公路养护体制改革，实行公路养护市场化、专业化、机械化作业，从分散作业向齐抓共管转型升级。全县 400 余公里国省干线及重要农村公路全部纳入养

护改革，公路管养权责更加清晰，治理能力显著提升，公路通行条件和路域环境明显改善。城市公交国有化改革实现新业态。积极推行城市公交国有化改革，将原有公交车、出租汽车及经营场地整体划转县城投公司子公司宣恩仙山贡水公交服务有限公司，按国有化、市场化模式运营，全面提升城市公交营运效率和服务质量。

脱贫成效巩固与乡村振兴有效衔接。2022 年圆满完成乡村振兴目标任务。省交通运输厅下达的农村公路预安排建设计划 84 公里、农村公路新建桥梁 150 米，完成农村公路建设 90.27 公里、农村公路新建桥梁 155 米。下达全县农村公路养护资金 1037 万元，县级财政配套资金到位 1175 万元，配套到位率 113.3%。全县建制村通客车率保持 100%，农村客运公交化增加率达 5%；下达全县农村客运发展资金 56 万元，县级财政配套资金到位 56 万元，到位率 100%。

(何华)

【咸丰县】至 2022 年底，全县在册公路通车里程 3015.70 公里，公路密度 119.53 公里/百平方公里，其中高速公路 47 公里、一级公路 19.95 公里、二级公路 192.38 公里、三级公路 183.69 公里、四级公路 2572.68 公里。内河航道通航里程 26.5 公里（界河按二分之一算），有人行渡口 11 个。有客运站 6 个，其中二级客运站 1 个、五级客运站 4 个、简易站 1 个。

基础设施建设。全年完成交通固

2022 年 11 月 25 日，唐崖至朝阳旅游公路建成通车

定资产投资 9.3 亿元（不含高速公路）。新开工建设利咸高速公路、351 国道茶林堡至龙井段；建成朝阳大桥及接线工程、唐崖至朝阳旅游公路；宣咸高速公路、463 省道唐崖绕镇段、351 国道大沙坝至李子溪段及危桥改造工程等续建项目有序推进；"建养一体化" 02 项目包完成招标工作，030 县道唐崖至活龙坪旅游公路移交县国投公司建设，463 省道尖山至大路坝段、唐崖河旅游航道整治等重点项目前期工作稳步推进。

"四好农村路" 建设。全年下达农村公路建设计划 112.95 公里，总投资 1.15 亿元。开展美好环境与幸福生活共同缔造活动，计划创建美丽农村路 "以奖代补" 项目线路 310 公里。开展 "四好农村路" 示范乡镇申报工作，坪坝营镇获评 2021 年度全省 "四好农村路" 示范乡镇。

运输服务。全年公路完成客运量 89.46 万人、旅客周转量 8241.97 万人公里。全县有客运企业 8 家，其中道路旅客运输企业 6 家，客运车辆 290 辆；旅游客运企业 2 家，旅游客车 66 辆；出租汽车客运企业 2 家，客运车辆 200 辆；公交企业 1 家，客运车辆 36 辆；汽车租赁公司 2 家。全县有道路普通货物运输企业 55 家，货运车辆 130 辆。有一类汽车维修企业 1 家、二类汽车维修企业 16 家、三类维修企业 29 家。有机动车驾驶培训机构 3 家，教练车

148 辆（其中摩托教练车 16 辆）。

行业监管。承接快递物流监管职能，弥补县级无行业监管机构空白。强化道路运输市场监管，暂扣涉嫌非法营运车辆 15 辆，查处违法行为 14 起。全县交通在建工程质量安全监督覆盖率 100%。完成交通运输行业政务事项流程优化 48 项，完成交通运输从业人员考核办法改革，优化道路大件运输、涉路施工审批流程，实现道路运输从业人员、客货运企业电子证照在线申领及应用。加强公路管养及养护工程建设，对 323 公里国省干线及重要干线公路继续实行养护站养护机制，完成 353 国道老鸭关至忠堡一桥养护大修工程、唐崖至活龙坪旅游公路龙生塘和两河口抢险工程、012 县道清坪至铁厂坪段大修工程进场施工建设；对全县 3100 公里农村公路继续实行公司化 + 专业化养护模式。完成危桥改造 31 座。

安全应急管理。加强道路运输安全管理，认真履行 "三关一监督" 职责，检查客运企业 146 家次，排查安全隐患 79 起，责令现场立即整改到位 41 起，后期整改完成 38 起。加强公路运营安全管理，以干线公路地质灾害隐患治理为重点，结合 "隐患清零" 行动，总计摸排安全隐患 100 余处，1 处在申请地灾治理，其余分类处置消除安全隐患。加强在建工程安全管理，对施工企业及作业现场开展日常巡查

和专项检查 140 余次，发现质量安全隐患 110 余处，质量安全隐患整改率 100%。加强快递物流安全管理，摸底全县物流寄递企业基数，对全县 40 余家寄递物流企业落实 "三个 100%" 工作要求，开展 10 余轮检查及暗访，查出各类安全隐患 28 处，全部完成整改，未发现重大安全隐患。

（李艳芳）

【来凤县】 至 2022 年底，全县在册公路通车里程 1720.95 公里，公路密度 130.47 公里 / 百平方公里，其中高速公路 2 公里、一级公路 5.66 公里、二级公路 172.32 公里、三级公路 7.79 公里、四级公路 1533.18 公里。内河航道通航里程 125.9 公里（界河按二分之一算），有渡口 33 个。有客运站 12 个，其中二级客运站 2 个、五级客运站 3 个、简易客运站 7 个，货运站 39 个。

基础设施建设。全年完成交通固定资产投资 4.7 亿元（不含高速公路）。宣咸高速公路来凤段年度完成投资 9.75 亿元。来凤龙凤物流园交通物流中心项目纳入省综合交通运输发展 "十四五" 规划，并开展前期工作。209 国道来凤小河坪至湘鄂情大桥段（绕城线）老虎洞大桥、甘溪大桥、茅坪沟大桥全面动工建设。242 国道三胡至桂花树工业园段工程中华山隧道全线贯通，狮立坪至猴栗堡 4.5 公里路基及桥梁下构完工。凤舞一路桂花树工业园至狮栗坪段道路工程全段路基开工建设，桥梁工程有序推进。367 省道革勒车至旋坨段改扩建工程有序推进。完成农村公路新建改造工程 56.63 公里，新建桥梁 7 座，农村公路危旧桥梁改造 7 座。整合交通运输、农业、供销、邮政、电商、快递企业等资源，实现农村物流服务网络与干线物流网络有效衔接，设立乡镇服务站 16 个、村级农村交通物流服务点 148 个。利用乡镇五级客运站改建成乡镇物流站点，与 "村村通" 客运班车相结合实现快速配送，打通农村物流配送 "最后一公里"。

"四好农村路" 建设。创建 "四好农村路" 52.38 公里，其中县道 10.65

2022 年，在建中的宣成高速公路来凤段三胡互通

公里、乡道 28.88 公里、村道 12.85 公里。投资 3900 万元改扩建红色马板线，成为路宽 6.5 米的沥青混凝土路面三级公路，把板沙界革命遗址打造成为红色教育基地；投资 2400 万元改造 15.4 公里的新胡线，全线成为路宽 6 米的水泥混凝土路面四级绿色旅游线路；改造升级以国家现代农业科技示范园——旧司农园为中心的文旅融合产业新农线；将县道绿革线与 353 国道、285 省道、367 省道贯通，公路沿线产业发达，综合交通基础设施体系完善。

公路养护。全县 261.59 公里国省干线公路全部实行社会化养护，完成危桥加固 7 座，完成 353 国道、209 国道安全防护工程、杨梅古寨至老鸹关大修工程。国省干线全面落实标准化养护里程 166 公里，完成清理水沟、路面保洁、修复边沟、疏通涵洞等日常养护任务。农村公路日常养护 1154.2 公里，其中县道 184.4 公里、乡道 969.8 公里，县乡道及通行政村主干道日常养护率 100%。

运输服务保障。全县有客运车辆 626 辆，货运车辆 208 辆，公交车 61 辆，其中新能源公交车 55 辆，出租汽车 157 辆；从事"村村通客车"经营企业 1 家，车辆 151 辆，覆盖全县

196 个村（含 11 个社区）。有汽修企业 17 家，驾校 3 家，车辆检测企业 2 家。有渡船 32 艘，客渡船舶 11 艘。统一县级交通运输业务事项清单，梳理事项 114 项，在行业规范内最大程度压缩申请材料及办理时限，精简办事流程；推进"减证便民"，公布的 31 项审批业务免除提交证明材料。组织交通行政执法培训 6 次，培训人数 320 人次，对管理企业违规人员组织安全培训 8 次；全年实施行政处罚 72 件。

行业管理。加大道路运输市场监管力度，常态化开展客运市场治理，依法处理非法营运车辆 25 辆，收取罚款 12.89 万元。加强重点区域检查，对 28 家维修企业进行 4 次专项整治，向 8 家存在问题的企业下发责令整改通知书，均整改到位。与公路局、检察院、税务局、公安局等部门开展联合治超行动，查处超限超载车辆 28 辆。维护路产路权，处理公路损毁案件 14 起，收取赔偿费 4.26 万元。加强气象水文信息预警预告，及时对辖区水路运输企业、港口码头、渡口渡船、涉水涉航项目施工单位发布重大气象水文预警信息。落实交通工程建设安全管理责任，开展日常安全大检查 62 次、质量抽查 48 次、下发质量监督通知书 10 份，下发《工程安全质

量监督检查情况通报》14 次，整改回复 14 次，发出工程建设建议函 1 份。

安全应急管理。开展运输企业安全隐患大排查，重点对客运站、站场等场所进行安全隐患排查，督促运输企业加强从业人员安全教育培训，落实节假日信息报送制度，做好汛期、恶劣天气及节假日安全应急预案，检查企业 220 家，发现安全隐患 44 处，下达责令改正通知书 44 份，开展约谈警示 17 次，发现的问题在规定期限内整改完毕。加大重点水域、渡口、码头安全监管，坚决取缔非法营运船舶载客，对渡口开展安全知识宣传，对渡口渡船出现的安全隐患问题进行通报，督促渡工对发现的问题及时进行整改。

交通改革举措。根据来凤县委机构编制委员会《关于县交通运输综合执法大队加挂牌子的通知》精神，在县交通运输综合执法大队加挂"来凤县邮政监管执法大队"牌子，为更好地履行邮政监管执法职责和实际工作需要，执法大队增设"邮政监管执法股"。

（田永祥）

【鹤峰县】 至 2022 年底，全县在册公路通车里程 3307.17 公里，公路密度 115.31 公里/百平方公里，其中高速公路 23 公里、二级公路 287.02 公里、三级公路 65.33 公里、四级公路 2931.82 公里。内河航道通航里程 101.1 公里（界河按二分之一算），有渡口 18 个。有客运站 9 个，其中三级客运站 2 个、便捷客运站 7 个。

基础设施建设。全年完成交通固定资产投资 5.2 亿元（不含高速公路）。宜来高速公路鹤峰东段鹤峰东互通连接线中坝至云南庄段、云南庄至长岭段项目，与省交投集团签订包干建设协议并完成施工招投标工作。351 国道容美长岭至腊树垭段和 351 国道绕城公路建成投用；245 省道金鸡口至下坪段改建工程完成路面工程施工招标；339 省道邬阳至建始官店段公路工程完成二期工程招标；464 省道铁炉至叶家垭段改扩建项目完成投资 1200 万元；479 省道茅坝至梳背溪段改建工程

2022 年 11 月 28 日，351 国道鹤峰县瓦窑坪至跳鱼坎段绕城公路通车

完成一期工程二台垭隧道主体工程；476 省道走马至堰垭段路基工程完成投资 2.87 亿元；476 省道谷家垭至五里段改扩建项目正式开工建设。全年争取车辆购置税收入补助（第一批）普通公路及危桥改造项目到位资金 1.11 亿元。鹤峰城区至江坪河段航道整治工程完成投资 3191 万元；鹤峰港大坝港区江坪河码头及配套工程、鹤峰港南渡江港区南渡江码头及配套工程，新建 2 个 330 客位客运泊位，设计吞吐量 50 万人次，完成施工图设计及批复。新建包含燕子、中营 2 个乡镇农村物流综合站场，完成施工图设计。

"四好农村路"建设。完成鹤峰县香潭坪至唐家沟公路改建工程、容美镇八峰山至坪溪公路硬化工程、五里乡牛柏线提档升级工程、燕子镇清桃线路基修复工程、五里乡青山村六组亮湾产业路等项目。完成容美镇城北线 K10+360~K10+460 地质灾害、下坪乡下木线地质灾害、燕子镇咸红线岩体崩塌应急抢险等地质灾害治理项目。完成农村公路水毁小修工程 2480 万元；新建农村公路桥梁 4 座，完成农村公路危桥改造 12 座，完成农村公路安防工程 84.6 公里。五里至牛圈子旅游公路（五里至上六峰段）项目开工建设，完成投资 2124 万元；湄坪革命旧址红色旅游公路（南潼线）完成投资 4.37 亿元。至 2022 年底，鹤峰县农村公路里程 5589.85 公里，其中在册入库农村公路 2998.17 公里（县道 253.257 公里、乡道 938.50 公里、村道 1806.41 公里），205 个行政村全部实现通硬化路，20 户以上自然村全面通砂石路及以上等级公路，其中水泥硬化路硬化率 91.02%。全县农村公路安全生命防护"455"工程安全隐患整治里程达 4900 余公里。全县农村公路养护里程 2998.17 公里，按照"县道县管、乡村道乡村管"原则进行管理养护。鹤峰县杨红线确定为恩施州 2021 年度"四好农村路"示范路。

运输服务保障。全县有道路客运企业 13 家（含旅游企业 3 家），城市公交企业 2 家；道路客运车辆 255 辆，城市公交车 33 辆（新能源公交车 26 辆），个体巡游出租汽车 50 辆；客运班线 138 条，农村客运班线 79 条，农村客运车辆 183 辆，全县 205 个建制村和 12 个社区通客车率 100%，其中通公交村 36 个，农村公交服务占比 17.5%。有机动车维修企业 59 家，其中一类维修企业 3 家、二类维修企业 27 家、三类维修企业 29 家。有驾驶员培训学校 4 家，机动车维修检测企业 2 家。开展行业整治行动，全年查处道路运输安全隐患 56 起，下达整改通知书 56 份，联网联控抽查车辆 136 辆次，下达整改 53 次。办理投诉举报 50 余起，群众满意度 100%，办理行政处罚案件 17 件，罚款 13.9 万元。

行业管理。国省道公路养护工作运用新技术、新工艺、新材料、新设备，对路面采取开普封层技术进行预防性养护，全年完成沥青灌缝 60 公里，完成预防性养护 5 公里；清理边沟 2520 公里，修复边沟 2150 米，全年开展路域环境集中整治，连续五年排名全州第一，并获得省级养护奖励。常态化监管全县公路限高限宽设施和公路检查站点，发放路政普法宣传手册 500 份，张贴海报 30 张；坚持碑垭治超站值班值守，开展治超行动，检测货运车辆 1426 辆次，依法查处超限违法案件 16 件。

行政审批。交通运输系统政务服

2022 年 11 月 28 日，宜来高速公路鹤峰东段娄水河大桥两侧拱肋合龙

务事项申请材料由 560 项精简到 326 项，精简率达 41.7%，办事群众提交必要申请材料即可办事，高效事项实现"掌上办"，群众满意度和获得感进一步提升。积极引导备案维修企业树立绿色低碳发展理念，特别是拥有烤漆房的维修企业，排放维修废弃物必须达到国家规定标准，定期更换吸附棉等，与具有相应资质的废弃物回收企业签订回收合同，规范处置危险废弃物。

安全应急管理。监督公路水运工程项目 20 个，开展监督检查 300 余次，检查发现问题隐患 275 处，各开工建设项目监督覆盖率 100%，对重点

工程派驻安全专管员，确保系统零事故；开展渡口渡船水上交通安全检查 121 次，清缴"三无"船舶 9 艘，检查水运企业 1 次，发放《航行日志》《垃圾记录簿》10 套；以乡镇为单元，储备应急抢险机械 47 台（社会所有），组建国省干线交通清障保畅应急队、农村公路清障保畅应急队、交通疏导应急队 3 支应急队伍共计 150 人（含社会化养护人员），确保在雨雪冰凌等极端天气发生后，能迅速启动应急预案，第一时间出动、最短时间内抢通，最大程度减少人民群众生命和财产损失。

交通改革举措。县委县政府办公

室印发《鹤峰县县直部门派驻单位下放乡镇管理方案》，将乡镇公路（港航）服务中心下放乡镇管理，农村公路养护管理同步下放至各乡镇；根据"县道县管、乡村道乡村管"的农村公路分级管理要求，全面推行农村公路"路长制"，明确组织体系和工作职责。为提升农村公路抗灾抢修能力，拓宽农村公路灾毁修复资金筹措渠道，完善农村灾毁防控管理体系，与中国人民财产保险股份有限公司鹤峰县支公司签订鹤峰县农村公路财产、水毁保险项目合同。

（王思齐）

仙桃市交通运输

【概况】 至 2022 年底，全市公路总里程 4830.37 公里，公路密度 190.32 公里/百平方公里，其中高速公路 153 公里、一级公路 190.55 公里、二级公路 376.07 公里、三级公路 63.76 公里、四级公路 3511.64 公里、等外公路 535.35 公里；按行政等级分为（不含高速公路）国道 90.25 公里、省道 279.51 公里、县道 695.21 公里、乡道 1488.55 公里、村道 2123.85 公里。全市有桥梁 985 座 31070.24 延米，其中特大桥 1 座 1478 延米、大桥 17 座 4328.98 延米、中桥 183 座 9261.62 延米、小桥 784 座 16001.64 延米。辖区内河航道通航里程 82 公里。

基础设施建设。全年完成交通固定资产投资 16.4 亿元，其中公路建设完成投资 14.73 亿元。武汉至松滋高速公路仙桃至洪湖段（仙桃）完成投资 7.62 亿元，正在进行主体工程施工。投资 1.85 亿元，完成 215 省道仙桃市张沟至北口大桥段改扩建工程 7 公里。投资 3.77 亿元，完成农村公路提档升级 209.33 公里、乡村路网连通及延伸公路 19.70 公里、重要县乡道 15.70 公里；投资 6800 万元，完成农村公路危桥改造 34 座；仙桃市排湖风景区排南公路获评 2022 年度全省"十大最美农村路"。投资 8100 万元，完成 215 省

道东延工程（仙桃市彭场工业园道路）路基、路面 2.14 公里。水运项目完成投资 100 万元。完成南城客运站主体工程，投资 1.66 亿元。

运输服务保障。全年完成道路客运量 186.79 万人次、旅客周转量 7024 万人公里，完成货运量 1240.25 万吨、货物周转量 17.21 亿吨公里。完成港口货运量 98.6 万吨、货物周转量 3.95 亿吨公里，集装箱运输 1.53 万标箱，比上年下降 60.5%。春运期间运送旅客 26.98 万人次，比上年下降 26%。全年新增货运许可企业 136 家，新增危险货物道路运输企业 1 家，完成货

运车辆办证 135 辆、年审 1577 辆、转籍 60 辆；新增危险货物道路运输车辆 19 辆、年审及换证 157 辆，客运车辆办证 19 辆、年审 456 辆；出租汽车报废更新 75 辆；道路运证换证 174 件。办理驾培企业"一证通培"货运驾驶员从业资格证 2898 件、单独培训货运驾驶员从业资格证 1718 件、客车及出租汽车驾驶员从业资格证 282 件、危险货物道路运输驾驶员和危险货物押运员从业资格证 301 件、继续教育签注盖章 2299 人次；道路运输驾驶员从业资格证换证 548 人次。注销黄标车道路运输车辆道路运输证 24 辆，注

2022 年 3 月 28 日，仙桃市重点交通项目暨武松高速公路集中开工

销 4.5 吨以下蓝牌货运车辆 4 辆。注销到期从业人员资格证 189 人次。配合仙桃市政务服务和大数据管理局完成所有行政审批事项统一"前台受理、后台审批"工作。

公路管养。开展公路、桥梁日常养护，实施精细化管理，着力推进公路养护提质增效，切实提升公路养护服务水平。日常养护、大修、安防、桥涵水毁等养护工程项目完成货币工程量 1.6 亿元。围绕"精、准、细、实"，开展绿化示范路、美化景观路创建工作，大中修工程计划圆满完成。积极开展病害处治、路容改善、沿线设施修复等专项整治行动，对路基、路面进行预防性养护，促进干线公路养护管理能力水平再上新台阶。委托第三方对公路安全生命防护"455"工程进行精细化提升设计，列出问题清单，逐一整改，及时消除安全隐患，确保车辆出行安全。对外承接彭场镇产业园南干渠路项目工程、城区南城绿道建设项目工程、毛嘴建设大道西延线项目工程、高新区新材料产业园"三路一桥"项目工程、创城补短板项目、彭场镇大岭村农村公路改建工程、彭场挖沟乡村公路建设工程、物流局停车场、候车亭安装 84 个、城区绿道项目仙下河段、仙苑段等 18 个工程项目。

路政管理。强化公路巡查监管，制止侵犯路产路权行为，确保红线建筑控制区内无违章建筑发生。加强重点工程项目大件运输及涉路施工安全监管，确保辖区无施工安全隐患。落

实路养联合巡查制度，与辖区路段公路管理站建立定期巡查机制，路产、路损案件相互通报，确保道路安全畅通。开展"路政宣传月"活动，利用公路沿线固定宣传展板和路政巡查车载电子显示屏、车载广播等设施开展滚动宣传等。完善路政执法装备，路政执法部门更新执法车辆 5 辆，完成执法人员换装工作；积极向上争取 30 个执法编制。开展超限超载治理，联合交警部门严厉打击违法超限超载运输"百吨王"车辆，预防和减少道路交通安全事故。全年查处超限车辆 1015 辆，卸载转运货物 3420 吨。清除占道堆积物 213 处，下达责令整改通知书 14 份，清除广告横幅 4 处，办结涉路施工许可 18 件，办结路损案件 14 件。

行业监管。对全市"村村通客车"进行考核和"回头看"年终检查，检查考核农村客运企业 11 家、车辆 113 辆，其中考核合格车辆 36 辆、不合格车辆 77 辆。全年查处无证经营车辆 41 辆，无从业资格证驾驶营运车辆 18 起，不按核定线路运行或站点停靠车辆 62 辆，其他违章 128 起。完成仙桃至湖南长沙、仙桃至浙江瑞安省际客运班线报废更新工作。完成 2020 年度成品油价格改革财政补贴 804.4 万元、2022 年度农村客运发展专项补助资金 133 万元发放工作。加强驾驶培训行业监管，倡导文明守法经营，提升行业服务质量，进一步严格完善教练员、教练车更换及备案。全市 11 家驾驶培训机构进行 2021 年度质量信

誉考核工作，考核为 AAA 级别的共 2 家，下达督办整改通知书 4 份。完成市霞姐驾培机构（三类）申请备案受理工作。规范机动车维修备案制，新增二类维修企业 10 家、三类维修企业 8 家、综合性能检测站 1 家。完成 426 辆出租汽车监控信息系统安装工作；开展巡游出租汽车市场专项整治，进一步加大违章行为处罚力度，查处各类违章 163 起（含擅自转让经营权 24 起），在江汉热线等媒体刊登巡游出租汽车"红黑榜"12 期。全年通过资质核查水运企业 4 家，审核通过船舶 56 艘，"规范提升"港口企业完成改造并发证 3 家，审核通过港口企业 2 家。全年受理各类船舶检验 127 艘次，检验满意度 98%，新建船舶检验 4 艘次，船舶图纸审查 4 艘次，船用产品检验 9000 余件次。取得省船检处 88 米标准货船单船授权检验资质，实现 80 米以上船舶建造检验业务零的突破。

交通环保。进一步规范水上污染物接收转运，水上污染物接收、转运、处置等三方单位全部注册"船 E 行"App，并联合多部门每月进行联合检查和全过程监管。组织开展船舶防污染设施设备及船舶受电设施使用监督检查专项行动 7 次，检查船舶 55 艘次，现场及限期整改船舶 6 艘次。加强汉江岸线日常巡查，严厉打击水上污染违法行为，查处唐永新汉江私拆船舶案，对沿线船厂、趸船、渡口渡船水上污染行为进行清查，4 月底，在仙桃港附近查处非法采砂作业船舶。推进船舶、岸电设施建设使用全覆盖，完成 6 艘船舶受电设施改造任务，全市集装箱码头和公务码头建设、使用相应岸电设施。严格落实靠港船舶岸电核查制度，对仙桃港岸电使用实行月报表制，每季度开展 1 次现场核查。仙桃港集装箱码头共使用岸电 684 次，接电时间达 3360 小时，仙桃港集装箱运输船舶使用岸电率 100%。

安全应急管理。开展安全隐患排查治理，开展冬季安全生产大检查、"五一"节前安全生产专项检查、"互联网＋监管"专项检查、国庆节前安全生产专项检查共 4 次安全专项检查，

刬排公路沿线绿化全覆盖，为刬河镇加快发展农旅融合产业提供良好环境

检查企业 11 家，抽查车辆 361 辆次，发现问题和一般隐患 26 起，下发隐患整改通知书 16 份。开展"两客一危"动态监控视频抽查行动 12 次，抽查车辆 1236 辆次，发现违法违规驾驶行为和违反安全驾驶操作行为 129 起，发布通报 12 期。依据"省重点营运车辆监控平台"和"仙桃道路运输第三方监控平台"动态监控违法违规信息，集中核实后督促危险货物道路运输企业按照批评教育、经济处罚、停班学习、辞退开除、联合惩戒等措施进行

处理，处理违法违规驾驶员 161 人次，其中批评教育 119 人次、经济处罚 28 人次，辞退开除驾驶员 3 名，停班学习 11 人次。开展"两客一危"运输安全生产专项整治、危险货物道路运输专项整治、道路运输安全生产"百日"整治行动、党的二十大期间"两客一危"运输企业安全稳定包保工作和安全生产专项整治三年行动，修复 4G 动态监控摄像头 11 个，购置危险货物道路运输标志灯 9 个、危险货物道路运输标志牌 7 块，更换危货物道路运

输标志 7 个，确保审验车辆安全设备设施齐全、车辆技术符合规定。全年开展港航海事安全检查 22 次，整改安全隐患 59 起，乡镇去函督查整改安全隐患 64 起。依法予以撤销 8 处渡口，查处 1 处重大安全隐患渡口。开展辖区"三无"船舶整治专项行动，查处拆解"三无"船舶 1 艘。全市全年道路运输、水上交通、交通建设施工等领域均未发生重大安全生产责任事故，安全生产形势持续稳定向好。

（归烨）

天门市交通运输

【概况】 至 2022 年底，全市公路总里程 5363.34 公里，公路密度 203.2 公里/百平方公里，其中高速公路 56 公里、一级公路 256.98 公里、二级公路 381.64 公里、三级公路 321.64 公里、四级公路 4340.82 公里、等外公路 6.26 公里。内河航道通航里程 362.7 公里（界河按二分之一算），在建港口 1 个，在建泊位 3 个，有渡口 46 处，其中营运 36 处、停运 10 处。有客运站 18 个，其中二级客运站 2 个、三级客运站 2 个、五级客运站 14 个。

基础设施建设。全年完成交通固定资产投资 8.78 亿元。完成潜江汉江大桥天门段接线工程建设，完成 347 国道南德线皂市至杨秀段改建工程路基工程 1.6 公里，沿江公路岳口段新建工程 3 公里，国省干线大修 12.82 公里，危桥改造 70 座，农村公路提档升级 213.18 公里，农村公路连通工程 74.83 公里。完成港航基础设施建设投资 160 万元，完成海事工作趸船、海巡艇购置，开展天门港岳口港区蒋场散货码头项目前期工作。

"四好农村路"建设。按照"规划统筹、远近结合、分步实施"的原则，统筹建、管、养、运协调可持续发展，出台《天门市"四好农村路"示范市创建工作实施方案》《天门市农村公路养护管理实施办法》《天门市农村公路"路长制"实施方案》等系

列实施方案，多部门协调联动，形成合力。截至 2022 年底，完成首批"四好农村路"60.9 公里、刷黑 100 公里，第二批"四好农村路"主干线改扩建 50 公里、绿化 24.9 公里、刷黑 97 公里，完成危桥改造 70 座。同时，统筹推进公路养护工作，462 公里国省道、2692 公里县乡道和农村公路主干道全部纳入专业化管护。黄潭镇、佛子山镇获评全省"四好农村路"示范乡镇，佛子山新火公路获评 2022 年度全省"最具人气农村路"。

运输服务保障。全年公路完成旅客周转量 1.34 亿人公里、货物周转量 30.02 亿吨公里，比上年分别下降 33.69%、4.24%；水路完成货物

周转量 2.09 亿吨公里，比上年下降 38.05%。圆满完成春运、"五一"、高考、中考、国庆等重点时期运输保障工作。春运 40 天，投入道路客运车辆 301 辆、出租汽车 323 辆、城市公交车 239 辆、客渡船 54 艘，运送旅客 219.7 万人次，春运无安全事故发生。开启"绿色、低碳、环保"出行新模式，开展运输结构调整三年行动，推进道路货运向"公转铁"模式发展，江汉货运铁路天门东站和长荆铁路天门站年吞吐货物 86.08 万吨。推进中基港回购和天门港岳口港区综合码头及物流园项目前期工作。

交通物流发展。高标准编制《天门市物流业发展"十四五"规划与

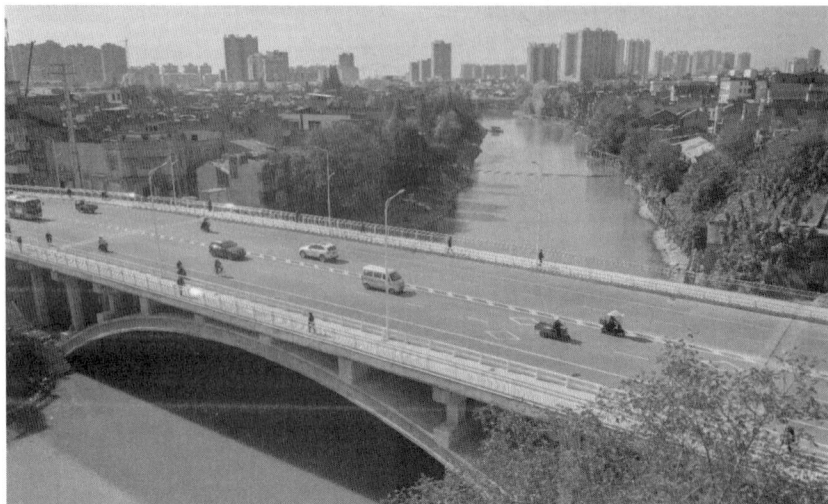

2022 年 3 月 25 日，天门泰康大桥建成通车

全省"最具人气农村路"——佛子山新火公路

2035 年远景目标规划》，明确"一核心四集聚区"物流枢纽。规划一批公铁联运、公水联运项目，通过发展多式联运实现多种运输方式无缝对接，推进物流业降本增效。7 月 15 日，天门市邮政业发展中心正式成立。推进客货邮融合发展，邮政、顺丰等 9 家快递业市场主体在全市设立末端网点 129 个，实现 26 个乡镇网点全覆盖，设立村级站点 496 个，覆盖率 91%，打通物流快递进村"最后一公里"。

城乡客运一体化。开展全域公交示范市创建活动，新增公交企业 1 家，新增新能源公交车 24 辆，改造完成天门至麻洋（多祥）、蒋场（汪场）乡镇公交专线 2 条，建成港湾式候车亭 13 座，改造乡镇客运站 3 个，建设公交首末站 1 个。全市有公交企业 3 家，公交线路 22 条，公交车 263 辆；农村客运企业 5 家，农村客运线路 28 条，农村客运车辆 130 辆。全市乡镇公交通达率为 85%，基本实现城区 20 公里范围内公交全覆盖。

公路管养。全面提升改善国省干线路况，对照"十三五"国评问题清单，举一反三找差距、补短板，全面履行"平时养护、及时应急、需时服务"三位一体工作职责，做好路面保洁、病害处治、路肩维护、边沟清理、桥梁管养、绿化等养护工作，道路完

好率达到 92% 以上。同时，持续推进美丽公路建设，完成 348 国道武大线多宝至郑场段、269 省道天监线钟祥至小公社段等路段绿化补植。

运输市场管理。加强"两客一危"动态监管，并持续开展运输市场经营秩序整治、非法机动车驾驶员培训点整治活动，查处非法营运车辆 68 辆、各类违法违规案件 154 起。客运秩序明显好转，出租汽车服务质量不断提升，驾驶培训市场进一步规范。

路政管理。加强路域环境整治和超限治理力度，全年拆除非交通公路标志牌 150 块，办理路损案件 23 起，检测货运车辆 11.8 万辆次，卸（转）载货物 3.2 万吨，超限率控制在 2% 以下，超限超载运输行为得到遏制，保障市内公路桥梁安全畅通。

智慧交通。加强新型基础设施建设，实施部省治超联网管理信息系统建设，推进治超不停车检测系统建设，加强科技治超力度。进一步加强营运车辆、船舶动态监控，"两客一危一货"及农村客运车辆全部纳入 4G 动态监控管理。进一步完善公交服务 App 手机端系统，市民可实时查询公交运行状态，同时所有公交开通微信扫码乘车模式，市民出行更便捷。

节能减排。加快推进国三及以下排放标准营运柴油货车淘汰，并积

极推动公交行业绿色低碳转型。2022 年，引导公交企业购买纯电动公交车 24 辆，新增纯电动公交车占比 100%。通过改造农村客运班线，淘汰老旧客运车辆 38 辆。目前，天门市公交车总数为 263 辆，其中纯电动公交车有 247 辆，占比达 94%。

交通环保。加强非法码头、港口岸线、船舶污染防治等日常巡查力度，切实巩固长江大保护三大标志性战役、禁捕退捕等整治成果。深入推进船舶港口污染防治工作。积极推广本籍船舶和过港船舶使用船舶水污染物联合监管与服务系统"船 E 行"App，对船舶垃圾、生活污水、含油污水进行分类回收。加强对船舶污染物垃圾处置的监管，严厉打击船舶违规排放塑料垃圾、偷排漏排水污染物现象。

安全应急管理。坚守安全生产红线和"零事故"底线。持续开展安全生产专项整治三年行动、全市交通运输安全整治"冬季行动"。全年开展水陆运输和工程建设领域安全大检查 12 次、专项督查 8 次，排查、整改安全隐患 691 件（其中省安委会和省综合交通专委会综合督查反馈问题 18 件、市级重大安全隐患整改销号 1 件），无交通安全责任事故。疫情期间，把好高速公路卡口、"两站一场"等第一道防线，交通疫情防控物流保通保畅统筹推进，有效地保障产业链供应链稳定。

交通改革举措。深化"放管服"改革，组建行政审批科和行政审批窗口服务队伍，实行一窗受理、集成服务。聚焦企业、群众和"跨省通办"高频事项，推进政务服务"一网通办、一窗通办、跨省通办"。实行电子证照共享授权。认真落实"四减"要求，"减材料" 86 份，"免提交"申请材料 65 份，压缩审批事项承诺时限 60% 以上。牵头全省"一事联办"试点主题事项，在全省复制推广。拓展"鄂汇办"App 便民事项 25 项，实现群众"办事不出门，随时随地办"。启用普通公路涉路施工许可、道路运输证电子证照。全面推进审批改备案、告知承诺制，严格落实市场准入负面清单制度。

（张文敏）

潜江市交通运输

【概况】 至2022年底，全市公路通车里程3945.08公里，公路密度196.86公里/百平方公里，其中高速公路76.07公里、一级公路221.87公里、二级公路335.48公里、三级公路105.60公里、四级公路3206.06公里；按行政等级分为(不含高速公路)国道153.03公里、省道202.92公里、县道708.87公里、乡道1194.68公里、村道1609.51公里。有港口3个、生产码头泊位13个。有汽车客运站2个，其中一级客运站1个、二级客运站1个，综合性公交枢纽站3个，公交充电站14座、充电桩160个，港湾式公交亭494个，其中城区港湾式公交亭238个、农村港湾式公交亭256个，公交招呼站牌2675个，城区公交站点500米覆盖率100%。

基础设施建设。全年完成交通固定资产投资19.76亿元，为年度目标的107.12%。普通公路建设完成投资17.15亿元，完成路基工程409.73公里、路面工程403.84公里；开工建设农村公路桥梁21座413.5延米，完成投资1040万元。水运建设完成投资1.21亿元，潜江港泽口港区综合码头陆域堆场一期开工建设，潜江船舶溢油应急设备库建成投运。物流基础设施建设完成投资1.40亿元，潜江传化公路港二期建成投运，潜网小龙虾生态物流园加速建设。

农村公路建设。以深化农村公路管理养护体制改革全国试点为契机，以建设"四化同步"发展示范区为目标，打造"四好农村路"升级版试点县市，加快推进农村公路高质量发展。全年完成通村公路新建工程68.33公里、乡村危桥改造19座、农村公路提档升级252.55公里。完成农村公路水毁修复工程、农村公路安全设施精细化提升工程(一期)。创建"美丽农村路"103公里。

"四好农村路"示范乡镇创建。协助积玉口镇开展2022年全省"四好农村路"示范乡镇创建准备工作，策划实施董樊线、柳田线、荷王线等县乡公路升级改造32公里，组织开展线路核查、循环路网布置、路域环境打造、内业资料准备等前期工作，为积玉口镇创建"四好农村路"示范乡镇奠定坚实基础。全省"四好农村路"建设成效评价中，潜江市总分及单项得分均位列全省第一。

农村公路养护体制改革。全面落实"路长制"，全市有市、镇、村三级路长430人，护路员255人，形成路长包保负责、执法人员严格监管、护路员分段护路的精细管养体系。严格考核结账，提请市政府将农村公路管理养护工作纳入对各区、镇、街道年度目标考核内容，按照"月巡查通报、季检查督办、年考核评优"的方式，对各区镇街道进行考核，采取"红黑榜"通报机制向社会公示，将考核结果与下年度交通项目建设计划、"四好农村路"示范乡镇申报等挂钩，奖惩并举。坚持科技管养，先后投入近500万元研发出汇集建设管理、养护管理、路况评定、路长管理、路政执法五大功能于一体的农村公路管养服务信息化管理平台并在全省率先使用，利用信息化手段对农村公路管理养护情况进行实时监测，实现全市农村公路"一图一库一平台"全数字化管理。

运输服务。全年完成道路客运量20.23万人次、旅客周转量1083.55万人公里，比上年分别下降39.6%、68.3%；完成货运量1771.45万吨、货物周转量29.82亿吨公里，比上年分别增长8.4%、16.07%。完成港口吞吐量110.8万吨，比上年增长62.5%；完成水路货运量144.7万吨、货物周转量6.32亿吨公里，比上年分别增长21.9%、89.2%。拥有道路客运班线31条、客运车辆112辆，客运网络延伸到8个省(自治区、直辖市)，"村村通公交"通达率100%；拥有公交车辆576辆。拥有普通货运车辆3115辆39278.218吨，危险货物道路运输车辆1505辆，其中牵引车634辆、半挂车668辆、整体车203辆。拥有码头泊位13个、渡口24个、运输船舶95艘。

行业监管。遵循"依法巡查、保护路产、超前管理、维护路权"原则，按照巡查计划"时间点"和"路线图"，落实辖区内国省干线巡查全覆盖，清理公路两侧堆放物品17处340平方米，清除公路商户摊点34个、打场晒粮550平方米，拆除非公路标志牌11块、违法横幅标语5条，国省干线公路路政巡查，处理涉路案件36起，结案

全省"最具人气农村路"潜江市盐兴公路

2022 年 10 月 15 日，潜江市村村通公交开通仪式

率 100%。坚持"政府主导、部门联合、路警联动"货运超限超载联合执法，开展路警联合治超专项行动，查处超限超载车辆 518 辆、卸货 8165 吨，全市境内违法超限运行为得到有效遏制。加大交通运输市场规范整治力度，持续开展道路客货运、驾驶培训、维修、出租汽车等行业专项治理行动。

物流发展。加大对物流行业政策扶持力度，潜江市政府出台《促进现代物流业发展若干措施》，组建成立潜江市物流行业协会，促进全市物流业规范健康发展。2022 年，全市社会物流总额 2090.44 亿元，比上年增长 10.3%；物流业总收入 94.15 亿元，比上年增长 6.8%；物流总费用与地区生产总值的比率为 14.2%；完成货运量 2034.99 万吨，比上年下降 8.8%，完成货物周转量 36.96 亿吨公里，比上年增长 1.1%。全市登记注册仓储物流企业 221 家，其中省统计在库规上企业 33 家、交通运输部在库规上企业 12 家，被中国物流与采购联合会评定为 A 级物流企业 19 家。同时，按照"以干补支、以城带乡"发展思路，不断完善城乡末端配送网络，加快推进农村物流体系建设，引导农村物流专业运输企业合理布局，规范运营，整合邮政、电商、商务、供销乡镇农村配送资源，构建覆盖市、镇、村、户

四级农村物流网络体系，建成市级城乡农村物流配送中心 1 个、镇级农村物流服务站 16 个、村级农村物流服务点 175 个，开通以园林城区为中心、辐射延伸至全市各乡镇的 12 条农村物流货运班线，定点、定线、定时进行农村物流运营，基本实现"门到门""点到点"的农村物流服务。

交通质量检测。全年组织开展监督检查 36 次，印发质量抽查通知书 14 份、安全整改通知书 4 份，召开问题整改督办现场会 4 次。组织完成 9 个项目工程交工验收质量检测工作，完成 7 个项目交工质量核验工作，完成 51 个通村公路项目共 64.83 公里交（竣）工验收质量鉴定工作。全市交通建设项目监督覆盖率 100%，质量安全隐患问题整改率 100%，交（竣）工验收工程质量合格率 100%。全年未发生一起公路水路工程质量安全事故。

信息化建设。建成交通运输大数据管理中心、交通指挥应急管理中心、信息处理中心以及公路水路交通视频云平台"三中心一平台"，全面提升潜江交通运输行业信息化、智能化水平和应急处置能力，不断增强交通运输综合服务保障能力。加强与中国电信潜江分公司之间战略合作，在全市国省干线、农村公路、城区中心路口、重点桥梁、水路等关键节点安装 110

余个摄像头，并接入交通运输指挥中心，为公路养护、水运安全、交通运输综合执法、应急指挥等提供智能监控支撑。依托交通大数据中心和交通视频云，升级公路智能化检测、养护、管理系统，推动潜江公路信息化管理水平再上新台阶。

安全应急管理。以"平安交通"建设为主线，扎实推进安全生产专项整治三年行动、危险化学品道路运输集中整治、船舶碰撞桥梁隐患治理、消防安全、"打非治违""亮剑行动"等专项整治。全年开展集中安全培训教育 30 次，开展危险货物道路运输事故应急处置和客运车辆防暴恐、消防逃生、公路保畅等各类实战化演练 37 次，开展各类安全生产督导检查，排查各类隐患 895 处，责令现场整改 581 处，下达安全隐患整改通知书 200 余份，限期整改 314 处，实现重点行业安全责任落实率、安全隐患整治率、安全教育覆盖率"三个 100%"，全系统未发生一起安全生产责任事故，安全生产形势持续稳定。市交通运输局被市委、市政府评为疫情防控、平安建设优秀单位，被市政府评为"2022 年度安全生产责任目标考核优秀单位"。

文明创建。开展第三届"最美潜江交通人"评选活动，大力弘扬新时代交通精神，以先进典型为引领助推交通运输事业高质量发展。潜江市公路事业发展中心代表湖北公路参加第十三届全国交通运输行业职业技能大赛获团体第七名。董政家获 2021 年度"感动交通十大年度人物"和 2021 年度"十大最美公路人"，高霖被授予"湖北省技术能手"称号并荣获湖北五一劳动奖章，王大江被授予"湖北省技术能手"称号并荣获潜江五一劳动奖章。

（胡合亮）

神农架林区交通运输

【概况】　至 2022 年底，全区公路通车里程 1983.26 公里，公路密度 61.34 公里 / 百平方公里，其中一级公路 31.09 公里、二级公路 386.68 公里、三级公路 184.73 公里、四级公路 1347.31 公里、等外公路 33.45 公里，

等级公路比重达 98.31%；按行政等级分为国道 183.25 公里、省道 224.33 公里、县道 363.88 公里、乡道 541.06 公里、专用公路 15.92 公里、村道 654.82 公里。全区通车里程中有铺装（高级）路面里程 1916.30 公里，其中水泥混凝土路面 1445.12 公里、沥青混凝土路面 471.18 公里；简易铺装路面（次高级）里程 17.60 公里；未铺装路面（中级、低级、无路面）里程 49.36 公里，铺装率为 96.62%。有客运站 15 个，其中二级客运站 1 个、三级客运站 3 个、四级客运站 2 个、五级客运站 9 个。

2022 年 6 月 20 日，神农架林区松柏客运站试运营

基础设施建设。全年完成交通建设项目投资 5.5 亿元，争取部省级交通专项资金 3.23 亿元。房县至五峰高速公路神农架段完成工程可行性研究报告、初步设计审查，12 个专题获批 7 个。209 国道阳日至观音河改扩建工程完工通车。645 国道松柏至宋洛公路路基、桥梁工程基本完成。347 国道神农架林区坪阡水库大桥完成项目前期工作，在进行工程施工招标中。651 国道大九湖至巫溪界新建工程完成前期招标及工程可行性研究报告初稿工作，正在进行各项专题编制。307 省道八角庙至茨芥坪改扩建工程主体工程完工，正在进行全线景观和绿化工程施工。完成 347 国道南德线和 282 省道柳神线 2 个观景台建设。完成鱼阳线、南德线等大中修路及灾害治理 18.95 公里，柳神线大中修加快推进。公路桥梁"三年消危"行动的 22 座危桥全部完工。红坪镇官封至房县上寇项目工程可行性研究报告和初步设计获批复。新华综合客运枢纽站、松柏新客运站建成试运营。神农架物流园在进行场坪及主体工程建设。

"四好农村路"建设。全年完成农村公路建设 63.97 公里（新建桥梁 149 延米），其中猫儿观至石屋头公路 9.13 公里，乡村路网连通、延伸公路建设 32.57 公里，"硬联通"项目保康鱼头河至阳日镇双建村公路 5.2 公里，提档升级 17.07 公里，超额完成年度计划任务。开展"四好农村路"复核工作，完成"四好农村路"全国示范县

复核内业资料整理，并按要求完成梳理、填报、上传。协助阳日镇和宋洛乡申报创建全省"四好农村路"示范乡镇工作。

运输服务保障。全区完成公路客运量 113.07 万人次、旅客周转量 4177.84 万人公里。拥有班线客车 88 辆、旅游客车 128 辆、公交车 12 辆、出租汽车 69 辆、货运车辆 466 辆，全年发放包车牌 162 张。交旅融合一体化发展，新华高铁开通运营后，点对点开通直达核心景区和主要客运站直通车和客运班线，投放共享电动汽车 30 余辆，开展旅游包车、定制客运项目。加快推进神农架综合客运枢纽、松柏客运站、石屋头综合运输服务站、桃坪综合运输服务站、宋洛（长坊）综合运输服务站、松阳线 18 个候车亭等项目实施，提升群众旅游体验感。圆满完成节假日、高考、全国两会期间各项运输安全保障工作，开展轮班上路执法、学校周边交通及学生乘车安全排查、乘车环境整治工作，未发生一起客运安全事故及旅客景区内外滞留现象。全区有二类维修企业 14 户、三类维修企业 24 户，教练车 21 辆。

城乡客运一体化。开通松柏镇至阳日镇城乡公交，成为城乡一体化创建的首个两镇公交运营线路，公交线路往返共 56 公里，为沿线 4 万余名群众出行带来极大便利。进一步推进林区交旅融合发展，积极打造旅游风景示范线，开通神农架高铁站与松柏镇、神农架高铁站至酒壶坪换乘中心之间

的往返客运班线，完善汽车租赁、包车、新能源车充电等个性化服务，助力林区旅游事业发展。协调客运企业为群众便利出行做好服务，开通四季小镇、阿尔卡迪亚酒店公交线路，解决游客及居民出行问题。

运输市场监管。严把行政许可关，规范道路运输市场经营秩序。行政受理采用窗口受理和网上受理相结合的模式，鼓励客运企业网上申报，优化流程节约时效，切实惠及民生。规范神农架林区驾校经营行为，组织开展驾校年度质量信誉考核工作，提高培训质量和服务水平。优化营商环境，推动从业资格证考试制度改革。推动取消除道路危险货物道路运输以外的道路货物运输驾驶员从业资格考试，方便道路货物运输驾驶员从业、就业、择业；对于从事危险货物道路运输的从业人员，由宜昌驾培服务中心委培考试合格后，在林区政务服务中心交通窗口申领危险货物运输从业资格证。完成出租汽车公司、公交公司服务质量信誉考核，推广林区新能源公交车发展，提升公共交通智能化发展。

物流寄递。助力打通"快递进村"最后一公里。通过多方调查疏通快递进村问题，组织邮政、公交公司等单位开展"交邮融合"协调，明确合作建议，逐步推进建设与运营。为物流寄递企业解决资金运转难题，向上级有关部门推送企业名单，与邮政储蓄银行等企业建立工作联系机制，加强交通物流专项再贷款政策的宣传讲解，

2022 年 10 月 9 日，神农架林区松柏镇至阳日镇城乡公交顺利开通

帮助 3 家物流企业贷款 90 万元，切实解决物流寄递企业融资难问题。联合市场监管、公安、疾控、工商、消防等部门对寄递物流行业进行联合监管，全年联合检查 12 次。

公路养护。开展农村公路路况检测，聘请第三方检测公司对全区农村公路开展路况检评，为全区农村公路养护工作评价奠定基础，共计完成 1678 公里。完成九湖养护站、九湖应急物资储备中心项目建设工程竣工验收。进一步完善《公路日常养护小修保养考核细则》，对各公路养护管理站养护情况进行不定时检查，及时通报存在问题并限时整改，较好完成国省干线公路路面、桥梁、隧道、涵洞、边沟、路肩保洁、保畅工作及沿线各类标牌维修、缺失更换。完成国省干线钢护栏、钢索维修 150 处，完成可视范围内垃圾清理及 6 个公厕维修及保洁。做好冬季除雪防滑工作，确保道路运输安全畅通。

路政管理。加大路面巡查力度，推行"路养联合"巡查模式，缩短路政案件查处时间，提高占路、损路违法行为查处率。联合养护站开展巡查 31 次，协助养护部门及时清坍抢险保畅通清理小型塌方 14 次 250 余平方米，共同清除积雪 4 次，救援雪地受困车辆 45 辆次。及时提醒安保设施受损存在安全隐患 37 处，反馈路面情况 90 次。联合公安、交警、城管等部门积极开展联合整治行动，整治违法建筑、非公路标志牌，散装货物运输路面抛撒、乱堆乱放、占道经营等行为得到有效遏制；巡查责任管段，路政案件发现率、查处率 95% 以上，较好地保障公路完好畅通。开展联合治超专项行动，查处超限超载车辆 30 辆次，纠正货物未全覆盖车辆 135 辆次，责令架设高墙板车辆消除非法改装行为后准予上路行驶车辆 10 辆次，卸转运货物 367 吨。

智能交通。以公路年报数据库为基础，高德地图为底图，自主建造 GIS 公路信息化平台，平台基本实现对公路养护、路政、桥梁、隧道、养护站管理系统平台的应用，实现与各个养护站对接与动态管理。国省道干线路网运行监测建设固定监测点位 22 个、移动车载监测点 3 个，移动车能够第一时间到达事发地点，获知突发事件的发生、发展和处置信息。GIS 公路信息化平台集路网监测、应急指挥、战备演练、公众服务于一体，是事件预警、评估、监测、资源调配、信息发布、指令下达于一身的业务综合处理平台。

安全应急管理。加强国省干线公路、农村公路、道路运输企业、公路工程建设项目等重点领域安全生产监督检查和隐患排查治理。普通公路查处安全隐患 11 处，全部整改治理。农村公路检查发现隐患 27 处，督促乡镇落实整改。公路建设项目质量安全监管覆盖率 100%，检查发现安全隐患 7 处，通报 1 次，下发抽查意见通知书 1 份，勒令现场返工 2 处，现场消除安全隐患 1 处。道路运输领域开展安全生产专项检查 3 次，检查企业 48 家，发现一般安全生产隐患 32 起，下达责令限期整改通知书 12 份，约谈企业 3 家，隐患整改率 100%，未发生一起道路运输安全生产事故。开展危险化学品运输集中治理，对危险化学品运输车辆开展路检路查工作，联合公安交警、应急、市场监管等部门对危险化学品运输企业开展安全生产监督检查，查出隐患 30 余处全部落实整改。严格落实疫情防控政策，发放防疫物资，指导企业规范防疫措施，主要出入口设置防控卡点，落实专人值守。

（张朝）

交通运输发展战略研究及前期工作

【物流服务研究】 多式联运研究。武汉中远海运、荆州盐卡港、鄂州花湖机场3个项目成功申报国家第四批多式联运示范工程，全省累计有4批共8个多式联运工程，入列示范数量位居全国第一，完成总投资161亿元，争取中央补助资金近10亿元。宜昌白洋港、武汉金控物流等第三批国家多式联运示范工程完成省级审核，做好国家验收准备工作。联合省财政厅制定下发《湖北省多式联运示范工程奖补资金管理办法》，对通过国家验收的国家级多式联运示范工程每个给予2000万元资金补助。对三年攻坚行动67个多式联运集疏运基础设施重点项目实行定期督导和动态监测。联合省发展改革委开展13个省级多式联运示范工程遴选，计划启动开展第一批省级多式联运示范工程创建。

运输结构调整。全省交通运输系统深入实施《湖北省推进多式联运发展优化调整运输结构工作方案(2022—2025年)》，不断完善多式联运枢纽布局，加快货运枢纽多式联运设施和集疏运体系建设，持续优化运输组织，加强信息资源共享，运输结构进一步调整优化。2022年，全省集装箱铁水联运量完成8.47万标箱，近4年平均增长约16%；公路、水路、铁路运输在综合运输中的比重依次是69.2%、27.8%、3.0%，与上年相比，分别下降5.9%、上升5.6%、上升0.3%。

(孙宁)

【交通规划管理】 重大规划编制工作强力推进。编制完成《湖北省贯彻落实〈国家公路网规划〉实施方案》，并由省政府批复印发至各市州县政府及省有关单位，统筹推进国家公路网规划建设。省道网规划编制工作全面推进，组织规划专班至各市县开展实地调研，分析行业重大问题，了解地方实际需求，加强与周边省(自治区、直辖市)沟通对接，借鉴兄弟省(自治区、直辖市)经验，了解省际通道对接需求，省道网规划编制取得初步成果。"十四五"中期评估相关工作全面

启动，完成评估方案制定，相关调研工作积极推进。根据交通运输部通知组织开展《国家公路网线位规划》研究工作，并结合省区域发展战略对交通发展的新要求，组织对省综合立体交通网规划持续深化完善。

都市圈交通规划研究工作取得阶段性成果。全面落实省委、省政府重大战略部署，迅速组建规划专班，全面开展武鄂黄黄、襄阳、宜荆荆三大都市圈交通规划研究。积极对接省重大战略，加强专题研讨，调整优化思路，突出谋划重点，加强与省委专家组汇报衔接，加强与都市圈发展规划编制单位研讨对接，加强与省直相关部门沟通协调，形成武鄂黄黄交通规划思路和公路水路规划优化调整方案，完成《武汉都市圈核心区快速通道规划建设方案》编制，形成襄阳、宜荆荆都市圈交通规划初步成果。

(冯乐)

【交通强国建设试点】 湖北成为交通强国建设第一批试点省，从内河航运、农村公路、智能交通、交通运输现代市场体系建设、投融资体制改革、多式联运六个方面，开展调度督促，确保取得成效。

1. 现代内河航运建设

汉江兴隆至蔡甸段2000吨航道整治工程工程可行性研究前置专项全部完成，唐白河航道工程开工建设。以武汉港阳逻国际集装箱铁水联运二期工程为试点的智慧港口项目实行常态化运营，汉江襄阳以下河段航道崔家营航运枢纽船闸、雅口航运枢纽船闸、碾盘山水利枢纽船闸和兴隆水利枢纽船闸统一调度等一体化运行机制建立。以武汉、宜昌化学品船舶洗舱站工程为试点的现代危化品洗舱站全面投入运营，2022年，武汉、宜昌化学品船舶洗舱站共洗舱56次，共完成洗舱水接收转运处置3281.5立方米。完成全省273个低压岸电接插件改造升级，港口岸电使用量达到136万千瓦时。研发的三峡过闸标准散货船"理航渝建1号"和"理航渝建2号"相继建成并投入使用。

2. "四好农村路"建设

窄路基路面加宽改造及破损路段路面改善工程有序实施，具备条件的乡镇双通道连通、具备条件的行政村双车道通畅工作加快推进，公路桥梁"三年消危"行动深入开展。截至12月底，全省新改扩建农村公路16381公里，为年度目标的163.81%。"四好农村路"示范创建工作实现省市县乡四级示范创建全覆盖，江夏区、竹溪县、点军区、老河口市、石首市、巴东县6个县市区通过交通运输部评审，列为2022年全国示范县创建单位，湖北省6条农村公路入选全国"十大最美农村路"年底总决选。

3. 智慧交通建设

5月1日，鄂州机场智慧高速公路一期全线贯通，宜昌、襄阳、荆州、咸宁智慧公交和武汉智慧地铁、武汉天河智慧机场建设等交通强国智慧交通建设试点项目进展加快。统筹推进综合信息平台建设，谋划建设省级综合交通信息平台，公路、运管、港航、综合执法4个智慧监测子平台稳步推进。开展全省公路长大桥梁结构健康监测平台建设，62座长大桥梁纳入自动监测。建成576公里汉江电子航道图，实现湖北境内汉江干流全覆盖，与长江电子航道图无缝拼接。武汉新港阳逻国际港铁水联运二期获批港口经营许可证开始运营，智慧港口实现场桥自动化，无人集卡部署上线。武汉阳逻港、荆州车阳河港等港口智慧化建设启动，传统交通基础设施数字化改造加快。

4. 交通运输领域信用体系建设

以"信用交通宣传月"活动为契机，大力推进诚信文化建设，进一步完善信用制度建设，构建新型信用监管机制，开展信用评价工作。组织对全省公路水运工程49家设计企业、49家施工企业、53家监理企业、80家检测机构进行信用评价。完成2021年度全省2616家道路运输企业信用评价(企业服务质量信誉考核)工作。全面归集汇总全省交通运输行业主体信用信息，截至12月，累计报送交通运输部信用数据10680628条。

5. 交通运输领域投融资体制改革

持续推进交通运输领域地方财政事权和支出责任划分改革，有序推进政府与社会资本合作（PPP）模式，积极探索政企合作新模式。推动出台《省人民政府关于加快全省高速公路高质量发展的实施意见》（鄂政发〔2022〕20号），明确实行分级负责的高速公路投资建设体制。以福银高速公路谷城至柳陂段改扩建、房五高速公路房县段和神农架段等高速项目建设为试点，启动项目打捆应用PPP模式建设。鼓励市州政府和交通企业，在交通建设项目上积极发展"交通＋物流""服务区＋"等新兴业态。探索航道、港口、物流园捆绑式统一开发模式。

6. 多式联运创新发展

湖北省第一批、第二批国家多式联运示范工程通过国家验收，实现常态化运营。第三批国家多式联运示范工程武汉金控粮食物流项目、宜昌白洋港项目等项目经过省级审核，做好国家验收准备工作。武汉、荆州、鄂州等项目进入第四批国家多式联运示范工程公示名单，全省共有8个国家多式联运示范工程，示范数量位居全国第一。联合省财政厅制定下发《湖北省多式联运示范工程奖补资金管理办法》，对通过国家验收的国家级多式联运示范工程每个给予2000万元资金补助。联合省发展改革委开展13个省级多式联运示范工程遴选，其中10个项目成功入选并公示。抓好多式联运集疏运体系建设，武汉、荆州、宜昌、黄石等主要港口重要港区11条疏港铁路进港，全省重要港口基本实现二级及以上公路覆盖，一般港口实现等级公路覆盖。

（冯乐）

【规划编制工作】 开展湖北省综合交通运输发展"十四五"规划中期评估工作。2022年是"十四五"规划实施的第二年，是完成"十四五"规划承上启下的关键一年，在规划实施的中期阶段应当开展中期评估工作，客观评价规划实施取得的进展成效，总结提炼推进规划实施的经验做法，深入剖析实施中出现的问题及原因，结合发展环境变化，提出改进规划实施的对策建议。省交通运输厅启动规划中期评估工作，通过招标选取外部合作单位，确定工作大纲、调研方案等，到仙桃、潜江、天门、咸宁、孝感、荆州、宜昌、恩施、神农架等地进行实地调研，获取第一手资料，12月，省交通运输厅下发《关于开展全省"十四五"综合交通运输发展规划中期评估工作的通知》，收集整理市州反馈的资料，启动报告编写工作。

参与湖北省流域综合治理和统筹发展规划纲要编制工作。根据省委工作部署，省交通运输厅选派业务骨干参与湖北省流域综合治理和统筹发展规划纲要编制工作专班，多次参加规划纲要编制组研讨会，完成省级规划目标的指标体系、纲要的交通发展部分编制工作和市州规划审查工作，厅主要领导在规划专题会上就交通部分作发言。

（胡莎）

【专项研究工作】 完成支撑乡村振兴战略的农村交通高质量发展路径和对策研究。发展农村交通是乡村振兴的先决条件，更是加快建设交通强国的重要内容和应有之义，通过招标程序选择合作单位，确定研究大纲与调研计划。其间，结合疫情形势和防疫要求，采取线上线下相结合的方式广泛开展调研，与合作单位多次开展交流讨论，结合最新部省精神，不断修改完善，12月中旬完成结题审查。该课题对研究如何服务湖北建设全国构建新发展格局先行区，更好地发挥农村交通在全省乡村振兴中的支撑引领作用，指导全省农村交通发展具有重要意义。

完成新发展格局下湖北省城市群交通发展研究。为研究如何建设和发挥好武汉国际性综合交通枢纽城市，宜昌、襄阳国家综合交通枢纽城市作用，从而带动湖北交通全域协同发展，组建工作专班，多次讨论课题大纲，按相关规定通过招标优选合作单位，其后课题组与中标单位完善研究大纲与调研大纲。7月至8月，到襄阳、宜昌等地开展实地调研，同步开展线上调研，加强前期资料收集和分析工作，为编制针对薄弱环节、提出具体对策、有实际指导意义的研究文本打下坚实基础。12月，完成研究报告并通过专家评审，该课题对研究湖北省三大城市群和都市圈综合交通运输如何当好先行、提供支撑，服务全省区域发展布局具有重要意义。

开展依托湖北鄂州花湖机场、打造国家航空枢纽经济综合试验区战略规划研究。作为亚洲第一个、全球第四个航空货运枢纽的鄂州花湖机场运营，根据省政府主要领导指示精神，为抢抓新一轮全面加强现代化基础设施建设机遇，最大限度、最快进度争取国家层面资金补助和政策支持，省交通运输厅开展依托湖北鄂州花湖机场、打造国家航空枢纽经济综合试验区战略规划研究。为切实推进该课题研究深入、全面、有效开展，成立领导小组及办公室，在系统内抽调业务骨干作为办公室成员。7月组织召开专家研讨会，10月完成该课题项目招标，初步拟定研究思路、总体框架、编制提纲等。

开展交通强国建设湖北省省域评价指标体系研究。2022年1月，交通运输部印发《交通强国建设评价指标体系》，要求各省级交通运输部门从本地区实际出发，加快制定指标体系，积极引入第三方评估，确保国家指标体系尽快落地。省交通运输厅提前做好省域指标研究制定准备工作，8月确定合作科研单位，共同开展交通强国建设湖北省省域评价指标体系研究。其后课题组完成工作大纲，与部相关单位和其他省市沟通，借鉴各方经验同步推进相关工作，12月完成课题初稿，开展内部审查。

（胡莎）

交通建设前期工作

【重点工程前期工作】 全面加快高速公路和长江大桥项目前期工作,完成所有 2022 年拟开工项目工程可行性研究阶段任务,全年超过 600 公里高速公路项目工程可行性研究报告获批,通过工程可行性研究审查项目超过 1000 公里,为"十四五"规划目标顺利实现打下坚实基础。

1. 交叉推进,加快前期工作进度

围绕"十四五"规划目标要求,聚焦进度加快,实现"三个交叉",即推进工程可行性研究编制与投资人招标交叉推进,工程可行性研究审查与用地预审等要件报批交叉推进,工程可行性研究报批与初步设计审查交叉推进。通过上述举措,交叉推进前期工作,为项目开工建设创造条件,前期工作较常规周期平均缩短 6 个月。至 2022 年底,全省建成高速公路总里程 7598 公里,在建高速公路项目 29 个 1273 公里,已建、在建高速公路总规模达到 8871 公里,纳入"十四五"规划还未开工项目全部启动前期工作。2022 年,推进武汉至重庆高速公路汉川至天门段、新港高速公路双柳长江大桥及接线工程等 17 个项目 1032 公里工程可行性研究评估审查,促使赤壁长江公路东延段、十堰至巫溪高速公路溢水至镇坪段等 13 个项目 609 公里获得工程可行性研究核准批复。

2. 规范流程,提高前期工作质量

规范项目各阶段前期工作管理,工程可行性研究阶段实行专家咨询、厅内审核、第三方评估等三级审查制度。工程可行性研究报告编制完成后,邀请权威专家对重大方案、关键技术进行咨询,明确推荐方案,锁定上报成果;由厅领导组织相关处室,深入研究解决重大问题,提出相关意见及建议;委托第三方咨询单位,对项目进行评估咨询,最终确定工程可行性研究方案。通过三级审查制度规范前期工作流程,有效提升沪渝高速公路黄梅至黄石段改扩建、武汉都市圈环线汉南长江大桥及接线工程等重难点项目前期工作质量。

3. 加强沟通,解决前期工作难题

一是加强向上对接,争取沪渝高速公路武汉至宜昌段、黄石至黄梅段改扩建工程等一批改扩建项目纳入部规划;密切跟踪湖北省国家高速公路项目部委托审查进度,与部综合规划司、部审单位多次沟通协调福银高速谷城至柳陂段改扩建、房县至五峰高速公路房县段、神农架段等项目前期工作相关事宜,加快推动项目前期工作开展,咨询单位出具福银高速公路谷城至柳陂段改扩建咨询意见;房县至五峰高速公路房县段、神农架段工程可行性研究通过交通运输部咨询评估。二是加强横向对接,积极推动李埠长江公铁大桥功能调整后的通航批复等项目的重大问题协调解决。向自然资源部门出具房县至五峰高速公路兴山至长阳段、新港高速公路双柳长江大桥及接线工程等一大批项目互通设置合理性材料,及硚口至孝感高速公路(京港澳至终点段)、武汉都市圈环线高速公路汉南长江大桥及接线工程等一批项目名称说明材料,用于加快推进项目用地等专题报批。牵头参与公路水路重点项目"三区三线"划定工作,11 月,自然资源部办公厅发布《自然资源部办公厅关于辽宁等省(市)启用"三区三线"划定成果作为报批建设项目用地用海依据的函》,湖北省"三区三线"上报数据符合自然资源部质检要求,划定成果作为建设项目用地用海组卷报批的依据。三是强化向下对接,在前期工作阶段充分考虑地方发展诉求,服务区域经济发展和当地老百姓便捷出行。督促指导地方推进项目前期工作,注重现场调研,及时对地方协调推进难度大的武汉都市圈环线高速公路汉南长江大桥及接线工程、通城至修水高速公路湖北段、咸宁桂花至汀泗高速公路(咸宁南外环)等项目现场调研踏勘,了解协调各方诉求,指导解决重大工程方案问题,充分调动地方积极性,加快推进项目前期工作。

(冯乐)

【站场物流前期工作】 加强项目日常管理、现场督导等方式加快推进站场物流规划项目前期工作。纳入交通运输部"十四五"综合客运枢纽规划项目 17 个,开工建设或基本建成 15 个。兴山、咸丰综合客运枢纽按照交通运输部《综合客运枢纽投资补助项目管理办法》有关要求编制上报项目资金申请报告,并通过交通运输部组织的现场核查。纳入省交通物流发展"十四五"规划的货运枢纽(物流园区)项目 109 个,基本建成 26 个,开工建设 49 个。

(朱燕)

【港航工程前期工作】 2022 年,重点港航工程项目前期工作为"两航道两船闸一趸船"。其中,两航道和王甫州二线船闸按计划稳步推进,兴隆二线船闸和公务趸船完成阶段性工作,经报请省厅后暂缓实施。

1. 汉江兴隆至蔡甸段 2000 吨级航道整治工程

汉江兴隆至蔡甸段 2000 吨级航道整治工程上起汉江兴隆枢纽下游引航道,下至蔡甸汉阳闸,全长 233 公里,河段范围包括潜江市、天门市、仙桃市、汉川市、武汉市。项目按二级航道标准建设,主要工程内容包括航道工程、生态工程、智慧航道工程、配套工程。项目总投资 20 亿元。项目全面开展工程可行性研究报告各项工作。

2. 汉江丹江口至襄阳段不衔接段航道整治工程

汉江丹江口至襄阳段不衔接段航道整治工程上起汉江丹江口陈家港码

头,下至襄阳铁桥,全长 101 公里,河段范围包括十堰市、襄阳市。项目按三级航道标准建设,投资约 1.1 亿元。完成工程可行性研究报告初稿(部分内容需结合模型、专题完善),完成数学模型实验研究初稿、项目航评专题初稿及项目节能审查说明等专题;开展项目防洪、环评等专题工作。

3. 兴隆枢纽二线船闸工程

兴隆枢纽二线船闸工程包括新建 2000 吨级二线船闸 1 座、扩建 8 孔水闸、桥梁改造及配套工程。其中二线船闸按二级船闸设计,设计船型为 2000 吨级货船。工程可行性研究报告初稿编制完成。

4. 王甫州枢纽新建二线船闸

王甫州枢纽新建二线船闸新建 1000 吨二线船闸 1 座以及鱼道、锚地、航标、跨船闸交通桥等配套工程。船闸设计代表船型为 1000 吨级标准货船。完成项目建设方案初稿,完成地形测量外业、内业工作,与王甫洲水力发电有限责任公司进行初步沟通,开展模型试验、航评、土地预审等专题工作。

5. 湖北港航公务趸船设计

按照省交通运输厅要求,港航中心负责"湖北港航 001"指挥艇公务靠泊趸船的设计工作。通过政府采购公开招标方式,确定设计单位。至 9 月,该趸船技术方案设计完成,相关技术设计图纸均出版,相关方案和图纸报送武汉市船检中心完成图纸送审及退审工作,武汉市船检中心出具审图意见。

(徐伟)

交通基础设施建设

【全省公路水路交通基础设施建设概况】 2022 年,全省完成公路水路固定资产投资 1341.2 亿元(含长航、汉江枢纽投资 5.1 亿元),为年度目标的 111.8%,全面超额完成投资目标任务。全省新增公路里程 5256 公里,其中新增高速公路 220 公里、一级公路 640 公里、三级公路 170 公里、四级公路 5229 公里,减少二级公路 37 公里、等外公路 965 公里。截至 2022 年底,全省公路总里程 302178 公里,其中高速公路 7598 公里、一级公路 8209 公里、二级公路 24977 公里、三级公路 9093 公里、四级公路 249065 公里、等外公路 3236 公里,等级公路所占比重为 98.9%,比上年提高 0.4 个百分点,二级及以上公路所占比重为 13.5%,比上年提高 0.04 个百分点。

全省公路沥青混凝土路面 45503 公里,水泥混凝土路面 237506 公里,简易铺装路面 6261 公里,未铺装路面 12908 公里,公路路面铺装率为 95.73%。全省公路按行政等级分,国道 14424 公里、省道 20529 公里、县道 28667 公里、乡道 85290 公里、专用公路 401 公里、村道 152867 公里。全省公路密度 162.6 公里 / 百平方公里,比上年增长 2.9 公里 / 百平方公里,乡镇通畅率 100%,行政村通达率 100%、行政村通畅率 100%。

全省内河航道总里程为 9066.7 公里,其中内河航道通航里程总计 8666.9 公里,与上年保持一致。按航道结构等级分,有一级航道 269.4 公里、二级航道 801.5 公里、三级航道 1019.1 公里、四级航道 289.0 公里、五级航道 811.4 公里、六级航道 1787.9 公里、七级航道 1187.9 公里、等外航道 2500.7 公里,等级航道所占比重为 71.2%,三级及以上航道所占比重为 24.1%。

1. 公路重点工程建设

全省高速公路完成投资 478.4 亿元,为年度目标的 108.7%,其中国家高速公路建设完成投资 107.6 亿元。全省高速公路通车总里程 7598 公里。十堰至淅川高速公路(湖北段)、鄂州机场高速公路一期工程、襄阳绕城高速公路南段、枣阳至潜江高速公路襄阳北段、武汉至大悟高速公路武汉至河口段 5 个项目共计 220 公里建成。武汉至松滋高速公路江陵至松滋段(含观音寺长江大桥)、当枝松高速公路(含枝江百里洲长江大桥)、武汉至松滋高速公路仙桃至洪湖段、蕲春至太湖高速公路蕲春东段、随州至信阳高速公路湖北段、十堰经镇坪至巫溪高速公路郧西至鲍峡段、利川至咸丰高速公路、武汉至重庆高速公路汉川至天门段、赤壁长江大桥东延段、襄阳至宜昌高速公路宜昌段 10 个项目开工建设。

全省普通公路完成固定资产投资 674.6 亿元,为年度目标的 112.4%,普通公路固定资产投资保持高位运行。建成一级公路 505.9 公里,为年度目标的 126.5%,二级公路 960.9 公里,为年度目标的 120.1%。完成新改建农村公路 16381.5 公里,为年度目标的 163.8%,建设进度位列全国第一方阵。截至 2022 年底,全省农村公路总里程 26.7 万公里,实现所有乡镇、行政村、20 户以上自然村通硬化路,农村公路通达深度和等级结构明显提高。

2. 港航建设

全省港航建设完成固定资产投资 81.7 亿元(长江航道完成投资 5.1 亿元),为年度目标的 102.1%。其中港口项目完成投资 62 亿元,航道项目完成投资 13.8 亿元,支持保障系统项目完成投资 0.8 亿元,长江航道完成投资 5.1 亿元。汉江雅口、孤山、新集、碾盘山等枢纽项目加快建设,唐白河、富水、汉北河、浠水、娄水、蛮河等航道项目顺利实施,阳逻港铁水联运二期、宜昌港枝城铁水联运一期、黄石港棋盘洲港区三期、浠水港兰溪绿色建材产业园码头等港口项目进展顺利。黄石港阳新港区富池作业区华新水泥综合码头工程、和润物流二期工程、武桥重工配套码头工程等 8 个项目建成,新增港口通过能力约 1500 万吨。

全省水路完成客运量 204.5 万人次,比上年下降 34.9%,旅客周转量 8048.3 万人公里,比上年下降 57.1%;完成货运量 5.8 亿吨,比上年增长 22.2%,货物周转量 4261.3 亿吨公里,比上年增长 23.6%。完成港口吞吐量 5.6 亿吨,比上年增长 15.6%,其中外贸货物吞吐量 1916.7 万吨,比上年增长 7.2%。完成集装箱 312.7 万标箱,比上年增长 10.0%。港口生产形势超疫情前规模。

3. 站场建设

全省站场建设完成投资 106.5 亿元,为年度目标的 133.2%。其中,客运站场建设完成投资 23.9 亿元,货运物流设施建设完成投资 82.6 亿元。兴山综合客运枢纽、神农架综合客运枢纽、安陆综合客运枢纽、仙桃综合客运枢纽、林区松柏客运站、十堰客运西站、汉川城南客运站、英山县温泉客运中心 8 个客运站项目建成。捷利泉都现代物流综合产业园、通山县物流仓储分拨中心(一期)、随州城乡万吨农产品食品冷链物流中心、荆襄物流配送中心、鄂渝陕(竹溪)农产品冷链物流配送中心、五峰渔洋关物流园(中国供销五峰物流产业园)6 个货运物流项目建成。

全省公路完成客运量 1.7 亿人次,比上年下降 17.5%,旅客周转量 96.2 亿人公里,比上年下降 25.2%;完成货运量 14.5 亿吨,比上年下降 10.1%,货物周转量 2058.8 亿吨公里,比上年下降 6.3%。

(张学阳)

【全省"四好农村路"建设】 2022 年,全省农村公路完成固定资产投资 331 亿元,约占全国的 7%,位居全国第三。交通运输部原定湖北省农村公路新改建年度计划目标 7200 公里,根据国务院稳住经济一揽子政策措施,全国新增农村公路新改建任务 30789 公里,其中湖北省新增 1900 公里,约占全国的 6%;全省实际完成新改建农村公路里程 1.5 万公里,约占全国的 8%,约为调增后目标的 165%,位居全国第三。交通运输部原定湖北省农村公路危桥改造年度计划目标 1250 座,全国新增农村公路危桥改造任务 2936 座,其中湖北省新增 750 座,约占全国的 26%;全省实际完成 2015

全省"十大最美农村路"——宜都市高坝洲至青林谜镇环线公路

座，约占全国的19%，约为调增后目标的101%，位居全国第一。主要做法：

提高政治站位，强化思想认识。推进"四好农村路"建设是落实党中央国务院和省委省政府决策部署的具体行动，是全面推进乡村振兴战略实施的重要保障，也是服务湖北省建设全国构建新发展格局先行区的基础支撑。省交通运输厅高度重视，根据"十四五"规划，科学制定年度目标，及时下达预安排计划，有序实施窄路基路面加宽改造及破损路段路面改善，推进乡镇双通道、行政村双车道、资源路、旅游路、产业路建设，推进农村公路进一步向自然村（组）延伸，形成谋划一批、储备一批、开工一批、建设一批、竣工一批的良性循环。截至2022年底，全省农村公路总里程达到26.7万公里，位居全国第三，路网密度达到143.54公里/百平方公里，农村公路通达深度明显提高。

制定行动方案，强化工作部署。

制定下发《省交通运输厅关于进一步加强农村公路扩投资稳就业更好服务乡村振兴工作措施的通知》和《省交通运输厅关于进一步加快推进农村公路畅通工程更好服务乡村建设的工作通知》，更好服务巩固拓展脱贫攻坚成果同乡村振兴有效衔接，更好服务乡村建设。同时将农村公路建设完成情况纳入省委重点实事、乡村振兴战略实绩考评、省政府督察考评，进一步压实责任，凝聚合力，加快项目建设。

坚持稳中求优，强化养护提质。按照《湖北省深化农村公路管理养护体制改革实施方案》《湖北省深化农村公路管理养护体制改革试点实施方案》，积极开展省本级试点，指导、督促钟祥、红安、潜江、南漳、丹江口、宜都6个试点县市开展管理养护体制改革工作，取得阶段性成效。进一步完善以路况基础数据为依据的养护科学决策系统，加强路况检测及数据分析应用。全年抽检农村公路路况

检测评定4.3万公里，实现县市区农村公路检测比例达到40%。2022年底，全省农村公路优良中等路率达到86.35%，较上年提高7.4个百分点。

合力攻坚克难，强化要素保障。加强与发展改革、自然资源、生态环境、水利、农业农村等部门沟通协调，做好土地等要素保障，争取财政部门加大对农村公路发展的支持力度。指导各地探索"对上争资、政府投资、对外引资、社会融资、群众捐资"的多元机制，用好涉农资金整合、政策性贷款等政策，保障农村公路建设资金。

扩大就业岗位，强化共同富裕。积极推进以工代赈和公益性岗位在农村公路基础设施建养过程中的应用，优先吸纳当地农村群众特别是脱贫人口等低收入群众参与工程建设以及建成以后的维修养护。2022年，全省农村公路管护领域提供就业岗位36793个，工程领域吸纳农民就业16604人次。

注重"路衍经济"，强化融合发展。坚持在农村公路发展中开展"美好环境与幸福生活共同缔造"，打造"农村公路+"，推进农村公路与产业、旅游、文化等融合发展，拓展农村公路的服务附加值。指导各地积极开展"四好农村路"示范县、示范乡镇创建和"美丽农村路"创建，推动示范创建从区域示范引领向全域达标发展转变。6个县市被交通运输部列为2022年全国示范县创建单位，新增省级示范县8个、示范乡镇38个。各地上报完成"美丽农村路"创建4040公里。

（黄河）

省交通建设重点项目

【鄂州机场高速公路一期工程通车试运营】5月1日，鄂州机场高速公路一期工程正式通车试运营。鄂州机场高速公路是湖北国际物流核心枢纽——鄂州花湖机场对外集疏运的主要通道，鄂州机场高速公路一期工程

为机场至武黄高速公路段。项目建设有利于发挥路网整体优势，服务鄂州花湖机场及周边配套产业快速集散，强化鄂州东部与武汉、黄石等地之间的互联互通，促进武汉城市圈航空港经济综合实验区建设发展，

促进长江中游城市群协同一体化发展，支撑湖北成为"一带一路"、长江经济带的枢纽和门户。项目为鄂州花湖机场建成投运提供支撑保障，对于完善机场集疏运体系、改善鄂东地区路网布局、强化武鄂黄黄城市群一体化发

鄂州机场高速公路陈桥枢纽互通

展等意义重大。

本项目起于鄂州市花马湖西侧黄山北,与在建的鄂州花湖机场预留南接口对接,止于泽林镇陈桥村韩伏泗北,上跨武黄高速公路,设陈桥枢纽互通与武黄高速公路相接,路线全长13.04公里。主线设桥梁12座2602米(含互通区主线桥),其中大桥9座2356米、中桥3座246米;设互通式立交2处、主线收费站1处、监控管理分中心1处、养护工区1处。主线采用双向六车道高速公路标准建设。起点至主线收费站段设计速度为80公里/时,路基宽33米;主线收费站至终点段设计速度为120公里/时,路基宽34米。桥涵设计汽车荷载等级采用公路—Ⅰ级,设计洪水频率1/100,地震动峰值加速度0.05g。建设工期36个月,2021年1月1日,土建工程正式开工。

工程进度。全年完成投资5.76亿元,占年度计划的100%;开工累计完成投资23.61亿元,占总投资的100%。全年完成土建工程4%,累计完成100%;完成路面工程10%,累计完成100%;完成房建工程50%,累计完成100%;完成交安工程44%,累计完成100%;完成机电智慧交通工程30%,累计完成100%。2022年3月底完成土建及路面施工,4月20日通过交工验收;12月27日机电工程通

过交工验收。

(余喜平)

【襄阳绕城高速公路南段通过交工验收】 12月1日,襄阳绕城高速公路南段项目通过交工验收。该项目起于峪山镇杨庄村,顺接绕城高速公路东段,止于熊庙村,设枢纽互通接二广高速公路(襄荆段)。路线全长31.64公里。全线设互通式立交3处,其中枢纽互通1处(熊庙枢纽互通),一般互通2处(鹿门山和余家湖互通);匝道收费站2处,停车区1处,养护工区1处。项目概算投资26.63

亿元。采用双向四车道高速公路标准修建,设计速度为100公里/时。

工程进度。截至2022年11月,该项目一、二、三期工程建设完成并通过交工验收。全年完成投资3.32亿元,占年度计划的100%;开工累计完成投资26.63亿元,占概算总投资的100%。2022年11月,项目建成。

(夏俭)

【十堰至淅川高速公路湖北段通过交工验收】 12月7日,十堰至淅川高速公路湖北段项目通过交工验收。项目起于十堰丹江口市石鼓镇贾寨村,止于丹江口市丁家营镇,与福银高速公路衔接,路线全长41.08公里,设计速度为100公里/时,双向四车道,路基标准宽度26米(分幅13米)。项目设桥梁35座11423.615米,其中特大桥1座1076米、大桥31座10131.45米、中桥3座216.16米;设隧道5座8344.5米,其中长隧道4座7481.5米、中隧道1座863米;设互通式立交4座(石鼓互通、凉水河互通、龙山互通、丁家营西枢纽互通)、匝道收费站4处、服务区1处、养护工区(与凉水河互通合建)与监控管理分中心(与服务区合建)各1处。

工程进度。截至2022年12月底,十堰至淅川高速公路一、二、三期工程建设完成。全年完成投资15.97亿

襄阳绕城高速公路南段汉江特大桥

十堰至淅川高速公路湖北段观沟三号大桥

枣潜高速公路襄阳北段鹿头互通

元，为年度计划的129%；开工累计完成投资67.6亿元，占概算总投资的100%。

（刘志）

【枣阳至潜江高速公路襄阳北段通过交工验收】 12月9日，枣阳至潜江高速公路襄阳北段项目通过交工验收。该项目起于枣阳市新市镇王大桥村附近鄂豫省界，与河南省方城至唐河高速公路对接，止于福银高速公路，与枣阳至潜江高速公路襄阳南段枣阳东枢纽互通对接。路线全长47.87公里，设互通式立交3处（新市互通、吉河互通、兴隆互通）、匝道收费站3处、服务区1处（枣阳北服务区）、养护工区与监控管理分中心（合建）1处。采用设计速度120公里/时的四车道高速公路标准，整体式路基宽度27米、分离式路基宽度13.5米。汽车荷载等级为公路—Ⅰ级；设计洪水频率为1/100。

工程进度。截至2022年12月底，枣潜高速公路襄阳北段一、二、三期工程建设完成。全年完成投资6.92亿元，为年度计划的100%；开工累计完成投资36.05亿元，占概算总投资

的100%。2022年11月，项目建成。

（夏俭）

【武汉至大悟高速公路武汉至河口段通过交工验收】 12月30日，武汉至大悟高速公路武汉至河口段项目通过交工验收。项目位于武汉市北部，起于三环线南湖村互通，在大悟县河口镇以西跨越304省道后，于刘集与麻竹高速公路搭接；另设机场东支线连接汉十高速公路、岱黄高速公路；设滨湖路延长线支线连接四环线。项目路线全长77.33公里；机场东通达支线全长2.36公里；滨湖路延长线支线全长6.81公里。全线设特大桥2座18456.2米、大桥24座10454.08米、中桥17座1378.4米、涵洞109道，设互通式立体交叉14处、天桥8座、通道79座。设主线收费站1处、匝道收费站9处。

工程进度。全年完成投资39.38亿元，为年度计划的100%；开工累计完成投资160.27亿元，为总投资计划的100%。一期土建工程中，桩基年度完成2根，累计完成7586根；承台/系梁年度完成99座，累计完成3280座；墩柱年度完成334根，累计完成5441根；盖梁年度完成133座，累计完成1982座；箱梁预制年度完成170榀，累计完成9509榀；箱梁架设年度完成2892榀，累计完成9509榀；路基土石方年度完成97.7万立方米，累

2022年8月23日，跨铁路桥梁转体全部完成

计完成 2365.4 万立方米；均占总量的 100%。截至 2022 年 12 月底，一期土建、二期路面、机电、交安、绿化三期建设基本完成。

(鲜麟)

【武汉至大悟高速公路河口至鄂豫界段建成】 12 月，武汉至大悟高速公路河口至鄂豫界段建成。项目起于麻竹高速公路刘集枢纽互通，止于宣化店镇北岗村肖家凹鄂豫界，对接河南安阳至罗山高速公路，线路全长 48.28 公里。全线设置分离式隧道 1 座 1112.5 米，桥梁 52 座 11793.72 米（含主线桥、互通匝道桥、天桥、108 省道改线桥），其中主线桥 36 座 10486.72 米，桥隧比 24%；设置互通 5 处（刘集枢纽互通、四姑互通、吕王互通、黄站互通、宣化店互通）；设置涵洞 117 道、通道 45 道；设置天桥 10 座 562 米；设置宣化店服务区 1 处、四姑停车区 1 处、安全管理基地 1 处、养护中心及监控分中心 1 处。另同步修建四姑、宣化店连接线。四姑连接线采用设计速度为 80 公里/时、路基宽 12 米的两车道二级公路标准，线路全长 5.5 公里；宣化店连接线采用设计速度为 60 公里/时和 80 公里/时、路基宽 10 米的两车道二级公路标准和宽 25.5 米的四车道一级公路标准，线路全长 13.5 公里。批复概算总投资 55.20 亿元。2020 年 10 月 1 日正式开工建设。

工程进度。全年完成投资 20.90 亿元，占年度计划的 98.1%；开工累

武大高速公路河口至鄂豫界段宣化店互通

武阳高速公路鄂州段长港枢纽互通

计完成投资 54.79 亿元，占概算总投资的 99.3%。至 12 月底，武大高速公路河口至鄂豫界段一期路基土石方、防护、桥涵、隧道、立交工程等，二期路面及附属工程，三期交安、机电、房建、绿化工程等全部完工。

(夏健乔)

【武汉硚口至孝感高速公路二期工程】 项目起于京港澳高速公路灯塔枢纽互通，止于孝感市毛陈镇焦湖。路线全长 12.01 公里，主线桥梁长 9.35 公里，路基长 2.66 公里，桥梁占比为 78%。全线设互通式立交 1 处（东山互通）、特大桥 2 座（含互通式立交主线桥）、大桥 5 座，设有主线收费站 1 处、匝道收费站 1 处。

工程进度。截至 2022 年 12 月底，硚孝高速公路二期工程的一期土建工程基本完成。全年完成投资 3.4 亿元，

占年度计划的 66%；开工累计完成投资 25.12 亿元，占概算总投资的 96%。

(张继雨)

【武汉至阳新高速公路（武汉段、鄂州段）】 武汉至阳新高速公路（武汉段、鄂州段）起于东湖高新区凤凰山互通，接武汉绕城高速公路（武汉外环）和四环线共用段，向东偏南沿风莲大道布线，经武汉中华科技园、梧桐湖与牛山湖中间地带，跨梧桐湖后进入鄂州境内，经鄂州红莲湖新城、梧桐湖新城，在长港镇北侧与鄂州高速公路相交并设置长港枢纽互通，终点在三山湖南侧的鄂黄边界，与武汉至阳新高速黄石段对接，主线全长 34.63 公里。设计速度为 100 公里/时，双向六车道，设互通式立交 4 处（凤凰山枢纽互通、龙泉互通、红莲大道互通、长港枢纽互通）、收费站 3 处、服务区 1 处、停车区 1 处、监控管理分中心 1 处、养护工区 1 处。概算总投资 91.68 亿元。

工程进度。全年完成投资 7 亿元，为年度计划的 100%；开工累计完成投资 101 亿元。截至 2022 年 12 月底，武阳高速公路一期工程完成 98%，二期路面完成 94%，三期工程完成 90%。

(金超尘)

【武汉至阳新高速公路黄石段】 项目起于大冶市东风农场南练山以东鄂州黄石市界附近，与武阳高速公路鄂

州段对接，止于阳新县以南鄂赣省界河山塘附近，与江西省规划的江西武宁至湖北阳新高速公路对接。项目总投资131.72亿元，路线全长91.3公里，设计速度为100公里/时。全线桥隧比37.5%，建设期4年，运营期30年。全线有桥梁72座、隧道4座；全线设服务区2处、停车区2处、养护工区2处、管理监控中心1处、收费管理站6处。

工程进度。全年完成投资34.20亿元，为年度计划的101%；开工累计完成投资94.41亿元，占总投资的71.7%。截至12月底，项目一期工程除连接线和标尾段外，主线路基土石方、涵洞通道、桥梁桩基基本完成。房建工程开工，交安、环保景观施工招标完成，组织进场。

（黄腾）

【孝汉应高速公路（福银高速至武荆高速段）】 项目起于孝南区肖港镇以西的匡家埠接福银高速公路，止于汉川市麻河镇竹林垸附近接武荆高速公路，全长34.44公里，采用双向六车道高速公路标准建设，全线桥梁26.77公里，桥梁占比77.8%，设计速度为120公里/时，批复概算总投资74.39亿元。全线设互通立交4处（孝感北互通、陡岗互通、下辛店互通、麻河互通）、收费站2处、服务区1

处、监控管理分中心1处、养护工区1处。建设工期36个月。2021年12月正式开工建设。

工程进度。全年完成投资48.04亿元，占总投资的64.54%，其中全线征地拆迁完成100%，电力迁改（含低压电力、通信杆线、500千伏高压线）全部完成；临建工程全部完成，路基土石方完成81.6%，桥梁基础、下构全部完成，梁板预制完成63%，梁板架设完成55%，通涵构造物完成100%；房建工程完成总体的60%。

（杨睿）

【宜都至来凤高速公路鹤峰东段】 项目起于鹤峰县与五峰县交界的马蹄岩隧道，止于龙潭坪附近，与宜都至来凤高速公路鹤峰（容美）至宣恩（当阳坪）段对接，路线全长38.63公里（短链31.23米）。主线设桥梁26座12213.23米、隧道6座13735.5米，设互通式立交2处、匝道收费站2处、服务区2处、养护工区1处。全线占用土地约189.93万平方米（2849亩）。批复概算总投资67.32亿元。建设工期48个月，2020年7月土建工程正式开工。

工程进度。全年完成投资14.21亿元，为年度计划的102%；开工累计完成投资56.21亿元，占概算总投资的83%。至12月底，宜都至来凤高速公路鹤峰东段项目一期、二期、三期

工程全面建设中。

（廖春桃）

【呼和浩特至北海高速公路宜都（全福河）至鄂湘界段】 项目位于湖北省宜昌市境内，北起宜都市全福河村文竹湾，连接呼和浩特至北海高速公路宜都至五峰（渔洋关）段，南止鄂湘两省交界（炉红山），对接呼和浩特至北海高速公路湖南段，全长18.81公里。全线设桥梁12座4595.24米，其中特大桥1座1364.4米、大桥10座3162.94米、中桥1座67.9米；设隧道3座10232米，其中特长隧道2座10184米、短隧道1座48米；设互通式立交1处、隧道管理所1处。建设工期48个月。

工程进度。全年完成投资9亿元，为年度计划的100.04%；开工累计完成投资22.33亿元，占概算总投资的66.52%。

（易龙）

【武汉绕城高速公路中洲至北湖段改扩建】 武汉绕城高速公路中洲至北湖段是国高网G50沪渝高速公路和G70福银高速公路的一段，是湖北省规划"九纵五横三环"高速公路网中武汉四环线的重要组成部分。武汉绕城高速公路中洲至北湖段改扩建工程建成通车后，对发挥武汉"环线＋射线"路网整体功能，促进城市圈产业布局蓬勃兴起，巩固提升武汉全国综合交通枢纽和国家物流中心地位，完善国家高速公路网，实现区际交通便捷出行有着重要的现实意义。

本项目起于武汉四环线与武汉绕城高速公路相交的藏龙岛（枢纽）互通式立交终点，接武汉南四环大桥至中洲段，止于武汉绕城高速公路与武汉东四环相交的北湖（枢纽）互通式立交，接武汉东四环北湖至建设段，路线全长30.43公里。全线利用既有高速公路两侧加宽为主的八车道高速公路标准改扩建方案，设计速度为120公里/时，路基宽42米。主线共有桥梁25座3689.1米，其中特大桥5座2327.1米、中桥20座1362米；拆除

孝汉应高速公路主线施工中

重建分离式立交桥 1 座、天桥 13 座、新建天桥 14 座；涉及互通式立交 6 处、服务区 1 处、养护工区 1 处。批复概算总投资 40.93 亿元，建设工期 36 个月。2021 年 6 月开始动工。

工程进度。全年完成投资 10.02 亿元，为年度计划的 100.2%；开工累计完成投资 24.07 亿元，占概算总投资的 59%。累计完成路基工程 52%、桥梁（涵）工程 53%、路面工程 11%、房建工程 65%、机电工程 22%、交安工程 4%。房屋拆迁有序推进，沿线电力、通信、油气、排江管线等迁改项目完成招采，征地完成 100%，电力、通信迁改完成 80%。

（张徐）

【张家界至南充高速公路宣恩（李家河）至咸丰段】 本项目起于宣恩县李家河镇二虎寨村，止于小模村，设小模枢纽互通接张南高速公路咸丰至鄂渝界段和恩黔高速公路，与利川至咸丰高速公路对接，路线全长 37.50 公里。设桥梁 22 座 7949.9 米，其中特大桥 1 座 1165.5 米、大桥 19 座 6621.4 米、中桥 2 座 163 米；隧道 13 座 16603 米，其中长隧道 8 座 13639 米、中隧道 3 座 2331 米、短隧道 2 座 633 米；互通式立交 5 处（李家河枢纽、三胡、忠堡、咸丰南、小模枢纽）、服务区 1 处、匝道收费站 3 处、监控管理分中心 1 处、养护工区 1 处。同步建设三胡连接线 1.38 公里，设大桥 2 座 441.5 米；忠堡连接线 2.48 公里。主线采用四车道高速公路标准建设，设计速度为 80 公里/时，整体式路基宽度为 25.5 米、分离式路基单幅宽度为 12.75 米，连接线采用设计速度为 40 公里/时、路基宽度为 10 米的二级公路标准。批复概算总投资 56.37 亿元，建设工期 48 个月。2021 年 1 月 5 日正式开工。

工程进度。全年完成投资 18.28 亿元，为年度计划的 114%；开工累计完成投资 46.83 亿元，占概算总投资的 83%。截至 12 月底，本项目一、二、三期工程全面建设中。

（廖春桃）

【武汉至松滋高速公路江陵至松滋段（含观音寺长江大桥）开工建设】 2 月 28 日，武汉至松滋高速公路江陵至松滋段（含观音寺长江大桥）开工建设。本项目建设对推进交通强国建设、完善长江经济带骨干路网结构、优化湖北省高速公路网布局、助力湖北"一主引领、两翼驱动、全域协同"区域发展战略、加强武汉城市圈与长江中游城市群之间联系、发挥沿线资源优势、推动荆州区域产业协作、提高荆江分蓄洪区防洪救援能力、促进经济稳定增长具有重要意义。

本项目起于荆州市江陵县熊河镇跃进村，对接监利至江陵高速公路，止于松滋市的南海镇，与岳宜高速公路相接，路线全长 55.3 公里。全线设计速度为 120 公里/时，其中马家寨互通至公安北枢纽互通段（含观音寺长江大桥）7.2 公里，采用双向六车道高速公路标准建设，路基宽 34.5 米；其余路段采用双向四车道高速公路标准建设，路基宽 27.0 米。全线设桥梁 42 座 35968 米，其中特大桥 12 座 21180 米、大桥 27 座 14497 米、中桥 3 座 291 米。其中，观音寺长江大桥是武汉至松滋高速公路江陵至松滋段过江通道的关键性控制工程。大桥为主跨 1160 米的混合式钢-UHPC 组合梁斜拉桥，主塔采用 A 形塔，塔高 262 米。设置互通式立交 7 处；设置匝道收费站 5 处，服务区、停车区、监控管理分中心、养护工区各 1 处。批复概算总投资 158.64 亿元，建设工期 54 个月。

工程进度。全年完成投资 23.25 亿元，为年度计划的 106%，占概算总投资的 15%。观音寺长江大桥主墩桩基 9 月份开钻施工。

项目特点：

1. 两座世界级桥梁，技术和品质要求高、建设难度大。

观音寺长江大桥为主跨 1160 米混合式组合结构斜拉桥，是世界第一大跨径公路斜拉桥，也是世界首座超 1000 米的组合结构斜拉桥，大桥主梁采用混合式钢-UHPC 组合结构、索塔锚固区采用钢壳混凝土结构。松滋西河特大桥为主跨 200 米世界最大跨径的波折腹板组合梁式桥，也是首次在单孔跨径大于 150 米特大桥中创新采用波折腹板+钢底板新型结构形式、节段法拼接施工工艺的桥梁。两座世界级桥梁在结构体系设计、材料配比、施工工艺、监测监控、项目管理等方面技术难度和科技含量高、品质要求严、建设难度大。

2. 跨越河流和路网交叉多，施工组织难度大。

项目位于江汉平原水网区，除跨越长江天堑外，还需跨越虎渡河、松滋东河、松滋西河、官支河等较大河流和较多的河沟、湖汊。此外，线路与浩吉铁路、二广高速公路、岳宜高速公路、新老 207 国道、351 国道、荆监一级路、荆江一级路等路网交叉，给施工调度、资源配置和组织管理带来极大的困难和挑战。

3. 地质条件差，软基处理要求高。

项目区河网密布，沿线稻田、鱼塘多且连片集中，全线地基天然承载力均较小，软土地基分布范围较广，主要为淤泥、淤泥质土和软塑~流塑状的黏性土，天然含水量大、压缩性高、强度低、透水性差，局部最深达 20.6 米，对软土地基处理质量提出更高要求。

4. 建筑材料匮乏，路基填筑取土困难。

观音寺长江大桥对天然砂、碎石等地材品质要求非常严格且需求量大，沿线地材难以满足其高品质要求；项目主要为桥梁和填方路基，全线路基需土石方约 400 万立方米，沿线大部分为基本农田，取土困难且运距较远。

5. 生态敏感区多，环境保护要求高。

项目途经众多生态敏感区，需重点加强施工过程排污管控措施；沿线人口较密集、基本农田较多，需优化路线和工程设计，合理规划临时设施选址，节约集约用地。

（段亚伟）

【当阳经枝江至松滋（含枝江百里洲长江大桥）高速公路开工建设】 3 月 20 日，当阳经枝江至松滋（含枝江百里洲长江大桥）高速公路开工建设。本项目起于当阳市境 G42 沪蓉高速公路，互通 G50 沪渝高速公路，向南跨越长江经百里洲镇后止于松滋境 S88 宜岳高速公路，路线全长 74.68 公里。主线采用设计速度为 120 公里/时的高速公路标准建设。枝江枢纽互通至老城互通（含长江大桥、松滋河特大桥）采用双向六车道标准，路基宽度 34.5 米，长江大桥主桥宽 47.5 米（含非机动车道），松滋河特大桥主桥宽 38 米；其余路段采用双向四车道标准，路基宽度 27.0 米。主线设桥梁 55 座 33488.3 米（含主线上跨分离式立交桥、互通区主线桥），其中特大桥 11 座 19460.8 米、大桥 35 座 13158 米、中桥 9 座 869.5 米；互通式立交 9 处；服务区、停车区、监控管理分中心和养护工区各 1 处。概算总投资 158.21 亿元，建设工期 48 个月。

工程进度。全年完成投资 18.69 亿元，为年度计划的 124.6%，占概算总投资的 11.8%。临建工程累计完成 70%，路基工程累计完成 15%，桥梁（涵）工程累计完成 4%。

(艾沉思)

【武汉至松滋高速公路仙桃至洪湖段开工建设】 3 月 28 日，武汉至松滋高速公路仙桃至洪湖段开工建设。本项目是《湖北省综合交通运输发展"十四五"规划》中的高速公路重点项目，承担区域路网横向干线任务，是打通武汉至宜昌、宜昌经恩施至重庆新通道的重要路段，同时便于武汉城市圈与洪湖、荆州联系，全面提升武汉市出城交通通行能力，缓解沪渝高速公路交通压力，优化湖北省高速公路网和长江经济带骨干路网结构，促进武汉城市圈和长江经济带健康快速发展。

本项目起于仙桃市西流河镇柳沟村，对接武汉至松滋高速公路武汉段，止于洪湖市万全镇，设万全枢纽互通与监利至江陵高速公路东延段相接。路线全长 47.98 公里。主线采用设计速度为 120 公里/时的高速公路标准建设，起点至胡家台枢纽互通段采用路基宽 34.5 米双向六车道标准，

胡家台枢纽互通段至终点段采用路基宽 27 米双向四车道标准。概算总投资 100.39 亿元，建设工期 42 个月。全线设互通立交 6 处（西流河互通、胡家台枢纽互通、彭场互通、杨林尾互通、黄家口互通、万全枢纽互通），匝道收费站 4 处、服务区 1 处。另有黄家口连接线 7.55 公里。

工程进度。全年完成投资 13.2 亿元，为年度计划的 132%；开工累计完成投资 15.3 亿元，占概算总投资的 15%。12 月 28 日，土建工程开工建设。

(赵雄飞)

【蕲春至太湖高速公路蕲春东段开工建设】 5 月 27 日，蕲春至太湖高速公路蕲春东段开工建设。蕲春至太湖高速公路蕲春东段与蕲太高速公路蕲春西段、安徽段共同组成蕲太高速公路，并与棋盘洲长江公路大桥及其连接线共同构建一条新的鄂皖省际快速通道。本项目起于蕲春县株林镇陈应垅村附近，与蕲春至太湖高速公路蕲春西段对接，止于蕲春县檀林镇碾下村樟树湾附近（鄂皖省界），与太湖至蕲春高速公路安徽段对接，路线全长 49.57 公里。主线采用设计速度为 100 公里/时、路基宽 26 米（分离式路基宽度 13 米）的四车道高速公路标准建设，设桥梁 27 座 11654.0 米（含互通区主线桥、主线上跨分离式立交桥），其中特大桥 1 座 1232.0 米、大桥 22 座 10034.0 米、中桥 4 座 388.0 米；设隧道 5 座 5109.0 米，其中长隧道 2 座 4018.5 米、中隧道 1 座 528.0 米、短隧道 2 座 562.5 米；设互通式立体交叉 5 处（株林枢纽、刘河、狮子、张塝、大同），匝道收费站 4 处，监控管理分中心 1 处，服务区 1 处。概算总投资 67.94 亿元，建设工期 36 个月。

工程进度。全年完成投资 10.21 亿元，为年度计划的 100%，占概算总投资的 15%。

(袁小勇)

【鄂黄第二过江通道（燕矶长江大桥及接线）工程开工建设】 6 月，鄂黄第二过江通道（燕矶长江大桥及

接线）主桥及先行用地（黄冈侧南湖路至鄂州侧鄂东大道段）正式开工建设。本项目是国家发展和改革委员会《长江干线过江通道布局规划（2020—2035年）》中要求推动实施项目，是湖北国际物流核心枢纽的关键配套工程。项目是鄂州市中心城区与黄冈市中心城区间的快速直达通道，对于强化两岸沿江组团的便捷交通联系，更好适应空间布局和产业集群沿江聚集并快速发展的城市总体规划要求，助推沿江发展轴相向互动、一体化发展，进一步提升长江经济带的开放式发展格局，促进两岸经济社会协调发展，完善综合交通体系，发挥核心物流枢纽综合效益，打造临空经济区、拉动区域经济快速增长，推动武鄂黄黄一体化高质量发展均具有重要意义。

本项目起于黄冈市黄州区陈策楼镇古楼园村，设黄州北枢纽互通与大广高速公路相接，经幸福水库东，沿巴河西岸布设，在鄂海船厂西侧跨越长江后，经鄂州市鄂城区燕矶镇松山村，设沙窝枢纽互通与武鄂高速公路相接。项目上层为高速公路，下层为城市快速路。高速公路全长 26.34 公里，城市快速路全长 9.38 公里。长江大桥为主跨 1860 米四主缆不同垂度双层悬索桥。高速公路与城市快速路双层桥合建段长 7.90 公里（含主跨 1860 米长江大桥 1 座）。高速公路设置互通式立交 4 处（黄州北枢纽、陶店、江北、沙窝枢纽）、服务区 1 处、养护工区 1 处、监控通信分中心 1 处；城市快速路设置黄州大道和鄂东大道上下桥匝道 2 处、主线收费站 1 处、大桥管理所 1 处。批复概算总投资 137.67 亿元。上层高速公路采用设计速度为 100 公里/时、整体式路基宽 33.5 米/分离式路基宽 16.75 米的六车道标准建设。下层快速路采用设计速度为 80 公里/时、路基宽 25.5 米的四车道标准建设。

工程进度。全年完成投资 23 亿元，占年度计划的 76.67%；开工累计完成投资 29.1 亿元，占概算总投资的 21.14%。截至 12 月底，主塔承台（黄冈侧）钢围堰安装封底完成，承台完

成浇筑 25%；主塔承台、塔座(鄂州侧)全部浇筑完成。锚碇(黄冈侧)开挖及内衬完成 84%；锚碇(鄂州侧)基础浇筑完成 78%。9 月，项目黄冈侧接线开工建设。

项目特点：

1. 燕矶长江大桥是世界跨径最大的四主缆双层悬索桥。

2. 首次采用不同垂度四主缆双层悬索桥结构体系。

受通航限宽、航空限高和断裂带限位等建设条件制约，提出极具创新特色的"超低矢跨比、不同垂跨比四主缆悬索桥"结构体系。首次采用并列式索鞍、全焊式锁夹，减轻桥梁自重。

3. 五个施工难点。

南岸主塔位于襄樊—广济断裂段断裂带边缘，地质情况复杂，部分桩基需穿过破碎带进入稳定的下盘持力层，成孔质量控制难度大。"八"字形锚碇基础及四锚室锚碇施工难度大。主塔采用超厚壁、高强度、大体积混凝土施工温控防裂控制难度大。四主缆猫道架设借鉴经验少，空间四主缆猫道架设施工难度大。四主缆钢桁梁吊装及施工控制难度大。

4. 大型装备应用广、新型装备研发多。

主墩桩基施工采用大功率旋挖钻机，有效提升功效，确保成孔质量。主塔采用大型一体化智能筑塔机智能建造设备。采用千吨级缆载吊机，适应高低主缆二次提升悬控精准。研发不同垂度四主缆、小空间挤缆缠丝设备。研发双层预制梁同步运架装备。

(杨成)

【十堰经镇坪至巫溪高速公路郧西至鲍峡段开工建设】 7 月 6 日，十堰经镇坪至巫溪高速公路郧西至鲍峡段开工建设。本项目是规划的"九纵五横三环"高速公路网中"纵八"线的重要组成部分，项目建设有利于加快构建鄂陕渝毗邻地区纵向通道，填补十堰西北部地区南北向高速公路空白，强化福银、十天等横向高速公路之间的联系和转换，增强十堰西部各县市之间南北向互联互通，为交通强

省建设及区域性中心城市建设起到支撑性作用。

本项目北起于郧西县城南侧，连接福银高速公路，南止于郧阳区鲍峡镇，连接十天高速公路，并与十巫高速公路鲍峡至溢水段对接。路线全长 34.8 公里，桥隧比约 71.8%。批复概算总投资 74.5 亿元，建设工期 48 个月。全线采用设计速度为 80 公里/时、路面宽 25.5 米的双向四车道高速公路标准。项目设特大桥 2 座 1841 米、大桥 38 座 13826.5 米、隧道 6 座 7745 米，其中青岩寨特长隧道 4995 米。设互通式立交 4 处(郧西南枢纽互通、观音互通、五峰互通、鲍峡枢纽互通)、分离式立交 3 处、停车区 1 处、通信监控分中心 1 处。

工程进度。全年完成投资 20.9 亿元，为年度计划的 105%；开工累计完成投资 27 亿元，占概算总投资的 36%。

项目特点：

1. 复合互通，交通导改难，施工安全风险极高。

本项目在郧阳区鲍峡镇分水岭村附近设鲍峡枢纽互通，共设 8 条专用匝道、2 条保通匝道，3 次跨越十天高速公路，7 次跨越 316 国道，现场地势窄小，地势陡峭，部分桥墩位于既有高速公路加宽段上，施工安全风险极高。

2. 汉江特大桥地形复杂，作业面受限，施工风险高。

汉江特大桥北主墩位于江北岸半坡陡崖上，承台基坑结合改路边坡开挖高度达到 60 余米，土石方工程量达到 6 万余立方米，场地狭窄，作业面受限，施工周期长，风险高。南主墩位于五峰乡侧江滩，需抢在枯水期完成基础施工，否则高水位期需投入水上施工设备及施工措施，增加施工风险，延长工期。

3. 隧道比例高，隧道地质条件差，安全风险高。

本项目共有隧道 6 座 7745 米，占线路总长的 22.3%，其中青岩隧道长度 4995 米，属特长隧道，穿越断裂层，距离大，对洞内通风照明要求高。隧道以绢云母石英片岩为主，遇水软

化，涌水量大，围岩为 Ⅳ、Ⅴ 级，开挖难度大，工效低，风险高。

4. 地势复杂，施工条件差。

本项目属于典型的山区高速公路，线路受汉江大桥、青岩隧道、鲍峡互通标高及沿线地形、地势走向限制，线路绝大部分分布在山顶或半山腰上，距进场通道高差在 60~100 米间，施工点均需修建大纵坡上山便道及作业平台，施工条件极差。

5. 线长面广，管理难度大。

本项目跨越 2 个区县，沿线地形均为陡峭山谷，除部分路段有乡村道路外，其余路段均需新建，交通极不便利。汉江位于项目中间位置，将本项目一分为二，汉江特大桥合龙前需绕行孤山电站，线路过长，增加项目管控难度，不能及时有效管控到每一个工点。

(刘志)

【利川至咸丰高速公路开工建设】 7 月 6 日，利川至咸丰高速公路开工建设。利川至咸丰高速公路是鄂渝湘交界地区的纵向快速通道，未来将与包茂高速公路、安康至岚皋高速公路、开县至城口高速公路、万开高速公路、利万高速公路、来咸高速公路、龙吉高速公路等一起，形成北至陕西、重庆，向南辐射重庆、湘西的纵向 800 余公里的省际南北向大通道，优化四省(直辖市)毗邻地区高速公路路网结构，增强湖北、陕西、重庆、湖南等邻近省(直辖市)的经济交流和快速交通联系，有效推动国家西部大开发和武陵山脱贫攻坚战略的实施。

本项目起于利川城区以西的天鹅池，与沪渝高速公路交叉，止于咸丰县小模村附近，与恩黔高速公路交叉并对接宣咸高速公路，主线全长 85.4 公里。主线采用双向四车道高速公路标准，设计速度为 80 公里/时，路基宽 25.5 米。另设忠路、沙溪 2 条连接线 25.25 公里，采用二级公路标准，设计速度为 40 公里/时。概算总投资 194.50 亿元，建设工期 48 个月。主线设桥梁 43 座 30788 米(含互通区主线桥、主线上跨分离式立交桥)，其

中特大桥 13 座 17207 米、大桥 29 座 13491 米、中桥 1 座 90 米；17 座隧道 36051 米，其中特长隧道 5 座 21401.5 米、长隧道 7 座 11128.5 米、中隧道 4 座 3023.5 米、短隧道 1 座 497.5 米；互通式立体交叉 8 处（天鹅池枢纽、利川南、忠路、沙溪、小村、卷洞门、唐崖、小模枢纽）。

工程进度。全年完成投资 22.31 亿元，为年度计划的 101%，占概算总投资的 11%。截至 12 月底，利川至咸丰高速公路一期工程全面建设中。

项目特点：

1. 山地小气候条件施工影响较大。

本项目地处鄂西南山区，区域气象条件对施工不利影响相对较小，但受海拔高度、坡向等地形地貌因素影响，山地小气候具多样性，夏季灾害性天气较多，其中暴雨—强降雨可诱发山体滑坡、崩塌等地质灾害。

2. 山区高速公路工程难点较多，技术要求高。

项目区地形地貌、水文地质等条件复杂，高差大，山体边坡陡，会遇到高深边坡、不良地质、长大纵坡、桥隧相接等工程难点，从而对项目设计、建设、运营全生命周期提出更高要求。

3. 施工运输条件相对较好。

本项目路线所经区域有沪渝高速公路、利万高速公路、恩黔高速公路、318 国道、351 国道，以及 366 省道、249 省道、463 省道，沿线县乡公路以及通村道路较为发达，可利用的施工便道较多，整个项目运输条件相对较好。

（廖春桃）

【随州至信阳高速公路湖北段开工建设】 7 月 6 日，随州至信阳高速公路湖北段开工建设。本项目建设对于推动中部地区高质量发展，加快汉江、淮河生态经济带协同建设，促进"襄十随神"城市群快速发展，强化鄂豫毗邻地区城际和城市群交通联系，支撑随州区域性中心城市和全面推进乡村振兴建设等具有较强意义。项目起于随州市广水市马坪镇棚子岗村，与麻安高速公路互通式交叉，止于鄂豫省界平靖关附近对接信阳至随州（豫鄂界）高速公路。

本项目主线全长 44.97 公里，全线采用设计速度为 100 公里 / 时、路基宽 26.0 米的双向四车道高速公路标准。主线设桥梁 43 座 13978 米（含互通区主线桥），其中大桥 41 座 13881 米、中桥 2 座 97 米；隧道 1 座 1354 米，互通式立体交叉 5 处（随州东枢纽、余店、关庙西、蔡河、三潭），匝道收费站 4 处，服务区、监控管理分中心、养护工区各 1 处。另设淅河连接线 7.5 公里，采用设计速度为 80 公里 / 时、路基宽 25.5 米，按一级公路标准建设；连接线设桥梁 4 座 723 米，其中大桥 2 座 549 米、中桥 2 座 174 米。项目采用建设、运营、转让（BOT）+ 设计、施工、采购一体总承包（EPC）建设模式，批复概算 60.27 亿元，建设工期 30 个月。

工程进度。全年完成投资 5.4 亿元，为年度计划的 108%，占概算总投资的 9%。截至 12 月底，随州至信阳高速公路湖北段一期土建工程开工建设。

（张胜强）

【武汉至重庆高速公路汉川至天门段开工建设】 7 月 6 日，武汉至重庆高速公路汉川至天门段开工建设。项目起于汉川市田二河镇李集村以南，与武汉城市圈环线高速公路交叉并对接武汉至重庆高速公路武汉至汉川段，止于天门岳口镇七屋台附近，与随岳高速公路交叉并对接武汉至重庆高速公路天门西段，路线全长 37.44 公里。全线采用六车道高速公路标准建设，设计速度为 120 公里 / 时，概算总投资 88.98 亿元，建设工期 42 个月。

工程进度。全年完成投资 16.02 亿元，为年度计划的 160.2%，占概算总投资的 18%。临建工程累计完成 85%，主线便道累计完成 80%。累计完成土石方 49.5 万立方米，占总量的 10.1%；水泥搅拌桩 53.5 万米，占总量的 27%；桩基 1858 根，占总量的 32.6%；系梁 124 个，占总量的 6.3%；墩柱 248 根，占总量的 5.1%；盖梁 36 个，占总量的 1.5%；梁板预

制完成首件施工。

（戴光柏）

【宜都至来凤高速公路宜昌段开工建设】 7 月 13 日，宜都至来凤高速公路宜昌段土建工程正式开工建设。本项目是实施长江经济带发展战略、强化长江中游城市群与成渝经济区经济交通联系的需要，是完善鄂湘渝毗邻区路网结构、打通"横五"大通道的需要，是加快鄂西生态文化旅游圈建设、推进区域旅游资源整合开发的需要，是提升交通服务均等化水平、实现武陵山区脱贫的需要。

本项目起于宜都市姚家畈，对接呼北高速公路宜都至渔洋关段，止于宜昌市五峰县和恩施州鹤峰县分界处的田家屋场附近，对接宜都至来凤高速公路鹤峰东段，路线全长 91.66 公里。主线设桥梁 71 座 32331.53 米（含互通区主线桥、主线上跨分离式立交），其中特大桥 7 座 8050.64 米、大桥 61 座 24026.39 米、中桥 3 座 254.5 米；隧道 25 座 34821.5 米，其中特长隧道 2 座 9422 米、长隧道 12 座 18875 米、中隧道 7 座 5192.5 米、短隧道 4 座 1332 米；设互通式立体交叉 4 处（渔洋关西、柴埠溪、后河、湾潭互通），续建渔洋关互通；设监控中心 1 处、服务区 2 处、养护工区 3 处、匝道收费站 4 处、隧道管理站 1 处。批复概算总投资 33.57 亿元，建设工期 48 个月。

工程进度。全年完成投资 9 亿元，为年度计划的 100.04%；开工累计完成投资 22.33 亿元，占概算总投资的 66.52%。

项目特点：

1. 自然地理条件较复杂。

本项目位于云贵高原东延部分尾部地带，为典型裸露岩溶地貌区，溶洞伏流遍布全境；路线及两侧存在岩溶、滑坡、危岩、软土、红黏土等不良地质现象。走廊带狭窄、地形陡峻、沟壑纵横，地形起伏大，走廊内的可用空间较少。路线海拔高程 260~1390 米之间，近 60 公里路段海拔高程大于 1000 米，存在冬季积雪、冰冻问题，

对拟建项目实施影响较大。

2.桥隧工程规模巨大、控制性工程设计、施工极具挑战性。

路线全长91.66公里，受制于走廊带地形地质条件，桥隧工程规模巨大，桥梁及隧道多，桥隧比约78%。路基主要面临着深路堑、高路堤、不稳定边坡处理等工程难点。桥梁施工场地多位于半山腰，可利用平台稀少，场地极为有限；特大桥面临着高墩多、地面线陡、施工场地布置、材料运输等施工难点；部分桥梁处山高谷深，两岸紧接隧道，施工场地狭窄，难度极大。隧道则面临着进洞施工便道、场地布设、弃渣等施工难点；最长隧道五峰隧道，全长约4.9公里。同时，受冬季降雪、结冰影响，施工材料的运输和保存均存在一定困难。

3.生态环境敏感点多、环境保护要求高。

项目内旅游资源丰富，景点众多。项目经过区域内的生态价值高，生态环境十分脆弱。公路建设对沿线生态环境影响较为严重。

(易龙)

【安康至来凤高速公路渝鄂界至建始段开工建设】 7月15日，安康至来凤高速公路渝鄂界至建始段正式开工建设。本项目位于鄂西恩施州建始县长梁镇境内，是加快"鄂西生态文化旅游圈"建设、促进"武陵山少数民族经济社会发展试验区"建设、统筹区域协调发展战略的重要基础之一。项目起于建始县长梁乡闵家湾(渝鄂界)，与安来高速公路重庆段相接，止于建始县陇里，与安来高速公路建始至恩施段相接。路线全长10.5公里，设置隧道监控站和养护站各1处，同步建设必要的交通工程和沿线设施。全线采用设计速度为80公里/时、路基宽25.5米的双向四车道高速公路标准建设，桥涵汽车荷载等级为公路—Ⅰ级。概算总投资18.28亿元，建设工期48个月。主线设桥梁7座3136米，其中特大桥1座1452米、大桥3座1424米、中桥3座260米。设隧道4座4882米，其中渝鄂界特长隧

道1座12366.5米(湖北境内长1849米)、长隧道1座1824米、中隧道1座983.5米、短隧道1座225.5米；设隧道监控通信站1处、养护工区1处。044乡道改扩建道路线长10.8公里。

工程进度。全年完成投资1.81亿元，为年度计划的151%，占概算总投资的10%。截至12月底，安康至来凤高速公路渝鄂界至建始段一期工程建设中。

项目特点：

1.项目区地形地质条件复杂，不良地质较多。

项目地处鄂西南北部褶皱山地，地形地貌受区域构造及地层岩性控制，呈多字形平行褶皱轴向展布。区内最高山峰为渝鄂交界的太平洞，海拔为2089.8米。项目区域地质构造复杂，不良地质发育，主要的不良地质是岩溶发育和长大断裂带，其中尤以建始大断裂影响最大，建始断裂带总体呈东北—西南向延伸。

2.项目沿线桥隧比例大，工程造价高。

本项目沿线属构造侵蚀中山、中低山和低山地貌，地形起伏较大，需要设置跨越沟谷桥梁、穿越山岭的隧道较多，导致本项目桥隧比例达80%，工程造价较高。

3.项目区山地小气候具有多样性，对设计施工影响较大。

项目区地形复杂，山地小气候具有多样性，随高度的变化垂直差异比较突出，形成立体气候，夏季灾害性天气较多，常有暴雨—强降雨出现，其中暴雨—强降雨可引发山体滑坡、崩塌等地质灾害，本项目局部存在冰雾区。

4.奉建隧道(原龙骨坡隧道)施工场地受限，施工难度大。

奉建隧道为安康至来凤国家高速公路工程中的控制性工程，全长超12公里，其中湖北段长约1.8公里、重庆段长约10.5公里，重庆段部分工作面需布置在湖北境内，协调施工难度大。

5.项目区降雨强度高，路基、桥梁防排水问题突出。

项目区域自然降水量充沛，降雨主要集中在每年6—7月，其降雨量

约占全年的70%~80%。强降雨易造成山体滑坡、河岸水毁坍塌自然病害，对路基边坡、支挡结构稳定性、路面抗滑性均造成不利影响。

6.平均纵坡大。

本项目起点一路下坡至终点，出龙骨坡隧道后K50+890~K58+378.928段长7.49公里，平均纵坡达3.0%，难以确保视距及路线的平纵组合得当及运营的绝对安全。

(廖春桃)

【通山至武宁高速公路湖北段开工建设】 8月6日，通山至武宁高速公路湖北段一期土建工程正式开工建设。本项目是湖北省"十三五"规划的高速公路重点项目，也是幕阜山片区脱贫攻坚的重点项目。项目起于咸宁市通山县境内，与咸通高速公路对接，向东南延伸至江西省九江市武宁县，与大广高速公路、永武高速公路对接。路线全长46.15公里。全线采用双向四车道高速公路标准，设计速度为100公里/时，路基宽26米。批复概算总投资71.04亿元，建设工期48个月。全线设互通立交3处(通山西互通、厦铺互通、九宫山互通)、收费站3处、服务区1处、监控管理分中心1处、养护工区1处。

工程进度。全年完成投资16.75亿元；累计完成投资26.82亿元，占概算总投资的37.7%。

项目特点：

1.工程地质条件复杂，施工风险高。

项目地处鄂东南幕阜山北麓中低山丘陵区，区内山势南陡北缓，河谷深切，形成丘陵—中低山地貌景观。局部地段坡度较陡，存在岩溶路基、浅层滑坡或崩塌、顺层滑塌及构造破碎带等不良地质现象。全线崩塌堆积体3处、不稳定斜坡5处、崩塌(危岩体)8处、岩溶5处、采空区2处；软土(过湿土)总长度约4.2公里。项目桥隧比53%，其中桥梁39座、隧道12座；高路堤、深路堑合计71处，施工风险高。

2.项目穿越国家级自然保护区和

风景名胜区，环保景观要求高。

路线经过的九宫山生态环境保护区，是国家级风景名胜区、国家级自然保护区、国家 AAAA 级旅游景区、国家级地质公园。同时，通山县还有富水湖、隐水洞、太阳溪、明清古居、闯王陵等丰富的旅游资源，本项目穿越保护区和景区提出明确的环保和水土保持要求，禁止保护区和景区范围内设置取土场、拌和站、预制场地，从外围景区穿越的路基、桥梁、隧道需进行专门的景观设计，环保和景观要求较高。

3. 路线干扰因素多，协调工作量大。

与项目相干扰的因素主要有沿线城镇规划、区内电力电讯网络、厦铺镇水厂取水口的二级水源区域、忆江南庄园、陌上花开生态园、军事用地、清凉禅寺、九宫山生态环境保护区等，路线布设考虑因素多，需要积极与沿线地方政府、企业进行沟通协商，协调工作量大。

（湖北交投咸九高速公路有限公司）

【襄阳绕城高速公路东南段延长线（襄阳至南漳）开工建设】 8 月 18 日，襄阳绕城高速公路东南段延长线（襄阳至南漳）土建工程正式开工建设。襄阳绕城高速公路东南段延长线（襄阳至南漳），是湖北省综合交通运输发展"十四五"规划平顶山至宜昌高速公路（G3612）组成部分。项目起于襄城区尹集乡熊庙村，对接襄阳绕城高速公路南段，设熊庙枢纽互通与二广高速公路相连，止于南漳县九集镇方家集村，设方家集枢纽互通与麻安高速公路相接。路线全长 17.51 公里。全线采用双向四车道高速公路标准建设，设计速度为 100 公里 / 时，路基宽 26 米。概算总投资 18.86 亿元，建设工期 36 个月。全线设互通式立交 3 处，服务区 1 处，收费站 1 处。

工程进度。全年完成投资 4.30 亿元，占年度计划的 86.07%；开工累计完成投资 7.85 亿元，占概算总投资的 41.63%。截至 12 月底，本项目一期土建工程完成路基土石方 81.3 万立方米，占总量的 24.27%；涵洞工程

完成 33 道，占总量的 38.37%；桥梁工程桩基累计完成 1071 根，占总量的 79.99%；墩柱累计完成 366 根，占总量的 41.08%；梁板预制累计完成 200 片，占总量的 10.88%；梁板安装累计完成 117 片，占总量的 6.36%。

（姚亮）

【沪蓉高速公路红安联络线（武汉至红安高速公路）开工建设】 9 月 3 日，沪蓉高速公路红安联络线（武汉至红安高速公路）开工建设。武汉至红安高速公路是沪蓉高速红安段内至红安县城的连接线，是红安至武汉最便捷的高速公路运输通道，纳入《湖北省高速公路网布局调整规划》。本项目起于红安县觅儿寺新型产业园西侧的陈家田村，设觅儿西枢纽互通与沪蓉高速公路相接，止于云台村，与红安县发展大道平面交叉。路线全长 27.68 公里，批复概算总投资 29.22 亿元。采用双向四车道高速公路标准建设，设置互通式立体交叉 3 处（觅儿西枢纽互通、红安南枢纽互通、高桥互通）、匝道收费站 1 处、主线收费站 1 处、监控通信分中心 1 处、养护工区 1 处。

工程进度。全年完成投资 9.56 亿元，为年度计划的 106.2%；开工累计完成投资 13.78 亿元，占概算总投资的 47.2%。截至 2022 年底，路基工程累计完成 52.5%，桥梁（涵）工程累计完成 69.6%。

（夏振）

【新港高速公路双柳长江大桥及接线工程开工建设】 9 月 30 日，新港高速公路双柳长江大桥及接线土建工程正式开工建设。本项目是武汉都市圈环线高速公路（G99096）东段的组成部分，双柳长江大桥纳入国务院批准的《长江干线过江通道布局规划（2020—2035 年）》。项目建设对落实长江经济带发展战略、长江中游城市群发展战略、助力湖北省"一主引领、两翼驱动、全域协同"区域发展布局、支撑武汉建设国家中心城市、推动武汉城市圈一体化进程、增强过江通道供给能力、强化路网衔接与转换、促

进经济增长具有重要意义。

本项目起于新洲区刘大房湾附近，与武汉都市区环线高速公路黄陂至新洲段对接，止于华容区柴汤村附近，路线全长 35.04 公里，其中长江大桥主桥长 1.43 公里。主线设桥梁 32 座 33418.236 米，其中特大桥 9 座 13682 米（含长江大桥 1 座 1630 米）、大桥 23 座 19736.24 米；设互通式立交 7 处、匝道收费站 5 处、服务区 1 处、监控管理分中心 1 处、养护工区 1 处。概算总投资 159.78 亿元，建设工期 48 个月。

工程进度。全年完成投资 16.85 亿元，为年度计划的 168.54%，占总投资的 10.5%。截至 12 月底，跨江主桥承台及基础、主桥锚碇施工图设计、接线工程一期土建施工图设计获批复，完成施工许可办理。长江大桥主塔桩基累计完成 74%；北锚碇环形便道、基础地连墙加固、导墙累计完成 100%，地连墙槽段累计完成 8.6%；南锚碇基础土方开挖累计完成 8%。接线工程先行用地范围内桥梁桩基累计完成 12%。

（夏友军）

【武汉至松滋高速公路武汉段开工建设】 10 月 28 日，武汉至松滋高速公路武汉段土建工程正式开工建设。本项目起于武汉市经开区（汉南区）邓南街道窑头村附近，设水洪枢纽互通与汉洪高速公路相接，止于蔡甸区消泗乡港洲村，与武松高速公路仙桃至洪湖段对接。路线全长 10.36 公里，采用双向六车道高速公路标准建设，设计速度为 120 公里 / 时，整体式路基宽度为 34.5 米，汽车荷载等级采用公路—Ⅰ级。全线设桥梁 7 座 9373.289 米，设互通式立交 2 处（其中枢纽互通 1 处）、匝道收费站 1 处。批复概算总投资 34.41 亿元，建设工期 42 个月。

工程进度。全年完成投资 5.32 亿元，为年度计划的 106.43%，占概算总投资的 15.47%。

（张心）

【京港澳高速公路湖北境鄂豫界至军山段改扩建工程开工建设】 12 月 30 日，京港澳高速公路湖北境鄂豫

界至军山段改扩建土建工程正式开工建设。本项目起于湖北省孝感市大悟县九里关，止于武汉西枢纽互通立交，路线全长157.79公里，同步建设府河互通连接线约3.8公里。全线采用"两侧拼宽为主、局部分离加宽新建"的改扩建方案，采用双向八车道高速公路标准，设计速度为120公里/时，批复概算总投资210.16亿元。主线共有桥梁206座28950.7米，其中大桥13座3321.0米、中桥48座3161.1米、小桥139座2254.0米，设互通式立交16座、服务区4处、停车区2处、养护工区2处。建设工期48个月。

工程进度。全年完成投资45.36亿元，为年度计划的100.8%；开工累计完成投资50.04亿元，占概算总投资的24%。临时工程累计完成100%，路基工程累计完成13.2%，桥梁（涵）工程累计完成18.2%。

（张徐）

【客货运（物流）重点项目】 加快推进综合客运枢纽建设。全省纳入"十四五"交通运输部综合客运枢纽规划项目17个。至2022年底，郑万高铁兴山、郑万高铁神农架、武西高铁安陆、武西高铁枣阳、武西高铁武当山、武西高铁丹江口、黄黄高铁武穴、武汉至仙桃城际铁路仙桃等综合客运枢纽基本建成，其中兴山、神农架、安陆综合客运枢纽投入运营；武九高铁阳新、黔张常铁路咸丰、郑万高铁巴东、郑万高铁南漳、黄黄高铁浠水、武杭高铁黄冈西、武西高铁随州南等综合客运枢纽开工建设；武西高铁谷城、武西高铁武汉西等综合客运枢纽开展前期工作。

加大物流站场建设力度。捷利泉都现代物流综合产业园、通山县物流仓储分拨中心（一期）、随州城乡万吨农产品食品冷链物流中心、荆襄物流配送中心、鄂渝陕（竹溪）农产品冷链物流配送中心、五峰渔洋关物流园（中国供销·五峰物流产业园）等项目基本建成并运营；武汉汉口北高新物流示范园、汉欧国际物流园、襄阳中车物流园改扩建项目、浩吉铁路襄州北疏运中心项目、湖北长江现代物流产业集聚示范区·现代物流园、荆门国际内陆港公铁物流中心、建始电商冷链物流扶贫产业园等货运（物流）枢纽项目开工建设。

（朱燕）

【全省重点水运工程建设】 汉江五级枢纽建设顺利推进，雅口航运枢纽和孤山枢纽基本建成，其中雅口航运枢纽电站厂房、泄水闸等主体土建工程全面完工，4台机组发电；孤山航运枢纽实现二期蓄水，4台机组全部发电，船闸基本建成；碾盘山枢纽实现截流，船闸建成通航；新集枢纽船闸抓紧建设。唐白河、汉北河、富水、浠水航道工程均全面开工建设，积极推动项目招标、施工单位进场，针对项目总体进度较为滞后局面，对4个项目进行专项督办调度。重点港口项目建设顺利推进，宜昌白洋二期码头、荆州江陵煤炭铁水联运码头、荆州监利白螺一期码头基本建成，黄石棋盘洲三期码头、宜昌枝江铁水联运煤炭码头、黄冈浠水中电建码头4个泊位完成水工建设。

（张汪）

各市州交通建设重点项目

黄石市

【203省道阳新县棋盘洲至富池段改建】 203省道阳新县棋盘洲至富池段改建工程，全长33.88公里，一级公路，概算总投资12.1亿元。新港互通至三洲段9.9公里，建成通车新港段7.5公里，三洲南延段2.2公里完成部分路基。三洲至富池段23.98公里，路基工程、路面工程、沥青面层均完成100%；桥梁工程、隧道工程均完成100%。全年完成投资2.18亿元，累计完成投资11.98亿元。

（杨裕勇）

【106国道阳新县沿镇至黄土坡段改建】 106国道阳新县沿镇至黄土坡段改建工程，全长14.89公里，一级公路，概算总投资4.9亿元。开工建设军垦农场场区段4.09公里，并完成主体工程，军垦至黄土坡段进场施工。

（杨裕勇）

【357省道木港至龙港段改建】 357省道木港至龙港段改建工程，全长41.5公里，二级公路，路基宽10米，路面宽8.5米，总投资4.35亿元。完成木港至吉山段11.27公里和洋港至龙港段18公里建设。木港吉山至洋港段12.23公里（含隧道1座2405米），总投资约3.1亿元，其中小港至田墩段4.6公里开工建设，完成路基4.5公里；木港吉山至小港段6.72公里（含隧道2405米）、田墩至洋港段0.93公里，启动施工招标准备工作。

（杨裕勇）

【富水航道富池至排市段建设工程】 富水航道富池至排市段建设工程，新建1000吨级船闸，疏浚富池至八一大桥段三级航道29公里、八一大桥至排市段四级航道30.5公里，新改建3座桥梁（203省道跨闸桥、八一大桥、军垦康明桥），概算投资14.96亿元。至年底，船闸土方工程量完成12.2%；康明桥桩基完成100%，盖梁、T梁完成100%，预制箱梁完成52%；富池船闸桥、八一桥签订施工合同；航道疏浚一标段阳新城关码头地牛全部完成，现浇混凝土路面全部完成；二标段陆上土方开挖完成工程量31%。全年完成投资0.53亿元，累计完成投资1.51亿元。

（杨裕勇）

【黄石港阳新港区富池作业区富江公用码头工程】 黄石港阳新港区富池作业区富江公用码头工程，新建2个5000吨级散杂货泊位，总投资1.8亿元。至年底，完成码头水域工程建设，陆域堆场施工中。全年完成投资0.6亿元，累计完成投资1.25亿元。

（杨裕勇）

【黄颡口砂石集并中心】 黄颡口砂石集并中心，建设12个5000吨级散货泊位，概算总投资16.88亿元。至12月底，水域完成6个泊位主体结构施工；陆域完成生态红线外场地平整土石方工程量100万吨，累计完成设计工程量的69%。全年完成投资1.52亿元，累计完成投资4.6亿元。

（杨裕勇）

【黄石港阳新港区富池作业区电建建材产业园码头工程】 黄石港阳新港区富池作业区电建建材产业园码头工程，新建5000吨级件杂泊位1个和散货出口泊位5个，同步建设相应的生产、辅助生产建筑，配备相应的装卸、运输机械和供水、供电等设施，总投资3.28亿元。至12月底，完成趸船建造总工程量的60%，水上灌注桩完成总工程量的62%，装船机建造完成总工程量的65%，累计完成投资1亿元。

（杨裕勇）

【阳新县客运枢纽站建设】 12月，阳新客运枢纽站主体结构工程完工。阳新客运枢纽站是市县重点项目，总占地面积65593平方米，按照国家一级客运站标准设计建设，总投资约1.28亿元。按照功能划分为站前区、站房区、客运停车区、维修保养区、配套商业区5个功能区，与高铁站共同形成新的交通枢纽体系，实现旅客无缝换乘服务。该站的建成对促进阳新加快融入武汉城市圈、创建优秀旅游城市、提升城市形象具有重要意义。

（杨裕勇）

十堰市

【十堰玄岳大道项目】 玄岳大道项目起于十堰市滨江新区，终于武当山特区玄岳门，项目主线长约58公里（不含机场东、机场西连接线3.3公里），采用设计速度为80公里/时、路基宽55米、双向六车道加两个辅道的一级公路标准（武当山境内全段采用设计速度为60公里/时、路基宽26米、双向四车道）建设，总投资91亿元。城区段主线长19公里，机场西连接线长2.1公里，投资28.4亿元，自开工累计完成投资26.95亿元。张湾区段建成通车。茅箭区段路基贯通，在开展市政附属工程施工。郧阳区段全长8.9公里，投资17.4亿元，自开工累计完成投资6亿元，完成路基工程4.8公里，控制性工程神定河大桥加快施工。经开区段主线长5.23公里，机场东连接线长1.7公里，总投资4.9亿元，自开工累计完成投资1.05亿元，完成主线路基1公里，完成机场东连接线路基1.5公里。丹江口段主线长12.8公里，总投资约19.46亿元，自开工累计完成投资4亿元，杨家川大桥至饶家沟互通3.44公里在进行路基施工，江家沟大桥至六里坪芝河大桥9.36公里，完工1.4公里。武当山段长11.7公里，总投资约11.3亿元，自开工累计完成投资0.2亿元，项目试验段和柳树沟大桥钢栈桥完成，完成征地拆迁实物调查工作。

（唐钒秧）

【十房一级公路（房县段）】 项目起于十堰城区垭子，终于房县城关，全长72公里，总投资57.1亿元。采用设计速度为60公里/时的双向四车道一级公路标准建设。其中城区段22公里，投资20.2亿元，房县段50公里，投资36.9亿元。项目分5段实施，其中209国道十堰城区垭子至大川段11.6公里，投资7.4亿元，累计完成投资6.75亿元；百二河至大川段

10公里路基工程基本完成，路面工程完成60%。209国道大川至唐家河段10.53公里，投资12.81亿元，施工单位进场，开展实物调查和临建工程建设。209国道房县唐家河至柳树垭段9.02公里，投资11.25亿元，开展临建设施建设，累计完成投资1.4亿元。209国道房县柳树垭至土城段22.94公里，投资11.55亿元，累计完成投资10.6亿元，完成路基20.5公里、路面水稳13公里。209国道房县土城至城关段18公里，投资14.14亿元，开展项目前期工作。

（唐钒秧）

【汉江孤山航电枢纽项目】 汉江孤山航电枢纽项目是汉江干流水电开发规划中的第八级电站，位于郧西县、郧阳区之间。项目概算投资34.86亿元，水库总库容2.12亿立方米，装机容量180兆瓦，建成后年均发电量5.9亿千瓦时。船闸按四级通航标准建设，设计年单向通过能力373.3万吨，并预留二线船闸位置。全年完成投资1.2亿元，累计完成投资39.94亿元，占总投资的100%。一期工程（右区泄水闸、电站厂房、非溢流坝等）基本完工，4台机组全部投产发电；二期左区泄水闸和船闸工程基本完工。

（唐钒秧）

襄阳市

【207国道襄州至宜城段改建】 项目起于鄂豫两省交界处的黄集镇长王村，在宜城小河刘家营顺接207国道，路线全长96.18公里。全线4处上跨高速公路、3处上跨铁路、3处下穿铁路。本项目采用一级公路标准建设，设计速度为80公里/时，分段采用双向四车道和六车道，路基宽度分别为25.5米和33米。全线设置桥梁50座11894.5米、互通式立交4处、灯控平交32处；设服务区2处、养护工区2处、治超站2处、主线收费站1处、管理分中心1处。概算总投资69.5亿元，建设工期42个月。项目建成后，

将彻底解决城市内部交通与过境交通相互干扰问题，化解襄阳市南北方向大通道城区堵点，提升国道通行能力和路网整体运营效率，增强襄阳区域性中心城市、汉江流域中心城市辐射力，对推动襄（阳）宜（城）南（漳）一体化发展，具有重大的战略意义。项目于2021年5月开工，2022年完成投资15.44亿元，累计完成投资30.46亿元。

（王自强）

【316国道河谷汉江公路大桥建成通车】 12月29日，316国道河谷汉江公路大桥全线建成通车。该工程起于老河口市城南开发区，止于谷城县城关镇吴家营村，全长12.84公里，其中主桥系双塔单索面预应力混凝土斜拉桥，总投资12.6亿元，采用双向四车道和双向六车道一级公路标准，设计速度为80公里/时，采取PPP投资建设模式，投资建设单位为中交一公局集团有限公司。2019年8月开工建设，运营期（收费期）为30年。

（王自强）

【316国道河谷汉江公路大桥西延线工程全线通车】 12月29日，316国道河谷汉江公路大桥西延线工程全线通车。该项目是河谷汉江大桥及接线工程的重要组成部分，全长3.69公里，顺接河谷汉江大桥及接线工程终点，于经济开发区刘家沟村平面交叉接316国道，预算总投资2亿元，为老河口和谷城两地政府共建项目。

（王自强）

【宜城市倚天大桥建成通车】 7月9日，宜城倚天大桥（原名宜城汉江二桥）建成通车。宜城汉江二桥及接线工程起点位于宜城市南营街道南洲村，止于346国道鄢城街道铁湖村，线路全长17.98公里。大桥起于龚垴村王万路，向西跨越汉江河道，上跨振兴大道北延长线至襄沙大道，桥梁全长4940米，路面宽32米，主桥为三向预应力混凝土变截面箱型连续刚构，采用双向六车道一级公路标准建

设，设计速度为80公里/时。该工程由中交一公局集团有限公司承建，总投资12.53亿元，2019年12月开工建设，建设工期4年。2022年6月10日，该桥被正式命名为"倚天大桥"。大桥通车后，宜城汉江东西两岸的交通压力得到缓解，宜城与东津新区交通联系也进一步增强。

（王自强）

【新集水电站工程建设】 项目位于襄城区白马洞，下距崔家营枢纽43公里，正常蓄水位78米（黄海高程76.23米），通航建筑物为1座1000吨级船闸，形成56.7公里1000吨级航道。装机容量120兆瓦，年发电量5.03亿千瓦时，工程总投资44亿元。业主单位为大唐襄阳水电有限公司。截至12月底，新集水电站建设进入主河床截流阶段，左岸阶地土石坝坝体填筑完成；泄水闸24孔弧形门及启闭机安装调试完成并实现过流；厂房、船闸上下游挡水部位土建及金结安装完成，具备挡水条件；右岸主河床截流，右岸土石坝填筑中。库区防护工程施工单位均进场。业主营地及鱼类增殖站建设整体形象进度完成90%；右岸进场公路全线贯通，整体形象进度完成90%。全年完成投资10.26亿元，自开建以来累计完成投资31.41亿元（含耕地占用税、耕地占补平衡指标等概算外费用约4.17亿元）。

（王自强）

【南漳县蛮河旅游航道工程开工建设】 4月8日，南漳县蛮河（谢家台至兴发大桥段）旅游航道工程开工建设。该项目参照七级航道标准整治蛮河南漳县内8.1公里航道，是全省2022年水运建设计划项目、襄阳市"十四五"首批旅游航道建设项目、南漳县2021年政府债券项目。项目起于"长渠""渠首"谢家台，止于襄阳循环经济产业园兴发大桥。工程总投资1.68亿元，其中工程费用1.42亿元，建设内容主要有航道工程（疏浚工程、护岸工程）及配套工程（航标工程、航道信息化、航道管理设施），不

包含武镇大桥拆除重建、营运期进场道路、船舶运营码头及停靠点建设费用。项目建设后，将进一步提升世界灌溉工程遗产"长渠"对外影响力和知名度，助力全县旅游发展和乡村振兴。截至12月底，项目自开建以来累计完成投资5170万元（含前期工作），占项目总投资1.68亿元（初设批复）的30.76%。

（王自强）

【346国道南漳县城南绕城公路改扩建工程建成通车】 7月，346国道南漳县城南绕城公路改扩建工程建成通车。该项目起于南漳县城关镇大竹园村，止于水镜大道连接346国道南漳至保康段，全长6.12公里，总投资3.91亿元。建设标准为城市主干道，双向六车道，全宽40米，设计速度为60公里/时。该项目是南漳县"五横五纵"干线道路和南北交通的主动脉，也是南漳县投资规模最大、建设标准最高的城市道路项目。2017年4月动工建设。

（王自强）

【443省道南漳县武安镇至宜城市董集段二级公路改扩建工程建成通车】 8月，南漳县武安镇至宜城市董集段二级公路改扩建工程建成通车。该项目是南漳县公路网主骨架"五纵五横"的重要组成部分，也是连接南漳县和宜城市的重要干线公路。项目起于南漳县武安镇，与346国道平交，止于南漳县董集，与宜城市交界，全长21.08公里。设计标准为二级公路，双向两车道，设计速度为40公里/时，路基宽8.5米，行车道宽7米，沥青路面，计划总投资1.63亿元。项目于2019年3月开工建设。2020年12月完成协同段12公里，2021年完成安集段5.57公里，2022年8月完成夏家湾段3.51公里，至此整个工程全面竣工。

（王自强）

【275省道南漳李庙至谷城赵湾改建工程建成通车】 12月，275省道南漳李庙至谷城赵湾改建工程建成通车。

该项目起于谷城县城关镇，止于李庙镇董家湾，是南漳县连接谷城县的主要通道，境内全长42.83公里，总投资4.58亿元。建设标准二级公路，设计速度为40公里/时，路基宽8.5米、路面宽7米。由于线路长、施工难度大，按照分段施工、逐年推进的办法，启动董家湾至李庙、李庙至赵店等多段改建工程，2020年12月完成李庙至赵店15公里、赵店至老君店10公里，2022年12月完成老君店至谷城赵湾交界段17.83公里，至此整个工程全面竣工。项目于2019年3月开工建设。项目建成通车后，南漳县西北山区新增一条出境通道，也为投资100亿元的张家坪抽水蓄能电站项目落户李庙、建设期间大型水电设备运输提供便利条件。

（王自强）

【襄阳小河港区疏港铁路专用线开工建设】 12月8日，襄阳小河港区疏港铁路专用线项目举行开工仪式，标志着汉江流域水铁联运再造新枢纽。襄阳小河港区疏港铁路专用线全长9.84公里，占地面积为25.4万平方米，总投资约7.94亿元。实施范围为浩吉铁路欧庙站至电厂站线路段，计划2024年4月完工，由汉江国投集团投资建设。襄阳小河港区疏港铁路专用线是长江经济带港口多式联运建设项目，被列为全国铁路专用线重点建设项目和湖北省多式联运重点项目。工程建成后，打通浩吉铁路至湖北能源集团宜城电厂"最后一公里"，提高襄阳港小河港区吞吐能力，满足襄阳港小河港区和临港企业运输需求，增强鄂西北未来能源供给，推动小河港区"港产城"一体化发展，助推襄阳打造汉江流域水铁联运物流枢纽。

（王自强）

【宜城宜岛路开工建设】 7月，宜岛路改造工程正式启动。该项目起于鄂城街道振兴大道与燕京大道交叉口处，止于岛口大桥北桥头，道路全长30.93公里，路基宽7.5米，双向两车道，三级公路标准，建设总工期150天。

该项目由湖北经天路桥有限公司建设，总投资4638.87万元。宜岛路改造工程是宜城市"十四五"规划的重要民生工程之一，有利于提高鄂城街道及郑集镇区域内农村公路通行能力。

（王自强）

【307省道保康县两河口至笔架段改建工程建成通车】 12月，307省道保康县两河口至笔架段改建工程建成通车。该项目起于保康县马桥镇两河口村附近，终于马桥镇笔架村附近，接307省道，路线全长6.23公里，总投资1.17亿元，按一级公路标准建设，双向四车道，设计速度为60公里/时，路基宽度为19~23.5米，路面宽度为15.5米。建设单位为保康县公路事业服务中心，设计单位为武汉恒顺通勘察设计有限公司。

（王自强）

【438省道宜城刘猴至荆门界段建成通车】 12月，438省道宜城刘猴至荆门界段建成通车。该项目起于宜城市刘猴镇，终于宜城市和荆门分界处，路线全长4.72公里，总投资4097万元。按设计速度为60公里/时、路基宽10米的双向两车道二级公路标准建设，沥青混凝土路面。汽车荷载等级为公路—Ⅰ级；设计洪水频率中桥按1/100，小桥及涵洞、路基按1/50。建设单位为宜城市公路管理局，设计单位为襄阳市交通规划设计院，监理单位为湖北利民建设工程咨询有限公司，施工单位为湖北经天路桥有限公司。2021年1月开工建设。

（王自强）

宜昌市

【241国道五峰县白果树至狗头井公路建成通车】 11月，241国道五峰县白果树至狗头井公路建成通车。该项目起于五峰自治县渔洋关镇白果树，止于鄂湘两省交界处狗头井。项目全长29.97公里，按照双向两车道二级公路标准建设，设计速度为40公里/时，

路基宽8.5米，总投资2.46亿元。2017年8月开工建设。由宜昌市交通勘察设计研究院设计，河北通阳路桥有限公司、青岛建工集团有限公司、五峰交通建设开发有限责任公司等单位承建。项目建成后打通"断头路"，实现"硬联通"，有效促进大三峡旅游圈与大湘西旅游圈的融合发展，同时加快武夷山地区经济和社会发展具有重大意义。

（文校葳）

【348国道秭归县郭家坝至文化公路建成通车】 10月，348国道秭归县郭家坝至文化公路全线建成通车。该项目起于郭家坝隧道出口，止于土珠庙，全长25.69公里，按照双向两车道二级公路标准建设，设计速度为40公里/时，路基宽8.5米，总投资3.6亿元。2020年5月开工建设。由宜昌市交通勘察设计研究院设计，宜昌富强工程有限责任公司承建。该项目贯穿秭归县东西向，是西南片区两河口镇、沙镇溪镇、梅家河镇和磨坪乡通往县城的唯一干线主通道，建成后有利于提升秭归干线公路通行能力和服务水平，改善脐橙产业运输通道，助推乡村振兴，促进库区移民安居致富。

（文校葳）

【324省道长阳县招徕河至盐池河公路建成通车】 12月，324省道长阳县招徕河至盐池河段公路建成通车。该项目起于324省道招徕河大桥南岸桥头，止于龙池村委会广场右侧与水布垭电站进场公路交会处，全长5.86公里，按照双向两车道二级公路标准建设，设计速度为40公里/时，路基宽8.5米，总投资1.3亿元。2020年5月开工建设。由长阳恒捷交通勘察设计院设计，宜昌富强工程有限责任公司承建。该项目是补齐渔峡口镇交通基础设施短板、畅通渔峡口椪柑等农副产品销售的重要通道，对于发挥渔峡口镇农业产业优势、促进当地社会经济发展、巩固脱贫攻坚成果和助力乡村振兴具有重要意义。

（文校葳）

【312 省道兴山县昭君绕城公路建成通车】 6 月，312 省道兴山县昭君绕城公路建成通车。该项目起于兴山县昭君镇金乐村唐家院子处，与原 312 省道顺接，止于 312 省道与 252 省道交会的贺家沟三岔口，全长 5.04 公里，全线设桥梁 3 座、隧道 4 座，按照双向两车道二级公路标准建设，设计速度为 40 公里 / 时，路基宽 8.5 米，总投资 2 亿元。2020 年 4 月开工建设。由中交公路规划设计院有限公司设计，山东省路桥集团有限公司承建。项目建成后，进一步减轻旅游通道与货运物流叠加压力，对推动古昭南"大县城"一体化发展、带动鄂西生态文化旅游圈发展发挥着交通支撑作用。

（文校葳）

【209 国道兴山县古夫绕城公路完工】 12 月，209 国道兴山县古夫绕城公路完工。该项目起于兴山县古洞口大坝处，止于柚子树桥头，全长 11.5 公里，全线设桥梁 10 座、隧道 3 条，按照双向两车道二级公路标准建设，设计速度为 40 公里 / 时，路基宽 8.5 米，总投资 4.9 亿元。2019 年 6 月开工建设。由中交公路规划设计院有限公司设计，山东省路桥集团有限公司承建。项目建成后可有效分流过境交通，提高北部出口大通道通行能力，同时拓展县城建设空间，更好地配套高铁新城，加快兴山县域经济社会建设步伐。

（文校葳）

【兴山县峡口香溪河大桥完工】 12 月，兴山县峡口香溪河大桥完工。该项目位于峡口镇下游约 2 公里处，连通左岸的屈峡路、312 省道及右岸 255 省道，终点连接屈峡路，路线全长 2.63 公里，总投资 3.15 亿元。峡口香溪河大桥全长 364 米，主跨 238 米，塔高 126 米，采用设计速度为 60 公里 / 时、桥面全宽 25.5 米的一级公路标准建设，在国内首创非对称跨中央索面斜塔斜拉设计，塔身采用顺桥向倾斜 10° 的琵琶造型，极具昭君特色。2019 年 11 月开工建设。由中交第二公路勘察设计研究院有限公司设计，中交第四公路工程局有限公司承建。大桥建成通车后，有效改善兴山南部与秭归北部的交通组织方式，形成"左货右客"的客货分离格局，极大提升该区域路网通行能力及服务水平，带动当地旅游业的发展。

（文校葳）

荆州市

【荆州东服务区】 荆州东服务区用地规模约 20 万平方米（300 亩），投资概算 4.23 亿元，总建筑面积 30788 平方米，计划建成集停车、修理、加油加气、住宿、餐饮、购物、休闲娱乐于一体的综合性多功能高速公路服务区。2021 年 5 月正式开工建设。至 12 月底，项目整体形象进度完成 86%，完成投资约 3.3 亿元。

（胡力）

【318 国道荆州段（丫角至枪杆段）改扩建】 工程起于丫角桥东，由东向西，止于枪杆村，路线全长 10 公里。2019 年 3 月开工建设。其中 K1+000~K10+000 段于 2022 年 1 月完工，全线采用设计速度为 80 公里 / 时、路基宽 21.5 米的双向四车道一级公路标准建设，完成货币工程量 2.09 亿元；K0+000~K1+000 段于 2022 年 5 月启动建设，该段位于城镇化路段，全线采用集散型一级公路标准建设，设计速度为 60 公里 / 时，路基宽 21.5 米，路面结构为沥青混凝土路面，全线设桥梁 1 座（丫角中桥），桥长 81.08 延米。

（殷华）

【栖凤湖桥】 该桥是沙市至荆州进场一级公路项目（沙市段）线上桥梁，由主桥和辅桥组成，桥长 486 米，桥宽 25.5 米，主桥上部结构采用 16×30 米预应力混凝土小箱梁，下部结构采用桩柱式桥墩，桩接盖梁桥台，钻孔灌注桩基础。辅桥为非机动车道桥梁，并附带一个观景平台，跨径组合为 3×30 米 +4×30 米 +2×30 米 +4×30 米 +3×30 米预应力混凝土连续小箱梁，采用双柱式桥墩，桩接盖梁桥台，钻孔灌注桩基础。估算投资 9533 万元。2022 年 3 月开工建设。

（殷华）

【豉湖村七组桥重建】 豉湖村七组桥位于沙市区观音垱镇豉湖村，跨越五号直渠。因原涵破损严重，为保障豉湖村两岸村民日常出行、生产劳作和运输通行安全，观音垱镇决定对该桥进行拆除重建。该工程 2022 年 9 月 29 日开工，11 月 17 日完工。桥梁全长为 17 延米，全宽 7.5 米，净宽 6.5 米，上部结构采用 2×5.8 米现浇混凝土简支 T 梁，下部结构采用薄壁桥台，扩大基础。汽车荷载等级为公路—Ⅱ级。

（殷华）

荆门市

【207 国道荆门桃园至子陵团林至砖桥段改建】 该项目全长 103.19 公里，桃园至子陵段 59.35 公里，起点接 207 国道襄阳宜城段；团林至砖桥段 43.84 公里，起于团林铺镇南，止于荆州交界处的砖桥。采用一级公路标准建设，设计速度为 80 公里 / 时，双向四车道，路基宽 24.5 米，施工图批复预算投资 21.18 亿元。后经荆门市人民政府同意并由荆门市行政审批局批准，本项目概算投资调整为 28.04 亿元，其中桃园至子陵段为 17.27 亿元、团林至砖桥段为 10.77 亿元。桃园至子陵段由华杰工程咨询有限公司设计、团林至砖桥段由苏交科股份有限公司设计，监理单位为湖北楚维工程咨询监理有限责任公司。项目建设模式采取政府和社会资本合作 PPP 模式。根据荆门市人民政府授权，荆门市公路管理局为本 PPP 项目实施机构，负责准备、采购、监管、移交等工作。荆门中建二零七公路建设有限公司为该 PPP 项目的法人（业主），负责合作期内项目的融资、建设、运营维护、移交等全面工作。2018 年 10 月开工。2021 年 11 月北段完成交工验收，2022 年 6 月南段完成交工验收，

7月召开207国道荆门桃园至子陵段子陵至砖桥段136公里交安专项验收会，按程序办理完成交工手续。经测算，项目竣工决算投资27亿元。

（宋云芳）

【三环线平交道口改造】 该项目共设置辅道21处，分离式立交9处，上跨4处，下穿5处；大型平交口渠化4处；封闭中分带开口65处，新增5处，保留36处；封闭路侧开口195处；搭接道口纵坡优化112处，局部硬化131处；寨子坡水库穿东外环道路防护项目土坝4座、箱涵2道等。其中辅道、分离式立交接线设计速度为20公里/时，路基宽度采用6.5米或8米。全线设支线上跨桥4座538.8米，其中大桥3座441.6米、中桥1座97.2米；涵洞101道，圆管涵99道971.5米、箱涵2道63.76米（主线下穿）；新增标志牌405块，护栏15.604公里，道口警示桩875个，减速丘850.5米；设置信号灯7处，交叉口交通流探测预警系统6处；寨子坡水库防洪工程土坝4座、箱涵2道，以及寨子坡水库排水工程箱涵528.9米、排水明沟5.77公里。施工图设计预算19786.13万元，资金来源为市级财政资金投资，建设工期24个月。项目建设单位为荆门市交通运输局，设计单位为苏交科院集团股份有限公司，监理单位为湖北楚维工程咨询监理有限责任公司，第三方审计单位是荆门天正造价公司，施工单位中国建筑第六工程局有限公司，市交通运输局委托市公路建设养护中心为项目建设管理单位。至2022年底，辅道完成18处；分离式立交中，4座上跨桥均完成主体工程，鲁家冲下穿、孙家坡下穿和五岭下穿完成路面施工，陈集下穿、阮家坪下穿的箱涵主体均完成浇筑及回填，并完成三环线路面恢复，已经开放交通；平交道口改造部分，长宁大道、诗尼曼大道、439省道道口改造完成；寨子坡排水工程部分，排水箱涵完成浇筑570米，明渠完成1450米；交安设施部分，交通标志牌安装317块，道口标志桩完成438根，长宁大道标线完成432.09平方米，新泽西护栏完成安装2262米，交通信号灯完成3套，交通流探测预警系统完成5套，漳河区、掇刀区、东宝区的减速丘施工完成。累计完成投资约1.22亿元，其中工程建安费约9000万元。

（宋云芳）

【234国道钟祥城区绕城段】 该项目起于钟祥市洋梓镇以北蔡家湾，顺接234国道，路线沿既有234国道改建约0.5公里后，沿洋梓镇东侧布线，在黄庵村下穿长荆铁路后行至本项目终点与347国道及枣潜高速公路连接线平交。项目全长19.97公里（K0+000~K19+957.602），按双向四车道一级公路标准建设，设计速度为80公里/时，路基宽25.5米，总投资6.03亿元，其中省补助资金2亿元、地方财政配套4.03亿元。建设单位为钟祥市公路管理局工程建设项目部，设计单位为中国公路工程咨询集团有限公司，施工单位为湖北钟祥通达路桥工程有限公司，监理单位为湖北楚维工程咨询监理有限责任公司。2020年12月10日正式开工。至2022年底，完成全部桥梁、涵洞、路基工程及8公里路面基层。

（宋云芳）

【347国道京山段改扩建】 该项目全长56.92公里，起于天门与京山交界处邓李村，止于347国道京山与钟祥交界处黄台村，接347国道荆门东桥至子陵段改扩建工程。项目采用建养一体化模式建设，由山东路桥中标建设。至2022年底，完成路基56.92公里、路面30公里。

（宋云芳）

【266省道钟祥市文集至石牌段改扩建】 该项目起于钟祥市文集镇沿山村与331省道钟铁线相接，在魏家台村与347国道十字平交，于塘港村接入老路，沿老路改建至终点，与439省道江石线相接。项目全长23.04公里，按双向两车道二级公路标准建设，设计速度为80公里/时，路基宽12米，路面宽10.5米，总投资1.80亿元，其中部省补助资金8063万元、地方财政9964万元。建设单位为钟祥市公路管理局工程建设项目部，设计单位为中国公路工程咨询集团有限公司，施工单位为湖北钟祥通达路桥工程有限公司，监理单位为湖北楚维工程咨询监理有限责任公司。2018年1月20日开工建设。至2022年底，完成全部桥梁、石牌段9公里路面、347国道以北9.5公里过渡路面工程。

（赵津津　钟佩雯）

【311省道沙洋城区至后港段改扩建】 该项目起于沙洋县城区沙洋大桥附近、平湖大道和汉津大道的交叉十字路口，终于沙洋县后港镇西侧，下穿蒙华铁路后，汇入原有老路。工可批复里程36.7公里，全线采用设计速度为80公里/时、路基宽24.5米的一级公路标准建设。批复投资8.67亿元，其中省补资金2.59亿元、地方配套6.08亿元。设计单位为中交第三航务工程勘察设计院有限公司。经公开招标，中国一冶集团有限公司（路基路面施工）、沙洋楚雄公路桥梁工程有限责任公司（桥梁工程施工）为施工单位；监理单位为上海中咨安通工程管理股份有限公司。2020年7月开始施工。至2022年底，完成路基37.07公里、路面36.5公里。

（赵津津　钟佩雯）

【311省道后港至十里铺段改扩建】 该项目起于沙洋县后港镇，在271省道三新线附近到达沙洋、荆州、当阳三地交界的郭场，对接311省道当阳段，路线全长28.5公里。全线采用设计速度为80公里/时、路基宽24.5米的一级公路标准建设。工可批复投资9.99亿元。设计单位为武汉衡通公路勘察设计院有限公司。经公开招标，中国葛洲坝集团路桥工程有限公司（路基路面施工）、沙洋楚雄公路桥梁工程有限责任公司（桥梁工程施工）为施工单位；监理单位为湖北顺达公路工程咨询有限公司。2022年4月开始施工。至2022年底，完成路基清表22.16公

里，新建涵洞 70 道，清淤换填 162 处，桥梁开工 4 座，完成桩基 93 根。

（赵津津 钟佩雯）

【327 省道京山三阳至钟祥客店公路京山段改扩建】 该项目全长 36.56 公里，起于京山市三阳镇南坪客线与 240 国道平交处，止于京山与钟祥交界处徐家坪，顺接 327 省道钟祥段。该项目采用建养一体化模式建设，由山东路桥中标建设。至 2022 年底，项目主体工程全部完工。

（赵津津 钟佩雯）

【327 省道京山三阳至钟祥客店公路钟祥段】 起于京山与钟祥分界处徐家坪，经连家垭、黑狼冲、黄仙洞、赵泉河、邵店，止于客店东南的杨庙村，与 265 省道平交，顺接 327 省道客店至张集段；黄仙洞支线起于赵泉河石庙湾，止于黄仙洞景区正门。路线全长 21.23 公里，其中主线长全 20.38 公里、黄仙洞支线 0.85 公里。全线按双向两车道二级公路标准建设，设计速度为 40 公里/时，路基宽 8.5 米，路面宽 7 米，总投资 3.49 亿元，其中省补资金 7132 万元、地方财政 2.78 亿元。建设单位为荆门市交通运输局、钟祥市人民政府，设计单位为中国公路工程咨询集团有限公司，施工单位为中交路桥建设有限公司，监理单位为湖北华中公路工程监理咨询有限公司。至 2022 年底，启动 7 座桥梁建设，并建成桥梁 1 座。

（赵津津 钟佩雯）

【482 省道钟祥市丰乐至北新集段改扩建】 该项目起于丰乐镇，顺接 482 省道胡集至丰乐段终点，止于 234 国道北新集处，与龙北线对接。项目全长 40.62 公里，按二级公路标准建设，设计速度为 60 公里/时，路基宽 10 米，计划总投资 3.09 亿元，其中部省投资 1.42 亿元。经公开招投标，1 标施工单位为钟祥通达路桥公司、2 标施工单位为钟祥畅达养护公司，监理单位为湖北楚维工程咨询监理有限责任公司。2017 年 12 月开工。至 2022

年底，完成全部桥梁工程、部分涵洞及 27 公里路面工程。

（赵津津 钟佩雯）

【348 国道与中山路交叉路口改造完工】 9 月 14 日，348 国道与中山路交叉路口改造完工。该项目总投资 127.6 万元，共计恢复路面 12.80 万平方米，恢复路面标线约 6145.24 平方米，完成整体右半幅路外扩 1.2 米、左半幅路外扩 1.1 米，进出道口各增加 1 条车道，对交会道路左半幅外扩 3.5 米，使道路中心线左偏，增加 1 条车道，从而增加 2 条右转车道总宽 8.8 米，实行大型车、小型车右转专用道，有效解决大货车绕中山路走三环线，减少麻城集镇安全隐患问题。

（赵津津 钟佩雯）

【348 国道沙洋汉江公路二桥完工】 12 月，348 国道沙洋汉江公路二桥完工。该项目起于沙洋县范家台桥北，与 348 国道沙洋县城区段改线工程对接，止于天门李家台，与 348 国道顺接。工可批复里程 4 公里（沙洋县境内 2.10 公里、天门市境内 1.90 公里），其中汉江公路二桥长 2.15 公里、两岸接线 1.84 公里。汉江公路二桥和两岸接线均采用路基宽度 24.5 米的双向四车道一级公路标准建设，设计速度为 80 公里/时。工可批复投资 5.37 亿元，其中省补资金 1.95 亿元、地方配套 3.42 亿元。设计单位为北京交科公路勘察设计研究院有限公司。经公开招标，中交第三航务工程局有限公司为施工单位；监理单位为湖北省公路水运工程咨询监理有限公司。2018 年 11 月开始施工。

（赵津津 钟佩雯）

【482 省道钟祥丰乐汉江公路大桥】 该项目起于胡集镇陈营村，接既有 482 省道胡集至转斗段，向东跨越汉江，新建汉江特大桥，继续向东至丰乐镇三滩村北，接既有 482 省道丰乐至北新集段，并与 218 省道相交。起终点桩号为 K0+000~K6+694.691，路线全长 6.69 公里。公路等级为一级

公路，设计速度为 80 公里/时，车道为双向四车道，路面宽 24.5 米。项目中标总投资金额 6.89 亿元。设计单位为中国公路工程咨询集团有限公司。经公开招标，施工单位为中交路桥建设有限公司，监理单位为中铁武汉大桥工程咨询监理有限公司。至 2022 年底，桥梁施工完成 100%。路基完成工程量的 88%。

（赵津津 钟佩雯）

鄂州市

【316 国道鄂州市泽林至樊口段改建工程完工】 12 月，316 国道鄂州市泽林至樊口段改建工程完工。项目起于鄂州市泽林镇张屋村（起点与黄石市梅咀村交界），顺接 316 国道黄石新军垦农场至梅咀段线位，止于蔡家边村，与鄂州市新港路（重载车专用通道）平面交叉，路线全长 3.43 公里。项目采用二级公路标准建设，双向两车道，设计速度为 80 公里/时，路基宽 12 米，路面宽 10.5 米，估算投资 1.59 亿元。主要施工内容：路基、路面 3.43 公里；桥梁 2 座 324 米，框架式顶推箱型通道 1 座 55 米，涵洞 14 道；平面交叉 2 处。2019 年 9 月开工建设。

（张昭）

【鄂州市黄山林场二次雷达站进站道路新建工程（机场导航台配套工程）】 5 月，鄂州市黄山林场二次雷达站进站道路新建工程（机场导航台配套工程）建成通车。该项目为鄂州市黄山林场二次雷达站的配套道路，起于山脚下顺接既有混凝土道路，止于山顶二次雷达台站，与场地地坪对接。该项目作为二次雷达站维修配套专用道路，技术标准采用农村公路基础级标准，设计速度为 15 公里/时，路基宽 4.5 米，全线长 1.72 公里，总投资约 1100 万元，主要施工内容为路基土石方、水泥混凝土路面、交通标志标牌、排水及防护工程。2021 年 10 月开工建设。

（张昭）

【106 国道鄂州市泽林互通入口至碧石渡镇加油站段养护工程】 12月，106 国道鄂州市泽林互通入口至碧石渡镇加油站段养护工程建成通车。该项目位于泽林碧石渡镇，起于 106 国道泽林互通入口处，止于碧石渡镇加油站，采用二级公路标准，设计速度为 60 公里/时，路面宽 9.0~12.0 米，养护施工长度 5.97 公里，总投资约 1300 万元。主要施工内容为旧路面病害修复、路面刷黑、完善交通标志标牌、排水及防护工程。2022 年 6 月开工建设。

（张昭）

【203 省道黄枫线 K53+807~K56+007 段水泥混凝土路面大修】 11月24日，203 省道黄枫线 K53+807~K56+007 段水泥混凝土路面大修工程完工。该项目起于杨叶镇白沙村永鑫钢构厂门处，止于长江大堤花湖电排站处，全长 2.2 公里。

（张昭）

黄冈市

【106 国道麻城渣家垸至廖家垸公路工程完工】 5月，106 国道麻城渣家垸至廖家垸公路工程顺利完工。项目起于麻城市福田河镇桠枫树村廖家湾，顺接 106 国道，止于渣家湾，再次顺接 106 国道。项目全长 7.72 公里，采用设计速度为 80 公里/时的双向两车道二级公路标准建设，总投资 1.42 亿元。

（潘攀）

【241 省道李婆墩至东界岭公路改建工程开工建设】 7月，241 省道李婆墩至东界岭公路改建工程正式开工建设。该项目起点位于大崎镇土库仓村，终于李婆墩与 206 省道相交，路线全长 11.59 公里，项目总投资 1.96 亿元。按双向两车道二级公路标准设计，路基宽 10 米，路面宽 7 米，沿线新建桥梁 3 座，涵洞 45 道。

（潘攀）

【347 国道黄州陶店至团风举水河桥段工程开工建设】 7月，347 国道黄州陶店至团风举水河桥段（团风境）改建工程开工建设。该项目起于团风县回龙山镇大湾铺村附近，止于团风县团风镇蓼叶咀村六房湾，总里程 23.15 公里，项目总投资 9.12 亿元。全线采用设计速度为 80 公里/时、路基宽 25.5 米的双向四车道一级公路标准建设。该项目是武汉城市圈区域打通"断头路、瓶颈路"、实现交通"硬联通"的重点项目。

（潘攀）

【347 国道巴河特大桥全桥贯通】 9月，347 国道巴河特大桥全桥贯通。347 国道巴河特大桥全长 1500 米，桥面按双向六车道标准布置，全宽 34.5 米，总投资 5.3 亿元。该项目是 347 国道巴河至陶店一级公路的控制性工程，是黄冈临空经济区建设、黄团浠一体化发展的先行项目。

（潘攀）

【省道英黄公路张塝至界岭段建成通车】 9月17日，省道英黄公路张塝至界岭段建成通车。省道英黄公路张塝至界岭段工程是蕲春县首批建养一体化项目，全长 31.43 公里，起于张塝三桥，止于向桥乡与黄梅县交界的梅春亭，与省道英黄线黄梅段顺接。2019 年 9 月开工建设。

（洪莹）

咸宁市

【107 国道咸安绕城段改建】 该项目起点在贺胜桥镇贺胜村附近与 107 国道武汉江夏段对接，终点在汀泗桥双港桥头与 107 国道赤壁段对接，全长 36.84 公里。按双向四车道一级公路技术标准建设，设计速度为 80 公里/时，路基宽 26 米，沥青混凝土路面，项目概算 20.76 亿元（调整）。2019 年 3 月 8 日正式开工建设。至 2022 年底，107 国道咸绕城段改建工程控制性节点工程——

石子岭大桥悬臂现浇箱梁主跨段顺利合龙。

（毕璠）

【咸宁大道西延伸段（一期）正式通车】 7月1日，咸宁大道西延伸段（一期）正式通车。咸宁大道西延伸段是落实咸宁市城市总体规划、扩展城市发展空间的需要，是咸宁市政府投资重点建设项目。该项目分两期工程建设，一期工程起于咸宁大道与嫦娥大道交叉处，至汀泗桥镇程益桥村附近接规划四路。全长约 6 公里，路基宽 29 米，按双向六车道一级公路兼顾城市主干路标准建设，设计速度为 60 公里/时，项目概算 4.21 亿元。2018 年 12 月开工。

（毕璠）

恩施土家族苗族自治州

【318 国道恩施吉心至虎岔口段改建】 项目起于恩施市吉心，顺接 318 国道，利用既有桥梁下穿沪渝高速公路，止于恩施市虎岔口，顺接 318 国道，与旗峰大道平交，全长 20.25 公里，采用设计速度为 60 公里/时、路基宽 23 米的双向四车道一级公路标准建设，概算投资 10.02 亿元。2018 年 9 月开工建设。由中国公路工程咨询集团有限公司设计，中交第二航务工程局有限公司承建。截至 2022 年底，原市水泥厂至浑水河东岸段 1.16 公里完成 30% 路基工程；浑水河东岸至龙凤坝互通段 1.73 公里完成 35% 路基工程；龙凤坝互通至市三中段 1.71 公里建成。

（曾雅君）

【351 国道恩施芭蕉互通至谢家土段改扩建】 项目起于恩来高速公路芭蕉互通附近，与 209 国道平交，止于恩施市与咸丰县交界处谢家土，全长 56.16 公里，采用设计速度为 40 公里/时、路基宽 8.5 米的二级公路标准建设，概算投资 7.77 亿元。2019 年 4 月开工建设。由中交第二公路勘察设计

研究院有限公司设计，山西路众道桥有限公司、恩施市路桥工程公司、中国十七冶集团有限公司承建。截至2022年底，芭蕉段22.8公里完成90%路面工程，芭蕉隧道贯通；盛家坝段32.4公里完成35%路基工程，马鹿河大桥完成桩基工程。

（曾雅君）

【350国道利川市石山庙至羊子岭段改扩建】 项目起于利川市石山庙，与318国道利川绕城线相接，止于羊子岭，全长7.62公里，K0+416~K7+622段采用设计速度为60公里/时的一级公路标准建设，整体式路基23米，分离式路基宽11.25米；K0+000~K0+416段采用设计速度为40公里/时、路基宽28米的市政道路标准建设。概算投资5.06亿元。2021年7月开工建设。由武汉综合交通研究院有限公司设计，河南省路桥建设集团有限公司承建。截至2022年底，完成20%路基工程，柳家槽隧道右幅贯通、左幅掘进490米，黄家垭隧道双幅掘进1000米。

（曾雅君）

【339省道鹤峰邬阳至建始官店段（建始段）改扩建】 项目起于鹤峰县邬阳乡王家铺，止于建始县官店镇殷家坪，路线全长48.63公里，其中鹤峰县境8.8公里、建始县境39.83公里。K8+800~K39+372.039建始境二盆口至大坪段为339省道鹤峰邬阳至建始官店段建始境内一段，起于建始县官店镇二盆口，止于建始县官店镇大坪，路线全长30.50公里，采用设计速度为20公里/时、路基宽6.5米的标准建设。K39+000~K49+390大坪至殷家坪段为339省道鹤峰邬阳至建始官店公路的止点段，该段起于建始县官店镇大坪村，止于殷家坪，全长10.5公里，采用设计速度为40公里/时、路基宽8.5米的标准建设，其中原岭集镇路段(K40+620~K41+640)采用设计速度为30公里/时、路基宽8米的标准建设。概算投资4.57亿元。2019年7月开工建设。由中交第二公路勘察

设计研究院有限公司设计，河南永鑫路桥工程有限公司、河南通程公路工程有限公司承建。截至2022年底，大坪至殷家坪段10公里建成；大坪至二盆口段30公里完成2%路基工程。

（曾雅君）

【348国道巴东长江大桥至平阳坝段一级公路】 本项目是348国道巴东长江大桥至巴东垭中的一段，起于巴东县柚子树坪，止于郑万高铁巴东北站站前广场，全长14.14公里。柚子树坪至葛藤坪(ZK1+246/YK1+243~K12+600)段采用设计速度为60公里/时、路基宽23米的双向四车道一级公路标准建设；葛藤坪至巴东北站段(K12+600~K15+381)因巴东北站站前广场高程调整较大，该路段作为一级公路与站前广场的过渡段，采用设计速度为40公里/时、路基宽23米的双向四车道标准建设。概算投资16.27亿元。2020年9月开工建设。由湖北省交通规划设计院设计，中铁五局集团有限公司承建。截至2022年底，完成90%路基工程，红花岭隧道、月明隧道贯通，鸡公岭1、2号大桥完成下构。

（曾雅君）

【351国道咸丰县谢家土至龙井段改建】 351国道咸丰县谢家土至龙井段分为谢家土至大沙坝段、大沙坝至李子溪段、李子溪至龙井段3个标段。谢家土至大沙坝段18.63公里完工。大沙坝至李子溪段起于咸丰县黄金洞乡大沙坝村，顺接351国道谢家土至大沙坝段，止于咸丰县小村乡李子溪，顺接351国道李子溪至龙井段，全长31.59公里，采用设计速度为40公里/时、路基宽8.5米的二级公路标准建设。李子溪至龙井段起于咸丰县小村乡李子溪村，顺接大沙坝至李子溪段，止于咸丰县与利川市交界处龙井，顺接351国道利川段，全长35.46公里，另设活龙坪连接线0.5公里，采用设计速度为40公里/时、路基宽8.5米的二级公路标准建设(活龙坪集镇段路基宽度12米)。大沙坝

至李子溪段、李子溪至龙井段概算投资15.93亿元。2020年10月开工建设。由中交第二公路勘察设计研究院有限公司设计，中铁十七局集团有限公司承建。截至2022年底，大沙坝至李子溪段完成42%路基工程，桃子溪隧道、梨木隧道贯通，上坪园隧道掘进70米，梨木溪大桥完成桩基施工；李子溪至龙井段完成30%路基工程，茶林堡隧道掘进600米，东湘溪大桥完成85%下构，郁江大桥完成80%桩基。

（曾雅君）

【242国道来凤县三胡互通至桂花树工业园段】 项目起于来凤县三胡乡杨家坳，止于桂花树工业园区红岩堡，与242国道湖南省龙山县白羊乡境相接，全长21.12公里，采用设计速度为60公里/时、整体式路基宽23.5米、分离式路基宽11.75米的一级公路标准建设，概算投资17.33亿元。2019年11月开工建设。由宁波市交通规划设计研究有限公司设计，江西省宏发路桥建筑工程有限公司承建。截至2022年底，K8+250~K9+160段完成路基工程；中华山隧道段3.58公里完成80%路基工程，蓝河大桥完成下构工程，隧道贯通；其余路段16.63公里完成5%路基工程。

（曾雅君）

【郑万高铁巴东综合客运枢纽】 5月，郑万高铁巴东综合客运枢纽开工建设。项目总投资31221.79万元，总用地面积32759.8平方米，总建筑面积27338.6平方米。全年完成投资12500万元，主站房砌体砌筑完成约40%，客运站房砌体砌筑完成约70%。项目建成投入使用后，将成为巴东县首个一级公路客运站，有利于整合巴东公路运输资源，有效缓解既有汽车客运站运营压力，提升巴东公路客运服务水平，满足人民日益增长的便捷出行需求。

（祝璐）

【黔张常铁路咸丰综合客运枢纽】 项目总投资概算55087.59万元，用

地面积 35958.38 平方米，占地面积 8524.33 平方米，建筑面积 40749.22 平方米。该项目由综合客运站与站前广场一期工程共同组成，综合客运枢纽站主体结构全部完成，在进行装饰装修，2022 年完成投资 10036.46 万元。项目的建成可实现集铁路、长途客运、旅游专线、公交、出租汽车、社会车辆等多种交通方式和站场服务等功能于一体，形成"站、路、城、产"集约发展的现代化综合交通运输体系。同时，进一步加强咸丰县与成渝城市群、长株潭城市群的联系，是承东启西的关键节点，对于支撑区域经济发展具有重要意义。

（祝璐）

【建始电商冷链物流扶贫产业园】项目位于建始县业州镇柏腊树村 5 组，计划总投资 3 亿元，分两期建设。一期投资 1.5 亿元，建设内容包含智慧冷链中心占地面积 6120 平方米、电商融创及分拣中心占地面积 2130 平方米、快递仓储占地面积 8420 平方米、农贸及城市功能配套仓库占地面积 7700 平方米、员工宿舍占地面积 785 平方米；配套供电、给排水、内部道路及货车停靠点等辅助设施。全年完成投资 1.34 亿元，在进行快递仓储主体施工、农贸及城市配套仓库及智慧冷链中心项目主体施工。

（牛恒）

仙桃市

【215 省道仙桃市张沟至北口大桥改扩建】该项目属续建项目，起于张沟镇，与 214 省道 T 形相交，沿 215 省道线位进行改扩建，止于北口大桥桥头。路线全长 31.30 公里，按一级公路标准建设，设计速度为 60 公里/时，路基宽 21 米，预算投资 85.03 亿元。全年完成张沟镇至郭河镇段 9 公里路面和 15 公里路基加宽工程。

（归烨）

天门市

【347 国道天门皂市至杨秀段改扩建】该项目起于天门市皂市镇，在二龙大道与 S311 省道交叉自南向北展线，右幅沿老路改扩建，左幅于白龙泉自来水公司附近跨越长荆铁路，后接入老路，沿老路改扩建，至天门与京山交界处，接 347 国道京山段。路线全长 4.02 公里，计划投资 2.30 亿元。至 2022 年底，完成路基 4 公里、路面 1 公里，累计完成投资 1.6 亿元。

（张文敏）

【仙桃汉江二桥及接线工程天门段】该项目起于天门多祥镇达洲村，接 214 省道天仙大道，在张刘家台附近设置分离式路基下穿汉宜铁路，于郭台村通过汉江二桥跨越汉江进入仙桃市。路线全长 3.14 公里，计划投资 1.20 亿元。取得工可批复，开展初步设计和征地拆迁工作。

（张文敏）

【348 国道天门市窑台至丝网湾段改线】该项目起于天门市窑台村附近接西环线，向西于百智台附近上随岳高速公路，经老杨家台，至黄家咀向南，止于丝网湾区域的徐马湾附近接回 348 国道老路。路线全长 9.23 公里，计划投资 5.55 亿元。至 2022 年底，完成项目前期工作，施工单位进场开展征地拆迁和路基施工。

（张文敏）

潜江市

【247 省道潜江汉江大桥通车】12 月 31 日，潜江汉江大桥通车试运行。潜江汉江大桥连接潜江竹根滩镇和天门张港镇，全长 6.74 公里，其中天门岸接线 2.84 公里、汉江大桥主桥 2.46 公里、潜江岸接线 1.44 公里，总投资 5.34 亿元。至 2022 年底，大桥及接线工程全部建设完成，彻底解决天门、潜江两地联系不畅问题。

（胡合亮）

【322 省道潜江市总口至熊口段改建】该项目起于潜江市总口在建 240 国道与 322 省道平交处，止于 322 省道与 234 国道平交处，全长 20.09 公里，按一级公路标准建设，概算总投资 4.68 亿元。至 2022 年底，累计完成 20 公里路基路面建设。

（胡合亮）

【潜江市公路桥梁消危行动】潜江是全省公路桥梁消危行动试点县市，在技术、建设、管理三大领域集中选取 6 项试点任务，按照"七化"工作要求，采取 EPC 建设模式，统筹推进省交通运输厅下达的公路桥梁改造计划 92 座（其中省道危桥 16 座、农村公路危桥 76 座）。至 2022 年底，累计完成危桥改造 83 座，老 318 国道东荆河大桥等 9 座危桥加快建设。

（胡合亮）

农村公路建设

【武汉市】全年新建县乡道 7.03 公里、通湾公路 135.05 公里，新建农村公路桥梁 626.21 延米。深入推进农村公路管养体制改革，大力推行"路长制"，拟定《关于全面推行农村公路"路长制"的实施意见》，开展"路长制"运行情况调研和相关制度培训。推进开展武汉市"四好农村路"景观环境调研及初步设计。深入开展"四好农村路"示范区（县）以及示范乡镇创建，江夏区成功创建"四好农村路"全国示范县；黄陂区蔡家榨街、江夏区法泗街、新洲区仓埠街3个街道成功创建全省"四好农村路"示范乡镇。黄陂区姚塔线被评为2021年度湖北省"十大最美农村路"。

（盛欢）

【宜昌市】 全年新改建农村公路1972公里，完成年度目标的112%，全市农村公路里程达到34706公里，位居全省第一，优良中等路率达到92%，高于全省平均水平2个百分点。点军区跻身"四好农村路"全国示范县创建单位，宜昌市成功创建全省"四好农村路"示范市，当阳市获评全省"四好农村路"示范县，宜都市高坝洲镇、长阳县龙舟坪镇、兴山县昭君镇、枝江市仙女镇获评全省"四好农村路"示范乡镇，全市实现县县有"示范"。农村公路管理养护体制改革全面启动，宜都市全国养护体制改革试点工作全面推进，"巡养结合四化同步"养护经验获部省多次宣传报道。

（文校葳）

【荆州市】 全年完成农村公路新改扩建1017公里，改造农村公路危桥600座。持续推进农村公路建设，完善农村公路网络体系。荆州市获评全国"四好农村路"建设市域突出单位。石首市为2022年"四好农村路"全国示范县创建单位。"四好农村路"建设在省政府正向激励考核中排名全省第三。江陵县、石首市农村公路养护评价成绩位列全省第一、二名，获评湖北省农村公路十佳养护单位，均获奖励资金88万元。农村公路PQI均值为84.75，超全省均值3.68个百分点；农村公路优良中等路率86.12%，超全省均值7.21个百分点。积极推进"美丽农村路"创建，纪南文旅区雨台路获评全国"智慧创新路"第四名。结合部门实际，开展美好环境与幸福生活共同缔造活动，打造"美丽农村路"63公里，获得省级奖补资金315万元。

（袁媛）

【鄂州市】 按照"由线成网、由窄变宽、由通到畅"要求，全力实施农村公路提档升级、县乡道改造、自然村通畅、"美丽农村路"和农村公路危桥改造五大工程。2022年，全市完成农村公路提档升级56.20公里，完成县乡道改造工程19公里，完成自然湾通畅工程56.46公里，完成"美丽农村路"创建106.95公里，完成农村公路危桥改造28座。其中危桥改造在全省率先完成年度建设任务。鄂城区汀祖镇、梁子湖区东沟镇获评2021年度全省"四好农村路"示范乡镇。

（张昭）

【恩施土家族苗族自治州】 全年完成新改建农村公路1323公里，打造美丽农村路515公里，其中成功创建并获省交通运输厅验收通过145公里。编制完成《恩施州乡村振兴特色示范路实施方案(2023—2025年)》，全州计划建设恩施市美丽乡村宜居示范路、巴东县运动康养特色示范路等13条463公里特色农村示范路，带动建始县地心谷、花硒谷和巴东县绿葱坡等11个景区、6个产业聚集点，辐射乡镇17个，乡村振兴重点村37个、示范村2个。全力推进"四好农村路"示范创建，巴东县被交通运输部、农业农村部、国家邮政局、国家乡村振兴局确定为2022年度"四好农村路"全国示范县创建单位，宣恩县获评2021年度全省"四好农村路"示范县，建始县业州镇、巴东县野三关镇、咸丰县坪坝营镇获评2021年度全省"四好农村路"示范乡镇，宣恩县黄傅线参评全国2022年度十大最美农村路"共同富裕路"。

（田德久）

【仙桃市】 全年完成农村公路提档升级209.33公里、乡村路网连通及延伸公路19.70公里、重要县乡道15.70公里，实现乡镇和建制村100%通硬化路、100%通客车，形成以城区为中心、乡镇为节点、村组为网点的农村公路交通网络。仙桃市交通运输局每月对农村公路建设进度、质量进行考核评比，督促镇政府切实履行主体责任，完成提档升级征地、拆迁等配套工程，高标准做好道路沿线绿化美化工作。实施事前、事中、事后全过程有效监督，必须经过施工方自检、监理抽检、第三方检测、乡镇和村质量监督小组监督、交通部门巡查等多重监督方式，经验收合格后才能过关。购买第三方服务，开展农村公路基础数据普查，完善农村公路电子地图和技术数据维护，全面规范农村公路基础数据管理。各乡镇从建成一条路、绿化一条路、美化一条路入手，加快农村公路提档升级，打通产业发展通道、连接镇与镇的内循环通道。

（归烨）

【天门市】 按照"规划统筹、远近结合、分步实施"原则，统筹建、管、养、运协调可持续发展，成立由主要领导任指挥长的"四好农村路"创建工作指挥部，出台《天门市"四好农村路"示范市创建工作实施方案》及考核细则，《天门市农村公路养护管理实施办法》《天门市农村公路"路长制"实施方案》等系列文件，实行主要领导亲自抓，分管领导日常抓，指挥部成员具体抓，多部门协调联动，上下齐心，形成合力，并每月通报情况，至2022年底，黄潭镇、佛子山镇成功创建全省"四好农村路"示范乡镇。完成首批"四好农村路"60.9公里、刷黑100公里，第二批"四好农村路"主干线改扩建50公里、绿化24.9公里，刷黑97公里，完成危桥改造70座。同时，持续推进"四好农村路"建设，组建专业机构，购置养护设备，推进农村公路专业化管护。

（张文敏）

旅游公路建设

【宜昌市】 351 国道原野生态廊道、屈原故里求索环线、三国故地诗画环线、百里洲亲水竞技环线"一廊三环"美丽宜道基本建成，行走的"地质课"——348 国道三峡公路、宜昌"秋名山"——夷陵区宋百路入选 2022 年度全国 20 大交旅融合创新项目，当阳玉双路、宜都青林谜镇环线入围全国"十大最美农村路"总决选，全年新增"美丽宜道"507 公里，累计建成 1400 公里。

（文校葳）

【荆州市】 2022 年全市旅游公路项目完工 2 个、在建 5 个，全年完成投资 5.79 亿元。

254 省道新江口至 355 省道洈水旅游一级公路完工。起于新江口德胜村，与 254 省道顺接，经西流村、望月村、太平桥村后，下穿江南高速公路，经南海镇、王家桥镇、街河市镇、洈水镇花园洲村后，下穿焦柳铁路，止于团山口村，与 355 省道顺接，全长 33.58 公里，双向四车道一级公路（新江口城区段为六车道）。全年完成路面 3.58 公里，年度完成投资 30657 万元。254 省道新江口至 355 省道洈水旅游一级公路是洈水旅游快速通道组成建设项目之一，建成后，将依托沿线镇村、特色农业，大力发展农业观光游、农事体验游，吸引周边地区游客观光旅游、休闲度假，进一步加快洈水风景区旅游资源开发建设，提升景区知名度，推动旅游产业发展。

长湖大道（文旅区县道长凤线清河路—丹阳路）完工。全长 3.12 公里，双向十车道，其中主路双向六车道一级公路，设计速度为 60 公里／时，辅道双向四车道，还包含主道、主辅道分隔带、人行道等 5 条绿化带。工程投资 3.11 亿元，包含道路、绿化带、配套管网和路灯等建设内容。道路建成后，是文旅区一条景观大道，连接荆北片区、纪南文旅区、沙市区，成为荆州城市向北的重要交通基础设施，也是旅客从荆州中心城区直达方特二期的便捷之路。

沙市区环长湖旅游生态公路改建工程（主线段）。起于沙市区观音垱镇马志湖路乡村公路，向西经天星观村、朱场村，往南展布经王家台、金鸡村、跨天井到渠，止于 318 国道，全长 12.26 公里，双向两车道二级公路。全年完成投资 100 万元。本项目为湖北省区域发展布局交通"硬联通"项目，项目的实施对改善公路路网、加强长湖防汛和生态保护、带动和促进区域旅游快速发展均具有重要意义。

松滋市卸甲坪至洈水水库旅游公路改建工程。起于卸甲坪乡梅子垭与 435 省道平交，经卸甲坪乡天星堰村、黄林桥村、刘家场镇郑家铺村、张山堰村，止于洈水镇龙华园与拟建环洈水水库旅游公路平交，全长 29 公里，为双向两车道三级公路。全年完成路面 10 公里，年度完成投资 4538 万元。本项目的实施对促进卸甲坪和洈水生态旅游资源开发建设，推动松滋市旅游产业发展，完善路网结构，带动沿线经济和社会发展均具有重要意义。

松滋市洈水至洈水水库旅游公路（K0+000~K4+970.89）。本项目是松滋市重要的旅游公路，起于洈水镇团山口村，与洈水旅游快速通道 355 省道平交，向南与街杨线平交，跨洈水河后经杨家河村、麻砂滩村，止点在大岩咀社区与环坝大道相交，全长 4.97 公里，双向四车道一级公路。全年完成投资 2677 万元。

松滋市环湖旅游公路（主线段）。起于南海镇三垸村，沿线环小南海湖经猴急渡渔场、百溪桥、牛食坡、渔场，终点止于三垸村与起点闭合，全长 11.39 公里，双向两车道三级公路。全年完成路面 8 公里，年度完成投资 9110 万元。松滋市环湖旅游公路的建设，将进一步优化小南海湖内部路网结构，加快形成环小南海湖生态保护走廊以及旅游观光道路，构建小南海湖功能圈体系，推动小南海湖旅游业发展。

环洪湖旅游公路（二级公路段）。本项目是洪湖市重要旅游公路，起于张家大口桥西端，经大口闸，止于小港红军树，全长 7.8 公里，双向两车道二级公路。全年完成投资 200 万元。

（袁媛）

【恩施土家族苗族自治州】 咸丰县唐朝旅游公路。项目起于旅游名镇唐崖镇集镇接 463 省道，止于边贸口子镇朝阳寺镇集镇接 353 国道，全长 20.02 公里，是连接世界文化遗产唐崖土司城遗址和朝阳画廊的干线公路，是连通坪坝营和黄金洞两个国家 AAAA 级风景区的快捷通道，也是蜀渝入鄂客流的重要入境公路，更是公路沿线 3.68 万名群众增收致富的康庄大道。该公路总投资 2.44 亿元，采用设计速度为 40 公里／时、路基宽 8.5 米的二级公路标准建设；其控制性工程朝阳大桥为上承式钢管混凝土拱桥，全长 271 米，主跨 195 米，宽 12 米，距常年水位最大跨高 99 米，是迄今唐崖河上跨径最长、凌空最高的大桥。全线设置交通公共厕所 2 座、候车亭 5 座、停车带 5 个，观景台 3 处，交通驿站 1 个。项目于 2022 年 11 月 25 日建成通车。

（牛恒）

交通建设和质量管理

【交通基本建设管理】

1. 交通建设跑出"加速度"。交叉推进加快审批进度，在工可上报待批阶段，提前招标确定咨询审查单位，并以技术审查形式开展咨询，采取"两个交叉""分步推进、分阶段批复""先下构、后上构"等方式，全面加快设计审查审批。认真落实行政许可事项网办制度，运用在线审批监管平台等提升设计审批服务效率，完成各类设计批复文件69件，比上年增长20%，全力保障13个重点项目开工建设。

抢抓机遇强化政策保障。抢抓国家宏观政策靠前发力的机遇期和窗口期，争取省政府出台《关于加快全省高速公路高质量发展的实施意见》，进一步明确责任分工、创新融资模式、加强要素保障、建立协调机制等措施要求，会同省自然资源厅起草《关于进一步加强交通项目自然资源要素保障的通知》，为全面加快交通项目建设提供政策保障。

合力破解建设用地难题。出台将耕地占补平衡指标费用列入工程造价的政策，将符合条件的11个高速公路项目的指标费用纳入初步设计概算中予以批复。会同省自然资源厅召开重点公路项目土地要素保障现场对接会，联合成立高速公路土地报批工作专班，专题研究解决用地组卷报批等问题，加快推进项目用地审批。29个在建高速公路项目中，23个项目获得建设用地批复、1个项目通过自然资源部审查，用地报批工作提速成效显著。

2. 建设水平再上"新台阶"。深入推进平安百年品质工程，以呼北高速公路鄂湘界段、孝汉应高速公路等部平安百年品质工程示范项目为载体，推广应用成套机械设备、"精品建造、精细管理"等创建经验，充分发挥示范引领作用，以点带面提升工程耐久性和安全性。组织燕矶长江大桥等11个新开工项目，对标国家标准，制定

创建方案，开展创建活动。组织编制《湖北省公路重点工程平安百年品质工程建设技术指南》，筹备全省高速公路现场观摩推进会，加强"平安百年品质工程"创建活动指导。沌口长江公路大桥获"鲁班奖(国家优质工程)"，青山、秭归长江大桥获"桥梁工程创新奖"一等奖，嘉鱼、石首长江大桥获"桥梁工程创新奖"二等奖，石首、宜都长江大桥等项目申报国家"公路交通优质工程奖"，赤壁长江公路大桥等5个项目申报国家"平安工程"，指导中交二航局积极申报湖北省长江质量奖。

推进科技创新。围绕精品桥梁建设要求，组织开展索焊接式索夹等重大关键技术攻关、1200米级混合式组合结构斜拉桥关键技术研究等19个重大课题研究，推广应用2100兆帕高强钢丝、钢筋智能数控加工设备、数控液压模板、智能张拉压浆等"四新"技术。推动山区高速公路项目应用智能三臂凿岩台车、液压仰拱栈桥等成套机械设备，提高隧道施工效率和工程品质。

推进绿色低碳公路建设。不断优化细化工程设计方案，推动公路建设向绿色低碳发展转变。沪蓉高速公路红安联络线通过调整路线平纵指标、路桥方案比选、利用微地形打造填平区等措施实现土石方平衡，消化弃方143.5万立方米；利咸高速公路项目隧道洞口采用削竹式或环框式"小洞门"设计，减少生态破坏，实现与自然环境完美融合；京港澳改扩建工程通过优化节约集约用地方案，提高建设用地利用效率；推动呼北高速公路等山区高速公路项目，利用隧道洞渣制备机制砂石，既降低工程造价，解决砂石供应问题，又保护生态环境。

推进磷石膏交通领域试验应用。按照中央生态环境保护督察要求，积极推进磷石膏试验应用工作，指导相

关市县开展磷石膏试验研究应用，编制印发《湖北省公路磷石膏复合稳定碎石基层应用技术指南》，成立专家指导组，制定磷石膏应用政策措施，组织召开政策法规与技术宣贯视频会，加快推进磷石膏在公路建设领域的试验研究及推广应用。建设完成9条、10.85公里磷石膏基层试验段。

探索开展疏浚土综合利用。唐白河、富水、汉北河、浠水等在建航道项目实施过程中，指导编制疏浚土综合利用方案，争取地方支持建立疏浚土综合利用机制。加快统筹和谋划项目疏浚土综合利用方案，减少疏浚土对环境的影响，缓解交通建设项目的用砂难题，减轻航道建设资金压力。

3. 加强行业监管。强化设计源头质量管控措施，确保在建项目质量监督全覆盖，盯紧关键环节，落实安全环保"三同时"制度，严格交竣工验收程序管理。全省高速公路建设质量监督抽检总体合格率达99.2%，环比上升0.7个百分点，未发生一般及以上质量事故，工程质量总体水平稳中有进、态势良好。

加强设计质量监管。压实设计单位责任，采用信用评价、提醒函、督办函等形式，对6家设计单位未按要求落实审查批复意见、地质勘察深度不足等行为进行信用扣分。对鹤峰东、三峡翻坝连接线纵坡超标分别采取责令整改、下发督办函的措施，保障本质安全。压实代厅咨询单位审查责任，加强环评批复意见执行情况、安全性评价报告意见执行情况、交安设施与机电设施设置位置核查等，从源头上保证设计质量。

高效办理施工许可。密切跟踪项目用地报批进度，动态梳理申请指南和审查项目施工许可申请资料。建设用地获批后，指导项目建设单位及时提交申请，当天即时办结许可手续。对先行用地获批的，采用控制性工程施工

许可方式予以办理，服务项目尽早开工。29个在建高速公路项目中，有24个用地或先行用地获批的项目，工程质量监督和施工许可手续全部办理。

加大工程监管力度。运用综合督查、专项督查、质量巡查等多种监督检查手段，开展公路水运重点工程质量监督检查12次，实现质量监督全覆盖，印发检查通报25份。不断强化监督闭环控制，对发现的700余个工程质量隐患和问题督促整改，组织参建单位进行整改和销号处理。组织完成5起投诉或举报的工程质量事项，对发现的问题闭环销号并依法处理。完成节假日等重点时段"安全包保"督查和暗查暗访工作。按照执法职责分工，协助完成四批次违法用地图斑核实工作。印发公路水运工程施工工地疫情防控通知，经常性警示提醒，统筹做好疫情防控、质量安全管理和项目建设工作。

开展质量安全专项行动。组织开展质量安全红线专项行动"回头看"，排查发现的11个红线问题全部按要求完成整改，总结三年行动经验，强化质量监督和隐患排查治理长效机制。组织开展交通运输"质量月"活动，持续开展质量通病治理，公路水运工程质量稳步提升。组织完成省级质量管理考核工作，优化细化考核评分细则，强化考核结果运用，推动市县两级交通运输主管部门质量管理工作落实，质量管理工作得到交通运输部肯定。

严格竣交工验收管理。认真执行交工验收质量检测和交工验收制度，严把质量安全关。完成襄阳绕城南段等7个项目交工备案，为项目建成通车创造条件。以容缺受理方式通过鄂州花湖机场航油码头主体工程竣工验收，为机场顺利通航提供保障。完成沪蓉西宜恩段、恩利段和杭瑞等国家高速公路项目竣工验收准备工作，提前完成12个高速公路项目竣工复测，完成4个重点工程竣工验收，按时完成武黄高速公路鉴定和验收工作。

推动工作规范化管理。研究印发进一步明确全省水运工程建设管理的规范性文件，梳理事项清单、优化工作流程。定期更新报部在建高速公路和大型水运工程"两库"信息，开展全省公路水运工程质量状况统计分析，动态收集和汇总重点工程建设进展，完成12期工程建设简报。完成宜来鹤峰东等3个项目定额使用情况、机械化隧道开挖补充定额等调研活动，完成湖北省《2018年部颁〈编制办法〉及配套指标、定额使用情况调研报告》，以及三臂凿岩台车隧道开挖等64个定额子目编制工作，高速公路概算审查核减金额81.76亿元，核减6.45%。

提升行业治理能力。采用线上线下培训方式，组织开展公路工程磷石膏应用政策法规与技术宣贯视频会，发布《公路装配式混凝土桥墩连接设计》等10个宣贯培训视频，450余位从业人员参与视频授课培训，参与完成三期用地要素保障视频培训班，组织农村公路质量检测帮扶服务，提升行业治理能力。

（汪颖）

【交通基础设施建设市场管理】

1. 加快构建以信用为核心的新型监管机制。

持续推进交通强国建设试点工作。以"交通强国"建设为契机，以创建"信用交通省"为载体，依托开发建设的信用信息共享平台，围绕市场准入、招标投标、合同履约等环节，进一步建立健全信用激励约束制度，着力构建以信用为基础的新型交通运输行业监管机制。建立和完善市场监管领域内跨部门协同监管和联合惩戒机制，推行红黑名单制度，逐步完善交通建设领域红黑名单制度以及认定、发布、奖惩、修复和移除程序，实施行政许可和行政处罚信息双公示制度。加大对违法违规行为曝光力度，将不良信息推送至国家和省信用信息平台，加大失信行为惩戒力度，建立跨部门联合惩戒机制，打造良好营商环境。

积极探索建立监理信用试点。在试点高速公路监理合同履约过程中，探索建立监理费用支付进度与信用评价挂钩机制、监理信用目标奖惩机制、监理企业差异化监管机制、主要监理人员更换约束机制等四项管理制度，着力解决履约过程中存在的监理人员变动频繁、未按合同约定履行监理职责等问题。在试点项目监理招标文件中，明确要求驻地监理工程师、试验室主任、安全负责人等主要监理人员在合同签订后两年内不得更换。持续加强招标代理机构信用管理，依据《湖北省交通运输工程建设招标代理机构管理办法》，进一步完善对招标代理机构管理，拓展信用管理覆盖面。

严格开展信用评价工作。对全省公路水运工程设计企业、施工企业（含普通公路）、监理企业进行信用评价。信用评价过程中，严格执行评价标准，确保标准公开、程序公开、客观公正、及时向社会公布评价结果。强化信用评价结果运用，应用建设市场信用信息系统加强对从业单位日常管理，将有关结果应用到信用等级评价中，增强从业单位守信意识。根据从业单位信用评价结果，构建激励与约束并重的竞争机制。逐步探索将信用评价结果与"双随机、一公开"监管有效结合，推动基于信用等级和风险类型实行差异化监管。

2. 持续规范招标投标监管。

坚守"应招尽招"基本原则。根据有关管理办法，通过对施工资质和能力、勘察设计能力和行为、施工履约情况等核查，进一步规范自行勘察设计、施工管理，防止采用虚假投资方式规避招标、违规承担设计施工任务，确保达到法定规模标准的应招尽招。严格执行招标文件备案指引制度，按照招标文件备案程序，指导招标人和招标代理机构在编制招标文件时，落实最新政策、消除风险隐患、化解利益冲突。

制定实施重大偏差集中审核制度。要求招标人审慎设置否决投标条款，在招标文件中明确重大偏差情形，评标委员会对照重大偏差逐项复核，进一步减少随意废标和评标错漏引发的异议投诉。组织湖北省公路水运重点工程建设的项目投资人、项目公司、招标代理机构等从事招投标工作的负责人开展公路水运工程招标文件编制宣贯培训会，进一步提高招标文件编制质量。

3. 多维度强化建设市场督查。

筹备迎接交通运输部公路建设市场秩序与服务质量督查。督查组重点对公路建设市场监管和有关公路建设项目管理情况进行检查。督查组肯定了湖北省交通系统在市场监管、统一市场建设、扩大有效投资、助企纾困等方面成效。针对部公路水运建设市场督查组督查反馈意见，认真研究，印发《关于做好交通运输部对湖北公路建设市场秩序与服务质量检查反馈意见整改工作的通知》，细化责任分工，做好问题整改。

持续加强省内公路水运建设市场综合督查。按照交通运输部公路建设市场督查规则，创新督查方式，将日常检查与季度巡查相结合、专项检查与综合督查相结合。建立建设市场督查专家库，在项目建设单位全面自查基础上，按照"双随机、一公开"要求，每年组织有关专业技术人员和督查专家采取重点抽查、市州交叉等方式，对全省高速公路、普通公路和水运项目开展市场准入、基本建设程序、招投标管理、信用体系建设、分包管理、农民工工资、工程质量安全等综合督查，对发现的问题督促整改，提升管理水平。

开展特许经营高速公路建设项目投资人自行勘察设计施工能力核查。按照《湖北省特许经营高速公路建设项目投资人自行勘察设计、施工管理办法》要求，针对自行承担勘察设计和施工任务的投资人，从施工资质和能力、勘察设计能力和行为、施工履约情况等三个方面进行全面核查，防止投资人规避招标，违规承担勘察设计和施工任务，对发现的问题及时进行通报并责令整改。

4. 公正严格，规范执法。

开展交通工程建设项目招投标专项检查。联合省公共资源局印发《关于开展 2022 年度全省工程建设招投标"双随机一公开"联合检查的方案》，开展招投标"双随机、一公开"专项检查，重点检查应招未招、规避招标、

擅自改变招标方式、设置等不合理条件限制和排斥潜在投标人、串通投标、弄虚作假，评标专家不能客观公正地履行职责等问题。

持续强化公路水运工程监理、检测机构监管。全面推行"双随机、一公开"监管模式，强化事中事后监管。按照年度工作检查计划，重点从企业管理体系、硬件环境、仪器设备和人员四个方面对检测机构和监理企业开展"双随机"检查。积极配合交通运输部及其他省(自治区、直辖市)交通运输厅开展涉嫌弄虚作假问题的核查工作，维护良好的市场风气，营造公平公正的市场环境。

5. 全力保障农民工工资支付，切实维护农民工权益。

组织开展"制度全覆盖"夏季专项行动。印发《关于开展公路水运建设领域保障农民工工资支付夏季专项行动的通知》，通过自查结合抽查的方式，在公路水运建设领域全面落实保障农民工工资支付的六项制度，化解欠薪隐患。加强宣传引导，营造维护劳动报酬权益的良好法治氛围，通过完善制度，夯实基础，构建根治欠薪长效管理机制。

对有关欠薪线索挂牌督办。印发《关于转发开展集中整治拖欠农民工工资问题专项行动有关文件的通知》《省交通运输厅关于进一步督促施工企业加快解决欠薪问题的通知》等文件，对照欠薪台账，督促相关市州交通运输局限期解决相关欠薪问题，按时向交通运输部报送公路水运建设领域拖欠农民工工资问题排查表。

配合省人力资源和社会保障厅做好全国农民工工作督查工作。按照省交通运输厅在农民工工作领导小组中的分工和全国农民工工作实地督查部署会有关要求，组织相关市州交通运输局及项目公司做好实地督查准备工作。从督查反馈情况看，督查组充分肯定交通行业农民工工资支付保障等工作。

6. 发扬"店小二"精神，持续优化营商环境。

进一步优化审批服务。根据省政务办工作要求，全面梳理行政审批事

项，坚持能优化则优化，能合并则合并，能减则减，以新机制推动办事流程优化重塑。按照资质管理新规定要求，在公路养护作业资质申请、审查环节实行信用承诺制。

建立健全招投标领域优化营商环境长效机制。要求招标人严格避免设置不合法、不规范、不合理的招标条款，提高市场主体特别是民营中小企业进一步参与交通基础设施建设的积极性。在招标方案、资格条件、评标办法、合同条款设置等方面提供政策支持。进一步加大对地方招投标相关规范性文件清理整合力度，按照应减尽减，能统则统的原则，对保留的招投标制度文件实行合并清理，进一步梳理规范性文件信息公开情况，在省交通运输厅网站上及时公示公开，或者设置链接，方便市场主体查询。

持续优化招标文件编制。协调厅有关处室，对投资人招标文件进一步优化，指导有关市州政府依法依规设置招标条款，在招标方案、资格条件、评标办法、合同条款设置等方面提供政策支持。支持项目提前开展有关招标，设置容缺受理招标机制，将原本应当"串联"办理的招标事项转变为"并联"办理。允许在项目建设规模、建设标准、控制点确定，工程可行性研究报告上报待批阶段，提前开展勘察设计招标，引导项目快速进入招标程序，缩短项目建设周期，促进有效投资尽快落地。

(苏德俊)

【交通建设造价管理】

1. 造价审查。

造价文件审查。严格依据现行规范标准，从项目造价文件编制依据的合法性、工程数量的准确性、技术经济指标的合理性等方面进行认真细致的造价审查。全年审查各类建设项目造价文件 84 个，其中高速公路建设项目 21 个(工程可行性研究报告 10 个、初步设计 11 个)，专项工程项目 57 个(高速公路专项 8 个、国省干线专项 49 个)，信息化项目 5 个，水运项目 1 个。上报金额 2442.6 亿元，审查金

额 2274.3 亿元，核调金额 168.3 亿元，核调金额占上报金额的 6.9%。

造价审查简报。积极推进公路造价从业单位信用评价工作，根据《湖北省交通基本建设项目造价文件审查规定》(试行)有关规定，厅造价站对送审的造价文件及编制单位进行评分评价。全年发布造价审查简报 4 期，积极促进造价文件编制单位提高编制水平。

对审查的项目进行实时造价数据统计、分析，建立造价数据库。对2022 年公路工程项目造价审查情况进行年度总结，整理形成《造价审查工程年度总结》。完成《2022 年度湖北省公路建设工程造价指标》，并按要求上报交通运输部路网监测与应急处置中心。

2. 定额管理。

根据交通运输部路网中心和省交通运输厅工作安排，厅造价站组织各市州交通运输局、省交通投资集团有限公司及其他相关单位，开展 2018 年版《公路工程建设项目投资估算编制办法》及配套指标和《公路工程建设项目概算预算编制办法》及配套定额使用现状调研，通过到重点工程施工一线，召开现场座谈会和函调等形式广泛征集建设、施工、监理、咨询等相关单位意见，重点对 2018 年定额的总体造价控制水平、人工费及定额基价水平、施工场地建设费及工程建设其他费等专题进行调研，编制完成《湖北省2018 年部颁〈编制办法〉及配套指标、定额使用情况调研报告》。

积极开展湖北省交通工程补充定额调研及编制工作。与燕矶长江公路大桥项目公司合作，开展悬索桥锚碇地连墙开挖、大直径旋挖钻桩基础施工等补充定额的调研、资料收集及定额编制工作，完成定额初稿编制及定额水平测定等相关工作；到呼北高速公路湘鄂界段项目现场开展机械化隧道开挖补充定额调研、资料收集及定额编制工作。

3. 信息化管理。

厅造价站完成 12 期湖北省交通建设工程主要材料价格信息的收集、整理、上报、测算、审核、发布任务。收集材料价格信息报表共计 1000 余份，完成并向交通运输水运工程造价定额中心上报 4 期水运工程材料价格信息。编制发布《湖北省交通工程造价信息》期刊 6 期。

4. 造价人员管理。

按照交通运输部职业资格中心要求，受理省内公路、水运造价人员注册事宜。全年受理上报初始、延续和变更注册申请 260 余人次；根据省人力资源和社会保障厅、省交通运输厅统一安排，积极配合，完成 2022 年全国一级造价工程师考前资格审核工作、湖北省二级造价工程师考前资格审核及考试命题等工作。

(周振)

【交通工程质量监督】

1. 高速公路监督。

全年组织公路重点工程质量监督检查 11 次，其中综合督查 1 次、质量保证体系专项督查 3 次、桥梁隧道工程专项督查 2 次、路面及防护排水工程专项督查 1 次、路面及桥梁钢结构专项督查 1 次、原材料及工程实体质量专项抽查 3 次，配合厅建设市场督查 2 次，印发检查通报 11 份，实现受监项目监督检查全覆盖。通过督查，发现各类质量隐患或问题 1079 个，项目建设单位组织有关单位进行整改和销号处理，保证工程质量。全省在建公路重点工程监督抽检数据 495826 个(组)，总体合格率为 98.99%。

根据《湖北省公路重点项目质量安全量化排序考核评价办法(试行)》规定，综合全年督查情况，对质量综合督查和专项督查涉及的 47 个施工合同段、31 个监理合同段进行督查量化排序，未发生质量责任事故。2022年，完成监利至江陵高速公路东延段、鄂州机场高速公路一期、襄阳绕城高速公路南段、十堰至河南淅川高速公路(湖北段)、枣阳至潜江高速公路襄阳北段、武汉至大悟高速公路河口至鄂豫界段 6 个高速公路项目交工验收质量核验工作。组织完成郧十高速公路、宜巴高速公路、嘉鱼长江公路大

桥、石首长江公路大桥、监江高速公路、岳宜高速公路宜昌段、宜张高速公路宜都至五峰段、宜张高速公路当阳至枝江段、麻竹高速公路襄阳东段、襄阳绕城高速公路东段、恩黔高速公路、麻竹高速公路宜城至保康段 12 个高速公路项目竣工质量复测方案审查及外业检测工作，完成上海至成都国道主干线湖北恩施至利川(鱼泉口)公路、十堰至漫川关(鄂陕界)公路、杭瑞高速公路湖北阳新至通城段 3 个高速公路项目竣工质量鉴定工作。

2. 水运工程监督。

全年组织 2 次质量综合督查和 12 次质量专项督查，下发质量督查通报 4 份，质量抽查意见通知书 4 份，均整改闭合到位。及时对新开工的武穴港田镇港区马口作业区富强散货码头工程、鄂州港三江港区富地富江 LNG 加注码头项目、武穴港田镇港区华新水泥综合码头改扩建项目、浠水港兰溪港区绿色建材循环经济产业园码头工程、襄阳市唐白河(唐河)航运开发工程项目、宜昌港宜都港区枝城作业区铁水联运码头一期工程项目、蕲春港蕲州港区扎营作业区散货码头工程、黄石港阳新港区富池作业区电建建材产业园码头工程 8 个建设项目办理质量监督手续和交底。完成汉江蔡甸汉阳闸至南岸嘴段航道整治工程配套四标五标、黄石港棋盘洲港区锚地工程、宜昌港枝江港区中石化油库码头工程等 19 个项目交工质量核验工作。完成中韩(武汉)石油化工有限公司 80 万吨/年乙烯工程项目 10 号泊位工程、武汉新港唐家渡港区临港新城综合码头工程、湖北鄂州民用机场项目中国航油码头工程、黄石港阳新港区富池作业区富江公用码头工程、黄石港阳新港区富池作业区华新水泥综合码头工程、宜昌港枝江港区中石化油库码头工程、蕲春港八里作业区红灯建材有限责任公司码头改扩建工程 1 号泊位、宜昌港枝江港区中石油油库码头工程 8 个项目竣工验收前质量检测和质量鉴定相关工作。全省在建水运工程质量态势持续稳定可控，全年质监机构和监理单位共抽检质量

数据 46585 点 (组)，总检测合格率为 96.6%，比上年提高 0.1 个百分点，整体合格率保持较高水平。

3. 既有高速公路改扩建工程质量监督。

全年对沪渝高速公路枝江互通新建工程、沪渝高速公路新建荆州东服务区、宜昌长江公路大桥新建猇亭服务区、武英高速公路新增石桥铺互通工程 4 个既有高速公路改扩建工程项目，组织质量专项督查 3 次，印发督查通报 3 份；组织原材料及工程实体质量抽查 3 次，印发抽查通报 3 份。组织完成沪渝高速公路枝江互通新建工程交工质量验证性检测工作。

4. 普通公路监督。

全年对省交通运输厅委托直接开展质量监督的 348 国道沙洋汉江公路二桥、247 省道潜江汉江大桥 (第二施工标段 K2+900~K5+360)、316 国道河谷汉江公路大桥及接线工程、346 国道宜城汉江二桥及接线工程、482 省道钟祥市丰乐汉江公路大桥 5 个普通公路跨汉江大桥项目，组织质量安全综合督查 1 次和质量专项督查 3 次，印发督查通报 4 份；组织工程原材料和实体质量抽查 3 次，印发质量监督抽查意见通知书 3 次，印发抽查通报 3 份。组织完成 348 国道沙洋汉江公路二桥和 247 省道潜江汉江大桥 (第二施工标段 K2+900~K5+360) 项目交工质量验证性检测工作。

5. 普通公路原材料和工程实体质量抽查。

全年组织开展全省普通公路工程原材料和实体质量抽查 2 次，印发抽查通报 2 份。全省各级交通运输主管部门及所属交通质量监督机构通过巡视检查、专项督查、综合督查、检测抽查等方式督促参建各方落实质量责任，有力保障全省在建普通公路工程实体质量继续保持较高水平。其中，2022 年上半年干线公路监督抽检数据 76607 个 (组)，合格数据 74023 个 (组)，总体合格率为 96.6%，比 2021 年上半年上升 1.1 个百分点；农村公路监督抽检数据 28543 个 (组)，合格数据 26895 个 (组)，总体合格率为

94.2%，比 2021 年上半年下降 1.1 个百分点。2022 年下半年干线公路监督抽检数据 75951 个 (组)，合格数据 72929 个 (组)，总体合格率为 96.0%，比 2021 年下半年下降 0.9 个百分点；农村公路监督抽检数据 46825 个 (组)，合格数据 44812 个 (组)，总体合格率为 95.7%，比 2021 年下半年下降 1.5 个百分点。

6. 部级公路水路行业产品质量监督抽查。

按照《交通运输部办公厅关于开展 2022 年公路水路行业产品质量监督抽查工作的通知》工作部署，配合交通运输部确定的 2 家监督抽查检验机构对武汉至大悟高速公路大悟段、张南高速公路宣咸段、宜来高速公路鹤峰东段 3 个在建项目开展质量监督抽查，涉及 4 家企业、2 类共 12 批次产品。

7. 省级交通运输产品质量监督检查。

按照《湖北省交通运输厅关于开展 2022 年度全省交通运输产品质量监督检查工作的通知》工作部署，以公开招标方式委托甲级试验检测机构提供技术支持，通过湖北省"互联网 + 监管""双随机、一公开"监管平台随机分批抽取监督检查项目和对应的执法检查人员，对十堰经镇坪至巫溪高速公路郧西至鲍峡段、十堰至河南淅川高速公路 (湖北段)、武汉至大悟高速公路武汉至河口段、武汉绕城高速公路中洲至北湖段改扩建工程、武汉至阳新高速公路武汉段、武汉至阳新高速公路黄石段、207 国道襄阳市襄州至宜城段改建工程、347 国道京山邓李至钟祥东桥段 8 个在建项目开展质量监督检查，涉及 32 家企业、11 类共 51 批次产品。

8. 资信管理。

完成 2021 年度公路水运工程监理信用评价工作，共有 53 家监理企业，124 个工程项目，136 个监理标段，605 名监理工程师参评。完成通山至武宁高速公路湖北段等 7 个重点项目，200 余名监理人员岗前考核工作。积极服务监理企业，采用网络直播方式，开展《公路水运工程监理企业资质管理规定》宣贯活动。协助省交通运输

厅完成 12 项监理企业资质审查及发证工作、开展 1 次监理企业"双随机、一公开"监督抽查，并对 4 家监理企业进行检查。

9. 试验检测管理。

配合厅建设市场处完成 17 家等级检测机构等级评定。开展检测机构能力验证 (比对试验)，共涉及全省 93 家公路水运工程试验检测机构，72 家重点工程工地试验室，对比对试验结果为"不满意"和"基本满意"的 10 家检测机构和工地试验室作出暂停相应参数试验、限期整改、年度信用评价扣分等处罚。配合厅建设市场处开展对检测机构的双随机检查，抽查等级检测机构 10 家，要求 10 家机构在 1 个月内完成整改。完成 93 家等级检测机构、313 个工地试验室 (含现场检测项目)、约 3000 余名检测人员 2022 年度信用评价工作。

(沈磊)

【厅重点办工作】 至 2022 年底，全省高速公路建设完成投资 478 亿元，为年度目标的 108%，比上年增长 25%。鄂州机场高速公路一期工程、襄阳绕城高速公路南段、枣潜高速公路襄阳北段、十堰至淅川高速公路 (湖北段)、武大高速公路武汉至河口段 5 个项目建成，全年新增高速公路里程 220 公里，超额完成建成目标，全省高速公路总里程达 7598 公里。安来高速公路鄂渝界至建始段、京港澳高速公路鄂豫界至军山段改扩建等 13 个项目开工建设，总投资 1415 亿元，总里程 683 公里，新开工项目规模创历史新高。福银高速公路谷城至柳陂段改扩建工程可行性研究报告通过交通运输部审查，沪渝高速公路武汉至黄石段改扩建等项目前期工作快速推进。主要做法：

抓关键，强统筹。抢抓党中央全面加强基础设施建设和国家稳住经济大盘战略机遇，将高速公路建设摆在突出位置，根据省政府和厅党组确定交通固定资产投资目标，深入挖掘高速公路投资潜力，确定的高速公路年度投资目标比上年增长 20%，全年

完成投资比上年增长25%，投资规模和增幅均创历史新高。立足打基础、管长远，全力促进新开工项目早开工、早起步，督促"十四五"规划要求完工项目实质性开工，预留项目合理建设周期。加强与省政府办公厅沟通汇报，争取王忠林省长、赵海山副省长出席三季度全省高速公路项目集中开工活动。会同省自然资源厅成立土地报批联合工作专班，深度参与高速公路项目用地报批，促进项目建设用地密集获批复，京港澳高速公路鄂豫界至军山段改扩建等13个项目总里程683公里开工建设。紧盯国家高速公路繁忙拥堵路段扩容改造，将京港澳、福银、武黄、黄黄、汉宜等高速公路项目扩容改造作为工作重中之重，重点促进京港澳高速公路全面展开施工，密切跟踪福银高速公路谷城至柳陂段改扩建前期工作进展，深度参与武黄、黄黄、汉宜高速公路改扩建项目前期工作。

加力度，强督办。省政府主要领导两次对高速公路建设进行批示，省政府分管领导下半年每月在高速公路土地报批报告签批意见，省政府多次召开专题会议对高速公路建设进行部署安排。省交通运输厅成立高速公路建设专班，全力加快推进高速公路建设；厅主要领导多次对高速公路进行把脉定向、统筹调度，指出存在的问题，提出相关工作要求，有力促进高速公路建设提速加力；厅分管领导每周召开高速公路专班专题会议，及时解决相关问题，带队到京港澳高速公路改扩建、燕矶长江大桥等重点项目一线督办调度，督促项目建设加快推进。根据《省人民政府关于加快全省高速公路高质量发展的实施意见》，研究印发《关于进一步加强我省高速公路建设项目督办通报工作的通知》，依据每个项目下达形象进度和关键节点目标，半年分项目、市州和投资人通报目标任务完成情况及排序，年底对14个市州交通运输局、23个项目法人、5个投资人进行检查评价，评价结果全省通报，与项目规划、信用评价挂钩。每月到高速公路项目一线巡查，通报项目推进存在的问题，协调重难点问题，预判形象进度与时间节点是否匹配，针对滞后情况提前预警，通过发工作提示、督办函、约谈负责人等方式督促加快推进项目建设，全年印发巡查调度会议纪要22份，下发督办函或工作提示5份，促进项目建设均衡协调推进。

解难点，强服务。针对制约项目快速推进的用地手续问题，争取省政府召开专题会并下发工作提示，明确市州政府、投资人、行业部门责任分工和完成时限。协调省自然资源厅联合省交通运输厅召开重点项目土地要素保障现场对接会，成立高速公路土地报批联合工作专班，9个续建项目、12个新开工项目用地密集获批复或通过国家部委审查。部分项目建设用地组卷报批周期由原来的1年缩短至3个月。通过现场协调、发函、召开专题会议等方式争取电力部门支持，协调解决制约武大高速公路武汉至河口段等项目的高压电力迁改70余处。与国网省电力公司联合召开全省高速公路项目电力迁改专题推进会，对接电力迁改需求，明确迁改时间节点，制订迁改计划，为项目加快推进排忧解难。督促项目业主平行、交叉推进立项准备和勘察设计，协调提前开展行业审查审批，13个年内新开工的高速公路项目9月份全部完成初步设计审批，12个项目完成施工图设计审批。

建机制，强沟通。健全推进机制，形成紧急事项和特殊情况专报、全省项目月报、半年全省通报、年度考核评价的督办通报和项目推进工作机制，保证项目建设动态、需解决的问题等信息及时高效沟通。坚持月报研判，及时掌握项目建设动态，每月更新项目投资和形象进度，评估研判是否达到时序进度，形成建设情况月报，制作进度作战图，保证高速公路建设动态高效沟通和反馈。针对省领导高度关注的项目、急需解决的重大问题，及时向厅领导及省政府专题报告，引起各方重视和支持，推动重点难点问题解决、重要时间节点落实。硚孝高速公路二期推进情况专报得到省主要领导关注和批示。

（左小明）

交通基础设施养护和管理

【公路养护】 至 2022 年底，全省完成普通公路大中修 1224 公里，为年度目标任务的 119%；完成公路灾害防治工程 378 公里，完成投资 9886 万元。实施公路安全设施精细化提升工程 2105 公里，完成投资 1.4 亿元；实施独柱墩桥梁安全提升 284 座，完成投资 1.9 亿元；建成大件运输过高速公路桥梁辅助审批系统，大件运输车辆过高速公路桥梁技术审查常态化，全年大件运输技术审查 194510 件，其中 100 吨以上 4894 件，255 吨以上 4 件。高速公路路域环境治理效果初显。高速公路、普通国省道 PQI 值分别达到 94.37、87.38。29 家高速公路经营管理单位 PQI 均值达到 92 以上。

加强省级对干线公路指导管理力度，完善公路养护管理体制，正式下发《湖北省普通国省道日常养护管理评价实施细则》，组织召开《湖北省"十四五"公路养护发展规划》专题汇报会；完成普通公路养护行业管理研究、干线公路桥隧养护、小修保养、养护资质 4 个课题调研并形成报告；组织召开公路养护"四新"技术、普通公路桥隧养护工程师培训，提高行业人员素质。

圆满完成迎国评工作任务。下发《关于做好 2022 年普通公路国评准备工作的通知》《关于做好 2022 年国家公路网技术状况监测资料准备工作的通知》，积极收集和准备国评迎检资料；做好省级资料收集整理工作，对照交通运输部国评评价方案中公路养护管理情况评分细则，逐项逐条进行梳理，编制《湖北省 2022 年度国家公路网技术状况监测项目养护管理情况的报告》；开展 2022 年度国评情况分析工作，根据国评组在监测过程中的交流及在末次会议上反馈的问题，分析省级公路养护管理、路况监测、重点桥隧监测和公路交通安全设施评估等方面现状、存在的问题及有关建议，并形成相关报告。

组织开展公路网技术状况监测。全面掌握全省公路运行技术状况，组织第三方检测单位完成高速公路路面技术状况评定 7138 公里，普通国省道路面技术状况评定 25859 公里，普通国道沿线安全设施技术状况评定 8880 公里，普通国省道桥梁定期检测 2727 座 194427.42 延米，普通国省道隧道定期检测 78 座 46410.5 延米，高速公路桥梁定期检测 278 座 157625.41 延米，高速公路隧道定期检测 18 座 35471.1 延米。同时利用各类检测评定成果，开展数据统计分析工作和养护项目库更新，为公路养护科学决策提供数据支撑。

全面推进各项养护工程实施。下发《湖北省普通公路养护提质三年攻坚行动方案（2023—2025 年）》，争取 2022 年政府还贷二级公路取消收费后补助资金 7 亿元用于普通国省道大中修，争取燃油税 7805 万元用于养护设施建设和维护。加强上下联动、审查把关，50 个国道养护工程前期工作成果（大中修 30 个、危旧桥梁改造 12 个、灾害防治 7 个、安全设施精细化提升 1 个）报送省交通运输厅。实行月统计制、开展多次督办、定期进行通报，全面推进养护工程实施。

1. 突出重点抓关键，全力推进专项行动。

完成独柱墩桥梁安全提升专项行动。为贯彻落实《交通运输部办公厅关于进一步做好公路独柱墩桥梁运行安全提升等四个专项行动实施工作的通知》《交通运输部公路局关于开展公路独柱墩桥梁运行安全提升专项行动"回头看"工作的函》精神，积极推进公路独柱墩桥梁运行安全提升专项行动，下发《关于明确公路独柱墩桥梁运行安全提升专项行动"回头看"工作要求的通知》，建立全省 702 座独柱墩桥梁清单、284 座独柱墩桥梁改造任务清单，每周对所有项目进度进行调度，以通报、约谈等方式督促进度滞后单位，对部分工作滞后的高速公路经营管理单位下发督办函，明确任务时限和工作要求；组织第三方专业机构开展实地抽查工作，对抽查中发现的问题，要求各地各单位整改，确保独柱墩桥梁安全提升实施效果。印发《关于设置公路独柱墩桥梁标志标线的通知》，强化独柱墩桥梁现场安全管控的相关要求。至年底，全省横向稳定性不满足要求的 284 座独柱墩桥梁全面改造完成。

加强上跨高速公路桥梁管养工作。组织各高速公路经营管理单位及地方交通部门联合对上跨高速公路桥梁进行再摸底、再排查，建立 1589 座上跨桥梁台账；拟定《关于普通公路上跨高速公路桥梁养护"共管共治"的指导意见》征求意见稿，并向部分高速公路经营管理单位征求意见；督促桥梁管养单位严格履行管养责任，加强日常巡查，做好养护管理，合理安排养护计划，加强病害处治，保障高速公路和上跨桥梁通行安全。

开展桥梁结构健康监测工作。下发《湖北省公路长大桥梁结构健康监测系统建设实施方案》，明确全省公路桥梁健康监测"十四五"62 座桥梁实施明细。对 22 座纳入交通运输部监测清单的桥梁结构健康监测施工图设计进行咨询审查，并争取部车购税补助资金 4949 万元；督促协调湖北交通投资集团公司、荆州路桥公司等单位落实配套建设资金 5500 余万元。积极申请财政预算，落实普通公路系统建设财政预算资金 3500 万元。对省交通投资集团公司实施的荆岳大桥结构健康监测项目进行验收；推进丹江口汉江公路大桥、丹江口大桥、清溪河大桥、开封峪大桥、九畹溪大桥、翟家河桥、宜城汉江大桥、郧县汉江大桥、郧阳汉江大桥等桥梁结构健康监测系统建设。至年底，全省在上年完成部试点的宜昌长江公路大桥系统建设基础上，2022 年完成交通运输部清单内 24 座长大桥梁系统建设任务（其中高速公路 19 座、普通公路 5 座），另外完成清单外 6 座跨越汉江的普通公路长大桥梁系统建设。此外，完成岱黄高速公路府河桥整治工作，技术状况为 2 类，对挂牌事项销号；G4201/G4 蔡甸汉江大桥整治工作顺利推进；黄石长江大桥定期检测评定及承载能力检算顺利进行。

完成自然灾害综合风险公路承灾体普查全面普查阶段工作。5 月底完成自然灾害综合风险公路承灾体全面普查阶段的数据普查工作及省、市、县三级综合隐患评估与区划工作；完成全省高速公路、普通国省道、农村公路承灾体普查成果省级核查及上报工作；形成全省高速公路、普通国省道及部分农村公路风险点及高边坡数据集；编制并上报《湖北省自然灾害综合风险公路承灾体普查数据质量检查报告》。

推进公路安全设施和交通秩序管理精细化提升行动。编制完成《湖北省公路安全设施和交通秩序管理精细化提升行动实施方案》，组织全省高速公路运营管理单位及交通公路管理部门开展排查评估工作阶段相关工作，其中高速公路主要针对安全防护能力、信息指引、重要通道保畅和通行管理等方面的安全隐患，排查出安全隐患路段615个、事故多发易发路段148个；普通国省干线公路重点针对穿城镇路段和平面交叉路口的安全隐患，排查出安全隐患路段11937个、事故多发易发路段1423个；农村公路按照轻重缓急、分步治理的原则，以村道通客车和校车、急弯陡坡、临水临崖等路段为重点，排查出安全隐患路段8795个、事故多发易发路段1761个。全面推进精细化安全提升项目实施，实施公路安全设施精细化提升工程2105公里，完成投资1.4亿元。

2.围绕目标抓收官，打好"三年消危"战。

积极争取部省补助资金。结合2021年桥梁检测结果，明确"三年消危"行动第二批项目库821座危桥明细，为"三年消危"行动总体6108座实施目标提供项目依据；积极向交通运输部申请2022年度国道危旧桥梁改造补助资金1.2亿元。至年底，全省下达"三年消危"项目补助资金约44亿元，下达"三年消危"计划项目6110座（其中国省干线1212座、农村公路4898座）。

全面推进危旧桥改造项目实施。全省实施危桥改造5259座、占项目库总数的86%，完成4740座、占项目库总数的78%。建立月度通报调度制度，对进度滞后的市州采取通报、现场调

研和专项约谈的方式，加快推进公路危旧桥改造工程实施。

加强项目验收评估。按照《湖北省公路危旧桥梁改造工程评价办法》《湖北省公路危旧桥梁改造工程竣（交）工验收办法》要求，组织第三方检测单位，对全省危桥改造项目进行不低于30%的质量抽检和全覆盖的实施情况后评估，加强对各地项目质量管控。同时，对全省各市州进行工作评价，评价结果作为对各地评比、表彰、正向激励政策的重要依据。

（余威）

【高速公路服务区】 全省高速公路"星级服务区"99对，总数比上年增加15对；"司机之家"新增9处，全省高速公路服务区建成运营"司机之家"27处；全省服务区新增货车停车位645个，达到14359个；全省高速公路服务区充电设施100%覆盖；全省高速公路服务区无障碍设施100%覆盖。

"司机之家"管理创新。结合"我为群众办实事"活动，通过湖北省高速公路"司机之家"建设供给侧结构性改革，围绕服务群体难点、痛点，优化公共产品服务质量，创新经营管理模式，促进服务区需求和供给服务相互发展，提高服务区公共服务品质，新增货物代保服务，《"司机之家"助推高速公路服务质量发展案例》被湖北省互联网业联合会、湖北日报网评为2021年度荆楚问政网上群众工作典型案例。

服务质量提升专项行动。加强组织领导，增强责任意识，保障资金投入，强化问题整改，积极推动示范服务区创建。2022年全省高速公路服务区服务质量提升专项行动投入6307万元专项资金对服务设施进行更新改造，全省13对服务区投入8.78亿元进行综合性服务设施改扩建、提档升级。改造后的安陆服务区获评"全国高速公路旅游特色服务区"。

加强服务区安全建设。省公路事业中心在孝感服务区开展高速公路服务区应急演练，增强服务区风险防范

意识，提高应急预案实用性和可操作性。加强服务区安全检查，督促食品经营单位每天自查，服务区经营管理单位每天巡查、月度集中检查，并不定期开展督导、第三方暗访检查，落实食品安全监督。

开展"五心服务 美好出行 2022年荆楚民生观察团走进湖北高速公路服务区、收费站"活动。组织由驾驶员、"网络大V"、媒体组成的荆楚民生观察团实地探访服务区、收费站，并与经营单位座谈，交流建议与想法。通过线上线下多渠道宣传，获"学习强国"、湖北日报、荆楚网、湖北省交通运输厅官网等平台宣传推介，社会各界争相点赞转发，搭建行业监管、企业、媒体、群众之间良性互动平台。此次活动，荆楚网网络直播共吸引49.27万人在线观看、近10万人次点赞。

开展高速服务区货车"停中情"活动。贯彻新发展理念，坚持创新驱动发展，坚持以供给侧结构性改革为主线，着力保障货车驾驶员"五停服务"（"有地停""放心停""便利停""舒适停""满意停"），分别在中交投资公司嘉鱼东服务区和楚天经营公司仙桃服务区开展"畅享武深高速，关爱卡友一路"爱心公益周活动和"关爱卡友、楚送清凉"公益周活动。研究制定高速公路服务区文化运营管理指南，通过"荆楚行 湖北情"文化标识传递湖北高速文化，增强主题宣传内涵。

（叶春松）

【航道管理与养护】 不断提高航道养护管理水平。全面提升服务船民意识，主动对接航线开辟和船舶通行需求，积极开展引航护航活动，保障襄阳小河港开港首发长江2艘货船顺利通航。加强航道养护工作质量考核，组织第三方机构完成汉江航道养护工作考评，对考评结果进行通报，督促各航道段对存在的问题进行整改，推广好的做法、创新方式和信息化手段，促进巡航、设标、改泓、引航、驻守等日常养护管理工作规范化，养护管理水平逐步提升。每天上午在微信工

作群和中心网站及时发布汉江航道水情和浅滩航道养护尺度信息，及时转发长江水利委员会丹江口水库调度信息，编撰"航道养护这一周"，将汉江航道养护管理情况每周进行综合整理发布。

严把航道通航管理源头关。把好跨越航道工程项目的通航条件关，科学严谨做好跨越航道工程的通航条件影响评价技术审核服务，促进航评工作规范化、标准化，完成江汉八桥工程、武汉至松滋高速公路、福银高速公路谷城至柳陂段改扩建工程、十堰（房县）至宜昌（五峰）高速公路兴山至长阳段工程、新建汉江沙洋港疏港铁路项目、武汉至重庆高速公路天门荆门界至二广高速公路段等省级重点跨河工程的航道通航条件影响评价审核。加强船闸通航技术审核，做好汉江碾盘山枢纽、孤山枢纽船闸建设通航有关验收协调服务，指导科学编制汉江崔家营、雅口枢纽及江汉运河船闸运行方案。

全力做好汉江航道应急抢通工作。通过公开招标确定应急抢通设计、监理、施工单位，建立浅滩疏浚和整治建筑物的应急抢通机制。针对汉江流域遭遇历史特枯水，先后6次下达浅滩疏浚应急抢通指令，投入省财政资金280万元，分别对沙洋新河口滩段、钟祥傲子湖滩段、钟祥金娃滩、荆钟、武庙滩段、钟祥荆钟滩段、襄阳余家埫、白露岭滩段、蔡甸张家湾、柴林湾组织浅滩疏浚应急抢通，基本保证浅滩航道畅通。针对汉江兴隆水利枢纽船闸通航不畅问题，数次到兴隆枢纽进行现场协调，并就有关问题进行详细分析，提出措施建议积极向上级部门反映，同时协调长江水利委员会优化丹江口下泄流量调度，组织市州交通、航道、海事、港口等部门协力做好汉江航道保通保畅工作，两次疏散滞留船舶120余艘。

加强水运建设市场管理工作。在省重点水运工程招投标管理中，严格落实国家和省招投标法规和制度，落实有关优化营商环境政策，保护招投标当事人的合法权益，保障工程质量。按照交通运输部要求组织完成2021年度全省水运工程施工和设计企业信用评价，有序开展建设单位初步评价、市州交通运输部门初步审核、省级专家评审、评审结果公示和上报等工作，进一步提高水运工程参建单位诚信履约意识，维护水运建设市场秩序。开展水运建设市场检查，组织专家对宜昌市枝江铁水联运煤炭码头、荆州港监利港区白螺作业区白螺物流港（一期）码头等项目开展现场调研检查，对基建程序执行、建设管理、招投标行为、合同履行、质量安全管理、农民工工资支付和分包管理情况进行全面检查并现场反馈。

（张江）

市州公路养护及改革

【武汉市】 2022年，出台《武汉市普通国省道日常养护管理实施细则》，从工作职责、养护检查、保养维护、综合管理、考核评价等五个方面对武汉市普通国省道日常养护进行了系统、全面规范。坚持每季度召开一次养护工作推进会，查找薄弱环节，分析问题原因，强措施，补短板，提升养护质效。全年武汉市普通公路完成路面灌缝61.27万延米，修补坑槽5.07万平方米，整修路肩边坡48.97万平方米，清理边沟32.38万米。大力推进实施预防性养护和养护大中修工程，争取部省补助资金1988万元，实施大中修项目6个、预防性养护项目1个，合计37.18公里。各区公路部门积极争取地方政府支持，对省市计划外干线公路进行大中修，蔡甸区投资1.85亿元，对104省道、106省道、114省道干线公路进行路面升级改造。开展国省干线公路桥梁智慧管理系统建设研究。争取省市级补助资金1.6亿元，

全力督导实施公路桥梁"三年消危"行动第一批项目。

（盛欢）

【十堰市】 十堰市公路事业发展中心下辖8个县市区公路局（中心），负责6条国道和32条省道公路管养工作。至2022年底，全市公路管养里程3281公里，其中国道982公里、省道2299公里、国省道桥梁1072座、隧道131座，国省道一、二级路比重达到84.19%。规划的8个公路养护（应急）中心共完成6个；规划的54个公路养护管理站共完成36个，建成41个交调站。有一线公路养护人员1000余人。

大中修工程。全年实施路面大修75.5公里、路面中修35公里。积极采用路基补强、水泥路微裂技术、泡沫沥青再生技术等"四新"技术，提高路面大中修质量，PQI值达85。2022年，十堰为干旱天气，没有发生较大以上公路水毁灾害；克服资金等困难，全面

修复十堰城区、竹溪县历史灾害点，全力确保公路安全畅通。

危桥地灾整治。全面开展全市桥梁"三年消危"行动，至2022年底，实施危桥改造306座，其中农村公路危桥188座、国省道危桥118座。启动241国道地灾治理工程。完成公路地灾成灾体普查工作，全市采集入库公路里程7249公里（其中国省干线3350公里、农村公路3899公里），采集风险点4799处（其中国省道风险点3096处），国省干线风险点全部落实动态管控。

公路设施建设。全年完成郧阳区鲍峡养护站、郧西县将军河养护站、七里沟养护站、丹江口市丁家营养护站、竹山县双台养护站、竹溪彩心桥管理站、房县上龛养护站7个公路养护管理站建设，完成郧阳区养护应急中心建设。

机构改革。3月18日，市委机构编制委员会印发《十堰市公路事业发展中心职能配置、内设机构和人员编

制规定》。4月17日，十堰市公路事业发展中心正式揭牌。

(唐钒秧)

【襄阳市】 围绕提升干线公路养护质量和服务品质，按照精心、精准、精细理念，突出日常养护、养护工程、应急保畅、美丽公路创建、交安精细化提升五大重点，保持全市7条国道、28条省道共计2823公里国省干线公路良好通行水平。

精细抓好日常养护。全年全市日常养护材料和机械投入5978万元，占到全市省补小修保养资金的60%。全市完成处治沥青路面病害、水泥路面病害、沥青路面灌缝、水泥路面灌缝、疏通边沟、修剪高草、整修标准路肩等日常性养护工作。维修病害桥梁72座，更新桥梁信息牌911块、限载限轴牌771块、桥梁保护区牌451块、桥名牌667块。按照《公路桥涵养护规范》相关要求，严格执行桥梁各项管理制度，加强桥梁观测和养护，根据早期和汛期不同季节情况，定期、不定期对桥梁进行检查，根据每年桥梁检测报告，做到"一桥一策、一桥一档"，安排好桥梁养护工作。加强对出口路扬尘管控，明确责任人责任范围，细化考核指标，增购清扫机械，增加清扫频次，保证良好的道路环境。

精准实施养护工程。全年省下达第一批、第二批大中修预安排计划项目29个188.54公里，要求第一批项目全部完成、第二批项目全部开工。截至12月底，完成南漳县346国道长坪至两河口段等大修工程13个67.06公里，襄州区316国道陈家湾至两河口段大修工程21.09公里、襄城区305省道灾毁重建项目4.87公里施工中，其余14个项目95.52公里完成施工图、施工方案批复。完成保康县307省道高桥至桃坪河段灾毁重建项目、襄城305省道姚庵至尤河段灾毁重建项目前期工作。干线公路桥梁"三年消危"项目。纳入"三年消危"项目库100座危桥，累计完成109座。

精致打造路域环境。推进美丽公路建设，打造质量好、环境美、服务

优、带动大、防护强的"五彩公路"，全市开展美丽公路创建活动，计划用3年时间，以交通量较大路段、普通国道、景区旅游路、产业发展路为重点，通过新建改造，整治改善，巩固提升，完善道路系统，美化景观系统，优化服务系统，强化保障系统，高标准创建1条省级样板路、10条市级样板路共计477公里美丽国省道，打造普通公路高质量发展样板和标杆。推进公路沿线附属设施提升，加强公路服务区、交通厕所日常管理，注重完善服务功能，提升服务质量。如老河口市小桥河公路养护站依托站点建设全国性的"司机之家"，建筑面积约415平方米，配备有独立的室内休息区，可提供坐靠服务，休息位数量满足相关规范要求，休息场所保持安静整洁、通风良好、温度适中，提供电视、无线等娱乐便民设备，内部设施设备齐全完好，所有休息服务均为免费服务。推进公路沿线充电基础设施建设，根据《加快推进公路沿线充电基础设施建设行动方案》的要求，积极开展沿线服务区(站)底数、充电基础设施配备情况调查，完成与地方国网供电公司初步对接，对项目选址、新建充电桩桩位、改造充电桩桩位等提出初步意见，并根据现场调查情况合理制订下年度建设任务计划。

养护考核抓精准保效果。编制修订《襄阳市日常养护规范化管理评价细则》，从路基路面、桥隧涵洞日常保养维护、交通安全设施配置、制度建设、内业管理，以及管理站、服务区、交通厕所等服务设施运维等14个方面，明确123项内容。季度养护评价中，通报内容从横向比，9个县(市、区)按打分依次排出名次，列出问题清单；从纵向比，不回避历史等原因造成的基础差别。持续加大日常小修保养维护投入力度，在全市范围内掀起养护精细化提升热潮。

交安设施做精细抓提升。以平安公路建设为抓手，开展安全生产专项整治三年行动"巩固攻坚年"、安全生产大排查大整治、安全生产"百日双扫"等专项活动，查处纠正一批安

全违规行为和突出问题隐患。联合公安交警部门开展交通安全精细化提升行动，确定全年重点处置目标450个，治理完成521处。

(王自强)

【宜昌市】 2022年，全市实施公路养护精细化工程，完成大中修95公里、预防性养护64公里，PQI均值达到88.2，全市干线公路综合管养水平连续五年居全省第一。公路养护信息化管理平台全面投入使用，全面推行日常养护信息化，优化全市国省干线养护一张网，完善日常养护App和运行机制，开发运行养护工程管理和"红黑榜"监督考核评价功能，拓展运行路网运行监测和交通流量数据分析功能，实现覆盖率、使用率100%。远安县、长阳自治县、枝江市获评2022年度全省农村公路养护管理"十佳"，宜昌市"十佳"数量全省第一。远安县实行智慧化管控，变被动养护为主动养护，建立农村公路智慧管养平台，"一屏"掌握全县2000余公里农村公路信息，逐步实现农村公路养护管理情况可视可测可控；长阳自治县高规格成立三级"路长"组织体系，建立"路长"议事交办、巡视整改、督导考评等工作机制，以"路长制"实现"路长治"，2022年"路长制"常态化运行，县级路长累计巡路103次，召开"路长制"县级会议6次，协调解决重难点问题229件；枝江市将农村卫生保洁、农村公路养护、水利设施管护纳入"三员合一"管理，整合涉农项目资金、人员力量实行"定路段、定人员、定责任、定标准"，开展清扫保洁、杂草清理、边沟清淤、绿化管护等日常养护工作，提高农村交通基础设施管护能力。

(文校葳)

【荆州市】 全年完成公路大中修工程73公里，危桥改造40座，公路标线178公里，道口桩、警示桩1644根，修复钢护栏3980米，路面灌缝153.6公里，修补坑槽1.2万平方米，修整路树1300.3公里，整修路肩1875.76公里，

清挖边沟 875.4 公里，路树刷白 2800 公里，清理桥梁伸缩缝 890 道。完成 5 个公路应急中心、21 个公路站建设。完成 18 个交调站项目前期工作。

全面推广"四新"技术，开展"四新"技术应用后评估活动，对大中修工程上应用的填充式大粒径水泥稳定碎石、旧水泥混凝土路面碎石化等技术进行总结和评价，全市 6 个类别的"四新"养护技术可推广应用。整治完成省、市综合交通专委会挂牌督办整治重大事故隐患 7 处，排查整治一般事故隐患 185 处，抢修水毁 7 处。开展春运应急保通工作，清理积雪里程 2585.3 公里。石首三义寺和公安港关渡口保持船舶完好率 100%、适航率 95% 以上，安全渡运 21056 航次、车辆 335322 辆。

(袁媛)

【鄂州市】 全年完成整修路肩、清理边沟、转运路肩堆积物、清理路面、清洗波形护栏等日常性养护工作。投入 271 万元，完成 106 国道、316 国道、257 省道、314 省道路面坑槽修补，路面灌缝等；投入 85.6 万元，完成 203 省道燕矶街应急补坑槽、106 国道安全隐患整改和 316 国道粑铺大堤路肩硬化；投入 29.5 万元，完成全市国省干线波型梁损坏修复、水沟盖板修复、安防工程和标线；投入 26 万元完成全市国省干线行道树、公里碑、百米桩、道口桩、警示桩刷白工程。实施国省干线标志标线和安全防护设施提升工程，更新标志标牌 824 块，施划标线 15140 平方米，增设道口桩 350 根；完成 316 国道东沟至杜山段波形梁提升改造，累计投入资金 631.4 万元。修缮改造养护站站房，投入资金 13.42 万元，对临江养护站宿舍、路口养护站仓库、碧石养护站站房、绿化站站房进行维修改造，进一步改善基层养护站生产生活条件。打造绿色公路，在 257 省道沿线新植红叶石楠 1170 株，在 106 国道、316 国道、314 省道等路段补植樟树 630 株，累计投入资金 70.87 万元。

(张昭)

【黄冈市】 补齐路况短板。坚持开展预防性、季节性养护，全市国省干线累计清灌缝 68 万米，修补坑槽 4.2 万余平方米，有效延缓病害发展，路面基本无坑槽。全力实施养护大中修工程，全市累计完成养护大中修 183.5 公里，路况持续稳定。

精细日常养护。持续巩固"洁化 365"成果，推动全市国省干线洒水保洁机械化、常态化，及时修整路肩，疏通边沟桥涵，修剪行道树，完善公路安全设施，开展路域环境整治，保持国省干线路容路貌良好。

创建"四美公路"。研究制定《黄冈市国省干线"打造品质桥梁 创建四美公路"行动实施方案 (2022—2025 年)》，指导各地以设施美、环境美、服务美、人文美"四美公路"和制度化、标准化"品质桥梁"为目标，系统推进国省干线养护管理高质量发展。按照总体规划、分步实施原则，明确年度创建线路 1131 公里，推动麻城、罗田、英山、蕲春等地打造一批绿化美化成效明显，景观节点各具特色，路容路貌干净美观的精品线路和品质桥梁，全域提升公路颜值。

(潘攀)

【恩施土家族苗族自治州】 全年完成国省道和农村公路养护投资 6.16 亿元，公路路况总体良好，运行安全畅通。完成路面大中修、灾毁恢复及路面预防性养护工程 142 公里，国省道标志标线等安全附属设施精细化提升 451 公里、农村公路安全防护工程 546 公里。全州规划养护站 48 个，其中下达改造计划 39 个，建成 37 个、在建 2 个。地灾治理工程 3 个，在建 2 个、完成评审 1 个。完成清理水沟、修补坑槽、路面灌缝、疏通整修涵洞、修复安防设施、更新维护标牌等小修保养和日常管养任务。持续开展排水设施保畅、标牌整顿提升等专项行动，针对次差路段，加强以灌缝、坑槽修补、沿线设施修复为重点的常态化预防性养护，路况水平持续提升，全州在营国省干线路面使用性能指数为 90.09。强化全生命周期理念，积极做

好农村公路质量管理和日常管养，健全完善农村公路管养体制机制，积极推行农村公路"路长制"，探索建立专业养护 + 群众养护相结合的养护模式，做到"有路必养、有路必管"，按照"1525"标准配套落实农村公路日常养护资金，农村公路养护工程实施率明显提高。确保农村公路始终保持良好状况，切实让群众满意。积极践行"绿水青山就是金山银山"理念，完成 209 国道恩施竹园坡至建始马栏溪段、245 省道巴东茶店子至野三关段、351 国道鹤峰县城至界牌树段、宣恩蒙家湾至板寮公路等 6 条"彩色走廊林"建设，公路服务功能和品质不断提升。

(田德久)

【仙桃市】 开展 318 国道仙桃公路应急服务中心建设前期工作，完成前期调查和测算论证，正在进行可行性研究，准备进入申报立项、规划许可和设计阶段。开展普通国省道养护提质样板路创建活动，对 318 国道城区至深江段 50 公里、321 省道何场至仙桃段 20 公里创建路段进行提质，确保普通国道 PQI 值达到 92 以上，优良路率达到 90% 以上；普通省道 PQI 值达到 90 以上，优良路率达到 85% 以上；普通国省道一、二类桥梁 (隧道) 比例达到 90% 以上。同时美化景观系统，确保公路沿线绿化完好率达到 95%，路域环境与周边环境和谐统一，打造"环境美"标杆。认真做好公路交通安全设施精细化提升工作，制定工作方案，联合公安部门完成公路具体数据分析和路段清单，推进公路安全从"生命防护"向"人民至上、生命至上"转变，公路安全设施从"有没有"向"好不好"转变、交通秩序管理从"粗放式"向"精细化"转变，确保 2025 年底实现公路"安全保障能力系统提升、安全管理水平显著提升、交通事故明显下降"目标，为人民群众出行创造更加安全的公路交通环境。

(归烨)

【天门市】 2022 年，全市以春季恢复养护、夏季防汛抢修、秋季预防性

养护、冬季服务保通养护为重点开展公路养护作业，至12月底，全市完成沥青面层坑槽修8833.4平方米，基层坑槽修复3457.1平方米，清灌缝9169米，清除堆积物106.3立方米，疏通涵管22道，修剪围枝145公里，补植苗木，维修防护栏等公路养护小修保养工作；补栽刷新公路沿线百米桩976个、公里碑95块，更换调整桥梁信息牌290块，完善桥梁限载牌、轴载牌116套。同时，加快构建"畅、洁、绿、美"公路生态走廊，继续推进"美丽经济带"创建，完成240国道保台线石家河段、348国道武大线多宝段、214省道张洪线天仙公路段等公路绿化建设任务，进一步完善全市公路绿化格局，提升公路整体形象。

（张文敏）

公路水路经营管理

【湖北交通投资集团有限公司】2022年，湖北交通投资集团有限公司首次挺进中国企业500强，位列412位。全年投资554亿元，其中交通基础设施439亿元，超目标42%，获取新项目10个，均创历史新高；融资1239亿元，综合成本比上年下降6个基点；实现营收635亿元，比上年增长22%。建成湖北省首条"智慧高速公路"，在全国率先实现全时全域全天候多源感知。全年减免通行费30亿元，改建汉宜高速公路枝江互通，推进随县、高岚、利川等收费站拥堵治理，服务沿线百姓便捷出行。建成24对"司机之家"，入选省委党建办走好新时代群众线典型案例。

推进政治建设，党建引领开创新局面。聚焦党的二十大对国有企业、交通发展的新要求，创新开展"一学二训三讲四赛五进"学宣贯活动，集团上下呈现奋发有为的精神状态和干事创业氛围。以活动惠群众。发挥服务区、运营站所覆盖全省、与群众联系紧密的阵地优势，围绕群众所盼、交投所能，扎实开展"下基层、察民情、解民忧、暖民心"实践活动、党员下沉社区和"美好出行、共同缔造"活动，各级党员领导干部解决实际问题1188个。以监督净风气。加强对"一把手"等"关键少数"监督，完成10家子公司内部巡察；建立政治生态分析联席会议制度；集团纪委被省委授予全省纪检监察系统先进集体称号，2家子公司被省政府国资委推荐为清廉国企建设示范点，政治生态更加风清气正。以文化聚合力。持续擦亮"警路企红色联盟""红色轻骑兵"等特色品牌；组织开展"爱岗敬业、强企有我""我与交投共成长"等活动；工会、共青团、驻村工作队等发挥桥梁纽带作用，凝聚起团结奋进的强大合力。

攻克要素难题，项目建设取得新进展。抢抓政策窗口，破解土地、环保等要素制约，续建"1桥15路"580公里、新开工"3桥7路"597公里，建成"4路"133.6公里，超目标28公里。"三倍要素投入"全力推进鄂州机场高速一期项目建设，创"三年工期16个月建成"新纪录。创新推进"交叉审查、云审查"，用地预审、环评、工可、勘察设计等审查超90次、审批超50项，完成全部前期工作项目24个、达86%。推动出台省级层面支持高速公路发展的政策性文件。首次将耕地占补平衡指标费用纳入概算，突破前期工作"堵点"。

提升运营水平，路网品质呈现新气象。围绕"畅安舒美"，提升公共服务能力，将高速公路打造成经济大通道、智慧大走廊、生态景观带。畅通路网、服务经济，与十堰市等地方政府开展"统一支付"合作，对5个路段实施差异化收费。52个收费站102套自助设备上岗服务。推进高速公路收费站、防疫站、服务站"三站合一"，全力保障疫情期间物流循环畅通。智慧管养、保安保畅。改造独柱墩桥梁148座，建设四渡河特大桥等12座桥梁健康监测系统，加固处治十漫高速公路云岭等3座隧道。研发智慧养护管理平台，联合交警开发应

2022年12月7日，十堰至淅川高速公路（湖北段）通过交工验收。图为丁家营枢纽互通

2022 年 11 月 19 日，襄阳绕城高速公路南段全线贯通

用"云哨"系统，高速公路事故数下降 9.5%。创特争优、美化绿化。改造升级"潜江 + 商业综合体""安陆 + 李白文化"等服务区，安陆服务区被评为"全国高速公路旅游特色服务区"。汉宜高速公路仙桃服务区"光储充"一体化建设试点落地，年发电量 100 万千瓦时，减少碳排放 994 吨；完成 162 座隧道照明设备迭代升级，年节能 5600 万千瓦时。

开拓新兴赛道，产业发展再获新突破。聚焦主业补链强链，搏击外部市场，交通关联产业规模量级和经营质效持续提升。规划设计职能再延伸，推进交通规划、路衍产业规划"两规合一"。工程建设能级再提升，获得市政、公路行业"双壹级"资质，补齐房建资质短板，建成全省首家智慧梁场——孝汉应"智慧梁场"。供应链物流优势再放大，联合厦门象屿，组建省级供应链平台。交通服务平台再拓展，巩固沿江铁水油库资源，承租布局省外油库 8 处，江海联运储运体系进一步完善。科技创新地位再强化，搭建"职能部门 + 科研院所 + 专业公司"组织架构，统筹推进科创工作，成立省智慧交通研究院，聘请 3 位院士为集团首席科学家，张榜十大研究课题，与华科、烽火、华为等 9 家科研单位合作签约。交通金融功能再发挥，增资扩股理工光科，战略投资微创光电，战略配售信科移动成功上市，经验启示在省属企业推广，"楚道云链"供应链金融平台正式运行。

（陈诗语）

【湖北省港口集团有限公司】 2022 年，湖北省港口集团有限公司资产总额、营业收入、利润总额、净利润比上年分别增长 11.8%、22.2%、20.9%、66.4%；货物吞吐量比上年增长 17.3%，集装箱吞吐量较整合前同比增长 71.8%；汉亚直航完成进出口箱量比上年增长 127.6%；铁水联运集装箱量比上年增长 29.1%；汉欧班列发运列数比上年增长 34.1%；阳逻保税园进出口货值比上年增长 17.9%；航电枢纽完成发电量比上年增长 29.8%，大多数经营指标实现 20% 以上增长。

改革重组实现新突破。国企改革三年行动圆满收官，"权责法定、权责透明、协调运转、有效制衡"的公司治理机制基本形成。贯彻落实《湖北港口集团有限公司改革重组方案》，及时完成更名及现金增资工作；顺利完成汉江崔家营、雅口枢纽资产及管理权接收，并实行公司化运作；将权属高速公路资产划转至湖北交通投资集团；将省客集团、武汉综交院划转至武汉交通投资集团。此轮改革重组后，湖北港口集团正式成为 10 家省属国资平台企业之一，确立现代港口服务商、综合物流集成商、临港园区运营商的"三商"定位，结束股东股权、管理架构长期难以定型的历史。

资源整合再获新进展。按照消除同质化竞争、发挥协同效应、实行优势互补的原则推进集团港口资源整合，不断提升港口服务效率和竞争优势。收购中国通商集团 74.81% 股权，与中远海运签署战略协议，解决多年、多轮、多届未能解决的阳逻港主体多元、无序竞争、"一船多挂"等问题，大力推进阳逻港一、二、三期"十统一"工作。整合后，阳逻港船舶待港时间平均减少 12 小时，能耗降低 20%，集装箱内转减少 50%，重箱箱区翻箱率从 36% 降低到 16%。收购武汉经开港 51% 股权，完成全省民营集装箱码头最后一块"拼图"。将整合划入的宜都港、洪湖港、李埠港、松滋港、三江港、潜江港等码头资产股权划归区域公司。完成港口码头理货业务整合。启动武港集团控股的盐卡港、仙桃港向区域公司整合工作。在原来行政划转基础上，集团以市场化方法和手段，有力推进全省港口由物理整合向化学融合转变，由资源整合向功能整合、要素整合转变。

市场拓展打开新天地。实行"首席服务官""大客户经理"工作机制，集团及各级企业班子成员带队上门拜访东风汽车、冠捷显示、宜化集团、亿钧玻璃等腹地制造业企业、大宗商品贸易企业 227 家，听取意见建议，了解企业需求，打通痛点堵点，积极开拓市场，取得显著成效。三江港、红花套港、监利港等产能得到释放，吞吐量屡创新高；小河港实现长江直航、江海联运和近洋直航，结束 20 年未通过水路运输件杂货的历史。全年合计新增合约数量 483 个，新客户货物吞吐量 856 万吨、集装箱吞吐量 9.5 万标箱，新增乘用车运输 5.81 万辆，新增业务收入 30.3 亿元。保税园区公司新增跨境电商"一件代发"业务，完成"一件代发"49.83 万单。10 月，国家铁路公司取消对新能源汽车运输限制后，汉欧公司第一时间解读政策、协调市场，实现首批新能源整车搭乘汉欧班列出口欧洲。由"坐商"向"行商"转变，其意义不仅仅在于增加业务量，更重要的是体现各企业市场意识普遍增强，展示干部员工观念理念深刻嬗变。

通道开辟取得新成效。加强与上海、江苏、安徽、湖南等地港口企业和船公司沟通合作，开辟至长江沿线、大运河，以及江海直航等新航线19条。"汉亚直航"向俄罗斯拓展，形成东达日韩、北至俄罗斯东方港的直达航线。中欧班列（武汉）全年开行610列，创历史新高。新开通中国武汉—老挝琅勃拉邦等货运通道9条，开通咸宁、荆州、黄石等地市州定制班列。

金融要素运用达到新高度。用好国家稳经济一揽子政策和政策性开发性金融工具，汉欧国际物流园、荆州车阳河铁路进港工程、武穴盘塘散货码头、江陵石化仓储基地等11个项目，成功申报并纳入国家发展改革委基础设施基金项目清单，数量居全省国企之首。抢抓国家部委实施国家货运枢纽补链强链机遇，申报入库项目数量、投资额达武汉市的37%、44%。扩充授信资源储备，获取综合授信568亿元，平均融资成本3.84%，创历年新低。通过协议降息、债券置换、提前还款等方式，节约存量债务财务成本5800万元，为新划转企业置换高息融资13.87亿元，

2022年8月27日，湖北港口集团长江新丝路公司与厦门国贸集团泰达物流公司在汉签署合资合作协议

减少利息支出2237万元。

转型升级迈出新步伐。阳逻港区智慧化改造，15个信息化、自动化改造项目稳步推进，完成阳逻港二期2台轮胎式集装箱门式起重机（RTG）油电混合动力改造项目，启动港区光伏发电项目，推进电动集卡充换电站项目。建设王家屋水上绿色综合服务区建设，实现集团港区绿色岸电设施、船舶污染物应急接收装置全覆盖，全年累计外供岸电66.58万千瓦时、回收船舶固体废弃物105.09吨、接收处置船舶污水4.88万吨，比上年分别增

长59%、20%、63%。联合东湖实验室、武汉理工大学等单位开展工信部"2030型绿色智能沿海内河示范船专项工程"，完成120标箱电动示范船设计与可研评审及投资核准工作；联合712研究所共建湖北省绿色创新中心，并启动首艘氢燃料电池运输船研发建造工作。

合作共赢开启新篇章。8月，长江新丝路与厦门国贸"牵手"，增资扩股长江国投供应链（湖北）有限公司，开展冷链、煤炭、铬铁等供应链业务，11月单月营收突破4亿元。9月，集团公司与厦门国贸、湖北联投等合资组建成立湖北国控供应链公司，开拓内外贸易、跨境电商综合服务、供应链管理等业务。与中电建、中能建等大型央企合作，立足湖南、江西、江苏等地砂石市场，拓展沿江矿建材料和产业园业务，延伸"港口＋矿产"产业链，构建采运贸结合的砂石供应链体系。主动与山东、浙江等港口集团合作，发展联运、拓展货源，推进"散改集"运输，保障全省国内国际物流通道畅通和供应链安全稳定。

党的建设呈现新气象。开展"一下三民"实践活动，完成任务清单273项，集中破解一批职工急难愁盼问题。与集团所在社区、乡村振兴联

2022年4月24日，纯电动集卡在阳逻港正式"上岗"

系点共同谋划开展"共同缔造"活动，解决村级集体经济发展和社区居民房前屋后难事、愁事。组织动员 131 个基层党组织和 2055 名党员常态化下沉社区参与疫情防控。开展"思想破冰 融合发展"主题活动，推动全体干部职工思想大解放、精神大提振、作风大转变。华中港航获评"2022 年全国供应链创新与应用示范企业"，长江新丝路"云上多联"平台获评"中国物流与采购联合会科学技术奖一等奖"，荆州港务集团牵头申报的铁水公多式联运工程入围全国第四批多式联运示范工程，武汉路桥获评国家高新技术企业，长江新丝路、汉欧公司连续跻身武汉市服务业百强企业，集团公司获评"2022 年度全省内部审计高质量建设试点单位"。荆州港务集团王屈成获省总工会"荆楚工匠"称号，宜昌港务集团杨建超获"松滋市见义勇为先进个人"等。

（李追代）

【江汉运河航道管理处】"畅、安、优"通航作用更加显现。坚持通航运行调度有力有序，以开展《绿色运河发展研究》、编制《通航建筑物运行方案》《船闸运行维护规程》《江汉运河与长江干线交汇水域船舶航行操作指南》为牵引，推进应急调度机制更加完善实用，实现每日待闸船舶清零；开展常态巡航和"汛期返枯"期航道

2022 年 11 月 15 日，省交通运输厅党组成员、省纪委监委驻厅纪检监察组组长赵志国（右二）到江汉运河航道管理处调研全面从严治党工作

巡查、水位观测和水情通报，派出巡航人员测量浅滩水位 21 次，设置航标 8 座次。全年通航船舶 6817 艘次、船舶总吨 615 万吨，比上年分别增长 61%、73%。航道管理养护做到依法依规，全年巡查航道 111 次，巡航里程 1.35 万公里，走访在建跨河桥梁建设单位 2 家，现场监管新建跨河线缆 1 条，发出整改函件 2 份，督办完成 2 座新建跨河桥梁扫测，劝离违法垂钓、下网捕鱼、游泳等 800 余人，开展漂浮物打捞 30 余次，未发生航道堵塞、船舶油污泄漏等事件。服务基层群众用心用情，扎实开展"一下三民"实践活动，解决问题 7 项，党员完成下

沉社区 12 类任务 160 余次，时长 600 小时。

安全生产治理底线全面筑牢。狠抓常态化疫情防控，健全防控机制，做好重点区域消杀，严格落实防控工作部署。狠抓安全责任落实，签订安全应急管理和目标责任书，并逐条逐项落实，专题会议安排，印发年度工作要点，完成反恐目标分类分级认定，严格落实省交通运输厅调研反馈整改措施，开展安全演练和警示教育等活动 10 余次，安全检查 15 次。专题督办党的二十大召开期间维稳安保，加强节假日等特殊时期值班和信息报告，开展夏季防溺水宣传教育，增设警示标志，加固安全防护网，巡查管控人员 120 人次。

事业建设和能力建设进一步强化。2022 年，提拔科级干部 4 人，新聘专技人员 4 人，试用期满考核转正 10 人，招聘干部职工 6 人，外出挂职、轮岗交流 14 人，组织参加培训 20 人次。全面强化预算管理，从编制、分解到执行，全过程管理，加强执行督办，实现"速度""质量"两手抓。提高科学管理水平，印发后勤保障管理办法 2 项，规范船闸巡检、设备维护维修，按期完成龙洲垸船闸大修，持续开展网络安全检查等工作。"绿色运河"文化品牌获第四届全国交通运输"榜样品牌"，龙洲垸船闸所运调班被

2022 年 3 月，龙洲垸船闸大修施工如期完工

评为"省直机关最美巾帼奋斗集体"。

(张聪)

【湖北省高速公路联网收费中心】
至2022年底，全省高速公路联网收费里程7234.76公里，有99个路段单位423个收费站2940条车道(入口1229条、出口1711条)。其中，新增联网路段3条7个收费站91.48公里。2022年全省高速公路通行收费车流量2.92亿辆，日均80.11万辆(上年分别为3.52亿辆、96.54万辆)。

持续保障重大惠民政策的技术实施。1—12月12项惠民政策累计减免公路通行费63.32亿元：①重大节假日小客车免收通行费9.31亿元；②"绿色通道"车辆免收11.21亿元；③总体降标10%减收23.18亿元；④ETC客车5%优惠2.65亿元；⑤ETC货车5%优惠6.75亿元；⑥集卡车9折优惠1.74亿元；⑦免收联网维管费7901.66万元；⑧新冠疫苗运输车辆免收40.44万元；⑨2022年4季度(10月1日—12月31日)全国阶段性减免货车通行费10%优惠4.87亿元；⑩武汉城市圈及武监高速公路相关路段货车差异化收费优惠3398.32万元；⑪岱黄、汉蔡、汉洪、阳逻、十堰5个"用户免费通行、政府统一支付"区间路段惠民2.18亿元；⑫2022年5月1日起鄂黄长江大桥"用户免费通行、三方分摊结算"惠民3002万元。持续做好疫情防控相关数据共享和报送。

资金归集结算划拨更规范更高效。全年归集通行费总收入263亿元、日均7216.13万元(上年分别为280.77亿元、7692.22万元)；归集普通收费公路非现金通行费2.99亿元、日均81.9万元(上年分别为3.45亿元、94.48万元)。集中汇缴省直国库省级政府还贷高速公路通行费收入116.9亿元(上年为128.01亿元)。

非现金支付让"智慧高速公路"方便群众、提升效率。通行费收入非现金支付率超过97%。其中：ETC日均约5535.36万元，手机移动(银联卡)支付日均约1685.75万元，现金日均约177.15万元。按分工推进ETC服务专项提升，优化ETC发行系统，完成发行新监管平台对接及发行流程改造。规范和完善服务流程，与合作银行等共同做好ETC用户发行和售后，全年发行"通衢卡"用户24.09万户(客车23.13万户，货车0.96万户)。按照省有关改革决策，积极支持、主动配合湖北交投集团承接推动ETC市场化服务业务，提出全面深化ETC服务市场化改革的意见建议。

进一步提升公众出行服务水平。12122、95022服务热线受理53.70万件(日均1471件)，互联网自助查询服务333万次(日均0.9万次)，微信、短信平台、电台、门户网站等向社会发布出行信息69.18万条。部级客户服务平台受理客户服务投诉(协调)工单6.74万笔(比上年减少9.18%)，日均185笔。以"移动端"为重点，优化完善"湖北e出行"微信公众号服务功能，关注数突破128万人(ETC用户绑定87万人)。

全力保障全网性信息化基础设施正常安全运行。持续做好高速公路通信主干网管理维护和优化升级。加强高速公路视频云联网系统和省级视频联网系统日常管理与监测，保障视频在线率。加强数据管理，做好联网运行数据共享。强化网络安全管控和日常监测。开展常态化网络安全态势监测，全年全网监测及处置网络安全事件51起，圆满完成全国收费公路联网收费系统网络安全攻防演练以及党的二十大期间网络安全保障任务。

加强路网运行监测和通行介质管理。加强基础数据治理，加大系统运行监测力度，引导路网单位提升设备运行正常率、连通合格率等关键指标。累计投入高速公路复合通行卡(CPC卡)128.6万张，省内调拨CPC卡680次245.89万张，跨省调拨7次33.5万张。进一步拓展动态监测平台功能，探索路网车辆运行状况监测。

(左玲)

综合交通和水陆运输

【综合交通】 立体、畅通、绿色的全省综合交通运输基础设施建设成效显著。截至2022年底，全省综合交通网总里程32.4万公里，实现市市有高铁（荆门在建）、县县通高速公路、镇镇通二级公路、村村通硬化路和客车，交通"硬联通"不断延伸、加密、成网。全省公路总里程30.2万公里，其中国省干线3.5万公里（含高速公路7598公里）、农村公路26.7万公里。全省二级及以上公路4.1万公里，98%的建制乡镇通二级及以上公路，100%的行政村通沥青（水泥）路。建成三级客运站场203个、公路货运枢纽（物流园区）85个。全省内河航道通航里程8667公里，其中长江航道1038公里（占长江干线航道三分之一多）、汉江航道867公里；三级及以上高等级航道2090公里。长江干线有三峡、葛洲坝两大枢纽，汉江在全省境内规划和建设有8级枢纽（建成4级）。全省港口38个，其中主要港口4个、重要港口14个、一般港口20个，港口码头总泊位数1155个，其中生产性泊位746个、非生产性泊位409个。拥有清洁能源和新能源船舶31艘。全省铁路营业里程5684公里，其中高速铁路和城际铁路2064公里。全省共有机场13个，其中民用机场8个、通用机场5个。全省建制村100%通邮，快递网点100%乡镇全覆盖。油气管道7500公里，其中天然气管道5750公里。全省有公共交通线路2343条、4.3万公里（含武汉城市轨道交通线路14条，运营里程504.3公里）。拥有清洁能源和新能源公交车辆2.3万辆，占公交车辆总数的88.46%。

（冯乐）

【全省道路运输业发展】

1. 道路客运。2022年，全省有道路客运企业798户、班车6139辆、旅游包车6536辆、农村客运车辆12499辆；道路客运班线9022条；客运驾驶员7.6万人；三级及以上客运站203个，其中一级客运站45个、二级客运站89个、三级客运站69个。有农村候车亭、招呼站2.86万个。

道路运输保障有力有效。2022年春运全省道路运输发送旅客1364万人次、"五一"期间发送旅客168万人次、"十一"期间发送旅客247万人次，比上年分别下降19%、50%、33%。重要时段、防汛抗旱运力保障以及行业疫情防控工作平稳有序。

客运发展转型加快。仙桃市、宜昌市、荆门市等地纷纷开通跨地区定制客运班线。全省有上线定制客运线路45条，累计订单达278万单。全省实现二级以上汽车客运站和定制客运线路道路客运电子客票服务全覆盖（含联网售票三级客运站）。全省多地推动城际公交发展，如武汉江夏至咸宁、赤壁至崇阳等开通城际公交；襄阳市区至古驿镇黄渠河村公交线路上线运营，并与河南省新野县至新甸铺镇公交车对接，标志着鄂豫首条省际公交开通运营。

全域公交向纵深推进。持续推进湖北省全域公交县创建工作，以点带面提升城乡客运公共服务均等化水平。全省继续保持100%乡镇和建制村通客车，共计12个县（市、区）被确定为全域公交创建县，其中赤壁市通过全域公交县创建验收。

2. 道路货运。全省有营运普通货物运输车辆30.24万辆（不含4.5吨以下），其中总质量12吨以上的普货及半挂车23.96万辆，占比为79%。有危险货物道路运输车辆1.79万辆，其中挂车6758辆。有货运驾驶员74.4万人，危险货物道路运输驾驶员5.6万人。有普通货运业户14.1万户，危险货物道路运输业户421户。有交通物流园区78个。

网络货运快速增长。全省有网络货运企业100户，整合社会零散运力155万辆、驾驶员153万人，完成运单468万单、货运量2.7亿吨、货物周转量563亿吨公里，运费总额达201亿元。黄冈、武汉、孝感3个市网络货运企业数量位居全省前三，占比分别为43%、15%、14%。

农村物流更加完善。赤壁市、竹山县、罗田县等8个县市列入省交通运输厅客货邮融合发展创建县，老河口市、长阳县成功入围交通运输部第三批农村物流服务品牌。

现代物流降本增效。武汉市、宜昌市、襄阳市申报国家综合货运枢纽补链强链创建城市，其中武汉获批复。黄石市、咸宁市积极做好第二批全国城市绿色货配送示范工程创建工作。

3. 行业管理。开展2021年度客货运输企业和汽车客运站质量信誉考核。全省有道路旅客运输企业476家，质量信誉等级被评为AAA级的有287家、AA级153家、A级21家、B级15家，占比分别为60%、32%、5%、3%；道路货物运输企业1206家，质量信誉等级被评为AAA级的有491家、AA级397家、A级114家、B级204家，占比分别为41%、33%、9%、17%。二级以上客运站94个，质量信誉等级被评为AAA级的有81个、AA级13个，占比分别为86%、14%。与2019年度相比，参与考核的道路旅客运输企业数量下降12%，道路货物运输企业数量增长39%。

服务发展举措进一步完善。开展危险货物道路运输协同监管试点、常压液体危险货物罐车治理，全面实施危险货物道路运输运单管理，全省危险货物道路运输电子运单企业覆盖率保持100%，全年完成危险货物道路运输电子运单60万单。道路运输电子证照系统正式上线运行，发放电子证照1.2万张。上线"普货车辆年审"及"从业人员诚信考核"事项无人干预审批，5项道路运输高频事项实现"跨省通办"。

做好货运物流保通保畅工作。启用"湖北省重点物资运输车辆电子通行证"网上办事系统，实现"一网受理、一次申请、即接即办"，湖北省成为全国第一个与交通运输部实现互联互通的对接省份。截至2022年12月，全省累计审核发放重点物资运输车辆电子通行证11567张，运输重点物资25.4万吨，全力保障产业链供应链稳定。

（刘蔚）

【节假日运输】 2022年1月17日至2月25日，春运40天，全省铁、水、公、空共发送旅客2707万人次，比上年下降 1.9%。道路发送旅客 1364.5 万人次，比上年下降 19.6%；铁路发送旅客 1183.8 万人次，比上年增长 27.9%；水路发送旅客 10.5 万人次，比上年下降 11.5%；民航发送旅客 148.2 万人次，比上年增长 18.6%。其中，客流高峰出现在 2 月 6 日（正月初六），达到 93.1 万人次。

高速公路车流量增幅明显。随着人民生活水平不断提高以及常态化疫情防控背景下，人们出行方式悄然改变，自驾车出行比例持续增加，成为春运主流出行方式。全省高速公路收费站出入口总流量为 3996.1 万辆，比上年增长 4.5%，与疫情前车流量基本持平。

安全形势保持平稳。春运期间全省共接报适用一般程序道路交通事故 3120 起，比上年春运期间下降 8.7%，无一次死亡 3 人以上事故、无大范围长时间严重拥堵、无严重涉警舆情和事故，死亡人数同比下降；铁路、水路和民航运输均未发生重大交通安全责任事故。各地交通运输部门根据疫情防控需求及时优化运输线路和运力安排，确保衔接顺畅，减少聚集。

运力组织科学有序。各交通运输管理部门灵活调整配置运力，动态满足旅客出行需求，春运未发生"一票难求"现象。武汉、襄阳、孝感等城市积极做好市内交通接驳，协调公交、地铁、出租汽车等服务旅客出行，减少旅客进出站拥挤和站内聚集。铁路客流呈现节前一周客流保持高位运行、节后出行连续两波小高峰特点，单日高峰客流连续多日维持在 60 万人次左右。武铁客运部门运用大数据加强客流动态分析，节前安排始发客车 461 对（高铁动车 384 对、普速客车 77 对），节后安排始发客车 463 对（高铁动车 384 对、普速客车 79 对），累计开行夜行高铁 116.5 对。统筹兼顾货物运输，共运送各类物资 922.3 万吨，累计装车 16.2 万车、卸车 32.1 万车。重点做好渡口和旅游景区水路运力保障，全省投入船舶运力 2164 艘次，日均投入运力约 54 艘，除春节长假期间出现短暂出行高峰外，全省水路客流总体比较平稳，以宜昌（两坝旅游

以及清江库区普通客运）、武汉（两江游）为主。湖北民航辖区完成运输起降 2.8 万架次，比上年增长 22.6%。其中，武汉天河国际机场旅客吞吐量及运输架次比上年同期均有大幅提升，2 月 16 日达到最高峰，当日进出港旅客吞吐量为 7.1 万人次，实现"安全零事件、服务零投诉、疫情零感染"。

（刘恒）

【交通运输节能减排】 截至 2022 年底，全省有新能源公交车 19482 辆，占公交总数（25776 辆）的 75.58%，年度新增及更新公交车 3467 辆全部为新能源公交车。全省有 23 个县（市）公交车新能源率达 100%。全省有巡游出租汽车企业 278 家，巡游出租汽车 43733 辆，其中新能源车 6930 辆，占比约 15.8%。全省有网约车平台公司 70 家，办证车辆 3.7 万辆，其中新能源车 3.1 万辆，占比 83.8%。新能源动力船舶合计 96 艘，其中客船 14 艘、货船 7 艘、湖库区船舶 66 艘、工程船 3 艘、公务艇 6 艘。

1. 提升交通节能治理能力。印发《湖北省交通运输领域碳达峰实施方案》，从运输结构、组织模式、低碳出行、新能源工具、能源利用效率、低碳基础设施、重大科技攻关、低碳转型政策体系八个具体方面，制定出重点任务清单，提出五个方面、12 项工作任务，细化部署交通运输领域碳达峰工作任务。

不断推广"四新"技术运用。坚持创新驱动发展战略，加强重点项目、重点难题攻关，不断推进"四新"技术（新技术、新材料、新工艺、新设备）的研发、应用和推广。相继推广应用水稳填充大粒径碎石基层、大粒径沥青碎石基层、旧水泥路面多锤头破碎级配技术、再生利用技术、橡胶沥青技术、预防性养护（碎石封层、稀浆封层）等技术。

2. 优化交通用能结构。加快城市公共交通新能源推广应用。印发《关于进一步加快推进新能源公交车推广应用工作的通知》《关于开展全省城市公共交通服务质量提升行动的通知》，

强调各地新增及更新公交车中新能源比例原则上应达到 100%，积极推动城市公共交通提升新能源占比，明确提出新能源公交车推广应用情况与年度奖励资金挂钩。联合省财政、经信等部门分别于 2021 年、2022 年印发新能源公交车购置补贴实施细则，拨付 2021 年度新能源公交车购置补贴资金，通过资金政策导向，引导企业加快车辆购置更新步伐。会同省财政厅研究制定《湖北省城市公共交通发展奖励资金管理办法》，2022 年拨付城市发展奖励资金 5.36 亿元，进一步加大企业"输血"力度，缓解企业经营困难，促进城市公共交通等行业绿色低碳和可持续发展。

加快打造绿色低碳船舶。武汉阳逻至上海洋山江海直达 1140 标箱集装箱船有"汉海"系 5 艘船舶投入常态营运，其中"汉海 5 号"是全国内河最先进、装载量最大的江海直达敞口集装箱船，相比现行主力船型载箱量翻一番、单箱油耗降低 23%、运输成本下降 30% 以上。积极配合在武汉、宜昌、黄冈等地布局绿色智能船舶建造基地，实施气化长江、电化汉江、清江示范行动，抢占内河新能源船舶市场，进军海洋新能源船舶领域。

3. 加快绿色交通基础设施建设。进一步加快港口岸电、LNG 加注站设施建设，具备岸电供应能力港口泊位从 2020 年底的 210 个泊位，增长到 2022 年 456 个泊位，增长率 117%。全省货船受电设施改造协同推进，从 2020 年底不到 20 艘，增长到完成受电设施改造船舶 1007 艘，覆盖全省 1200 总吨以上船舶的 80%。全省港口具备岸电供应能力泊位 446 个，岸电泊位全年使用量 568.3 万千瓦时，其中货运泊位用电量 94 万千瓦时，比上年增长近 70%。

推进公路沿线充电基础设施建设。联合省能源局、国网电力湖北公司印发《湖北省加快推进公路沿线充电基础设施建设工作方案》，加快健全完善全省公路沿线充电基础设施，满足不断增长的电动汽车充电需求。针对普通公路服务区，指导各地与供电企业、充电设施投资建设（运营）企业共同

协商，综合考虑场地建设、运营条件、预期收益等因素，确定分年建设计划。截至2022年底，全省开通运营高速公路服务区133对，其中有98对服务区建设811个充电桩，覆盖率73.7%。有普通国省道服务设施432处，其中服务区72处，16处服务区建设46个充电桩。

4.优化调整运输结构。全省有国家级多式联运示范工程项目8个，数量位居全国第一。第三批国家多式联运示范工程武汉金控粮食物流项目、宜昌白洋港等项目准备接受国家验收。武汉武湖港区、荆州盐卡港、鄂州花湖机场项目入选国家第四批多式联运示范工程。联合省发展改革委组织开展省级多式联运示范工程创建，湖北顺丰空陆联运等10个项目成为湖北省首批省级多式联运示范工程。

运输结构持续优化。多式联运快速发展有力促进"公转铁、公转水"，铁路、水运货运量持续增加，综合运输量占比逐渐提高。2022年，湖北省铁路完成货运量6278.8万吨，比上年增加450.8万吨，增长7.74%。水路完成货运量58216.7万吨，比上年增加10591.7万吨、增长22.24%。铁路、水路、公路运输在综合运输中的比重依次是3%、27.8%、69.2%，比上年分别增长0.28个百分点、增长5.62个百分点、下降10.1个百分点。

多式联运服务水平不断提高。省内主要港口均开展多式联运业务，形成一批以武汉港、黄石新港等港口为始发港或中转港，上至重庆、成都、下至洋山港、宁波港的固定铁水联运或水水直达班轮，武汉成为中西部最佳内陆"出海口"。武汉、黄石、宜昌以开展"北粮南运西进"为契机，打通以湖北中转，连通东西的"东北三省—武汉港（黄石）—云贵川"多式联运通道。武汉—成都水公铁多式联运班列、武汉—厦门等铁水联运班列相继开通，湖北省内十堰、襄阳流向持续加大，内贸线辐射范围涵盖长三角、珠三角、华北、东北和中西部主要城市。荆州以开辟"北煤南运"为抓手，打通荆州中转的以煤炭、铁矿石等大宗货物为主的由北向东的多式联运通道。宜昌以翻坝运输为主要方式，打通"重庆—茅坪港—（公路翻坝）白洋港—武汉、上海"集装箱及大宗货物（如商品车）"水公水"翻坝转运示范线路。外向型通道方面，开通"中国武汉—日本关西""中国黄石—韩国釜山"近洋集装箱直达航线；江海联运牵手中欧班列，开通"阳逻港—吴家山—杜伊斯堡"水铁联运测试班列；以阳逻港—吴家山为中转，贯通"日本名古屋—蒙古国乌兰巴托"水铁联运国际新通道。

5.争创绿色示范工程。积极开展"国家公交都市"创建工作，印发《关于进一步加快推进新能源公交车推广应用工作的通知》《关于开展全省城市公共交通服务质量提升行动的通知》等文件，大力开展公交优先、慢行交通、绿色低碳发展等工作，创建国家公交都市。武汉市、襄阳市分别获得"国家公交都市"称号，宜昌市完成交通运输部"国家公交都市"验收工作，十堰市、荆州市、咸宁市列入"十四五"期国家公交都市申创城市名单。

争创国家绿色出行创建城市。积极创建国家绿色出行城市，引导公众出行优先选择共享单车、公共交通等绿色出行方式，培育绿色出行文化。2022年，武汉市、襄阳市通过交通运输部、国家发展改革委绿色出行城市评价考核，获得"绿色出行创建达标城市"称号，武汉市、襄阳绿色出行比例分别达到81%和77%。

积极创建绿色货运配送示范工程。湖北省第一批襄阳市、十堰市城市绿色货运配送示范工程通过交通运输部验收，第二批黄石市、咸宁市城市绿色货运配送示范工程待交通运输部验收，第三批武汉市城市绿色货运配送示范工程创建中。襄阳市完成城市绿色货运配送三级节点建设，建成襄阳陆港国际物流园、襄阳西综合商贸物流园2个一级节点，襄阳好邻居配送中心、襄阳日日顺配送中心、芮邦配送中心、新发地百应物流园4个二级节点，武商、沃尔玛、好邻居等商圈及社区、学校等生活圈440余个三级配送网点，初步构建起优质、高效、便捷的城市绿色货运配送服务网络。十堰市完成城市绿色货运配送"干、支、末"三级节点建设逐渐完善，2022年经考核验收，新增公共配送中心1个，新增末端配送站15个，累计建成并运营2个干支衔接型物流枢纽（园区），具备仓储、分拨、配载、配送、信息服务、中转换装等功能；建成9个公共配送中心、85个末端共同配送站。

持续开展绿色出行宣传活动。按照国家节能减排、绿色出行、公交出行等宣传活动要求，联合相关部门组织开展各类主题宣传活动，进一步培育城市公共交通文化，广泛动员社会公众参与绿色出行，加快推进形成绿色生活方式。

（刘恒）

【班线客运】 定制客运发展迅速。全省上线定制客运线路45条，累计订单达278万单。仙桃市开通至湖南岳阳东站定制客运快车，宜昌市、荆门市、赤壁市、红安县等地开通跨地区定制客运班线。"省客驾到"微信小程序预约接送机服务，实现从机场直达家。全省实现二级以上汽车客运站和定制客运线路道路客运电子客票服务全覆盖（含联网售票三级客运站），旅客无纸化出行成常态。

运输结构持续优化。全省有长途接驳客车422辆、卧铺客车168辆，比上年分别下降27%、45%。宜昌、天门、黄石、鄂州、神农架林区5个市州，无800公里以上客运班线车辆。省交通运输厅出台《800公里以上省际长途道路客运班线风险评估细则》，进一步强化长距离客运班线安全风险源头管控。

截至2022年底，湖北省有道路客运班线9022条，比上年减少8%，其中一类客运班线684条，比上年减少16%；二类客运班线1471条，比上年减少2%；三类客运班线960条，比上年减少9%；四类客运班线5907条，比上年减少9%。

（刘蔚）

【旅游客运】 大力支持运游一体化发展。鼓励汽车客运站与旅游集散中心合作，在汽车客运站设置景区专用候车室，鼓励企业开展旅游客运专线、旅游直通车、旅游公交、景区小交通等运游结合特色业务。黄梅县开通黄梅旅游公交专线串联起高铁东站和热门旅游景点，英山县开通城乡一体化旅游定制公交南神线，向群众提供"出家门、到景区"一站式服务。

推进旅客联程运输便民出行。拓展机场快线、联程运输、高铁直通车等服务。武汉市在省内主要客流枢纽设立"空铁联运服务点"，为乘坐高铁或动车（武汉站）来汉乘机的旅客提供"空铁"联运免费接驳服务，并与东航联合推出"空巴通"联运产品。鄂州市支持发展武（汉）鄂（州）黄（石）黄（冈）城际公共交通"一卡通"，推动航空与城市轨道、高铁、公路等运输方式"一票到底"和"行李直挂"。十堰市在十堰东高铁站配套建设汽车客运换乘中心，开通发往竹溪、竹山、房县、郧西等地高铁直通车。兴山县综合客运枢纽与高铁站同步投入运营，设有游客集散中心、地下停车场等设施，以神农架、县内旅游专线为主，开通3条旅游专线。

加强和改进旅游客运安全管理。各地规范发放包车牌，开展日常旅游包车客运车辆管理，严格落实车辆动态监控闭环管理有关要求。十堰市道路运输综合执法支队制定《十堰市包车客运经营管理导引》，优化包车备案手续，将备案审核时间缩短60%。全省旅游、包车运力5573辆；旅游、包车客运经营业户338户。

（刘蔚）

【城市公交运营】 截至2022年底，全省有公交企业138家、公交车辆25776辆、新能源公交车19482辆、运营线路2343条，年客运量近17亿人次，年运营里程11.7亿公里。

1. 落实公交优先，提高公交服务质量。部署公交服务质量测评，总结公交服务质量。推进全省部分公交企业经营情况调研，形成湖北省公交企业经营现状报告。指导市州开展"公交出行宣传周"活动，全省公交都市、省级公交示范城市和部分县（市）城市都普遍开展公交活动周活动。指导宜昌市迎接交通运输部对"国家公交都市"创建工作考核验收。全面完成交通运输部交办的对江西省上饶市、湖南省常德市和永州市绿色出行示范城市交叉考评验收，通过线下线上相结合、小组讨论、查阅材料、核对打分等环节形成考评结果，验收报告送至交通运输部运输司。受交通运输部委托，参加多个城市"国家公交都市"验收工作。

2. 制定油补新政并及时测算资金。按照《湖北省农村客运补贴资金和城市交通发展奖励资金管理实施细则》，测算湖北省2021年度城市交通发展奖励资金共计53606万元。统计2021年9月1日—12月31日期间新能源公交车购置补贴资金报告。

3. 指导行业做好服务保障。指导全省公交和出租汽车行业做好2022年中考、高考运输保障工作。及时回复社情民意，回复两会后省政府、省政协等相关单位交办的议案提案，实地处理信访，回复"打造敬老爱老公共汽车服务"和"推广跨省公交联运建议"等相关提案。报送"因运用智能技术困难导致老年人出行不便"负面案例。支持荆门市创建"锂电之都"申请，省公交协会在会员单位中积极宣传推广使用所涉及的产品。

（徐晓婷）

【城市轨道交通运营】 2022年，武汉市有轨道交通企业3家（含有轨电车企业），运营线路14条（含有轨电车线路3条），运营里程504.2公里（其中含有轨电车里程49.1公里），轨道车辆3167辆（其中地铁公司2868辆），从业人员16970人。轨道交通全年客运量8.94亿人次、日均客运量245万人次，其中地铁客运量8.86亿人次、日均客运量243万人次。新开通7号线北延线（前川线）一期、16号线二期2条线路，新增里程25公里。其中7号线北延线（前川线）一期

全长21.12公里，其中高架段长6.42公里、地下段长14.58公里、过渡段长0.12公里；16号线二期全长4.22公里，全部为高架站。新开工项目3条、在建项目12个，在建总里程162.5公里。"主城通达、新城覆盖、跨市延伸"的网络布局基本形成。

（赵大真）

【客运出租汽车运输】 巡游出租汽车行业。全省有巡游出租汽车43980辆，其中新能源车6930辆，有客运企业280户、个体1732户，从业人员近10万人，企业主要有"两权合一"经营、挂靠经营、个体经营3种经营模式，所占比重分别为66%、31%、3%。

网约车行业。全省有首汽约车、神州专车、易到、呼我出行、斑马快跑、风韵出行、万顺叫车、尚车出行、曹操专车、滴滴出行等60家平台公司，在全省14个市州分别办理"网络预约出租汽车经营许可证"；全省为34968辆车办理"网络预约出租汽车运输证"；为116532人办理"网络预约出租汽车驾驶员证"。

1. 做好出租汽车行业服务和稳定工作。按照交通运输部要求，确定湖北省出租汽车行业电子证照推行范围和服务对象，全面推进电子证照工作；摸清全省出租汽车底数，打牢行业管理基础。积极参与阳光行动安全检查及全省道路运输风险隐患排查，对林区、襄阳、武汉、潜江、天门、十堰、随州等地进行安全检查督查，从根源上化解安全隐患。收集整理巡游出租汽车历史遗留问题三年整治活动情况，指导各地采取措施，化解隐患和矛盾。继续开展"95128"电话约车推广，提高服务质量和水平。积极参与网约出租汽车行业党建工作，摸清底数、建立组织、搭建阵地、开展活动。督促指导出租汽车企业做好后疫情时代防疫工作，解决群众出行需求。指导全省出租汽车行业做好2022年普通高考运输保障工作。及时回复社情民意、省政府省政协议案提案，实地协助处理信访。

2. 开展出租汽车质量信誉考核工

作。按照交通运输部《关于印发出租汽车服务质量信誉考核办法的通知》要求，组织开展 2021 年度考核工作并上报考核结果，2021 年度出租汽车服务质量信誉考核 AAAA 级企业有武汉大通汽车出租有限公司等 6 家、AAA 级企业有武汉江满汽车出租有限责任公司等 104 家。

3. 制定油补新政并及时测算资金。贯彻落实《关于调整农村客运、出租车城市交通发展奖励资金政策的通知》《关于印发"十四五"时期农村客运、城市交通发展工作绩效考核办法的通知》，按照《湖北省农村客运补贴资金和城市交通发展奖励资金管理实施细则》，测算全省 2021 年度城市交通发展奖励资金。及时测算分配 2020 年度巡游出租汽车燃油补贴资金，形成分配方案。

（吴松）

【城乡客运一体化】 加快推进城乡客运一体化，出台《湖北省全域公交县创建管理办法》，在全省继续保持 100% 乡镇和建制村通客车的基础上，持续推进湖北省全域公交县（市、区）创建工作，以点带面提升城乡客运公共服务均等化水平。潜江市、团风县等 8 个县市被确定为全省第二批全域公交创建县，共计 12 个县（市、区）被确定为创建县，其中赤壁市通过创建验收。大力推进乡镇汽车客运站、农村候车亭达标行动，近两年建成乡镇综合运输服务站 90 个、农村候车亭 5193 个。组织开展 2021 年度城乡道路客运一体化发展水平评价工作，全省 94 个县（市、区、城市主城区）中，AAAAA 级 76 个，占比为 81%，AAAA 级 15 个，占比为 16%，AAA 级 2 个，占比为 2%，AA 级 1 个，占比为 1%。

（刘蔚）

【全省交通物流业发展】 截至 2022 年底，全省有道路货运经营业户 14.1 万个，规上道路货运企业 553 家，普通货车 30.2 万辆（其中 12 载重吨以上 23.9 万辆），危险货物道路运输车辆约

1.1 万辆。全省网络货运平台企业 90 家，整合社会零散运力 155 万辆、驾驶员 153 万人。

枢纽设施。武汉市被列为国际性综合交通枢纽，黄冈—鄂州—黄石、宜昌、襄阳被列为全国性综合交通枢纽。至 2022 年底，全省有交通枢纽物流园区 85 个，县级物流中心实现全覆盖，建成乡镇综合运输服务站 527 个，快递网点乡镇覆盖率 100%，快递进村覆盖率达 80%。

运输总量。2022 年，全省交通运输行业克服疫情不利影响，货运物流服务总体保持平稳运行，完成货运量 20.95 亿吨，比上年下降 2.5%；完成货物周转量 7543.53 亿吨公里，比上年增长 12%，为全省稳定产业链供应链、稳住经济大盘提供有力支撑和保障。其中公路货运量 14.5 亿吨，比上年下降 10.1%；公路货运量占总货运量的比重为 69.2%，比上年下降 5.9%，运输结构持续优化。

主要做法：

1. 畅通运输通道。全省综合交通网总里程 32.6 万公里，公路总里程、农村公路总里程位居全国前列，实现县县通高速公路、镇镇通二级路、村村通硬化路，交通"硬联通"不断延伸、加密、成网。全省"九纵五横四环"高速公路骨架网基本形成。

2. 做强货运枢纽。2022 年，武汉市成功入选国家首批综合货运枢纽城市，最高可争取 15 亿元中央财政补助资金，年度获得补助资金 5 亿元。其他 3 个综合货运枢纽城市积极争取纳入交通运输部、财政部支持对象。全省投资补助交通物流枢纽园区 85 个，武汉东西湖综合物流园、宜昌三峡物流园、襄阳国际陆港物流园、十堰林安综合物流园等大型物流园区稳步运营。

3. 做优多式联运。全省申报创建武汉、宜昌、黄石、鄂州、荆州市等 4 批次共 8 个国家多式联运示范工程，数量位居全国首位，累计完成总投资约 161 亿元，争取中央补助资金近 10 亿元。同时，联合省发展改革委开展 10 个省级多式联运示范工程创建。武汉、宜昌、黄石、鄂州依托国家多式

联运示范工程建立多式联运信息平台。阳逻港、黄石新港均与铁路运营公司签订战略合作协议，枝城港实现与铁路 95306、船舶长江北斗的联通。

4. 助推货运转型。襄阳、十堰、黄石、咸宁、武汉 5 个城市成功申报国家绿色货运配送试点城市。全省 90 家网络货运平台企业在物流信息推送、车货匹配、车联网等方面发挥重要作用。成功培育省级农村县、乡、村三级物流体系示范项目 29 个。赤壁市、竹山县、长阳县、老河口市成功申报国家农村物流服务品牌。

5. 做大市场主体。着力培育道路货运规上企业，总数由 165 家增加到 553 家，数量位居全国第五。全省聚集培育以港口、汽车、冷链、商贸、电商、快递等为主导的物流服务企业，有顺丰泰森控股集团、长江航运集团等国家级物流龙头骨干企业，湖北交投物流集团等区域骨干物流企业，楚象和国控供应链集团等省级龙头骨干物流企业，九州通医药物流公司等"独角兽"物流企业。

6. 营造发展环境。印发《湖北省推进多式联运发展优化调整运输结构工作方案 (2022—2025)》，持续推动全省多式联运高质量发展优化运输结构。会同省财政厅制定《湖北省多式联运示范工程奖补资金管理办法》《支持公路货物运输业发展实施方案》等配套措施，对符合条件的多式联运示范工程和规上道路货运企业进行奖补。落实减免高速公路通行费政策，推广高速公路差异化收费。全面落实货车"三检合一"，开展"我要开物流公司（货运）"一事联办试点及推广工作，多措并举降低物流成本。

（白云峰）

【驾驶培训行业管理】 积极推进驾驶培训与公安考试系统对接工作。在省交通驾驶培训监管服务平台与省公安互联网交通安全综合服务管理平台通道打通基础上，武汉市率先明确计时培训和两网对接全面落地。继续指导服务各市州对接工作，黄冈、孝感两地交通运输、公安联合印发关于做

好驾培驾考联网对接工作通知，分别于4月1日、5月1日正式启动对接工作。武汉、孝感两地对接顺利，培训和考试工作衔接平稳有序，工作初见成效、行业总体稳定。

完成上年度驾驶培训机构质量信誉考核工作。参与《湖北省机动车驾驶培训机构质量信誉考核办法（修订稿）》审查会，提出相关意见和建议。按照原《湖北省机动车驾驶培训机构质量信誉考核办法》，督促各市州完成上年度驾培机构质量信誉考核工作。2021年全省有655家机动车驾驶培训机构参加考核，考核结果为AAA级122家、AA级353家、A级132家、B级48家，另有经营未满一年不参加当年考核50家，未参加考核15家。

（胡礼苗）

【道路运输从业人员培训】 加强道路运输驾驶员网络远程继续教育管理。根据省交通运输厅《关于调整湖北省道路运输从业人员网络远程继续教育系统备案流程有关事项的通知》中关于数据联通要求和交通运输部《道路运输驾驶员继续教育办法》要求，草拟《关于加强道路运输驾驶员网络远程继续教育管理有关事项的通知》，要求尽快完成网络远程继续教育与运政系统对接，明确网络远程继续教育形式和内容，进一步加强网络远程继续教育服务和监管，持续优化湖北省营商环境。全省备案系统31家，其中在开展网络远程继续教育服务系统中，有12家完成与道路运政管理系统对接，基本涵盖实际在湖北省开展网络远程继续教育的全部企业。

协助做好贴近民生实事有关工作。进一步落实《交通运输部办公厅关于印发2022年推行适老化交通出行服务等5件更贴近民生实事工作方案的通知》要求，推进道路运输高频事项"跨省通办"服务提质增效工作，持续提升湖北省道路运输政务服务便民利民惠民水平，代拟《湖北省推进道路运输高频事项"跨省通办"服务提质增效工作方案》，承办"跨省通办"业务培训会。按照每月通报一次全省"跨省通办"业务办理成功率有关情况要求，完成月通报5次，并积极协助省交通运输厅约谈落后地市，确保年度目标任务如期完成。

协助做好信访回复有关工作。及时上报道路运输从业人员网络远程继续教育有关问题，省交通运输厅印发《关于加强道路运输驾驶员网络远程继续教育管理有关事项的通知》，进一步优化道路运输驾驶员网络远程继续教育营商环境。积极回应公众诉求，对厅转办的潜江出租汽车行业协会《关于延长出租汽车驾驶员从业资格年龄的请示》，提出并上报《关于延长出租汽车驾驶员退休年龄问题的回复意见》。

做好道路运输从业人员职业技能竞赛相关工作。做好参加第十三届全国交通运输行业职业技能大赛全国总决赛赛前网上报名等有关工作；协助宣传2021年全省机动车驾驶培训教练员职业技能竞赛中获第一名并获得湖北五一劳动奖章的先进个人耿志彬；协助厅工会做好2022年交通运输行业职业技能竞赛前期准备工作，带队参加全国大赛并获得机动车驾驶教练员项目团体第六名的好成绩；配合省交通运输厅做好因疫情推迟举办的2022年"湖北工匠杯"技能大赛——全省交通运输行业第六届"交通工匠杯"职工职业技能大赛机动车维修工项目比赛。

（胡礼苗）

【机动车维修和检测】 加强汽车维修数据综合应用，推动维修行业管理。贯彻落实交通运输部、生态环境部、商务部、市场监管总局四部门《关于深化汽车维修数据综合应用有关工作的通知》部署安排，指导汽车维修电子健康档案系统技术开发单位根据交通运输部要求对系统进行升级，按照交通运输部《关于定期报送汽车维修电子记录数据归集工作进展情况的通知》要求，建立湖北省三类维修经营者数据上传工作台账，以月为周期收集汇总各市"汽车维修数据归集进度表"，定期向部上报湖北省三类维修经营者数据。

继续推广应用湖北省汽车维修电子健康档案系统。全省17个市州推广实施汽车维修电子健康档案，实现部省系统数据对接。按照交通运输部《关于深化汽车维修数据综合应用有关工作的通知》，推动湖北省汽车维修电子健康档案系统向三类维修企业延伸。督促和引导维修企业使用系统，提高系统使用率和数据上传。1—12月，全省一、二类维修企业4075家（含新增企业）和三类维修企业1078家安装汽车维修电子健康档案系统，上传维修数据216万余条，上传率37.4%。有1040家维修企业完成系统对接，实现数据自动上传；有1710家维修企业，出具汽车维修竣工出厂合格证50.53万张，尾气治理数据9万余条。

推进道路货运车辆"三检合一"工作，优化道路运输车辆技术管理。贯彻落实国务院关于推进道路货运车辆"三检合一"有关决策部署，落实《机动车安全技术检验项目和方法》（GB 38900—2020）和交通运输部《关于优化道路运输车辆技术管理 便利开展车辆技术等级评定工作的通知》要求，发布《关于开展机动车检验检测机构联网登记的公告》，指导取得市场监管部门颁发的相关资质认定证书，并实现与机动车安全技术检验检测系统和机动车排放性能检验检测系统联网的机动车检验检测机构接入道路运输车辆综合性能检测联网系统。全年有315家检验检测机构实现"三检合一"。全省道路运输车辆检测量为32.89万辆次，其中出具省内异地检测报告5.19万份、跨省异地检测报告2.91万份。

推进实施机动车排放检测与强制维护制度（I/M制度）工作。交通运输部、生态环境部下发《关于发布〈汽车排放检验机构和汽车排放性能维护（维修）站数据交换规范〉的公告》（交通运输部公告2020年第100号），湖北省生态环境厅、省交通运输厅及省道路运输事业发展中心通过调研、座谈、试点，基本实现全省汽车排放检验信息和维修治理信息闭环联网管理。实际工作发现有生态环境部门和交通运输部门公告的汽车排放性能维护（维修）站情况不一致问题，为便于两部门管理工作的开展，完善省级汽车维修电子建康档案系统功能需求，在企业维修信息录入时，汽车排放性能维护（维修）站必须进行标注。各地指导汽车排放性能维护（维修）站在汽车维修电子建康档案系统中进行申请标注，并规范录入尾气治理数据。2022年，汽车维修电子建康档案系统中标注的汽车排放性能维护（维修）站有685家。全年尾气治理数据上传数据9万余条。

（陈蕤）

【全省水路运输】 2022年，全省完成水路货运量5.8亿吨，比上年增长22.2%；货物周转量4261.2亿吨公里，比上年增长23.6%。全省港口集装箱铁水联运量完成8.5万标箱，比上年增长32.8%。受疫情影响，全省水路客运量下降明显，完成水路客运量205万人次，比上年下降35%；完成旅客周转量8048万人公里，比上年下降57.1%。

推进全省运输船舶受电设施改造工作。组织召开全省运输船舶受电设施改造专题会，对各市州运输船舶受电设施改造工作进行动员部署。定期对运输船舶受电设施改造进度进行调度和通报，督促指导相关市州组织动员航运企业，做好船舶改造图纸设计和送审，大力推进改造工作。全年完成772艘船舶受电设施改造目标任务。

按职责分工，协助做好航运企业、运输船舶运营资质管理及航运企业行政许可审批等事项资料审查工作。开展2022年国内水路运输及其辅助业和国际船舶运输业核查，协助开展重点企业现场核查、水路运输企业"双随机、一公开"现场检查等工作。加强基础信息管理，组织开展省部水运政务数据共享涉及航运企业及营运船舶数据更新。

加强重点企业监测及行业发展研究。落实全省水运行业助企纾困工作要求，加强重点港航企业运行监测，按月对全省重点监测水运企业经营数据及问题反馈汇总、统计和分析，形成月度分析报告。开展《湖北省水运企业及船舶运力发展情况分析》《全省水路货运市场情况分析》《关于推进全省水铁联运发展的几点思考》等研究，积极思考、谋划全省水路运输行业发展。

圆满完成为期30天的三峡南线船闸和葛洲坝三号船闸检修期间湖北水路运输保障工作。进一步修订完善全省船闸检修期运输保障和行业安全稳定方案，引导航运企业提前做好运输组织优化和货物分流，主动了解企业诉求，及时掌握和消除各种不稳定因素，同时严格标准配合做好全省重点急运物资过闸运输保障。

（崔娟）

【长江航运管理】 安全形势持续稳定。开展安全生产强化年和大检查，推进专项整治三年行动巩固提升，船舶违法行为得到有效遏制，长江干线"三无"船舶、内河船涉海运输违法行为实现"动态清零"。创新安全监管手段，深入开展"航运企业安全生产主体责任落实年"活动，实施过闸船舶100%安检和差异化管理，基本建成长江江苏段全要素水上"大交管"。持续加强应急能力建设，推动湖南、安徽等省份建立水上搜救联席会议制度，长江万州、武汉、南京水上应急救助基地开始运行，配合交通运输部成功举办2022年长江三峡枢纽水路交通突发事件应急演练。全年实施水上搜救行动197起，救助人员2364人，人命救助成功率99.3%。

疫情防控和保通保畅扎实有效。因时因势调整优化疫情防控举措，助力打赢大上海保卫战，做好国际航行船舶引航、船员换班以及旅游客船等疫情防控，服务保障水路物流供应链畅通。及时启动应急梯队运转模式，完善航道运行、三峡船闸运行、引航生产预备队制度，平稳有序做好疫情防控转段工作。加强航道养护，合理配置疏浚力量，强化重点河段交通组织和通航秩序管理，优化三峡枢纽船舶调度，严格过闸船舶联动管控，打赢战枯水保畅通保安全保运输攻坚战。落实国务院物流保通保畅工作领导小组要求，保重点、疏堵点、优服务，开辟重点物资运输"绿色通道"。2022年，长江干线港口完成货物吞吐量35.9亿吨、集装箱2453万标箱，比上年分别增长1.7%、7.7%，三峡枢纽通过量1.6亿吨，比上年增长6.1%，再创历史新高。

绿色发展全面提速。水上绿色综合服务区量质齐升，新建投运4处，全线运营达17处，成功打造样板服务区4处，配合交通运输部编制印发内河水上服务区服务指南。岸电应用全面推广，累计完成运输船舶受电设施改造1万余艘，沿江主要港口码头岸电设施基本普及，汽车滚装码头岸电

2022年11月30日，长江三峡船闸应急演习

设施实现全覆盖和标准化改造,船舶靠港使用岸电艘次、时长、度数比上年分别增长57%、57%、14%。船舶污染防治成效明显,完成生态警示片披露问题整改,举一反三推进"零排放",船舶水污染物联合监管与服务信息系统有注册用户29万、船舶9.1万艘;以《江苏省长江船舶污染防治条例》为代表的地方立法取得突破,强化船舶污染防治一体化法治依据。依托武安段工程推进绿色航道建设,初步形成中下游绿色航道建设成套技术,并加快在朝涪等上游河段的工程实践。

规划建设适度超前。推进"十四五"规划落地实施,7个项目工可获批复、10个项目初步设计获批复、15个项目开工建设、15个项目竣工验收,全年落实投资16.4亿元。稳步实施航道建设工程,推进干线航道区段标准统一,4.5米水深航道上延至岳阳,蕲春水道等项目竣工验收。涪丰段工程开工建设,荆江二期工程环评获批,长江口南槽二期、安芜段等重点工程前期工作加快推进。28处航道生产设施同步建设,岱家山基地建设进展顺利。水下探测船和常压深潜水系统交付使用,航道维护和应急救助装备再添新军。加强规划研究,深化三峡水运新通道相关研究,参与赣粤、湘桂运河前期研究,配合交通运输部修订《全国港口与航道布局规划》,实施《长江干线港口布局与港口岸线保护利用规划》,推进武汉港等港口总体规划修编实施,开展长江干线锚地布局规划研究。

运输结构调整步伐加快。对省际客运、液货危险货物运输市场加强宏观调控,全年淘汰液货危险货物运输船109艘、5万载重吨,老旧客船1艘、216客位。与长江水系交通运输主管部门、航交所建立水路运输市场信息共享机制,编制发布各类市场监测分析报告,引导港航企业科学合理经营。开展船舶运力结构和运输市场经营主体结构优化研究,探索缓解普货运输市场供需矛盾。积极推进多式联运发展,新开通武汉至舟山江海直达、中国武汉至俄罗斯外贸直航航线,

南京、重庆、九江等港口新建铁路专线投入常态化运营,集装箱铁水联运量累计完成40.8万标箱,比上年增长67.4%。深入推进船舶标准化,长江干线过闸运输船舶主尺度符合率达91.4%,新国标实施以来新建船舶符合率100%。

服务保障能力不断提升。航道通过能力稳步提升,试运行将宜昌至武汉航道最小维护水深分时分段提升0.5~1米,分时开放长江武汉至岳阳段海轮航道。政务服务效率大幅提升,深化"上门办""异地办"等便民举措,证书办理平均提速30%;推广内河船员"多证合一",推行行政处罚"不见面"办理,"三峡通航过闸服务"在部政务服务"好差评"系统中获100%好评。公众服务举措不断创新,在重庆、芜湖设立内河一类船长实操考点,开设"有话您说"网络互动栏目,建成14个"长江船员服务驿站",设立便民核酸检测点、物资补给站,积极解决船员急难愁盼问题。助企纾困力度不断加大,推动企业复工达产,指导省际客船有序复航;推进船员复培复考,基本实现线上报名、远程考试全覆盖。

科技创新成果丰硕。交通强国试点在智慧航道、智能通航、北斗终端、全要素安全监管等方面形成一批特色应用成果。一批重大科研项目取得佳绩,局系统获省部级科技奖励38项,5项重大科研成果入选"2022年度交通运输重大科技创新成果库","长江干线典型航段智能航运先导应用试点"项目入选交通运输部首批应用试点项目。推进技术创新成果应用,对省际旅游客运、液货危险货物水路运输许可启用电子证照,船舶过闸安检一体化、海事智能管控、船岸协同执法等科技成果在一线发挥积极作用。长江电子航道图向京杭运河等高等级航道推广,京杭运河苏北段475公里完成制图,在全国内河接近5000公里航道成功应用。

(张伟)

【港口管理】

1. 船舶和港口污染防治持续攻坚

提升,取得阶段性进展。拟定湖北省长江高水平保护船舶和港口污染防治专项攻坚提升行动方案,制定重点工作清单,明确任务、责任、时限,报省政府于2022年初印发。完善全省船舶污染防治专项战役年度评估方案。督促全省涉水市州于8月底前完成船舶污染物接收能力与到港船舶水污染物产生量评估工作。全省船舶污染物综合日常年接收能力为船舶生活垃圾10965吨/年、生活污水65.9万吨/年、含油污水20万吨/年。建立污染防治工作情况月季度调度机制,每季度对船舶污染防治工作全面调度,每月度对部分工作精准调度。对年底结账的重点项目,采取倒排工期、密集调度等方式督办推进任务按时完成。

5月底,全省完成所有涉及船舶防止生活污水污染水域处理装置或储存设施设备改造。完成全部年度计划273个低压岸电接插件升级改造。2022年底,完成4016艘船舶生活污水收集处置装置改造,建成41个船舶污染物接收转运码头,配置160艘(辆)船舶污染物接收转运移动设施,安装3724个码头面固定接收设施,船舶污染物接收实现全省港口全覆盖。

2. 港口安全管理常态化运行,安全形势总体平稳。深入推进整治危货港口作业安全生产重点难点问题。继续开展"2022年安全生产三年专项整治行动"以及安全生产专项整治行动总结工作。开展港口安全生产大检查、大清理、大整顿工作。按照省交通运输厅《关于开展全省危货港口企业、危货水路运输企业和水路客运企业安全生产管理督查工作的通知》工作要求,对全省重点港口企业安全生产管理开展"专家会诊"工作。

严格开展自查、排查、督办三级联动程序,确保工作取得实效。组织辖区内港口危险货物企业开展自查工作,全省58家危险货物港口企业全面完成四个方面企业自查工作。对重大危险源的港口危险货物企业,开展全面安全检查不少于1次,对有港口危险货物安全监管职责的市(州)港航部门履职情况开展督查。

查漏补缺、抓好危险货物港口作业安全生产重点难点问题整治工作。督促落实企业安全主体责任。开展"未批先建"和"超期试运行"专项治理。对武汉港洗舱站、荆州港金澳物流二期工程、宜昌港秭归成品油翻坝茅坪码头工程建设项目开展安全条件审查。统一开发并实施"湖北省港口危险货物安全监管基础信息系统"。强化港口危险货物从业人员职业资格管理和监管人员培训。

3.港口经营环境持续改善,营商环境进一步优化。全力推动全省港口资源整合,激发湖北港口发展潜力。指导湖北港口集团有限公司按照"规划引领、功能定位、市场运作、资本纽带"的总体原则整合全省港口资源。指导省港口集团按照科学定位、合理分工、错位发展的原则,完成全省港口功能定位研究。

开展全省港口经营企业资质核查等工作。2022年核查是省港口经营许可审批权限全部下放各市、县后的首次集中核查。全省核查港口企业379家,其中普通货物港口企业216家、危险货物港口企业55家、集装箱港口企业16家、客运港口企业22家、滚装港口企业6家,取得经营许可证企业292家。备案家数为87家,其中港口理货企业5家、港口服务类企业82家。

打造交通强国示范,推动绿色港口建设。推动黄石新港打造绿色港口示范工程,进入规划编制阶段。现场调研全球首创链斗式连续卸船机装卸工艺和港口堆场全封闭膜结构。指导黄石新港紧扣关于港口高质量发展要求,细化绿色港口试点方案,紧扣绿色港口创建要素、目标指标、实施流程,按时间节点有序推进绿色港口建设,形成具有引领作用的示范成果。

(潘婵)

【船员培训和管理】 2022年,全省组织船员培训45期,参加培训船员1475人;组织船员考试29期,参加考试船员1667人。办理船舶所有权登记、国籍登记、注销登记等船舶登记业务2591次,授予289艘船舶识别号,核发内河船员适任证书4888本、特殊培训合格证598本、服务簿1112本、最低安全配员证书810本。全省船员考试发证机构严格落实新冠肺炎疫情防控措施,在培训、考试、发证等环节未出现任何疫情。

1.克服疫情影响,完成船员培训、考试和发证任务。采取针对性措施加强船员培训、考试、办证等人员密集场所疫情防控管理。适时调整船员培训开班计划,以线上线下相结合的方式组织船员培训,学员在校培训期间实行封闭式管理。船员考试期间,强化考生等待检查、进场、候考和考试期间管理,开展身份核实、两码一证核验、体温测量、信息登记等工作,强化疫情防控意识,督促严格落实疫情防控要求,避免人员聚集。积极推广使用海事综合服务平台和手机App、湖北省政务服务网、海事一网通办平台,推行邮寄、预约、延时、容缺等服务,严防疫情通过船员培训、考试、办证环节传播。

2.开展专项整治活动。按照交通运输部海事局统一部署在全省范围内开展船员管理现场监督检查,对船员履职活动、船员职业资格、船员权益保障、船员服务机构、船员培训机构等实施检查。围绕"牢固树立安全发展理念,严守水上交通安全防线"主题,广泛收集事故类型高发、事故损失严重等具有代表性、警示教育的典型案例,通过日常监督检查、调研走访和"线上+线下"集中宣贯等方式开展典型事故案例进航运公司活动,促进航运公司岸基人员、船员筑牢安全生产红线意识,促进航运公司安全管理水平持续提升。督促船员培训机构将典型事故案例安全警示教育宣贯纳入教学内容,通过课堂警示宣贯、典型案例展板、发放宣传资料、播放警示教育片等多种方式,普及水上交通安全知识,提升学员守法遵章意识和安全意识。

3.加强业务培训。组织全省船员管理人员参加交通运输部海事局举办的全国海事系统船员管理业务线上培训,系统学习船员管理职责及法规框架、船员培训管理、船员考试发证管理、船舶配员值班管理、船员政务服务和船员权益保障等业务知识,全面提升船员管理人员综合业务能力和专业化水平。协调利用湖北交通职业技术学院船员实操训练设备及教学资源,组织辖区航运企业、船员培训机构、交通系统中具有较高理论水平和实操经验的船长、轮机长共46人参加船员实操考试评估员适任培训,重新审核并公布辖区内河船舶船员适任评估员名单和评估范围,更新评估员业务知识、充实评估员队伍,进一步提高船员实操评估质量。充实船员管理质量管理体系审核员队伍,新增船员管理质量管理体系普通审核员10名。

(王祥)

【船舶检验】 船检业务工作。2022年全省检验登记船舶6997艘、446万总吨、161.2万千瓦。全年审查船舶图纸335套,检验船舶7686艘次、726.1万总吨。其中,完成建造检验467艘、83.6万总吨,营运检验7219艘次、642.5万总吨。完成船用产品检验2.48万件(台、套)。与上年相比,船舶审图和建造检验业务量略有下降,营运检验业务量基本持平,船用产品认可工厂数量、检验批次和件(台、套)数均增长显著。

1.创新船检工作模式。落实省交通运输厅船舶检验管理评价办法和船舶检验资金补助管理办法(试行)相关要求,购买第三方服务,按照体系内审程序,采取线上和线下结合方式,组织实施2022年度船检质量考核评价。发现问题66个,开出不符合41项,推进船检管理模式持续优化。全省按时、有序完成交通运输部海事局协同平台升级和内网转换。宜昌"e船检"功能进一步完善,新增短信提醒、证书邮寄服务等功能,船检服务水平进一步提升,获评湖北省自贸区服务创新项目。小船检验管理制度创新试点有序推进,省港航中心定期跟踪试点进度,加强调研指导。宜昌船检中心主动靠前服务,按时完成126

艘试点船检验发证，简捷、便民、高效服务受到一致好评。宜昌第二阶段深化优化小船试点工作方案报请当地交通运输主管部门印发。

2. 推进质量体系，规范检验行为。加强质量体系宣传培训，采取集中培训、专题研讨等多种方式，抓好质量体系对内、对外宣贯，营造运行体系良好氛围。推进质量体系有效运行，督促各级船检部门发挥船检质量管理体系 (B/0 版) 监督和引导作用，把运行质量体系与检验业务日常管理有机结合，不断促进检验行为流程化、标准化、规范化，保证船检程序到位率不低于 95%，顾客满意度达到 90% 以上。宜昌、黄冈、襄阳等地结合自身实际，细化编制相关规定。

3. 加强质量监督，确保检验质量。按照"双随机、一公开"要求，省港航中心不定期开展船检质量督查。建立多级审查制度，坚持从严管控船检登记号。利用海事协同平台检验监督功能，强化船图一致性等关键项目审查。对船舶总吨位、总功率等与审批图纸不一致或未按新法规复审的，一律补办审批手续、补充说明再授号，全年审核授予船检登记号 421 艘。开展船舶中间检验、换证检验免予船底外部检查、初次检验等情形审核。安排专人跟踪、督办全省 11 艘存在检验质量问题船舶的整改。有序推进在建船舶重要设备设施持证上船专项检查。督促宜昌、黄冈、鄂州等地州开展船厂自查、船检核查、问题整改，共计检查船厂 40 家，自查船舶 187 艘，发现问题 94 个，全部完成整改，长江海事局组织集中检查，给予高度评价。

加强船舶检修检测机构管理。全年完成 15 家船舶检修检测公司、22 个检测类别认可。强化新增船舶检修检测公司管理，由市州先行现场抽查评估、撰写专题报告，省港航中心再在部海事协同平台进行审核、公布。根据长江海事局武汉船检管理处辖区船舶检修检测服务机构监督情况通报，做好湖北省船舶数据采信问题跟踪督办。

4. 增强服务意识，提升服务质效。精准助力造船企业、航运企业疫后重振，各级船检部门认真执行部海事局疫情常态化防控期间检验管理新要求，鄂州、襄阳、十堰等地试点探索远程检验，确保疫情期间船检工作不断不乱。宜昌加强船用产品检验和展示推介，助力打造宜昌船舶工业全产业链共同体。强化新能源动力船、植物油船、大型化船舶以及海船建造检验质量监督，省港航中心采取购买服务方式，对 8 艘船舶建造检验质量实施专项抽查评估。复审审批图纸重要项目现场实船勘验 35 次，发出工作联系单 42 份，严把图纸合规性、船图一致性、建造施工质量、阶段检验、试验结果等关键环节，并对发现文件进行闭环整改。

强化建造检验管理。加强船厂质检要求和管理，夯实厂方船舶建造质量主体责任。加强船舶开工前检查、船舶下水前、完工前等重要环节的复核。强调图纸审查"六必须"(设计单位必须有资质、审图申请表和建造合同，适用法规规则必须正确，初审意见必须有回复，稳性必须计算校核，图纸资料归档必须完整)，建造检验"五不检"(未建立质量自检制度的、报废船舶和设施不检、技术资料不真实、未取得运力审批手续、不具备检验安全保障的)和"五杜绝"(船厂无资质建造、无审批图纸、来历不明的改造、不按规定程序报检、问题未整改继续施工的)。

5. 开展专项活动，消除重点隐患。贯彻落实交通运输安全生产 3 年专项整治行动，开展客船救生、消防设备"回头看"，对 2002—2005 年期间建造船舶质量进行专项复查。对船长 20 米以上、3000 总吨以下船舶载重线和货物装载专项检查，消除安全隐患。十堰市开展乡镇渡船检验质量专项治理技术复核工作，检查渡船 108 艘。武汉市联合水上公安，成立船舶技术勘验点，配合查处 4 起船舶非法盗采江砂案。强化过程管理，从图纸审查、建造检验、营运检验等环节严格把关，严防"大机小标"反弹。在交通运输部海事局支持下，协调周边省市船检部门支持，推动孝感、随州、鄂州市等地完成 10 余艘内河货船"大机小标"(218 千瓦) 问题整改。

6. 认真履责，推进船舶防污染检验和绿色船舶发展。

扎实推进船舶防污染专项治理。全省船检部门将防污染检验工作与船舶稳性、船舶强度检验同等重视，从审图、建造和营运检验等环节把关，确保检验发证的船舶配齐防污染设备设施。全力推进船舶环保达标改造，铅封盲断船舶厕所外排管路，并在证书中进行签注。全年签发各种船舶防污染证书 7681 份。各市州船检部门按照"三优先"原则，完成 597 艘内河船舶岸电改造检验、发证，圆满完成年度船舶岸电改造任务。宜昌市完成 3 家船舶配电企业产品型式认可和产品检验，武汉市完成岸电箱、生活污水贮存柜等 4429 件 (台) 产品检验。

从严控制船舶转籍和新建采砂船。各级船检部门加强船舶转籍审核，严防质量标准低、防污设施不齐全、技术状况差的船舶转入。认真贯彻执行《湖北省河道采砂管理规定》及相关要求，从严从紧控制新 (改) 建采砂船检验。

绿色新能源动力船检验业务有新突破。至 2022 年底，全省有液化天然气 (LNG) 和纯电动等新能源动力船舶 63 艘 (地方检验发证 52 艘)，总载重 40586 吨，总载客位数 5518。宜昌市顺利完成"理航渝建 1 号""理航渝建 2 号"130 米川江标准货船新能源船 (油气电混合动力) 建造检验。十堰市完成"鄂海巡 0722"纯电动交通执法艇检验发证，填补丹江水库发展新能源船空白。

7. 加强业务培训，促进队伍素质提升。全省船检部门验船人员 204 人，其中持有注册验船师资格证书 148 人 (A 级 7 人、B 级 48 人、C 级 85 人、D 级 8 人)，持有内河小船营运检验适任证书 56 人。近年来，全省船检岗位取得渔船检验适任资格 193 人。

加大培训力度。省港航中心于 6 月和 12 月应用视频培训方式，分别组织举办全省船检业务和新法规视频培训，培训内容采取"点单"模式，邀请船级社资深验船师，采取理论结合实际方式进行辅导。3—10月先后组织全省验船人员参加交通运输部海事局举办的内河船舶图纸审查、船检管理、船舶技术法规高级编写人员等多项视频培训。11月，组织完成全省年度187名适任制验船人员培训考试报名和考前培训。省港航中心宜昌实训基地成功举办第2期8名验船师实训班。全年累计组织培训600余人次。

加强开展学习交流。各市州建立"学习日"制度。十堰、荆州、襄阳市等地组织本辖区船检业务培训班。宜昌、孝感市等地组织县（市、区）验船师到中心开展调训，集中跟班学习检验及质量管理体系，通过理论与实践相结合，进一步提升县级验船师检验能力。组织技术法规和规范性文件研究，完成部局多部法规意见征集。抽调2名资深验船师参加2022年度全国注册验船师命题。

（李群华）

安全应急管理

【全省公路水路交通安全管理】 安全生产形势总体稳定。2022年，省交通运输厅接报公路水路行业安全生产事故26起、死亡37人，比上年分别下降45%、47%，其中较大等级事故3起、死亡11人，比上年分别下降57%、52%；未发生重大及以上等级事故。水上交通、港口作业、公路水运工程建设领域未接报安全生产事故。省交通运输厅工程质量监督局、宜昌市交通运输局被授予"湖北省安全生产红旗单位"；省交通运输厅安监处（应急办）、高速公路路政执法总队获评"全省党的二十大维稳安保工作先进集体"。

牢固树立安全发展理念。将习近平总书记关于安全生产重要论述、部省有关会议精神等纳入厅党组会议、中心组专题学习以及安全培训内容，广泛开展"安全生产月"、普法宣传等活动，学习宣贯安全生产法律法规和方针政策，普及安全知识，弘扬安全文化，提升安全意识。印发《省交通运输厅关于进一步加强交通运输安全生产体系建设的实施意见》，把保障人民群众出行安全放在首位，以高水平安全服务高质量发展，全力维护人民群众生命财产安全。

建立完善安全责任体系。印发安全生产举报、道路运输领域安全监管责任清单、水运交通重点检查项目清单等制度，推动实施危险货物道路运输安全协同监管、乡镇渡口渡船安全管理等18项制度体系创新成果。制定年度安全生产监督检查计划和安全稳定包保工作方案，在党的二十大、全国两会、春运、汛期、国庆等重要节假日以及重大活动期间，各级领导带队下沉到一线明察暗访，强化驻点指导和包保督导检查，全力压实各方安全生产责任。

深化安全风险防控机制。推进全省交通运输安全生产风险分类分级及动态调整，建立重大风险"一张图""一张表"，形成《湖北省城乡公交一体化运营安全生产风险调研报告》。湖北省第一次全国自然灾害综合风险公路水路承灾体普查阶段工作圆满完成。深入开展危险货物运输安全风险集中治理、大型油品储罐安全风险管控自查等工作，推进落实安全风险管控措施，3家危险货物港口企业、13个油气储罐全部整改到位。制定实施《湖北省800公里以上省级道路客运班线安全风险评估细则》，长途客运班线车辆由580辆减少到422辆。

提高安全监管执法效能。深刻汲取"3·21"东航MU5735航空器飞行事故教训，深入开展安全生产强化年和安全生产大检查，交通运输安全生产专项整治三年行动取得明显成效。聘请第三方机构对全省17个市州以及省重点工程建设单位、高速公路经营管理单位进行安全生产检查评估，发现并通报问题隐患1036项。依法严厉打击违法违规行为，实施船舶现场监督检查1.5万艘次，清理"三无"采砂船296艘。持续推进"两客一危"车辆违规信息闭环处理，加强路警联合治超执法，查处超限超载车辆3万余辆，整治"百吨王"货车违法行为805起。

统筹推进平安交通建设。签订2022年度平安建设目标管理责任书。提请省政府出台《湖北省铁路沿线安全环境治理厅际联席会议制度》。联合省委平安办开展全省平安交通创建活动，评选2021—2022年度"平安公路""平安车站""平安港口""平安航道""平安工地""平安高速"示范单位46家。认真践行总体国家安全观，全力做好党的二十大维稳安保各项工作，持续推进常态化扫黑除恶和反恐怖防范，组织修订省级交通运输反恐应急预案。三峡公路安保综合演练活动成功举办。

持续夯实安全生产基础。全省2.38万辆"两客一危"车辆和1.28万辆农村客运车辆实现4G动态监控全覆盖。实施公路危桥改造项目2168座，完成27座公路长大桥梁结构健康监测、284座独柱墩桥梁加固改造任务、4138公里公路交通安全设施精细化提升工程。深入推进船舶碰撞桥梁等隐患治理，切实加强航运枢纽大坝运行安全管理和除险加固工作。全年组织船员培训45期1475人，船员考试29期1667人。举办全省交通运输综合执法业务培训，组织参加执法考试253人。

（董沛玲）

【工程安全监督】 2022年全省在建公路水运重点项目54个，其中公路重点工程项目39个（高速公路项目27个、高速公路改扩建项目7个、长江公路大桥项目1个、汉江公路大桥项目4个），水运重点工程项目15个（航运枢纽工程1座、码头项目13座、航道整治项目1个）。

疫情反复给安全生产工作带来巨大挑战，为保障重点工程建设有序推进，厅质监局坚守安全生产底线和红线，以"安全专项整治巩固提升年"和"安全生产强化年"为抓手，严格施工管理标准化、规范化和程序化，采取"双随机""四不两直"机制和"监督工程师＋专家""综合监督组"、线上监督等方式开展监督检查，切实提升全省公路水运重点工程监管效果，全年开展公路水运重点工程安全综合督查3次，夏季高温、冬季施工以及国庆、党的二十大等重点时段安全专项督查8次，下发隐患整改通知书42份，通报17份，发现问题或隐患700余个。全年未收到重点工程项目报送安全生产事故信息，全省交通建设安全生产形势总体稳定。

以平安工地建设为抓手，引导和督促各项目将安全监管关口前移，强化源头管控，将安全生产条件审核作为施工许可的前置条件，对照标准严格落实新项目开工和危大工程开工前安全生产条件，全年对十巫北高速公路、通山至武宁高速公路湖北段、燕矶长江公路大桥等13个新开工重点工程项目，组织开展施工安全生产条件核查，检查建设单位12家、施工单位35家、监理单位25家。针对疫情影响，组织对京珠改扩建等8个重点工程项目集中开展线上质量、安全、廉政监督交底，促进项目有序推进。同时，积极主动做好向交通运输部推荐湖北省平安工地项目事宜，十堰经镇坪至巫溪高速公路鲍峡至溢水段、湖北省赤壁长江公路大桥、107 国道孝感市肖港至张公堤段改建工程 3 个项目获交通运输部、应急管理总局、中华全国总工会联合冠名 2021 年度公路水运建设项目平安工程项目。

(沈磊)

【公路安全应急管理】 分析研判公路安全生产形势,研究部署全年、春运及重要节假日、汛期(抗旱)安全应急工作,统筹推进公路"三年消危"、公路安全设施精细提升行动,独柱墩桥梁整治、安全专项整治等重点工作。落实安全专项整治三年行动和安全生产形势分析研判"周报、月报、季报、半年报"机制,建立完善"一情况两清单"以及行动台账、各类表格定期收集、整理、填报工作机制。结合公路行业实际,对重点工作部署落实情况、重点领域安全生产情况、重点时段工作开展情况进行检查。委托第三方机构进行公路综合安全检查抽查 2 次,对 17 个市州公路部门和 34 个高速公路经营单位全覆盖,排查整治各类安全隐患 993 处,严格管控公路风险 20 处,同时对第三方进行督办,提高工作质量,促进公路安全形势稳定与发展。

1. 公路安全生产专项行动成效明显。印发《全省普通公路安全生产强化年工作方案》《关于切实做好全省普通公路安全生产专项整治三年行动巩固提升工作的通知》,强化三年行动"巩固提升",安全生产专项整治三年行动圆满收官。积极推进公路桥梁"三年消危"行动,累计下达"三年消危"计划项目 6110 座(国省干线 1212 座、农村公路 4898 座),全省实施危桥改造项目 5116 座,其中完成 4360 座。积极推进公路独柱墩桥梁运行安全提升专项行动,全省横向稳定性不满足要求的 284 座独柱墩桥梁全面改造完成。紧盯长大桥隧和长陡下坡路段运行监测,强化急弯陡坡、临水临崖等高风险路段隐患排查治理,推进公路安全设施精细化提升工程,开展干线公路地质灾害防治,配合完成全省公路承灾体普查相关工作。

2. 公路安全生产风险防控和隐患治理不断强化。定期分析研判普通公路安全生产形势、公路自然灾害综合风险;根据季节、天气等情况,及时部署和提前做好预警预防,转发天气预警信息 29 条,提醒各地做好防汛、雨雪冰冻等恶劣天气突发灾害应对防范。摸排更新全年普通公路运营领域重大风险点 28 个,对全省普通公路运营领域安全生产重大风险"一张表"进行梳理、优化,进一步完善重大风险、风险简述等相关信息,完成安全生产监管安全生产风险管理子系统重大风险填报审核任务。

持续推进安全隐患排查整治。督促指导各级公路部门强化隐患排查治理,严格按照隐患整改责任、措施、资金、时限、预案"五到位"要求,做到一般隐患随时发现随时整改、重大隐患严格挂牌督办,落实整改责任清单、督办清单,持续推动重大隐患清零,坚决遏制涉路事故发生。向省交通运输厅上报由省安委会挂牌督办重大隐患和提请挂牌督办事故多发路段交通安全隐患建议,将荆宜高速公路龙泉高架桥(独柱墩桥)隐患报厅。全省全年派出 72 个督查组进行综合督查和专项督查,对 73 个在建工地整治隐患 175 处;对 117 个灾害易发多发地段、786 座桥梁、179 条重要干线进行排查,查出安全隐患 1500 处,整治 1425 处,确保全省运营公路安全畅通。

3. 公路应急保畅能力稳步提升。公路应急储备中心建设成效明显,宜昌市纳入国家区域性公路交通应急装备物资储备中心布局方案,孝感市和十堰市省区域性应急物资储备中心建设规划初步成型。各地公路交通养护(应急)中心建设进度加快,规划的 91 个县级应急中心,建成 62 个,建成率 68%。开展公路应急装备物资储备调研,督促各地各单位对储备物资、机械设备等全时段实施检查检测和维护保养,对储备不足、老旧失效的物资及时进行补充更新,确保应急物资储备充足,保管规范有序,机械设备技术状况良好。督促各地公路部门进一

步完善专项应急预案,组织开展公路应急演练 64 场次。加强春运应急保障工作部署与督办,春运期间,各级公路部门动用应急队伍 28455 人次,清理积雪结冰路段 5966 处 58247 公里,抢通因积雪结冰导致交通中断的国省道 60 条。

4. 公路路网监测与服务持续改进。印发《全省公路系统"应急值班规范年"活动实施方案》,再次梳理工作流程、完善管理制度、修编操作指南,严格执行值班值守工作和突发事件报送制度,坚持领导带班和 24 小时值班,推动应急值班工作专业化、标准化、规范化。各级公路部门严格按照要求报送交通阻断和其他突发事件信息,加强路网运行状态监测,特别是春运、重点节假日以及特殊时段,加强与气象、交警等相关部门联勤联动,做到恶劣天气、交通事故、路段缓行等特情早发现、早预警、早处置,做好极端天气公路防范应对和服务保障等各项工作。进一步加强路网运行数据分析运用和公众服务,每日汇总各地路网运行情况,编发路网运行情况日报、周报;分析公路网运行历史数据和当前状态,在重要节假日前发布普通公路出行服务指南 7 期;在门户网站发布路况信息 80 条。各市州每月对辖内路网状态进行分析,包括辖区路网总交通量、各县(市、区)交通量、公路交通阻断事件情况与分析、节假日路网运行状况以及与上年比较等,充分挖掘既有数据,研究评估路网现状,预判、预警路网通行环境与状态,不断提升路网运行监测服务与辅助决策智慧化水平。

5. 公路安全宣传教育活动亮点纷呈。印发《关于开展 2022 年"安全生产月"活动的通知》,各地围绕安全生产专项整治巩固提升、安全生产强化年、安全生产大检查等重点工作,开展好"安全生产月"各项工作。6 月 16 日在 G70 福银高速公路汉十段孝感服务区举行"安全生产宣传咨询日"活动。开展"5·12"防灾减灾活动,各级公路部门贯彻落实习近平总书记关于防灾减灾救灾工作重要指示精神,

围绕"5·12"防灾减灾工作层层召开部署会，明确工作方案，深入基层督促指导，有针对性地开展防灾减灾风险隐患排查整治、宣传咨询、应急演练等活动，增强防范意识，有效降低灾害风险。开展全省公路"4·15"全民国家安全教育日宣传活动。

6.公路疫情防控和保通保畅统筹推进。坚持对公路系统三年疫情防控各项工作的督办，强化"人物地同防"，落实消毒、通风、卫生清洁等防控措施，保障公路领域正常运行。做好公路一线从业人员个人防护、单位内部设施及公共场所消毒工作，减少聚集，控制集体活动。督查"落地查、落地检、落地管"工作，筑牢疫情防控防线。严防公路交通阻断，确保公路交通畅通。

（余威）

【道路运输安全管理】 2022年，全省道路运输行车事故26起、死亡37人、受伤16人，与上年相比，实现事故起数和死亡人数"双下降"，其中事故起数下降40%，死亡人数下降45%，全年无重大及以上道路运输行车事故。

开展平安中心创建活动。深化平安交通建设，开展"平安中心"创建活动，制定《"平安中心"创建活动实施方案》《2022年度平安建设目标管理责任书》，成立创建活动领导小组，明确任务分工和责任处室，定期梳理总结创建活动情况。定期对机关办公场所和食堂进行消防、食品安全检查，消除安全隐患；做好维稳安保调研督办整改，购置安装防冲撞设施及配齐安保防护装备，组织开展安保反恐防范应急演练。保障重要时段道路运输平稳安全有序。突出春运、冬奥会、两会、国庆、党的二十大等重点时段，按照全覆盖要求，采取"四不两直""双随机"等形式，组织开展明察暗访28次，检查企业146家，发现问题隐患157起。

持续深化闭环处理工作。持续强化重点营运车辆动态监控违规信息闭环处理工作。坚持每月省级抽查150辆"两客一危"车辆运行情况，通报

报警次数排前十的车辆和企业，督促7个市州完成129辆运输车辆违规信息的核查整改。每月做好重型载货汽车运行监测，在重点营运车辆联网联控系统运行情况考核中。每月按时报送全省"两客一危"车辆动态监控违规信息闭环处理工作情况通报。全省"两客一危"车辆驾驶员接受批评教育36712人次，经济处罚7018人次，停班学习1469人次，辞退开除51人次，联合惩戒1人。对"两客一危"企业通报525起，约谈240起，整改1612起，处罚45起。

巩固提升三年专项整治行动。每月按时梳理统计工作情况，定期报送三年行动工作落实情况及两项清单；完善专项整治工作台账，落实落细每月"一情况两清单"。每季度召开安全例会，分析研判安全生产形势及行车事故，有针对性地部署下一阶段安全工作重点。建立重大风险"五个清单"，应用安全生产监管信息化系统，督促相关单位彻底摸清道路运输风险底数，全面摸排800公里以上客运班车、省际包车、危险货物运输、重载货车和城市公交等领域内风险点139个，上报安全生产重大风险信息62条。开展常压液体危险货物罐车治理，全省检验合格或整改后合格罐车4332辆，报废不合格罐车363辆。全省电子运单覆盖率100%，累计完成危货运输电子运单75万余单，"两类人员"安全考核通过率80%。全省备案系统31家，有12家完成与四级协同系统对接。

（黄继兵）

【水路交通安全管理】

1.健全完善水上交通安全管理制度。印发水运交通安全重点检查项目清单，锚定客船、渡口渡船等安全监管重点，明确周期检查频次、周期检查重点项目，规范检查结果处置。印发《渡口渡船安全监督检查工作制度》《客运船舶安全监督检查工作制度》，进一步明确省、市、县三级监督检查责任、方式、内容以及检查通报和隐患整改等事宜，强化渡口渡船、危

险品船舶、客运船舶安全管理。印发《关于进一步做好我省水路客运安全管理工作有关事项的通知》，强化主体责任、监管责任、属地责任落实，进一步加强水路客运安全管理。

下放内河通航水域、岸线施工作业许可审批权限。深化"放管服"改革，将可供通航500总吨以下内河通航水域、岸线施工作业许可下放至部分有承接能力的县（市、区），印发《关于做好7个港航海事项下放管理权限相关工作的通知》，明确下放后的行使层级、权限边界、事中事后监管措施、办事指南、注意事项等。起草《湖北省公益性渡口管护办法》《湖北省水上搜救联席会议制度》《关于进一步加强水上搜救工作的实施意见》《船舶管理专项治理资金补助及评价办法（试行）(修订稿)》。启动《湖北省水上搜救应急预案》修编工作。

2.加强重点时段安全监管。加强恶劣天气期间安全监管。及时收集气象信息和地质灾害信息，每月开展1次及以上自然灾害风险研判、1次水路交通安全生产形势研判，及时转发重大气象信息专报、气象预报、天气快报、气象灾害预警信号等，提醒港航企业、船舶、港口码头采取措施，做好极端天气防范应对工作。督促各地落实重点时段安全风险防范措施，严防船舶超载冒险航行，严格落实领导带班、值班值守、信息报送制度，按照《湖北省气象灾害应急预案》，做好气象灾害应急响应，根据需要及时实施交通管制措施。

加强重大活动和节假日期间安全监管。在春运、冬奥会、冬残奥会、全国两会、党的二十大等期间，成立督查小组，督导市县水路交通安全、疫情防控、防汛、地质灾害防治、平安建设、维稳安保等工作，重点督查危险品船舶、客运船舶、渡口渡船安全监管和疫情防控情况，并深入现场开展督查，对发现的问题和隐患及时反馈属地相关职能部门，督促迅速整改，压实监管责任和航运企业、船方主体责任。

3.加强重点船舶安全监管。开展

水上涉客运输安全生产检查、保障涉客船舶航行安全"百日行动"，排查涉客船舶、航运企业、港口企业安全问题隐患。加强船舶载运危险货物安全风险集中治理，按照《全省交通运输行业危险货物运输安全风险集中治理实施方案》《交通运输部海事局关于做好船舶载运危险货物安全风险集中治理工作的通知》要求，加强水域巡航检查，严格船舶载运危险化学品申报管理，严厉查处瞒报、谎报等违法行为，严禁单壳化学品船和600载重吨以上的单壳油船进入汉江、江汉运河水域航行。

强化砂石船运输行为治理。开展船舶载重线和货物装载专项检查、内河船非法从事海上运输专项治理。严格涉水工程施工通航安全保障方案编制和技术评审，督促现场管理部门加强水上水下作业和活动现场监管，严禁以工程之名行采砂之实，严厉打击擅自变更施工作业船舶、擅自扩大施工作业范围进行河道采砂等违法行为。严厉打击运输无合法来源砂石的运砂船舶。积极运行河道采砂管理联席会议机制和联动机制，与水利、公安、直属海事等部门共同开展现场巡查和联合执法，摸排"三无"采砂船舶和无合法来源证明的运砂船舶。

开展长期逃避海事监管船舶专项整治。通过业务系统数据比对，动态梳理辖区内长期逃避海事监管船舶清单。按照属地负责原则，摸清船舶状态，完成294艘船舶进出港报告注册信息核验工作，督促指导船舶按照规定进行船舶进出港报告，受理船舶进出港报告137341航次。督促384艘转让、报废、拆解、沉没、灭失的船舶办理所有权注销登记，强制注销2128艘灭失船舶国籍证书。推广使用海事一网通管平台中的逃管船管理模块，组织人员参加部海事局逃管船模块推广使用专题培训，协调相关软件开发单位解决逃管船模块授权问题，督促指导各地对照逃管船模块中的船舶逐船进行督促整改。

开展在建船舶重要设备设施持证上船专项检查活动。督促相关市州船

检部门有序开展船厂自查、船检部门核查、督促整改等活动。专项活动共检查40家船厂，自查187艘船舶，发现94个问题并全部整改。

4.加强通航安全管理。严格水上水下作业和活动通航安全管理。组织专家对21个施工项目通航安全保障方案进行审查，对23个内河通航水域、岸线施工作业许可申请资料进行专业审查，指派相关市州安排人员到现场进行复核。印发《关于龙洲垸船闸大修期间江汉运河封航的航行通告》《关于对汉江兴隆水利枢纽实施水上交通管制的航行通告》《关于碾盘山水利水电枢纽工程导流明渠二期截流施工水域实施封航的航行通告》，指导市州做好航行通告发布工作。

(王祥)

【全省公路水路应急管理】 2022年，湖北省交通运输厅接报交通运输突发事件130起，其中自然灾害事件104起、事故灾难事件26起，未接报公共卫生事件和社会安全事件。全年接收、处理气象预警信息180余条，启动全省气象灾害应急响应10次。

完善应急保障体系。修订印发《湖北省交通运输厅突发事件综合应急预案》和《湖北省防汛抗旱道路运输保障工作预案(2022年修订)》，制定3项省级专项应急预案和11项部门专项应急预案修编计划，指导推动全省交通运输行业应急预案体系建设。潜江50吨级船舶溢油应急设备库建成使用，武汉、十堰50吨级船舶溢油应急设备库有效运营。推进宜昌国家区域性公路交通应急装备物资储备中心项目建设，各地公路交通养护(应急)中心建设进度加快，湖北省"一主两副"(孝感和十堰、黄冈)区域性应急物资储备中心建设初步成型。

规范应急值班值守。制定实施《全省交通运输系统应急值班规范年活动方案》，进一步完善工作清单化管理、事故信息表格化登记、重大突发事件备班、重大任务总结报告等工作制度。严格落实领导带班和24小时专人值班制度，实施重点时段、重

大活动期间安全生产事故日报告、零报告制度，对迟报、漏报、瞒报、谎报相关信息或情况的依法依规严肃追究责任。省交通运输厅总值班室全年参加部、省视频调度、点名50余次，接收各类信息26000余条，接听电话12500余起，处理转办群众咨询服务事件1680余起，向交通运输部、省委省政府报送《交通运输值班信息》15份。

加强应急队伍建设。充实应急保障力量，加强应急运力、应急人员、应急物资等各方面的储备，强化应急演练和处置评估，提高各类突发事件应对能力。组织开展公路应急装备物资储备调研，督促对储备物资、机械设备等进行检查检测和维护保养，并及时补充更新。全省组建普通公路应急保通队伍96支6000余人，储备公路钢桥29套、无人机11架、冲锋舟11艘；有高速公路应急处突队伍197支、应急人员3079人，清障施救41家；水路交通领域有应急搜救基地趸船96艘、应急搜救艇203艘；道路运输领域有省级应急储备运力车辆1020辆，其中客车505辆、货车515辆。

强化防范应对处置。推进高速公路路网及国省干线重要桥梁、匝道、长大隧道等重要路段和关键节点智能化视频监测全覆盖。通过高速公路运行监测平台、路网监控视频和183处气象监测站，实时监测气象变化和路网运行情况，做到恶劣天气、交通事故、路段缓行等特情早预警、早调度、早处置。2022年春运期间，全省各级公路部门动用应急队伍28455人次，清理积雪结冰路段5966处58247公里，抢通因积雪结冰导致交通中断的国省道60条；高速公路开展铲冰除雪815次，累计投入融雪剂12641.68吨、各类应急物资61043个，出动除雪保畅车辆5181台次、应急人员12956人次。

(董沛玲)

【道路运输应急管理】 修订《湖北省防汛抗旱道路运输保障工作预案(2022年修订)》，加强应急管理工作，

全面提高道路运输应急保障能力，逐步推进应急管理工作规范化。

1.有效应对恶劣天气。每月开展道路运输自然灾害风险隐患研判，做好加强安全生产季节性规律分析研判，强化重点时段安全保障，密切关注湖北省气象动态和道路通行情况，加强恶劣天气运行安全风险评估研判，密切关注天气和路况信息，指导道路运输安全第三方监测平台做好日常监测工作，强化"两客一危"车辆动态监控违规信息闭环处理工作。指导市州及运输企业及时按规定调整运行安排，减少途中滞留风险，严防重特大安全事故发生，防范突发事件对道路运输车辆和旅客造成影响。

1月15日，湖北省部分地区出现低温雨雪天气，各地交通运输管理部门深入一线督促客货运输企业做好防范应对工作，加大督导检查和路面巡查力度，科学分析风险，合理调度车辆，对不能通行路段及时停运相应客运线路。如武汉市1月13日召开全市低温雨雪天气应对暨春运服务保障工作调度会，要求强化指挥调度、强化应急联动，防范低温雨雪、道路结冰等对交通运输和市民正常生活造成的

不利影响；随州市召开客运企业会商调度会，深入道路运输企业和客运场站检查营运车辆是否落实防滑、防冻措施，严禁运输企业冒险发班；十堰市要求各客运站一律不得擅自提前发班，待交通、交警等部门现场会商下达指令后再发班，确保行车安全；孝感市及时停运班线280条，其中县级以上班线60条、农村客运班线220条；黄石市交通运输综合执法支队对东方山景区旅游客运、鑫三盛旅游客运公司景区道路结冰应对、春运应急预案等工作落实情况开展检查。

2.落实客货车辆应急运力。落实供省调用防汛应急车辆1000辆，其中客车500辆、货车500辆。防汛应急运力做到领导责任落实、车属单位落实、车牌号落实、驾驶员落实、带队人落实、集结地点落实，重点地段车辆运力运量情况心中有数、应急支援运力及其分配情况心中有数、组织指挥调度心中有数的"六落实、三有数"。

3.开展防灾减灾宣传教育活动。组织开展多种形式的防灾减灾知识宣传、警示教育，普及各类灾害事故常识和防范技能，加强对灾害预警级别、

危险性和避险措施等宣传解读，引导干部职工熟悉风险、主动避险、配合落实响应措施。牢固树立底线思维和风险意识，强化灾害风险管理，坚持关口前移和问题导向，加强灾害防治能力建设，加大灾害风险隐患排查整治力度，从源头上防范化解安全风险。制作减灾日宣传App，循环播放灾害知识和防范应对基本技能宣传片，有效提升防灾减灾意识和综合防灾避险能力。

4.强化疫情防控工作。指导各地严格常态化疫情防控和应急处置，督促客运站、运输企业等认真落实主体责任，毫不松懈抓好疫情防控和安全生产工作，为交通运输系统疫情防控和高质量发展提供坚强保障。

5.加强应急值守和信息畅通。对照《湖北省政府系统值班工作规范（试行）》《全省交通运输系统政务（应急）值班管理制度（试行）》等要求，落实《省道路运输事业发展中心机关值班管理规定》，确保值班工作规范有序。加强政务值守，严格落实领导带班和24小时值班制度以及重大事项报告制度。

（黄继兵）

交通财务费收

【资金保障】 争取国家资金和政策支持。开展《车辆购置税收入补助地方资金暂行管理办法》政策宣传和解读，研究对策措施，最大限度争取车购税资金支持。加强车购税资金全过程预算绩效管理，按照职责加强对车购税项目和资金申报、审核、执行的管理监督，建立"谁申报、谁负责""谁使用、谁负责"的责任机制。强化绩效目标管理。车购税资金使用主体在申报项目和资金时，科学设置明确、具体、一定时期可实现的绩效目标，以细化、量化的指标予以描述并按要求提交。加强对绩效目标的审核，将其作为项目评审评估、资金分配的重要依据，并将审核后的绩效目标随同资金一并分解下达到具体项目。做好绩效运行监控。加强车购税资金执行过程中的绩效监控，综合运用数据支撑系统等信息化手段，重点监控是否符合既定的绩效目标，项目和资金执行偏离既定绩效目标的，及时采取措施予以纠正。加强绩效评价和结果运用。按照各自职责客观公正地组织开展好绩效评价工作，将评价结果及时反馈给评价单位，督促整改发现的问题。

争取省政府政策支持。省政府印发《关于加快全省高速公路高质量发展的实施意见》，分类确定投资模式和投资主体，充分发挥政府和市场、省和市县、国有资本和社会资本各方面作用，保证高速公路建设资金。

加强省级财政资金供给保障。根据发展规划和财力相适应的要求，做实"十四五"投融资政策研究和资金测算工作。配合相关处室，研究制定湖北省"十四五"投资补助政策标准。协调省财政厅，积极落实多式联运集疏运体系建设、"四好农村路"、公路桥梁"三年消危"等项目政策资金支持。

拓展创新市场筹融资渠道。在科学界定政府与市场边界基础上，完善创新交通发展筹融资机制。研究高速公路建设模式，充分利用国家补助政策。依法合规运用政府和社会资本合作模式，通过不断探索和创新，最大限度地鼓励和吸引社会资本投入。支持符合条件的项目通过资产证券化、不动产投资信托基金(REITs)等方式，盘活存量资产，持续跟进 REITs 试点项目。指导项目投资人抢抓宏观政策窗口期，积极盘活存量资产，主动谋划公募 REITs 发行工作，择优选择控股上市公司发行公募 REITs。

加强行业筹融资工作指导。书面调研、实地调研相结合，开展全省筹融资调研，拟定《"十四五"湖北省交通运输筹融资研究报告》。加大对地方筹融资工作指导力度，督促市县落实地方配套资金。加大经营期固贷等创新融资品种的推广，置换高速公路项目存量到期债务，实质性拉长项目债务期限，缓解还本付息压力；抢抓养护支出资本化的政策机遇，持续深挖创新融资渠道，创新开展养护类固贷以保障建成项目养护支出资金需求。

建立"四好农村路"资金保障机制。在省级层面，在中央车购税、燃油税交通专项税费资金分配基础上，将更加注重财政事权与财权对等，突出财政事权和支出责任相适应，由以补助、引导为主，逐步转化为履行支出责任为主。积极筹措安排资金用于"四好农村路"。在地方层面，市县每年通过各种渠道筹措安排近百亿资金用于"四好农村路"，建立有力的资金保障机制。有的县市财政提高农村公路配套标准，按照每年每公里县道 10000 元、乡道 5000 元、村道 2500 元配套落实农村公路养护资金；有的县市通过发动镇村自筹、企业赞助、能人捐献、资源资产变现投入，通过"交通 + 特色产业"和"交通 + 文化旅游"，坚持农村公路建设与乡村旅游发展相结合，形成完整乡村旅游产业链，筹措农村公路建设资金。

(黄河清)

【预算管理】 加强预算编制。强化预算编制主体责任，形成分工明确、协调有力、沟通顺畅、上下联动的预算工作机制，印发预算编制工作实施方案，明确三年支出规划和预算编制具体要求。完成 2022 年部门决算编报工作，批复下达 2023 年部门预算。做好 2023 年部门预算编制工作，结合机构改革职能调整，组织召开厅机关处室、厅直单位预算对接会，按规定对项目进行专项审查对接，提升预算编制科学化、精细化水平。

加强预算执行。采取月度通报和召开推进会的形式，督促厅直单位预算加快预算执行进度，实行重点单位"一对一"督办，有效提升执行进度。结合年度预算执行实际，通过预算调整，优化支出结构，保障年度交通工作目标任务，提高资金使用效率。组织做好中央、省对下转移支付资金分配、请拨款及下达工作，合理统筹，提高资金配置效率。

加强全过程管理。采取"事前申报绩效目标和指标、事中开展绩效日常监督、事后进行绩效评价、选择部分项目开展重点绩效评价"方式，建立贯穿项目支出"事前、事中、事后"全过程的绩效管理模式。以绩效目标为导向，做好年度部门预算项目支出、部门整体支出、车购税重点项目、省对下交通专项转移支付项目绩效评价工作，建立绩效评价结果沟通反馈机制，强化评价结果应用。

开展绩效评价。全面实施预算绩效管理。全面推进部门预算项目支出绩效管理，按要求开展车购税资金绩效评价工作；印发年度预算绩效管理工作方案，开展省级交通专项资金重点绩效考评。建立完善绩效指标库，强化绩效评价结果应用，综合衡量资金政策执行效果，为政策后续实施和完善提供决策支撑。开展部门预算、对下属单位转移支付项目绩效评价工作。统筹合并开展年度部省补助资金绩效评价、部省资金结存情况核查以及扶贫领域交通专项资金检查工作。建立全方位、全过程、全覆盖的预算绩效管理体系，实现预算和绩效管理一体化。在二、三季度末两个时间节点，分析项目绩效执行情况并形成报告，发现问题、自我纠偏，确保完成年度绩效目标。同时，发挥绩效评价结果"风向标""指挥棒"作用，将绩效评价结果充分应用到预算编制、资金分配、政策调整等方面。对于绩效评价不合格、"不争气"的项目，进行甄别清理，及时调整预算。通过不断总结，提炼全省交通行业适用的共性和个性化绩效指标，建立具有行业特色的预算绩效评价标准体系，促进预算规范有效执行。

（黄河清）

【费收管理】 按国家有关要求，制定湖北省推广高速公路差异化收费工作方案。突出政府主导作用，加强顶层设计，研究分路段、分车型、分时段、分方向等差异化政策措施，争取出台集装箱运输车辆差异化收费政策。进一步规范高速公路设站审批工作，规范高速公路新路段开通报批程序，严格工作要求，控制关键节点，有序开展政策性审核、符合性审查工作。规范实施"点对点"政府统一支付。落实《关于印发湖北省公共服务质量提升行动方案》精神，严格资金预存及清分结算要求，鼓励地方政府采取统一支付方式，对通行部分高速公路路段区间实行免费政策。加强公路收费权转让备案管理。按交通运输部规定，对符合备案条件的项目，加强公路收费权转让备案管理，强化事中事后监管，确保责任清晰、措施得当、风险可控。建立健全通行费清分体系。结合交通运输部定运营服务规则规程，建立健全"全国一张网"新模式下的清分划拨工作体系，提高通行费归集清分结算的效率和安全性。指导省联网中心修订《湖北省高速公路联网收费清分管理办法》。加快推进ETC拓展应用。制定湖北省ETC拓展应用方案，提升ETC发行率，强化公众服务功能。

（黄河清）

【交通资产管理】 控制资产管理关键环节。在资产购置环节，结合省财政厅政府采购审批权限下放的新要求，做到"应编尽编、应采尽采、不编不采"，并依法依规办理调拨、出让、置换、报废报损和资产损失核销等资产处置事项，确保国有资产不流失。依法依规做好政府采购工作，严格审批政府采购计划，紧扣行业特点，用好用足采购政策。开展政府资产报告试点报表填报工作。对界定为政府经管资产范围的交通公共基础设施，从实物量和价值量两个方面，全面摸清家底，逐步建立经管资产信息库。按财政部门要求，完成会审工作。持续推进资产清查工作。形成厅直单位资产清查工作报告，提出建议意见，依法规范处置历史遗留问题，切实加强和规范国有资产管理。规范基建项目资产移交程序，规范基本建设项目财务决算、资产交付、结余资金处理等工作。规范公路资产核算及管理，研究公路水路公共基础设施政府会计核算工作，委托第三方制定公路资产重置标准，指导行业做好初始入账工作。加强采购管理，确保政府采购程序合规合法，加强政府采购内部控制管理，确保政府采购项目规范运行。加强对属财政性资金采购项目的预算与计划管理，切实做到应编尽编、应采尽采、不编不采。严格采购计划审批，加强采购活动流程控制。

（黄河清）

【建立风险防范机制】 统筹交通发展与债务风险防范。根据"十四五"规划，科学测算融资规模，做好融资方案，规范举债行为，坚持预算与规划相适应、财力与需求相匹配，从源头上防控债务风险。同时，做好债务清理甄别工作，将存量交通债务纳入预算管理，落实偿债资金来源；积极优化债务结构，合理调整长短债比例，科学安排偿还时间，以低成本债务置换高成本债务；加强跟踪督导，建立债务化解信息报送制度，加强动态监控和督办。

（黄河清）

【建立统筹发展机制】 综合运用项目捆绑、肥瘦搭配等方式，将收益较好和收益较差的交通基础设施项目打包招标，平衡项目间整体收益。探索将新建项目和存量项目打包，凭借存量项目较为稳定的收益预期吸引社会资本投资，缓解资本金出资压力。引导、鼓励有条件的地区将交通建设与产业发展、园区建设、乡村旅游、资源开发等捆绑实施一体化开发。探索实施流域矿产、水电资源、港口岸线、后方土地产业及商业开发与航道、港口、物流园等捆绑式统一开发模式。积极发展"交通＋物流""交通＋旅游""互联网＋交通"等新兴业态，充分发挥大数据在交通运输领域的运用，提高交通运输基础设施的社会效益和经济效益。盘活权属清晰、收益稳定、回报良好和运营持续的存量资产，募集资金用于新的交通基础设施补短板项目，形成投资良性循环探索将具有良好现金流和收益支撑的交通运输基础设施项目，通过资产证券化、出让部分政府资产以及经营性国有资产权益等方式，盘活存量资产，释放投融资能力，实现投资良性循环。调动地方政府积极性，对地方配套到位情况良好、投资完成情况良好的市县，优先向交通运输部申请、下达车购税补助资金和省级补助资金；对地方投资不能到位或到位率较低的市县，以及资金下达后项目推进滞后的市县，缓拨或核减下一批次部省补助资金，以促进项目加快建设。

（黄河清）

【开展专项整治行动】 交通运输部、国家发展改革委印发《交通物流领域涉企违规收费自查自纠方案》，自查自纠范围包括：公路、水运领域相关收费主体，以及船公司、港口、船代、堆场等水运口岸环节的收费。重点关注问题包括：港口环节收费应重点关注的问题、船公司和船舶代理环节收费重点关注的问题、船舶过闸环节收费应重点关注的问题、堆场环节收费应重点关注的问题、公路领域收费应重点关注的问题、互联网道路货运平台收费应重点关注的问题等。各地交通运输部门全面梳理分析违规收费的风险点，紧盯违规收费问题，重点整治落实助企纾困政策不到位、继续收取明令取消的收费或者重复收费、规避政府规定拆分项目收费、不执行政府定价目录或收费公示制度、以防控疫情的名义向企业违规收费或者强制摊派等问题和行为。各地交通运输部门建立工作机制,细化工作举措,做好政策宣传解读,引导企业知悉政策并积极参与专项整治行动。积极完成自查自纠工作,填报涉企违规收费问题自查自纠情况表,省交通运输厅所属省公路局、省运管局、省港航局、省高管局按各自行业对地方自查自纠工作进行抽查。对发现的违规收费问题,各地交通运输部门不回避、不遮掩、不转移,做到即知即改、立查立改,实行问题销号管理。

(黄河清)

【全省高速公路费收】 严格落实ETC 车辆 5% 优惠、绿色通道减免、重大节假日小型客车免费、货车优惠10%、部分路段差异化收费、集装箱车辆等优惠减免政策。组织新建项目开通经营服务能力审查,对监利至江陵高速公路东延段、福银高速公路郑岗互通开通、麻城至安康高速公路麻城东段、机场高速公路二通道墨家湖收费站、鄂州机场高速公路一期、武汉市北四环线、沪渝高速公路汉宜段枝江互通新建 7 个项目完成设站收费政策性审核、设站收费符合性审查工作,确保项目正式开通运营,缓解区域交通压力,便捷社会公众安全出行,推动地方经济发展。

收费管理创新。开展收费管理创新创效活动,形成襄阳公司创建"数字化运营平台",越秀(湖北)公司跨地区多路段集中监控模式,中交资管湖北总部柴油发电机组自运行保障系统开发等 48 项优秀管理经验和创新创效成果。开展收费拥堵治理,组织收费站、路段现场实地调研,分析拥堵缓行原因,做到易拥堵站点一站一策。除遇重大节假日车辆集中出行外,3 站 5 点基本未出现长时间、长距离、大面积拥堵现象。研究推行 3 种类型 4 个收费差异化方案,实现差异化收费路段、流量均有不同程度增长。武汉城市圈环线 4 条路段实现差异化收费后,优惠货车流量环比上升16.43%,武监高速公路洪湖至监利段实现差异化收费后,优惠货车流量环

比上升 16.60%。

收费科技创新。推广收费新技术运用。智慧收费机器人正式投入使用,发卡效率较人工提升 20%;出口自助缴费综合准确率为 96.01%,缴费时长约为 25 秒,缴费效率得到有效提升。通过在 ETC 门架上安装稽核设备系统,对流水数据融合分析出车型不一致等数据,利用"部稽核系统"对比分析,对车型不一致进行逃费确认和追缴,极大提升稽核工作效率。

(叶春松)

【交通内部审计】 重点围绕推动审计工作高质量发展,定期组织开展讨论、学习、交流活动,着力解决审计理念不同步、思路不合拍、认识不到位等问题,推动干部思想破冰,凝聚研究性审计共识,不断增强审计队伍能力素质。提高站位进行思考,努力提升对审计工作的宏观认识;提高认识换位思考,站在被审计单位角度,从具体问题入手,详细分析论证,通过标本兼治解决问题,促进被审计单位高质量发展。

1. 加强分析研究,不断提升审计质量。

审计前,加强学习研究。充分注重审前调查和研究,在充分了解被审计事项相关的法规、政策和以往年度接受审计等情况基础上,提前制定审计方案,明确审计内容及审计重点。做好政策宣传,及时下达审计通知书,明确审计要求和审计纪律,有的放矢,确保审计工作规范运作。

审计中,加强分析提炼。定期召开审计现场碰头会,集中学习解读相关政策制度和法律法规,集体研讨审计中遇到的难点、疑点问题,分享审计过程中的方法思路和技巧,对于揭示和反映的问题,不只停留于表面,深入分析原因、主体责任等。注重对比分析,增强通过现象看本质的能力,不断总结规律,系统分析一般性和代表性问题,制定相应管理办法及整改措施,促进标本兼治。

审计后,加强成果运用。加强沟通反馈,及时制定问题清单、责任清

单和整改清单,完善审计整改销号制,定期加强督促检查,确保查出问题整改一个、销号一个。督促建立整改长效机制,通过完善内控制度、强化内部管理等措施,做到举一反三,标本兼治,推进审计成果运用。

2. 聚焦主责主业,不断提高审计效能。

坚持问题导向,高质量开展内部审计。按照厅党组聚焦主责主业要求,结合新时代审计工作新特点、新规律、新要求,详细研究推进内部审计工作的新举措、新办法。坚持以事实为依据,以法律为准绳,保持客观公正立场,依法开展审计,依规作出结论,不断增强审计的权威性和公信力。

(1) 按照紧盯违反中央八项规定、防止"四风"问题变形异化、"过紧日子"的要求,对 14 家厅直单位开展2021 年度预算执行和财务收支情况审计,促进各单位进一步规范预算管理,提升财务管理水平,提高管理绩效。

(2) 根据交通运输部规定,完成杭瑞高速公路项目竣工财务决算审计认定,完成安来高速公路、京珠高速公路北段改扩建工程等高速公路项目开工前审计。同时督促项目单位在办理竣工验收工作时,做好中小企业工程款、质保金的清欠退还工作。

(3) 按照交通运输部部署,完成湖北省"十三五"车购税资金结存情况审计调查整改和"回头看"工作。以审计整改和"回头看"工作为契机,针对全省车购税结存消化较为滞缓的情况,通过深入调查核实、加强重点督办、推动联合治理等有力措施,督促相关部门和单位多措并举,加大协调服务,加快项目推进和资金拨付,有效推动结存资金消化使用,同时进一步完善车购税资金使用管理机制和制度,充分发挥车购税资金使用效率和效益。

(4) 加快推进湖北省取消高速公路省界收费站项目结(决)算审计工作,指导督促省高管局完成审计服务政府采购工作,中介机构按合同约定进点开展审计。

(5) 指导省公路事业发展中心优化

公路桥梁"三年消危"行动专项资金审计方案。

(6) 积极配合省委审计办完成原厅主要领导经济责任审计整改进展情况的督查工作。针对省委审计办督查指出的问题，采取一周一督办、责任单位向厅审计办按月报送整改进展、厅审计办定期向厅领导汇报的方式，督促相关单位加大整改力度，目前已基本整改到位。

(7) 积极配合审计厅完成 2021 年度网络安全和信息化建设审计。

(8) 精心组织审计厅在省交通运输厅开展的投资审计高质量发展调研活动。

坚持制度创新，高效能开展审计监督。建立基础性数据库，结合交通运输部内部审计统计报表制度，建立交通运输基础数据库，反映厅直单位、各市州交通运输部门内审机构设置、人员、工作开展情况。建立内部审计报告库，记录由厅审计办开展实施的审计项目、审计计划、审计方案、审计报告等。建立内部审计法规库，收集与交通运输业有关的法律法规规范。建立审计发现问题库，收集与交通运输业有关的审计发现（包括由厅审计办审计报告中发现问题）。建立审计学习资料库。收集与提高内部审计人员能力有关的各类学习课件、论文、试题等。建立数据异动变化登记制度，及时把握数据的变化。

（胡敏）

交通法治

【交通法治建设】 依法办理行政复议诉讼案件。贯彻落实省委行政复议制度改革精神，按要求完成 6 类执法文书及政务指南相关文件信息中有关复议机关告知的内容修改更新。注重提高法律业务能力，组织厅法律顾问跟进学习掌握国家、省最新法律法规政策规定，深入研究工作中涉及的各类疑难法律问题，妥善处置涉法涉诉纠纷。全年办结涉及物权纠纷、政府信息公开、招投标投诉处理决定诉讼案件 3 件，其中胜诉 1 件、原告主动撤诉 2 件；办结行政复议案件 14 件，涉及政府信息公开 10 件、招投标投诉处理决定 4 件，无一件具体行政行为被确认违法或撤销。2022 年 4 月，武汉至监利高速公路洪湖至监利段特许权纠纷案件被最高人民法院列入全国法院行政协议诉讼典型案例（第二批）。

落实法律顾问和公职律师制度。以法治化＋标准化为引领，坚持制度先行与体系保障，建立完善法律顾问、公职律师工作规则，明晰合同协议合法性审查、行政规范性文件合法性审查、政策措施公平竞争审查要求，实行"清单式"推进、"销号式"管理，发挥法制机构建言献策作用，通过复盘行政复议、投诉案件线索，从自身查找工作漏洞，及时向厅机关业务处室提出法律建议，发挥好法制审查把关作用。

落实重大行政决定法制审查。全年审查合同、招标文件等 70 余次，审查政府信息公开决定 76 件，会同厅办公室研究完善政府信息公开办理流程，统一信息公开回复文书格式，从源头防范因回复不当引发的法律风险。主动作为，会同厅财务处等相关处室，研究武黄公路经营权到期移交所涉及的一系列法律问题，对马鄂公司有关高速公路收费补偿的诉求依法进行回复。落实重大行政决定法制审核制度，对厅建设市场处办理的京港澳高速公路湖北境鄂豫界至军山段改扩建工程、武汉至阳新高速公路黄石段交安设施工程施工招投标投诉处理决定进行法制审查，保障案件依法依规办理。

落实规范性文件审查清理。开展公平竞争审查"回头看"，对 2 部规范性文件进行修改、废止。落实行政规范性文件合法性联席审查机制，拓宽文件审查参与面，邀请行政相对人代表、法律顾问参加审查会议，将公开征求意见作为规范性文件制定的必经程序，公开征求意见时间不得少于 30 天，共对 6 部规范性文件草案、2 件政策措施组织合法性审查、公平竞争审查、制度廉洁性评估，向起草处室反馈审查意见 60 余条，力求审查评估意见全面、准确。全年省交通运输厅未发生规范性文件、其他政策措施因违反法律法规及公平竞争审查制度而被通报的事件。

（郭秀丽）

【交通行政立法】 制定湖北省交通运输"十四五"法治规划，开展交通运输立法研究，对高速公路服务区管理、港口管理等问题开展立法前期调研。开展立法后评估工作，委托第三方对《湖北省道路运输条例》等 3 部地方性法规实施情况进行问卷调查，完成法规实施调研报告。推行"小切口立法"模式，完成《湖北省高速公路管理条例》修改，删增 16 个方面内容，重点新增"高速公路桥下空间合理利用""高速公路服务区运营质量评价""高速公路清障施救服务"等新要求。立足交通运输法律法规政策依据及职能履行，研究并办理回复交通运输部、省人大常委会法工委、省司法厅等部门 60 余件法规规章草案的征求意见建议。

（郭秀丽）

【交通行政执法】 创新行政监管方式。强化省"互联网＋监管"试点工作落实，及时调整、完善监管事项，加强监管数据汇集，全年向省"互联网＋监管"平台汇聚、传输行政检查、行政处罚等各类监管行为数据 68300 条。深入开展"双随机、一公开"工作，督促责任单位对 7 家水路运输经营者经营资质保持情况、13 种产品交通运输产品质量、26 家高速公路清障施救服务企业进行随机抽查，对发现的问题向企业进行反馈并督促整改。

推进包容审慎监管。探索推进免处罚免强制范围全覆盖，组织全省交通运输部门贯彻实施《交通运输领域轻微违法行为依法免予处罚高频事项清单（试行）》。制定省本级《湖北省交通运输领域首次轻微违法行为免罚免强制清单（第一批）》《湖北省交通运输领域推广说理式执法工作指引》，在交通运输部清单基础上，对符合法定条件的违法行为，确定免于行政处罚措施 10 项、免于行政强制措施 4 项。制定轻微违法行为告知承诺书、不予行政处罚决定文书格式，明确细化落实审慎包容监管举措。

（郭秀丽）

【执法队伍建设】 强化执法监督管理，规范执法权力运行。持续规范执法行为。印发落实执法规范化长效机制实施方案、执法领域问题常态化查纠整改工作方案和重点问题挂牌督办办法，建立联络员机制，动态更新线索问题库，持续开展执法领域问题常态化查纠整改工作，进一步规范执法行为。组织 253 名执法人员参加交通运输部网上执法考试，组织市县 50 余名执法骨干开展执法业务培训，切实强化执法队伍建设；组织在部系统录入市、县级综合执法机构 102 个（市级 21 个、县级 81 个），汇总划转到位的综合执法人员信息 6288 条，完善全省法治通讯录，对全省综合行政执法工作开展书面调研，进一步掌握全省综合行政执法改革推进情况。

（郭秀丽）

【普法依法治理】 全面加强法治宣传教育。落实"谁执法谁普法"责任制，结合部门职责和行业特点，制定 2022 年度普法责任清单；服务保障厅党组常态化学法用法，举办习近平法治思想、《中华人民共和国长江保护法》等 2 次法治专题讲座，组织收听收看荆楚普法云课堂，发放学习《"八五"普法干部法律知识读本》《"八五"普法案例教程》《建设法治中国》等书籍；贯彻落实国家工作人员学法用法制度，组织厅机关、厅直单位 400 余名干部职工参加无纸化学法用法，根据时间节点先后 3 次在办公自动化(OA)系统通报学习考试进展,每周微信、QQ联系提醒督办,确保参学参考率100%;组织开展"路政宣传月""民法典宣传月""12·4"宪法宣传周等系列活动,营造良好的法治氛围和法治环境。

(郭秀丽)

【推进"放管服"改革,持续优化营商环境】 有效推进重点改革。贯彻落实省政府关于持续深化一流营商环境建设若干措施要求,继续推进审批改革,制定并督促落实27条优化营商环境任务。协调业务处室实施扩权赋能强县改革12项"县直报省、省直达县"改革事项和35个下放事项,重点对水路运输和从业资格证等下放事项的实施要求进行明确。

当好服务企业的"店小二"。承担厅"解难题、稳增长、促发展"企业帮扶活动联络员职责,协助厅领导深入帮扶企业走访调研,组织厅内业务部门协调开展企业帮扶工作,梳理汇总问题101项并形成问题清单,推动解决问题90项。专人负责接听省厅"店小二"服务专线电话,协调办理12345服务热线工单,接听电话64单、办理12345服务热线工单75单,处理响应率100%。

(郭秀丽)

【厅行政审批工作】 衔接落实交通运输部门40项"证照分离"改革事项的分类改革工作,将"建设港口设施使用非深水岸线审批"由优化审批服务调整为实行告知承诺在全省范围实施。

深化"高效办成一件事"。巩固提升"我要开物流公司(货运)"一事联办成果,进一步压减办理时限和材料,累计办结3655件;与省公安厅、省市场监管局、省住建厅、省政务办联合发文,在全省推广实施"大件运输审批一件事""涉路施工审批一件事""汽车维修店开办一件事"3个一事联办主题事项。推广应用电子证照,省级19个事项启用电子证照,全省范围启用9类道路运输电子证照。推广"掌上办",省级、市县级各17个事项入驻"鄂汇办"。进一步压减申请材

料,组织对100项高频电子证照涉及的申请材料标注免提交。

优化审批流程,完善平台功能,规范高效办理审批,全年省级办件量255043件,其中大件运输审批252054件。落实"好差评"评价,为群众办事答疑解惑、排忧解难,跨省超限运输"好差评"评价4536件,好评率99.77%。

(鲁琴)

【高速公路路政管理】 超限运输治理成效显著。全年查处违法超限车辆2459辆,卸载236辆,卸载货物1835.19吨,补办许可57辆,实施行政处罚137起,货车违法超限率始终保持在0.01%以内。

行政执法工作规范有序。全年查处路产赔偿案件4516起,送达路产修复通知书4516份,验收4516处;实施行政处罚143起。无错案和执法过错、无行政复议、无行政诉讼败诉案件。

路域管控依法履职。贯彻落实省委省政府关于"美好环境与幸福生活共同缔造"活动要求,打造安全和畅通的高速公路通行环境,全年查处侵害路产路权违法行为227起、非法穿(跨)越涉路施工36处、非公路标志标牌58处,清理非法建(构)筑物11725平方米、桥涵堆积物52993立方米,实现路域管控有力、环境明显改善。

许可审查服务效能全面提升。理顺大件运输审批环节,进一步优化办理流程,全力配合做好行政许可材料审查、现场审核、路线规划、入口核验等各项工作。全年审查许可资料、协办涉路施工许可471件;高效协办大件运输许可218034件、日均办理960.5件,无偿为大件运输车辆提供护送服务63次。无审批超时和有理投诉事件。

(王丽)

【普通公路路政管理】 督查督办落实。协调、协同省交通运输厅、省公安交管局等部门不定期开展调研督查,加大执法明察暗访力度。参与省交通运输厅、省公安交管局等部门组织的2022年元旦、春节、两会期间治超暗访工作,并整理完成暗访情况通报;

配合计划处到武汉等地参加"双万"督办活动;参与清明节公路安全生产暗察暗访工作;协助省治超办督查孝感、随州和武汉公路治超工作;到黄石市阳新县指导公路超限检测站迁建工作;陪同交通运输部安委办普通公路组检查省及武汉、鄂州超限治理等安全生产工作;协同省交通运输厅到宜昌、林区和恩施州开展公路安全生产大检查;协同省交通运输厅到武汉、鄂州、黄冈检查部分地区超限检测站问题清单整改落实情况;协同省交通运输厅、公安厅督查党的二十大期间治超工作推进落实情况。督办检查过程中发现不规范、不作为、乱作为、违纪违规等问题,主动协助省交通运输厅和相关部门督促地方政府部门履行治超主体责任,限时查处和整改纠正。同时,借助大数据统计分析,针对严重违法超限运输企业和货车及源头装载单位,指导各地协同推进源头治理行动,认真落实"一超四罚"规定。

行政许可服务。随着湖北省营商环境不断改善,大件运输审批办件量呈井喷式增长,特别是从6月开始,平均日工作量突增至500件,出现工作量和经办人员严重不匹配现象,许可经办人员每天加班加点,确保此项工作正常开展。办理涉路施工许可300件,超限运输许可60298件,群众满意度100%。结合"路政宣传月",协助省交通运输厅开展大件运输许可服务大走访,深入企业,做好政策宣贯,开展摸底调研,对接企业需求,解决实际困难,做企业"知心人";严格落实"首问负责制"和"限时制",基本实现一类件即可办、二类件快速办、三类件专业办。

路产保护研究。针对市州和县市区对路产路权保护存在诸多迷茫和困惑,组织开展调研,广泛征求基层意见,摸清基本实情,找准问题和困难,分析具体原因,探索研究应对对策。随着交通综合执法改革不断深入,进一步"厘边界、明职责、建机制",提升公路路产保护人员业务水平,推动全省路产保护工作稳步有序开展,举办一期公路路产路权保护业务培训班。

(余威)

238

交通科技与培训教育

【科技项目研究与管理】 2022年度签订厅科技计划项目任务书50份，结题验收厅科技计划项目12个。科技成果获得各类奖项10项，科普工作获全国科技活动周组委会办公室科技部科技人才与科学普及司颁发"荣誉证书"，获湖北省科普讲解大赛决赛获三等奖1项，获湖北省优秀科普微视频评选获二等奖1项，立项湖北省地方标准制定计划25项、修订计划1项，获评湖北省重点省级标准1项、优质省级标准8项。

1.科技管理情况。

印发《省交通运输厅关于下达2022年交通运输科技项目计划的通知》，完成2022年交通运输科技项目计划立项工作，签订科技计划项目任务书50份，补助项目36个，拨付补助资金522万元。印发《关于征集2023年度湖北省交通运输厅科技项目需求的通知》《关于发布2023年度湖北省交通运输科技项目申报指南的通知》，全省交通运输行业单位开展2023年度厅科技计划项目申报工作，共受理全省交通运输行业单位申报2023年度科技项目139项。严格按项目任务书约定的研究内容，完成"斜拉索非线性静力分析与高精度施工控制研究"等12个厅科技计划项目结题验收工作，项目成果简要情况在厅网站科技成果查询栏目公开。

完成2022年度交通运输重大科技创新成果入库推荐工作。武汉工程大学徐雄撰写的科技论文《废弃塑料和废弃胎胶的增值综合回收及其在路面工程中的可持续性实践》入选2022年交通运输重大科技创新成果库。列入交通运输部重点科技项目的厅科技计划项目"香溪长江公路大桥设计技术研究"成果，被列为第二批交通运输行业重点科技项目清单成果。

2.部研发中心科技创新活动情况。

(1)2022年，依托湖北国创高新材料股份有限公司的交通运输部"公路交通节能与环保技术及装备交通运输行业研发中心"开展科技自主研发项目5项："基于柔性减震和微孔降噪原理的降噪技术"项目；"大掺量磷石膏复合稳定基层材料的研发"项目；"低挥发性新型生态祛味路面新材料"项目；"高韧高弹高掺量橡胶沥青研究及应用"项目；"酸性石料沥青混合料综合应用研究"项目。该研发中心取得"一种万能试验机斜剪夹具"实用新型专利授权和"一种环境友好磷石膏复合稳定材料及其制备方法""一种利用磷石膏生产 α - 半水石膏的方法"2项发明专利授权。

(2)2022年，依托湖北交通投资集团有限公司的交通运输部"公路建设与养护技术、材料及装备研发中心"，聚焦新基建和交通基础设施数字化重点研究内容开展科研项目研究及应用。

①以承担的交通运输部重点科技项目"基于试验检测标准化体系的数据云平台开发及应用研究"(2019-MS6-122)为依托，开发行业首个SaaS云服务平台——"全国公路水运试验检测信息化平台"，实现数据标准化动态管理，可为全国公路水运工程试验检测机构提供统一的业务平台，提升检测报告公信力。2022年应用覆盖湖北省高速公路建设项目。

②依托桥梁结构健康监测项目建设，研发"传感器-物联网中台-数据分析应用平台"，解决桥梁群数据治理难题，同时试点建立车辆荷载与有限元动态孪生等多个基于实际使用需求的专项分析模块，提升桥梁健康监测效率。2022年，该平台在18座长大桥梁进行建设应用。

③依托"湖北交投高速公路智慧养护管理平台建设项目"获批交通运输部2022年度"在役干线公路基础设施与安全应急数字化试点"项目，项目通过集成应用BIM+GIS、大数据、云计算及北斗等技术，建立路面、桥梁、隧道等高速公路基础设施"巡、养、监、验"全流程数字化管理全生命周期信息平台，解决养护工作面临的痛难点问题，满足湖北省高速公路养护业务管理需求。2022年该项目开发完成路面、桥梁大数据、养护工程、路产路赔和费用管控5个数字化系统，并正式投入应用。

2022年，该中心科技成果获得各类奖项共计10项，申报知识产权33项，获授权25项，其中发明专利2项、实用新型专利18项、软件著作权5项。"公路水运试验检测信息化平台"成果入选交通运输行业"四新"成果。

2022年度湖北交通科技成果获奖项目

成果名称（国家级科技奖励）	奖项及等级
大规模物联网高效智能协同关键技术及应用	2022年度湖北省科学技术进步二等奖
岩土锚固机制与服役性状评价关键技术及应用	中国岩石力学与工程学会科技进步奖一等奖
千米级宽幅重载全漂浮体系斜拉桥建造技术	中国公路学会科学技术奖一等奖
道路沥青混合料全天候服役的损伤机理	中国公路学会科学技术奖二等奖
大水位差强渗流地层大型浅基础悬索桥锚碇关键技术	中国公路学会科学技术奖二等奖
千米级宽幅重载全漂浮体系斜拉桥建造技术	湖北省公路学会科学技术奖特等奖
基于环境安全的大掺量工业固废磷石膏复合稳定材料关键技术研究	湖北省公路学会科学技术奖一等奖
基于嘉鱼长江公路大桥工程的BIM技术研究	湖北省公路学会科学技术奖二等奖
高性能100%废旧沥青混合料树脂沥青厂拌热再生成套关键技术研究与应用	湖北省公路学会科学技术奖二等奖
十巫北高速公路项目施工阶段BIM技术应用	第五届"优路杯"全国BIM大赛中再次斩获"企业组——公共基础设施施工方向"优秀奖

3. 创新能力建设。

2022 年，"公路建设与养护技术、材料及装备研发中心"增配研发及试验检测设备 515 台，价值 1915 万元，引进沥青材料、计算机科学及数据统计专业专职研发人员 3 名，土木类兼职研发人员 20 名。湖北省交通运输厅获全国科技活动周组委会办公室科技部科技人才与科学普及司特别颁发"荣誉证书"。湖北交通职业技术学院沈力以"悬索桥的前世今生"为题参加湖北省科普讲解大赛获三等奖。宜昌市交通运输局报送的"G348 地质科普公路"科普微视频参加 2021 年度湖北省科普微视频评选 (2022 年组织参评)，获湖北省优秀科普微视频二等奖。

（周建勋）

【标准体系建设】 根据《省市场监管局关于下达 2022 年度湖北省地方标准制修订项目计划 (第一批) 的通知》(鄂市监标函〔2022〕134 号)，立项编制湖北省交通运输厅归口管理的《公路酸性集料加工工艺与质量控制指南》等 10 项湖北省地方标准。根据《省市场监管局关于下达 2022 年度湖北省地方标准制修订项目计划 (第二批) 的通知》(鄂市监标函〔2022〕233 号)，立项编制湖北省交通运输厅归口管理的《大跨度桥梁水下基础多波束声呐检测技术规程》等 15 项湖北省地方标准，立项修订湖北省地方标准《湖北省高速公路命名和编号规则》(DB 42/T711—2018)。根据湖北省市场监督管理局《关于下达地方标准研制资助经费的通知》(鄂市监标函〔2022〕176 号)，归口管理并批准发布实施的 11 项湖北省地方标准，获评重点省级标准 1 项、优质省级标准 7 项，优质率占比 72%。

（周建勋）

【交通环境保护】 打好交通运输污染防治攻坚战。落实省委、省政府关于深入打好污染防治攻坚战的若干措施，印发《全省交通运输系统深入打好污染防治攻坚战实施方案》，夯实攻坚机制、分解攻坚任务，压实攻坚责任，推动交通运输领域蓝天、碧水、净土保卫战取得明显成效。持续优化调整运输结构，出台《湖北省推进多式联运发展优化调整运输结构工作方案 (2022—2025)》，累计创建 4 批 8 个国家多式联运示范工程，数量并列全国第一。2022 年，全省公路、水路、铁路的货物周转量占全省货物周转量 (不含航空) 的比重由上年的 32.6%、51.1%、16.3% 变为 27.3%、56.5%、16.2%，运输结构进一步调整优化。持续推广应用新能源公交车，出台《湖北省交通运输领域碳达峰实施方案》，加快城市公共交通新能源推广应用。截至 2022 年底，全省新能源公交车 19482 辆，占总数 (25776 辆) 的 75.58%，2022 年度新增及更新公交车全部为新能源公交车辆 (3467 辆)，全省有 23 个县 (市) 公交车新能源率达 100%。武汉、襄阳市分别获得"国家公交都市"及"绿色出行创建城市"称号。持续强化交通大气污染防治，配合打好重污染天气消除攻坚战，参与推进传输通道区域大气污染联防联控，督促各方落实《湖北省公路水运建设工程施工扬尘防治工作指南 (试行)》，履行扬尘防治主体责任和监管职责。持续推进磷石膏公路基层研究应用，湖北省出台《公路磷石膏复合稳定碎石基层应用技术规范》《湖北省公路磷石膏复合稳定碎石基层应用技术指南 (试行)》，累计建设完成 9 条、21.85 公里磷石膏基层试验段。

推进交通领域长江大保护。履行长江高水平保护省专项指挥部职责，牵头实施船舶和港口污染防治专项行动，全省初步形成布局合理、衔接顺畅、运转高效、监管有力的船舶和港口污染治理格局。船舶污染物接收转运能力全面提升，4016 艘船舶生活污水收集或处理装置建设改造任务完成，累计建成港口固定污染物接收设施 3700 余个，移动接收设施 160 余辆 (艘)，接收转运点 40 余个，实现港口全类别覆盖。全年完成船舶污染物接收能力与到港船舶水污染物产生量评估工作，船舶生活垃圾 10965 吨 / 年，生活污水 65.9 万吨 / 年，含油污水 20 万吨 / 年，接收能力与产生量相适应并留有富余，能够满足当前和未来一段时期船舶各类污染物接收需求。船舶和港口岸电建设使用持续提高，全年 772 艘船舶受电设施改造任务完成，累计改造船舶 1007 艘，建成具备岸电设施供应能力泊位 469 个，全年港口岸电使用量 568 万千瓦时，其中货运码头使用岸电量 93.9 万千瓦时，比上年增长近 70%。船舶污染监管服务水平不断加强，涵盖交通、住建、生态环境等多部门的船舶水污染物联合监管服务与信息系统 ("船 E 行") 全面应用，覆盖全省所有港口、所有到港中国籍营运船舶，船舶污染物交付、接收、转移、后方处置基本实现闭合管理，联合监管制度进一步加强。2022 年，全省船舶生活垃圾接收量 2880 吨，生活污水接收量近 24 万吨，含油污水接收量近 8700 吨，船舶污染物接收转运处置率均达 90% 以上。宜昌、武汉市化学品洗舱站有效运行，全年共洗舱 56 次，完成洗舱水接收转运处置 3282 立方米。

开展生态环保督察反馈交通问题整改。坚持"党政同责、一岗双责"，以厅党组名义印发第二轮中央生态环保督察反馈问题整改方案，细化分解 6 项任务整改措施，厅主要领导总负责，每项整改任务至少明确一名厅领导为第一责任人，统筹推进第一轮督察"回头看"和第二轮督察反馈交通问题整改工作。建立常态化工作机制，坚持统分结合、清单管理，实行月度例会调度和"四不两直"督办检查等制度，通过深入现场、视频会议、微信 /QQ 群、电话等多种形式，对各市州每月精准调度、每季度全面调度，对推进不力的市州进行约谈、通报。将习近平生态文明思想和习近平总书记系列重要讲话和指示批示纳入厅党组会和各级支部会的重要内容开展集中学习，组织观看生态环保电影，邀请生态环保专家做专题辅导报告，在全系统内宣讲《中华人民共和国长江保护法》，并纳入学法计划和领导干部学法重要内容。

截至 2022 年 12 月底，第一轮中央生态环境保护督察"回头看"及长江保护专项督察 11 项任务，完成整改和销号备案 10 项，基本完成整改达到序时进度要求 1 项；第二轮中央生态环境保护督察反馈问题 6 项任务，完成整改和销号申请 2 项，持续推进达到序时进度要求 4 项。

（刘伟）

【交通信息化与网络安全】 建成 576 公里汉江电子航道图，实现湖北境内汉江干流全覆盖，与长江电子航道图无缝拼接。依托汉江兴隆至蔡甸段 2000 吨级航道整治工程，推动建设全省航道管养一体化数字平台。智慧公交、智慧地铁、武汉天河智慧机场建设等交通强国试点项目进展加快，联网售票系统覆盖全省一、二级客运站 121 个。部、省、市州 21 家单位实现 250 余个数据资源目录、8000 余个数据项、46 亿条动态数据共享交换。落实省委突破性发展重大部署，建立行业北斗、智能网联推进情况定期调度机制。部署做好重要时期行业网络安全防护工作，全年未发生网络安全事件。组织开展全省收费公路联网收费系统网络安全防护能力提升工程，全省 25 家高速公路运营单位、4 个市州交通运输局签订高速公路联网收费系统网络安全责任状。完成全省交通运输行业弱口令弱密码等 13 项网络安全高风险隐患清理整治工作。启动交通运输行业重要数据识别，印发加强数据安全的工作意见，指导全省交通运输行业开展数据安全工作。圆满完成省密码应用与创新发展任务台账交通运输领域建设任务。

（邹珺）

【湖北交通职业技术学院】 新校区投入使用。新校区配套绿化景观工程、道路照明工程、围墙工程、部分篮球场、排球场、智慧教室相继建成并投入使用，3856 名学生和 150 余名教职员工入驻藏龙岛校区，正式开启学校新的办学历史。上半年启动搬迁工作，制定搬迁方案和应急措施，成立搬迁工作领导小组，召开统筹协调会、搬迁工作部署会，确保防疫和施工两不误，校内共有 21 个部门、累计 58 次

2022 年 6 月 8 日，湖北交通职业技术学院首批师生搬迁入驻新校区

到新校区进行现场对接。全校上下齐心协力、密切配合，确保搬迁工作平安、有序、高效、顺利完成，完成新校区搬迁启用工作。

内涵建设。全面推进国家和省级双高建设，顺利通过国家"双高计划"中期验收，入选全国 60 所高职院校服务贡献典型学校、100 所高职院校学生发展指数优秀院校榜单、省级"双高计划"学校。开创师资人才数量与质量双提升，通过公招新进教职工 23 人，其中新进博士 7 人，提升高层次人才比例；选拔招聘 26 名优秀人员，进一步补充急需专职辅导员及紧缺管理岗位队伍；提升师资队伍水平，分三批组织选派 210 名教师到华中科技大学和武汉大学参加专题培训，选派 26 名教师参加全国职业院校校长培训，组织全校 371 名教职工在线参加暑期教师研修。师资队伍建设成效显著，1 人被聘为专业技术二级岗位，1 人获湖北省技术能手，1 人获"湖北省优秀带徒名师"，1 人获评交通运输青年科技英才，1 人获评全省征兵工作先进个人，1 人入选"洪山好人"，多名教师在全国、全省职业院校教学能力大赛中获奖。学生先进典型脱颖而出，朱宏宇同学获 2022 年"湖北省直机关向上向善好青年"称号，航海学院王启越同学获全国大学生自强之星称号，建艺学院王格同学、汽航学院朱宏宇同学入选湖北省第八届"长江学子"，新能源汽车技术专业群教研

室获批立项湖北省青年文明号创建集体，"春雨志愿服务队"入选省级"本禹志愿服务队"并获全省新时代文明实践志愿服务大赛铜奖。

办学水平。多举措提升办学水平，2 个专业成功入选工信部首批产教融合专业试点，3 个专业群入选省级"双高计划"专业群，合作建立 1 个研究生工作站。组织教学成果奖申报，获省级教学成果奖 5 项，推荐申报国家级教学成果奖 6 项；1 项科技成果获湖北省公路学会科学技术奖一等奖；1 个职业教育专业教学资源库通过教育部验收，2 门课程获评国家在线精品课程，4 门课程立项省级在线精品课程。获全国职业院校技能大赛二等奖、"湖北工匠杯"技能大赛一等奖、金砖国家职业技能大赛三等奖、挑战杯大学生创业计划竞赛银奖、吉利汽车集团"第七届技能新星大赛"一等奖等 60 余项奖项，实现技能竞赛新突破。

专业设置调整。围绕七大交通特色专业群，开展专业设置工作，共备案专业 50 个，分别是：工程测量技术、土木工程检测技术、工程造价、建设工程监理、高速铁路施工与维护、道路与桥梁工程技术、道路养护与管理、城市轨道交通工程技术、机电一体化技术、工业机器人技术、无人机应用技术、智能工程机械运用技术、飞机机电设备维修、飞行器数字化制造技术、汽车检测与维修技术、新能源汽车技术、汽车智能技术、汽车技

术服务与营销、智能交通技术、城市轨道交通通信信号技术、计算机运用技术、计算机网络技术、现代移动通信技术、电子商务、航海技术、轮机工程技术、船舶电子电气技术、电气自动化技术、建筑装饰工程技术、环境艺术设计、建筑工程技术、装配式建筑构件智能制造技术、虚拟现实技术应用、艺术设计、城市轨道交通运营管理、邮政通信管理、邮政快递运营管理、智能物流技术、现代物流管理、采购与供应管理、邮政快递智能技术、大数据与会计、酒店管理与数字化运营、旅游管理、空中乘务、市场营销、大数据技术、人工智能技术运用、跨境电子商务、智能控制技术。本年度新增 4 个专业,分别是:大数据技术、人工智能技术应用、跨境电子商务、智能控制技术。

职业教育体系建设。学校以系统培养人才为主线,以人才培养模式创新为核心,推动中高职紧密合作,统筹培养兼具较高文化素养和专业技术技能专门人才,着力提高人才培养质量,促进中等和高等职业教育协调发展的现代职业教育体系建设。2022年,学校与武汉市供销学校、武汉市石牌岭高级职业中学、京山市中等职业技术学校和江汉油田职业技术学校 4 所中职学校开展 3+2 中高职分段培养合作,中职阶段录取 119 人。

对外交流和校企合作。强化国际交流合作,促进新能源汽车技术专业中日合作办学项目成功获批并组班运行;牵头开发坦桑尼亚国家职业标准,并正式纳入坦桑尼亚国家职业教育体系,为学校输出职业教育"中国标准"迈出坚实一步。深化校企合作、产教融合,携手中国电信、上海鼎衡、京东物流等世界 500 强企业、行业优质企业达成全面战略合作,共同组建订单班,学校获评"最佳合作院校"、入选优秀产学研基地。

学生教育管理。全面提升学生综合素养,扎实做好学生实习安全、心理健康、疫情防控、劳动教育、志愿服务等工作。开展"技能成才强国有我""青春献礼二十大,强国有我新征程"等系列主题教育实践活动,加强师生思想政治教育和价值引领,提升学生爱国主义热情。举办主题为"我的情绪我做主""阳光心态,健康成长"的大学生心理健康月及系列活动,切实提高心理育人质量。组织开展"中华经典晨读月""光盘行动""创建无烟校园""书香满校园"等主题教育,充分发挥校园文化的育人导向和功能,图书馆资源建设升级优化,学报服务水平稳中求进,信息系统建设不断完善,为学生提供全方位的校园服务。开展征兵宣传、国防教育活动,加强征兵工作站建设,做好预征对象思想稳定、体检保障服务工作,完成学校适龄男生兵役登记工作,登记率 100%,全年入伍人数 318 人,1 人获评全省征兵工作先进个人。

招生就业。录取高职新生 5684人,科学编制招生计划,扩大招生宣传覆盖面,深入 150 余所中学,发放宣传册 2 万份,参加咨询会 50 余场,招生网站及广告平台访问量达到 22 万余次。争取三个军(警)种招生专业 9个,招生计划 650 个,招生省份 14 个,圆满完成招生计划。完成全省汽车维修类专业技能高考组考工作,成立考务工作领导小组,全力保障考试工作安全、平稳、顺利进行,组织完成 6738人的专业技能高考组考工作。开展"书记校长访企拓岗"促就业专项行动,千方百计拓渠道、搭平台、做指导、找岗位,挖掘就业岗位信息 2000余个;开展"智能云平台"线上招聘活动、举办线上招聘会,发布用人单位需求信息 3000 余条,提供招聘岗位 4 万余个,全力促进毕业生顺利就业、充分就业、高质量就业,就业率达 95.23%,继续领跑全省高职院校。

服务社会。完成成人教育招生报名 452 人,培训 943 人次,职业技能等级认定 488 人次,各类社会考试7859 人次;完成各类船员培训 103 期,培训人数 2934 人次,创收 272.6 万元。校属企业全年创收 3161.83 万元,顺达公司获信用 AA 等级、呼北项目质量管理工作全省量化排名稳居第一;教培中心获"湖北工会干部教育培训基地""湖北省总工会职工书屋""2022年度宜昌市夷陵区文明单位";楚雄公司完成项目推进及收尾工作,推进研究生工作站建设,做好资质维护。精准对口援疆,做好 2 名新疆教师来校交流跟岗学习的指导培育工作,继续选派 2 名骨干教师到新疆博州职院开展教育援疆。做好乡村振兴帮扶,筹措各类帮扶资金 143.2 万元,用于神农架林区宋洛乡梨子坪村入村公路建设、光伏产业发展、消费帮扶等。

平安校园建设。面对严峻复杂的疫情防控形势,科学研判、精准施策,全体教职员工各司其职,未出现校园疫情蔓延扩散情形,有效保障全体学生平安健康,维护正常教学秩序。持续加强安全教育宣贯,强化校园安全巡查,优化值班值守,全年确保安全零事故,营造和谐稳定的校园环境。

2022 年 5 月 12 日,湖北交通职业技术学院与吉利汽车集团有限公司举行"访企拓岗促就业"专项活动

(郑禹舟)

交通综合管理

【机构编制】 贯彻省委省政府改革方案部署，2022年9月，将汉江雅口航运枢纽管理处、汉江崔家营航电枢纽管理处整建制划转移交湖北省港口集团有限公司，完成人员移交、社保转移等工作。11月，省委编办印发《关于设立省交通运输综合行政执法局有关机构编制事项的批复》(鄂编文〔2022〕138号)，将省交通运输厅所属原公路管理局、高速公路管理局、道路运输管理局、港航管理局和工程质量监督局承担的公路路政、道路运政、水路运政、航道行政、港口行政、地方海事行政、工程质量监督管理等执法职能进行整合，批复设立"湖北省交通运输综合行政执法局"，加挂"湖北省交通运输综合行政执法总队"牌子，全省高速公路路政执法继续实行统一管理，原委托地方和企业单位承担的高速公路路政执法职能回归省交通运输综合行政执法局承担。湖北省交通运输综合行政执法局下设11个支队，其中1个直属支队、10个高速公路路政执法支队。厅党组认真抓好组织实施，及时研究，组建省交通运输综合行政执法局党委班子，明确支队长任职，并于12月27日为省交通运输综合行政执法局揭牌。同时，深入调研，向省委编办呈报《三个事业发展中心职能配置内设机构和人员编制规定(送审稿)》，推进省公路事业发展中心、道路运输事业发展中心、港航事业发展中心"三定"方案批复工作。稳步推进信息中心事业单位分类改革，批复信息中心三定方案，督促指导开展编制实名制工作，拟定绩效工资总额方案及工资分配方案，研究开展信息中心岗位设置调整以及专业技术人员岗位聘任等。

(肖磊)

【干部工作】 加强干部选任工作。积极争取省委组织部、省委编办等对省交通运输厅干部工作的政策关心与支持，完成1名厅领导、3名正处级和3名副处级干部选任工作，完成31名调研员职级晋升。统计分析全系统干部结构情况，建立四级调研员以上职

级配备数据库。积极落实、统筹安排干部参加援疆援藏、乡村振兴、重点工程、疫情防控等各类挂职锻炼、中心工作锤炼、急难险重任务考验，选派1名援藏干部和1名市州挂职干部，接收2名基层干部到省交通运输厅挂职。妥善做好6名军转干部定级定岗工作。

年轻干部选拔培养持续发力。组织召开厅机关年轻干部五四青年节座谈会，厅主要领导和分管领导到会倾听年轻干部心声，互动交流工作生活中的所思、所想、所悟、所得，启动6名年轻干部职级晋升工作。厅人事教育处组织开展年轻干部情况摸底调研，完善优进拙出的年轻干部信息库，建立持续发现、动态调整的长效机制。推进4家厅直单位完成事业单位招聘工作，完成省直公务员遴选人员试用期满考察和调动手续，申报6名参公人员招录计划，加强年轻干部源头储备。

干部考核测评工作不断深化。配合省委考核组完成厅领导班子和班子成员年度考核工作，开展厅直单位领导班子成员和班子年度考核工作，协助配合其他责任处室完成厅上年度省委重要工作检查考核，高质高效开展公务员平时考核工作，修订完善厅机关公务员年度综合量化考核办法(试行)，指导驻村工作队开展片区年度考核工作。

干部监督从紧从实。加强干部日常监管，重点加强对厅机关处室主要负责人和厅直单位党政主职的监督管理，突出对重点部门、关键岗位的全程监督、重点监督。坚持"凡提四必"，做好干部任前档案审核、个人事项报告查核等工作，完成29名领导干部个人有关事项核查，依据核查结果对3名干部进行批评教育和诫勉。对受处分干部做好教育帮带，影响期满后及时进行考核，完成5名受处分干部影响期满考核工作。完成49名干部新一轮干部人事档案专项审核，落实干部人事档案"专项审核"检查迎检和整改，推进2020年、2021年度"带病提拔"干部选拔任用过程集中倒查。严管厚爱同步推进，

抓好《关于激励干部新时代新担当新作为的实施意见》落细落实，推动干部休假、体检、医疗等待遇保障落实到位。

公务员管理更加规范。贯彻落实全省公务员工作推进会精神，完成省公路事业发展中心、道路运输事业发展中心、港航事业发展中心、省交通运输综合行政执法局参照管理单位重新认定和备案检查，依法规范、及时动态开展公务员和参公人员登记，发放2018年以来公务员(参公人员)奖励证书和奖章，完成公务员信息更新采集和干部统计、工资统计工作。积极申报全省"人民满意公务员"，其中给予刘君峰记一等功。

(肖磊)

【干部培训】 制定《深入学习贯彻习近平总书记考察湖北重要讲话精神、推进落实省第十二次党代会决策部署教育培训实施方案》，举办"县处级以上领导干部学习贯彻党的二十大精神集中轮训班"，安排10个专题，集中5天时间对县处级以上领导干部进行全覆盖培训，厅主要领导在开班第一课上作主题报告。与省委组织部联合举办"落实省第十二次党代会决策部署、加快建设现代物流体系"专题研讨班，各市、州、直管市、神农架林区党委或政府分管负责同志，经信、交通、商务、市场监管等部门主要负责同志，省经信厅、省交通运输厅、省商务厅、省市场监管局分管负责同志及有关处室主要负责同志，综合交通成员单位分管负责同志及主办处室负责同志102人参加培训。印发省交通运输厅培训计划，围绕交通运输事业发展需要，突出行业、岗位特点，分层分类分级开展专门业务培训，全面提升干部专业知识、专业能力、专业作风、专业精神，交通运输厅本级举办各类专门业务培训班21个、培训全系统党员干部1400余人次。组织开展交通运输行政执法类公务员培训试点工作，开展专业技术人员继续教育，促进素质能力提升。

(肖磊)

【驻村扶贫工作】 聚焦中央规定的"建强村党组织、推进强村富民、提升治理水平、为民办事服务"等职责任务，深入宣传贯彻党中央、省委关于乡村振兴各项方针政策、决策部署、工作措施，明确"学理论、强组织、固成果、兴产业、共治理、办实事"等"六个推动"，加大帮扶力度，加强帮扶保障，推动驻村工作不断深入，省交通运输厅领导钟芝清、汪凡非、赵志国、石先平等先后4次到龙凤村调研指导督办巩固拓展脱贫攻坚成果和乡村振兴工作。省交通运输厅及厅驻村工作队分别被省委组织部、省委农办、省农业农村厅、省乡村振兴局表彰为省派驻村工作先进集体。

（肖磊）

【工资社保】 完成省交通运输厅机关、厅直参公单位在职人员奖励性补贴改革、清算和发放工作，以及离退休人员统筹待遇标准的报送和清算工作。全系统全员参加省直机关事业单位养老保险，退休人员全部在省社保中心按月领取养老金。

（肖磊）

【交通职业资格】 全年开展各类交通职业资格项目10余项，组织考试520余场次；参考人员16000余人次，办理注册、延期、变更等证书业务18000余件，服务交通从业人员近2万名，服务各类交通企业500余个，13000名专业技术人员和技能人员取得相应资格证书。其中开展湖北省公路水运工程施工企业主要负责人和安全生产管理人员考核，参考人员8000余人次，合格取证约6500人次。组织和指导2家鉴定站和3家等级认定机构开展轨道列车司机职业技能鉴定考试及公路养护工、桥隧工、筑路工等职业技能等级认定考核工作。积极跟进交通运输部职业资格中心新能源汽车评价项目等新业态职业资格发展，引导考点申报新能源汽车检测维修专业能力评价资格。根据防疫有关要求，公路试验检测发布停考通知后，做好政策咨询、疑难解答、电话告知、成

绩延期、投诉处理等善后工作，共审核成绩延期申请3000余份。同时联合省港航局实施危险货物水路运输从业人员从业资格考核。指导武汉地铁集团有限公司鉴定站完成轨道列车司机日常鉴定考试。配合交通运输部职业资格中心和湖北省人力资源和社会保障厅完成注册监理工程师报考资料的审核、巡考以及初始注册工作。

（向元）

【职称】 为科学客观公正地评价专业技术人才，进一步提高职称评审标准与路桥、港航专业实际工作匹配度，组织专家对《湖北省工程系列路桥、港航专业技术职务水平能力测试大纲》进行修订，经报省职称改革工作领导小组办公室同意后正式向社会发布。新修订的《湖北省路桥、港航工程专业技术职务水平能力测试大纲》，从知识点、难度系数、题型、题量等纬度对题库进行系统完善，进一步提高试题与大纲和组卷规则适配度，提升水平能力测试的科学性。积极探索创新评价方式和改进评价导向，编制以职业道德、科研能力、项目实践等为主要内容的科学量化评分体系，形成"路桥、港航工程专业技术职务任职资格量化评审赋分表"，进一步完善评价指标和聘用机制，激发、调动交通运输行业专业技术人员积极性和工作潜能，从而更科学、客观、高效地开展职称评审工作。进一步完善专业技术人员水平能力测试报名系统，完成2022年水平能力测试线上报名工作。优化后的报名系统，界面更清晰，功能更完善。

（向元）

【外事外经】 规范完成全年省交通运输厅外事工作任务，包括日常更新出入境备案人员数据库信息，及时催缴备案持证人员因私出国(境)证件，完善证件借出、归还登记手续，按要求完成省外事办、省外专局信息报送等日常管理工作；继续配合完成在建世行贷款项目的现场监测工作。6月27日至28日，世界银行派代表团到由省

交通运输厅负责建设的雅口航运枢纽工程开展第7次项目监测活动，实地考察雅口航运枢纽建设工地和库区复建工程等施工现场，详细了解工程建设进展情况，并与省交通运输厅就项目实施目标、工程进度、征地移民、环境管理、大坝安全及技援课题等内容进行交流与讨论。世界银行代表团对工程质量、安全、环保等方面所取得的成绩给予高度评价，表示将一如既往地同省交通运输厅紧密合作，克服疫情带来的影响，确保项目顺利推进，完成既定建设目标；继续推动与世界银行等国际金融组织平台的合作。6月30日，由省交通运输厅组织申报的"宜荆荆恩"城市群绿色低碳交通发展示范项目获得国家发展改革委和财政部联合批复，成功入围世界银行2022—2023财年贷款项目规划，总贷款额2.5亿美元。项目主要建设内容包括基础设施、运输装备、出行服务和机构能力四个领域，旨在加强"宜荆荆恩"城市群一体化发展，构建安全、便捷、高效、绿色、经济的现代综合交通运输体系。11月2—4日，项目启动会正式召开，项目各参与方就建设内容、项目清单等进行详细讨论，为项目在2023年签订贷款协议，按计划开工建设打下良好基础。

（向元）

【目标管理】 科学谋划。省交通运输厅党组始终把目标责任制管理工作摆在重要位置，党组统一领导、"一把手"亲自抓，分管领导具体抓，各单位、各部门负责人分工负责、齐抓共管，结合本部门工作职能，系统梳理国务院和省委省政府确定的主要目标任务中涉及交通运输的责任目标，拟定年度重要职能工作目标初稿，经厅分管领导审核、主要领导亲自把关后，及时报请省政府分管领导同意，确保目标制定的精准性、科学性，为完成全年目标任务奠定坚实基础。

强力推进。第一时间将目标责任书、全省交通运输工作会议确定的各项重点工作任务进行细化分解，研究制定落实措施，明确责任人和完成时

限，每半年对推进情况进行督办，督促各牵头处室（单位）切实发挥统筹抓总作用，紧盯目标任务，强化责任担当，加大工作力度，有力有序推动年度各项目标任务落到实处。同时，突出交通运输中心工作和重点工作，进一步加强对部省重大决策部署、重要会议任务、重要会议或调研活动涉及湖北省交通运输厅事项的督办工作力度，按时限要求定期进行督办，切实推动部省及厅党组各项重大决策部署和全年目标任务落实落地。

确保实效。2022年，全省交通运输系统迎难而上，全力抓投资、稳增长、保发展，圆满完成各项目标任务。全年累计完成交通固定资产投资1340.6亿元，争取省政府出台《省人民政府关于加快全省高速公路高质量发展的实施意见》，新开工高速公路规模达683公里，新增高速公路里程220公里；完成一级公路506公里、二级公路944公里，农村公路新改建16381公里；建成黄石港阳新港区富池作业区华新水泥综合码头等项目，新增港口吞吐能力1200余万吨，唐白河（唐河）航运开发工程等6个水运建设项目顺利开工；建成兴山综合客运枢纽等8个重大项目、捷利泉都现代物流综合产业园等6个物流站场；多式联运三年攻坚行动67个重点项目累计完成投资908.19亿元；武汉中远海运等3个项目成功申报国家第四批多式联运示范工程，全省国家多式联运示范工程达到8个，居全国首位；评定星级服务区99对，新增9个"司机之家"均符合建设要求；实施公路危桥2168座；创建全省"四好农村路"示范县8个、示范乡镇38个；新增新能源公交车3267辆，新能源公交车占全省公交车总数比例达到76.78%，超额完成目标任务。

（程梦雨）

【社会管理及综合治理】 强化平安建设联系点帮扶建设，制定三年工作规划，全年组织专人3次到荆门市东宝区开展平安建设工作调研，拨付项目帮扶资金100万元，援建项目3个。

东宝区被省委政法委确定为全省第一批市域社会治理现代化试点示范县（市、区），东宝区委政法委被省委平安湖北建设领导小组评为2021年度平安湖北建设先进集体。东宝区扫黑除恶行动连续两年在平安建设"一感一度一率一评"测评中位居全省前列。村（社区）积分制管理被央视专题报道，"五员议事"做法入选2021年全国社会治理创新案例。2022年11月，东宝区被荆门市委政法委推荐申报省级"平安湖北建设先进县市区"表彰。

联合航空社区对辖区困难退休职工家庭进行走访慰问，慰问困难户30户，发放慰问金1.9万元。将航空社区万松园横路41号安装监控设备和援建航空社区治安岗亭项目纳入驻地社区共建帮扶项目予以支持，帮扶航空社区共计2.5万元。援助航空社区疫情防控物资口罩5300个、酒精60瓶、医用手套10盒，共计金额5000元，全面提升驻地社区社会综合治理、疫情防控能力。

（李永胜）

【信访】 2022年，省交通运输厅办理信访事项524件（批），接待来访103批214人次，协调督办上级部门转交办件98件、督导7次，督办35次，办理落实厅主要领导批示件18件，信访案件受理率、办结率100%。全力做好党的二十大、省第十二次党代会等重要时段信访稳定工作。全省交通运输系统信访稳定态势总体平稳，未出现重大缠访闹访和大规模聚集性群体性信访事件。省交通运输厅信访办获"党的二十大全省信访安全保障工作先进集体"称号，信访办孙武获评全国优秀投诉办理员。主要做法：

1.健全落实领导责任制，全面压实信访工作责任。把信访稳定工作纳入厅党组会议事日程，在厅党组会上专题传达学习习近平总书记关于信访工作重要指示批示精神和有关会议精神，把《信访工作条例》学习宣传纳入党组学习计划，组织开展厅党组中心组（扩大）《信访工作条例》专题学习会，邀请信访专家授课，深入学

习研讨，推动《条例》贯彻实施。组织召开厅信访工作领导小组工作会，研究安排信访工作。制定《2022年全省交通运输系统信访工作要点》《全省交通运输系统学习宣传贯彻〈信访工作条例〉实施方案》，履行部门职责，做到领导重视到位、安排部署到位、督促落实到位、检查考核到位。严格落实厅领导批阅群众来信、接访包案工作，制定《党的二十大期间厅领导接访排班表》，规范组织开展领导干部接访、约访、下访，做好重要时段领导值班和信访保障工作，期间开展厅领导接访日共计34天（次）。坚持领导包案制度，认真解决群众问题，建立厅领导批阅信访件台账、领导包案档案，跟踪督办信访事项办理情况。全年办理厅主要领导批阅信访件18件，督责责任单位按期办理。

2.狠抓信访维稳工作，保持和谐稳定的良好态势。建立信访事项台账管理和督办调度机制，开展治理重复信访化解信访积案专项工作调研，加强对各地交通运输部门专项工作指导，确保全省化解重复信访工作取得实效。国家和省级交办的交通运输领域重复信访事项93件，均上报国家信访局审核化解，化解率达100%。印发《全省交通运输系统信访矛盾纠纷集中排查化解专项行动方案》，启动全省交通运输行业矛盾纠纷集中排查化解专项行动，成立工作专班，围绕道路运输领域、水路运输领域、工程建设领域等重点领域开展矛盾纠纷排查化解工作，压实工作责任，明确矛盾重点和化解要求，部署开展专项工作，维护全省交通运输行业健康稳定发展。

3.周密部署，全力做好重点时段信访稳定工作。制定《全省交通运输系统党的二十大信访安全保障工作方案》《关于切实做好春节、冬奥会和全国两会期间全省交通运输系统信访稳定工作的通知》《关于切实做好信访信息报送工作的通知》，督促各级交通运输部门密切关注行业动态，加强行业稳定情况监测，做好形势研判和风险排查。重要时段实施涉稳涉访信息"零报告"制度。全年处理涉稳涉访信

息 1836 条，整理上报 73 条，报送信访情况分析和报告 11 次、总结 9 次，湖北省交通运输系统未发生大规模赴省进京走访情况。

（李永胜）

【档案管理】 2022 年初，印发《2022 年全省交通运输档案工作要点》，指导全系统有计划、有步骤地开展档案工作。及时做好本单位重大活动的文件资料、影像和实物档案收集整理工作，确保重大活动形成的各类档案收集齐全。贯彻实施新修订的档案法，指导厅直单位学习领会档案业务配套相关规章制度，提高档案工作规范化水平。各地各单位将档案工作纳入重要议事日程，纳入年度考核内容，推进本单位档案科学、规范管理。按照《机关档案管理规定》要求，严格落实档案各项制度。

精准服务交通运输重点工作。加强疫情防控和精准扶贫两项专题档案资料的收集、归档和整理工作。严格时限要求，全面梳理收集，确保专项档案资料完整齐备，同时建立专题档案目录和数据库。做好疫情防控和精准扶贫档案的利用工作，为精准服务交通运输工作提供翔实、可靠的基础资料。

持续推进档案规范化管理。做好机关档案"三合一"制度审批、档案统计、档案鉴定到期档案移交等工作，确保档案资料安全完整，确保档案工作规范开展。加强重点建设项目竣工档案管理工作，建立健全档案登记、形成、收集、整理、验收等管理制度。加强对重点建设项目档案工作执法检查，对违法违规行为下发档案行政执法检查通知书并责令其限期整改。加大对工程建设项目档案专项验收工作的指导和服务力度。

加强档案信息化建设工作。继续推进电子文件在线归档工作，扩大在线归档范围，省特级向省一级延伸。各地各单位做好电子档案在线移交、接收、利用等工作。建立电子文件从形成到归档的全流程电子化管理途径。持续推进人防、物防、技防"三位一体"的档案安全防范体系，加强档案安全保密机制建设，提升档案网络和信息系统风险管理能力。

加强档案干部队伍建设。多渠道开展档案业务人员培训，提升档案干部履职尽责能力。加强档案干部培训，组织开展档案干部上岗及其他档案专业培训工作，引导档案干部加强政治理论、法律知识、专业知识及专业技能学习。

（咸媛）

【省人大建议、政协提案办理】 2022 年，省人大建议 125 件，其中主办 83 件、会办 42 件；省政协提案 91 件，其中主办 28 件、会办 63 件。216 件建议提案全部办结，答复率、沟通率、满意率均为 100%。办理结果均完成网上办理、纸质回复"双轨制"。答复意见资料统一归档管理，较好地完成办理任务。主要做法：

增强办理建议提案工作责任感。为快速、高效地做好建议办理工作，厅主要领导经常过问省人大代表建议和省政协提案办理情况，强调进一步提高对办理工作重要性的认识，要求在办理建议提案过程中，要结合中央及省的中心任务，抓住人民群众密切关注的热点问题，狠抓落实。分管厅领导具体抓，亲自部署、批办、审核。各承办处室明确办理任务、办理时限、办理人员，做到"有调查研究、有反馈意见"，形成一级抓一级、一级对一级负责的办理工作体系，保证办理渠道畅通，促进办理工作顺利开展。

突出办件质量，做好人大建议政协提案办理工作。印发《省交通运输厅关于办理人大建议和政协提案工作的通知》，要求各承办部门认真负责地分析好、研究好、办理好、结合交通运输工作实际，统筹考虑，合理答复。如办理朱必海代表提出的"关于补齐乡村公路建设短板，助力乡村振兴的建议"过程中，厅领导高度重视乡村公路建设工作，与咸宁市、通山县交通运输局多次研究讨论，通山县交通运输局深入现场调查研究，进一步听取代表建议后，省交通运输厅承办处室负责人具体部署相关工作，并征得代表理解。建立健全沟通机制，采取电话、信函、邮件等方式，在深入调研基础上与建议提案领衔人进行沟通，认真听取意见和建议，共同探讨解决问题的办法。答复前通过电话或邮件沟通，进一步征求代表委员意见，落实好代表委员要求，将办理答复文件及征询意见表寄给代表委员，听取反馈意见。

强化跟踪督办，确保办理事项件件有落实。加强跟踪督办，认真组织"回头看"，为确保问题解决或列入规划的兑现，将跟踪督办中出现的新情况、新政策融入答复内容中。严格办理的时限，各承办部门安排责任心强、熟悉工作的人员集中时间、集中精力，在规定时限内完成办理工作。

（咸媛）

【研究室工作】 2022 年，厅研究室围绕厅党组工作部署和全省交通运输中心工作，按照职责定位，不断提高调查研究和文稿写作能力和水平，抓研究、重联动、强阵地、提效率，锐意进取、锲而不舍，较好地完成全年工作任务。全年累计完成文稿任务超过 50 万字。完成全省交通运输工作会和半年调度会工作报告。完成厅党建工作会领导讲话提纲、关于全省综合交通运输工作有关情况汇报等文稿起草。牵头做好春运工作讲话、新年致辞、收心会、全省交通运输工作情况汇报、省委工作报告素材等文稿起草。完成多次专项工作会、座谈会经验交流、调研讲话、开工仪式等厅主要领导汇报和讲话材料把关。做好交通运输领域全面深化改革相关材料搜集、起草、报送，并向省委、省政府、交通运输部报送全年工作有关情况。加强与省委政研室、省政府研究室等有关部门沟通，圆满完成厅党组交办的各项工作任务。参加省稳住经济大盘第三服务督导组到宜昌市开展督导服务，做好领导讲话、总结等文稿服务工作。负责起草厅主要领导关于习近平总书记视察湖北重要讲话精神和党的二十大精神、省第十二次党代会精神等宣贯的宣讲提纲。参加湖北省《政府工作报告》集中起草，在完成分工任务的同时，积极主动争取报告中更多体现交通运输工作成绩。

开展调查研究，夯实政研队伍基础。紧紧围绕省第十二次党代会对交通运输工作的部署要求，聚焦交通运输发展热点、难点问题，充分调动各市州、各业务局、各基层单位积极性，采用自主调研和联合调研相结合，扎实开展大调查大研究，以更好指导工作。全年收集调研报告 20 余篇，领导个人调研报告 8 篇。克服疫情影响，举办一期全省交通运输系统政研人员线上培训，各市州交通运输局、厅直单位、厅机关等从事调查研究、文稿起草的干部职工 500 余人参加培训，邀请省政府研究室、省委党校领导、专家授课，传授经验和实战技能，配发有助于文稿工作的教材，受到学员们一致好评。积极发挥部门网站、微信等媒体主阵地作用，及时发布正面、权威信息，对接省委网信办做好行业重要舆情的衔接与转办处置，编发《舆情专报》50 期。推动完成厅官方微信公众号"湖北交通"变更迁移工作，做好政务新媒体日常新闻宣传和传播力提升工作。

（胡小松）

【厅机关后勤服务】 夯实基础，推动后勤服务提档升级。餐饮服务"个性化"。主动适应新时代后勤保障工作发展新形势，调整优化机关食堂管理模式和进餐方式，做好设施设备改造、专业餐饮公司引进、自助餐模式运营、人员安置等工作，成立"机关食堂伙食管理委员会"，满足干部职工多样化用餐需求。同时在做好自助餐供应基础上，增加订单外卖服务，并根据时节变化丰富外卖品种。

疫情防控"常态化"。完善优化机关疫情防控各项工作措施，制定《厅机关后勤服务中心新冠肺炎疫情应急保障实施方案》，与厅办公室、运输保障处等联合发布加强机关疫情防控工作通知并严格执行；疫情严峻期间，启用应急保障预备队，做好口罩、酒精、应急保障药品、抗原检测试剂等防护物资发放及储备，有效保障机关处室（单位）重点岗位干部职工应急值守所需；合理调配在岗人员，确保机关食堂、公务用车、水电值守等后勤保障服务工作正常有序运行。

综合服务"标准化"。重视和把控后勤保障服务标准和服务细节，圆满完成厅机关办公用房分配、水电维护、职工进餐、公务接待、会议服务、保洁绿化、公务用车、安全保卫等服务保障工作。全年公务用车安全行驶约 13.5 万公里，协助接待群众上访 27 次。配合厅机关完成工作专班办公用品配置、OA 系统旧设施设备处置收尾工作。

日常管理"规范化"。严格落实"安全生产月"活动，开展安全生产大检查，确保安全生产形势持续稳定；严格落实保密工作相关要求，首次将保密工作经费纳入年度预算，不断提升保密工作水平；协助厅机关开展实物资产清查、机关宿舍楼拆迁补偿谈判、机关办公大楼产权划转省机关事务管理局等工作。发挥后勤管理优势，注重资源科学调度、合理配置，重大基建项目和服务项目实行公开招投标，严格控制投资规模。

（姚婷）

党群工作和精神文明建设

【党建工作】 紧扣主线强化政治建设和思想武装。以铸魂强基、凝心聚力为出发点，坚持把强化政治功能和组织功能作为党组织建设的第一责任，把用习近平新时代中国特色社会主义思想教育群众、推动工作作为根本的政治任务，以迎接宣传贯彻党的二十大和省第十二次党代会为主线，年初向厅党组提请专题研究谋划 8 项重点任务，制定工作推进措施，确保全厅系统坚定拥护"两个确立"，坚决做到"两个维护"。全年保障厅党组中心组集中学习研讨 13 次；组织培训班 4 个（次），培训人数 240 余人（次）；组织专题辅导讲座 11 次；动员 12200 余人参加省直机关工委组织的线上学习竞答活动；组织开展主题征文、读书分享活动，吸引线上线下 2000 余人参加，为全厅系统配发学习资料 2885 册。组织党员信教排查和思想动态分析，筑牢意识形态责任堤坝。持之以恒推动行业精神文明建设品牌创建，深化行业党建工作探索。

坚持问题导向推动基层强功能增实力。按照标准化规范化建设要求，深入基层支部调研指导 10 余次，推动基层创建工作制度化。聚焦小、远、散、弱，确定基层党建联系点 8 个，深化机关、基层党支部联建共建，捐赠图书 618 册，帮助联系点建成党员书屋。立足解决对党建工作的认识偏差，开展"机关支部书记在想什么、干什么、能干什么"调研。针对党建、业务融合不够问题，积极探索机关党总支设置。组织庆祝建党 101 周年大会，推选表彰 40 名"两优一先"集体和个人，新增"红旗党支部" 5 个。完成省直机关 3 批 8 个方面问题清单自查整改，监督 8 个基层党组织按期换届。发展党员 200 名，审批预备党员转正 117 名，慰问老党员、困难党员和干部职工 61 人。组织开展"最美交通人"推选和年度交通运输工作创优竞赛，推选申报 21 名个人和集体获得省、部和省直机关工委表彰。

突出重点任务推进党建责任落地落实。谋划并务实推进党建引领清廉机关建设"十个一"活动，2 次参加省直机关工委召开的推进会介绍做法，2 次接待工委领导来厅专题调研指导，总结的清廉机关建设"四融合"工作法入选省直单位"十大工作法"。制定党风廉政建设宣教月活动方案并组织实施，集中宣传"以廉促行 以行践廉——我身边的凡人小事"典型 11 人。3 次牵头组织整治形式主义为基层减负清理整改。根据"一下三民"实践活动和共同缔造活动要求，会同相关处室结合各类定点联系、对口帮扶、党员干部下沉社区等工作，制定"三张清单"，策划共同缔造项目，每两周整理活动进展，向上级报送有关情况。坚持每月提供支部主题党日活动建议方案、整理推荐主要学习内容，每季度召开一次机关支部联络员会议，讲评重要任务完成和组织生活制度落实情况、安排布置主要工作。组织协调好党员干部对口支援社区工作。积极做好省委巡视"回头看"和专项巡视的配合协调、服务保障工作，认真制定方案，采取"一周一梳理、两周一催办、一月一讲评"跟进督导，推进巡视反馈问题整改尽快见底清零。做好党代表选举是一项政治性极强的重要工作，按照省委统一部署，高质量完成党的二十大代表推荐提名和选举省交通运输厅出席省第十二次党代会的代表工作。组建政治生态分析研判工作机制，推进政治生态分析研判工作。

立足建强队伍以身作则带班子强素质。始终把建强党务干部队伍，作为履行好党建工作专责机构职责、提高交通党建水平的关键，以身作则抓学习，以上率下正作风，叫响"向我看"。每月通过处务会和业务培训会，梳理工作、交流体会、讲评绩效，查找问题并研究改进措施，搞好传帮带，互相促进提高。通过成立课题组、调研组，选准问题，制定研究方案，共同完成研究报告，有的放矢推动问题解决，在解决问题中提高素质能力。

（李琴）

2022 年 12 月 8 日，省交通运输厅举办县处级以上领导干部学习贯彻党的二十大精神集中轮训班

【党风廉政建设】 深入学习贯彻习近平新时代中国特色社会主义思想，坚决践行"两个维护"。督促厅直单位和厅机关各党支部及时学习领会习近平总书记最新重要讲话和指示批示精神，认真学习贯彻党的十九届六中全会精神和十九届中纪委六次全会、省纪委十一届六次全会精神，认真学习贯彻党的二十大精神和省第十二次党代会、省纪委十二届二次全会精神。认真宣贯《关于加强省直部门机关纪委建设的意见》，厅党组和厅机关党委专题研学，并列为 2022 年省交通运输厅党风廉政建设宣传教育月重要内容，与学习贯彻党内监督条例、党纪处分条例等法律法规、重要规范性文件贯通起

2022年4月28日，省交通运输厅召开全面从严治党工作会

来，把加强机关纪委建设与推动交通运输各项任务落实结合起来。

坚持把党的政治建设摆在首位，促进党内政治生态不断净化。加强对执行新形势下党内政治生活若干准则、开展批评与自我批评、在民主生活会（组织生活会）上说明接受谈话函询等情况的监督检查。严把政治关、廉洁关、形象关，对厅机关18名拟提拔任用科级干部出具党风廉政意见。坚持严管与厚爱结合、激励和约束并重。加强受处分党员干部帮带教育，协助驻厅纪检监察组，厅人教处对受处理处分的处级干部回访教育、考核评价4人次，激励干部担当作为。

深入纠治"四风"，作风建设成果巩固深化。持之以恒落实中央八项规定精神，对顶风违纪问题露头就打。大力整治形式主义、官僚主义，制定《关于整治形式主义为基层减负工作措施》，聚焦厅系统可能存在的形式主义、官僚主义问题，开展自查整改、督促检查。紧盯春节、清明、"五一"等重要时间节点，下发通知重申严明纪律，持续对纠"四风"提前打招呼、发信号、提要求，开展明察暗访，坚决遏制"虚""隐""顽"等问题。加强对常态化疫情防控交通措施落实、优化营商环境等重点工作的监督，促进落实落地。

持续保持高压态势，反腐败工作取得新成效。紧紧围绕"打铁必须自身硬"和"执纪者必先守纪，律人者必先律己"的目标要求，坚持刀刃向内，持续整治"灯下黑"，精准有效用好监督执纪"四种形态"，对违纪违法、失职渎职以及发生在群众身边、影响恶劣的不正之风和腐败问题中具有典型性、代表性和警示教育意义的违纪违法人员和行为，从严从重处理，不断把全面从严治党引向深入、推向深处。高度重视群众信访举报，组织厅直单位、厅机关处级干部（含厅机关科级干部）全面排查廉政风险点，做好预警防控。

强化巡视整改和政治巡察，利剑作用更加彰显。狠抓十一届省委巡视"回头看"反馈问题和十二届省委第一轮巡视反馈问题整改，制定巡视整改工作措施，对责任处室巡视整改进展情况及时跟踪协调督办，确保整改清零销号。推动对厅直单位党委巡察全覆盖，督促两家厅直单位完成巡察整改工作。

（李琴）

【行业精神文明建设】 宣传教育培育核心价值。认真配合交通运输部宣传思想工作视频调研，总结党的十八大以来宣传思想政治工作，结合新时代新时期要求以及印发的《湖北省交通运输行业精神文明建设"十四五"

规划》，明确工作思路。推进交通文化建设与践行社会主义核心价值观相融共进，组织"十四五"综合交通规划宣传展示，参与开展"中国梦·劳动美——奋进新征程、建功新时代"全省职工（网络）宣讲、主题征文、"万户家庭讲家风故事"音频征集，以及"这里是湖北"短视频大赛暨第四届"讲好中国故事"创意传播大赛湖北分站赛等活动，融入行业核心价值观的认知认同、实践养成和文化熏陶，凝聚迈进新征程、奋进新时代正能量。

选树典型传递"最美"力量。部署在全省交通运输系统开展"最美交通人"推选宣传活动，成立以厅党组书记任组长的评选领导小组，深度挖掘长期在交通运输基层一线默默无闻、甘于奉献、履职尽责的"最美"交通人10名，制定评选宣传和发布的媒体推介具体方案，在全行业营造创先争优的良好氛围和实干实绩为先的用人导向。积极参与省直机关开展的"喜迎二十大 奋斗'她'精彩"巾帼建功活动，组织申报省直机关最美巾帼奋斗者2个和最美巾帼奋斗集体1个；参与2022年寻找"省直机关最美家庭"活动，择优推荐申报"弘扬家国情怀最美家庭"1个。

厚植品牌巩固文化成果。持续发挥"书香交通·文化同行"平台载体作用，营造"天天听经典、月月推新书、季季有分享、人人爱读书"的书香交通氛围。举办第13期"书山有路'情'为径"读书分享会、迎"七一"读书分享展示会，累计线上推荐听书365本，线下推荐书籍32本，"书香交通"读书品牌入选全省职工思想政治工作创新十大经典案例。持续打造交通志愿服务品牌，拓展深化"日行一善·载德前行"活动，协调指导湖北交通职业技术学院和宜昌市交通运输局参加2022年湖北新时代志愿服务项目大赛及复赛；推动学雷锋活动常态化，厅高速公路路政执法总队汉十支队荆宜大队被省委宣传部命名为第七批湖北省学雷锋活动示范点。

文明创建彰显行业形象。印发《湖北省交通运输厅文明处室创建方案》，明确从理想信念坚定、学习氛围浓、工作业绩优、作风建设硬、办公环境好5个方面、25个具体事项制定考评实施细则，助力发挥厅机关"走前列、当先锋、作表率、做模范"示范引领作用。认真落实省青年文明号组委会第一次联席会议精神，积极参与"青年文明号""工人先锋号"等文明创建活动，2022年，获全国交通运输行业文明单位5个、文明示范窗口5个，立足过程创建、完善运行机制，按要求做好省文明单位管理实时系统维护管理，收集整理并录入省交通运输厅创建文明单位工作资料，指导厅直相关单位做好数据录入及维护管理工作。

(李琴)

【交通运输工会工作】 2022年，获全国工人先锋号1个，全国交通技术能手3名；获"湖北省技术能手"15名，全省女职工建功立业标兵岗1个、女职工建功立业标兵1个，全省五一劳动奖章2个。

1. 思想引领抓提升。厅党组高度重视交通工会工作，专题听取交通工会工作汇报，多次就工会工作提出明确要求。厅直各单位党组织加强对工会工作领导。把学习宣传贯彻党的二十大精神作为重大政治任务，组织收听收看大会直播，组织工会干部、劳模先进等畅谈心得体会。突出学习习近平总书记关于工人阶级和工会工作重要论述，学习省第十二次党代会精神，要求各级工会组织用好党组(委)会、"你点我送"专家讲师团送教、职工大课堂、班组学习会等多种形式载体，开展线上督促学、专家辅导学等活动。

深化系列宣传。以"中国梦·劳动美"为主题，部署开展"喜迎二十大 建功新时代"劳模工匠巡回宣讲，交通系统有2名党的二十大代表、5名劳模工匠参加省总工会报告团。参与"奋进新征程 建功新时代"全省职工(网络)宣讲比赛、主题征文，交通工会申报的"工"字特色文艺作品《百年梦想 衢通九州》参加全省庆祝

"五一"劳动节职工文艺汇演；交通职工王发斌、刘殿雄分别获得全省职工宣讲比赛、主题征文比赛优秀奖。强化劳模工匠宣传，在"五一"期间组织专题报道，大力弘扬劳模精神、劳动精神、工匠精神。

2. 组织"两赛"建功业。按照《湖北省交通运输行业2021—2025年职工劳动和技能竞赛规划》部署，紧扣重大工程、六型班组创建等8个领域，广泛开展劳动竞赛。组织推荐申报2022—2023年"十四五"国家综合交通网公路工程建设全国引领性劳动竞赛项目2个、2022年省级引领性劳动竞赛项目3个。参与并助推2022年全省职工职业技能大赛，联合省人社厅、省总工会、团省委举办全省交通运输系统"第六届'交通工匠杯'职工职业技能竞赛"，涉及公路行业装载机操作工等4类4个项目工种，持续挖掘和培树"交通工匠"、优胜能手，并择优组队代表湖北交通，参加第十三届全国交通运输行业职业技能大赛决赛，省交通运输厅获优秀组织单位奖。

3. 服务职工办实事。落实"一下三民"实践活动要求，强化"共同缔造"理念，立足阵地建设作为服务职工的有效平台，获评省级职工书屋2个，申请省总工会对公路社区职工子女爱心托管班补助3万元，以及参与厅级职工书屋、职工(劳模)创新工作室、职工(教育)培训基地、示范

爱心母婴室等阵地申报17个，进一步构建覆盖"职工困难帮扶、劳动保护、文化服务、素质提升"等多方面、多层次的新时代服务体系。

关爱服务项目做实。按照"心灵护航·娘家人与您同在"职工心理关爱行动部署要求，联合武汉市交通运输工会、武汉地铁运营公司联合开展"共建共织关爱网"服务职工心理健康活动，围绕"共享服务、共用平台、共建阵地、共创品牌"服务100余人次。落实"四季服务"，慰问春节坚守生产一线基层职工，特别是第一次组织慰问新就业形态下困难货车驾驶员160人，共计慰问1112人；夏季高温下坚守一线职工1457人；看望省部级劳模23人，部署组织2022年劳模、优秀职工和技术工人疗休养活动；做好困难职工档案动态核查调整，最大限度争取政策资金帮扶；下拨防疫专项补助资金300万元；争取上级工会及自筹配套资金14万元开展"职工爱心消费助农"。

4. 保障权益促和谐。协调省总工会印发《关于加快推进全省道路运输行业新就业形态劳动者建会入会工作的实施意见》，组织开展交通运输行业新就业形态劳动者建会入会工作调研，协同走访全省运力规模较大的17家网络货运企业，以及开展年度工作情况摸底总结，并向省总工会呈报《关于道路运输新就业形态劳动者组建工会

11月5日，2022年"湖北工匠杯"技能大赛——全省轨道交通行业职业技能竞赛开赛。图为轨道交通服务员技能竞赛

汉十支队第五大队"蓝盾书屋"开展读书分享活动

联合会情况的报告》，争取省总工会拨付基层工会联合会资金支持。协调省总工会会同省交通运输厅领导深入"司机之家"调研、开展慰问活动；配合省总工会拟定全省货车司机等新就业形态劳动者入会暨司机之家建设工作现场推进会以及联合宣贯会方案；协调省交通运输厅运输保障处申领高速公路服务区"司机之家"经费专项补助；对接海总工会，帮助困难客运企业纾困解难。

推动构建和谐劳动关系。持续推进以职代会为基本形式的民主管理工作，指导江汉运河航道管理处、厅世界银行贷款项目办公室等完成工会换届选举工作。协同厅客货运输处、运输保障处对货运、出租汽车等行业群体开展风险隐患专项调研排查并形成报告。组织职工开展"安康杯"竞赛活动、开展新《中华人民共和国安全生产法》知识竞赛答题暨安全文化宣传活动，进一步加大工会劳动保护监督检查力度。

5.治会管会严到位。立足产业工人队伍建设改革五周年，聚焦提高政治地位、壮大产业队伍等重要方面，进一步强化调查研究，组织开展统计年报，并就五年产业工人队伍建设改革形成总结报告。不断加强工会干部队伍建设，组织工会主席培训班，部署班组长培训班，通过专题培训、以会代训等多种形式，切实提高工会干部履职能力和水平。

清廉工会建设大推进。制定《厅直单位工会工作评估办法》，采用以评促优的方式，从7个方面53条考评基层工会履职尽责情况，配套制定印发《关于对2022年厅直单位工会工作评估实施一般性转移支付补助（以奖代补）的方案》，进一步推动工作高质高效落实。联合厅财务处研究制定财务监督检查方案，交通工会对多年所有账目进行自查、核查，形成财务工作自查情况报告。同时加强固定资产管理，召开厅直单位工会财务整改会，逐条挂牌、整改到位。

（张娟）

【离退休干部工作】至2022年底，省交通运输厅机关及厅直单位共有离退休人员880人（其中离休人员21人），设立老干部党支部15个。建立完善离退休干部政治建设、思想建设和党组织建设长效机制。积极探索离退休干部党建向社区延伸的有效措施，鼓励支持离退休党员参与文明社区建设，参与社区各项文化活动。落实支部主题党日等组织生活制度，坚持每月10日固定为离退休支部主题党日活动，通过线上线下，及时将学习内容传递到老干部中，深入开展"争创示范支部、争做合格党员、争当风范长者"活动、离退休干部"手牵手"等正能量活动。

老党员教育管理。坚持正面教育为主，创新活动方式，通过高质量开展各项政治学习活动和丰富多彩的文体活动，将教育管理寓于活动之中，充分发挥离退休党支部战斗堡垒作用，老干部党支部支委班子成员都是老干部们自己选举出来的，政治强、业务精、水平高，具有一定的威望，依靠他们自我教育管理老党员，具有事半功倍的效果。

老干部活动阵地建设。加强老干部活动中心标准化建设，按照省委老干局要求，加强台北路老干部活动中心建设，淘汰部分老旧设施，增加活动中心视频设备及办公设施，配齐电脑等信息化设备，让老干部能够及时开展各项政治学习活动和娱乐活动。对党员活动室进行标准化配置，完善书报学习室。加强宝丰路交通小区老干部活动室建设，完善部分设备设施，购买学习书籍，增添计算机、电视等信息化设备，受到老干部欢迎。

夕阳风采。组织离退休人员通过召开座谈会、研讨会和个别访谈等方式，广泛开展"建言二十大"和"我看中国特色社会主义新时代"调研，倾听老同志的心声感受和意见建议。4月12日，省交通运输厅召开老干部座谈会，组织开展学习两会精神和"建言二十大""我看中国特色社会主义"专题讨论交流，厅机关离退休第一、第二党支部支委和部分老党员代表及厅离退休干部处全体人员参加会议。老干部们分别就坚持全面从严治党、加强党风廉政建设、优化干部培养选拔、保持文化自信、加强粮食安全、深化教育体制改革、加强国防军队建设等方面积极"建言二十大"。从个人工作、学习、生活等多角度、多层面、立体式展开"我看中国特色社会主义"发言，一致表示感党恩、听党话、跟党走。

开展老干部"喜迎二十大，夕阳展风采"书画摄影作品征集活动，让老同志们用手中的笔和镜头抒发爱党、爱国、爱生活的真实情感，热情讴歌党的光辉业绩。组织开展走访慰问活动，"七一"前夕走访慰问离退休干部、困难老党员，组织老同志表演丰富多彩的文艺节目，齐心唱响红色旋律，热情讴歌伟大新时代；为"光荣在党50年"党员发放纪念奖牌，树立宣传示范标杆。

助力湖北经济发展，发挥余热。积极引导老同志参与到和谐社区创建、全民读书、社会公益等活动中。充分发挥老党员、老干部优势，积极参与社区治理，整治社区环境、化解邻里纠纷、调解家庭矛盾，效果明显。热心社会公益，积极响应省关工委号召，为大悟贫困山区儿童开展帮扶助学活动，组织引导老同志自觉自愿、量力而行，聚焦建设交通强省，为交通运输建设献计献策，增添正能量。

用心用情做好服务管理工作。督促落实离退休干部各项生活待遇。提升服务管理水平，努力为老干部多办实事好事，定期开展走访慰问离退休干部，春节期间，对高龄、独居、生活困难、长期卧床、生病住院的老干部全部进行家访，全年看望慰问老干部120余人次，为老干部特批用药60余人次，协调落实老干部药费报销、改革工资落实、特殊用药审批。努力提供更多个性化、亲情化服务，加强与定点医院联系协调，为老干部看病就医提供方便。加大特困离退休干部帮扶力度，协调解决老干部反映的实际问题。定期走访慰问生活困难的离退休干部，注重督促发挥家庭在养老中的基础性作用，教育引导家庭成员切实履行应尽义务。建立帮扶机制，发挥离退休干部党支部和骨干老党员作用，对部分老同志高龄体弱、行动不便，或独居、或子女不在身边遇到一些实际困难的问题，以社区为依托，成立老干部服务队，提供适当帮助，定期或不定期上门提供理发、购药等生活服务，发挥邻里相助作用。老干工作部门也及时关心协调各方力量，坚持以社区居家养老为主，联合社区党委、小区物业管理委员会、志愿者开展送温暖行动。

（胡树江）

【交通宣传报道】

1.外宣工作。2022年，借助中央主流媒体和省内社会媒体，守住行业阵地《中国交通报》，借助《湖北日报》、湖北卫视等平台，采取头版头条、整版报道等形式，策划和撰写大量稿件，做到月月有重点、期期有主题、篇篇有特色。

抓重点。围绕扩大交通运输有效投资、交通"硬联通"、高速公路建设、着力提升运输服务质量和运输效率、建设交通强国湖北示范区、"一下三民"、持续优化营商环境等中心工作深入采访报道。尤其在《湖北日报》策划和撰写贯彻落实党的二十大精神的厅长专题访谈、在省第十二次党代会期间充分展现湖北交通上半年工作成绩、《湖北日报》1版刊发《公路基础设施中部地区领先 我省综合交通总里程突破31万公里》文章。

克难点。按照厅党组部署和要求，深入基层了解和报道交通投资任务完成、高速公路建设、优化营商环境等中心工作存在的难点问题，为领导和处室提供第一手真实资料，营造推动发展的强大宣传气场。尤其在《湖北日报》、湖北卫视对交通投资、项目建设进行连续动态报道，对投资建设的完成进度、卡点问题进行全景展示。同时，组织省内媒体采访团，多次到襄阳、宜昌、黄冈、随州、荆门等地，对相关市州破解难点的基层典型经验进行宣传报道。

展亮点。持续开展贯彻落实党的二十大精神、及时跟进综合交通新进展、密切关注公路危桥改造"三年消危"行动、巩固"四好农村路"突出成就等交通亮点工作。尤其在《中国交通报》开展多式联运发展成就宣传，重点报道荆州、潜江、黄冈、随州等地危桥改造成绩，专题策划制作"喜迎二十大"特别报道——桥见十年，分七期在国庆黄金周假期播发，每月都有关于"四好农村路"的采访报道。全年在《中国交通报》发稿300余篇，中国交通报湖北站被中国交通报社集团评为优秀记者站，在《湖北日报》刊发交通行业版10余期，稿件超过100余篇，湖北卫视播出交通新闻60余条。

2.内宣工作。坚持高站位、多渠道、展亮点，跟踪报道重大活动，牢牢盯住关键事件，持续聚焦日常工作，不断夯实建强自有宣传平台，优化融媒体立体宣传效果，强化宣传通联队伍建设，力争内宣工作有广度、有强度。

夯阵地。办好湖北交通微信公众号，湖北交通新闻微信、《湖北交通新闻》《湖北交通》杂志、厅门户网新闻栏目，成功打造省交通运输厅融媒体阵地，持续确保全省各地交通运输行业重大事件、工作亮点、宝贵经验、典型人物，能及时有效在自有宣传平台上全方位、多角度推介，进一步提升交通运输工作在行业内部影响力和美誉度。

重策划。每周召开编辑部主题策划碰头会，先后采访和报道交通运输"共同缔造"、交通重点工作、"四好农村路"、公交一体化、农村物流、交通扶贫。每次采访都经过认真踩点、精心准备，深度挖掘采访内容，并主动对接厅机关，完成会议报道100余次，进行稿件撰写和照片拍摄，较好完成服务保障工作。

建队伍。组建"交通记者宣传QQ群""交通铁记微信群""湖北交通联群""湖北交通网评员联络群"，密切联系《人民日报》、新华社、《湖北日报》、湖北电视台等媒体记者，为交通广泛发声。同时，加强与市州县交通运输系统通讯员沟通对接，组织年度通讯员通联会议，组建培养一支稳定的通讯员队伍。组织专题策划30余次，编发湖北交通微信公众号文章707篇，编辑出版《湖北交通新闻》44期、《湖北交通》杂志4期。

（赵超）

调查研究

关于建设综合交通运输体系、打造全国重要物流枢纽的思考

湖北省交通运输厅　钟芝清

党的二十大报告对加快建设交通强国、交通运输结构调整优化、交通领域清洁低碳转型等提出明确要求。省第十二次党代会确立了"努力建设全国构建新发展格局先行区"的奋斗目标，要求"加快建设综合交通运输体系""打造全国重要物流枢纽"，服务打造国内大循环的重要节点和国内国际双循环的重要枢纽。进一步发挥湖北的交通区位优势，解决突出矛盾和问题，加快建设综合交通运输体系，打造全国重要物流枢纽，既是推动全省交通运输高质量发展的现实需要，也是促进交通运输结构调整优化、降低物流成本、加快建设交通强国的湖北举措，意义重大。

一、全省综合交通运输体系和交通物流现状

综合交通运输体系加快完善。截至 2021 年底，全省综合交通网总里程达 31 万公里，实现了市市有高铁（荆门在建）、县县通高速公路、镇镇通二级路、村村通硬化路和客车，交通"硬联通"不断延伸、加密、成网。全省公路总里程 29.7 万公里，其中高速公路 7391 公里，二级及以上公路 4 万公里。全省内河航道通航里程 8667 公里，三级及以上高等级航道 2090 公里，港口 38 个。铁路营业里程 5684 公里，其中高速铁路和城际铁路 2064 公里。机场 12 个，其中运输机场 7 个、通用机场 5 个。建制村 100% 通邮，快递网点 100% 乡镇全覆盖。我省综合交通运输基础设施中，公路总里程、农村公路总里程、高等级航道总里程（内河）进入全国前三名。

交通物流不断优化拓展。2021 年，全省总货运量 21.4 亿吨、邮政快递 26.9 亿件。货运企业 14.2 万户、载货车 33.6 万辆，完成货运量 16.1 亿吨。水路运输企业 326 家，货船 2724 艘、运力 767 万载重吨，完成货运量 4.8 亿吨。铁路货运发送量 5405.3 万吨。民航货邮吞吐量 32.5 万吨。物流基础设施日益完善，共建成以公路货运为主的交通物流枢纽 78 个，创建 8 个国家级多式联运示范工程，特别是鄂州花湖机场多式联运示范工程的入列，填补了我省陆空联运空白。"三大都市圈"综合交通规划编制全面展开。物流网络稳步拓展，武汉入选国家综合货运枢纽补链强链首批城市，武汉至上海江海直达航线实现"天天班"运营，"中国（武汉）—东盟四国"等近洋集装箱品牌航线进一步巩固。武汉天河国际机场开通货运航线 19 条，国际货运通航点 32 个，连通全球五大洲；鄂州花湖机场成为联系武汉都市圈与粤港澳大湾区的航空物流新纽带。中欧班列（武汉）辐射欧亚大陆 34 个国家、76 个城市。新模式新装备广泛推广，8 个甩挂运输试点项目完成验收，开通试点线路 18 条。全省 101 家网络货运平台企业获得认定。武汉、黄石先后组建物流标准化联盟，标准托盘使用率、带板运输量、物流装卸效率得到大幅提升。物流发展环境持续优化，制定出台湖北省交通运输物流基础设施投资补助项目管理制度，所有省级交通运输服务审批事项并入省政务服务"一张网"，全面落实货车"三检合一"，"我要开物流公司（货运）"一事联办在全省推广。

二、存在的主要问题

综合交通运输体系和交通物流发展仍存在短板弱项，主要体现在：一是综合立体交通网有待进一步完善。综合交通网络布局不够均衡协调，如武鄂黄黄都市圈骨架公路交通拥堵日益严重，襄阳与宜昌两大省域副中心城市间缺少快速直联通道。公路网技术等级偏低，鄂西片区省际纵向通道较为单一，鄂东片区的省际出口需优化，与湖南、江西等长江中游城市群互联互通需提升。二是物流枢纽布局有待进一步优化。全省物流园区规划建设区域间、城乡间不协调；通用型物流园区重复建设且功能单一、多式联运物流园区不足；一体化的综合客货运枢纽统筹规划不完善，现有物流园区与铁路、港口等交通基础设施衔接不够，与制造业、商贸业发展联动不充分。三是物流主通道有待进一步拓展。主通道瓶颈问题逐渐凸显，全省六车道及以上高速公路里程占比仅为 7.5%。全省各地"断头路""瓶颈路"125 个。武汉至宜昌段常年仅通行 3000 吨级船舶，"中梗阻"问题严重；汉江航运潜能有待深入开发。武汉港等重要港口虽实现铁路进港，但尚未真正实现无缝对接，多式联运"最后一公里"还没有完全打通。四是运输结构有待进一步调整。全省公路货运量占比仍有较大调整空间，多式联运试点项目多但综合服务水平不高，如武汉阳逻港铁水联运只占港口吞吐量的 2.63%。鄂州花湖机场空铁联运尚未起步。五是物流企业有待进一步培育。物流企业"小、散、弱"，全省 3 万多家物流企业仅 2 家进入 2022 年中国物流企业 50 强，规上道路货运企业需加大培育力度，多式联运经营人、综合物流服务商亟待培育。

三、有关对策建议

坚持问题导向，把握关键要点，从"点、线、网、运、企"五个维度入手，加快建设高质量的枢纽节点、高质量的骨架线路、高质量的联通路网、高质量的多式联运和高质量的市场主体，全面构建高效顺畅的物流体系，打造全国重要物流枢纽。

（一）强化"三大都市圈"交通建设，建强综合交通枢纽节点

一是建强武鄂黄黄国际综合交通枢纽。打造以武鄂黄黄为核心的武汉都市圈一体化融通交通网。依托航空

双枢纽和沿江港口，以轨道交通为重点，推动武鄂黄黄加密路网，实现多种方式进机场、进港口，实现区域交通铁水公空四网互联、一体衔接。以高快速铁路、高快速轨道、高快速路为主要载体，形成顺江多廊、多式复合、两岸联动的交通主轴。重点完善鄂州花湖机场集疏运体系，建成鄂州花湖机场转运中心一期工程和航空基地，推动航空货运和高铁快运实现无缝衔接，着力打造以鄂州花湖机场为核心的国际航空货运基地样板和组合型国家综合交通枢纽样板。加快推进武汉长江中游航运中心建设，将武汉港打造为中部地区枢纽港，强化空港、水港、陆港"三港"驱动，打造多层次一体化枢纽集群。

二是建强襄阳全国性综合交通枢纽建设。建设以襄阳都市圈为核心的"襄十随神"城市群综合交通网络。依托福银、二湛通道，提升襄阳铁路物流基地和汉江航运中心能级，充分发挥襄阳北编组站作用，增强沿汉江铁路、高速公路、国省干线主通道功能，构建襄阳都市圈与成渝、关中平原、中原、长江中游城市群互联互通网络。打造客运"米"字形格局，构建货运"井"字形格局，建设联结中西部新通道的核心枢纽节点。加强襄阳至宜昌、襄阳至新野、襄阳至信阳等都市圈高速公路放射线建设，构建以G207、G316等为核心的都市圈快速道路网络，依托既有普铁开行市域线路，打造都市圈一小时交通圈。

三是建强宜荆荆全国性综合交通枢纽建设。建设以宜荆荆都市圈为核心的"宜荆荆恩"城市群综合立体交通走廊。依托沿江高铁、呼南高铁、荆荆高铁线路，构建宜昌、荆州、荆门高铁半小时快速联系圈。加快建设宜昌三峡枢纽港、荆州亿吨级组合港，依托沿江通道、焦柳铁路、浩吉铁路构建货运"十字枢纽"，打造港口型国家物流枢纽。建设三峡翻坝综合转运体系、长江中上游对外贸易中转基地、华中地区大宗物资铁水联运枢纽、鄂中西高铁快件物流枢纽和快件分拨中心，形成三市分工合理、联动组织的综合交通枢纽体系。

（二）优化公水铁大通道，畅通物流通道主轴线

一是扩容高速通道。加快完善"九纵五横四环"高速公路网。扩容主通道，重点推进京港澳、沪渝、福银等国家高速公路繁忙拥挤路段的提质扩容，提升主通道的运行效率和服务水平。打通骨架路，加快武大、武阳、襄宜等待贯通路段建设，扩充省内三大城市群联系通道。优化高速公路网，强化省际通道衔接，推进十淅高速公路湖北段、通山至武宁高速公路湖北段等项目建设，完善区域路网互联互通布局。完善过江通道布局，密切长江两岸交通联系。

二是畅通黄金水道。重点推进长江宜昌至武汉段4.5米航道整治工程，完善三峡枢纽综合运输体系，畅通中部出海通道；加快建成汉江碾盘山、雅口、新集等梯级枢纽，加快推动汉江兴隆至蔡甸段2000吨级航道工程、丹江口至襄阳航道整治工程建设，积极推动枢纽过船设施扩能改建，尽快实现汉江中下游航道高标准贯通；加快实施唐白河、松西河等航道提等升级工程，结合汉江、江汉运河，打造中部南北向水运新通道。重点推进内荆河、汉北河等江汉平原水网贯通工程，积极支持长江、汉江及库区支流航道建设，打造干支衔接的江河联运通道。积极开展荆州至武汉"荆汉运河"研究。

三是优化高铁布局。加强铁路对外通道建设，重点补齐沿江、武西等东西向高铁短板，完善呼南、京九等方向高铁布局，加快建设荆门至荆州高铁等，谋划争取将武汉至贵阳、武汉至杭州等方向新通道纳入国家中长期铁路规划，加快构建以武汉为中心的"超米字形"高铁网，推动形成以襄阳、宜昌为中心的多向放射格局，实现高铁对全省所有市州的覆盖。尽早启动建设荆门北至子陵联络线，实现浩吉铁路与焦柳铁路荆门段互联互通。适时启动鸦宜铁路复线扩能改造工程，提高通道货运能力。加快谋划建设宜昌姚家港化工园区专用线，打

通园区至华东、西南、西北地区的运输通道。

（三）推进路网达标提质，织密畅通物流基础网

一是推进普通国省道提质。加快普通国省干线升级改造，支撑都市圈经济、县域经济高质量发展。高标准建设G107、G318等重点路段，实现沿城镇和产业发展轴带支撑性一级公路通道贯通。加快推进G220、G347等普通国省道待贯通路段建设，持续推进G242、G209等二级以下低等级路段和不达标路段的提质改造，提升路网整体标准和质量。积极推进城市和重要城镇过境段、出入口段快速化改造，加强与城市道路有效衔接。

二是推进农村公路提档升级。深化"四好农村路"示范创建，推动农村公路逐步实现由线成网、由窄变宽、由通到畅，服务乡村振兴发展。结合普通国省道，实施乡镇双通道工程，加快推进乡镇对外公路建设，提高路网韧性。推动老旧县乡道改造，积极推进乡村旅游路、产业路、资源路建设，提升农村骨干路的技术标准。支持有条件的行政村推进双车道建设，因地制宜推进窄路基路面公路拓宽改造。加强通村公路和干线公路、村内主干道连接。

三是统筹物流网点建设。依托武汉天河国际机场与鄂州花湖机场的口岸优势，打造中部地区跨境电商分拨中心、华中地区生鲜冷链物流进出口中心、临空冷链医药转运中心及国际邮快件处理中心，提升航空高关联产业对临空经济的支撑带动作用。统筹港口物流枢纽、铁路物流基地、机场货运枢纽、公路货运枢纽、邮政快递枢纽等布局，加快建设一批临港、临铁、临空、临高货运枢纽(物流园区)。

（四）围绕交通运输结构调整，着力发展多式联运

一是巩固提升多式联运项目水平。加快国家级多式联运示范工程创建，开展省级多式联运示范工程创建，更好发挥示范工程的引领作用。支持黄鄂黄、襄阳、宜昌申报创建国家综合货运枢纽补链强链城市。重点围绕阳

逻国际港，以长江、汉江、新港江北铁路、京广铁路、汉丹铁路、汉宜铁路以及疏港铁路专用线，串联阳逻国际港与天河机场、经开港、汉口北和吴家山铁路物流基地等核心货运枢纽，巩固提升武汉北部地区多式联运走廊能力。以长江、京广、武九以及疏港铁路专用线，串联阳逻国际港与花湖机场、江夏港、青山港、白浒山港、大花岭铁路物流基地等核心货运枢纽，加快形成武汉南部地区多式联运走廊。

二是增强陆海国际联通能力。组建中欧班列省级开发管理平台；协调中欧班列平台公司加强回程班列组织，以返程争去程。积极争取设立"襄新欧"班列始发站，开拓"一带一路"沿线市场。增开"韩国—中国（武汉）—欧洲"过境线路、"武汉—琅勃拉邦"中老班列、"中国（武汉）—罗马尼亚"铁海联运专列，进一步拓展湖北国际物流新通道。巩固提升"武汉—洋山港"等集装箱江海直达、江海联运航线。加强中欧班列（长江号）与汉亚直航衔接，大力发展国际铁海联运，构建中部国际陆海联运新通道。

三是拓展物流联运国际航线。依托武汉天河国际机场、鄂州花湖机场，构建国际航空货运通道，将湖北打造成为"全球123快货物流圈"的核心支点。推动鄂州机场开通国际物流新通道，积极争取开通武汉—大阪、武汉—法兰克福的国际货运航线。支持湖北国控供应链集团和湖北楚象供应链集团，利用湖北自贸区、鄂州花湖机场国际货运枢纽、水运口岸航运、中欧班列等开放通道，提升跨境电商量级和能级，带动全省进出口贸易创新发展。

（五）坚持营造良好市场环境，培育大批运输物流企业

一是强化市场主体培育。引导传统运输物流企业向多式联运经营人、综合物流服务商、供应链服务型企业转型。支持企业延伸服务链，向全球或区域物流经营人转变。加强对网络货运、冷链物流等领域企业的引导与支持，培育一批全国领先的科技型、专业型供应链运输物流企业。加大规上货运企业培育力度，按照省交通运输厅会同省财政部门出台的《支持公路货物运输业发展实施方案》，落实好对新入规货运企业、多式联运企业、货运代理企业给予10万元奖励、货物周转量排名靠前的企业给予50万至100万元不等奖励的政策。

二是强化政策环境保障。坚持深入研究交通物流发展，不断总结实践经验，形成促进交通物流高质量发展的制度体系。认真落实《湖北省交通运输领域持续深化一流营商环境建设工作实施方案》要求，稳步推进优化营商环境。巩固提升"我要开物流公司（货运）"一事联办成果，进一步压减办理时限和材料。认真执行《湖北省交通运输厅交通运输物流基础设施投资补助项目管理办法》，加快推进物流园区、货运枢纽等建设。严格贯彻《湖北省多式联运示范工程奖补资金管理办法》，对通过国家验收取得称号的国家多式联运示范工程给予2000万元的补助。严格执行《湖北省道路运输行业守信联合激励和失信联合惩戒对象名单管理规范（试行）》，贯彻落实红黑名单管理，全面建立信用承诺制度，严格落实守信联合激励和失信联合惩戒。

三是强化信息服务支撑。加快花湖机场综合物流信息平台等平台建设，鼓励物流园区和龙头物流企业搭建信息服务平台，推动实现多种运输方式间信息互联与共享，促进货源、车源和物流服务等信息的高效匹配。支持武汉、襄阳、宜昌等有条件的市州建设交通物流大数据中心、物流产业地图，鼓励有条件的市州建设城市绿色货运配送公共信息平台、农村物流公共信息平台。

打造全国重要物流枢纽是一项系统工程，物流通道、网络、枢纽、市场等重要关键因素缺一不可，整体性规划、系统性重塑、一体化推进，才能加快构建高效顺畅的物流体系，最终实现"人享其行、物畅其流"。

关于全省道路运输行业党建工作的调研与思考

湖北省交通运输厅　汪凡非

习近平总书记高度重视新兴领域党建工作，强调要"扩大基层党的组织覆盖和工作覆盖"❶。党的二十大报告明确指出，要"加强新经济组织、新社会组织、新就业群体党的建设"。按照主题教育大兴调查研究的要求和厅党组的工作安排，结合工作职责，我把道路运输行业党建工作作为重点调查研究对象，坚持问题导向，带领相关处室同志先后到武汉、襄阳、十堰、荆州等市县，深入到道路运输企业、交通物流园区、货运和网约车平台公司以及驾驶员群体中开展调研，通过座谈交流、查看资料、随机走访、统计分析等多种方式，听取基层交通运输部门、道路运输企业、驾驶员等群体的意见建议，了解实情，深入思考，提出了解决问题的对策建议。

一、全省道路运输行业党建开展情况

2021年7月，根据交通运输部通知要求，我省与江苏、四川、贵州、甘肃等五省(自治区、直辖市)开展道路货运领域党建工作试点。我省迅速行动，以武汉、鄂州、咸宁、孝感、荆门、十堰、恩施7个市州、15家货运企业为重点，开展了道路货运领域党建试点工作。2022年在试点基础上，我省道路运输行业党建工作全面展开。

在不断探索和工作推进中，建立了"组织部门牵头抓总、属地党委具体负责、企业发挥主体作用、交通运输等部门指导协调"的道路运输行业党建工作机制。各地交通运输部门不断提高政治站位，积极作为做工作，通过微信公众号、物流平台、微信群、通知公告等新旧媒体平台，密集发布党员驾驶员"召集令"，号召党员驾驶员加入党员交流群，主动向党组织报到，同步做好党员身份核实工作，建立行业党建工作台账，按照"先把服务做进去，再把作用带出来"的要求，深入开展企业帮扶活动，持续开展"我为司机办实事"活动，集中走访慰问困难货车驾驶员，推动驾驶员建会入会，组织党员驾驶员亮身份、车辆亮标识、服务亮承诺等。"抓行业就要抓党建"的理念不断深入，道路运输"两个覆盖"正在扩大，驾驶员群体的获得感幸福感得到增强，党建引领非公经济和"两新"组织高质量发展的优势不断显现。目前，全省共有道路运输行业基层党组织321个，其中党委18个、党总支17个、党支部286个；党员数6488人，其中驾驶员党员4253人、企业管理人员党员2235人。

二、存在的问题和挑战

总的来说，道路运输行业党建全面启动起来，各地建立了组织、健全了机制，基本摸清了底数，开展了党员教育、关心关爱等各种活动，取得了阶段性成效。但与上级要求相比，与新时代党的建设需要相比，还存在许多问题和挑战。

一是行业党建工作合力有待加强。当前，道路运输行业党建工作主要是依靠交通运输部门在做，组织部门抓总、属地街道社区(镇村)党组织负责、企业具体实施的责任没有压实，行业主管部门的指导监督责任变成了主体责任。业务部门认为党建工作是党建部门的事，没有在行业监管中把党建要求做进去。部分企业急功近利，怕开展党建活动占用人力、物力和时间，影响生产经营，增加企业负担，存在重经营轻党建思想，相关保障不到位，组织建设薄弱。

二是做好党建工作的能力有待提升。行业党建是新任务、新课题，涉及面广、堵点难点多。有的地方行业党建人员对新业态不熟悉，新思路、新方法不多。有的行业管理人员，虽然知道管行业应该抓党建，但对如何有效开展行业党建工作知之不多。部分企业刚组建党组织，大多是兼职从事党务工作的人员，其素质水平差异较大，不清楚如何开展党务工作。

三是部分驾驶员党员的观念需要转变。部分驾驶员党员的组织关系和工作场所不属一地，有的长期未参加组织生活，组织观念、党性意识有所淡化；有的甚至不愿接转组织关系、不愿公开党员身份；有的驾驶员党员怕党组织活动多，增加义务和负担，影响工作收入，对组织活动缺乏热情和积极性。

四是行业党建与生产经营融合不够。各地虽然大力推进行业党建与企业的经营和发展融合，积极纾企解困、关心关爱驾驶员，但由于货车驾驶员和网约车驾驶员工作场所及工作时间不固定，且高度流动分散，有的驾驶员在运输途中遇到的问题，涉及交警、路政、费收、服务区、车辆维修与保险等方方面面，其诉求表达和处置机制尚不完善。如何针对行业特点，服务驾驶员群体、畅通诉求渠道集智聚力，通过抓好行业党建工作促企业生产发展、驾驶员收入增加，还需要不断创新方式方法和载体。

三、提升行业党建质效的对策建议

坚持问题导向和效果导向，结合交通运输实际，着力抓好以下几方面工作。

一是构建齐抓共管行业党建的有效机制。建立分工负责、权责明确的行业党建责任体系，着力构建地方党委负总责、组织部门牵头抓、交通运

---

❶ 习近平：《在深圳经济特区建立40周年庆祝大会上的讲话》，人民出版社2020年版，第13页。

输部门强督导、运输企业担主责、属地街道社区 (镇村) 配合抓的工作体系，健全交通运输、市场监管、工会、网管、邮政等行业多元协同机制。进一步压实企业的主体责任，紧紧围绕企业生产经营管理开展党的活动，保证党的路线方针政策在企业贯彻落实，不断增强党组织对驾驶员群体的号召力、凝聚力、向心力。

二是营造大抓行业党建的浓厚氛围。持续开展"组织找党员、党员找组织"活动，定期摸排"口袋党员""隐身党员"，利用物流园区、货物集散地、驾驶员驿站等场所以及新旧媒体设立宣传阵地、建立云上支部，加大宣传力度，让广大驾驶员及其道路运输从业人员认识到开展行业党建工作的重大意义，使驾驶员党员在思想上信赖组织、情感上认同组织、行动上跟随组织，增强党组织的吸引力、凝聚力、组织力。

三是创新行业党建工作载体。针对货车驾驶员和网约车驾驶员人员分散、流动性强、难以联系等问题，创新方式方法，探索依托物流园区、公路港、出租汽车驿站，以及交通运输综合执法部门、社区党员群众服务中心等单位、阵地，建立网格化的货车驾驶员和网约车驾驶员流动党员党支部，完善"流入 + 流出""线上 + 线下"流动党员教育管理机制，进一步强化党的组织和党的工作有形有效覆盖。

四是培养行业党建工作人才队伍。建立分类分层培训制度，加大行业党建骨干人员和党务工作人员培训力度，着力解决"干什么""怎么干"问题。开展"十百千"培训，省、市、县级党委每年至少举办一期行业党建工作专题培训班。指导企业选优配强党组织书记，设立企业党建工作机构和专职党务工作岗位，加大党员培养、发展和教育管理力度，壮大行业党员队伍。推行党建指导员制度，夯实行业党建基础。

五是推动行业党建与生产经营深度融合。将壮大企业发展、增加驾驶员收入、服务群众统一起来，通过抓党建来增强凝聚力，以凝聚力形成生产力、提升服务力。把行业党建和基层工会组织建设结合起来，积极推动驾驶员群体建会入会。加强"司机之家""流动党员之家"建设，让联系服务"零距离"。把行业党建要求纳入行业监管考核与项目资金奖补指标，强化企业责任意识。开展"最美司机""工人先锋号"等推选活动并纳入行业评比表彰范围，激发驾驶员的荣誉感、责任感，增强驾驶员的获得感、幸福感、安全感。

优质高效推进武汉新城与鄂黄黄快速道路系统建设的思考与对策

湖北省交通运输厅　王　炜

以武鄂黄黄为核心的武汉都市圈高质量发展,是湖北加快建设全国构建新发展格局先行区,加快建成中部地区崛起重要战略支点的关键性、战略性举措。省委、省政府要求把综合交通体系建设摆在突出位置,整体谋划、系统推进武汉新城与鄂黄黄快速道路系统。厅党组高度重视,厅党组书记、厅长钟芝清逢会必讲、逢事必提,作为年度工作的重中之重,成立了工作专班。专班紧盯规划、韧性摸索,2022年9月启动项目谋划以来,通过6次积极汇报、21次现场调研、1次外省调研、8次项目基础台账现场对接,特别是在主题教育以来,坚持目标导向、问题导向,我和工作专班先后10次(我本人6次)赴现场就通道建设方案和项目推进情况进行调研,做到吃透上情、摸清下情、精准施策,进一步统一思想、统一标准、统一时序,确保项目整体加快推进。经过省政府四次专题会研究后,按照4月6日省委专题会要求,4月12日完成了《武汉新城与鄂黄黄快速道路系统建设推进方案》(含《工程指南》,简称《推进方案》),4月25日,省委、省政府主要领导对省厅第五次上报的推进方案进行了签批,并由省都市圈办印发。4月27日,在黄石召开武汉新城与鄂黄黄快速道路系统建设动员会暨启动仪式,并与各市签订责任状。本调研报告对照《推进方案》确定的"一年贯通、重要节点工程限期完成"目标任务,结合快速道路系统现状,系统分析当前及今后推进过程中面对的问题,提出优质高效推进系统建设的若干建议措施。坚持统筹谋划、克难攻坚、协调推进、重点突破,力求优质高效完成快速道路系统建设任务,体现交通担当。

一、道路现状及规划任务

(一)道路现状

"三横三纵"快速道路系统总里程为422.4公里。其中横一(北通道)里程为113.9公里,连通武汉新城组团中心片区、鄂州组团到达花湖机场,经黄石大冶组团到达黄石新港;横二(南通道)里程为101.3公里,连接武汉新城南部龙泉山片区、梧桐湖片区、大冶湖新区等到达黄石新港;横三(中通道)里程为67.4公里,通过武黄高速公路城市快速路改造和348省道直通花湖机场;纵一里程为30公里,利用257省道连通武汉新城葛华片区、武汉新城中心片区、红莲湖片区;纵二里程为54.4公里,利用106国道贯穿黄冈主城组团和鄂州主城组团,连通黄石临空片区;纵三里程为55.4公里,利用燕矶长江大桥连接黄冈主城组团、花湖机场和黄石大冶组团。

(二)规划任务

按照"一年贯通、重要节点工程限期完成"总体要求,实施品质提升和重要节点建设工程,总里程327.7公里,总投资429亿元。其中:

品质提升工程。实施路面提升改造工程179.8公里、交通安全设施完善173.1公里、路域环境提升94.5公里等服务品质提升工程,总里程188.6公里、总投资58亿元。其中,2023年完成投资33亿元,2024年4月前完成投资24.5亿元。至2024年4月前确保实现通道路况优良、交安设施齐全、路域环境优美的贯通目标。

重要节点建设工程。建设无道路路段9段58.1公里、拥堵路段1段1.5公里、宽度不达标路段11段79.5公里,总里程139.1公里,总投资371亿元。适时启动中通道和北通道支线等有关项目。其中,截至2023年底要完

成投资72.8亿元、2024年完成119亿元、2025年完成105亿元、2026年完成74亿元。限期实现基本建成六车道及以上标准道路目标。

二、项目推进存在的问题

快速通道建设是一个系统工程,时间紧、任务重、难点多、涉及面广;多重困难叠加,压力与挑战并存。突出表现在以下五个方面:

(一)项目涉及部门多,组织协调难度大

快速道路系统横跨4个市、13个县(市、区),项目同一标准同一时间完成,组织难度大。同一线路不同路段行业主管部门不同,涉及交通、住建等,协调难度大。厅内涉及多部门职责交叉,需要部门协同作战、合力推进。

(二)项目构成复杂,标准统一难度大

部分项目路线穿越中心城区、铁路、长江,建设技术方案难度大。建设项目既有公路,又有城市道路,既有新建工程,又有改扩建工程。公路部分涵盖高速公路56.5公里、国省道206.2公里、农村公路17.5公里、城市道路78.3公里、无路路段63.9公里。工程技术标准不一致,同一标准、同步推进难度大。

(三)项目前期要件多,审查批复难度大

部分项目路线穿越"三区三线"受永久基本农田、生态红线、种质资源等因素制约,要件办理周期长、难度大。项目审批涉及发展改革、自然资源、住建、生态环境、水利、农业农村等多个部门,办理环节多。

(四)新改建路段多,筹资融资难度大

现状道路等级低、技术指标差。改造总里程379.6公里,占道路系统

总里程的近9成。除中通道武黄高速公路四改八改扩建工程（投资约96亿元）可通过市场融资外，其余项目（投资约333亿元）大部分要以政府投资为主，融资难度大。

（五）中通道协调层次高，年内开工压力大

中通道穿越核心都市圈腹地，连接武汉新城和鄂州花湖机场两个核心节点，省领导高度关注；利用部分的武黄高速公路改扩建涉及国家高速公路线位调整、工可审查等事项，均须报交通运输部审批；新建部分的S348鄂州段占用基本农田达400亩，作为连接线纳入武黄高速公路项目同步实施，通过自然资源部审查难度大；鄂州市投资人招标工作受控因素多，招标工作时间周期长。更重要的是项目工程方案、工程规模当前仍处于调整完善中，年内开工压力巨大。

三、思考与对策

根据"三横三纵"快速通道系统现状，按照《推进方案》确定的建设目标和《工程指南》确定的建设标准，针对存在的主要问题，在多次一线调研基础上提出了四条建议措施，确保优质高效推进快速道路系统建设。

（一）抓进度，细化目标管理

根据《推进方案》确定的"一年贯通、重要节点工程限期完成"的总体目标，充分吸纳各方意见，编制《武汉新城与鄂黄黄快速道路系统项目建设时间节点计划》，对《推进方案》中的9个品质提升工程项目包和4个节点建设工程项目包，根据推进主体不同，分解为17个品质提升工程子项目和23个节点建设工程子项目，针对每个项目的建设规模、要素供给和交通需求情况，确定项目前期工作完成时限、开工时限、年度计划投资规模、完工时限。将此作为精准调度评比的基础参照数据。

（二）抓质量，细化标准管理

根据《工程指南》确定的贯通标准"路况优良、交安设施齐全、路域环境优美"和节点标准"局部受限路段不低于双向四车道外，其他达到双向六车道及以上"，统筹编制《武汉

新城与鄂黄黄快速道路系统评定工作细则》。设置路况（50分）、路域（25分）、交安（25分）、整改（扣分）4项评定内容，其中：路况评定涉及车道数、道路技术状况指数、桥隧涵技术状况、路面主要病害、路肩横坡和排水设施6项具体内容；路域环境评定涉及有无"违、脏、乱、差、碍"现象、绿化、景观小品、路宅路田分家、照明、服务区、环境融合7项具体内容；交安设施评定涉及标志标线、护栏、隔离设施、视距视野、两口（中央分割带开口和支路口）、交安设施技术状况7项具体内容；同时设置问题整改情况评定。确保标准落实到具体指标。

（三）抓调度，强化问题导向

项目能否顺利推进，关键在于问题能否及时解决。在专班月度例会基础上，同步建立五项工作机制，确保问题项目发现"早"、问题原因分析"准"、问题困难解决"快"。一是现场督导机制，根据路况、路域环境、交安设施评价细则，定期对项目进度、质量和"三横三纵"所有线路的路况、路域环境、交安设施进行督导，确保问题在一线发现。二是月度通报机制，每月将项目整体进展情况、市州排名、项目排名和下月工作安排通报至各地，确保各地各参建单位掌握项目在武鄂黄黄区域的推进情况。三是季度评比机制，每季度评选"红旗""蜗牛"项目，评选情况发布在月通报中。评定范围包括续建项目、年度开工项目和年度推进前期工作等项目，激发各地和项目各参建单位全力发挥解决问题的主观能动性。四是补助挂钩机制，包括资金安排与工程进度挂钩、资金安排与评比结果挂钩、资金安排与质量安全挂钩。激发各地解决问题的动力，加快项目推进。在补助资金安排上，对快速道路系统给予重点倾斜，缓解地方筹资压力。五是不定期抽查和专报机制，省厅工作专班每月不少于1次现场调研。根据月通报各地上报和现场督导发现的问题，并结合问题产生的原因，分类提出解决措施建议报省交通运输厅。涉及各地责

任的问题，省交通运输厅在通报中提出整改要求；涉及省直成员单位的问题，省交通运输厅致函协调相关省直成员单位解决；对需省政府协调的事项，以专报形式报省领导。同时，规范基础台账，建立覆盖省市县和项目各参建单位联络员微信群，确保发现问题全面及时、原因分析客观准确、解决责任时限划分精细合理。6月，根据评定细则对项目全覆盖式进行督导；7月，形成台账和问题清单，并制定针对性整改措施；7月、8月开展绿化专项抽查，对发现的问题要求9月前制订整改计划，并督促于11月和明年3月抢抓绿化季度组织实施；11月开展路面指数专项抽查，抢抓面层施工季节，对发现的问题确保次年3月前整改到位。为加快推动、加压推进，计划在9月召开现场推进会，建议以省政府名义召开，会场拟定在北通道鄂州市吴楚大道燕花路至203省道项目现场，会议安排检查完工的节点工程项目，调研全面实施的品质提升项目，推动重要节点项目建设进度。12月和明年2月组织两次验收，查漏补缺，确保发现的问题整改到位，"一年贯通"目标硬仗硬结。

（四）抓重点，超前推动中通道

围绕年内节点项目开工目标，以前期工作为抓手，主动衔接各方，督办落实项目建设技术方案和组织模式，促进项目早日开工。一是韧性调整建设方案。按照4月25日省委、省政府主要领导对省厅第五次上报的《推进方案》的签批意见，中通道推进的主要思路为：武黄高速公路武黄枢纽（与鄂咸高速公路交叉处）以西段待武汉新城规划确定后再组织开展市政化改造工作；武黄枢纽至陈桥枢纽段，沿老路实施高速公路八车道改造，加快推进中通道348省道到达花湖机场所属路段的相关建设工作，并结合前续路段建设方案，同步推进武黄高速公路陈桥枢纽以东路段的升级改造工作。6月11日，武汉新城建设指挥部第一次全体会议原则同意《武汉新城建设规划》，并决定武黄高速公路武黄枢纽（与鄂咸高速公路交叉处）以西段

开展市政化改造的组织方案为：先行按高速公路技术标准进行改造，待具备条件后，再进行市政化改造，解决项目筹资和用地问题。6月中旬将该段建设思路优化后以专报形式报省领导审定。二是密集与交通运输部衔接。每周通过电话、赴京等形式，跟踪了解武黄高速公路改扩建工可批复动态，6月完成工可内审，具备上会条件后，争取第一时间获得审查意见，努力争取9月前完成核准，力争10月前完成初步设计批复。三是会同鄂州市主动协调自然资源厅，请求对348省道连接线纳入武黄高速公路建设用地预审专题予以通过。四是积极衔接两市，协调服务鄂州市投资人招标各项工作，统筹将武汉市、黄石市两段由鄂州市统一进行投资人招标。争取鄂州市自然资源和规划局以及鄂城区支持，尽快落实348省道占用基本农田占补平衡方案，同步开展规划选址论证。全力争取10月前完成投资人招标工作，年底开工节点项目。

完善交通运输综合行政执法体制机制研究

湖北省交通运输厅　陈光斌

深化交通运输综合行政执法改革，是党中央、国务院对交通运输系统部署的一项重大政治任务。随着我省各级交通运输综合行政执法机构设置、执法队伍组建逐步到位，如何在"一支队伍管执法"的全新模式下，构建完善权责统一、权威高效、监管有力、服务优质的综合行政执法运行机制，成为当前亟须解决的一个重要课题。下面，结合主题教育调研情况，就完善我省交通运输综合行政执法体制机制研究思考报告如下。

一、改革总体情况

根据中央改革部署要求，全省交通运输综合行政执法改革在地方各级党委和政府的领导下，纳入地方机构改革同步部署、同步实施。截至2023年5月底，我省省、市、县三级已组建交通运输综合行政执法机构101个，挂牌率85%。其中，确定或暂定为公益一类事业单位的96个，尚未明确机构性质的5个。各级综合行政执法机构共核定编制11198名，现有在编人员7097名，人员到位率63.4%。

省级层面，省交通运输综合行政执法局（省交通运输综合行政执法总队）于2022年12月27日揭牌运行，整合了原由湖北省交通运输厅相关直属单位承担的公路路政、道路运政、水路运政、航道行政、港口行政、地方海事行政、工程质量监督管理等执法职能。市级层面，全省17个市（州、直管市、林区）共设立21个综合行政执法机构（武汉、十堰、宜昌、荆州各2个），其中，19个机构确定或暂定为公益一类事业单位、2个机构未明确性质，18个机构完成挂牌（荆州、荆门3个机构未挂牌）。县级层面，全省99个县市区中，除27个中心城区不设交通运输综合行政执法机构外，其余72个县市区共设立79个综合行政执法机构，其中，76个机构确定或暂定为公益一类事业单位、3个机构暂未明确性质，67个机构完成挂牌。

二、面临的主要问题

当前，由于行业治理理念、治理结构和运行体系未能同步适应交通运输综合行政执法改革变化，各地不同程度面临职责边界不清、运行机制不畅、基础保障不足等问题。主要表现在：

（一）综合行政执法权责边界尚未厘清

一是横向职责分工还不具体。执法机构与主管部门内设处（科）室、同级事务管理中心的职能边界不清，尤其是在行政审批、行政检查、安全监管等领域具体分工未明确，容易出现重复监管或相互推诿卸责现象。二是纵向事权履行还有交叉。市级与市辖区综合行政执法机构的职责交叉问题较为明显。如孝感、黄冈、随州等市级综合行政执法机构承担了城区出租汽车、公交车、城铁站等部分具体执法职责，与区级综合行政执法机构的职责分工、管理范围、工作关系有待理顺。三是执法主业主责还不突出。有的综合行政执法机构由原运管机构整体划转或更名组建，如宜昌、孝感、十堰等市级执法支队组建成立后，一并承接了道路运输等领域行业管理、行政审批等工作，干部职工对还继续承担行政审批和行业管理事务性工作存在困惑，对综合行政执法机构该干什么、能干什么、该怎么干认识模糊。

（二）综合行政执法协同运作机制尚未建立

一是行业内监管衔接不够紧密。改革后，行政执法与行政审批、行业监管、公共服务等职能职责分属不同部门，行业内许可信息共享、违法线索移送、证据留存、处罚抄告等协同处理机制有待建立完善。二是跨区域联动执法不够顺畅。异地执法信息共享、执法人员联动、执法工作协同尚未形成常态长效机制。例如，黄石和鄂州、随州和孝感、荆门和潜江等地违法超限运输车辆较多，表象是路面治理不力，根子在源头监管不到位、区域联动执法网络尚未形成，为违法超限运输提供了空间；部分市州反映发现异地营运车辆的违法违规行为后，函请当地交通运输部门督促其接受调查处理的实际效果不佳，亟须从省级层面建立健全执法协同查处机制。三是跨部门联合执法不够得力。交通运输执法与公安交管、应急管理、市场监管、城管等部门密切相关，但联合执法力度和效果因地区而异、因人而异。例如，交通运输部、公安部联合发文要求治超联合执法常态化制度化，但由于各地交管部门派驻超限检测站的警力根本无法满足24小时治超工作要求，联合治超工作难以常态化开展。

（三）综合行政执法基础保障相对薄弱

一是执法人员配备不足。各地在改革过程中，大量人员因不符合"五项条件"而无法转隶，同时由于执法机构编制性质悬而未决，无法新招录，人员只出不进，执法队伍结构老化、缺编严重，全省各级综合行政执法队伍总体空编率达36.6%，平均年龄45岁。二是执法站所及装备配置不达标。对照部颁行政执法基础装备配备及技术要求，全省交通运输执法所需的无人机、执法记录仪、手持执法终端等科技装备尚未配置到位，执法车辆基本未达到"每一名执法人员1座"的配备标准；基层执法站所用房紧张、功能不全、形象标识不统一的问题十分普遍，大量基层站所案卷室、证物室、询问室等业务用房配备未达标。三是信息科技支撑不到位。全省交通运输综合执法在用的重点车辆动态监管、"两客一危"等各类信息平台10余个,但管理主体不一、信息数据割裂,现有的全省交通运输综合执法信息平台未覆盖日常执法全部业务场景,综合执法需要关联应用的行政许可、高速公路联网收费、船载船舶自动识别系统(AIS)等重要数据无法获取共享,难以为智慧执法、精准执法提供有力支撑。

三、完善交通运输综合行政执法体制机制的对策建议

理顺和完善交通运输综合行政执法体制机制,需要各级交通运输主管部门坚持问题导向,强化统筹协调,深化改革创新,多管齐下、多维发力。

(一)把准职能定位,构建一体综合的行业治理格局

一是理顺工作关系。研究制定关于构建交通运输行业高效运行新机制的指导意见,进一步明晰部门职能,厘清职责边界,明确职责分工。交通运输主管部门是统一行使行业行政管理职权的唯一主体,其内设处(科)室具体负责本业务领域的行政管理及组织协调工作,其所属执法机构负责集中行使法律法规明确的交通运输行政处罚以及与行政处罚相关的行政检查、行政强制等工作,其所属事务管理中心具体承担交通运输行政审批、日常监管、公共服务及行业发展方面事务性、辅助性、技术性工作。二是界定职责事项。依照相关法律法规规章要求,梳理完善省级交通运输行政权力清单、行政辅助事项清单、综合执法事项清单3个清单,指导市、县相应建立本级清单,并根据法律法规规章和政策变化进行动态更新调整,形成"依法确责、清单明责、照单履责、失职追责"的良性机制。

(二)强化总体设计,构建联动联治的执法协作机制

一是加快构建行业监管执法协作机制。按照"依法行政、统分结合、审监分离、强化协同"的原则,聚焦行政审批、行政检查、安全监管、行政处罚、行政强制等高频事项,先行制定省级交通运输综合行政执法协作办法和高速公路路政执法协作事项目录,并指导市、县因地制宜建立执法协作办法及协作事项清单,形成全省执法协作"1+N"机制保障体系。二是加快构建区域联动执法协作机制。研究制定重大案件查处、跨区域执法组织协调等实施办法,以武鄂黄黄为试点示范,加强路政、运政等执法业务深度融合,健全完善公路联动治超、水路联动巡航等协作机制,常态化开展区域联动执法专项行动,逐步形成全省交通运输综合执法"联勤、联动、联防、联控"的区域协作体系。三是加快构建部门联合执法协作机制。加强跨部门联动执法的组织协调,建立与公安、应急管理、环境保护、市场监管、城管等部门的联合执法工作机制,强化对超限运输、道路旅客运输、危险化学品运输、船舶污染防治、高速公路服务区等重点领域的常态化协同监管,实行联合执法,形成执法监管合力。

(三)完善配套保障,构建支撑有力的执法保障体系

一是深化制度保障。加强研究起草并积极争取省人大制定《湖北省交通运输综合行政执法条例》,从法规制度层面巩固深化交通运输综合行政执法改革成果。研究起草并积极争取省政府出台加强治理车辆超限超载工作的意见,坚持依法治超、源头治超、科技治超,进一步压实政府的治超工作主导责任,健全治超工作领导机制,明确交通运输行政执法机构治超方面的执法职责。建立健全执法规范化长效机制,修订行政处罚自由裁量标准,研究完善非现场执法模式,确保执法有依据、行为有准则、工作有标准、办事有程序。二是实化基础保障。研究制定交通运输执法站所标准化建设指导意见和建设标准,探索采取"标准引领、试点先行、以点带面、以奖代补"方式,大力争取配套资金支持,分步分批推进基层执法站所标准化建设。按照"统招分签"方式,加快推进全省执法制式服装和标志集中采购工作。争取各级地方财政加强执法经费保障,加快推进各类执法装备按标准配备到位,全面提升执法队伍形象。三是优化科技保障。按照"统筹规划、统一标准、系统集成、分级应用"原则,开展交通运输执法信息化顶层设计研究,开发升级全省交通运输综合执法信息管理平台,建设集数据采集、智能监测、信息流转、辅助决策、指挥调度、公共服务功能"多位一体"的现代化平台,提升精确分析、精细监管、精准执法、精心服务水平。四是强化队伍保障。针对执法机构人员不足的情况,指导各地各执法机构通过人员转隶、公开招考一批执法所需的专业人才充实执法队伍。探索对无法入编的存量执法人员实施岗位管理,稳定执法队伍,提高工作效率。争取省司法厅、人社厅支持,省级层面出台规范交通运输行政执法辅助人员的相关政策规定,依规招用辅助人员,具体承担事务性、技术性、保障性、辅助性的工作,缓解执法人员紧缺难题。

降低建设成本促进高速公路高质量发展

湖北省交通运输厅　姜友生

2022 年 9 月，湖北省人民政府印发的《关于加快全省高速公路高质量发展的实施意见》明确了高速公路高质量发展的指导思想、基本原则、发展目标、具体任务和主要措施，在顶层设计上为湖北省高速公路事业高质量发展提供了引领和保障。

湖北交通运输系统坚持以习近平新时代中国特色社会主义思想为指导，在省委、省政府的坚强领导和交通运输部的大力支持下，综合交通运输网络体系不断完善，运输服务能力大幅提升，"九纵五横四环"高速公路骨架网基本形成。2022 年交通投资实现突破，全年累计完成交通固定资产投资 1340.6 亿元，对全省经济大盘的硬支撑作用更加坚实。

目前，我省高速公路总里程达到 7598 公里，各地区之间的联系更加紧密，人民群众的出行也变得更加便捷。但是随着高速公路里程的增加，近年来我省高速公路逐步向建设条件更加复杂的地区延伸(比如十巫南、利咸等)，加之材料单价及人工费持续上涨，导致项目成本逐年攀升。不断增长的高速公路建设成本增加了政府的财政压力，也给项目建设带来了巨大的财务风险，不利于我省高速公路稳定、健康、高质量、可持续发展。因此，科学合理控制建设成本是我省高速公路发展中的重要课题。

根据省交通运输厅关于在全省运输系统大兴调查研究的实施方案，围绕"降低建设成本　促进高速公路高质量发展"的主题，结合职能职责和工作实际，调研了近期省内外新建及改扩建的高速公路情况，以及省厅主导前期工作的一批改扩建项目情况。现将调研情况报告如下：

一、外省份高速公路造价情况

经调研，外省份近期建设的高速公路造价情况见表 1、表 2。

表 1　外省份新建高速公路造价情况一览表

车道数	省份	项目名称	里程(公里)	可研批复时间(年)	桥隧比(%)	平均每公里投资(亿元)
四车道	湖南省	G59 呼北高速公路湖南新化至新宁段	192	2021	30	1.42
	安徽省	宣城至东至高速公路泾县至青阳界段	32	2022	33	1.50
	吉林省	抚长高速公路松江河至长白段	122	2023	35	1.50
	云南省	G8512 景洪至打洛高速公路勐海县城至打洛段	54	2022	60	1.82
	四川省	G4218 雅safe安至叶城高速公路康定至新都桥段	79	2021	67	2.08
六车道	安徽省	和县至襄阳高速公路肥西至舒城段	10	2022	39	2.07
	湖南省	G5513 益阳至常德高速公路扩容工程	93	2020	56	1.97
	四川省	G5 京昆高速公路广元至绵阳段扩容工程	124	2020	62	2.35

表 2　外省份四车道改八车道高速公路造价情况一览表

省份	项目名称	里程(公里)	可研批复时间(年)	桥隧比(%)	平均每公里投资(亿元)
安徽省	G36 宁洛高速公路来安至明光段	72.3	2021	3	0.905
广西壮族自治区	G72 泉南高速公路广西全州至桂林段	153	2020	7	1.05
山东省	G15 沈海高速公路山东南村至青岛日照界段改扩建工程	131.4	2022	9	1.437
陕西省	G70 福银高速公路西安至永寿段改扩建工程	79.4	2022	10	1.738
江西省	沪昆高速公路梨园至东乡段	200.77	2021	12	1.394
山东省	G15 沈海高速公路两城至汾水段改扩建工程	61.7	2022	14	1.416
重庆市	G85 银昆高速公路高新区至荣昌区(川渝界)段改扩建工程	100.4	2022	17	1.952
山东省	G2001 济南绕城高速公路港沟枢纽至殷家林枢纽扩建工程	34.45	2022	24	2.163
浙江省	G1512 甬金高速公路金华境段改扩建工程	69.74	2022	28	2.78
四川省	南充至成都高速公路 A4 段	71.4	2020	33	1.668
广东省	汕昆高速公路揭阳新亨至梅州畲江段	58.42	2022	36	1.823
浙江省	G15 沈海高速公路宁波西坞至麻岙岭段改扩建工程	69.1	2023	40	2.852
浙江省	G15 沈海高速公路麻岙岭至临海青岭段改扩建工程	42.8	2022	55	2.991

按桥隧比进行分析,新建四车道(表3)桥隧比在30%~40%范围内,每公里造价为1.3亿~1.5亿元,桥隧比在50%~70%范围内,每公里造价为1.8亿~2.1亿元。

新建六车道(表3)桥隧比在40%~60%范围内,每公里造价为1.9亿~2.4亿元。

四车道改八车道(表4)项目中,桥隧比在10%以下,每公里造价在1.4亿元以下;桥隧比在10%~20%范围内,每公里造价为1.3亿~1.75亿元;桥隧比在20%至40%范围内,每公里造价为1.7亿~2.2亿元;桥隧比在40%~60%范围内,每公里造价为2.8亿~3.0亿元。

二、我省高速公路造价情况

我省新建四车道高速公路的建设成本约1.3亿~2.4亿元/公里,新建六车道高速公路的建设成本约1.8亿~2.6亿元/公里。

与外省份同类项目相比,省内近期新建高速公路项目造价水平(表5)与之总体基本相当且略高。

目前我省第一条四车道改八车道高速公路项目——京港澳高速公路湖北北段改扩建工程,桥隧比为18.4%,建设成本为1.3亿元/公里。与外省份同期四改八且工程规模相当的项目相比(如重庆G85银昆高速公路高新区至荣昌区段改扩建工程,该项目桥隧比17%,造价1.952亿元/公里),造价水平处于中等且较低水平。

三、调研的典型项目基本情况

(一)福银高速公路谷城至柳陂段改扩建工程

福银高速公路谷城至柳陂段改扩建工程(简称"福银项目")起于襄阳市谷城县石花镇谷城枢纽互通至六里坪镇段,四车道改八车道,而后新建六车道复线经均县镇、青山镇、茶店镇,与既有福银高速公路形成双通道,到达柳陂镇设柳家河枢纽互通与现状福银高速公路汇合。福银项目是我省第一条山区高速改扩建项目,既有高速公路平纵指标较低,桥隧构造物较多,区域地质情况复杂;沿线涉及多处国家级风景名胜区等环境敏感点,专题工作难度较大。

福银项目路线全长93.469公里,其中谷城至六里坪枢纽段原位扩建为双向八车道,路线全长约55.1公里,设计速度为100公里/时,路基宽41米;六里坪枢纽至柳陂段采用新建六车道高速公路复线,路线全长约37.9公里,设计速度为100公里/时,路基宽33.5米。初步设计厅审送审稿投资总概算为173.015亿元,平均每公里造价1.851亿元。

(二)沪渝高速公路武汉至宜昌段改扩建工程

沪渝高速公路武汉至宜昌段改扩建工程(简称"汉宜项目")起于武汉市蔡甸区,经孝感市、仙桃市、潜江市、荆州市,止于宜昌市高家店枢纽互通。

汉宜项目采用双向八车道高速公路标准建设,整幅路基宽度为42米,设计速度为120公里/时,路线全长264.663公里。工可送审稿投资估算总金额为435.269亿元,平均每公里造价1.639亿元。该项目方案仍在进一步优化,工程造价后续存在进一步优化空间。

(三)沪渝高速公路黄梅至黄石段改扩建工程

沪渝高速公路黄梅至黄石段改扩建工程(简称"黄黄项目")起于黄冈市黄梅县鄂皖省界的界子墩,向西经过黄梅、武穴、蕲春、浠水4个县市,止于鄂东长江公路大桥北岸桥头沪渝

表3　外省份新建高速公路造价水平一览表

四车道	桥隧比(%)	30~40	50~70
	每公里造价(亿元)	1.3~1.5	1.8~2.1
六车道	桥隧比(%)	40~60	
	每公里造价(亿元)	1.9~2.4	

表4　外省份四车道改八车道高速公路造价水平一览表

桥隧比(%)	0~10	10~20	20~40	40~60
每公里造价(亿元)	<1.4	1.3~1.75	1.7~2.2	2.8~3.0

表5　湖北省新建高速公路造价水平一览表

车道数	项目名称	里程(公里)	可研批复时间(年)	桥隧比(%)	平均每公里投资(亿元)	备注
四车道	随州至信阳高速公路	47.518	2022	36	1.338	
	蕲春至太湖高速公路蕲春东段	50.511	2022	39	1.381	
	十堰经镇坪至巫溪高速公路郧西至鲍峡段	34.1	2021	74	2.196	含一座汉江桥,主跨370米斜拉桥
六车道	鄂州花湖机场高速公路一期工程	13.2	2020	21	1.838	
	武汉至重庆高速公路汉川至天门段	37.7	2022	71	2.548	软基规模大,且取土困难
	孝汉应高速公路	34.2	2020	78	2.227	软基规模大,且取土困难

高速公路与大广高速公路交叉的散花枢纽互通。黄黄项目原老路建设年代早，技术标准低；路基填土低，通道净空不足；服务区产权情况复杂，改扩建方案制约因素较多；区域路网较复杂，保通组织难度大。

黄黄项目采用双向八车道高速公路标准建设，整幅路基宽度为42米，设计速度为120公里/时，路线全长111.631公里。工可(2022年11月25日省厅审查稿)投资估算总金额为153.379亿元，平均每公里造价1.374亿元。

四、建设成本控制措施

(一)主要措施

1.深化方案研究，强化技术经济比选。

省交通运输厅要求承担高速公路项目前期工作的设计单位加强工可阶段的地质勘察和地形地貌调查工作，加大工可研究深度。上述三个项目在工可阶段均按照1∶2000地形图深化研究路线、路基及桥梁方案，确定枢纽互通、大型桥梁等控制性节点坐标，减少了工程量误差，提升了设计方案的深度，提高了工程造价的准确性。

黄黄项目在工可阶段参照初勘阶段的地勘成果，核实调减了软基处理工程数量，并优化了处理方案，节省估算造价约9806万元；根据初步设计调查成果核减了各类房屋、电力拆迁数量，核减造价约5467万元；根据初勘成果优化调整加筋土挡墙段落长度和工程规模，核减造价约19361万元，随着勘察的进一步深入，后续可能存在进一步优化空间。

汉宜项目针对项目起点武汉西枢纽互通拟定了4个方案进行技术经济比选，综合考虑通行需求、老路资源利用、工程规模、交通组织等因素择优选取推荐方案，估算总投资减少约1.1亿元；根据通航、防洪、桥梁检测等专题研究资料，尽量考虑利用老路资源、保证桥梁施工的可实施性，对东荆河大桥提出了单侧分离加宽和两侧分离加宽两种方案进行同深度比选，择优选取了单侧分离加宽方案，节省造价约1.55亿元。

福银项目在工可基础上细化设计，加强线位比选，合理确定桥梁、互通和枢纽形式，深化高填路基和桥梁方案的比选分析，有效消化弃渣，累计节省造价约9.1亿元。项目优化调整了起点谷城西枢纽互通规模，一次设计、分期实施，概算造价核减1.73亿元；取消武当山服务区，优化武当山互通方案，核减1.55亿元；取消谷城服务区，增加丹江口服务区核减0.89亿元；根据地勘资料，取消预应力锚索、改建段土工格室调整为土工格栅、优化挡墙布设等，共计核减造价1.99亿元。

2.优化建设方案，合理确定标准和规模。

黄黄项目在工可修编阶段进一步优化保通方案(部分设施考虑永临结合)，减少了保通工程数量，估算造价核减约6550万元；通过沿线详细调研及与黄黄运营公司相关人员当面座谈交流，结合项目需求，优化智慧交通的建设内容，相关费用减少15556万元；根据养护资料、检测评价结果、交通组成等，优化老路路面改建方案，沥青旧料采用热再生用至调平层柔性基层，水稳旧料作为集料用至水稳碎石层，拆除圬工用于软基换填，提高了老路资源利用率，降低了项目建设成本。

福银项目在初步设计阶段在满足行车安全的前提下，按规范合理确定平曲线半径和纵坡坡率，防止片面追求高指标，优化平纵线形组合设计，并尽可能减少结构物数量和规模。项目优化郧阳东互通及均县互通方案(含路基桥梁)，核减造价2.15亿元；优化改扩建段桥梁加固方案，节省造价1.33亿元；优化全线土石比例、回填料采用弃渣等，共计核减造价2.31亿元。

3.加强沟通衔接，妥善解决地方诉求。

省交通运输厅近期分别对汉宜项目蔡甸段、仙桃段、潜江段及荆州段重难点方案进行现场踏勘并与地方政府召开方案协调会，引导地方政府从地方经济发展、区域规划和交通需求等方面提出合理诉求，在改扩建方案上达成共识。

结合蔡甸区域周边高速公路路网现状，说服蔡甸区政府增设永安服务区。结合常福工业园路网和现有跨线桥情况，认同部分路段设置高架、部分路段顺应地形条件采用原位两侧拼宽的改扩建方案。该方案既满足地方发展需求，又能最大限度利用老路资源，减小工程规模，常福工业园段共计节省造价约2.6亿元。

既有沪渝高速公路汉宜段在仙桃、潜江、荆州市城区主要以路基形式穿越，对城区发展有一定影响，地方政府均提出了高速公路绕城改建的需求。通过与地方政府充分沟通交流，综合考虑老路资源利用、拓展城市发展空间、满足交通需求、居民出行习惯等因素，同时满足国家骨干高速公路网便捷顺畅需要及国家行业主管部门的审批要求，同意主城区段采用原位改扩建方案。为充分满足地方交通发展需求，同意在部分路段合理设置高架，充分预留桥下净空，并适当增设互通，改善城区交通出行条件。仙桃、潜江、荆州市城区原位改扩建+合理高架方案比绕行方案节省造价分别为14.27亿元、8.61亿元和24.53亿元。

(二)造价水平分析

经采取上述一系列措施，三个项目的工程规模得到进一步的优化(主要是核减)，相应的投资规模得到进一步的调减，具体为(表6)：

福银项目修编优化后投资概算总金额为161.072亿元，平均每公里造价1.724亿元。

汉宜项目修编优化后投资估算总金额为422.912亿元，平均每公里造价1.598万元。该项目可研报告正在编制中，方案仍存在进一步优化空间，工程造价后续可进一步优化。

黄黄项目修编优化后投资估算总金额为143.733亿元，平均每公里造价1.288亿元。

表6　典型项目造价优化情况一览表

序号	项目名称	优化前造价（亿元/公里）	优化后造价（亿元/公里）	下降额（亿元/公里）	优化幅度（百分比）
1	福银高速公路谷城至柳陂段改扩建工程	1.851	1.724	0.127	-6.9%
2	沪渝高速公路武汉至宜昌段改扩建工程	1.639	1.598	0.041	-2.5%
3	沪渝高速公路黄梅至黄石段改扩建工程	1.374	1.288	0.086	-6.3%

福银项目修编优化后建设成本为1.724亿元/公里。其中四改八段桥隧比为33.1%，平均每公里1.347亿元；新建六车道复线段桥隧比57%，平均每公里2.146亿元。对比省内外同类项目（四川省南充至成都高速公路A4段改扩建工程，该项目桥隧比为33%，造价1.668亿元/公里；湖南省G5513益阳至常德高速公路扩容工程，该项目桥隧比为56%，造价2.013亿元/公里），基本相当且略低于外省份。

黄黄项目桥隧比为9%，优化后建设成本为1.288亿元/公里。与外省份同期四改八且工程规模相当的项目相比（比如山东省G15沈海高速公路山东南村至青岛日照界段改扩建工程，该项目桥隧比为9%，造价为1.437亿元/公里），造价水平与外省份相比处于较低水平。

五、建设成本控制对策及建议

（一）管理层面

1.修订完善现行定额。

现行的造价定额为2018年颁布，随着公路工程建设的高速发展、"四新"技术的应用、新基建项目的推广，在使用中存在不适应行业新发展形势的内容。建议尽快修订、补充完善现行的部颁《公路工程建设项目投资估算/概算预算编制办法》及配套定额。以智慧交通为例，由于缺乏定额，难以对该项进行准确计费。针对各省依托项目少，不满足制定发布地方造价依据及补充定额要求的现状，建议由部主导，建立相关省份的联合工作机制，条件成熟时由部收集各省资料制定发布相应依据和定额进行补充和完善。或者我省在时机成熟可颁布体现我省特色的定额标准。

2.勘察设计总费用宜适当向前期阶段倾斜。

从调研来看，尽管可研的审批只需要用地及规划选址两个批文要件，但环评、文物、压覆矿产、地质灾害、通航、公铁交叉、其他各类保护区影响等各类专题，均影响用地及规划选址的成果；加之地质勘察成本更大（可参考铁路部门要求在初步设计阶段要完成整个地勘工作量75%以上）；此外几乎全部的协调工作都集中在前期阶段。在可研阶段实际投入的人力、物力、资金成本等，已远远超出传统观念中的投入规模。为进一步提高前期工作深度，建议工作费用适当向前期阶段倾斜。

3.引导地方政府提出建设诉求。

项目前期工作开展过程中，要积极与地方政府沟通交流，合理引导地方政府从地方经济发展、区域规划和交通需求等方面提出合理诉求。由于国家高速公路项目需要交通运输部行业审查，除了满足地方拓展城市发展空间、交通需求及居民出行习惯等因素外，还需充分考虑国家骨干高速公路网便捷顺直需要及国家行业主管部门的审批要求。项目要综合考虑各方因素，合理确定路线走向、设计标准与建设规模，实现国家路网顺畅及地方经济发展的双赢。

（二）技术层面

1.合理确定技术标准、路线方案与建设规模。

工可阶段应结合公路功能、预测交通量、地形地貌及地质条件等因素，合理确定项目的技术标准、路线方案与建设规模。严控互通间距、互通连接线规模和管理用房规模，避免设置占地多、交通组织复杂的组合式枢纽。有效控制路基高度，科学选择中央分隔带结构形式，合理控制路基宽度，严格控制构造物数量。

2.深化方案研究，强化技术经济比选。

鼓励推行高速公路建设项目工可、勘察设计一次性招标，交叉推进工可和初步设计，提高前期工作质量。鼓励在工可阶段按照1:2000地形图深化研究项目方案，强化工程技术经济比较，优化建设方案。可研阶段需要加强地质勘察的深度，为方案优化提供可靠依据，同时还要加强"三改"工程研究并足额计列费用，避免后期实施费用不足。

3.改扩建项目应充分利用老路现有资源。

尽量利用原有路基、路面、结构物和附属设施等，减少资源浪费，合理控制工程规模，降低项目建设成本。鼓励原有老路路面材料的铣刨利用，原有废弃坊工的合理回收利用，鼓励旧桥移交地方在低等级公路上使用、护栏的永临结合及旧波形梁再利用、路侧景观绿化体现当地自然风景等。

4.科学采用新材料、新工艺、新技术。

路基路面结构形式、特殊路基处理方案、取土弃土方案、桥型结构、天桥通道等构造物，要充分体现绿色公路建设技术。如在构造物中采用装配式技术，路基路面中应用泡沫轻质材料、加筋材料、排水路面、废旧沥青场拌再生等。服务区、收费站等附属设施中要落实体现数字化、智能化的新设施；使用绿色环保清洁的新能源以及多种智慧应用场景的新服务等。

政府在供应链物流体系中如何发挥作用问题的思考

湖北省交通运输厅 陶维号

党的二十大报告提出，要"着力提升产业链供应链韧性和安全水平"，要确保"重要产业链供应链安全"。省委、省政府高位谋划和强力推动我省高质量供应链物流发展，特别是省十二次党代会就此提出明确要求后，成立了湖北省高质量供应链物流体系建设领导小组，出台了三年行动计划，引进世界500强企业组建楚象、国控两家我省供应链标杆企业等。当前，省发展改革委正在牵头推进供应链物流相关工作，省编办正在研究整合物流管理职能，省国资委正在研究如何支持供应链标杆企业做大做强。省交通运输厅、商务厅、经信厅按职能和分工落实供应链物流相关工作。宜昌、黄冈、十堰、荆门等地政府也积极跟进，研究和推动本地供应链物流发展。

在以上背景形势下，遵循有为政府与有效市场相结合的原则，政府在供应链体系建设中到底发挥什么作用，是当前我们面临的一个现实而又急迫的问题。个人认为，当前应重点突出以下几个方面。

一、围绕关键产业链掌控供应链锚定物

供应链"供"的是物品，"应"的是信息、资金和信用，"链"的是客户群，服务和保障的是产业链。无论是一个地区还是一个企业，发展供应链首要的是梳理并掌控锚定物。主要包括：替代性弱的高端产品、高技术产品、关键部件、品牌产品、大宗商品、具有定价权的商品或物资、稀有原材料。

省级层面需要着眼全局掌控关键锚定物，如煤炭、粮食、矿石、钢铁、稀有金属、汽车及零部件、天然气等。市级层面需要结合产业链发展需要掌控重要锚定物，如宜昌市拟结合本地产业结构和重要锚定物，培育和打造煤炭、粮食、化工、油气4条供应链，十堰、襄阳、江汉平原地区可培育和

打造农产品供应链。

与此同时，作为当局者还必须认识到，企业供应链是基础，产业供应链与城市供应链是重点，国家供应链是根本，需要大力推动和培育企业供应链，重点是谋划和布局城市及产业供应链，并就本地关键供应链融入国家供应链。作为企业供应链，走出企业围城，进入产业、城市与国家，才能提升自身安全性和韧性。

二、培育供应链链主企业，带动和壮大链属中小企业群

依托供应链核心企业，链属客户群可便利获得金融支持，同时反哺壮大链主企业。从这个层面看，链属企业与锚定物均是核心企业的供应链资源。象屿集团看中湖北的，除了良好的交通道条件和锚定物资源外，也包括这一点。主要切入点如下：

（一）重构传统产业供应链条

充分发挥汽车制造、钢铁制造、高端装备等领域产业基础优势，打造具有国际影响力的产业供应链。完善煤炭、矿石等原材料供应渠道布局，加快建设大宗商品交易场所和网络货运平台。

（二）壮大新兴产业供应链条

聚焦光电子信息、新能源与智能网联汽车等产业，打造更多具有产业生态主导力的"链主"企业。培育一批平台物流企业和多式联运综合服务商，以及一批具备规模化、一体化组织能力的综合型物流企业。

（三）引进供应链物流头部企业

引进供应链管理和多式联运企业，打造枢纽建设运营标杆企业。招引一批储运贸一体化、第三方物流、货运平台等优势企业，重点引进全球和国内物流品牌企业区域总部、分拨和转运中心，以及结算、运营和研发中心等落户。

（四）培育本土供应链企业

除了继续发挥东风汽车物流、武

钢钢贸物流等央企供应链企业作用外，对交通物流集团等省属平台企业可结合我省产业链现状和发展趋势，在一定时期赋予其某些领域的供应链链主角色，并进行考核激励，以便在关键时刻发挥稳定作用。对九州通医药物流等市场催生的供应链链主企业，纳入政府支持范围，发挥其稳定产业链的作用。例如，湖北港口集团应抓住建设构建全国新发展格局先行区的机遇，力争成为煤炭、粮食、大宗物资、高货值锚定物的企业供应链的链主企业，力争成为湖北"51020"产业布局中部分匹配产业供应链的基础部分，力争成为沿江城市供应链的重要保障，并借助中欧班列、江海直达和近洋航线、西部陆海大通道等，积极融入国家供应链，实现从物理整合向化学裂变的跨越。

三、为供应链风险控制提供必要支撑

供应链没有金融的介入，难以做强做优延长。但风险控制是供应链金融的前提。目前，在供应链领域，企业孤岛或平台孤岛是全面实现产业数字化、数字金融化面对的最大挑战。这一现象不仅使得产业的网络生态难以建立，而且也阻碍了企业间的协同，特别是中小企业的运营和准入成本高昂。为此，需要围绕数智供应链发展，提供可靠、有效的信息（数字化和透明化）、信用（物和数据的信用）支撑。

（一）供应链企业服务平台建设

支持以企业发展战略为指引，以优势产业锚定物为牵引，围绕供应链集群建设和发展各类集成研发设计、集中采购、组织生产、物流分销、终端管理、金融服务、品牌营销等功能的供应链综合服务平台。

（二）湖北省供应链公共服务平台建设

突出基础性、功能性、公益性，

重点集聚政策咨询、信息聚集、经济预警、研发支持、信用、金融服务、技术推广等服务功能，打通交通、民航、铁路、邮政、海关、市场监管、税务等部门物流公共信息孤岛，推进供应链金融生态化，进一步助推供应链壮大延伸。

可供借鉴的案例包括：重庆智慧物流公共信息平台，集铁、公、水、空四种联运方式、渝新欧以及城市物流配送等多种物流方式为一体，同步提供电子政务、增值服务等相关服务。郑州实现运输链条的信息共享，将郑州国际陆港多式联运综合服务平台与郑州机场国际多式联运数据交易平台、河南保税物流中心"买卖全球网""贸易单一窗口"平台互联互通。

四、提升供应链安全性和韧性保障

区域之间的竞争越来越体现在供应链之间的竞争。面对郑州空港大通道、西部陆海大通道、西安国际陆港（中欧班列）等周边竞争态势，可参考重庆、湖南等地的做法，围绕鄂州花湖机场和武汉天河国际机场、长江和汉江航道、浩吉铁路、中欧班列等，

谋划我省"通道＋口岸＋枢纽＋园区＋市场"一体化布局，为供应链企业提供更多物流通道选择。

例如，重庆依托铁水联运引领五大国际通道及集疏运体系，重点建设东向（渝甬铁海联运、渝沪江海联运）、西向（渝新欧国际铁路联运）、南向（渝黔桂新铁海联运、渝深铁海联运）、北向（渝满俄国际铁路）和航空五大国际物流通道体系。

此外，作为供应链控局的重要基础和手段，还要引导企业在产业链延伸、产业园运营、上下游资源锁定、跨界资源整合、融资渠道拓展、衍生品应用、投资运营机制创新、采销和渠道优化等诸多领域深化拓展。面对日益严峻的绿色贸易壁垒，还需要引导供应链企业着手打造绿色供应链体系。

五、提升供应链专业服务能力

象屿的成功在于厦门的外部营商环境、公司内部人事和分配等管理机制和经营模式、盈利模式、风控系统等，核心是人才。交投物流集团等我省供应链企业与象屿的差距，最主要

的是缺乏懂得并能够运作供应链的专业人才，以及真正对象屿模式的深入了解。如果安排一批业务骨干去象屿供应链公司跟班学习，对我省其他供应链企业的发展是有利的。成立供应链专家委员会、加强与大专院校的合作、发挥协会等中介组织的作用等，也是短期内解决专业服务能力不足的办法。

此外，制定相关政策，支持供应链企业培育、平台建设、模式创新、通道开辟、绿色发展、人才聚集、重大专项研究、提升国际化服务水平等，也是政府作用发挥的重要内容。

总之，供应链不仅已经成为稳定产业链、提升价值链的关键，而且也上升为营商环境优劣的重要标志。推动供应链稳定发展，需要发挥政府这只手的作用，但政府的工作重点，应该是供应链的安全性与韧性、核心企业与链属企业之间的协同关系等，路、桥、港、站、场等交通设施只是供应链物流的基础，属于综合交通建设范畴，不应成为政府供应链物流工作的重心。

提升普通国省干线公路管养水平的思考

湖北省公路事业发展中心　张　磊

按照党中央关于开展主题教育和大兴调查研究部署要求及厅党组安排，近期，深入全省 17 个市州、50 多个县市公路部门，全面了解普通公路养护提质三年攻坚行动落实情况，通过实地查看、听取汇报、反馈交流，对国省干线的管养情况有了深入的了解，对提升国省干线管养水平有了认识和思考。

一、当前我省普通国省干线公路管养现状

普通国省干线公路是综合交通运输体系的重要组成部分，在公路网中承担着延伸高速公路使用功能，是连通高速公路大通道与农村公路"微循环"的主要交通支撑，在促进全省经济社会发展、人民生活水平提高和应对自然灾害等突发事件中发挥着极为重要的作用。

截至 2022 年底，我省普通国省道（不含高速公路）里程达到 27445 公里。其中，普通国道 22 条 9401 公里、普通省道 262 条 18044 公里。普通国道二级以上比例达到 94.97%；普通国省道二级以上比例达到 88.39%；县市通一级公路比例达到 100%；乡镇通三级以上公路比例达到 98.5%，实现所有县市区国道全覆盖、所有乡镇国省道全覆盖。全省共有 17 个市州公路管理机构、88 个县市公路管理机构，建有 257 个标准化养护管理站、55 个普通公路养护（应急）中心、562 个交通量观测站、10 个普通公路收费站（其中宜昌 4 个、荆门 3 个、荆州 1 个、黄冈 1 个、黄石 1 个）、2 个公路专业渡口（其中宜昌 1 个、荆州 1 个）。全省公路系统在职员工 3.1 万人。

近年来，全省公路系统牢固树立"更好地为公众服务"理念，全面加强公路养护管理工作，有效发挥了养护管理在普通国省干线公路保障畅通中的决定性作用。特别是省厅普通公路养护提质三年攻坚行动开展以来，全省公路部门在思想认识、组织行动、工作实践上发生了很大变化，将为公路养护管理可持续发展带来重大影响。主要表现在：

（一）建养管形势向好向上

我省交通公路"重建轻养"思想占主导地位，普通公路建设长期处于高位运行，地方由于配套资金问题而背上沉重包袱，传导至部分公路部门更是难以承受。省厅组织养护提质三年攻坚行动按照"路况优、桥隧安、设施全、路域美"的要求，着力实施普通公路提档升级，促进普通公路从重增量向优存量转变、从建设向养护转变、从畅通路向美丽路转变，其核心就是实现普通公路建养管并重，推动普通公路高质量发展。养护提质三年攻坚行动开展以来，制定了实施方案，着力实施国省道路况提升、农村公路路面改善、公路安全精细化提升、美丽公路创建四大工程。各地交通公路部门高度赞同拥护，都认为"三个转变"理念切中要害、行动方案精准对标，思想上高度认同，行动上坚决执行，建养管工作发生根本性的转变，呈现出向好向上的崭新局面。

（二）市县政府重视程度越来越高

早在 2021 年，宜昌市就以市委、市政府名义印发《国省干线养护提质行动方案》，出台《美丽公路特色品牌五年行动方案》，分年度推进实施，迭代重塑美丽宜昌"三廊·九环"，成为宜昌公路对外展示的标志性名片。荆州市明确三年攻坚行动"四大工程"目标任务，并分年度细化到县市区，纳入市对县绩效考核内容，各县市区政府将养护工程配套资金纳入财政投资年度预算，实行全额配套。襄阳市对特殊项目积极争取市政府配套支持，市政府分管副市长带领市交通、住建部门主要领导现场协调，明确将配套资金纳入市城建计划范围。武汉市黄陂区政府配套资金 4655 万元、蔡甸区政府配套 2330 万元。黄石市阳新县争取政府配套资金 2000 万元用于路面修复工程。

（三）基层公路部门凝聚力越来越强

地方交通公路部门层层组织召开动员部署会，成立领导小组和工作专班，制定行动方案，建立常态化的督导、评价、激励和宣传机制，快速强力推进。咸宁市咸安区拓宽养护市场化模式，采取与咸安区经发集团合作代建的方式，提前完成了部分路面大修任务。黄冈市团风县将大修项目和农村公路建设项目一起打包，以"四好农村路"名义争取贷款 8000 万。宜昌市夷陵区将全区 8 条旅游线路打包刷黑改造，采取"施工＋养护"招标模式（施工期 2 年，养护期 5 年）实施地方配套融资 8000 万元。宜昌市远安县将三年养护工程打捆招标，采用费率法招标形式，简化建设流程，采取财务费用承担方式推进企业垫资进行项目建设。截至目前，全省年度养护工程前期工作基本完成，90% 以上的养护项目已开工在建，国道养护大中修工程已完成 80%，年度目标任务预计年底将全部完成。"四新"技术得到进一步交流推广，养护工程质量安全得到保障。

（四）提升公路形象信心越来越足

各地公路部门以美丽公路品牌创建为载体，编制创建规划，制定日常养护和精细化养护管理手册，争取政府支持。武汉市公路部门编制普通国省道养护提质样板路和美丽公路创建项目实施意见书。钟祥市公路部门联合多部门共同打造"一路十景"美丽公路；潜江市公路部门启动全域美丽国省道创建及综合提升规划方案的编制工作，用于指导交通规划、设计建设、运营管理的全过程实施；恩施州公路部门按照州政府七彩旅游公路创建工作要求，结合美丽国省道创建活动，充分发挥政府主导的优势，大力推进创建工作。

二、普通国省干线管养存在的主要问题

（一）养护管理观念急需转变

一是重建轻养。个别公路部门存在以建代养思想，有的日常养护不到位、内业不规范，对预防性养护重视不够；有的将精力放在路面破损、翻浆等显性病害的处置上，忽视桥涵构造物、防护和排水设施的养护，客观上造成了国省干线路况下降迅速、使用功能退化。二是重计划轻执行。今年第一批养护计划下达后，一些公路部门不是积极向地方政府汇报争取，积极筹措资金抓紧项目施工，而是被动地等省厅资金计划下达、等省里明确补助标准，对养护计划执行的重要性、紧迫性认识不足，以致贻误了黄金施工时机。三是重主体轻配套。个别公路部门在公路改扩建、养护大中修重视道路主体工程，忽视了附属设施同步配套工作。

（二）行业改革尚未全部到位

全省公路行业改革尚未完全到位，完成改革的公路部门的职能职责、工作关系尚未理顺；未完成改革的公路部门人心不稳、工作动力不足。部分基层公路部门对公路行业的职能职责和工作关系不明确，对改革后公路部门的辅助性、基础性、技术性、服务性职能理解不到位，履行职能职责保障不够及时到位，行业内部工作关系还未理顺，工作措施和抓手需要进一步加强完善。

（三）养护体制机制急需完善

改革过渡阶段，部分县市区公路附属企业尚未完全剥离独立，养护工程招标限于附属公司或本地交投企业内部循环，需要进一步规范养护市场、完善养护体制机制。此外，全省公路养护资金保障、路产路权保护、养护工程正向激励、养护市场竞争、养护技术推广和养护队伍培育等机制也有待完善。

（四）养护管理制度体系急需规范

全省公路养护管理预防性养护技术体系、科学决策体系尚需进一步规范完善；公路日常养护、预防性养护、大中修工程制度以及养护管理、绩效考核等一系列制度急需根据改革职能进一步修改完善。

在调研过程中，也了解到当前基层公路部门有以下十个方面的期盼：一盼养管纳入政府考核体系；二盼养护纳入固定投资范畴；三盼拓展养护资金保障渠道；四盼行业资产路产路权有效保护；五盼提升养护中修资金补助标准；六盼帮扶"四新"技术推广使用；七盼养管人才队伍有效培养；八盼加强养护市场化指导；九盼补强养护信息化建设短板；十盼加大预防性养护奖励力度。这些基层公路部门同志们的所思所盼，也反映了我们养护工作中存在的矛盾和问题，是我们今后养护工作努力的方向，需要我们认真关注重视并逐步加以解决。

三、提升普通国省干线公路管养水平的思考

（一）贯彻"三个转变"，转变传统观念

"三个转变"理念是厅党组贯彻落实党的二十大和省第十二次党代会精神，结合全省普通公路养护管理实际作出的重大部署安排，是当前和今后一个时期我省普通公路高质量发展的思路和方向。全省公路部门必须提高认识，认真领会，结合行业改革赋予公路部门新的四大职能——基础性、辅助性、技术性、服务型，全面贯彻"三个转变"，转变传统观念、传统思维、传统方式、传统方法，全力推动普通公路高质量发展。一是工作重心实现由建设向养护转变。目前，全省公路总里程突破30万公里，但路况水平总体不高、安全隐患较大，人民群众对此反映强烈。只有坚持建养并重，创新养管体制，以更多的资金、力量用于养护管理，才能把公路管理好、养护好、使用好，才能满足人民群众的出行需求。二是工作角色实现由具体实施者向组织管理者转变。实行政事分开、推进事业单位去行政化

是改革发展大局所需、大势所趋。公路部门要跟上公路事业发展的角色定位，加快实现由施工者到组织者、由抓项目向抓管理转变，进一步研究政策、制定规则、加强管理，切实通过全面加强养护管理改变落后局面。三是工作方式实现由行政管理向技术服务转变。要迅速调整原有行政体制下形成的惯性思维和管理方式，逐步实现刚性行政监管向柔性激励约束转变，行政化手段向市场化手段、信用监管、指导服务等转变，通过技术服务实现对内服务行业，对外服务社会，对上服务配合交通行政部门，对下指导协调相关部门、企业单位，以作为赢得地位，以服务树立形象。落实省厅"三个转变"，必须首先实现普通公路部门传统观念、职能职责、工作角色、工作方式和工作内容作风的转变，一手抓发展，一手抓改革，在改革中明晰定位、搞好工作，抓好保障，才能切实贯彻执行好"三个转变"，修人民群众满意的路，推动公路事业高质量发展。

（二）加强政策研究，抓好资金保障

当前，我省养护资金投入不足，特别是地方政府配套资金难以到位，严重制约养护健康发展。根据国务院、湖北省交通运输领域中央与地方财政事权和支出责任划分改革方案精神，必须加强政策研究，采取措施加强资金保障。一是对普通省道省部资金切块安排。2021年，财政部和交通运输部按照"突出重点、保障事权、注重绩效、各司其职"的原则，改变车购税分配方式，将省道和农村公路车购税资金由项目法分配改为因素法切块分配。我省明确国道事权和支出责任以省为主，省道以市为主，农村公路以县为主。由此，参照浙江、江西、安徽等地做法，每年拿出固定资金按照公路里程、养护质量、地方财力等对普通省道养护工程采取因素法切块分配，省厅负责切块评价考核、市州负责区域计划分配，充分调动地方政府的能动性及资源整合力。二是将普通国省道养护管理纳入年度

目标考核体系。按照我省交通领域事权划分方案精神和养护管理"三个转变"理念，按照事权责权一致的原则，将普通国省道养护管理纳入政府年度目标考核体系，省政府每年对市州养护管理工作进行考核，颁发"红旗""蜗牛"奖，奖优罚劣，提升地方政府参与养护管理的主动性和积极性。三是将养护工程纳入固定资产投资范畴。目前，交通运输部已将危桥改造和安保工程等技术改造项目纳入固定资产统计范畴。我省要积极行动，将普通国省道路面改造工程纳入公路技术改造和固定资产投资范畴，以利于争取车购税资金，提升地方政府年度投资额度，提高地方政府的主动参与度。

（三）完善机制制度，夯实管理基础

一是完善养护科学决策机制。充分应用科技手段，全面开展全省公路普查检查巡查，掌握全省路况现状，健全完善公路信息数据库，实行动态管理，根据年度目标指标，细化养护工程项目，分层次精准施策。二是完

善市场竞争管理机制。根据改革要求，加大市场培育和制度完善，进一步推进养护市场化。对于大中修工程，全面推行养护市场化，加强事前事中监管。对于预防性养护、日常养护等，通过招标或委托专业的单位或企业开展公路养护管理工作，公路部门全过程督办国省道建养项目工程质量、安全、进度，抓好建养项目绩效评价监督。三是完善技术推广应用机制。建设养护技术推广平台，健全完善自上而下的养护技术专家库，承担政策解读宣贯、技术创新引进、技术推广应用、技术咨询服务职能，定期组织开展经验交流和技术推广应用现场会，推动养护技术进步。四是完善养管协作共管机制。坚持"建设是基础，养护是关键，管理是保障"理念，将公路建养与路政工作相结合，共建共管共治。一旦公路出现问题，可以在短时间内找出原因，制定合理的改善措施，确保公路建养管的优势能够充分发挥出来。同时，进一步健全完善资金保障、工程管理制度、绩效评价、日常养护管理等一系列制度体系，进

一步规范养护管理，提高管理水平。

（四）加快信息化建设，提升管理效能

按照智慧交通部署，积极谋划智慧公路建设，全面整合公路信息资源，推动建设省级公路路网信息平台和应急处置中心，打造全省路网信息化管控平台，构建集中统一、内联外通、应用多样的行业服务管理和公众出行服务平台。目前，省公路事业发展中心正推动建设公路信息综合平台，这也是面向全省公路的服务平台，共管才好共用。公路部门要高度重视，共同努力配合做好平台建设相关工作。一是要摸清家底，组织摄像机、门架、交调站、气象站、情报板等前端设备清查，分类形成设备清单，为全面接入系统打好基础；二是要梳理现有数据，对在用管理系统进行清理，形成数据目录和数据清单；拥有自建系统的单位要积极协调原建设单位，做好系统对接准备工作；三是要重视优化完善单位信息平台，作为纳入建养管工作的重要手段，分步建设、逐步提升公路信息管理水平。

发展现代航运服务　推动打造高水平内陆"新沿海"

湖北省港航事业发展中心　王　伟

航运是全球经济贸易发展的重要纽带，承担着全球85%以上的货物运输任务，是促进流域经济发展、优化产业布局、服务对外开放的重要支撑。面对需求收缩、供给冲击、预期转弱三重压力，湖北航运服务在推动打造国内国际双循环战略链接和高水平内陆"新沿海"发挥重要作用。

一、湖北航运服务快速发展

湖北坐拥长江、汉江，是畅联东西、贯通南北的重要节点。2021年湖北省港口吞吐量、集装箱吞吐量完成4.88亿吨、284万标箱，位居长江中上游第一位，其中武汉港集装箱吞吐量248万标箱，居全国内河港口集装箱吞吐量第三位。

贸易通道更加畅通。 2021年新开通"日本—中国（武汉）—蒙古国""中国（武汉）—韩国—日本"等水铁联运航线，以阳逻港为依托的中欧班列（武汉）往返411列，同比增长91%。

口岸通关更加快捷。 开展进口货物"船边直提"、出口货物"抵港直装"流程再造，进一步简化港口作业流程，缩短货物通关时间，提升港口物流效率。

航运交易更加丰富。 发布首个长江航运标准合同、首个国内大运河航运指数和铁矿石、煤炭综合运价指数。航运金融产品"e航宝"与主流银行、类金融机构、金融科技公司等开展资金对接，帮助航运企业解决融资难、融资贵、融资效率低下等问题。

绿色智慧更加融合。 长江首个铁水联运5G智慧港口——阳逻铁水联运二期加快建设。汉江电子航道图累计完成576公里。全球载电量最大纯电动游轮"长江三峡1"成功首航。2021年"云上多联"交易货物42.28万吨，同比增长14%，累计订单交易额222.37亿元。

二、发展湖北现代航运服务面临新形势

站在"两个一百年"奋斗目标的历史交汇点上，以习近平同志为核心的党中央赋予交通运输"开路先锋"的历史使命，为新时代湖北航运高质量发展提供了根本遵循。

特别是中央推动中部地区高质量发展意见，赋予湖北"建成中部地区崛起重要战略支点"新定位，明确提出加强武汉长江中游航运中心建设，发展沿江港口铁水联运功能，优化中转设施和集疏运网络。湖北省委实施意见强调要加快建设"江海联运、水铁联运、水水直达、沿江捎带、港城一体"水运体系。武汉长江中游航运中心相关规划提出积极发展航运相关的科技、人才、信息、交易、金融、保险等现代航运服务功能，把武汉打造成为长江中游现代航运服务中心。

对标要求，发展湖北现代航运服务仍有差距，主要是多式联运衔接不畅、高端航运服务发展不够、"水运＋互联网"融合不深、高端人才数量不足等。湖北作为水运大省，必须进一步提高航运服务质量，努力推动湖北打造高水平内陆"新沿海"。

三、发展湖北现代航运服务助力打造高水平内陆"新沿海"

（一）进一步健全多式联运服务体系

着力优化调整运输结构。 加快发展集装箱运输，以长江干线为主通道，发展汉江喂给航线，完善以武汉港为核心，宜昌港、黄石港、荆州港为重点，内联外畅、干支结合的集装箱运输网络。推进港口业务重组，抓住港口资源整合契机，优化集装箱、煤炭、矿石、原油、液化天然气、商品汽车等专业运输系统布局。推进大型化、专业化、标准化船舶建设，大力发展LNG船、纯电动船。

着力提高多式联运发展水平。 加快推进国家多式联运示范工程建设。加强对示范工程建设进展情况的跟踪评估，及时协调解决建设中出现的问题。支持武汉、宜昌、荆州等地申报新一批国家多式联运示范工程。推进省级多式联运示范工程建设工作。落实多式联运三年行动方案，织密武汉、宜昌、荆州至中西部水铁联运网络，协调推进江北铁路建设，力争开通武汉至北部湾水铁联运新通道。

着力发展现代物流。 推进港口、航运企业融合发展。推进港口、航运企业信息系统互联互通，不断拓展物流服务功能，构建以物流信息系统为基础，以运输、仓储为主要职能，服务职能不断完善的现代物流体系。以粮食物流、煤炭物流、商品车物流为重点，分类指导，不断提高现代物流发展水平。

（二）进一步健全航运交易服务体系

推动航运交易市场化。 定期发布湖北航运交易动态报告，推进交易价格公开化，推动形成国内外统一开放市场。加强与船舶修造厂、船舶经纪公司合作，及时获取船舶建造、买卖、租赁和设备供求信息，提高交易匹配率。建立航运征信数据中心，保障航运交易服务安全高效。

健全航运交易服务功能。 优化基本交易服务功能，提供信息发布、价格磋商、合同订立、挂牌交易等全流程服务。完善增值配套服务功能，提供船舶评估、鉴证、经纪、勘验、支付等配套服务。拓展新兴交易服务功能，推广确权、定价、存证、信用体系和溯源系统等新交易功能。

做强航运交易平台。 依托集装箱公共订舱平台，聚集长江上下游资源要素，做大做强集装箱订舱业务。依托船舶交易机构，积极拓展海外市场，打造具有重要影响力的国际船舶交易

基地。依托航交所，推动贸易流、信息流、资金流等要素数字化改造，打造全要素、全流程和全配套服务于一体的"云上航交所"平台。

（三）进一步健全航运金融服务体系

拓宽航运融资渠道。加快推进航运金融产业布局。积极开展租约合同融资、单船公司股份抵押融资试点。引导本土航运保险服务机构与境外保险机构合作，拓展航运保险服务网络。

创新航运金融业务。发展船舶融资租赁，支持符合条件的融资租赁公司设立专业子公司。发展航运保险业务，做强船舶保险、海上货运保险等传统保险业务。开展航运金融衍生品业务，构建航运衍生品交易平台。争取开展离岸金融业务试点，拓展期货交割、离岸金融结算等新业务，提高航运企业融资竞争力。

优化航运金融环境。综合运用贷款、债券和债转股等金融工具，加大对国家重点航运项目支持力度，探索中小微企业金融扶持方案。完善航运保险市场体系，建立国际航运保险、再保险业务支持政策体系。

（四）进一步健全航运信息服务体系

加快智慧绿色航运工程建设。打造交通强国示范项目，借助5G、云计算、区块链等技术，加快推进阳逻智慧港口建设。加快汉江高效绿色示范航道、宜昌港三峡国际游轮中心、绿色航运综合服务区等项目建设。

推进航运信息融合发展。强化电子口岸协调发展，支持以阳逻港为示范，推进电子口岸平台与监管单位、港口码头及进出口企业信息共享，提高口岸通关效率。依托"云上多联"平台，促进不同运输方式有效衔接，增强货源在湖北的聚集效应。

打造航运信息特色平台。完善国际贸易"单一窗口"，提升"云上多联"品牌国际影响力。推进"互联网＋航运"电商平台发展，推动航运供应链上下游企业联盟合作，提高航运要素配置效率。

（五）进一步健全航运人才服务体系

提高人才供需匹配程度。教育部门加强与海事部门、航运企业合作，及时掌握航运市场紧缺专业需求，及时调整人才培养政策。完善航运人才交流中心，畅通航运人才交流渠道。

优化高端人才专业结构。开展校企联动、产教融合，开展"订单式"人才培养模式，重点推进航运金融、保险、仲裁、结算、物流、电子商务等高端专业人才培养。

完善航运人才教育保障体系。支持高校、科研院所设立航运人才培养基地，吸引航运企业家、科技人才参与，建立航运复合型人才培养专家库和课程资源库。设立船员劳动争议仲裁机构，保障航运人才正常待遇，完善人才引进政策和保障机制。

专题资料

湖北省人民政府关于加快全省高速公路高质量发展的实施意见

（鄂政发〔2022〕20号）

各市、州、县人民政府，省政府各部门：

为贯彻落实党中央、国务院关于全面加强基础设施建设的重大决策部署，抢抓国家宏观政策靠前发力的窗口期，进一步推进全省高速公路高质量发展，提出以下实施意见。

一、总体要求

（一）指导思想。

以习近平新时代中国特色社会主义思想为指导，完整准确全面贯彻新发展理念，统筹发展和安全，落实交通强国战略，按照省第十二次党代会关于加快建设综合交通运输体系的工作部署，以联网、补网、强链为重点，着力优化扩容、内外互通，加快完善高速公路网络，为湖北建设全国构建新发展格局先行区提供交通支撑。

（二）基本原则。

1. 科学统筹、适度超前。精准把握政策导向，统筹加快谋划、推进、建成一批高速公路项目，充分发挥交通先行引领作用，服务支撑经济社会发展。

2. 改革创新、多轮驱动。争取政策支持，防范债务风险，分类确定投资模式和投资主体，充分发挥政府和市场、省和市县、国有资本和社会资本各方面作用，保障高速公路建设资金需求。

3. 整体协同、强化保障。制定推进方案，细化项目清单，建立协同机制，调动各方积极性，有效集聚各方力量，强化资源要素保障，合理控制工程规模和造价，加快推进高速公路建设。

4. 明确责任、严格考核。明确省、市州、县政府高速公路建设责任，强化行业监管责任和部门服务责任，压实建设主体和投资主体责任，严格监督考核，确保取得实效。

（三）发展目标。

到2027年，全面建成"九纵五横四环"高速公路网络，力争高速公路总里程达到10000公里以上，启动建设六车道及以上高速公路超过2000公里。加快国家高速公路繁忙拥挤路段扩容升级改造；启动一批新增国家高速公路网建设项目和促进三大都市圈等快速联通的高速公路项目；谋划一批区域路网互联互通的高速公路项目和过江通道项目；推进绿色智慧高速公路建设取得突破性成果；建成一批平安百年品质工程。

二、主要任务

实施"五大工程"：一是主通道扩容工程，重点推进京港澳、沪渝、福银等国家高速公路繁忙路段提质扩容，提升主通道运行效率和服务水平。二是骨架路打通工程，重点推进武汉都市圈环线、武渝等高速公路骨架路段建设，促进城市群、都市圈、城市间快速联通。三是高速公路网络优化工程，重点推进蕲太、随信等省际高速公路通道建设，实现区域路网互联互通。四是过江通道加密工程，开工建设双柳、观音寺等过江通道，支撑长江经济带高质量发展。五是绿色智慧高速公路工程，以京港澳、鄂州花湖机场高速公路等项目为试点推进智慧高速公路建设，以福银高速公路为试点完善新能源汽车服务功能。

三、主要措施

（一）发挥各方积极性。

1. 实行分级负责。国家高速公路项目实行"省、市州共建，以省为主"，由省交通运输厅负责组织推进；地方高速公路项目实行"省、市州共建，以市州为主"，由市州政府负责组织推进。

市、州、县政府可以土地、矿产、旅游资源等对效益较差的项目进行补助，可委托所属投资机构以入股形式参与项目建设。支持湖北交投集团在全省高速公路新建和改扩建中发挥投资、建设的主力军作用，依法依规参与项目投资人投标。采用PPP模式建设的高速公路改扩建项目，符合《政府和社会资本合作项目政府采购管理办法》相关规定的，可按单一来源方式确定投资人。（责任单位：省交通运输厅、省直有关部门，各市州人民政府）

2. 强化规划引导。根据国家和省重大战略部署、区域经济社会发展需求，加快我省高速公路网规划修编；做好与国民经济与社会发展、综合交通、城镇发展、国土空间、生态环境保护、荆楚水网、流域综合治理等规划的衔接，结合"三区三线"划定，尽可能避让永久基本农田和生态敏感区，与自然资源和生态环境相协调，带动经济社会发展。（责任单位：省交通运输厅、省自然资源厅、省生态环境厅、省水利厅、省林业局）

3. 优化审批服务。实行部门负责制，优化审批流程，加快审批工作，形成前期工作合力。省发展改革委在可容缺要件获批前，提前开展第三方咨询评估工作，在容缺要件全部获批后，加快办理审批（核准）手续。对采取政府资本金注入方式的高速公路PPP项目，按照《政府投资条例》规定，实行审批制管理。需报国家审批的事项，相关部门要负责跟踪对接，争取及时获批。（责任单位：省发展改革委、省自然资源厅、省生态环境厅、省交通运输厅、省水利厅、省农业农村厅、省林业局等）

4. 压实地方政府责任。高速公路项目所在地政府负责相关专题报批、用地组卷报批、矿产压覆补偿、征地拆迁实施等具体工作，保障用地供给和砂石料、土源供应。加大财政资金

支持力度,合规减免高速公路建设相关税费。落实专门机构负责推进高速公路项目建设。(责任单位:有关市、州、县人民政府)

5.明确投资人义务。投资人应严格履行投资协议,严格按批复的规模和标准实施。落实主体责任,保质保量完成省政府确定的建设目标和省交通运输厅下达的投资计划和建设任务。(责任单位:投资人及项目法人)

(二)深化投融资工作创新。

1.创新多元融资机制。积极争取国家高速公路项目的中央车购税补助资金。鼓励采用PPP、BOT+EPC、TOT等多种模式,吸引更多社会资本参与高速公路建设。各级财政部门应统筹考虑建设任务和财力可能,加大财政支持力度,对符合政府专项债券申报条件的高速公路项目积极给予支持。支持湖北交投集团和其他社会资本作为潜在投资人,依法依规参与项目投资人投标、建设和运营。(责任单位:省交通运输厅、省发展改革委、省财政厅,有关市、州、县人民政府)

2.推进PPP项目实施。建立滚动推进的政府和社会资本合作(PPP)项目库,对高速公路项目采取收益高低搭配、以丰补欠的方式进行投资人招标,促进项目效益整体平衡,防范债务风险。省直相关部门按各自职责加快推进高速公路PPP项目,积极扩大有效投资。(责任单位:省交通运输厅、省发展改革委、省财政厅)

3.拓宽融资渠道。充分发挥市场机制作用,创造良好营商环境,支持公路经营企业开展不动产投资信托基金(REITs)试点,盘活存量资产,推进资产证券化融资。支持湖北交投集团采取市场化运作模式,设立长周期、低成本的交通产业基金,用于高速公路项目建设。(责任单位:省发展改革委、省财政厅、省交通运输厅)

4.发展路衍经济。将公路交通优势与区域发展需求紧密结合,促进路衍经济发展。鼓励高速公路项目多元化经营,拓展服务区旅游功能,按照"统一规划、配套供应、统筹建设"的原则,在高速公路毗邻的特定区域实施土地综合开发,发展仓储物流、交旅融合、商业地产等新业态,提高项目经济效益,增强项目融资能力。(责任单位:省发展改革委、省交通运输厅、省自然资源厅、省住建厅、省商务厅、省文旅厅、省能源局)

(三)强化要素保障。

1.加强用地保障。按照国家和省批复的交通规划,衔接国土空间规划,充分满足高速公路项目意向选址和用地规模需求,落实用地指标,指导和审查项目规划选址、用地预审等,做好用地保障。统一组织国家高速公路项目的土地预审、规划选址、矿产压覆补偿、土地组卷等工作。支持符合条件的项目申报控制性工程先行用地。(责任单位:省自然资源厅)

2.创新用地政策。支持将符合国土空间规划的项目附属经营设施用地、项目沿线闲散土地依法依规转为出让用地。结合高速公路项目建设,开展土地资源综合整治,新增耕地占补平衡指标专项用于高速公路项目建设。(责任单位:省自然资源厅、省交通运输厅)

3.落实用地指标。高速公路项目所需新增建设用地计划指标、林地定额指标全部由省级统筹。耕地占补平衡指标原则上由项目所在地政府保障,确有困难的,可通过市州内、省内易地补充方式解决,相关费用可列入工程投资。(责任单位:省自然资源厅、省林业局、省交通运输厅,有关市、州、县人民政府)

4.加强征迁协调。高速公路项目所在地政府负责做好征地拆迁安置工作,确保补偿费及时足额发放到位。项目法人要加强征迁资金的使用管理。建筑、电力、电信、管线等建筑物、构筑物等迁改只补偿直接费用。相关税费按标准的下限缴纳。

提供征地红线图后,项目所在地政府要在2个月内完成征迁任务,并提供所需临时用地。在控制性工程先期用地手续批复后,1个月内提供先期建设用地。在正式用地手续批复后,2个月内提供建设用地。(责任单位:有关市、州、县人民政府)

5.保障地材供应。征地红线范围内施工过程中产生的建筑石料可直接用于本工程建设,无须办理采矿许可。支持项目一般按每50公里就近设置1个专用石料场用于项目建设。支持航道疏浚的砂石土优先用于项目建设。砂石开采要注重生态环境保护,做到绿色开采。加大建筑弃渣、磷石膏等废弃材料的综合利用。(责任单位:省自然资源厅、省交通运输厅,有关市、州、县人民政府)

(四)严格项目建设管理。

1.提高前期工作质量。推行高速公路建设项目工可、勘察设计一次性招标,交叉推进工可和初步设计。鼓励在工可阶段按照1:2000地形图深化研究项目方案,强化工程技术经济比较,优化建设方案,合理确定标准和规模,严控互通间距、互通连接线规模和管理用房规模,实行全过程投资管控。(责任单位:省发展改革委、省交通运输厅、省公共资源交易监管局)

2.严格进度管理。项目在获得审批(核准)后,一般应在1年内实质性开工建设。根据工作要求,省交通运输厅下达固定资产投资和工程形象进度计划。项目法人要科学配置资源,加强工程调度,建立奖惩机制,按期完成进度目标。(责任单位:省交通运输厅、投资人及项目法人)

3.严格质量安全环境管理。建立健全现代化工程建设质量安全管理体系,全面落实部门监管责任和项目法人主体责任,全面推行建设标准化,推进"平安百年品质工程"创建。严格落实交通安全、消防、环保等设施"三同时"制度。加强路域环境整治,着力打造"洁化、绿化、美化"的路域环境。(责任单位:省交通运输厅、省公安厅、省生态环境厅、省应急厅)

四、组织保障

(一)建立常态化协调机制。

建立高速公路建设常态化协调机制,定期研究工作,解决重大问题。省交通运输厅负责牵头抓总,相关单位要根据各自职责,加强协作配合,高效做好职责范围内的工作。省交通重点建设领导小组办公室要加强日常调度，督促各地、相关单位加快推进各项工作。(责任单位：省交通运输厅、省发展改革委、省财政厅、省自然资源厅、省生态环境厅、省水利厅、省林业局，国网省电力公司、中国铁路武汉局集团有限公司等)

(二) 营造良好建设环境。

各地要及时化解高速公路建设涉及的矛盾纠纷，依法维护投资人和参建单位合法权益，严厉打击强买强卖、强揽工程、阻挠施工等违法犯罪行为，持续打击涉路黑恶势力，完善突发事件应急机制，形成政府主导、部门联动、多方参与、群众支持的建设环境。(责任单位：有关市、州、县人民政府)

(三) 积极防范廉政风险。

项目法人要依法依规推进项目建设，强化全过程廉政风险防控。严格工程招标投标管理，坚持"应招尽招"。严格投资控制，加强资金使用管理，强化全过程各环节跟踪审计、评估和监管，从源头上严防腐败问题发生。强化纪检监察与审计监督、社会监督、舆论监督衔接联动，确保建成廉洁工程、阳光工程、优质工程。(责任单位：省交通运输厅、省审计厅、省公共资源交易监管局，项目法人)

(四) 严格投资人信用监管。

省交通运输厅要联合相关部门建立投资人信用评价管理体系和失信联合惩戒机制，健全社会资本准入和退出机制，实施分级分类监管。对投资人、联合体成员未按期签订相关协议，未按期注册项目公司，未落实或挪用建设资金，未按期完成投资进度目标的，视情节轻重，招标人可采取约谈、通报、责令整改和依法依规取消中标人资格、解除合同等方式进行处理。(责任单位：省交通运输厅、省发展改革委、省财政厅、省公共资源交易监管局，有关市州人民政府)

(五) 加强督办落实工作。

省交通重点建设领导小组办公室要会同有关部门加强督促指导，建立督办通报机制，强化对投资人和各市州前期工作、资源保障、投资进度、建设环境、竣工通车等情况的统筹调度。通报结果作为省政府督查激励的重要依据，并与交通项目规划、资金安排、收费期限等挂钩。(责任单位：省交通运输厅、省发展改革委、省财政厅、省政府国资委，有关市州人民政府)

2022 年 9 月 5 日

湖北省交通运输厅道路客运站场投资补助项目管理办法

(鄂交发〔2022〕8 号)

第一章 总 则

第一条 为加快推进全省道路客运站场项目建设，进一步发挥政府投资引导作用，充分调动社会资本的积极性，增强项目管理的规范性、科学性，提高资金使用效率，按照《交通运输部 财政部车辆购置税收入补助地方资金管理暂行办法》(财建〔2021〕50 号) 有关要求，参照交通运输部《综合客运枢纽投资补助项目管理办法》(交规划发〔2015〕35 号)，结合湖北省实际，制定本办法。

第二条 本办法所称道路客运场，指综合客运枢纽和三级及以上等级汽车客运站。三级以下汽车客运站 (乡镇综合运输服务站) 和候车亭的建设与补助办法另行制定。

第三条 本办法所称投资补助，是指从交通运输部车购税普通省道及农村公路支出、省对下转移支付预算中，安排用于支持道路客运站场的基础设施、设备、信息化等新建和改扩建的投资补助。

第四条 省交通运输厅按照有关政策和规划，遵循公开、公正、高效的原则，统筹安排全省道路客运站场新建和改扩建项目。各地交通运输主管部门按照本区域综合交通运输发展规划，遵从有序衔接、无缝对接、可持续发展的原则，组织实施辖区内道路客运站场建设。

第二章 申报条件和程序

第五条 申报投资补助的道路客运站场项目应当符合以下条件：

(一) 纳入省级综合交通运输发展规划或交通运输相关规划及省交通运输厅年度预安排计划；

(二) 取得合法开工手续并基本建成。

(三) 对于"十二五"期和"十三五"期已取得省投资补助的项目，原则上不纳入"十四五"期改扩建补助范围。

第六条 申请投资补助的道路客运站场项目的法人单位应编制项目资金申请报告。资金申请报告应包括以下内容：

(一) 项目法人单位的基本情况；

(二) 项目建设的必要性；

(三) 项目建设条件的落实情况；

(四) 项目基本情况，包括项目主要功能、设计能力与技术标准、项目建设方案、建设规模、实施方案、投资估算及建设进度等基本情况；

(五) 申请投资补助资金的资金投向及申报年度建设投资审计报告等。

第七条 资金申请报告应当附具以下证明材料：

(一) 新建项目

1. 实行审批管理的投资项目可行性研究报告和初步设计批复文件，实行核准管理的投资项目核准批复文件，实行备案管理的投资项目备案证书；

2. 自然资源与规划行政主管部门出具的纳入国土空间总体规划的意见，建设用地规划许可证、建设工程规划许可证；

3. 自然资源与规划行政主管部门出具的国有土地使用证，或国有土地使用权成交确认书、国有土地使用权转让合同、国有建设用地划拨决定书等土地权属证明；

4. 建设行政主管部门出具的建筑施工许可证；

5. 项目工程交工验收意见；

6. 项目法人单位对资金申请报告真实性负责的声明。

(二) 改扩建项目

1. 项目申请立项文件和县级交通运输主管部门同意改扩建的意见；

2. 自然资源与规划主管部门出具的纳入国土空间规划的意见；

3. 项目工程交工验收意见；

4. 项目法人单位对资金申请报告真实性负责的声明。

第八条　申请投资补助的道路客运站场项目，由项目法人单位向所在地县级交通运输主管部门提交申请报告。

(一) 扩权赋能强县改革县的项目，由县级交通运输主管部门对申报项目提出核查意见，核查通过的向省交通运输厅申报。

(二) 未纳入扩权赋能强县改革县的项目，由县级交通运输主管部门初审合格后向所属市州交通运输主管部门报送，市州交通运输主管部门复核同意后，向省交通运输厅申报。

县级交通运输主管部门对项目申报材料真实性负责。

第三章　项目核查与补助

第九条　省交通运输厅收到投资补助项目资金申请报告后，委托省道路运输事业发展中心组织开展材料审查和现场核查。

第十条　材料审查主要内容：

(一) 项目是否符合本办法第五、六、七条有关要求；

(二) 所提交的相关资料和文件是否齐备、有效；

(三) 项目是否建成等。

第十一条　现场核查主要内容：

(一) 项目是否符合道路客运站场建设有关规划、计划、政策和技术要求；

(二) 提交的相关文件资料与项目建设是否一致、真实；

(三) 项目建设进度情况等。

第十二条　省道路运输事业发展中心根据材料审查和现场核查情况提出项目补助资金安排初步意见，并上报省交通运输厅。

第十三条　省交通运输厅按照"先建后补、以奖代补"的原则，按相关程序对道路客运站场项目进行投资补助。

第四章　绩效管理和监督

第十四条　各项目建设单位要建立项目法人责任制，执行国家基本建设有关规定，按照基本建设管理程序实施建设，按有关规定据实上报统计数据。

使用投资补助资金的项目，应当按照申报时确定的道路客运站场技术标准和功能进行建设。

第十五条　各地交通运输主管部门要加强对投资补助项目检查监督、绩效管理、协调服务、业务指导等工作，确保补助资金专款专用，发挥应有的社会效益和经济效益。

第十六条　省交通运输厅将按照《湖北省财政厅关于印发全面实施预算绩效管理系列制度的通知》(鄂财绩发〔2020〕3 号) 要求，建立健全省级道路客运站项目投资补助资金与绩效评价结果挂钩的机制，对取得省级道路客运站场建设补助资金的项目开展绩效评价及不定期抽查，绩效评价结果将作为以后年度参与省级补助资金分配的重要依据。

第十七条　投资补助项目法人单位应自觉接受和配合监督检查工作。对未完成绩效目标，采取不正当手段或方式取得投资补助资金，不按规定接受绩效评价，不及时报送绩效报告的项目，省交通运输厅将会同财政部门按照有关规定核减或收回投资补助资金。

第五章　附　则

第十八条　已纳入交通运输部车购税投资补助的项目，按照交通运输部有关规定执行。

第十九条　本办法由省交通运输厅负责解释。各地交通运输主管部门可根据本办法，结合实际制定本地实施办法。

第二十条　本办法自印发之日起实施，有效期五年。省交通运输厅此前有关文件规定中与本办法不一致的，以本办法为准。

2022 年 1 月 27 日

湖北省交通运输厅交通运输物流基础设施投资补助项目管理办法

(鄂交发〔2022〕8 号)

第一章　总　则

第一条　为加快推进湖北省交通运输物流基础设施建设，提高运输组织效率，促进现代物流业和农村物流发展，规范省级物流发展资金用于交通运输物流基础设施投资补助项目 (以下简称投资补助项目) 的管理，根据《财政部　交通运输部关于印发〈车辆购置税收入补助地方资金管理暂行办法〉的通知》(财建〔2021〕50 号) 等规定，结合我省实际，制定本办法。

第二条　本办法所称交通运输物流基础设施，包括货运枢纽 (物流园区) 和农村交通物流项目。

货运枢纽 (物流园区) 是指在综合运输网络特定节点上，以仓储、分拨、配载、配送、信息服务、多式联运、中转换装、集并转运、甩挂运输、冷链物流等公路货运服务功能为主体，且具有较强公共服务功能的公路货运基础设施项目。

农村交通物流项目是指在县(市)、乡(镇)、农村地区，依托道路汽车客运站、货运站、综合运输服务站、邮政服务站等交通、邮政设施和道路客运、货运、邮政快递等车辆和线路资源，构建的为农业生产、销售及农村居民生活和其他经济活动提供运输、存储、装卸、搬运、包装、流通加工、配送、信息处理等综合物流服务的县、乡(镇)、村三级物流网络体系建设项目。

第三条 本办法所称投资补助，是指省交通运输厅使用省对下转移支付预算中，对符合条件的交通运输物流基础设施项目进行的投资补助。

第四条 投资补助重点支持方向：

(一)对接重大战略、区位优势明显、规模条件具备的多式联运型货运枢纽(物流园区)项目；

(二)依托大中城市、交通枢纽、大型产业园、物流基地，为社会物流企业开展多式联运、集并转运、中转换装、甩挂运输、区域配送等运输生产活动提供综合性、现代化物流服务的货运枢纽(物流园区)项目；

(三)利用交通运输、邮政、供销、电商等资源优势，构建符合多部门、多行业"互联、互通、共享"发展导向的农村交通物流项目。

第二章 项目类别与补助内容

第五条 货运枢纽(物流园区)根据功能分为：

(一)多式联运型货运枢纽(物流园区)：依托综合交通枢纽，有机衔接两种(含)以上运输方式，能够实现多式联运，具有提供大批量货物转运的物流设施，为国际性或区域性货物提供中转等物流服务的重要基础设施；

(二)通用集散型货运枢纽(物流园区、中心)：依托良好的区位条件和便利的对外公路通道，能够实现货物快速集散、中转分拨和高效配送，

提高干支衔接效率和组织化水平，实现网络化、规模化、专业化运输的重要基础设施；

(三)口岸服务型货运枢纽(物流园区)：具备跨境货物运输组织功能，为跨境货物提供报关报检、仓储保税、国际中转、分销配送等服务，是支撑外向型经济、推进国际物流发展的重要物流基础设施。

第六条 货运枢纽(物流园区)项目应具备以下功能特征：

(一)符合区域或地方相关产业政策，有利于提升综合交通运输和物流业发展质量效益，并对地方经济发展起到辐射带动作用；

(二)具有公共服务属性，为非关联物流企业和社会组织提供综合性、现代化的物流服务；

(三)实现大批量货物换装、配送和不同运输方式的有效衔接。

第七条 对货运枢纽(物流园区)的投资补助应用于与物流生产活动直接相关的设施内容，主要包括：

(一)公共仓储设施、公共堆场、场区通道、公共停车场建设等；

(二)联运换装设施设备、零担专线设施、分拣设施、大型公用转运设施等；

(三)物流信息服务平台设施建设。

第八条 对农村交通物流项目的投资补助应用于以下方面：

(一)综合物流服务三级网络体系建设所依托的县级物流中心和乡镇综合运输服务站中必要的物流功能设施的配套改造；

(二)综合物流服务三级网络体系的村级物流节点与信息终端的建设；

(三)综合物流服务三级网络体系的县内农村物流配送线路培育；

(四)所依托的县级物流中心的物流信息平台升级改造建设。

第三章 申报项目条件与申报程序

第九条 申报投资补助的货运枢纽(物流园区)项目必须符合以下条件：

(一)纳入省级综合交通运输发展规划或交通运输相关规划及省交通运输厅年度预安排计划；

(二)纳入项目所在地国土空间规划；

(三)依法取得项目建设批准文件；

(四)申报范围内的主体工程及配套设施等基本建成并营运；

(五)建有能实现区域物流信息共享、设施互联、标准互通的物流信息化平台；

(六)由独立项目法人单位开发建设。

第十条 申请货运枢纽(物流园区、中心)投资补助的项目法人单位应编制项目资金申请报告，包括以下内容：

(一)项目法人单位基本情况；

(二)项目建设必要性；

(三)项目建设条件落实情况等；

(四)项目基本情况，包括：项目类型和主要功能、建设方案、建设工期和进度、投资估算和筹资方案、预期绩效目标及运营方案和实际运营情况等；

(五)交通基础设施及物流信息化系统建设情况；

(六)申请投资补助资金的使用方案等。

第十一条 货运枢纽(物流园区、中心)资金申请报告应当附以下证明材料：

(一)实行审批制的投资项目提供可行性研究报告和初步设计批复文件，实行核准制的提供项目核准文件，实行备案制管理的提供备案证书；

(二)自然资源与规划行政主管部门出具的纳入国土空间总体规划的意见，建设用地规划许可证、建设工程规划许可证；

(三)自然资源与规划行政主管部门出具的土地权属证明，包括：国有土地使用证或国有土地使用权成交确认书或国有土地使用权转让合同等；

(四)建设行政主管部门出具的建筑施工许可证；

(五)项目法人单位自筹资金证明文件，银行贷款的承诺函；

(六)项目法人单位对资金申请报告内容及附件真实性负责的声明；

(七)项目法人单位及法定代表人出具的项目主体功能10年内保持不变的承诺函；

（八）县级交通运输主管部门出具的项目审查意见；

（九）县级交通运输主管部门出具的申报材料真实性的确认函；

（十）工程验收报告等与项目建设形象进度相关的证明材料；

（十一）非关联社会物流企业入驻合同等相关证明材料；

（十二）项目法人单位营业执照；

（十三）按要求提供的其他材料。

第十二条　申请投资补助的农村交通物流项目必须符合以下条件：

（一）纳入县（市）区交通物流发展规划，已申报并取得同类补助的县市不得再次申报；

（二）项目利用交通运输已有资源优势，建成运营半年以上；

（三）项目具备"县级中转、乡镇级分拨、村级配送"功能，且乡镇服务站覆盖县域乡镇70%以上，村级服务点覆盖县域行政村50%以上；

（四）项目已建立信息化服务网络，能够连接县、乡、村各服务节点；

（五）符合多部门、多行业"互联、互通、共享"发展导向。

第十三条　申请农村交通物流项目投资补助的项目法人单位应编制项目资金申请报告，包括以下内容：

（一）项目单位基本情况、项目建设情况，并对网点布局、融合发展、运营模式和绩效情况等内容进行详细说明，同时附以下资料：

1.已批复的县（市）区农村物流发展规划；

2.县、乡（镇）、村节点建设地址、名称、联系电话等；

3.县域内开展物流配送的报表；

4.农村物流跨行业融合发展的战略协议；

5.项目法人证明（营业执照等）。

（二）项目法人单位对资金申请报告真实性负责的声明；

（三）项目法人单位出具的物流服务主体功能10年不变的承诺函。

第十四条　项目资金申请报告申报程序：

（一）项目法人单位向所在地县级交通运输主管部门提交资金申请报告；

（二）项目位于扩权赋能强县改革县内的，经县级交通运输主管部门审核同意后，上报省交通运输厅；

（三）项目位于未纳入扩权赋能强县改革县的，由县级交通运输主管部门审核同意后，上报市州交通运输主管部门，市州交通运输主管部门出具复核同意意见，向省交通运输厅申报。

第四章　项目审查与投资补助

第十五条　省交通运输厅收到资金申请报告后，委托省道路运输事业发展中心组织申报项目的材料审查和现场核查。

第十六条　材料审查重点包括：

（一）货运枢纽项目是否符合本办法第四、五、六、七、九、十、十一条有关要求，农村交通物流项目是否符合本办法第四、第八、第十二、第十三条有关要求；

（二）所提交的相关资料和文件是否一致、齐备、有效；

（三）项目是否已基本建成并投入运营。

第十七条　现场核查主要内容：

（一）项目合法性审查；

（二）项目合规性审查；

（三）项目技术条件与建设进度审查。

农村交通物流项目现场审查，对照第四、八、十二、十三条有关要求，实地考察县级物流中心，抽查不少于2个乡镇综合服务站，抽查不少于2个村级服务点。

第十八条　省道路运输事业发展中心根据材料审查和现场核查情况，提出项目补助资金安排初步意见并上报省交通运输厅。

第十九条　省交通运输厅根据"先建后补、以奖代补"的原则，按照相关程序对项目进行投资补助。

第五章　绩效管理和监督

第二十条　各项目建设单位要建立项目法人责任制，执行国家基本建设有关规定，严格按照基本建设管理程序实施建设，按有关规定据实上报统计数据。

使用投资补助资金的项目，应当按照申报时确定的技术标准和功能进行建设。如项目建设内容和运营情况发生重大变化，应及时向县级交通运输主管部门报告。

第二十一条　各地交通运输部门要加强对投资补助项目的检查、监督、绩效管理、协调服务、业务指导等工作，确保补助资金专款专用，发挥应有的社会效益和经济效益。

第二十二条　省交通运输厅将按照《湖北省财政厅关于印发全面实施预算绩效管理系列制度的通知》（鄂财绩发〔2020〕3号）要求，建立健全省级交通物流发展资金与绩效评价结果挂钩的机制，对取得省级交通物流发展资金的项目开展绩效评价及不定期抽查，绩效评价结果将作为以后年度参与省级物流发展资金分配的重要依据。

第二十三条　投资补助项目法人单位应自觉接受和配合监督检查工作。对不能完成绩效目标的、采取不正当手段或方式取得投资补助资金的、不按规定接受绩效评价及不及时报送绩效报告的项目，省交通运输厅将会同财政部门按照有关规定核减或收回投资补助。

第六章　附　则

第二十四条　已纳入交通运输部车购税投资补助的重点项目，按照交通运输部有关文件执行。

第二十五条　本办法由省交通运输厅负责解释。各地交通运输主管部门可根据本办法，结合实际制定实施办法。

第二十六条　本办法自颁布之日起实施，有效期为五年。原《湖北省交通运输厅交通运输物流基础设施投资补助项目管理办法》（鄂交计〔2017〕357号）即行废止。

2022年1月27日

省交通运输厅、省财政厅、省农业农村厅、省乡村振兴局
关于深化"四好农村路"示范创建工作的实施意见

（鄂交发〔2022〕22号）

为贯彻落实交通运输部、财政部、农业农村部、国家乡村振兴局《关于深化"四好农村路"示范创建工作的意见》（交公路发〔2021〕48号）要求，更好推动农村公路高质量发展，现就全省持续开展"四好农村路"示范创建工作提出如下意见。

一、重要意义

近年来，我省积极推进"四好农村路"示范县、示范乡镇创建工作，坚持示范引领、以点促面、全域推动，有效提升了全省农村公路的发展水平，为决战脱贫攻坚、决胜小康社会贡献了交通智慧，提供了交通力量。但同时，全省农村公路区域发展不均衡、域内融合发展不协调等问题仍然突出；农村公路在建设发展、治理体系、服务水平、责任落实和资金筹集等方面仍有较大差距，依然是加快实现农业农村现代化、推动交通强省建设的短板和薄弱环节。各级交通运输、财政、农业农村、乡村振兴等主管部门需要进一步加强政策学习，提高政治站位，形成齐抓共管的合力；要进一步增强责任感、使命感和紧迫感，持续发挥省市县三级统筹指导作用，夯实县级政府主体责任，深入推进"四好农村路"示范创建工作，不断增强群众获得感、幸福感、安全感，全面、科学、规范、长效地推动"四好农村路"高质量发展。

二、总体要求

坚持以习近平新时代中国特色社会主义思想为指导，全面贯彻中央和部省关于"四好农村路"建设发展的决策部署，坚持以人民为中心的发展理念，按照立足新发展阶段、贯彻新发展理念、构建新发展格局的要求，全面推动"四好农村路"示范创建工作从以点促面向全面达标发展转变、从一路引领向多业协同发展转变、从区域先行向全省均衡发展转变，不断健全完善"四好农村路"高质量发展体系，坚持达标一批创建一批。实施示范创建动态调控管理，不断提升创建工作质量，持续掀起农村公路建设热潮，加快建设交通强省、全面推进乡村振兴，努力建设人民满意的新交通。

三、创建标准

"四好农村路"示范创建标准将根据中央和部省决策部署及推进实践效果进行动态调整，具体考评标准由省交通运输厅另行制定，示范创建工作主要围绕以下内容开展：

（一）贯彻落实政策坚决有力。认真学习、深入贯彻习近平总书记关于"四好农村路"的重要指示精神，落实党中央、国务院和省委、省政府决策部署，围绕巩固脱贫攻坚成果、服务乡村振兴发展、推动交通强国建设，努力践行农村公路创新驱动发展、城乡协调发展、绿色低碳发展、开放合作发展、共享融合发展，充分发挥交通基础设施在巩固拓展脱贫攻坚成果同乡村振兴有效衔接中的作用，加快建设交通强省、加快农业农村现代化建设。

（二）推进农村交通治理现代化。完善农村公路制度政策体系，推动地方标准规范实施，强化政策引导和能力指导。完善农村公路绩效考核机制，促进考核提质增效。加强信用信息的归集共享，推广信用承诺制度，构建以信用为基础的新型监管机制。全面实施农村公路"路长制"，落实省、市、县、乡、村各级责任，形成党委领导、政府主导、部门协同、上下联动、运转高效的工作格局。持续完善"四好农村路"建设长效工作机制，推行车辆购置税等资金"以奖代补"考

核机制，主要指标全面纳入各级政府绩效考核范围。

（三）大力开展农村公路路网建设。围绕巩固脱贫攻坚成果、促进乡村振兴及新型城镇化、农业农村现代化发展需要，根据国家和部省农村公路建设任务，科学编制农村公路路网规划，因地制宜确定农村公路建设类型和建设标准。有序推进行政双车道、乡镇双通道建设，持续推进农村公路提档升级、乡镇通三级及以上公路，巩固提升村村通硬化路建设成果，全面实现撤并村和村组路通沥青水泥路，推进农村公路建设项目更多向进村入户倾斜，确保区域内农村公路内通外联、联网成环，实现无断头路和明显瓶颈路段；全面改善特色小镇、美丽乡村、农林牧场、乡村旅游景点景区、产业园区和特色农业基地等交通运输条件，整体提升农村公路"畅安舒美"品质，构建便捷高效的农村骨干公路网络。

（四）农村公路管养成效显著。建立权责清晰、保障有力、齐抓共管的农村公路管理养护体制机制，农村公路管理养护体制改革试点成效明显。农村公路保障体系健全，各级农村公路管理养护资金落实到位，农村公路养护资金及管理机构运行经费和人员支出纳入一般公共财政预算。推进农村公路养护市场化改革，建立政府与市场合理分工的养护生产组织模式，提高养护专业化、机械化、规模化水平。日常养护实行专群结合，养护工程实现专业化、市场化，基本形成以市场为导向的农村公路养护体系。乡镇管理农村公路的能力得到持续提升，管养目标考评、资金激励引导等机制健全。日常养护和养护工程实施到位，路政管理规范有序，农村公路路况水

平维持较好，路域环境有效改善，隐患治理成效明显。

（五）强化农村综合运输服务。城乡交通运输一体化、运输绿色化、客运便捷化发展成效显著。农村客运实现行政村全覆盖、客运公交化有序发展，交通一卡通在农村客运上得到有效应用。农村客运政府购买服务或运营补贴机制健全，客车性能持续得到提升，客运班车动态监控实现全覆盖、驾乘人员培训教育常态化，农村客运实现可持续发展。推进"多站合一，一站多用"乡镇运输综合服务站建设，融合管理、养护、客运、物流、邮政、快递、供销网点、电商、农村合作社等多种服务功能。推进县、乡、村三级物流网络节点建设，提升农村"双向"物流综合服务能力。

（六）完善农村公路安全保障体系。严格执行农村公路安全监管相关法律法规，农村公路建设市场规范有序，建立以质量为核心的信用评价机制。在全面完成乡道及以上公路"安防工程"基础上，推进完善村道安全生命防护工程，实施公路危旧桥梁改造行动，确保危桥总数逐年下降。严格落实农村公路安全设施与公路建设主体工程"三同时"制度。完善农村客运班线通行条件联合审核机制，保障农村客运安全。建立健全应急管理制度，提高应急处置能力。强化路政管理和执法能力建设，加强农村公路路产路权保护，加大农村公路超限超载治理力度。全国示范县应满足近五年农村公路未发生重大安全生产和质量事故，全国示范市应满足近五年农村公路未发生特别重大安全生产和质量事故。

（七）推进农村公路管理信息化。推动建立农村公路综合监管平台和大数据信息化管理平台，实现基础信息数字化、智能化。推广运用"路长制"信息管理App，提升农村公路管理质量和时效。加强互联网、卫星遥感、快速检测等新技术的应用，确保农村公路统计精准、规划合理、建设精致、管理高效、养护及时，提高农村交通信息管理服务能力。建立数据采集、

处理的长效机制，完善农村公路综合监管能力，强化信息资源共享交换，提升农村公路管理效能。

（八）农村公路示范引领作用显著。持续推进交通驿站建设，因地制宜开展农村公路绿化、美化、洁化工程；持续推进路宅分家、路田分家工程。按照"精美设计、精细建设、精致维护"原则，高标准推动"美丽农村路"建设，每年开展湖北省"十大最美农村路"创建活动，积极参加交通运输部"十大最美农村路"创评工作，大力推进宜居、宜业、宜游的"美丽农村路"建设。完善"四好农村路"示范创建机制，扩大示范创建范围，开展示范省、示范市、示范县、示范乡镇等示范创建工作，实现示范创建由点向面、由区域向全省发展。

（九）农民群众获得感不断增强。推进农村公路与乡村产业融合发展，加强资源路、旅游路、产业路建设，全面助推乡村振兴发展。建立共享共治的群众参与体系，健全群众爱路护路的乡规民约、村规民约。充分调动各方特别是农民群众的积极性，切实发挥农民群众主体作用，使群众成为农村公路发展的参与者、监督者和受益者。在小型交通基础设施建设领域积极推广以工代赈，开发"四好农村路"各类公益性岗位，帮助农民创收增收。落实"八公开"制度，引导农民群众参与农村公路工程监督和项目验收，切实提升农民群众的话语权。

四、工作程序

"四好农村路"示范创建工作按照"分类创建、压茬推进"的方式有序开展。"十四五"期间，将统筹现有农村公路资金，支持示范创建工作。继续推进省级示范县、示范乡镇的创建，组织开展示范省、省级示范市的创建；积极争创"四好农村路"全国示范省、全国示范市和全国示范县。示范创建的具体时间、目标、标准和程序等，由省交通运输厅另行通知确定。

（一）"四好农村路"省级示范乡镇

"十四五"期间，争取创建省级示范乡镇150个。省级示范乡镇由省交通运输厅命名，并给予每个示范乡镇

200万元农村公路建设奖励资金。

1.必备条件

申报"四好农村路"省级示范乡镇必须同时满足以下条件：

（1）乡镇设有农村公路管理机构，"路长制"健全完善，且运行经费和人员支出纳入一般财政公共预算。

（2）乡镇辖区内农村公路实现应养尽养，日常养护资金纳入县级财政公共预算，实现全额保障。

（3）申报乡镇有县级（含本级）以上交通运输主管部门认定或命名的"美丽农村路"，且总里程不少于30公里。

（4）根据省级"四好农村路"示范乡镇考核标准，综合考评得分达到85分及以上。

2.创建程序

（1）乡镇申报。符合申报条件的乡镇，填写申报表格，提出创建申请，由乡镇人民政府报县级交通运输局。

（2）县级核报。县级交通运输局联合本级财政、农业农村、乡村振兴部门依据创建标准进行考评，提出推荐排序名单，经县级人民政府同意后，报市级交通运输局。

（3）市级初评。市级交通运输局组织实地考评，提出推荐排序名单，每年按照不超过县市总数的40%报省交通运输厅。

（4）外业核查。申报资料经省交通运输厅审核通过后，由第三方单位按照外业核查标准进行核查，形成考核评分和排序，提交核查报告。

（5）省级复核。省交通运输厅组织厅直相关单位和市州农村公路专家进行实地复核，提出综合考评意见和候选名单，报省交通运输厅党组会或厅长办公会审定，经公示无异议后给予命名。

（二）"四好农村路"省级示范县

"十四五"期间，争取创建省级示范县30个。省级示范县由省交通运输厅联合省财政厅、省农业农村厅、省乡村振兴局命名，并给予每个示范县400万元农村公路建设奖励资金。

1.必备条件

申报省级"四好农村路"示范县必须同时满足以下条件：

(1) 申报县必须设有县级农村公路管理机构，"路长制"健全完善，且运行经费和人员支出均纳入一般财政公共全额预算。

(2) 申报县辖区内农村公路实现应养尽养，日常养护资金按照"1525"标准纳入县级财政公共预算，实现全额保障。

(3) 申报县已命名省级"四好农村路"示范乡镇的数量在 2 个及以上。

(4) 县级政府将"四好农村路"纳入对乡镇政府绩效考核，并有考核情况公示和结果应用。

(5) 根据省级"四好农村路"示范县考核标准，综合考评得分达到 85 分及以上。

2. 创建程序

(1) 县级申请。符合申报条件的县(市、区)，由本级交通运输局填报申报表格，以本级人民政府名义报市州交通运输局。

(2) 市级初评。市级交通运输局联合本级财政、农业农村、乡村振兴部门进行综合考评，提出整改意见，明确整改时限，形成考评推荐报告。按照每个市州每年可推荐不超过 1 个名额的要求，由市州交通运输局报省交通运输厅。

(3) 外业核查。申报资料经省交通运输厅审核通过后，由第三方单位按照外业核查标准进行核查，形成考核评分和排序，提交核查综合报告。

(4) 省级复核。省交通运输厅联合省财政、省农业农村、省乡村振兴部门进行实地核查，提出整改意见，明确整改时限。省交通运输厅提出综合考评意见和候选名单，经公示无异议后，联合省财政厅、省农业农村厅、省乡村振兴局发文命名公布。

(三)"四好农村路"省级示范市

"十四五"期间，争取创建省级示范市 8 个左右。省级示范市由省交通运输厅联合省财政厅、省农业农村厅、省乡村振兴局命名，并给予每个示范市 1000 万元农村公路建设奖励资金。

1. 必备条件

申报"四好农村路"省级示范市必须同时满足以下条件：

(1) 市辖县获评全国示范县的数量在 1 个及以上。

(2) 市辖县获评省级示范县的数量，所辖县(市、区)数量在 3 个及以下的，省级示范县的数量必须达到 2 个及以上；其他市州省级示范县的数量必须达到 3 个及以上。

(3) 市本级将"四好农村路"纳入对县级政府绩效考核，并有考核情况公示和结果应用。

(4) 根据省级"四好农村路"示范市考核标准，自评综合得分达到 85 分及以上。

2. 考核办法

(1) 考评范围。示范市考评分为市本级和市辖县两个部分。市本级主要考评政策支持、规划发展、资金筹集、检查督办和创建成效等内容；市辖县内业方面，对市辖县所有单位进行全复核(获评省级示范县的，不再参与内业复核)；外业核查方面，随机抽取 3 个相连县级单位(至少有 1 个非省级示范县)，重点考评内通外联、联网成环和示范创建成效，各县示范里程均不少于 150 公里。

(2) 考评分值。示范市考核采取百分制，市本级和市辖县各为 100 分，各占权重 50%。市辖县涉及多个县(市、区)的，取权重平均分，然后再计入市辖县考评分值。

3. 创建程序

(1) 市级申请。符合申报条件的市州，市州交通运输局填报申报表格，形成申报材料，由市级人民政府报省交通运输厅。

(2) 专家评审。省交通运输厅联合厅直相关单位和部分市州农村公路专家组成专家评审组，对市州申报资料进行核查，提出评审意见，形成评审推荐排序。

(3) 外业核查。申报资料经省交通运输厅审核通过后，由第三方单位按照外业核查标准进行核查，形成考核评分和排序，提交核查综合报告。

(4) 省级复核。省交通运输厅联合省财政、省农业农村、省乡村振兴部门，对专家评审通过的市州逐一实地核查，提出整改意见，明确整改时限，

形成推荐排序。

(5) 联合命名。省交通运输厅提出综合考评意见和候选名单，经公示无异议后，联合省财政厅、省农业农村厅、省乡村振兴局发文命名公布。

(四)"四好农村路"全国示范

"十四五"期间，交通运输部、财政部、农业农村部、国家乡村振兴局将继续命名一批"四好农村路"全国示范县，并组织开展全国示范市、示范省的创建工作。全国示范的创建标准和程序按交通运输部相关通知执行。其中，申报全国示范县的县(市、区)，其命名为省级示范县的时间不少于 1 年；申报全国示范市的市州，其命名为省级示范市的时间不少于 6 个月。

各地要在创建省级示范的基础上，积极争创全国示范。对"四好农村路"全国示范市、全国示范县分别给予1000 万元农村公路建设奖励资金。

五、工作要求

(一) 加强组织领导。各级交通运输、财政、农业农村、乡村振兴等主管部门要加强组织领导，强化协调配合，制定本地区深化"四好农村路"示范创建工作的具体方案，细化工作举措，压实工作责任，抓好工作落实，共同推进"四好农村路"示范省、示范市、示范县、示范乡镇创建工作。

(二) 完善长效机制。各级交通运输主管部门要会同有关部门，完善"四好农村路"示范创建管理制度，对已命名的"四好农村路"示范单位要定期复核，实行动态管理；省交通运输厅每三年组织一次复核。复核不达标的，要在六个月内限期整改完成；对整改后仍不达标的，取消其示范资格。

(三) 落实支持政策。各市县作为"四好农村路"示范创建的主体，要对照创建工作标准，持续加大资金投入，积极争创省级示范和全国示范。省交通运输厅、省财政厅结合现有农村公路资金，通过实行"以奖代补"，支持各地开展示范创建工作。各级交通运输、财政、农业农村、乡村振兴局在投资计划、发展政策、评优评先等方

面要予以适当倾斜，在改革试点、经验交流等方面要予以优先考虑，保障示范创建工作有序推进。

（四）推广典型经验。各级交通运输主管部门要认真总结分析示范创建单位有关经验，尤其是破解农村公路管养难题方面好的做法，及时总结新命名示范单位可借鉴、可推广的经验做法，通过现场会、经验交流、培训讲座、专题宣传等多种形式，推广示范创建的经验成果，营造比学赶超氛围，以点带面，全面提升本地区"四好农村路"发展水平。

2022 年 4 月 7 日

湖北省全域公交县创建管理办法

（鄂交发〔2022〕65 号）

第一章 总 则

第一条 为落实乡村振兴战略，提升城乡客运公共服务均等化、一体化水平，规范推进全域公交县创建工作，根据《湖北省全域公交县(市、区)创建工作方案》(鄂交发〔2021〕140 号)要求，制定本办法。

第二条 本办法适用于湖北省全域公交县创建申报、组织实施、验收与命名等工作。

第三条 本方案所称全域公交县是指：在县域范围内保持乡镇和建制村通客车率100%基础上，公共交通运输企业使用公交车辆为农村地区群众提供公共交通运输服务，服务范围覆盖到所有乡镇(覆盖率达到100%)、主要建制村(Ⅰ类县建制村覆盖率达到90%以上、Ⅱ类县建制村覆盖率达到80%以上)。Ⅰ类县、Ⅱ类县名录原则上以省委公布的乡村振兴战略实绩考核对象为准。

经营主体：取得合法有效的公共交通营运资质，实行公车公营，实施政府定价，开展农村地区客运公交服务。

营运管理：县域范围内农村地区按照公交服务模式，统一规划线路、统一调度管理、统一服务标准、统一运输价格，车辆运营实现远程动态全程监测和标准化、规范化管理。

第四条 全域公交县创建以县(市、区)为实施主体，创建期原则不超过2年；经申请同意，最多可延续1年创建期。"十三五"期已向社会公开实现全域公交的地区不再纳入创建范围。

第五条 全域公交县创建期为"十四五"期。

第六条 省交通运输厅负责制定全域公交县创建政策和制度，组织开展全域公交县创建申报、审核、督导、验收、命名及相关评估等工作。

省道路运输事业发展中心负责协助省交通运输厅做好全域公交县创建相关工作。

各市州交通运输局负责指导、督促所属各县(市、区)开展全域公交县创建工作。

县(市、区)交通运输局在本级人民政府领导下，会同相关部门负责具体实施全域公交县创建工作。

第二章 申报流程

第七条 申报全域公交县创建的县(市、区)应当符合以下条件：

（一）创建政策可落地。县级人民政府出台支持全域公交县创建相关政策文件，包括整合经营主体、出台惠民票价、明确长效保障发展等政策；县级财政支持资金来源明确，投入稳定，保障有力。

（二）实施方案可操作。对照创建要求，结合本地实际，组织编制创建实施方案，报请县级人民政府同意。实施方案目标任务清晰、时间节点明确、措施有力、推进平稳、可操作性强，预期可完成创建目标任务。

（三）实施效果可预期。创建工作产生的社会和经济效益逐步显现，群众对全域公交县创建满意高，城乡客运一体化发展水平明显提升。

第八条 全域公交县创建申报程序：

（一）县级申报。县级交通运输局报县级人民政府同意，提交全域公交县创建申请表和根据创建实施方案编制要求编制的实施方案，于每年3月底报市州交通运输局初审。

（二）市州推荐。市州交通运输局提出初审意见，将推荐全域公交县创建名单及相关材料，于每年4月底前报省交通运输厅。

（三）省级确定。省交通运输厅组织对各市州交通运输局上报的各县(市、区)创建申请进行综合评审，择优确定年度全域公交县创建名单，经厅长办公会审定后予以公示，公示期为5个工作日，于每年6月底前公布。

第三章 组织实施

第九条 全域公交创建县应当按照创建实施方案及本办法的《湖北省全域公交县验收评分标准》推进创建工作。

第十条 全域公交创建县所在交通运输局应在当地政府领导下，加强组织协调，建立政府主导、多部门参与、责任分工明确的协同工作机制，细化方案，明确要求，落实责任，定期研究推进创建工作，确保创建工作取得实效。

第十一条 全域公交创建县交通运输局应当每年总结创建实施方案落实情况，并形成全域公交县创建工作年度报告，经市州交通运输局审核后，于次年3月前报省交通运输厅。

第十二条 创建期间，如有重大调整，或其他不可抗拒因素，导致创建工作暂停或重大改变，县级交通运输局应报县级人民政府同意后，向市州交通运输局和省交通运输厅书面报告。

第四章　验收与命名

第十三条　县级交通运输局对照创建验收标准和实施方案经自评估，确认已完成全域公交县创建实施方案各项目标任务，报请县级人民政府同意，可申请验收。

第十四条　全域公交县创建验收程序：

（一）县级申请。县级交通运输局对照验收评分标准和创建实施方案，组织相关部门开展自查评估，形成自评报告，经县级人民政府同意后，将自评报告、验收申请报告及相关资料报市州交通运输局。

（二）市州审核。市州交通运输局应通过材料审查、实地核查等方式对创建县提交的自评报告、验收申请报告及相关资料进行审核。对于具备验收条件的创建县，市州交通运输局将推荐意见同以上资料一并于每年8月底前报省交通运输厅；对于不具备验收条件的创建县不予上报。

（三）省级验收。省交通运输厅成立全域公交县创建验收复核组，通过资料审查、实地复核、集中评审等方

式，组织开展创建验收复核工作。经评审，验收复核得分90分以上，即为创建验收复核通过。验收通过名单于每年9月底前向社会公布。

第十五条　省交通运输厅对验收通过的创建县，授予"湖北省全域公交县"称号。对未通过验收的创建县，由省交通运输厅反馈未通过原因，提出整改要求，并给予1年的延续创建期。

第十六条　对规定时限内未申请验收、延续创建期结束后验收仍不合格或发现弄虚作假的创建县，由省交通运输厅公告取消其创建资格。

第五章　动态评估

第十七条　省交通运输厅负责组织对全域公交县创建情况开展动态评估，评估时间自获得全域公交县称号次年起，每3年评估一次。

第十八条　全域公交县应当对每个动态评估期全域公交运营情况进行总结，形成自评报告，并于动态评估期末年的4月底前，报送市州交通运输局审核通过后，由市州交通运输局再报送省交通运输厅，同步抄送省道路运输事业发展中心。自评报告应当列明动态评估期各年度全域公交发展指标情况。

第十九条　省交通运输厅通过组织开展专家集中评议、现场调研核查等形式，形成动态评估结论。

第二十条　动态评估合格的全域公交县，省交通运输厅公告保留其称号。动态评估不合格的，给予3个月整改期；整改后仍不合格的，由省交通运输厅公告取消"全域公交县"称号。

第六章　附　则

第二十一条　在创建过程中，县（市）级交通运输局要积极争取各级人民政府支持力度，建立完善全域公交县长效发展机制，落实相应扶持政策和项目、标准。市级交通运输主管部门要积极支持辖区市县创建，将创建经验在辖区其他县市区推广。

第二十二条　省交通运输厅根据每年创建实际，从农村客运发展资金中统筹部分资金，对验收通过且命名公布的每个全域公交县一次性给予1500万元资金奖励。

第二十三条　本办法由省交通运输厅负责解释。

第二十四条　本办法自发布之日起施行。

2022年8月21日

湖北省交通运输工程建设招标代理机构管理办法

（鄂交发〔2022〕68号）

第一章　总　则

第一条　为加强湖北省交通运输行业建设市场管理，规范招标代理机构行为，促进交通建设廉政阳光工程建设，根据《中华人民共和国招标投标法》《中华人民共和国招标投标法实施条例》《湖北省公共资源招标投标监督管理条例》等规定，结合本省实际情况，制定本办法。

第二条　本办法适用于依法受招标人委托，组织开展交通运输工程建设项目招标投标活动的招标代理机构。

第三条　本办法所称交通运输工程建设项目是指按有关规定在湖北省公共资源交易中心交易，由湖北省交通运输厅直接监管的工程以及与工程建设有关的货物、服务。

第四条　湖北省交通运输厅负责交通运输工程建设招标代理机构的监督管理。

第二章　招标代理机构选择与管理

第五条　从事交通运输工程建设项目的招标代理机构应当具备以下基本条件：

（一）依法设立，从事招标代理业务并提供相关服务；

（二）具有交通运输工程建设招标代理项目类似工作业绩；

（三）项目负责人熟悉工程招标投标相关法律法规，并具有招标代理项目类似工作经验；

（四）建立了有效的内控管理制度和廉政风险防范机制；

（五）具有完成招标文件编制、开评标、合同管理等工作能力的专业人员；

（六）招标代理机构及从业人员具有良好的商业信誉和信用。

第六条　招标人有权自行选择招标代理机构，委托其办理招标事宜。任何单位和个人不得以任何方式为招标人指定招标代理机构。

第七条　湖北省交通运输厅及厅直单位作为招标人委托招标的，应当通过公开招标或者遴选等竞争方式选择招标代理机构。

其他交通运输工程建设项目委托招标的，鼓励招标人参照本办法选择招标代理机构。

第八条　招标代理机构招标(遴选)文件的编制应当遵循公平公正、科学择优的原则。

第九条　招标代理机构招标(遴选)评审委员会的组成和专家的抽取参照公开招标方式执行。

第十条　招标代理机构招标(遴选)的评审采用综合评分法。评分权重可参照以下标准设定：

(一)企业基本状况及技术能力，参考权重5%~10%；

(二)类似项目业绩，参考权重15%~30%；

(三)拟投入主要人员，参考权重10%~20%；

(四)代理方案，参考权重15%~30%；

(五)履约信誉，一般不低于10%；

(六)招标代理费报价，一般不超过10%。

第十一条　未采用公开招标(遴选)方式选择招标代理机构的，招标人在签订委托合同前，将招标代理机构能力核查情况报送湖北省交通运输厅。

第十二条　高速公路工程建设项目的招标代理机构满足下列条件的，通过能力核查：

(一)满足本办法第五条规定的基本条件；

(二)具有1个及以上高速公路工程建设招标代理项目的业绩；

(三)项目负责人具有工程师及以上职称，并作为项目负责人主持过高速公路工程建设项目的招标代理工作；

(四)技术负责人具有高级工程师及以上职称，并作为技术负责人承担过高速

公路工程建设项目的招标代理工作；

(五)招标代理项目组中应至少具有1名熟悉高速公路工程建设项目管理人员，1名熟悉公路工程招标投标法律法规人员；

(六)如招标代理机构工作内容中包含编制工程量清单和最高投标限价的，应至少具有1名造价负责人，其应具有相应专业的造价工程师证书；

(七)具有完备的内控管理制度和廉政风险制度，且运行正常。

第十三条　港口航道工程建设项目的招标代理机构满足下列条件的，通过能力核查：

(一)满足本办法第五条规定的基本条件；

(二)具有1个及以上港口航道工程建设招标代理项目的业绩；

(三)项目负责人具有工程师及以上职称，并作为项目负责人主持过港口航道工程建设项目的招标代理工作；

(四)技术负责人具有高级工程师及以上职称，并作为技术负责人承担过港口航道工程建设项目的招标代理工作；

(五)招标代理项目组中应至少具有1名熟悉港口航道工程建设项目管理人员，1名熟悉港口航道招标投标法律法规人员；

(六)如招标代理机构工作内容中包含编制工程量清单和最高投标限价的，应至少具有1名造价负责人，其应具有相应专业的造价工程师证书；

(七)具有完备的内控管理制度和廉政风险制度，且运行正常。

第三章　招标代理机构信用评价

第十四条　招标代理机构实施信用评价制度。

招标代理机构信用评价等级分为AA、A、B、C、D五个等级。AA级，信用好；A级，信用较好；B级，信用一般；C级，信用较差；D级，信用差。

第十五条　招标代理机构的信用行为信息分为良好行为信息和不良行为信息。其中，无不良行为信息即为良好行为信息，不良行为信息分为严重不良行为信息、较重不良行为信息和一般不良行为信息。

第十六条　严重不良行为信息包括：

(一)泄露应当保密的与招标投标活动有关情况和资料的；

(二)与招标人、投标人串通损害国家利益、社会公共利益或者他人合法权益的；

(三)采用行贿等非法手段获取招标代理项目或影响招标人、评标专家的；

(四)未按规定进入湖北省公共资源交易中心交易，且未向招标人书面提示的；

(五)招标文件(含资格预审文件，下同)存在违反法律法规或规范性文件的强制性规定，影响招标结果的；

(六)法律法规规定的其他严重不良信用行为。

第十七条　较重不良行为信息包括：

(一)发现招标人、投标人、评标委员会成员存在违法违规行为，不主动向行政监督部门报告的；

(二)因招标代理人员工作疏漏，导致重新评标或招标失败的；

(三)招标文件重新备案时，未落实备案反馈意见，且未如实说明相关依据的；

未落实行政监督部门备案反馈意见且未如实说明合法合规依据而重新备案的；

(四)招标文件未经行政监督部门备案或对招标文件实质性内容进行了修改的补遗书未向行政监督部门备案的；

(五)招标文件未按标准文件(或示范文本)编制或采用的评标办法不符合规定，且备案时故意隐瞒的；

(六)未按规定组建评标委员会的；

(七)未按规定配合行政监督部门处理投诉的；

(八)影响招标工作公平公正的其他不良行为。

第十八条　一般不良行为信息包括：

(一)招标文件未按示范文本(含标准招标文件)编制或采用的评标办法不符合规定的；

(二)招标文件编制质量低劣或存在错漏较多的(3处及以上)；

（三）评标报告存在明显缺漏，未向评标委员会提示的；

（四）未按规定和招标人授权及时公示评标结果的；

（五）未按规定和招标人授权及时处理异议的；

（六）未按规定及时提交招标投标情况书面报告的；

（七）降低招标代理服务质量的其他不良行为。

第十九条 信用等级评定按年度累计次数分类评定的方式进行。

第二十条 3次较重不良信用行为，按1次严重不良信用行为评定。3次一般不良信用行为，按1次较重不良信用行为评定。

第二十一条 存在严重不良信用行为1次的，当年度信用等级评定为D级；

存在较重不良信用行为达2次的，当年度信用等级评定为C级；

存在较重不良信用行为达1次的，当年度信用等级评定为B级；

无较重不良信用行为的，且一般不良信用行为达2次的，当年度信用等级评定为A级；

无较重不良信用行为的且一般不良信用行为达1次及以下的，当年度信用等级评定为AA级。

第二十二条 年度信用评价结果为D级的，最近一次再参与信用评价，其信用等级不得高于B级。

第二十三条 年度信用评价时间范围为1月1日至12月31日（以评标结果公示发布时间计）。

第二十四条 招标代理机构发生信用等级D级所列行为的，湖北省交通运输厅将进行动态管理，及时更新D级单位名单。

第二十五条 招标代理机构对湖北省交通运输厅作出的年度信用评价结果有异议的，应当自评价结果公示之日起10日内提出申诉。

第四章 信用信息管理及信用评价结果应用

第二十六条 各单位应及时记录招标代理机构信用行为信息，信息内容应当真实、合法、准确、完整。

（一）招标文件备案过程中，交通运输部门应当核查招标文件主要内容，如发现招标代理机构存在本办法规定的不良信用行为的，应当及时记录；

（二）招标公告发布后，如投标人发现招标代理机构存在本办法规定的不良信用行为的，应当在开标前书面反馈招标人或交通运输部门；

（三）评标过程中，评标委员会应当如实记录招标代理机构信用行为信息，并与评标报告一并提交招标人；

（四）在异议或投诉处理过程中，招标人或交通运输部门如发现招标代理机构存在本办法规定的不良信用行为的，应当及时记录；

（五）在项目督查或专项检查过程中，如发现招标代理机构存在本办法规定的不良信用行为的，应当及时记录。

第二十七条 各有关单位应当在发现并记录招标代理机构不良信用行为的同时，将相关信息报送湖北省交通运输厅，由湖北省交通运输厅进行认定。经认定属实的，由湖北省交通运输厅书面告知招标代理机构，并抄送招标人，相关信息纳入招标代理机构信用档案。

第二十八条 招标代理机构对湖北省交通运输厅的认定结果有异议的，应当自收到不良行为记录告知函后10日内提出申诉。

第二十九条 招标人如采用竞争性方式选择招标代理机构的，应当设置信用等级评分项，评分项权重不低于10%，并按以下要求应用年度信用评价结果：

（一）AA级得分为信用等级评分项分值的100%；

（二）A级得分为信用等级评分项分值的90%；

（三）B级得分为信用等级评分项分值的80%；

（四）C级得分为信用等级评分项分值的70%；

（五）D级得分为信用等级评分项分值为0分。

第三十条 招标人选择年度信用评价等级为C级或D级招标代理机构

的，应在签订委托合同后5个工作日内向湖北省交通运输厅备案。

第三十一条 年度信用评价结果为C级或D级招标代理机构代理交通运输工程建设招标项目，行政监督部门可采取以下监管措施：

（一）向招标人发出风险提示函；

（二）责成招标人对招标代理机构项目组人员资格、业绩和能力进行认定；

（三）责成招标人组织专家对招标文件合法性进行审查；

（四）招标文件备案时限延长至10个工作日。

第三十二条 上一年度信用评价结果未公告期间，应用最近一个年度已公告的信用评价结果。

第三十三条 鼓励各市（州）应用交通运输工程建设招标代理机构信用评价结果。

第五章 附 则

第三十四条 招标代理机构应当加强执业能力水平和职业道德水平建设，强化廉政教育；遵守法律法规和行业管理规定，恪守职业道德，客观公正，勤勉尽责，严守秘密，诚信执业；不得泄露应当保密的与招标投标活动有关的信息和资料；不得与招标人、投标人串通，损害国家利益、社会公共利益或者他人合法权益。

第三十五条 招标人应当切实履行主体责任，对招标文件主要内容承担相应责任，不得明示或暗示招标代理机构制定违反法律法规和行业管理规定的资格条件、评标办法或合同条款等内容。

对于招标人提出的违法违规要求，招标代理机构应当及时进行风险提示并拒绝执行。

第三十六条 招标代理机构招标（遴选）或核查过程中存在弄虚作假等违法违规情形的，湖北省交通运输厅将依法依规予以处理。

第三十七条 招标代理机构编制的招标文件存在严重质量问题的，湖北省交通运输厅将采取风险警示、要求招标人组织第三方审查等措施。

第三十八条 各市(州)交通运输主管部门可参照本办法开展招标代理机构监督管理工作。

第三十九条 本办法由湖北省交通运输厅负责解释。

第四十条 本办法自发布之日起施行,有效期5年。

2022年8月26日

"美丽乡村渡口"共同缔造实施方案

(鄂交发〔2022〕83号)

为认真贯彻落实习近平总书记关于安全生产重要论述,积极开展美好环境与幸福生活共同缔造活动,进一步改善我省乡村渡口基础设施条件,提高渡运安全和服务水平,进一步落实渡口渡船管理和养护责任,服务乡村振兴战略,推动我省三大都市圈高质量发展,为建设全国构建新发展格局先行区筑牢水上交通运输安全支撑,制定本方案。

一、指导思想

坚持以人民为中心,牢固树立安全发展理念,重点支持武汉都市圈、襄阳都市圈、宜荆荆都市圈高质量发展。通过开展"美丽乡村渡口"共同缔造行动,加强渡运安全文化建设,建设环境美好、风景宜人、出行安全、管理有序的乡村渡口,实现渡口由"被动监管"变为"主动监管",渡工由"要我安全"变成"我要安全",百姓由"要我整洁"变成"我要整洁",实现美丽乡村渡口共建共治共享,全面提升我省渡口安全和防污染保障水平,全力保障渡运安全。

二、工作目标

开展"美丽乡村渡口"共同缔造行动,实施"四个一批",即改造提升一批渡口基础设施、完成一批渡运公司化(公交化)改革、撤销拆除一批存量渡口渡船、建造购置一批新能源乡村客运船舶。进一步健全渡口渡船养护和管理长效机制,达到"四个巩固提升",即巩固提升渡口安全和环保标准、巩固提升渡船安全和环保等级、巩固提升渡工安全和环保能力、巩固提升安全和环保监管水平,实现乡村渡口渡船"去存量、遏增量、提质量"的目标。

三、实施内容

(一)实施范围

湖北省行政区域内(含长江干线)经县级及以上人民政府审批设置的渡口以及湖北籍渡船,武汉都市圈、襄阳都市圈、宜荆荆都市圈重点湖库区乡村客运船舶。

(二)工作内容

1. 乡村渡口提档升级

渡口基础设施改造提升:改造后符合《内河乡镇渡口建设有关技术标准暂行规定》(交水发〔2014〕206号)相关要求。

2. 乡村渡口渡船撤销拆除

县级人民政府发文撤销渡口,撤除渡口的标识标牌,根据需要实施拆除、清场、复绿等。渡船完成拆解,并办理船舶注销登记。

3. 新能源乡村客运船舶试点推广

武汉都市圈、襄阳都市圈、宜荆荆都市圈重点湖库区(清江、梁子湖、丹江口水库等)建造、购置新能源乡村客运船舶。新能源乡村客运船舶须公司化经营,须持有齐全有效的船舶证书文书,在船上任职的船员须持有齐全有效的船员证书,须在2023年1月1日—2025年12月31日期间开工建造或建成。

(三)补助标准

1. 乡村渡口提档升级

原则上一、二类渡口不超过50万元/道,三、四类渡口不超过40万元/道。武汉都市圈、襄阳都市圈、宜荆荆都市圈等三大都市圈内每个市(州)按照不超过100万元/道,打造1~2道示范性渡口。各市(州)交通运输局可在补助资金额度内,在各类渡口之间进行统筹。优先支持都市圈内示范渡口、一二三类渡口和年渡运量10000人次以上的四类渡口基础设施改造提升。

2. 乡村渡口渡船撤销拆除(含渡船拆解费用)

原则上不超过10万元/道。优先支持已停渡渡口和年渡运量5000人次以下的四类渡口撤销拆除。

3. 新能源乡村客运船舶试点推广

30客位(含)以下的不超过100万元/艘、30客位以上的不超过150万元/艘。

(四)资金来源

资金来源为农村水路客运涨价补贴省级统筹资金。

(五)项目申报

农村渡口渡船提档升级、乡村渡口渡船撤销拆除、新能源农村客运船舶试点推广等资金补助项目流程为业主申报,县级初审,市州确认。

县级交通运输主管部门对项目实施主体提交的申请材料进行初审;符合条件的,向市级交通运输主管部门申报并对材料的真实性负责。市级交通运输主管部门进行确认并统筹督办实施。

市(州)交通运输主管部门每年12月31日前,将工作开展情况(包括项目推进、资金使用、工作绩效等)以正式文件报送省交通运输厅。省港航事业发展中心对各市(州)交通运输主管部门报送的资料进行抽查核查。

(六)资金拨付

省港航事业发展中心综合补助资金额度、各地渡口数量及工作开展情况、抽查核查情况等提出资金补助方案报省交通运输厅。省交通运输厅、省财政厅审核后，报省政府同意后拨付资金（第一年按各地渡口数量权重测算安排）。

四、工作要求

（一）加强组织领导

各市（州）交通运输部门务必高度重视，切实加强组织领导，协调指导和跟踪督办，抢抓机遇扎实推进"美丽乡村渡口"共同缔造行动；要加大政策宣传力度，充分调动地方政府和渡口运营人、渡船所有人积极性，多渠道筹措资金，保障相关工作的顺利进行；要守住工作底线，心存戒律、心有戒尺，严控政策风险、廉政风险，坚决防止和纠正形式主义、浪费现象；要严格落实实施主体责任、监管主体责任，确保通过"美丽乡村渡口"共同缔造行动擦亮乡村振兴底色，取得看得见、守得住、行得安的明显成效。

（二）深入调查摸底

各市（州）交通运输部门要认真领会"美丽乡村渡口"共同缔造行动相关政策，准确把握核心内容，认真开展调查摸底工作，充分征求群众意见，扩大群众参与度，在渡口提档升级优先顺序、渡口改造内容、渡口渡船撤销拆除等方面要充分征求社会意见。根据下达的补助资金规模、实际工作需求等，按照"轻重缓急""谁积极支持谁""谁实施得好支持谁"的原则，合理制定本地区"美丽乡村渡口"实施计划，并根据实际需求变化及时调整计划。

（三）加强监督管理

一是确保渡口拆除、渡船拆解到位。各市（州）交通运输主管部门要指派专人到现场监督和验收渡口撤除和老旧渡船拆解，拍摄照片，将拆解船舶证书、合同或协议书、发票、政府撤渡批文等建档留存，并督促船舶所有人按规定到船舶登记机关和船舶检验机构办理相关证书的注销手续。

二是确保渡口改造符合规定。各市（州）交通运输主管部门要加强过程控制，严把验收关，指派专人到现场核查，确保渡口基础设施改造提升符合交通运输部《内河乡镇渡口建设有关技术标准暂行规定》及相关法规标准规范要求，确保渡船符合船舶检验技术规范并持有齐全有效证书。

三是确保资金合规有效使用。各市（州）交通运输部门要加强专项资金的管理和监督，按照规定用途使用资金，不得截留、挤占、挪用和平衡地方预算。开展绩效自评形成绩效报告报省交通运输厅。绩效评价结果作为下一年度分配资金的重要依据。对于项目推进不力导致统筹资金闲置的，将收回已补助资金；对于使用统筹资金不当的，扣减下年度资金补助额度，用于支持其他地区"美丽乡村渡口"建设。

（四）健全渡口管养机制

一是规范渡口审批。各市（州）交通运输部门要以开展"美丽乡村渡口"共同缔造行动为契机，指导和协助县（市、区）级人民政府明确渡口运营人、渡运水域范围、渡运路线、渡运时段、渡口位置、监管部门、养护主体、审批有效期等事宜，推动落实渡口运营人主体责任和渡口监管部门监管责任。

二是建立健全养护工作机制。各市（州）交通运输部门要协助县（市、区）级人民政府参照《渡口管护机制指引》（附件5）建立健全渡口养护工作机制。原则上经营性渡口由渡口运营人负责养护；公益性渡口按照"政府主导、省级指导、市级考核、县为主体、部门监管、分级负责、因地制宜、注重实效、全面管养、安全便捷"的原则进行管护。省级负责对管护工作进行指导；市级负责将管护工作纳入本地区乡村振兴实绩考核并组织实施；县级负责建立健全渡口养护工作机制，统筹推进公益性渡口管护工作；乡镇人民政府和街道办事处负责直接管理渡口，对公益性渡口实施日常管理和维护；村级组织具体负责本辖区内公益性渡口管护工作。

2022 年 11 月 3 日

湖北省普通公路养护提质三年攻坚行动方案（2023—2025 年）

（鄂交发〔2022〕86 号）

为提升普通公路技术状况及服务质量，为社会提供畅、安、舒、美的通行环境，更好服务社会经济发展及乡村振兴建设，制定本方案。

一、总体要求

以习近平新时代中国特色社会主义思想为指导，深入贯彻落实省第十二次党代会精神，立足我省"建设交通强国示范区、打造新时代九省通衢"交通发展定位，按照"路况优、桥隧安、设施全、路域美"的要求，着力实施普通公路提档升级，促进普通公路从重增量向优存量转变、从建设向养护转变、从通畅路向美丽路转变，推动普通公路高质量发展，为我省加快建设全国构建新发展格局先行区、完善"一主引领、两翼驱动、全域协同"区域发展布局、推动中心城市和都市圈高质量发展，提供良好的基础支撑。

二、工作目标

按照"一年见成效、两年大变样、三年上台阶"的目标，2023—2025年，实施"国省道路况提升、农村公路路面改善、公路安全精细化提升、美丽公路创建"四大工程。到2025年底，普通国道路面使用性能指数PQI

值达到 92 以上，PQI 优良路率达到 90% 以上；普通省道 PQI 值达到 90 以上，PQI 优良路率达到 85% 以上；普通国省道一、二类桥梁（隧道）比例达到 90% 以上，新发现四、五类桥梁（隧道）处置率达到 100%；农村公路优良中等路率达到 85% 以上。确保在"十四五"全国干线公路养护管理评价中提档进位、力争进入全国先进行列。

三、重点任务

（一）实施国省道路况提升工程

一是重点处治次差路。根据普通国省道路况检测结果，对于重载车辆比重高、达到结构性修复设计年限、损坏严重的次差路段，进行路面结构性修复，将路面使用性能提升至优等水平。对列入"十四五"规划的国省道沿老路改扩建项目，受用地及避让生态红线制约短期内无法实施的，可调整规划后纳入本方案，实施路面结构性修复工程，提升路况水平。着力解决以武鄂黄黄为核心的武汉都市圈、襄阳都市圈、宜荆荆都市圈内交通量相对较大、路况较差路段的通而不畅、畅而不优问题。三年实施路面结构性修复工程（大修）3000 公里。

二是持续提升中等路。对于路面病害快速发展，达到功能性修复使用年限，车辙和裂缝等病害较多的中等路段，进行路面功能性修复，将路面使用性能提升至优等水平。三年实施路面功能性修复工程（中修）6000 公里。

三是巩固稳定优等路。对路况优良、使用年限 4 年以上的普通国省道，组织实施预防性养护工程，引导和推动公路由"被动养护"向"主动养护"转变，巩固稳定优等路比例，实现路况良性循环。三年实施普通国省道预防性养护工程 2500 公里。

（二）实施农村公路路面改善工程

对通建制村公路、产业路、旅游路、资源路中技术标准较低的路段，进行窄路面加宽，改造后的公路不低于双车道基础级标准，路面宽度不低于 5.5 米（特殊困难路段不低于 4.5 米），并同步实施路面改善工程，提升农村公路服务品质。三年实施农村公路路面改善工程 15000 公里。

（三）实施公路安全精细化提升工程

一是提升安全设施精细化水平。根据《湖北省公路安全设施和交通秩序管理精细化提升行动实施方案》要求，建立公路安全设施精细化提升项目库，按照"轻重缓急"的原则和"一点一方案""一路一设计"的要求，2025 年前完成公路安全设施和交通秩序管理精细化提升行动全部内容。三年实施国省道穿城镇路段整治 600 公里、实施国省道重点路段精细化防护 2400 公里，处治平面交叉路口 1000 个、实施村道安防工程 10000 公里。

二是提升桥隧安全耐久水平。在全面完成公路桥梁"三年消危"目标任务的基础上，持续推进国省道新增病危桥梁、既有危旧隧道加固改造工作，确保新发现四、五类桥梁（隧道）当年处治率 100%。三年实施普通国省道危旧桥梁改造 510 座、危旧隧道改造 45 座，实施国道桥隧预防性养护 150 座。

三是提升普通国省道抗灾能力。加强全国第一次自然灾害综合风险公路承灾体普查成果的应用，对普通国省道山区路段、隧道出入口、临河路段、高危边坡及滑塌等重点路段地质灾害进行处治。同时，加强公路沿线地质灾害监测预警，通过数字赋能提升公路安全保障水平。三年实施普通国省道灾害防治工程 1000 公里。

（四）实施美丽公路创建工程

一是开展美丽国省道创建活动。按照《湖北省美丽公路经济带建设指南》要求，围绕改善路面技术状况、完善交通安全设施、美化公路路域环境、优化出行服务设施等内容，开展美丽国省道创建活动，打造"质量好、环境美、服务优、示范强"的公路标杆。三年创建美丽国省道 3000 公里。

二是开展美丽农村路创建活动。坚持"实、安、绿、美"的标准，加快推进幸福生活共同缔造活动，开展美丽农村路创建，推动农村公路建设品质优良，安全防护设施完善，视野路域环境优美，绿化美化成效显著，公路文化氛围浓厚，沿线服务设施到位，产业融合效果显著。三年创建美丽农村路 7000 公里。

三是开展最美公路评选活动。在创建美丽国省道、美丽农村路的基础上，组织开展最美公路评选活动。每年评选 5 条最美国省道、10 条最美农村路，通过以点带面、示范引领，打造美丽公路品牌。

四、实施步骤

（一）谋划部署阶段（2022 年 11 月—12 月）

制定普通公路养护提质三年攻坚行动方案，明确工作职责和目标任务，出台相关制度办法，组织召开动员部署会。完善"四大工程"项目库，编制各年度计划，明确攻坚任务。

（二）全面攻坚阶段（2023 年 1 月—2025 年 9 月）

按照工作目标及责任分工，科学组织实施，强化工程项目设计、施工、监理、质量、安全、验收等全过程管理。加强统筹调度、检查督办、技术指导和年度评价，确保完成年度目标任务。

（三）总结提升阶段（2025 年 10 月—2025 年 12 月）

对攻坚行动进行全面总结，进一步完善相关制度，建立健全养护管理长效机制。结合"十四五"全国干线公路养护管理评价情况，对先进单位和先进个人进行表彰。

五、保障措施

（一）加强组织领导

省厅成立普通公路养护提质三年攻坚行动领导小组，省公路事业发展中心具体负责组织、协调、督导和考核等工作。各市、县也要成立领导小组和工作专班，加强组织领导、筹措配套资金，确保行动方案落到实处。各级交通主管部门要积极主动作为、谋划具体项目、加快项目实施，确保完成三年攻坚行动目标任务。

（二）加强资金保障

建立政府主导、分级负责、多元筹措的资金保障体系。调整普通公路部省建养资金分配结构，增加普通公路养护资金投入。落实成品油税费改革转移支付政策，将政府还贷二级公路取消收费后的补助资金全额用于普通公路养护。积极争取省级财政一般债券支持。鼓励采用市场化模式引入社会资本参与普通公路养护。

（三）加强制度建设

出台《普通公路养护提质三年攻坚项目资金管理办法》，明确省级补助政策，加强资金监管，提高资金绩效。出台《普通公路养护工程管理办法》，规范养护工程前期工作、管理程序、质量安全、技术保障和验收评估。制定《美丽公路创建活动实施方案》，明确美丽公路创建标准、创建程序、激励政策等，有效推进创建工作。制定《普通国省道养护管理评价实施细则》，加强对各市县国省道养护管理工作评价。

（四）加强技术支撑

建设公路信息化管理平台，实现公路管理"一张图"。加强普通公路技术状况监测，普通国省道路况自动化检测率达到100%，农村公路"十四五"末实现路况自动化检测全覆盖。完善养护科学决策制度，构建科学决策平台，科学编制养护计划。制定《普通国省道路面养护工程设计指南》《农村公路路面改善工程设计指南》，加强技术引导，提升养护工程质量。

（五）加强程序管理

全省建立统一领导、分级负责的养护工程管理程序。省交通运输厅主管全省普通公路养护工程管理和监督工作；省公路事业发展中心以国道为重点，扎实做好项目库建设、国道施工图审查、巡检等工作；市（州）交通公路部门以省道为重点，承担省道施工图审查审批、巡检等工作，组织普通国省道养护工程的验收工作；县（市、区）交通公路部门具体负责县域内普通公路养护工程设计、实施和监督管理工作。

（六）加强评价奖惩

建立健全普通公路养护提质三年攻坚行动评价奖惩机制，将攻坚行动项目实施情况与年度计划和资金安排挂钩，并纳入养护管理评价和政府督查激励范围。对"十四五"全国干线公路养护管理评价中贡献突出的市县，在评先创优、示范创建、项目资金安排上给予倾斜和奖励；对严重影响国评成绩的市县，在全省通报，扣减省级奖补资金，并与评先及示范创建资格工作挂钩。

2022年11月18日

全省交通运输系统领导名录

厅领导及厅机关处（室）负责人名单

厅领导

党组书记、厅长：朱汉桥（—2022.02）
党组书记：钟芝清（2022.02—）
厅　　长：钟芝清（2022.03—）
党组成员、副厅长：
　　姜友生　汪凡非　王　炜
　　陈光斌（2022.09—）
党组成员、总工程师：
　　陶维号（2022.01—）
党组成员、驻厅纪检监察组组长：
　　赵志国（2022.04—）
副厅级干部：石先平

机关各处（室）负责人

办公室

主　　任：胡松涛（2022.09—）
副主任、二级调研员：
　　胡松涛（—2022.09）
三级调研员：戚　媛　李永胜

机关党委

专职副书记（正处级）、一级调研员：
　　冯学斌
厅直属机关纪委书记、二级调研员：
　　马万里
办公室副主任：邱欣年（—2022.11）
三级调研员：江　飞

人事教育处

处长、一级调研员：周拥军
副处长、三级调研员：赵春华
　　鲁　撰（—2022.11）
二级调研员：鲁　撰（2022.11—）
　　方　敏
四级调研员：李　晶（2022.05—）

财务处（审计办公室）

处　　长：万小芳（2022.09—）
审计办主任、副处长、三级调研员：
　　万小芳（—2022.09）
副处长、三级调研员：黄河清
审计办副主任、三级调研员：
　　胡　敏
审计办二级调研员：包楚林

法规处（行政审批办公室）

处　　长：周佑林（—2022.09）
　　邱欣年（2022.11—）
一级调研员：周佑林（2022.09—）
二级调研员：肖介山
四级调研员：鲁　军（2022.05—）

研究室

主　　任：胡小松
副主任：覃本煊

综合交通处（省综合交通运输工作领导小组办公室）

二级巡视员：徐文学
处　　长：高　波
副处长：王　成
二级调研员：谢圣松　廖向东
四级调研员：罗志文（2022.11—）

计划处（交通战备办公室）

处长、一级调研员：洪文革
交通战备办公室专职副主任（正处级）：
　　宋征难
副处长：郭　龙
二级调研员：罗红燕

安全监督处（应急办公室）

处　　长：李裕民
应急办副主任：孙　军
一级调研员：孙春红（2022.11—）
二级调研员：孙春红（—2022.11）
二级调研员：冯泽刚　陶泽民

科技信息处

处　　长：桂永胜
副处长：邹　珺
二级调研员：徐小文　周建勋

建设市场处

二级巡视员：王　伟（—2022.01）
处　　长：彭建光
副处长：苏德俊
四级调研员：倪　伟（2022.05—）

工程管理处

处长、一级调研员：陈　飚
副处长：康新章
二级调研员：周炎新

高速公路处

处长、一级调研员：谢俊杰
副处长：陆　放

普通公路处

处长、一级调研员：
　　陈光斌（—2022.09）
副处长、三级调研员：
　　肖开锋
二级调研员：谭宏斌

港航海事处

处 长、一级调研员：罗 毅
副处长、三级调研员：许 剑

客货运输处

二级巡视员：沈雪香
处 长：曹 翃
副处长、三级调研员：杨建萍
四级调研员：彭 刚
　　　　　王成林 (2022.05—)

运输保障处

处 长：余建平
副处长：张 欢
二级调研员：黄 钟
三级调研员：李庆九 (—2022.01)

交通运输工会工作委员会

专职副主任 (正处级)：王义华
二级调研员：尹寿林

离退休干部处

处 长：张 宏 (—2022.09)
　　　　燕建田 (2022.10—)
副处长、三级调研员：
　　　黄 凌
一级调研员：张 宏 (2022.09—)
　　　　　　胡树江 (2022.11—)
二级调研员：胡树江 (—2022.11)

厅直属单位领导名单

湖北省公路事业发展中心

党委书记、主任：张 磊
党委委员、副书记：张 洁
党委委员、纪委书记：王光利
党委委员、副主任：
　　　蒋明星　孙昌军

湖北省道路运输事业发展中心

党委书记、主任：
　　　陶维号 (—2022.01)
党委委员、副书记：邵 迈
党委委员、纪委书记：范 建
党委委员、副主任：
　　　秦介飞　杨培林　赵 勇

湖北省港航事业发展中心

党委书记、主任：王 伟 (2022.01—)
党委委员、党委副书记、副主任：
　　　胡焰华 (—2022.07)
党委委员、纪委书记：段 洁
党委委员、副主任：王耀惠　伍云辉
二级巡视员：田红旗 (—2022.06)

湖北省交通运输综合行政执法局
(湖北省交通运输综合行政执法总队)

应急处置服务中心主任：朱业贵
黄黄路政支队长：汪忠胜 (—2022.12)

局直属支队支队长：
　　　汪忠胜 (2022.12—)
汉十路政支队长：丁进军 (—2022.12)
局五支队支队长：丁进军 (2022.12—)
随岳路政支队长：汪利军 (—2022.12)
局六支队支队长：汪利军 (2022.12—)
鄂西路政支队长：刘群峰 (—2022.12)
局八支队支队长：刘群峰 (2022.12—)
武黄路政支队长：汪家声 (—2022.12)

湖北省交通运输厅工程质量监督局

局长、党委委员、一级调研员：
　　　章征春
副局长、党委委员、三级调研员：
　　　李长民
总工程师、党委委员、三级调研员：
　　　卢 柯
党委委员、副局长：管 菲
三级调研员：官 为

湖北省交通重点建设领导小组办公室

副主任、党支部书记：
　　　方晓睿 (正处级)
副主任、党支部委员：徐建明

湖北省交通基本建设造价管理站

站长、党支部书记：
　　　曹传林 (—2022.09)

副站长、党支部委员：
　　　付红勇　杨金蓉

湖北省交通运输厅
世界银行贷款项目办公室
(湖北省交通运输厅援外办公室、
湖北省交通运输厅职业资格中心)

主任、党支部书记：乔 亮
副主任、党支部委员：
　　　刘 江　万 帆　张 岚

湖北省交通运输厅宣传中心

主 任、党支部书记：石 斌
副主任、党支部委员：潘庆芳

湖北省交通运输厅规划研究室

主 任：林 浩
副主任、党支部委员：余厚振　邓国清

湖北省高速公路联网收费中心

副主任、党委委员：李 辉　刘小燕
总工程师、党委委员：王三军

湖北省交通运输厅机关后勤服务中心

主任、党支部书记：沈 晖
副主任、党支部委员：明 杨

湖北省江汉运河航道管理处

处　长：邵爱军
党委委员、纪委书记：申　燕
党委委员、副处长：
　　程世勇　彭兴无
党委委员、总工程师：彭长征

湖北交通职业技术学院

党委书记：戴光驰
院长、党委副书记：陈方晔
党委副书记、副院长：李　全

纪委书记、党委委员：齐建模
副院长、党委委员：
　　谢　彤　王孝斌

湖北省汉江崔家营航电枢纽管理处

处长、党委书记：尹武东
纪委书记、党委委员：乔丽莉
副处长、党委委员：刘惠玲
总工程师、党委委员：
　　黄国强
（注：2022年7月划转湖北省港口集团有限公司）

湖北省汉江雅口航运枢纽建设管理处（筹）

处　长：童奇峰
副处长：谢　红　李炳源
（注：2022年7月划转湖北省港口集团有限公司）

湖北省交通运输厅通信信息中心

主　任：周文卫
党委委员、纪委书记：李红艳
副主任、党支部委员：杨厚新　朱　严

市（州）交通运输局、县（市）交通运输局领导名单

武汉市交通运输局

党组书记、局长：邹　耘
党组成员、派驻纪检监察组组长：
　　杨　峤
副局长：贺　敏　蔡文波　李　虎
党组成员、总工程师：王益光
党组成员：宫世成

江岸区城市管理执法局（交通运输局）

党委书记、局长：廖云峰
副局长：陈　愚　万　义
总工程师：骆　威

江汉区城市管理执法局（交通运输局）

党委书记、局长：于跃茹
党委委员、副局长：
　　潘伟力　葛均伟　孙　斌
党委委员、总工程师：沈秋玲

硚口区城市管理执法局（交通运输局）

党委书记、局长：童　伟
党委委员、副局长：
　　舒宝祥　代　彦　赵　飞

汉阳区城市管理执法局（交通运输局）

党委书记、局长：朱源松
党委副书记、副局长：汪　淼
党委委员、副局长：胡　敏
党委委员、总工程师：雷海东
党委委员：康萍芳

武昌区城市管理执法局（交通运输局）

党委书记：山　峰（2022.09—）
党委副书记：陈　斌
副局长：李　军　马多隆　夏胜春
总工程师：李　杰（2022.01—）

青山区城市管理执法局（交通运输局）

党委书记、局长：雷雄林
党委委员、副局长：
　　侯汉波　夏　璐
党委委员、总工程师：王文军

洪山区城市管理执法局（交通运输局）

党组书记、局长：李海涛

党组成员、副局长：黄　涛　蔡　庆
　　王卫东（—2022.02）
　　谭　凯（2022.03—）
党组成员、总工程师：
　　胡洪斌（—2022.05）

江夏区交通运输局

党组书记、局长：谢受林（2022.05—）
党组成员、副局长：左大为　严　亮
党组成员、总工程师：
　　喻永洪（2022.04—）
党组成员：刘志军　朱　明

蔡甸区交通运输局

党委书记、局长：李　俊
党委委员、副局长：向德柱　郑光勇
党委委员、总工程师：
　　刘　红（2022.03—）
党委委员：姜海涛（2022.05—）
　　徐文斌

东西湖区交通运输局

党组书记、局长：吴海翔（2022.07—）
党组成员、副局长：张俊峰
　　王秀春（2022.12—）
党组成员、总工程师：田　刚

武汉经济技术开发区（汉南区）城市管理执法局（交通运输局）

党组书记、局长：郑　寿 (2022.07—)
党组成员、副局长：
　　阎　勇 (2022.07—)
　　万国和 (2022.07—)
　　袁志勇
　　李彦彬 (2022.07—)

黄陂区交通运输局

党委书记、局长：蔡崇华
党委委员、副局长：范良俊　胡　鸿
党委委员、总工程师：黄宏华

新洲区交通运输局

党组书记、局长：
　　胡立明 (—2022.09)
　　黄双武 (2022.10—)
党组副书记、副局长：周爱梅
党组成员、副局长：陈世雄
党组成员、总工程师：靖声和
党组成员：廖志斌

黄石市交通运输局

党组书记、局长：吴建春
党组成员、派驻纪检监察组组长：
　　王　彪
党组副书记：李红卫
党组成员、副局长：张陶然　伍安国
党组成员、总工程师：卢亚军
党组成员：王家庆
　　王　芳（邮政局党组书记、局长）

大冶市交通运输局

党组书记、局长：胡国红
党组成员、副局长：
　　李灿华　王贵洲
　　罗细庆 (2022.08—)
　　王洪伟 (—2022.08)
总工程师：李大锋
党组成员、工会主席：
　　柯庆敏 (—2022.02)
工会主席：秦　鹏 (2022.09—)

阳新县交通运输局

党组书记、局长：陈绪胜
党组成员、副局长：
　　余云名　邓乾铭
　　陈绪栋 (2022.06—)
党组成员：雷建文
　　张财林 (2022.04—)

十堰市交通运输局

党组书记、局长：刘　永 (—2022.02)
　　　　　　　文　春 (2022.02—)
党组成员、副局长：
　　余世根　李文华
　　李　军　贾忠东（兼）
总工程师：陈　诚 (—2022.03)
　　方立志 (2022.07—)

丹江口市交通运输局

党组书记、局长：陈　钧
党组副书记：杨　明
党组成员、副局长：王瑞华
党组成员、总工程师：王　杰
党组成员、工会主席：谢晓东
党组成员：李成钧　辛文波　王爱军

郧阳区交通运输局

党组书记、局长：肖国军
党组成员、副局长：田　勇　周玉庆
党组成员、总工程师：孙晏一
党组成员、工会主席：杜德海
党组成员：郭永莲

郧西县交通运输局

党组书记、局长：陈　林
党组成员、副局长：王　飞
党组成员：李作祥　王　涛
副局长：王成国
总工程师：周俊波

房县交通运输局

党组书记、局长：李　锐
党组副书记：杨　剑 (2022.05—)

党组成员、副局长：
　　卢海明　童　芳　陈智
　　王　龙 (2022.11—)

竹山县交通运输局

党组副书记：朱士高 (2022.05—)
党组成员、副局长：
　　朱士高 (—2022.05)
　　冯　勇 (—2022.07)
　　周治鹏 (2022.05—)
　　黄　河 (2022.05—)
党组成员、工会主席：
　　周治鹏 (—2022.05)
　　李宜寨 (2022.05—)

竹溪县交通运输局

党组书记、局长：吴晓巍 (2022.04—)
党组副书记：李新华
党组成员、副局长：
　　周益斌　杨　波　徐晓琴
党组成员、总工程师：谢　明
工会主席：孙永刚
总经济师：周泉顺

茅箭区交通运输局

党组书记、局长：刘　敉
党组成员、副局长：李勇进　赵风清
工会主席：姚志豪

张湾区交通运输局

党组书记、局长：夏玉兰 (—2022.06)
　　　　　　　李　亢 (2022.06—)
党组成员、副局长：柯平　汪辉
党组成员：王　栋

武当山特区交通运输局

党总支书记、局长：谢洪超
党组成员、副局长：张　玲　张修勇

襄阳市交通运输局

党组书记、局长：水　波 (—2022.12)
　　　　　　　章　杰 (2022.12—)

党组成员、派驻纪检监察组组长：
桂文杰
党组成员、副局长：
田春生 雷 静 秦双斌
姚 勇 赵 庆 高文生
程世勇 (挂职 2022.04—)

枣阳市交通运输局

党组书记、局长：李奋强
党组副书记、副局长：肖开宏
党组成员、副局长：杨 帆 张成彬
党组成员、总工程师：杨 涛

宜城市交通运输局

党组书记、局长：曾劲松 (—2022.01)
刘 斌 (2022.01—)
党组副书记、副局长：
王本明 (—2022.03)
党组成员、副局长：
郑冬波 (2022.09—)
李青建
党组成员、总工程师：
李贵金 (2022.04—)
党组成员：何万线 (2022.04—)
屈晓武 (2022.09—)

南漳县交通运输局

党组书记、局长：
张庆华 (—2022.03)
湛华东 (2022.03—)
党组副书记、副局长：
刘先华 (—2022.09)
王休豪 (—2022.03)
危正明 (2022.03—)
党组成员、副局长：
张 涛 (2022.09—)

保康县交通运输局

党组书记、局长：杨秋波
党组副书记、副局长：王祖华
党组成员、副局长：
梁万玖 (—2022.03)
申欣南
党组成员、总工程师：程大斌

谷城县交通运输局

党组书记、局长：卢光文
党组副书记、副局长：
张光辉 (—2022.06)
曾化力
党组成员、副局长：
杨光波 (2022.06—)
党组成员、总工程师：
杨光波 (—2022.06)

老河口市交通运输局

党组书记、局长：范晓冬
党组副书记、副局长：
武文立 (—2022.03)
李延萍 (2022.10—)
党组成员、副局长：
熊振宇 (—2022.10)
李静超 (2022.10—)
总工程师：杨立新

襄州区交通运输局

党组书记、局长：田玉林 (—2022.01)
乔自成 (2022.01—)
党组成员、副局长：
张英华 (2022.01—)
李永强
党组成员、总工程师：
赵 华 (—2022.01)

宜昌市交通运输局

党组书记、局长：胡朝晖
党组成员、派驻纪检监察组组长：
贾 胜
党组成员、副局长：
唐云伟 李本华 陆永军
党组成员、总工程师：望 明
副县级干部：李秀平 闫正斌

宜都市交通运输局

党组书记、局长：江雪峰
党组副书记、副局长：肖云辉
党组成员、副局长：
黄治兵 周 桦 万尧方

党组成员、工会主席：周玉明
党组成员、总工程师：何丰年

枝江市交通运输局

党组书记、局长：谈 丹
党组成员、副局长：
李志刚 胡昌武 覃华平
党组成员、总工程师：周 明
党组成员、工会主任：
吴先珍 (—2022.10)
党组成员：王风华 (2022.10—)

当阳市交通运输局

党组书记、局长：杨 勇
党组成员、副局长：
戴明富 杨 雄 刘 方
党组成员、总工程师：刘 晋
党组成员：柴 伟

远安县交通运输局

党组书记、局长：余大银
党组副书记：陈 涛
党组成员、副局长：
宋国庆 (2022.01—)
李传香 (2022.08—)
党组成员、总工程师：苏先科

兴山县交通运输局

党组书记、局长：贺 军 (—2022.01)
冯 淼 (2022.01—)
党组成员、副局长：
陈行达 田 龙 郑毕诗
党组成员、总工程师：刘 涛
党组成员：李 涛 王恩君
万 波 (2022.07—)
工会主席：彭业勋 (—2022.03)
陈行达 (2022.06—)

秭归县交通运输局

党组书记、局长：梅 元
党组副书记：向立林
党组成员、副局长：周 慧 钟 进
余爱华 (2022.03—)

党组成员、总工程师：王建华
党组成员：罗文霞 (—2022.02)
　　　　　薛　钢

长阳土家族自治县交通运输局

党组书记、局长：章一英
党组副书记、副局长：
　　　　　覃卫平
党组成员、副局长：
　　　　　胡玖明 (2022.04—)
副局长：田继庆 (2022.01—)
党组成员、工会主席：秦道志
党组成员：王春成 (—2022.01)
　　　　　刘小红 (—2022.01)
　　　　　李书盛　汤应权
　　　　　闫孝云 (2022.03—)
总工程师：覃孔华

五峰土家族自治县交通运输局

党组书记、局长：张忠华
党组副书记：杨继平 (2022.09—)
党组成员、副局长：
　　　　　杨继平 (—2022.09)
党组成员：张家权　魏华锋　黄文书
　　　　　邱　田 (挂职)
总工程师：杨官军

夷陵区交通运输局

党组书记、局长：陈先冬
党组成员、副局长：黎连文
　　　　　周学海 (—2022.03)
　　　　　左家国
　　　　　丁雪菲 (2022.10—)
党组成员、总工程师：
　　　　　易正林 (2022.10—)
党组成员、工会主席：
　　　　　徐　亮 (2022.05—)

点军区交通运输局

党组书记、局长：陈湘君
党组成员、副局长：
　　　　　万春明 (2022.01—)
副局长：尹　青

猇亭区交通运输局

党组书记、局长：陈　曲 (2022.07—)
党组成员、副局长：符　建
　　　　　杨瑞虎 (2022.12—)
　　　　　佟武峰 (—2022.12)

荆州市交通运输局

党组书记、局长：杨　冰 (—2022.04)
　　　　　杨运春 (2022.04—)
党组副书记、副局长：
　　　　　许开平 (2022.09—)
党组成员、派驻纪检监察组组长：
　　　　　廖　英 (—2022.03)
　　　　　徐文靖 (2022.04—)
党组成员、副局长：
　　　　　张黎明 (—2022.03)
　　　　　梁世兴　李华平
　　　　　龚汉莉 (2022.03—)
党组成员、总工程师：
　　　　　肖　飞 (2022.01—)

荆州区交通运输局

党组书记、局长：李德荣
党组副书记、副局长：李以四
党组成员、副局长：江　波　黄　浩

沙市区交通运输局

党组书记、局长：花　勇
党组副书记：杨德祥
党组成员、副局长：毛　颖　裴军军
党组成员、总工程师：刘昌清

江陵县交通运输局

党组书记、局长：应　军
党组成员、副局长：袁丹眉　李　颖
党组成员、总工程师：张向静

松滋市交通运输局

党组书记、局长：张　青
党组成员、副局长：邬小兵　佘振宇
党组成员、总工程师：苟中华
党组成员、安全总监：周　斌

公安县交通运输局

党组书记、局长：魏　毅
党组副书记、副局长：蔡环宇
党组成员、副局长：李　健　张中平
党组成员、总工程师：熊义军

石首市交通运输局

党组书记、局长：郑　云
党组副书记、副局长：
　　　　　李泽香 (—2022.07)
　　　　　柳　浩 (2022.07—)
党组成员、副局长：张　明　齐海军
党组成员、总工程师：
　　　　　刘银强 (2022.08—)

监利市交通运输局

党组书记、局长：陈学洪
党组成员、副局长：
　　　　　廖昌华 (—2022.04)
　　　　　刘　斌 (—2022.04)
　　　　　柳孝万 (—2022.04)
　　　　　胡超胜 (2022.04—)
　　　　　李卫斌 (2022.04—)
　　　　　彭鸿涛 (2022.04—)
党组成员、总工程师：
　　　　　周　涛 (2022.04—)

洪湖市交通运输局

党组书记、局长：郭金高
党组成员、副局长：
　　　　　雷艳舞　李　静　史玉峰
党组成员、总工程师：肖初军
党组成员：王国成 (挂职)

荆门市交通运输局

党组书记、局长：郑伦智
党组副书记：常北方
党组成员、派驻纪检监察组组长：
　　　　　邓承胜
党组成员、副局长：
　　　　　张　勇 (—2022.02)
　　　　　宋慧琼 (2022.03—)
　　　　　李洪震 (2022.03—)

党组成员、总工程师：
汪微波 (2022.03—)

京山市交通运输局

党组书记、局长：许文华
党组成员、副局长：万彩桥　何　勇
党组成员、总工程师：许昌昆
党组成员：程维俊　王武彪　杨　军

沙洋县交通运输局

党组书记：乔宝林 (—2022.06)
党组书记、局长：
张　军 (2022.06—)
党组副书记：王华清
党组成员、副局长：
陈吕新　王幸辉　王　华
党组成员、总工程师：王　东
党组成员：李　明

钟祥市交通运输局

党组书记、局长：王　俊
党组副书记、副局长：王晓明
党组成员、副局长：刘从东
副局长：刘远忠
党组成员、总工程师：黄贻斌
党组成员、工会主任：高良华
党组成员：徐进军　陈　勇

东宝区交通运输局

党组书记、局长：
梁　辉 (2022.01—)
党组成员、副局长：郑　钊
副局长：赵江年
党组成员：马琳波
党组成员、总工程师：周　婷

掇刀区交通运输局

党组书记、局长：郑华军
党组成员、副局长：
陈志平　李卓洵
杨丰平 (2022.05—)
党组成员、工会主席：王桂明
党组成员：李宝静

漳河新区交通运输服务中心

党组书记、主任：陈　敏
党组成员、副主任：陈　祺
党组成员：田　杰

屈家岭交通运输局

党组书记、局长：黄　斌
党组成员、副局长：刘　胜　杨继文
景向阳 (—2022.12)

鄂州市交通运输局

党组书记、局长：陈卫兵
党组成员、派驻纪检监察组组长：杨裕斌
党组成员、副局长：
熊学军　杨　晋　任晓刚
党组成员、总工程师：董进行
党组成员、工会主席：蔡良智
党组成员：肖　明

鄂城区住建局

局　长：王文胜

华容区交通运输局

局　长：王新国

梁子湖区交通运输局（梁子湖区工业经济和交通工作领导小组办公室）

局　长：柯文忠

孝感市交通运输局

党组书记、局长：王广刚
党组成员、副局长：朱光辉　左振中
王亚锋 (2022.05—)
毛宁波 (2022.05—)
党组成员、总工程师：
杨　杰 (—2022.05)

孝南区交通运输局

党组书记、局长：陈　靖
党组成员、副局长：王　斌
张承文（工会主席）

副局长：王　军
党组成员：侯大敏 (2022.05—)
罗永宏 (2022.05—)

汉川市交通运输局

党组书记、局长：汪爱华
党组成员、副局长：肖银国
王广军 (2022.12—)
王春文 (—2022.03)
党组成员：王卫东 (—2022.08)
田世鹏 (2022.12)
田万明　董应军
总工程师：李洪才 (—2022.03)

应城市交通运输局

党组书记、局长：李桦山
党组成员、副局长：谢天超　陶仙侠
党组成员：杨洪山　李　军
工会主席：张运宗

云梦县交通运输局

党组书记、局长：王炳辉 (—2022.06)
郑建平 (2022.07—)
党组成员、副局长：游喜安　邓　刚
汤三毛　李俊峰
党组成员、工会主席：叶　波

安陆市交通运输局

党组书记、局长：周耀清 (—2022.05)
董清平 (2022.05—)
党组成员、副局长：马　彪
侯国平 (—2022.11)
副局长：丁广毅 (2022.11—)
党组成员：罗光涛
刘关云 (2022.03—)

大悟县交通运输局

党组书记、局长：谈心宽
党组成员、工会主席：杜明辉

孝昌市交通运输局

党组书记、局长：饶勤秀

党组成员、副局长：田俊军
党组成员：张晓波 (—2022.05)
　　　　　黄艮松
总工程师：汪鹏兴
工会主席：罗跃文

黄冈市交通运输局

党组书记、局长：孙迎松
党组成员、派驻纪检监察组组长：
　　　　　田永忠
党组成员、副局长：郑志武　金晓耕
　　　　　　　　　张阳　李剑
工会主席：邵百坤

黄州区交通运输局

党组书记、局长：殷　敏
党组成员、副局长：付俊锋
党组成员、工会主席：孙展虎
党组成员：王晓胜

红安县交通运输局

党组书记、局长：冯兴潮
党组副书记、副局长：徐　晖
副局长：金汉春
党组成员、副局长：许跃鹏　冯兴平
党组成员、总工程师：陈全波
工会主席：林更凯

麻城市交通运输局

党组书记、局长：王　军
党组成员、副局长：张云峰
　　　　　　　　　夏润东 (—2022.12)
　　　　　　　　　曾　文　程亚辉
党组成员、工会主席：
　　　　　戴福正 (—2022.10)
副局长：陈　节 (2022.12—)
党组成员、总工程师：李庆朝

罗田县交通运输局

党组书记：方光明 (—2022.04)
　　　　　陈春峰 (2022.04—)
局　　长：方光明 (—2022.06)
　　　　　陈春峰 (2022.06—)

副局长：韩　峰　陈海军
　　　　姚新峰 (2022.02—)
工会主任：史继云
总工程师：张志强 (2022.04—)

英山县交通运输局

党组书记、局长：冯矫正
党组副书记、副局长：
　　　　　何冠亚 (—2022.06)
党组成员、副局长：查耀坤　王　欣
党组成员、工会主任：杨　平
党组成员、总工程师：段志猛
党组成员：叶金锋

浠水县交通运输局

党委书记、局长：程　旭
党委委员、副局长：涂柏林
　　　　　　　　　周年锋 (2022.04—)
　　　　　　　　　陈金桥　潘国东
党委委员、总工程师：冯广青
党委委员：邢绍青
　　　　　韩新锋 (2022.03—)

蕲春县交通运输局

党组书记、局长：王北全
党组成员、副局长：
　　　　　杨曙生　吴　涛
　　　　　陈　隆 (2022.06—)
　　　　　余　清 (2022.05—)
党组成员、总工程师：
　　　　　王文林 (2022.06—)
党组成员：王贤德

武穴市交通运输局

党组书记、局长：项国盛
党组副书记、副局长：
　　　　　李志方 (—2022.11)
党组成员、副局长：徐　瑜
　　　　　罗云龙 (2022.11—)
　　　　　蒋　磊 (—2022.04)
党组成员：孙　刚
　　　　　田晓华 (2022.11—)
党组成员、总工程师：吴　霄

黄梅县交通运输局

党组书记、局长：许继军
党组成员、副局长：
　　　　　聂时新　胡永智　赵　丽
党组成员、工会主席：汪　枫
党组成员、总工程师：吴爱民
党组成员：邓朝阳

黄冈市交通运输局龙感湖分局

党总支书记、局长：徐先军
党总支委员、工会主席：严保国

咸宁市交通运输局

党组书记、局长：彭光平
党组副书记、副局长：
　　　　　曾　勇 (2022.01—)
党组成员、副局长：吴　翚
　　　　　雷伟民 (—2022.03)
党组成员、总工程师：廖承武
副局长：彭　超 (挂职)

咸安区交通运输局

党组书记、局长：唐德文
党组成员、副局长：王　刚　施继勇
党组成员、总工程师：姜　庆
党组成员：黄志敏
工会主席：余道继

嘉鱼县交通运输局

党组书记、局长：聂　东
党组成员、副局长：周高清　刘元辉
　　　　　陈小丹 (—2022.04)
党组成员、总工程师：周万勇
党组成员：陈文辉
工会主席：张盆发

赤壁市交通运输局

党组书记、局长：邓晓金
党组副书记、副局长：沈志宏
党组成员、副局长：熊　英　陈　功
　　　　　张四铭　宋献东
党组成员、总工程师：李建国

通城县交通运输局

党组书记、局长：吴红艳
党组成员、副局长：刘传国
　　　　　吴神威 (—2022.10)
　　　　　李红光　杜文豪
党组成员：何国斌

崇阳县交通运输局

党组书记，局长：孙文甫
党组成员、副局长：
　　　　　付旭平　石雄军　庞平珍
党组成员：汪正榜

通山县交通运输局

党组书记、局长：刘兴美
党组成员、副局长：邵　陌　朱江华
党组成员、总工程师：徐飞翔
党组成员：郑晓东　陈从仁

随州市交通运输局

党组书记、局长：李经发 (2022.01—)
党组成员、派驻纪检监察组组长：
　　　　　方　亮 (2022.07—)
党组成员、副局长：孙志友　魏从明
　　　　　万晓熙 (—2022.12)
　　　　　张　焜 (—2022.04)(邮政局局长)
党组成员：李长国 (2022.07—)
总工程师：郭　东

曾都区交通运输局

党组副书记、副局长：刘金波
党组成员、副局长：
　　　　　王大权 (2022.01—)
　　　　　张碧贵 (2022.08—)
党组成员、总工程师：
　　　　　程怀念 (2022.01—)
党组成员：夏　猛 (2022.07—)

广水市交通运输局

党组书记、局长：李双庆 (—2022.12)
　　　　　吴大鹏 (2022.12—)

党组副书记、副局长：
　　　　　吴大鹏 (2022.01—2022.12)
　　　　　孙章勇 (2022.09—)
副局长：李　辉 (—2022.01)
　　　　　孙章勇 (—2022.09)
　　　　　彭开勋 (2022.09—)
党组成员：邓真珍 (—2022.09)
总工程师：彭开勋 (—2022.09)
　　　　　梁红英 (2022.11—)

随县交通运输局

党组书记、局长：张　涛
党组副书记、副局长：
　　　　　黄启斌 (—2022.03)
党组成员、副局长：
　　　　　张自炳 (—2022.03)
党组成员、总工程师：
　　　　　龚传刚 (—2022.03)
　　　　　李　杰 (2022.04—)
党组成员、工会主席：
　　　　　黄　丹 (—2022.04)
党组成员：胡学刚 (2022.03—)
　　　　　余金娟 (2022.04—)

随州市交通运输局大洪山风景名胜区分局

局　长：杨培义

恩施土家族苗族自治州交通运输局

党组书记、局长：杨盛僚 (—2022.02)
党组书记：冉茂和 (2022.02—)
局　长：冉茂和 (2022.03—)
党组成员、派驻纪检监察组组长：
　　　　　李玉剑
党组成员、副局长：
　　　　　黄秀武　敖建华
　　　　　张志奇 (—2022.05)
　　　　　文传伟 (2022.05—2022.11)
党组成员：王　勇 (—2022.03)
　　　　　张志奇 (2022.05—)
　　　　　罗建刚 (2022.12—)
党组成员、总工程师：
　　　　　文传伟 (—2022.05)
　　　　　庞　涛 (2022.11—)

恩施市交通运输局

党组书记、局长：张　涛
党组成员、副局长：黄常军　侯　浩
党组成员、总工程师：
　　　　　陈祥猛 (—2022.09)
　　　　　文　武 (2022.09—)
党组成员：王　军　侯义祥　胡青华
　　　　　夏　斌

利川市交通运输局

党组书记、局长：李忠坪
党组成员、副局长：
　　　　　冯　梅 (—2022.05)
　　　　　解维国 (2022.05—)
　　　　　李凤国
　　　　　周永红 (2022.04—)
党组成员：杨海明　谭　俊　向江权
总工程师：周永红 (—2022.04)
党组成员、总工程师：
　　　　　罗文锋 (2022.09—)

建始县交通运输局

党组书记、局长：马建宇
党组成员、副局长：
　　　　　李宗斌 (—2022.04)
　　　　　苏　峻 (—2022.06)
　　　　　吴晓军 (2022.02—)
党组成员：吕柏林　陈玉华　杨年斌
　　　　　陈继友
总工程师：谢　晖

巴东县交通运输局

党组书记、局长：张正勇
党组副书记、副局长：向会东
党组成员、副局长：郑开顺
　　　　　吴祖学 (—2022.04)
　　　　　谭林安 (2022.04—)
党组成员、总工程师：魏　峰

宣恩县交通运输局

党组书记、局长：黄舜卿

党组成员、副局长：田永成　麻德敏
党组成员：宋隆权 (2022.03—)
　　　　　李　伟 (2022.11—)

咸丰县交通运输局

党组书记、局长：鲁邦国
党组成员、副局长：贺方亮
　　　　　杨世杰 (—2022.03)
党组成员：杨世杰 (2022.03—)
　　　　　魏永东
总工程师：余美蓉

来凤县交通运输局

党组书记、局长：舒镜峰 (—2022.12)
　　　　　李凌峰 (2022.12—)
党组成员、副局长：刘　静
党组成员、总工程师：
　　　　　谭贤忠 (—2022.09)
　　　　　李万群 (2022.09—)
党组成员：李凌峰 (—2022.08)
　　　　　肖　锋 (2022.08—)

　　　　　袁少英　林义兵
　　　　　田中前 (—2022.09)
　　　　　李　锐 (2022.09—)

鹤峰县交通运输局

党组书记、局长：谷成辉 (—2022.04)
　　　　　肖红胜 (2022.04—)
党组副书记：明传学 (2022.04—)
党组成员、副局长：何翠屏
　　　　　曾义炼 (2022.08—)
总工程师：何世明 (—2022.10)
党组成员、总工程师：
　　　　　闵　斌 (2022.10—)
党组成员：黄　波

仙桃市交通运输局

党组书记、局长：刘　俊
党组副书记、副局长：邵泽华
党组成员、副局长：肖元海　邹　冲
党组成员、总工程师：肖丽君
党组成员、总会计师：潘万军
工会主席：陈红霞

天门市交通运输局

党组书记、局长：刘水平
党组成员、副局长：
　　　　　董卫斌　胡勇钢
党组成员、总工程师：万　钟
党组成员、总会计师：罗　敏
党组成员：孙文红　吴华东　周柱兵

潜江市交通运输局

党组书记、局长：胡金烈
党组副书记、副局长：从孝君
党组成员、副局长：
　　　　　詹登振　刘美蓉
党组成员：杨　娜
党组成员、工会主任：关业武
党组成员、总会计师：
　　　　　金为标 (2022.03—)

神农架林区交通运输局

党组书记、局长：宦忠全
党组成员、副局长：王红先　文海燕
党组成员：李　涛

获奖名录

2021 年感动交通年度人物

（交通运输部，交政研发〔2022〕64 号）

董政家　湖北省潜江市公路管理局养护应急中心副主任

武汉地铁运营有限公司轨道交通 2 号线汉口火车站"劳模班组"

2022 年全国工人先锋号

（中华全国总工会）

武汉市联海实业有限公司二十四班组

全国交通技术能手

（交通运输部，交人教发〔2021〕148 号）

孟海清　湖北省咸宁市咸安区公路管理局养护中心

王发斌　襄阳市公路管理局襄城公路段

彭国华　天门汉江航道管理段

2022 年度"四好农村路"全国示范县创建单位

（交通运输部办公厅、农业农村部办公厅、国家邮政局办公室、国家乡村振兴局综合司，交办公路〔2022〕83 号）

武汉市江夏区
竹溪县
宜昌市点军区
老河口市
石首市
巴东县

2021 年全省职工职业技能大赛等专项活动先进个人湖北五一劳动奖

（湖北省总工会，鄂工字〔2022〕23 号）

高　霖　潜江市公路管理局养护应急中心支委兼章华管理站长（公路养护工种）

耿志彬　襄阳市三桃园机动车驾驶员培训有限公司教练（机动车驾驶教练员工种）

2019—2021 年度女职工建功立业先进集体和个人

（湖北省总工会，鄂工字〔2022〕10 号）

1. 湖北省女职工建功立业标兵岗
天门市政务服务中心交通窗口
2. 湖北省女职工建功立业标兵
柴　芳　湖北省汉江崔家营航电枢纽管理处党支部书记、专职纪检监察员

2021 年"湖北工匠杯"职业技能竞赛优秀选手"湖北省技术能手"

（湖北省人力资源和社会保障厅，鄂人社函〔2022〕168 号）

1. 公路养护工
高　霖　潜江市公路管理局
王大江　潜江市公路管理局
黄剑华　宜昌市公路建设养护中心
胡庆松　宜昌市公路建设养护中心
余　涛　襄阳市公路建设养护中心
龚新翔　襄阳市公路建设养护中心
2. 机动车驾驶员培训教练员
耿志彬　襄阳市三桃源驾驶员培训学校
黄　涛　黄冈市润通物流公司机动车驾培中心
张　静　宜昌平安机动车驾驶员培训学校
3. 流体装卸工
熊吉春　中长燃江陵水上加油站
杨　阳　湖北三宁化工股份有限公司
张进松　中韩（武汉）石油化工有限公司
4. 列车司机
程　雄　武汉地铁运营有限公司
张　瑞　武汉地铁运营有限公司
张一驰　武汉地铁运营有限公司

2022 年湖北工会职工书屋建设

（湖北省总工会，鄂工字〔2022〕63 号）

湖北省总工会职工书屋示范点
湖北省交通运输厅高速公路管理局（路政执法总队）武黄支队
湖北省交通职工教育培训中心

2021 年度全省"四好农村路"示范市和示范县

（湖北省交通运输厅，鄂交发〔2023〕9 号）

1. 全省"四好农村路"示范市
襄阳市
宜昌市
黄冈市
咸宁市
荆州市
2. 全省"四好农村路"示范县
襄阳市襄州区
宜昌市当阳市
黄冈市武穴市
咸宁市通山县
孝感市孝南区
荆门市掇刀区
随州市广水市
恩施州宣恩县

2021 年度全省"四好农村路"示范乡镇

（湖北省交通运输厅，鄂交发〔2023〕8 号）

武汉市：黄陂区蔡家榨街道、江夏区法泗街道、新洲区仓埠街道

黄石市：大冶市大箕铺镇

十堰市：房县军店镇、丹江口市土关垭镇、郧西县香口乡

宜昌市：兴山县昭君镇、枝江市仙女镇、长阳县龙舟坪镇、宜都市高坝洲镇

襄阳市：保康县店垭镇、谷城县城关镇、枣阳市太平镇、南漳县武安镇

鄂州市：梁子湖区东沟镇、鄂城区汀祖镇

荆门市：钟祥市双河镇、屈家岭管理区易家岭办事处

孝感市：孝昌县王店镇、云梦县道桥镇、安陆市烟店镇

荆州市：纪南文旅区纪南镇、监利市程集镇、公安县章庄铺镇、江陵县熊河镇

黄冈市：罗田县白庙河镇、麻城市乘马岗镇、浠水县绿杨乡

咸宁市：赤壁市余家桥乡、嘉鱼县鱼岳镇

随州市：曾都区何店镇、随县尚市镇

恩施州：建始县业州镇、巴东县野三关镇、咸丰县坪坝营镇

潜江市：积玉口镇

天门市：佛子山镇

2022年度全省交通运输系统先进集体和先进个人

（湖北省交通运输厅，鄂交发〔2023〕4号）

1. 先进集体

武汉市水路交通运输执法支队

襄阳市谷城县交通运输局

宜昌市交通运输局高速专班

十堰市交通运输局

荆门市物流发展局

鄂州市交通运输局

孝感市云梦县公路事业发展中心

黄冈市麻城市交通运输局

潜江市公路事业发展中心

省公路事业发展中心安全监督处

省道路运输事业发展中心科技信息处

省港航事业发展中心高等级航道项目前期工作专班

省高速公路应急处置服务中心

省高速公路联网收费中心收费业务科

湖北交通职业技术学院招生与就业指导处

2. 先进个人

梅　文　武汉市交通运输局公路事业发展中心主任

左　涛　襄阳市交通运输局综合计划科科长

谢支钢　宜昌市夷陵区公路建设养护中心副高级工程师

涂　浩　黄石市交通运输综合执法支队党委委员、副支队长

江书明　十堰市交通物流发展局党总支书记、局长

郭金高　荆州市洪湖市交通运输局党组书记、局长

许文华　荆门市京山市交通运输局党组书记、局长

廖晓彬　鄂州市港航海事事业发展中心总支书记、副主任

梁　华　孝感市大悟县道路运输管理所负责人

项国盛　黄冈市武穴市交通运输局党组书记、局长

孟海清　咸宁市咸安区公路管理局养护中心横沟管理站站长

万晓熙　随州市交通运输局党组成员、副局长

姚林孟　恩施州公路管理局计划科工程师

肖元海　仙桃市交通运输局党组成员、副局长

杜海波　天门市航道养护中心汉江航道管理段段长

郑　涛　潜江市港航海事事业发展中心党支部书记、主任

王　辉　神农架林区交通运输局办公室主任

阳　升　省公路事业发展中心费收管理处牵头负责人

蔡　莉　省道路运输事业发展中心综合计划处副处长

梅长权　省港航事业发展中心政策法规处副处长

胡守信　省交通运输综合行政执法局鄂西支队三大队副大队长

戴立立　省交通运输厅工程事务中心公路质量监督处工程师

徐建明　省交通重点建设领导小组办公室副主任

彭　哲　省交通运输厅世行办外事外经部副主任

杨丽芳　省交通运输厅宣传中心副高级记者

孙　猛　湖北交通职业技术学院后勤中心主任

黄　晋　省交通运输厅通信信息中心工程技术科科长

程梦雨　省交通运输厅办公室三级主任科员

张学阳　省交通运输厅计划处三级主任科员

冯泽刚　省交通运输厅安监处二级调研员

崔新武　省交通运输厅普通公路处一级主任科员

朱俊文　物流保通保畅专班（省道路运输事业发展中心安全监督处一级主任科员）

统计资料

2022 年主要指标表

指 标 名 称	计算单位	2022 年	2021 年	指 标 名 称	计算单位	2022 年	2021 年
一、全省公路里程	公里	302178	296922	长度	延米	3579162	3370365
1. 按技术等级分				其中：特大桥 数量	座	496	465
(1) 等级公路	公里	298942	292721	长度	延米	991419	920918
高速公路	公里	7598	7378	大桥 数量	座	5679	5432
一级公路	公里	8209	7569	长度	延米	1588047	1515844
二级公路	公里	24977	25015	2. 公路隧道 数量	处	1234	1176
三级公路	公里	9093	8923	长度	米	1249523	1205378
四级公路	公里	249065	243836	3. 公路渡口	处	92	113
(2) 等外公路	公里	3236	4201	其中：机动渡口	处	87	85
等级公路占总里程比重	%	98.93	98.59	三、公路密度及通达情况			
其中：二级及以上公路	%	13.50	13.46	公路密度	公里/百平方公里	162.55	159.72
2. 按路面等级分				乡镇通达率	%	100	100
(1) 有铺装路面里程	公里	283009	275179	乡镇通沥青（水泥）路率	%	100	100
其中：沥青混凝土路面	公里	45503	39676	行政村通达率	%	100	100
水泥混凝土路面	公里	237506	235503	行政村通沥青（水泥）路率	%	100	100
(2) 简易铺装路面里程	公里	6261	7572	四、全省内河航道通航里程	公里	8667	8667
(3) 未铺装路面里程	公里	12908	14171	1. 等级航道	公里	6166	6166
铺装路面（含简易）里程占总里程比重	%	95.73	95.23	一级	公里	269	269
3. 按行政等级分				二级	公里	802	802
国道公路	公里	14424	14306	三级	公里	1019	1019
省道公路	公里	20529	20366	四级	公里	289	289
县道公路	公里	28667	28598	五级	公里	811	811
乡道公路	公里	85290	85038	六级	公里	1788	1788
专用公路	公里	401	440	七级	公里	1188	1188
村道公路	公里	152867	148175	2. 等外航道	公里	2501	2501
二、全省公路桥梁、隧道、渡口				等级航道占内河航道通航总里程比重	%	71.14	71.14
1. 公路桥梁 数量	座	46296	43126	其中：三级及以上航道所占比重	%	24.11	24.11

续上表

指 标 名 称	计算单位	2022 年	2021 年	指 标 名 称	计算单位	2022 年	2021 年
五、全省内河港口码头泊位	个	777	789	水路旅客周转量	亿人公里	0.80	1.88
生产用码头泊位个数	个	746	772	4. 水路货运量	万吨	58217	47624
非生产用码头泊位个数	个	31	17	水路货物周转量	亿吨公里	4261	3446
六、全省内河港口码头泊位设计年通过能力				十、全省内河港口货物吞吐量	万吨	56467	48830.7
散装、件杂货物	万吨	45761	39769	其中：集装箱	万标箱	313	284
集装箱	万标箱	555	502		万吨	3292	3012
	万吨	4441	4035	煤炭及制品	万吨	5750	3739
旅客	万人	1615	2360	石油、天然气及制品	万吨	850	908
滚装汽车	万辆	170	136	金属矿石	万吨	8956	7664
	万吨	1711	2117	钢铁	万吨	2430	2287
七、营运汽车拥有量				矿建材料	万吨	23483	20080
载货汽车	辆	334317	334566	非金属矿石	万吨	5130	5166
	吨位	4754623	4728209	十一、港口集装箱铁水联运量	万标箱	8.5	6.4
载客汽车	辆	25468	27179	十二、交通固定资产投资总额	亿元	1341.2	1169.4
	客位	665369	702440	1. 公路建设	亿元	1153.0	1008.9
八、全省水路运输船舶拥有量				其中：高速公路	亿元	478.4	381.1
1. 机动船　艘数	艘	2891	3101	2. 港航建设	亿元	76.6	64.3
净载重量	吨位	7058290	7676344	3. 站场建设	亿元	106.5	84.5
载客量	客位	37959	36058	4. 其他投资	亿元	5.1	11.6
集装箱位	标箱	3716	3825	十三、其他			
功率	千瓦	1860815	1935024	1. 地区生产总值（按当年价格计算）	亿元	53734.9	50012.9
2. 驳船　艘数	艘	68	76	第一产业	亿元	4986.7	4661.7
净载重量	吨位	180545	186069	第二产业	亿元	21240.6	18952.9
九、公路、水路运输量				第三产业	亿元	27507.6	26398.4
1. 公路客运量	万人次	17412	21098	2. 全社会固定资产投资增速	%	15.0	20.4
公路旅客周转量	亿人公里	96	129	3. 社会消费品零售总额	亿元	22164.8	21561.4
2. 公路货运量	万吨	144979	161310	4. 货物进出口总额	亿元	6170.8	5374.4
公路货物周转量	亿吨公里	2059	2196	其中：进口	亿元	1961.5	1865.1
3. 水路客运量	万人次	205	314	出口	亿元	4209.3	3509.3

注：1. 自 2006 年全国农村公路通达情况专项调查后，公路里程和通达率按专项调查统计标准进行统计。

2. 年度全省经济指标来源于《湖北省国民经济和社会发展统计公报》，因国家固定资产投资统计改革，湖北省统计局 2018 年起不再公布固定资产投资额。

3. 机动船集装箱船位：原统计口径是仅算集装箱船箱位，从 2014 年起统计口径是按 2013 年专项调查船舶口径，将多用途船能装集装箱船箱位均计算。

4. "全省内河港口货物吞吐量"从 2019 年起调整统计口径，由行业报送规上企业量改为企业一套表联网直报。

5. "其他投资"包括长江航务局在湖北省内投资。

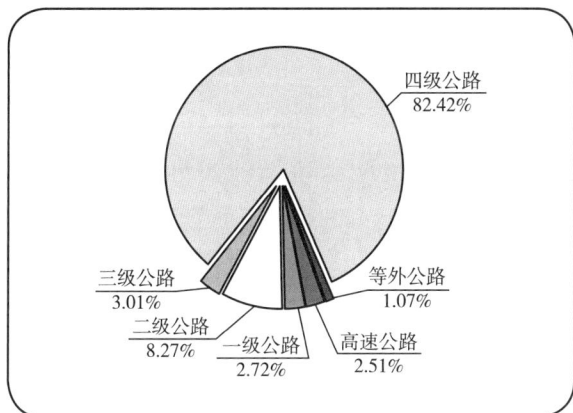

2022 年公路技术等级情况图

里程单位：公里

技术等级	总计	高速公路	一级公路	二级公路	三级公路	四级公路	等外公路
里程	302178	7598	8209	24977	9093	249065	3236

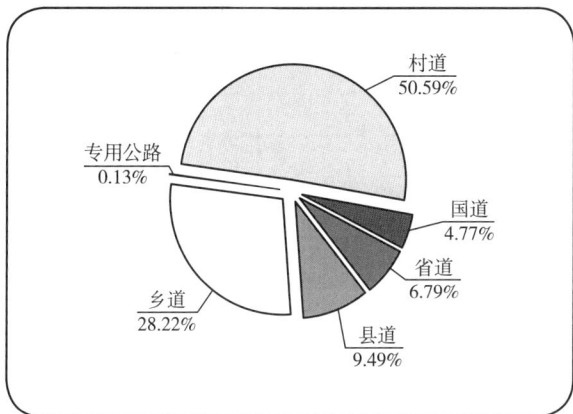

2022 年公路行政等级情况图

里程单位：公里

行政等级	总计	国道	省道	县道	乡道	专用公路	村道
里程	302178	14424	20529	28667	85290	401	152867

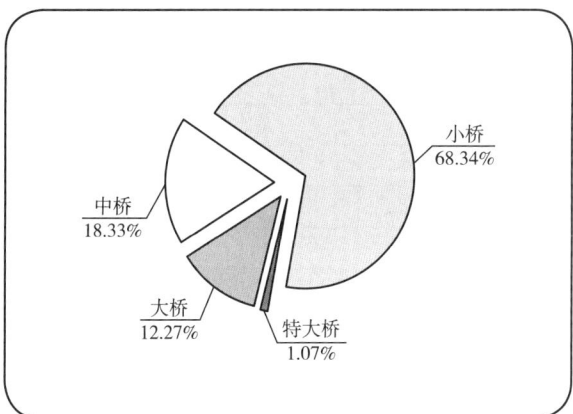

2022 年公路桥梁数量比重图（按跨径分）

公路桥梁	总计	特大桥	大桥	中桥	小桥
座	46296	496	5679	8484	31637

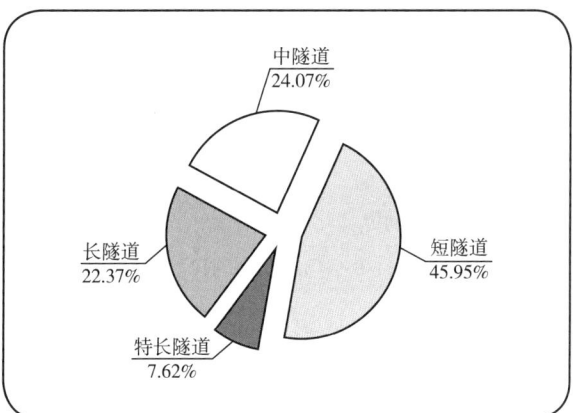

2022 年公路隧道数量情况图

公路隧道	总计	特长隧道	长隧道	中隧道	短隧道
道	1234	94	276	297	567

2022 年中部六省公路基本情况排名（一）

名次	总里程		高速公路里程		二级及以上公路里程		二级及以上公路比例	
	省份	公里	省份	公里	省份	公里	省份	%
	总计	1416227	总计	41002	总计	185852	总计	—
1	湖北	302178	河南	8009	河南	44300	山西	17.02
2	河南	277482	湖北	7598	湖北	40784	河南	15.96
3	湖南	242420	湖南	7331	湖南	27262	湖北	13.50
4	安徽	237967	江西	6728	安徽	26066	湖南	11.25
5	江西	210711	山西	5859	山西	24766	安徽	10.95
6	山西	145469	安徽	5477	江西	22674	江西	10.76

2022 年中部六省公路基本情况排名（二）

名次	国省干线中二级及以上公路比例		等级公路里程		等级公路比例		水泥、沥青路面里程	
	省份	%	省份	公里	省份	%	省份	公里
	总计	—	总计	1393287	总计	—	总计	1347031
1	山西	91.75	湖北	298942	安徽	99.99	湖北	283009
2	湖北	90.88	河南	273952	山西	99.50	河南	264489
3	江西	81.68	安徽	237944	湖北	98.93	安徽	237339
4	河南	77.60	湖南	231495	河南	98.73	湖南	227159
5	安徽	72.89	江西	206208	江西	97.86	江西	205549
6	湖南	60.20	山西	144746	湖南	95.49	山西	129486

2022 年中部六省公路基本情况排名（三）

名次	水泥、沥青路面铺装率		国省干线水泥、沥青路面铺装率		公路密度			
					全部公路		二级及以上公路	
	省份	%	省份	%	省份	公里/百平方公里	省份	公里/百平方公里
	总计	—	总计	—	总计	—	总计	—
1	安徽	99.82	江西	99.97	安徽	169.86	河南	26.53
2	河南	98.84	山西	99.97	河南	166.16	湖北	21.94
3	江西	97.75	安徽	99.87	湖北	162.55	安徽	18.61
4	湖北	95.73	河南	99.52	江西	126.25	山西	15.85
5	山西	95.36	湖北	99.28	湖南	114.46	江西	13.59
6	湖南	94.11	湖南	98.93	山西	93.07	湖南	12.87

2022 年中部六省公路基本情况排名（四）

名次	农村公路							
	总里程		等级公路里程		等级公路比例		水泥沥青铺装率	
	省份	公路	省份	公里	省份	%	省份	%
	总计	1229467	总计	1207041	总计	—	总计	—
1	湖北	266824	湖北	263611	安徽	100.00	安徽	99.81
2	河南	238458	河南	235053	山西	99.43	河南	98.73
3	安徽	209090	安徽	209090	湖北	98.80	江西	97.45
4	湖南	202886	湖南	192203	河南	98.57	湖北	95.28
5	江西	185297	江西	180890	江西	97.62	山西	94.68
6	山西	126913	山西	126193	湖南	94.73	湖南	93.29

2022 年全国公路基本情况排名（一）

里程单位：公里

名次	总里程		高速公路里程				二级及以上公路里程		二级及以上公路比例	
					其中：国家高速公路里程					
	省份	里程	省份	里程	里程	占比(%)	省份	里程	省份	占比(%)
	总计	5354837	总计	177252	119870	67.63	总计	743613	总计	13.89
1	四川	405390	广东	11211	6043	53.91	山东	47934	上海	40.04
2	云南	316091	云南	10249	6124	59.75	江苏	45151	天津	31.35
3	湖北	302178	四川	9180	5431	59.16	河南	44300	北京	29.34
4	山东	291759	贵州	8331	3714	44.58	广东	43669	江苏	28.58
5	河南	277482	河北	8326	5713	68.62	湖北	40784	宁夏	21.70
6	湖南	242420	广西	8271	4749	57.42	河北	38284	辽宁	21.03
7	安徽	237967	山东	8048	5145	63.94	内蒙古	38036	浙江	20.11
8	新疆	223118	河南	8009	4271	53.32	新疆	32903	广东	19.58
9	广东	223081	内蒙古	7694	6622	86.07	四川	32203	河北	18.30
10	内蒙古	216176	新疆	7647	6300	82.39	辽宁	27558	内蒙古	17.59
11	江西	210711	湖北	7598	5023	66.11	湖南	27262	福建	17.17
12	贵州	209617	湖南	7331	4959	67.64	广西	26936	山西	17.02
13	河北	209209	江西	6728	4490	66.74	安徽	26066	山东	16.43
14	重庆	186137	陕西	6700	5719	85.36	云南	25242	河南	15.96
15	陕西	185607	福建	5951	4063	68.27	山西	24766	青海	15.85
16	广西	172391	山西	5859	3508	59.88	浙江	24720	广西	15.63
17	黑龙江	168958	甘肃	5783	4743	82.01	江西	22674	吉林	15.07
18	江苏	158000	安徽	5477	3974	72.57	贵州	21023	新疆	14.75
19	甘肃	157243	浙江	5290	3625	68.53	黑龙江	20607	湖北	13.50
20	山西	145469	江苏	5087	3472	68.25	福建	19380	黑龙江	12.20
21	辽宁	131065	黑龙江	4659	3397	72.91	陕西	19339	甘肃	11.67
22	浙江	122918	吉林	4395	3742	85.14	甘肃	18348	湖南	11.25
23	西藏	120852	辽宁	4348	3559	81.85	吉林	16541	安徽	10.95
24	福建	112878	重庆	4002	2960	73.97	重庆	14886	江西	10.76
25	吉林	109761	青海	3788	3487	92.06	青海	13904	陕西	10.42
26	青海	87726	宁夏	2079	1685	81.03	宁夏	8322	贵州	10.03
27	海南	41687	海南	1399	1152	82.33	北京	6562	海南	9.95
28	宁夏	38347	天津	1358	634	46.67	上海	5207	重庆	8.00
29	北京	22363	北京	1196	683	57.07	天津	4775	云南	7.99
30	天津	15230	上海	851	477	56.05	海南	4147	四川	7.94
31	上海	13005	西藏	407	407	100.00	西藏	2083	西藏	1.72

2022 年全国公路基本情况排名（二）

里程单位：公里

名次	普通国道		省 道 里 程				国省干线中二级及以上公路比例		等级公路里程		等级公路比例	
					其中：高速公路里程							
	省份	里程	省份	里程	里程	占比(%)	省份	占比(%)	省份	里程	省份	占比(%)
	总计	258646	总计	393609	56460	14.34	总计	58.17	总计	5162473	总计	96.41
1	四川	17429	四川	25398	3671	14.46	江苏	99.21	四川	393166	北京	100.00
2	内蒙古	16674	河南	24977	3739	14.97	上海	98.27	云南	301324	天津	100.00
3	云南	15197	湖南	24732	2372	9.59	山东	95.53	湖北	298942	上海	100.00
4	新疆	14984	广东	24263	5143	21.20	天津	95.19	山东	291759	江苏	100.00
5	西藏	13509	贵州	22343	4618	20.67	辽宁	93.56	河南	273952	浙江	100.00
6	黑龙江	11286	湖北	20529	2485	12.10	河北	91.86	安徽	237944	山东	100.00
7	广西	10913	甘肃	17407	839	4.82	北京	91.54	湖南	231495	宁夏	100.00
8	河北	10544	安徽	17379	1503	8.65	山西	89.84	广东	223013	安徽	99.99
9	河南	9776	内蒙古	17193	1072	6.23	浙江	87.94	内蒙古	212601	河北	99.99
10	青海	9759	新疆	16761	1227	7.32	湖北	86.78	河北	209183	广东	99.97
11	甘肃	9476	云南	16141	4125	25.56	福建	74.73	江西	206208	海南	99.72
12	湖北	9401	西藏	15252		0.00	广西	73.32	新疆	198933	山西	99.50
13	广东	9222	山东	14261	2902	20.35	江西	68.68	贵州	193886	湖北	98.93
14	陕西	8886	黑龙江	13289	1186	8.93	吉林	67.65	陕西	176666	河南	98.73
15	湖南	8842	江西	13196	2222	16.84	河南	67.41	重庆	175802	内蒙古	98.35
16	贵州	8413	河北	12457	2613	20.98	广东	64.48	广西	167280	江西	97.86
17	山东	8412	广西	12271	3514	28.64	内蒙古	58.31	江苏	158000	甘肃	97.65
18	山西	7880	陕西	12112	981	8.10	安徽	57.84	甘肃	153543	辽宁	97.53
19	江西	7711	重庆	10745	1042	9.70	新疆	57.76	黑龙江	146603	广西	97.04
20	安徽	7495	辽宁	10457	789	7.55	海南	56.90	山西	144746	四川	96.98
21	吉林	7233	江苏	9631	1605	16.66	宁夏	52.06	辽宁	127834	吉林	96.74
22	福建	7144	青海	8748	234	2.68	云南	50.29	浙江	122918	湖南	95.49
23	辽宁	7112	山西	7019	2351	33.49	重庆	44.91	吉林	106181	云南	95.33
24	重庆	5439	福建	5796	1860	32.09	黑龙江	44.14	西藏	102021	陕西	95.18
25	江苏	4951	浙江	5208	1665	31.97	湖南	43.17	福建	100780	重庆	94.45
26	浙江	4669	吉林	4930	653	13.25	贵州	40.47	青海	77175	贵州	92.50
27	宁夏	2372	宁夏	2957	394	13.34	四川	39.87	海南	41572	福建	89.28
28	海南	1492	天津	2522	724	28.72	陕西	35.16	宁夏	38347	新疆	89.16
29	北京	1247	海南	2334	129	5.55	青海	27.16	北京	22363	青海	87.97
30	天津	923.993	北京	2160	429	19.85	甘肃	23.45	天津	15230	黑龙江	86.77
31	上海	251.786	上海	1144	374	32.69	西藏	0.89	上海	13005	西藏	84.42

2022 年全国公路基本情况排名（三）

里程单位：公里

名次	水泥、沥青路面		水泥、沥青路面铺装率		桥 梁 数 量		公 路 密 度			
							全部公路		二级及以上公路	
	省份	里程	省份	占比(%)	省份	座	省份	公里/百平方公里	省份	公里/百平方公里
	总计	4662690	总计	91.33	总计	1033180	总计	55.78	总计	7.75
1	四川	377746	北京	100.00	江苏	74174	重庆	225.89	上海	82.11
2	湖北	283009	天津	100.00	山东	69188	上海	205.09	江苏	44.01
3	山东	277631	上海	100.00	浙江	62456	山东	186.19	天津	40.12
4	河南	264489	江苏	100.00	广东	62113	安徽	169.86	北京	39.99
5	云南	260533	广东	99.97	河南	56473	河南	166.16	山东	30.59
6	安徽	237339	浙江	99.91	湖南	54500	湖北	162.55	河南	26.53
7	湖南	227159	安徽	99.82	安徽	51674	江苏	154.00	广东	24.30
8	广东	222463	海南	99.68	辽宁	51049	北京	136.27	浙江	24.28
9	江西	205549	河北	98.99	四川	48955	天津	127.99	湖北	21.94
10	河北	201592	河南	98.84	湖北	46296	江西	126.25	河北	20.40
11	贵州	175123	山东	98.78	河北	46060	广东	124.14	辽宁	18.89
12	内蒙古	170150	江西	97.75	陕西	39443	海南	122.97	安徽	18.61
13	陕西	165062	湖北	95.73	云南	39008	浙江	120.74	重庆	18.07
14	江苏	158000	贵州	95.58	福建	33591	贵州	119.03	福建	15.96
15	广西	156214	山西	95.36	广西	28971	湖南	114.46	山西	15.85
16	重庆	151335	广西	95.12	内蒙古	28673	河北	111.46	江西	13.59
17	山西	129486	四川	94.31	江西	28196	山西	93.07	湖南	12.87
18	黑龙江	129124	湖南	94.11	贵州	28023	福建	92.98	宁夏	12.53
19	浙江	121671	宁夏	93.06	黑龙江	23550	陕西	90.28	海南	12.23
20	甘肃	118344	陕西	91.91	山西	22228	辽宁	89.83	贵州	11.94
21	新疆	109168	甘肃	90.90	吉林	21371	四川	83.14	广西	11.38
22	辽宁	99237	辽宁	89.88	甘肃	18128	云南	80.23	陕西	9.41
23	福建	98959	福建	88.59	新疆	17747	广西	72.83	吉林	8.83
24	吉林	97050	吉林	88.44	重庆	16561	吉林	58.57	四川	6.60
25	青海	51121	重庆	84.03	西藏	14201	宁夏	57.75	云南	6.41
26	西藏	48993	云南	83.27	上海	14103	黑龙江	37.22	黑龙江	4.54
27	海南	41503	新疆	82.77	青海	9153	甘肃	36.92	甘肃	4.31
28	宁夏	34043	内蒙古	82.31	海南	9122	内蒙古	18.27	内蒙古	3.22
29	北京	22363	黑龙江	76.69	宁夏	7216	新疆	13.44	新疆	1.98
30	天津	15230	青海	61.11	北京	6938	青海	12.16	青海	1.93
31	上海	13005	西藏	40.98	天津	4019	西藏	9.84	西藏	0.17

2022 年全国公路基本情况排名（四）

里程单位：公里

名次	农村公路总里程		农村公路等级公路里程		农村公路等级公路比例		农村公路水泥沥青铺装率	
	省份	里程	省份	里程	省份	占比 (%)	省份	占比 (%)
	总计	4531439	总计	4360958	总计	96.24	总计	90.84
1	四川	357132	四川	345463	北京	100.00	北京	100.00
2	云南	278551	云南	263875	天津	100.00	天津	100.00
3	湖北	266824	湖北	263611	上海	100.00	上海	100.00
4	山东	262634	山东	262634	江苏	100.00	江苏	100.00
5	河南	238458	河南	235053	浙江	100.00	广东	100.00
6	安徽	209090	安徽	209090	安徽	100.00	浙江	99.92
7	湖南	202886	湖南	192203	山东	100.00	安徽	99.81
8	江西	185297	广东	183508	宁夏	100.00	海南	99.64
9	广东	183552	江西	180890	河北	99.99	河北	98.83
10	河北	180280	河北	180253	广东	99.98	河南	98.73
11	新疆	180106	内蒙古	171244	海南	99.69	山东	98.65
12	贵州	175147	贵州	159900	山西	99.43	江西	97.45
13	内蒙古	174803	新疆	157680	湖北	98.80	湖北	95.28
14	重庆	166918	重庆	156600	河南	98.57	贵州	95.28
15	陕西	158720	陕西	149800	内蒙古	97.96	山西	94.68
16	广西	144447	江苏	139914	江西	97.62	广西	94.22
17	江苏	139914	广西	139373	甘肃	97.31	四川	93.97
18	山西	126913	山西	126193	辽宁	97.06	湖南	93.29
19	甘肃	125590	甘肃	122207	四川	96.73	宁夏	92.26
20	黑龙江	123725	黑龙江	110209	广西	96.49	陕西	90.60
21	辽宁	109564	浙江	108956	吉林	96.24	甘肃	89.47
22	浙江	108956	辽宁	106338	湖南	94.73	辽宁	88.02
23	福建	95760	吉林	89244	云南	94.73	吉林	87.55
24	吉林	92727	福建	83668	陕西	94.38	福建	86.58
25	西藏	73798	西藏	62723	重庆	93.82	重庆	82.20
26	青海	64138	青海	54935	贵州	91.29	云南	81.24
27	海南	36694	海南	36579	黑龙江	89.08	新疆	79.97
28	宁夏	29784	宁夏	29784	新疆	87.55	内蒙古	79.06
29	北京	16749	北京	16749	福建	87.37	黑龙江	76.97
30	天津	11151	天津	11151	青海	85.65	青海	53.35
31	上海	11132	上海	11132	西藏	84.99	西藏	33.59

统计指标解释

国道：指具有全国性政治、经济意义的主要干线公路，包括重要的国际公路，国防公路、连接首都与各省、自治区首府和直辖市的公路，连接各大经济中心、港站枢纽、商品生产基地和战略要地的公路。

省道：指具有全省（自治区、直辖市）政治、经济意义，连接各地市和重要地区，以及不属于国道的干线公路。

县道：指具有全县（含其他县级行政区划）政治、经济意义，连接县城和县内乡镇、重要商品生产和集散地的主要公路，以及不属于国道、省道的县际间的主要公路。

乡道：指主要为乡镇内部经济、行政服务的公路，以及不属于县道及以上公路的乡与乡之间和乡与外部联络的公路。

村道：指直接为农村群众生产、生活服务，不属于乡道及以上公路的建制村与建制村之间和建制村与外部联络的主要公路。

桥 涵 分 类

桥 涵 分 类	多孔跨径总长 L（米）	单孔跨径 L_k（米）
特大桥	$L > 1000$	$L_k > 150$
大桥	$100 \leq L \leq 1000$	$40 \leq L_k \leq 150$
中桥	$30 < L < 100$	$20 \leq L_k < 40$
小桥	$8 \leq L \leq 30$	$5 \leq L_k < 20$
涵洞	—	$L_k < 5$

隧 道 分 类

隧道分类	特长隧道	长隧道	中隧道	短隧道
隧道长度 L（米）	$L > 3000$	$1000 < L \leq 3000$	$500 < L \leq 1000$	$L \leq 500$